人力资源和社会保障政策法规汇编

（2020）

人力资源和社会保障部法规司编

中国劳动社会保障出版社

图书在版编目(CIP)数据

人力资源和社会保障政策法规汇编. 2020/人力资源和社会保障部法规司编. -- 北京：中国劳动社会保障出版社，2021

ISBN 978-7-5167-5019-3

Ⅰ.①人… Ⅱ.①人… Ⅲ.①人力资源管理-劳动政策-汇编-中国-2020②人力资源管理-劳动法-汇编-中国-2020③社会保障-福利政策-汇编-中国-2020④社会保障-法规-汇编-中国-2020 Ⅳ.①F249.20②D922.509

中国版本图书馆 CIP 数据核字(2021)第 177449 号

中国劳动社会保障出版社出版发行

（北京市惠新东街 1 号 邮政编码：100029）

*

北京市艺辉印刷有限公司印刷装订 新华书店经销

880 毫米×1230 毫米 32 开本 28.125 印张 675 千字

2021 年 10 月第 1 版 2021 年 10 月第 1 次印刷

定价：86.00 元

读者服务部电话：（010）64929211/84209101/64921644

营销中心电话：（010）64962347

出版社网址：http://www.class.com.cn

编辑说明

为了准确地向全国人力资源社会保障部门的工作人员、广大用人单位和劳动者宣传国家人力资源社会保障法律、行政法规、部门规章及政策性文件，进一步提高人力资源社会保障部门依法行政水平，切实维护广大用人单位和劳动者的合法权益，我们编辑了《人力资源和社会保障政策法规汇编（2020）》一书。本书收集了2020年人力资源社会保障工作方面的法律、行政法规、部门规章和政策性文件等，共131件，分为综合、就业促进、人力资源流动管理、职业能力建设、专业技术人员管理、事业单位人事管理、工资福利、养老保险、失业保险、工伤保险、社会保险基金监管、农民工工作、劳动关系、劳动人事争议调解仲裁、劳动保障监察、其他，共16部分。每个部分按其法律效力和发文时间编排，以便于广大读者查阅。

《人力资源和社会保障政策法规汇编》是工具书，每年出版一册，政策连续性强，特别适合各企业、事业单位、机关、社会团体等各类组织主管人力资源社会保障工作的部门长期保存，以备工作查阅。

编　者

2021年7月

总 目 录

目　录

综　合

就业促进

人力资源流动管理

职业能力建设

专业技术人员管理

事业单位人事管理

工资福利

养老保险

失业保险

工伤保险

社会保险基金监管

农民工工作

劳动关系

劳动人事争议调解仲裁

劳动保障监察

其　　他

综　　合

中华人民共和国退役军人保障法

（2020 年 11 月 11 日第十三届全国人民代表大会
常务委员会第二十三次会议通过）

目　　录

第一章　总　　则

第一条　为了加强退役军人保障工作，维护退役军人合法权益，让军人成为全社会尊崇的职业，根据宪法，制定本法。

第二条　本法所称退役军人，是指从中国人民解放军依法退出现役的军官、军士和义务兵等人员。

第三条　退役军人为国防和军队建设做出了重要贡献，是社会主义现代化建设的重要力量。

尊重、关爱退役军人是全社会的共同责任。国家关心、优待退役军人，加强退役军人保障体系建设，保障退役军人依法享有相应的权益。

第四条 退役军人保障工作坚持中国共产党的领导，坚持为经济社会发展服务、为国防和军队建设服务的方针，遵循以人为本、分类保障、服务优先、依法管理的原则。

第五条 退役军人保障应当与经济发展相协调，与社会进步相适应。

退役军人安置工作应当公开、公平、公正。

退役军人的政治、生活等待遇与其服现役期间所做贡献挂钩。

国家建立参战退役军人特别优待机制。

第六条 退役军人应当继续发扬人民军队优良传统，模范遵守宪法和法律法规，保守军事秘密，践行社会主义核心价值观，积极参加社会主义现代化建设。

第七条 国务院退役军人工作主管部门负责全国的退役军人保障工作。县级以上地方人民政府退役军人工作主管部门负责本行政区域的退役军人保障工作。

中央和国家有关机关、中央军事委员会有关部门、地方各级有关机关应当在各自职责范围内做好退役军人保障工作。

军队各级负责退役军人有关工作的部门与县级以上人民政府退役军人工作主管部门应当密切配合，做好退役军人保障工作。

第八条 国家加强退役军人保障工作信息化建设，为退役军人建档立卡，实现有关部门之间信息共享，为提高退役军人保障能力提供支持。

国务院退役军人工作主管部门应当与中央和国家有关机关、中央军事委员会有关部门密切配合，统筹做好信息数据系统的建设、维护、应用和信息安全管理等工作。

第九条 退役军人保障工作所需经费由中央和地方财政共同负担。退役安置、教育培训、抚恤优待资金主要由中央财政负担。

第十条 国家鼓励和引导企业、社会组织、个人等社会力量依法通过捐赠、设立基金、志愿服务等方式为退役军人提供支持和帮助。

第十一条 对在退役军人保障工作中做出突出贡献的单位和个人，按照国家有关规定给予表彰、奖励。

第二章 移交接收

第十二条 国务院退役军人工作主管部门、中央军事委员会政治工作部门、中央和国家有关机关应当制定全国退役军人的年度移交接收计划。

第十三条 退役军人原所在部队应当将退役军人移交安置地人民政府退役军人工作主管部门，安置地人民政府退役军人工作主管部门负责接收退役军人。

退役军人的安置地，按照国家有关规定确定。

第十四条 退役军人应当在规定时间内，持军队出具的退役证明到安置地人民政府退役军人工作主管部门报到。

第十五条 安置地人民政府退役军人工作主管部门在接收退役军人时，向退役军人发放退役军人优待证。

退役军人优待证全国统一制发、统一编号，管理使用办法由国务院退役军人工作主管部门会同有关部门制定。

第十六条 军人所在部队在军人退役时，应当及时将其人事档案移交安置地人民政府退役军人工作主管部门。

安置地人民政府退役军人工作主管部门应当按照国家人事档案管理有关规定，接收、保管并向有关单位移交退役军人人事档案。

第十七条 安置地人民政府公安机关应当按照国家有关规

定，及时为退役军人办理户口登记，同级退役军人工作主管部门应当予以协助。

第十八条 退役军人原所在部队应当按照有关法律法规规定，及时将退役军人及随军未就业配偶的养老、医疗等社会保险关系和相应资金，转入安置地社会保险经办机构。

安置地人民政府退役军人工作主管部门应当与社会保险经办机构、军队有关部门密切配合，依法做好有关社会保险关系和相应资金转移接续工作。

第十九条 退役军人移交接收过程中，发生与其服现役有关的问题，由原所在部队负责处理；发生与其安置有关的问题，由安置地人民政府负责处理；发生其他移交接收方面问题的，由安置地人民政府负责处理，原所在部队予以配合。

退役军人原所在部队撤销或者转隶、合并的，由原所在部队的上级单位或者转隶、合并后的单位按照前款规定处理。

第三章 退役安置

第二十条 地方各级人民政府应当按照移交接收计划，做好退役军人安置工作，完成退役军人安置任务。

机关、群团组织、企业事业单位和社会组织应当依法接收安置退役军人，退役军人应当接受安置。

第二十一条 对退役的军官，国家采取退休、转业、逐月领取退役金、复员等方式妥善安置。

以退休方式移交人民政府安置的，由安置地人民政府按照国家保障与社会化服务相结合的方式，做好服务管理工作，保障其待遇。

以转业方式安置的，由安置地人民政府根据其德才条件以及服现役期间的职务、等级、所做贡献、专长等和工作需要安排工作岗位，确定相应的职务职级。

服现役满规定年限，以逐月领取退役金方式安置的，按照国家有关规定逐月领取退役金。

以复员方式安置的，按照国家有关规定领取复员费。

第二十二条 对退役的军士，国家采取逐月领取退役金、自主就业、安排工作、退休、供养等方式妥善安置。

服现役满规定年限，以逐月领取退役金方式安置的，按照国家有关规定逐月领取退役金。

服现役不满规定年限，以自主就业方式安置的，领取一次性退役金。

以安排工作方式安置的，由安置地人民政府根据其服现役期间所做贡献、专长等安排工作岗位。

以退休方式安置的，由安置地人民政府按照国家保障与社会化服务相结合的方式，做好服务管理工作，保障其待遇。

以供养方式安置的，由国家供养终身。

第二十三条 对退役的义务兵，国家采取自主就业、安排工作、供养等方式妥善安置。

以自主就业方式安置的，领取一次性退役金。

以安排工作方式安置的，由安置地人民政府根据其服现役期间所做贡献、专长等安排工作岗位。

以供养方式安置的，由国家供养终身。

第二十四条 退休、转业、逐月领取退役金、复员、自主就业、安排工作、供养等安置方式的适用条件，按照相关法律法规执行。

第二十五条 转业军官、安排工作的军士和义务兵，由机关、群团组织、事业单位和国有企业接收安置。对下列退役军人，优先安置：

（一）参战退役军人；

（二）担任作战部队师、旅、团、营级单位主官的转业军官；

（三）属于烈士子女、功臣模范的退役军人；

（四）长期在艰苦边远地区或者特殊岗位服现役的退役军人。

第二十六条 机关、群团组织、事业单位接收安置转业军官、安排工作的军士和义务兵的，应当按照国家有关规定给予编制保障。

国有企业接收安置转业军官、安排工作的军士和义务兵的，应当按照国家规定与其签订劳动合同，保障相应待遇。

前两款规定的用人单位依法裁减人员时，应当优先留用接收安置的转业和安排工作的退役军人。

第二十七条 以逐月领取退役金方式安置的退役军官和军士，被录用为公务员或者聘用为事业单位工作人员的，自被录用、聘用下月起停发退役金，其待遇按照公务员、事业单位工作人员管理相关法律法规执行。

第二十八条 国家建立伤病残退役军人指令性移交安置、收治休养制度。军队有关部门应当及时将伤病残退役军人移交安置地人民政府安置。安置地人民政府应当妥善解决伤病残退役军人的住房、医疗、康复、护理和生活困难。

第二十九条 各级人民政府加强拥军优属工作，为军人和家属排忧解难。

符合条件的军官和军士退出现役时，其配偶和子女可以按照国家有关规定随调随迁。

随调配偶在机关或者事业单位工作，符合有关法律法规规定的，安置地人民政府负责安排到相应的工作单位；随调配偶在其他单位工作或者无工作单位的，安置地人民政府应当提供就业指导，协助实现就业。

随迁子女需要转学、入学的，安置地人民政府教育行政部门应当予以及时办理。对下列退役军人的随迁子女，优先保障：

（一）参战退役军人；

（二）属于烈士子女、功臣模范的退役军人；

（三）长期在艰苦边远地区或者特殊岗位服现役的退役军人；

（四）其他符合条件的退役军人。

第三十条 军人退役安置的具体办法由国务院、中央军事委员会制定。

第四章 教育培训

第三十一条 退役军人的教育培训应当以提高就业质量为导向，紧密围绕社会需求，为退役军人提供有特色、精细化、针对性强的培训服务。

国家采取措施加强对退役军人的教育培训，帮助退役军人完善知识结构，提高思想政治水平、职业技能水平和综合职业素养，提升就业创业能力。

第三十二条 国家建立学历教育和职业技能培训并行并举的退役军人教育培训体系，建立退役军人教育培训协调机制，统筹规划退役军人教育培训工作。

第三十三条 军人退役前，所在部队在保证完成军事任务的前提下，可以根据部队特点和条件提供职业技能储备培训，组织参加高等教育自学考试和各类高等学校举办的高等学历继续教育，以及知识拓展、技能培训等非学历继续教育。

部队所在地县级以上地方人民政府退役军人工作主管部门应当为现役军人所在部队开展教育培训提供支持和协助。

第三十四条 退役军人在接受学历教育时，按照国家有关规定享受学费和助学金资助等国家教育资助政策。

高等学校根据国家统筹安排，可以通过单列计划、单独招生等方式招考退役军人。

第三十五条 现役军人入伍前已被普通高等学校录取或者是正在普通高等学校就学的学生，服现役期间保留入学资格或者学籍，退役后两年内允许入学或者复学，可以按照国家有关规定转入本校其他专业学习。达到报考研究生条件的，按照国家有关规定享受优惠政策。

第三十六条 国家依托和支持普通高等学校、职业院校（含技工院校）、专业培训机构等教育资源，为退役军人提供职业技能培训。退役军人未达到法定退休年龄需要就业创业的，可以享受职业技能培训补贴等相应扶持政策。

军人退出现役，安置地人民政府应当根据就业需求组织其免费参加职业教育、技能培训，经考试考核合格的，发给相应的学历证书、职业资格证书或者职业技能等级证书并推荐就业。

第三十七条 省级人民政府退役军人工作主管部门会同有关部门加强动态管理，定期对为退役军人提供职业技能培训的普通高等学校、职业院校（含技工院校）、专业培训机构的培训质量进行检查和考核，提高职业技能培训质量和水平。

第五章 就业创业

第三十八条 国家采取政府推动、市场引导、社会支持相结合的方式，鼓励和扶持退役军人就业创业。

第三十九条 各级人民政府应当加强对退役军人就业创业的指导和服务。

县级以上地方人民政府退役军人工作主管部门应当加强对退役军人就业创业的宣传、组织、协调等工作，会同有关部门采取退役军人专场招聘会等形式，开展就业推荐、职业指导，帮助退役军人就业。

第四十条 服现役期间因战、因公、因病致残被评定残疾等级和退役后补评或者重新评定残疾等级的残疾退役军人，有劳动能力和就业意愿的，优先享受国家规定的残疾人就业优惠政策。

第四十一条 公共人力资源服务机构应当免费为退役军人提供职业介绍、创业指导等服务。

国家鼓励经营性人力资源服务机构和社会组织为退役军人就

业创业提供免费或者优惠服务。

退役军人未能及时就业的，在人力资源和社会保障部门办理求职登记后，可以按照规定享受失业保险待遇。

第四十二条 机关、群团组织、事业单位和国有企业在招录或者招聘人员时，对退役军人的年龄和学历条件可以适当放宽，同等条件下优先招录、招聘退役军人。退役的军士和义务兵服现役经历视为基层工作经历。

退役的军士和义务兵入伍前是机关、群团组织、事业单位或者国有企业人员的，退役后可以选择复职复工。

第四十三条 各地应当设置一定数量的基层公务员职位，面向服现役满五年的高校毕业生退役军人招考。

服现役满五年的高校毕业生退役军人可以报考面向服务基层项目人员定向考录的职位，同服务基层项目人员共享公务员定向考录计划。

各地应当注重从优秀退役军人中选聘党的基层组织、社区和村专职工作人员。

军队文职人员岗位、国防教育机构岗位等，应当优先选用符合条件的退役军人。

国家鼓励退役军人参加稳边固边等边疆建设工作。

第四十四条 退役军人服现役年限计算为工龄，退役后与所在单位工作年限累计计算。

第四十五条 县级以上地方人民政府投资建设或者与社会共建的创业孵化基地和创业园区，应当优先为退役军人创业提供服务。有条件的地区可以建立退役军人创业孵化基地和创业园区，为退役军人提供经营场地、投资融资等方面的优惠服务。

第四十六条 退役军人创办小微企业，可以按照国家有关规定申请创业担保贷款，并享受贷款贴息等融资优惠政策。

退役军人从事个体经营，依法享受税收优惠政策。

第四十七条 用人单位招用退役军人符合国家规定的，依法享受税收优惠等政策。

第六章　抚恤优待

第四十八条　各级人民政府应当坚持普惠与优待叠加的原则，在保障退役军人享受普惠性政策和公共服务基础上，结合服现役期间所做贡献和各地实际情况给予优待。

对参战退役军人，应当提高优待标准。

第四十九条　国家逐步消除退役军人抚恤优待制度城乡差异、缩小地区差异，建立统筹平衡的抚恤优待量化标准体系。

第五十条　退役军人依法参加养老、医疗、工伤、失业、生育等社会保险，并享受相应待遇。

退役军人服现役年限与入伍前、退役后参加职工基本养老保险、职工基本医疗保险、失业保险的缴费年限依法合并计算。

第五十一条　退役军人符合安置住房优待条件的，实行市场购买与军地集中统建相结合，由安置地人民政府统筹规划、科学实施。

第五十二条　军队医疗机构、公立医疗机构应当为退役军人就医提供优待服务，并对参战退役军人、残疾退役军人给予优惠。

第五十三条　退役军人凭退役军人优待证等有效证件享受公共交通、文化和旅游等优待，具体办法由省级人民政府制定。

第五十四条　县级以上人民政府加强优抚医院、光荣院建设，充分利用现有医疗和养老服务资源，收治或者集中供养孤老、生活不能自理的退役军人。

各类社会福利机构应当优先接收老年退役军人和残疾退役军人。

第五十五条　国家建立退役军人帮扶援助机制，在养老、医疗、住房等方面，对生活困难的退役军人按照国家有关规定给予帮扶援助。

第五十六条 残疾退役军人依法享受抚恤。

残疾退役军人按照残疾等级享受残疾抚恤金，标准由国务院退役军人工作主管部门会同国务院财政部门综合考虑国家经济社会发展水平、消费物价水平、全国城镇单位就业人员工资水平、国家财力情况等因素确定。残疾抚恤金由县级人民政府退役军人工作主管部门发放。

第七章 褒扬激励

第五十七条 国家建立退役军人荣誉激励机制，对在社会主义现代化建设中做出突出贡献的退役军人予以表彰、奖励。退役军人服现役期间获得表彰、奖励的，退役后按照国家有关规定享受相应待遇。

第五十八条 退役军人安置地人民政府在接收退役军人时，应当举行迎接仪式。迎接仪式由安置地人民政府退役军人工作主管部门负责实施。

第五十九条 地方人民政府应当为退役军人家庭悬挂光荣牌，定期开展走访慰问活动。

第六十条 国家、地方和军队举行重大庆典活动时，应当邀请退役军人代表参加。

被邀请的退役军人参加重大庆典活动时，可以穿着退役时的制式服装，佩戴服现役期间和退役后荣获的勋章、奖章、纪念章等徽章。

第六十一条 国家注重发挥退役军人在爱国主义教育和国防教育活动中的积极作用。机关、群团组织、企业事业单位和社会组织可以邀请退役军人协助开展爱国主义教育和国防教育。县级以上人民政府教育行政部门可以邀请退役军人参加学校国防教育培训，学校可以聘请退役军人参与学生军事训练。

第六十二条 县级以上人民政府退役军人工作主管部门应当加强对退役军人先进事迹的宣传，通过制作公益广告、创作主题文艺作品等方式，弘扬爱国主义精神、革命英雄主义精神和退役军人敬业奉献精神。

第六十三条 县级以上地方人民政府负责地方志工作的机构应当将本行政区域内下列退役军人的名录和事迹，编辑录入地方志：

（一）参战退役军人；

（二）荣获二等功以上奖励的退役军人；

（三）获得省部级或者战区级以上表彰的退役军人；

（四）其他符合条件的退役军人。

第六十四条 国家统筹规划烈士纪念设施建设，通过组织开展英雄烈士祭扫纪念活动等多种形式，弘扬英雄烈士精神。退役军人工作主管部门负责烈士纪念设施的修缮、保护和管理。

国家推进军人公墓建设。符合条件的退役军人去世后，可以安葬在军人公墓。

第八章　服务管理

第六十五条 国家加强退役军人服务机构建设，建立健全退役军人服务体系。县级以上人民政府设立退役军人服务中心，乡镇、街道、农村和城市社区设立退役军人服务站点，提升退役军人服务保障能力。

第六十六条 退役军人服务中心、服务站点等退役军人服务机构应当加强与退役军人联系沟通，做好退役军人就业创业扶持、优抚帮扶、走访慰问、权益维护等服务保障工作。

第六十七条 县级以上人民政府退役军人工作主管部门应当加强退役军人思想政治教育工作，及时掌握退役军人的思想情况和工作生活状况，指导接收安置单位和其他组织做好退役军人的思想政治工作和有关保障工作。

接收安置单位和其他组织应当结合退役军人工作和生活状况，做好退役军人思想政治工作和有关保障工作。

第六十八条 县级以上人民政府退役军人工作主管部门、接收安置单位和其他组织应当加强对退役军人的保密教育和管理。

第六十九条 县级以上人民政府退役军人工作主管部门应当通过广播、电视、报刊、网络等多种渠道宣传与退役军人相关的法律法规和政策制度。

第七十条 县级以上人民政府退役军人工作主管部门应当建立健全退役军人权益保障机制，畅通诉求表达渠道，为退役军人维护其合法权益提供支持和帮助。退役军人的合法权益受到侵害，应当依法解决。公共法律服务有关机构应当依法为退役军人提供法律援助等必要的帮助。

第七十一条 县级以上人民政府退役军人工作主管部门应当依法指导、督促有关部门和单位做好退役安置、教育培训、就业创业、抚恤优待、褒扬激励、拥军优属等工作，监督检查退役军人保障相关法律法规和政策措施落实情况，推进解决退役军人保障工作中存在的问题。

第七十二条 国家实行退役军人保障工作责任制和考核评价制度。县级以上人民政府应当将退役军人保障工作完成情况，纳入对本级人民政府负责退役军人有关工作的部门及其负责人、下级人民政府及其负责人的考核评价内容。

对退役军人保障政策落实不到位、工作推进不力的地区和单位，由省级以上人民政府退役军人工作主管部门会同有关部门约谈该地区人民政府主要负责人或者该单位主要负责人。

第七十三条 退役军人工作主管部门及其工作人员履行职责，应当自觉接受社会监督。

第七十四条 对退役军人保障工作中违反本法行为的检举、控告，有关机关和部门应当依法及时处理，并将处理结果告知检举人、控告人。

第九章　法律责任

第七十五条　退役军人工作主管部门及其工作人员有下列行为之一的，由其上级主管部门责令改正，对直接负责的主管人员和其他直接责任人员依法给予处分：

（一）未按照规定确定退役军人安置待遇的；

（二）在退役军人安置工作中出具虚假文件的；

（三）为不符合条件的人员发放退役军人优待证的；

（四）挪用、截留、私分退役军人保障工作经费的；

（五）违反规定确定抚恤优待对象、标准、数额或者给予退役军人相关待遇的；

（六）在退役军人保障工作中利用职务之便为自己或者他人谋取私利的；

（七）在退役军人保障工作中失职渎职的；

（八）有其他违反法律法规行为的。

第七十六条　其他负责退役军人有关工作的部门及其工作人员违反本法有关规定的，由其上级主管部门责令改正，对直接负责的主管人员和其他直接责任人员依法给予处分。

第七十七条　违反本法规定，拒绝或者无故拖延执行退役军人安置任务的，由安置地人民政府退役军人工作主管部门责令限期改正；逾期不改正的，予以通报批评。对该单位主要负责人和直接责任人员，由有关部门依法给予处分。

第七十八条　退役军人弄虚作假骗取退役相关待遇的，由县级以上地方人民政府退役军人工作主管部门取消相关待遇，追缴非法所得，并由其所在单位或者有关部门依法给予处分。

第七十九条　退役军人违法犯罪的，由省级人民政府退役军人工作主管部门按照国家有关规定中止、降低或者取消其退役相关待遇，报国务院退役军人工作主管部门备案。

退役军人对省级人民政府退役军人工作主管部门作出的中

止、降低或者取消其退役相关待遇的决定不服的，可以依法申请行政复议或者提起行政诉讼。

第八十条 违反本法规定，构成违反治安管理行为的，依法给予治安管理处罚；构成犯罪的，依法追究刑事责任。

第十章 附 则

第八十一条 中国人民武装警察部队依法退出现役的警官、警士和义务兵等人员，适用本法。

第八十二条 本法有关军官的规定适用于文职干部。

军队院校学员依法退出现役的，参照本法有关规定执行。

第八十三条 参试退役军人参照本法有关参战退役军人的规定执行。

参战退役军人、参试退役军人的范围和认定标准、认定程序，由中央军事委员会有关部门会同国务院退役军人工作主管部门等部门规定。

第八十四条 军官离职休养和军级以上职务军官退休后，按照国务院和中央军事委员会的有关规定安置管理。

本法施行前已经按照自主择业方式安置的退役军人的待遇保障，按照国务院和中央军事委员会的有关规定执行。

第八十五条 本法自 2021 年 1 月 1 日起施行。

中共中央　国务院关于构建更加完善的要素市场化配置体制机制的意见

（2020 年 3 月 30 日）

完善要素市场化配置是建设统一开放、竞争有序市场体系的内在要求，是坚持和完善社会主义基本经济制度、加快完善社会主义市场经济体制的重要内容。为深化要素市场化配置改革，促进要素自主有序流动，提高要素配置效率，进一步激发全社会创造力和市场活力，推动经济发展质量变革、效率变革、动力变革，现就构建更加完善的要素市场化配置体制机制提出如下意见。

一、总体要求

（一）指导思想。以习近平新时代中国特色社会主义思想为指导，全面贯彻党的十九大和十九届二中、三中、四中全会精神，坚持稳中求进工作总基调，坚持以供给侧结构性改革为主线，坚持新发展理念，坚持深化市场化改革、扩大高水平开放，破除阻碍要素自由流动的体制机制障碍，扩大要素市场化配置范围，健全要素市场体系，推进要素市场制度建设，实现要素价格市场决定、流动自主有序、配置高效公平，为建设高标准市场体系、推动高质量发展、建设现代化经济体系打下坚实制度基础。

（二）基本原则。一是市场决定，有序流动。充分发挥市场配置资源的决定性作用，畅通要素流动渠道，保障不同市场主体平等获取生产要素，推动要素配置依据市场规则、市场价格、市场竞争实现效益最大化和效率最优化。二是健全制度，创新监管。更好发挥政府作用，健全要素市场运行机制，完善政府调节与监管，做到放活与管好有机结合，提升监管和服务能力，引导各类要素协同向先进生产力集聚。三是问题导向，分类施策。针对市场决定要素配置范围有限、要素流动存在体制机制障碍等问题，根据不同要素属性、市场化程度差异和经济社会发展需要，分类完善要素市场化配置体制机制。四是稳中求进，循序渐进。坚持安全可控，从实际出发，尊重客观规律，培育发展新型要素形态，逐步提高要素质量，因地制宜稳步推进要素市场化配置改革。

二、推进土地要素市场化配置

（三）建立健全城乡统一的建设用地市场。加快修改完善土地管理法实施条例，完善相关配套制度，制定出台农村集体经营性建设用地入市指导意见。全面推开农村土地征收制度改革，扩大国有土地有偿使用范围。建立公平合理的集体经营性建设用地入市增值收益分配制度。建立公共利益征地的相关制度规定。

（四）深化产业用地市场化配置改革。健全长期租赁、先租后让、弹性年期供应、作价出资（入股）等工业用地市场供应体系。在符合国土空间规划和用途管制要求前提下，调整完善产业用地政策，创新使用方式，推动不同产业用地类型合理转换，探索增加混合产业用地供给。

（五）鼓励盘活存量建设用地。充分运用市场机制盘活存量土地和低效用地，研究完善促进盘活存量建设用地的税费制度。以多种方式推进国有企业存量用地盘活利用。深化农村宅基地制度改革试点，深入推进建设用地整理，完善城乡建设用地增减挂钩政策，为乡村振兴和城乡融合发展提供土地要素保障。

（六）完善土地管理体制。完善土地利用计划管理，实施年度建设用地总量调控制度，增强土地管理灵活性，推动土地计划指标更加合理化，城乡建设用地指标使用应更多由省级政府负责。在国土空间规划编制、农村房地一体不动产登记基本完成的前提下，建立健全城乡建设用地供应三年滚动计划。探索建立全国性的建设用地、补充耕地指标跨区域交易机制。加强土地供应利用统计监测。实施城乡土地统一调查、统一规划、统一整治、统一登记。推动制定不动产登记法。

三、引导劳动力要素合理畅通有序流动

（七）深化户籍制度改革。推动超大、特大城市调整完善积分落户政策，探索推动在长三角、珠三角等城市群率先实现户籍准入年限同城化累计互认。放开放宽除个别超大城市外的城市落户限制，试行以经常居住地登记户口制度。建立城镇教育、就业创业、医疗卫生等基本公共服务与常住人口挂钩机制，推动公共资源按常住人口规模配置。

（八）畅通劳动力和人才社会性流动渠道。健全统一规范的人力资源市场体系，加快建立协调衔接的劳动力、人才流动政策体系和交流合作机制。营造公平就业环境，依法纠正身份、性别等就业歧视现象，保障城乡劳动者享有平等就业权利。进一步畅通企业、社会组织人员进入党政机关、国有企事业单位渠道。优化国有企事业单位面向社会选人用人机制，深入推行国有企业分级分类公开招聘。加强就业援助，实施优先扶持和重点帮助。完善人事档案管理服务，加快提升人事档案信息化水平。

（九）完善技术技能评价制度。创新评价标准，以职业能力为核心制定职业标准，进一步打破户籍、地域、身份、档案、人事关系等制约，畅通非公有制经济组织、社会组织、自由职业专业技术人员职称申报渠道。加快建立劳动者终身职业技能培训制度。推进社会化职称评审。完善技术工人评价选拔制度。探索实现职业技能等级证书和学历证书互通衔接。加强公共卫生队伍建设，健全执业人员培养、准入、使用、待遇保障、考核评价和激励机制。

（十）加大人才引进力度。畅通海外科学家来华工作通道。

在职业资格认定认可、子女教育、商业医疗保险以及在中国境内停留、居留等方面，为外籍高层次人才来华创新创业提供便利。

四、推进资本要素市场化配置

（十一）完善股票市场基础制度。制定出台完善股票市场基础制度的意见。坚持市场化、法治化改革方向，改革完善股票市场发行、交易、退市等制度。鼓励和引导上市公司现金分红。完善投资者保护制度，推动完善具有中国特色的证券民事诉讼制度。完善主板、科创板、中小企业板、创业板和全国中小企业股份转让系统（新三板）市场建设。

（十二）加快发展债券市场。稳步扩大债券市场规模，丰富债券市场品种，推进债券市场互联互通。统一公司信用类债券信息披露标准，完善债券违约处置机制。探索对公司信用类债券实行发行注册管理制。加强债券市场评级机构统一准入管理，规范信用评级行业发展。

（十三）增加有效金融服务供给。健全多层次资本市场体系。构建多层次、广覆盖、有差异、大中小合理分工的银行机构体系，优化金融资源配置，放宽金融服务业市场准入，推动信用信息深度开发利用，增加服务小微企业和民营企业的金融服务供给。建立县域银行业金融机构服务“三农”的激励约束机制。推进绿色金融创新。完善金融机构市场化法治化退出机制。

（十四）主动有序扩大金融业对外开放。稳步推进人民币国际化和人民币资本项目可兑换。逐步推进证券、基金行业对内对外双向开放，有序推进期货市场对外开放。逐步放宽外资金融机构准入条件，推进境内金融机构参与国际金融市场交易。

五、加快发展技术要素市场

（十五）健全职务科技成果产权制度。深化科技成果使用权、处置权和收益权改革，开展赋予科研人员职务科技成果所有权或长期使用权试点。强化知识产权保护和运用，支持重大技术装备、重点新材料等领域的自主知识产权市场化运营。

（十六）完善科技创新资源配置方式。改革科研项目立项和组织实施方式，坚持目标引领，强化成果导向，建立健全多元化支持机制。完善专业机构管理项目机制。加强科技成果转化中试基地建设。支持有条件的企业承担国家重大科技项目。建立市场化社会化的科研成果评价制度，修订技术合同认定规则及科技成果登记管理办法。建立健全科技成果常态化路演和科技创新咨询制度。

（十七）培育发展技术转移机构和技术经理人。加强国家技术转移区域中心建设。支持科技企业与高校、科研机构合作建立技术研发中心、产业研究院、中试基地等新型研发机构。积极推进科研院所分类改革，加快推进应用技术类科研院所市场化、企业化发展。支持高校、科研机构和科技企业设立技术转移部门。建立国家技术转移人才培养体系，提高技术转移专业服务能力。

（十八）促进技术要素与资本要素融合发展。积极探索通过天使投资、创业投资、知识产权证券化、科技保险等方式推动科技成果资本化。鼓励商业银行采用知识产权质押、预期收益质押等融资方式，为促进技术转移转化提供更多金融产品服务。

（十九）支持国际科技创新合作。深化基础研究国际合作，组织实施国际科技创新合作重点专项，探索国际科技创新合作新模式，扩大科技领域对外开放。加大抗病毒药物及疫苗研发国际合作力度。开展创新要素跨境便利流动试点，发展离岸创新创业，探索推动外籍科学家领衔承担政府支持科技项目。发展技术贸易，促进技术进口来源多元化，扩大技术出口。

六、加快培育数据要素市场

（二十）推进政府数据开放共享。优化经济治理基础数据库，加快推动各地区各部门间数据共享交换，制定出台新一批数据共享责任清单。研究建立促进企业登记、交通运输、气象等公共数据开放和数据资源有效流动的制度规范。

（二十一）提升社会数据资源价值。培育数字经济新产业、新业态和新模式，支持构建农业、工业、交通、教育、安防、城市管理、公共资源交易等领域规范化数据开发利用的场景。发挥行业协会商会作用，推动人工智能、可穿戴设备、车联网、物联网等领域数据采集标准化。

（二十二）加强数据资源整合和安全保护。探索建立统一规范的数据管理制度，提高数据质量和规范性，丰富数据产品。研究根据数据性质完善产权性质。制定数据隐私保护制度和安全审查制度。推动完善适用于大数据环境下的数据分类分级安全保护制度，加强对政务数据、企业商业秘密和个人数据的保护。

七、加快要素价格市场化改革

（二十三）完善主要由市场决定要素价格机制。完善城乡基准地价、标定地价的制定与发布制度，逐步形成与市场价格挂钩动态调整机制。健全最低工资标准调整、工资集体协商和企业薪酬调查制度。深化国有企业工资决定机制改革，完善事业单位岗位绩效工资制度。建立公务员和企业相当人员工资水平调查比较制度，落实并完善工资正常调整机制。稳妥推进存贷款基准利率与市场利率并轨，提高债券市场定价效率，健全反映市场供求关系的国债收益率曲线，更好发挥国债收益率曲线定价基准作用。增强人民币汇率弹性，保持人民币汇率在合理均衡水平上的基本稳定。

（二十四）加强要素价格管理和监督。引导市场主体依法合理行使要素定价自主权，推动政府定价机制由制定具体价格水平向制定定价规则转变。构建要素价格公示和动态监测预警体系，逐步建立要素价格调查和信息发布制度。完善要素市场价格异常波动调节机制。加强要素领域价格反垄断工作，维护要素市场价格秩序。

（二十五）健全生产要素由市场评价贡献、按贡献决定报酬的机制。着重保护劳动所得，增加劳动者特别是一线劳动者劳动报酬，提高劳动报酬在初次分配中的比重。全面贯彻落实以增加知识价值为导向的收入分配政策，充分尊重科研、技术、管理人才，充分体现技术、知识、管理、数据等要素的价值。

八、健全要素市场运行机制

（二十六）健全要素市场化交易平台。拓展公共资源交易平台功能。健全科技成果交易平台，完善技术成果转化公开交易与监管体系。引导培育大数据交易市场，依法合规开展数据交易。支持各类所有制企业参与要素交易平台建设，规范要素交易平台治理，健全要素交易信息披露制度。

（二十七）完善要素交易规则和服务。研究制定土地、技术市场交易管理制度。建立健全数据产权交易和行业自律机制。推进全流程电子化交易。推进实物资产证券化。鼓励要素交易平台与各类金融机构、中介机构合作，形成涵盖产权界定、价格评估、流转交易、担保、保险等业务的综合服务体系。

（二十八）提升要素交易监管水平。打破地方保护，加强反垄断和反不正当竞争执法，规范交易行为，健全投诉举报查处机制，防止发生损害国家安全及公共利益的行为。加强信用体系建设，完善失信行为认定、失信联合惩戒、信用修复等机制。健全交易风险防范处置机制。

（二十九）增强要素应急配置能力。把要素的应急管理和配置作为国家应急管理体系建设的重要内容，适应应急物资生产调配和应急管理需要，建立对相关生产要素的紧急调拨、采购等制度，提高应急状态下的要素高效协同配置能力。鼓励运用大数据、人工智能、云计算等数字技术，在应急管理、疫情防控、资源调配、社会管理等方面更好发挥作用。

九、组织保障

（三十）加强组织领导。各地区各部门要充分认识完善要素市场化配置的重要性，切实把思想和行动统一到党中央、国务院决策部署上来，明确职责分工，完善工作机制，落实工作责任，研究制定出台配套政策措施，确保本意见确定的各项重点任务落到实处。

（三十一）营造良好改革环境。深化“放管服”改革，强化竞争政策基础地位，打破行政性垄断、防止市场垄断，清理废除妨碍统一市场和公平竞争的各种规定和做法，进一步减少政府对要素的直接配置。深化国有企业和国有金融机构改革，完善法人治理结构，确保各类所有制企业平等获取要素。

（三十二）推动改革稳步实施。在维护全国统一大市场的前提下，开展要素市场化配置改革试点示范。及时总结经验，认真研究改革中出现的新情况新问题，对不符合要素市场化配置改革的相关法律法规，要按程序抓紧推动调整完善。

国务院办公厅关于进一步优化营商环境更好服务市场主体的实施意见

国办发〔2020〕24号

各省、自治区、直辖市人民政府，国务院各部委、各直属机构：

党中央、国务院高度重视深化“放管服”改革优化营商环境工作。近年来，我国营商环境明显改善，但仍存在一些短板和薄弱环节，特别是受新冠肺炎疫情等影响，企业困难凸显，亟需进一步聚焦市场主体关切，对标国际先进水平，既立足当前又着眼长远，更多采取改革的办法破解企业生产经营中的堵点痛点，强化为市场主体服务，加快打造市场化法治化国际化营商环境，这是做好“六稳”工作、落实“六保”任务的重要抓手。为持续深化“放管服”改革优化营商环境，更大激发市场活力，增强发展内生动力，经国务院同意，现提出以下意见。

一、持续提升投资建设便利度

（一）优化再造投资项目前期审批流程。从办成项目前期“一件事”出发，健全部门协同工作机制，加强项目立项与用地、规划等建设条件衔接，推动有条件的地方对项目可行性研究、用地预审、选址、环境影响评价、安全评价、水土保持评价、压覆重要矿产资源评估等事项，实行项目单位编报一套材料，政府部门统一受理、同步评估、同步审批、统一反馈，加快项目落地。优化全国投资项目在线审批监管平台审批流程，实现批复文件等在线打印。（国家发展改革委牵头，国务院相关部门

及各地区按职责分工负责）

（二）进一步提升工程建设项目审批效率。全面推行工程建设项目分级分类管理，在确保安全前提下，对社会投资的小型低风险新建、改扩建项目，由政府部门发布统一的企业开工条件，企业取得用地、满足开工条件后作出相关承诺，政府部门直接发放相关证书，项目即可开工。加快推动工程建设项目全流程在线审批，推进工程建设项目审批管理系统与投资审批、规划、消防等管理系统数据实时共享，实现信息一次填报、材料一次上传、相关评审意见和审批结果即时推送。2020 年底前将工程建设项目审批涉及的行政许可、备案、评估评审、中介服务、市政公用服务等纳入线上平台，公开办理标准和费用。（住房城乡建设部牵头，国务院相关部门及各地区按职责分工负责）

（三）深入推进“多规合一”。抓紧统筹各类空间性规划，积极推进各类相关规划数据衔接或整合，推动尽快消除规划冲突和“矛盾图斑”。统一测绘技术标准和规则，在用地、规划、施工、验收、不动产登记等各阶段，实现测绘成果共享互认，避免重复测绘。（自然资源部牵头，住房城乡建设部等国务院相关部门及各地区按职责分工负责）

二、进一步简化企业生产经营审批和条件

（四）进一步降低市场准入门槛。围绕工程建设、教育、医疗、体育等领域，集中清理有关部门和地方在市场准入方面对企业资质、资金、股比、人员、场所等设置的不合理条件，列出台账并逐项明确解决措施、责任主体和完成时限。研究对诊所设置、诊所执业实行备案管理，扩大医疗服务供给。对于海事劳工证书，推动由政府部门直接受理申请、开展检查和签发，不再要求企业为此接受船检机构检查，且不收取企业办证费用。通过在线审批等方式简化跨地区巡回演出审批程序。（国家发展改革委、教育部、住房城乡建设部、交通运输部、商务部、文化和旅游部、国家卫生健康委、体育总局等国务院相关部门及各地区按

职责分工负责）

（五）精简优化工业产品生产流通等环节管理措施。2020年底前将保留的重要工业产品生产许可证管理权限全部下放给省级人民政府市场监督管理部门。加强机动车生产、销售、登记、维修、保险、报废等信息的共享和应用，提升机动车流通透明度。督促地方取消对二手车经销企业登记注册地设置的不合理规定，简化二手车经销企业购入机动车交易登记手续。2020年底前优化新能源汽车免征车辆购置税的车型目录和享受车船税减免优惠的车型目录发布程序，实现与道路机动车辆生产企业及产品公告"一次申报、一并审查、一批发布"，企业依据产品公告即可享受相关税收减免政策。（工业和信息化部、公安部、财政部、交通运输部、商务部、税务总局、市场监管总局、银保监会等国务院相关部门按职责分工负责）

（六）降低小微企业等经营成本。支持地方开展"一照多址"改革，简化企业设立分支机构的登记手续。在确保食品安全前提下，鼓励有条件的地方合理放宽对连锁便利店制售食品在食品处理区面积等方面的审批要求，探索将食品经营许可（仅销售预包装食品）改为备案，合理制定并公布商户牌匾、照明设施等标准。鼓励引导平台企业适当降低向小微商户收取的平台佣金等服务费用和条码支付、互联网支付等手续费，严禁平台企业滥用市场支配地位收取不公平的高价服务费。在保障劳动者职业健康前提下，对职业病危害一般的用人单位适当降低职业病危害因素检测频次。在工程建设、政府采购等领域，推行以保险、保函等替代现金缴纳涉企保证金，减轻企业现金流压力。（市场监管总局、中央网信办、工业和信息化部、财政部、住房城乡建设部、交通运输部、水利部、国家卫生健康委、人民银行、银保监会等相关部门及各地区按职责分工负责）

三、优化外贸外资企业经营环境

（七）进一步提高进出口通关效率。推行进出口货物"提前申报”，企业提前办理申报手续，海关在货物运抵海关监管作业场所后即办理货物查验、放行手续。优化进口“两步申报”通关模式，企业进行“概要申报”且海关完成风险排查处置后，即允许企业将货物提离。在符合条件的监管作业场所开展进口货物“船边直提”和出口货物“抵港直装”试点。推行查验作业全程监控和留痕，允许有条件的地方实行企业自主选择是否陪同查验，减轻企业负担。严禁口岸为压缩通关时间简单采取单日限流、控制报关等不合理措施。（海关总署牵头，国务院相关部门及各地区按职责分工负责）

（八）拓展国际贸易“单一窗口”功能。加快“单一窗口”功能由口岸通关执法向口岸物流、贸易服务等全链条拓展，实现港口、船代、理货等收费标准线上公开、在线查询。除涉密等特殊情况外，进出口环节涉及的监管证件原则上都应通过“单一窗口”一口受理，由相关部门在后台分别办理并实施监管，推动实现企业在线缴费、自主打印证件。（海关总署牵头，生态环境部、交通运输部、农业农村部、商务部、市场监管总局、国家药监局等国务院相关部门及各地区按职责分工负责）

（九）进一步减少外资外贸企业投资经营限制。支持外贸企业出口产品转内销，推行以外贸企业自我声明等方式替代相关国内认证，对已经取得相关国际认证且认证标准不低于国内标准的产品，允许外贸企业作出符合国内标准的书面承诺后直接上市销售，并加强事中事后监管。授权全国所有地级及以上城市开展外商投资企业注册登记。（商务部、市场监管总局等国务院相关部门及各地区按职责分工负责）

四、进一步降低就业创业门槛

（十）优化部分行业从业条件。推动取消除道路危险货物运输以外的道路货物运输驾驶员从业资格考试，并将相关考试培训内容纳入相应等级机动车驾驶证培训，驾驶员凭培训结业证书和机动车驾驶证申领道路货物运输驾驶员从业资格证。改革执业兽医资格考试制度，便利兽医相关专业高校在校生报名参加考试。加快推动劳动者入职体检结果互认，减轻求职者负担。（人力资源社会保障部、交通运输部、农业农村部等国务院相关部门及各地区按职责分工负责）

（十一）促进人才流动和灵活就业。2021年6月底前实现专业技术人才职称信息跨地区在线核验，鼓励地区间职称互认。引导有需求的企业开展“共享用工”，通过用工余缺调剂提高人力资源配置效率。统一失业保险转移办理流程，简化失业保险申领程序。各地要落实属地管理责任，在保障安全卫生、不损害公共利益等条件下，坚持放管结合，合理设定流动摊贩经营场所。（人力资源社会保障部、市场监管总局、住房城乡建设部等国务院相关部门及各地区按职责分工负责）

（十二）完善对新业态的包容审慎监管。加快评估已出台的新业态准入和监管政策，坚决清理各类不合理管理措施。在保证医疗安全和质量前提下，进一步放宽互联网诊疗范围，将符合条件的互联网医疗服务纳入医保报销范围，制定公布全国统一的互联网医疗审批标准，加快创新型医疗器械审评审批并推进临床应用。统一智能网联汽车自动驾驶功能测试标准，推动实现封闭场地测试结果全国通用互认，督促封闭场地向社会公开测试服务项目及收费标准，简化测试通知书申领及异地换发手续，对测试通知书到期但车辆状态未改变的无需重复测试、直接延长期限。降低导航电子地图制作测绘资质申请条件，压减资质延续和信息变更的办理时间。（工业和信息化部、公安部、自然资源部、交通运输部、国家卫生健康委、国家医保局、国家药监局等国务院相关部门及各地区按职责分工负责）

（十三）增加新业态应用场景等供给。围绕城市治理、公共服务、政务服务等领域，鼓励地方通过搭建供需对接平台等为新技术、新产品提供更多应用场景。在条件成熟的特定路段及有需求的机场、港口、园区等区域探索开展智能网联汽车示范应用。

建立健全政府及公共服务机构数据开放共享规则，推动公共交通、路政管理、医疗卫生、养老等公共服务领域和政府部门数据有序开放。（国家发展改革委牵头，中央网信办、工业和信息化部、公安部、民政部、住房城乡建设部、交通运输部、国家卫生健康委等相关部门及各地区按职责分工负责）

五、提升涉企服务质量和效率

（十四）推进企业开办经营便利化。全面推行企业开办全程网上办，提升企业名称自主申报系统核名智能化水平，在税务、人力资源社会保障、公积金、商业银行等服务领域加快实现电子营业执照、电子印章应用。放宽小微企业、个体工商户登记经营场所限制。探索推进“一业一证”改革，将一个行业准入涉及的多张许可证整合为一张许可证，实现“一证准营”、跨地互认通用。梳理各类强制登报公告事项，研究推动予以取消或调整为网上免费公告。加快推进政务服务事项跨省通办。（市场监管总局、国务院办公厅、司法部、人力资源社会保障部、住房城乡建设部、人民银行、税务总局、银保监会、证监会等国务院相关部门及各地区按职责分工负责）

（十五）持续提升纳税服务水平。2020年底前基本实现增值税专用发票电子化，主要涉税服务事项基本实现网上办理。简化增值税等税收优惠政策申报程序，原则上不再设置审批环节。强化税务、海关、人民银行等部门数据共享，加快出口退税进度，推行无纸化单证备案。（税务总局牵头，人民银行、海关总署等国务院相关部门按职责分工负责）

（十六）进一步提高商标注册效率。提高商标网上服务系统数据更新频率，提升系统智能检索功能，推动实现商标图形在线自动比对。进一步压缩商标异议、驳回复审的审查审理周期，及时反馈审查审理结果。2020年底前将商标注册平均审查周期压缩至4个月以内。（国家知识产权局负责）

（十七）优化动产担保融资服务。鼓励引导商业银行支持中小企业以应收账款、生产设备、产品、车辆、船舶、知识产权等动产和权利进行担保融资。推动建立以担保人名称为索引的电子数据库，实现对担保品登记状态信息的在线查询、修改或撤销。(人民银行牵头，国家发展改革委、公安部、交通运输部、市场监管总局、银保监会、国家知识产权局等国务院相关部门按职责分工负责)

六、完善优化营商环境长效机制

(十八) 建立健全政策评估制度。研究制定建立健全政策评估制度的指导意见，以政策效果评估为重点，建立对重大政策开展事前、事后评估的长效机制，推进政策评估工作制度化、规范化，使政策更加科学精准、务实管用。(国务院办公厅牵头，各地区、各部门负责)

(十九) 建立常态化政企沟通联系机制。加强与企业和行业协会商会的常态化联系，完善企业服务体系，加快建立营商环境诉求受理和分级办理“一张网”，更多采取“企业点菜”方式推进“放管服”改革。加快推进政务服务热线整合，进一步规范政务服务热线受理、转办、督办、反馈、评价流程，及时回应企业和群众诉求。(国务院办公厅牵头，国务院相关部门和单位及各地区按职责分工负责)

(二十) 抓好惠企政策兑现。各地要梳理公布惠企政策清单，根据企业所属行业、规模等主动精准推送政策，县级政府出台惠企措施时要公布相关负责人及联系方式，实行政策兑现“落实到人”。鼓励推行惠企政策“免申即享”，通过政府部门信息共享等方式，实现符合条件的企业免予申报、直接享受政策。对确需企业提出申请的惠企政策，要合理设置并公开申请条件，简化申报手续，加快实现一次申报、全程网办、快速兑现。(各地区、各部门负责)

各地区、各部门要认真贯彻落实本意见提出的各项任务和要求，围绕市场主体需求，研究推出更多务实管用的改革举措，相关落实情况年底前报国务院。有关改革事项涉及法律法规调整的，要按照重大改革于法有据的要求，抓紧推动相关法律法规的立改废释。国务院办公厅要加强对深化“放管服”改革和优化营商环境工作的业务指导，强化统筹协调和督促落实，确保改革措施落地见效。

2020 年 7 月 15 日

国务院办公厅关于加快推进政务服务“跨省通办”的指导意见

国办发〔2020〕35号

各省、自治区、直辖市人民政府，国务院各部委、各直属机构：

推进政务服务“跨省通办”，是转变政府职能、提升政务服务能力的重要途径，是畅通国民经济循环、促进要素自由流动的重要支撑，对于提升国家治理体系和治理能力现代化水平具有重要作用。近年来，党中央、国务院陆续出台审批服务便民化、“互联网+政务服务”、优化营商环境等一系列政策文件，全国一体化政务服务平台初步建成并发挥作用，政务服务“一网通办”深入推进，各地区各部门积极开展政务服务改革探索和创新实践，政务服务便捷度和群众获得感显著提升。但企业（包括个体工商户、农民专业合作社，下同）和群众异地办事仍面临不少堵点难点问题，“多地跑”“折返跑”等现象仍然存在。为深化“放管服”改革，进一步优化政务服务，经国务院同意，现就加快推进政务服务“跨省通办”提出以下意见。

一、总体要求

（一）指导思想。

以习近平新时代中国特色社会主义思想为指导，全面贯彻落实党的十九大和十九届二中、三中、四中全会精神，按照党中央、国务院决策部署，坚持以人民为中心的发展思想，坚持新发展理念，适应统筹推进疫情防控和经济社会发展形势要求，有效服务人口流动、生产要素自由流动和产业链高效协同，纵深推进“放管服”改革，优化政务服务，完善事中事后监管，加快推动政务服务从政府部门供给导向向企业和群众需求导向转变，依托全国一体化政务服务平台和各级政务服务机构，着力打通业务链条和数据共享堵点，推动更多政务服务事项“跨省通办”，为建设人民满意的服务型政府提供有力保障。

（二）基本原则。

坚持需求导向。聚焦企业和群众普遍关切的异地办事事项，围绕保障改善民生、促进就业创业和便利企业跨地区生产经营，促进政务服务供给与企业、群众需求有效对接，推动政务服务绩效由企业和群众评判。

坚持改革创新。紧扣政务服务“跨省通办”全环节，创新工作理念和制度机制，充分运用大数据、人工智能、区块链等新技术手段，优化再造业务流程，强化业务协同，打破地域阻隔和部门壁垒，促进条块联通和上下联动。

坚持便民高效。优化服务方式，丰富办事渠道，大力推进政务服务“跨省通办”减时间、减环节、减材料、减跑动，实现企业和群众异地办事“马上办、网上办、就近办、一地办”。

坚持依法监管。加强政务服务“跨省通办”业务流程改革后的事中事后监管，防止出现监管真空，推行“互联网+监管”和信用监管，确保事有人管、责有人负，实现无缝衔接，对失信和欺诈行为“零容忍”，保障市场主体公平参与市场竞争，切实维护人民群众合法权益。

（三）工作目标。

从高频政务服务事项入手，2020 年底前实现第一批事项“跨省通办”，2021 年底前基本实现高频政务服务事项“跨省通办”，同步建立清单化管理制度和更新机制，逐步纳入其他办事事项，有效满足各类市场主体和广大人民群众异地办事需求。

二、重点任务

（一）聚焦保障改善民生，推动个人服务高频事项“跨省通办”。围绕教育、就业、社保、医疗、养老、居住、婚育、出行等与群众生活密切相关的异地办事需求，推动社会保障卡申领、异地就医登记备案和结算、养老保险关系转移接续、户口迁移、住房公积金转移接续、就业创业、婚姻登记、生育登记等事项加快实现“跨省通办”，便利群众异地办事，提升人民群众获得感。

（二）聚焦助力惠企利企，推动企业生产经营高频事项“跨省通办”。围绕生产要素自由流动、企业跨地区生产经营、产业链供应链协同和建立全国统一大市场，推动企业等各类市场主体登记注册和涉企经营许可等事项“跨省通办”，简化优化各类跨地区投资项目审批、工程建设项目审批等流程手续，方便企业开展生产经营活动，提升跨区域政务服务水平，激发市场主体活力。

（三）鼓励区域“跨省通办”先行探索和“省内通办”拓展深化。在全国高频政务服务“跨省通办”事项清单基础上，支持京津冀、粤港澳大湾区、长三角、成渝等地区，进一步拓展“跨省通办”范围和深度，为区域协调发展提供支撑保障。支持劳动力输出输入、东西部协作等省区市点对点开展“跨省通办”。支持各地区拓展深化，推动更多政务服务事项“省内通办”。有关行业主管部门要加强对本行业承担公共服务职能企事业单位的指导、监督，鼓励将有需求、有条件的服务事项纳入“跨省通办”范围。

三、优化政务服务“跨省通办”业务模式

（一）深化“全程网办”。除法律法规规定必须到现场办理的事项外，按照“应上尽上”的原则，政务服务事项全部纳入全国一体化政务服务平台，提供申请受理、审查决定、颁证送达等全流程全环节网上服务，实现申请人“单点登录、全国漫游、无感切换”，由业务属地为申请人远程办理。进一步改革制约全流程网上办理的规章制度和业务流程，不得强制要求申请人到现场办理。政府部门核发的证照批文，能通过数据共享查询、核验的，不再要求申请人到现场核验原件。

（二）拓展“异地代收代办”。对法律法规明确要求必须到现场办理的政务服务事项，在不改变各省区市原有办理事权的基础上，通过“收受分离”模式，打破事项办理的属地化管理限制，申请人可在政务服务大厅设置的“跨省通办”窗口提交申请材料，窗口收件后对申请材料进行形式审查、身份核验，通过邮件寄递至业务属地部门完成办理，业务属地部门寄递纸质结果或网络送达办理结果。同步建立异地收件、问题处理、监督管理、责任追溯机制，明确收件地和办理地的工作职责、业务流转程序等，确保收件、办理两地权责清晰、高效协同。支持各地进一步深化“异地受理、无差别办理”服务。

（三）优化“多地联办”。对需要申请人分别到不同地方现场办理的政务服务事项，减少申请人办理手续和跑动次数，改革原有业务规则，整合申请人多地办理流程，改由一地受理申请、各地政府部门内部协同，申请材料和档案材料通过全国一体化政务服务平台共享，实现申请人只需到一地即可完成办理。建立多地协同办理工作机制，明确办理流程和责任。

四、加强政务服务“跨省通办”服务支撑

（一）加强全国一体化政务服务平台“跨省通办”服务能力。在国家政务服务平台建设全国“跨省通办”专区，作为全国“跨省通办”服务总入口，建立个人和企业专属空间，精准推送“跨省通办”服务。充分发挥全国一体化政务服务平台公共入口、公共通道、公共支撑作用，完善统一身份认证、电子证照、电子印章等支撑能力，推动高频电子证照标准化和跨区域互认共享。国务院各部门要按照全国一体化政务服务平台统一标准和要求，建设完善“跨省通办”相关业务系统，与国家政务服务平台全面对接、深度融合，并通过全国一体化政务服务平台，加快推动本部门垂直业务系统与地方政务服务平台互联互通、协同办理，面向各级政府部门提供跨区域查询和在线核验服务。进一步加强市县政务服务平台建设，加快实现网上政务服务省、市、县、乡镇（街道）、村（社区）五级全覆盖，提升基层在线服务能力。加强全国一体化政务服务平台移动端建设和应用，推动“跨省通办”事项“掌上办”、“指尖办”。

（二）提升“跨省通办”数据共享支撑能力。建立权威高效的数据共享协调机制，明确数据共享供需对接、规范使用、争议处理、安全管理、监督考核、技术支撑等制度流程，满足“跨省通办”数据需求。除现行法律法规另有规定或涉及国家秘密和安全等外，一律面向各级政府部门提供履行职责需要的数据共享服务。依托全国一体化政务服务平台统一受理“跨省通办”数据共享需求并提供服务，加强数据共享运行监测，提升数据质量和协同效率，保障数据的及时性、准确性和安全性。结合推进政务服务“跨省通办”，将更多直接关系企业和群众办事、应用频次高的数据纳入共享范围，依法有序推进政务数据向公证处等公共服务机构共享。

（三）统一“跨省通办”业务规则和标准。各地区各部门要按照“应减尽减”的原则，优化调整“跨省通办”事项业务规则，明确申请条件、申报方式、受理模式、审核程序、办理时限、发证方式、收费标准等内容，统一办理流程和办事指南。提升政务服务事项标准化程度，基于国家政务服务平台政务服务事项基本目录，持续推进名称、编码、依据、类型等基本要素“四级四同”，完善业务分类、办理层级、前置环节等业务要素，推动事项办理规范化运行，实现同一事项在不同地域无差别受理、同标准办理。

（四）加强政务服务机构“跨省通办”能力建设。强化政务服务机构“跨省通办”管理和服务功能，优化政务服务资源配置，原则上县级以上政务服务大厅要设置“跨省通办”窗口、政务服务平台要按照全国一体化政务服务平台相关标准规范设置“跨省通办”专区，配备相应的设备和人员，有条件的地方可延伸到乡镇（街道）、村（社区）和园区。加强政务服务队伍建设，开展窗口人员“跨省通办”业务培训，提高“跨省通办”服务能力和水平。为“跨省通办”提供便利快捷的物流和支付渠道。依托全国一体化政务服务平台，推动政务服务大厅和政务服务平台对接融合，为企业和群众提供线上线下多样化办事渠道，满足不同群体的差异化需求。

五、保障措施

（一）加强组织领导和统筹协调。国务院办公厅负责全国政务服务“跨省通办”的统筹协调，组织编制并发布全国高频政务服务“跨省通办”事项清单，建立工作台账，明确责任单位、时间表、路线图，协调解决有关重大问题。各地区各部门要高度重视，切实加强组织领导，层层压实责任，强化经费保障，在推进政务服务“跨省通办”的同时，加快实现相关高频政务服务事项“省内通办”，确保改革任务尽快落地见效。国务院各部门要按照职责分工，加大对主管行业领域政务服务“跨省通办”的政策、业务、系统、数据支持力度，加强部门间协同配合。

（二）加强法治保障和政策支持。聚焦政务服务“跨省通办”流程优化再造面临的政策制度障碍，及时清理和修改完善与政务服务“跨省通办”中“全程网办”、“异地代收代办”、“多地联办”等不相适应的有关法规规章和规范性文件，细化制定相关配套政策和规则标准。针对政务服务“跨省通办”后可能出现的新情况新问题，及时调整完善监管政策。数据共享要注重保护国家秘密、商业秘密和个人隐私，防止滥用或泄露。

（三）加强督促指导和服务评价。国务院办公厅加强对各地区各部门政务服务“跨省通办”工作的跟踪督促和业务指导，及时推动优化调整相关政策。对改革措施不到位、工作落实不到位、企业和群众反映问题仍然突出的，给予通报批评等处理。推进政务服务“跨省通办”的“好差评”工作，完善评价规则，加强评价结果运用，改进提升政务服务质量。

（四）加强宣传推广和解读引导。各地区各部门要统筹政务服务与政务公开，及时公开政务服务“跨省通办”工作进展及成效。中国政府网、各地区各部门政府网站及政务新媒体要做好有关政策汇聚、宣传解读、服务推广和精准推送。要通过全国一体化政务服务平台“好差评”系统、各级政府门户网站、“12345”热线等倾听收集企业和群众意见建议，及时解决突出问题。

各地区各部门要根据本意见抓紧制定具体工作方案，明确责任单位和进度安排，加强衔接配合，认真抓好落实。有关情况及时报送国务院办公厅。

附件：全国高频政务服务“跨省通办”事项清单（略）

2020年9月24日

商务部等8部门关于推动服务外包加快转型升级的指导意见

商服贸发〔2020〕12号

各省、自治区、直辖市及计划单列市人民政府，新疆生产建设兵团：

近年来，我国服务外包快速发展，已成为生产性服务出口的主要实现途径，在全球价值链中的地位不断提升。随着新一代信息技术的广泛应用，服务外包呈现出数字化、智能化、高端化、融合化的新趋势。为贯彻落实党中央、国务院关于推进贸易高质量发展的部署要求，推动服务外包加快转型升级，经国务院同意，现提出以下意见。

一、总体要求

（一）指导思想。

以习近平新时代中国特色社会主义思想为指导，全面贯彻党的十九大和十九届二中、三中、四中全会精神，围绕推进贸易高质量发展总体要求，充分发挥服务外包在实施创新驱动和培育贸易新业态新模式中的重要促进作用，加快服务外包向高技术、高附加值、高品质、高效益转型升级，全面提升“中国服务”和“中国制造”品牌影响力和国际竞争力。

（二）基本原则。

数字引领，创新发展。加强数字技术的开发利用，提高创新能力，加快企业数字化转型，不断向价值链中高端攀升。

跨界融合，协同发展。鼓励服务外包向国民经济各行业深度拓展，加快融合，重塑价值链、产业链和服务链，形成相互渗透、协同发展的产业新生态。

统筹推进，全面发展。服务外包示范城市和具备条件的城市大力发展高技术高附加值业务，鼓励其他城市发展符合地方特色的服务外包业务。

内外联动，协调发展。充分发挥离岸服务外包的技术外溢效应，引进先进技术和模式，大力发展在岸服务外包业务，提升企业竞争力。

（三）发展目标。

到 2025 年，我国离岸服务外包作为生产性服务出口主渠道的地位进一步巩固，高技术含量、高附加值的数字化业务占比不断提高，服务外包成为我国引进先进技术提升产业价值链层级的重要渠道，信息技术外包（ITO）企业和知识流程外包（KPO）企业加快向数字服务提供商转型，业务流程外包（BPO）企业专业能力显著增强，服务外包示范城市布局更加优化，发展成为具有全球影响力和竞争力的服务外包接发包中心。

到 2035 年，我国服务外包从业人员年均产值达到世界领先水平。服务外包示范城市的创新引领作用更加突出。服务外包成为以数字技术为支撑、以高端服务为先导的“服务+”新业态新模式的重要方式，成为推进贸易高质量发展、建设数字中国的重要力量，成为打造“中国服务”和“中国制造”品牌的核心竞争优势。

二、主要任务

（一）加快数字化转型进程。

1. 支持信息技术外包发展。将企业开展云计算、基础软件、集成电路设计、区块链等信息技术研发和应用纳入国家科技计划（专项、基金等）支持范围。培育一批信息技术外包和制造业融合发展示范企业。

2. 培育新模式新业态。依托5G技术，大力发展众包、云外包、平台分包等新模式。积极推动工业互联网创新与融合应用，培育一批数字化制造外包平台，发展服务型制造等新业态。

3. 打造数字服务出口集聚区。依托服务贸易创新发展试点地区和国家服务外包示范城市，建设一批数字服务出口基地。

4. 完善统计界定范围。将运用大数据、人工智能、云计算、物联网等新一代信息技术进行发包的新业态新模式纳入服务外包业务统计。

（二）推动重点领域发展。

5. 发展医药研发外包。除禁止入境的以外，综合保税区内企业从境外进口且在区内用于生物医药研发的货物、物品，免于提交许可证，进口的消耗性材料根据实际研发耗用核销。

6. 扶持设计外包。建设一批国家级服务设计中心。支持各类领军企业、科研院校开放创新设计中心，提升设计外包能力，支持国家级工业设计中心和国家工业设计研究院开展设计服务外包。实施制造业设计能力提升专项行动。

7. 推动会计、法律等领域服务外包。通过双边和区域自贸协定谈判，推动有关国家和地区的会计、法律市场开放。支持会计、法律等事务所为国内企业走出去开展跟随服务，积极研究支持事务所境外发展、对外合作的政策。

8. 支持业务运营服务外包。各级政府部门要在确保安全的前提下，不断拓宽购买服务领域。鼓励企业特别是国有企业依法合规剥离非核心业务，购买供应链、呼叫中心、互联网营销推广、金融后台、采购等运营服务。

（三）构建全球服务网络体系。

9. 有序增加示范城市。完善服务外包示范城市有进有出的动态管理机制，支持更多符合条件的中西部和东北地区城市创建服务外包示范城市。

10. 加大国际市场开拓力度。将更多境外举办的服务外包类展会纳入非商业性境外办展支持范围。支持服务外包企业利用出口信用保险等多种手段开拓国际市场。鼓励向“一带一路”沿线国家和地区市场发包，支持中国技术和标准“走出去”。

11. 评估优化出口信贷优惠措施。评估服务外包示范城市服务外包企业承接国际服务外包项目享受的出口信贷优惠措施实施效果，适时向全国推广。

(四) 加强人才培养。

12. 大力培养引进中高端人才。推动各省市将服务外包中高端人才纳入相应人才发展计划。鼓励符合条件的服务外包企业对重要技术人员和管理人员实施股权激励。

13. 鼓励大学生就业创业。对符合条件的服务外包企业吸纳高校毕业生就业并开展岗前培训的，或为高校毕业生提供就业见习岗位的，按规定给予相应补贴。支持办好相关创新创业大赛，对获奖人员、团队或项目在相关政策方面按规定予以倾斜。

14. 深化产教融合。完善包括普通高等院校、职业院校、社会培训机构和企业在内的社会化服务外包人才培养培训体系，鼓励高校与企业开展合作，加快建设新工科，建设一批以新一代信息技术为重点学科的服务外包学院。

(五) 培育壮大市场主体。

15. 创新金融支持手段。按市场化原则，充分发挥服务贸易创新发展引导基金作用，带动社会资本加大对服务外包产业投资。支持符合条件的综合服务提供商上市融资。

16. 降低企业经营成本。经依法批准，对提高自有工业用地容积率用于自营生产性服务业的工业企业，可按新用途办理相关手续。

17. 积极培育国内市场。及时修订《服务外包产业重点发展领域指导目录》，完善重点发展领域的支持政策，引导地方和企业因地制宜发展服务外包业务。

18. 大力打造公共服务平台。利用外经贸发展专项资金布局建设一批辐射全国的服务外包公共服务平台。支持服务外包领域智库和行业协会发展，充分发挥其在理论研究和贸易促进中的积极作用。将中国国际服务外包交易博览会办成具有国际影响力的精品展会。

（六）推进贸易便利化。

19. 优化海关监管。逐步将服务外包有关事项纳入国际贸易“单一窗口”。加强对服务外包企业的信用培育，引导更多规范守法的服务外包企业成为海关经认证的经营者（AEO）企业。

20. 拓展保税监管范围。在确保有效监管和执行相关税收政策的前提下，研究支持对服务外包示范城市“两头在外”的研发、设计、检测、维修等服务业态所需进口料件试点保税监管。

三、组织实施

各部门要从全局和战略高度，深刻认识新时期加快服务外包产业转型升级的重大意义，加强组织领导，完善工作机制，严格组织实施，切实将各项任务落到实处、取得实效。各地区要进一步发挥自主性和积极性，加大对服务外包产业的政策支持力度，促进本地区服务外包产业转型升级，更好地服务于经济转型和开放型经济新体制建设。商务部要加强统筹协调，认真研究解决服务外包产业发展中的新情况新问题，创新工作方法，及时总结经验并推广复制。

2020 年 1 月 6 日

国家发展改革委等6部门关于支持民营企业加快改革发展与转型升级的实施意见

发改体改〔2020〕1566号

各省、自治区、直辖市人民政府，新疆生产建设兵团，国务院有关部门，全国总工会，国家开发银行、中国进出口银行、中国农业发展银行、中国国家铁路集团有限公司：

为深入贯彻习近平总书记关于支持民营企业改革发展的重要讲话精神，认真落实《中共中央　国务院关于营造更好发展环境支持民营企业改革发展的意见》有关要求，推动相关支持政策加快落地见效，有效应对新冠肺炎疫情影响，激发民营企业活力和创造力，进一步为民营企业发展创造公平竞争环境，带动扩大就业，经国务院同意，现提出以下意见。

一、切实降低企业生产经营成本

（一）继续推进减税降费。切实落实常态化疫情防控和复工复产各项政策，简化优惠政策适用程序，深入开展有针对性的政策宣传辅导，帮助企业准确掌握和及时享受各项优惠政策。贯彻实施好阶段性减免社会保险费和降低社保费率政策等。对受疫情影响严重的中小企业，依法核准其延期缴纳税款申请。对小微企业2020年1月1日至2021年12月31日的工会经费，实行全额返还支持政策。

（二）进一步降低用能用网成本。落实阶段性降低企业用电价格的支持政策，持续推进将除高耗能以外的大工业和一般工商业电价全年降低5%。切实加强转供电价格监管，确保民营企业及时足额享受降价红利。

（三）深入推进物流降成本。依法规范港口、班轮、铁路、机场等经营服务性收费。建立物流基础设施用地保障机制，引导各地合理设置投资强度、税收贡献等指标限制，鼓励通过长期租赁等方式保障物流用地。规范城市配送车辆通行管理，根据地方实际优化通行管理措施，鼓励发展夜间配送和共同配送、统一配送等集约化配送模式。

二、强化科技创新支撑

（四）支持参与国家重大科研攻关项目。鼓励民营企业参与国家产业创新中心、国家制造业创新中心、国家工程研究中心、国家技术创新中心等创新平台建设，加快推进对民营企业的国家企业技术中心认定工作，支持民营企业承担国家重大科技战略任务。

（五）增加普惠型科技创新投入。各地要加大将科技创新资金用于普惠型科技创新的力度，通过银企合作、政府引导基金、科技和知识产权保险补助、科技信贷和知识产权质押融资风险补偿等方式，支持民营企业开展科技创新。

（六）畅通国家科研资源开放渠道。推动国家重大科研基础设施和大型科研仪器进一步向民营企业开放。鼓励民营企业和社会力量组建专业化的科学仪器设备服务机构，参与国家科研设施与仪器的管理与运营。

（七）完善知识产权运营服务体系。发展专业化技术交易知识产权运营机构，培育技术经理人。规范探索知识产权证券化，推动知识产权融资产品创新。建设国家知识产权公共服务平台，为民营企业和中小企业创新提供知识产权一站式检索、保护和咨询等服务。

（八）促进民营企业数字化转型。实施企业“上云用数赋智”行动和中小企业数字化赋能专项行动，布局一批数字化转型促进中心，集聚一批面向中小企业数字化服务商，开发符合中小企业需求的数字化平台、系统解决方案等，结合行业特点对企业建云、上云、用云提供相应融资支持。实施工业互联网创新发展工程，支持优势企业提高工业互联网应用水平，带动发展网络协同制造、大规模个性化定制等新业态新模式。

三、完善资源要素保障

（九）创新产业用地供给方式。优化土地市场营商环境，保障民营企业依法平等取得政府供应或园区转让的工业用地权利，允许中小民营企业联合参与工业用地招拍挂，可按规定进行宗地分割。鼓励民营企业利用自有工业用地发展新产业新业态并进行研发创新，根据相关规划及有关规定允许增加容积率的，不增收土地价款等费用。民营企业退出原使用土地的，市、县人民政府应支持依法依约转让土地，并保障其合法土地权益；易地发展的，可以协议出让方式重新安排工业用地。

（十）加大人才支持和培训力度。畅通民营企业专业技术人才职称评审通道，推动社会化评审。增加民营企业享受政府特殊津贴人员比重。适时发布技能人才薪酬分配指引，引导企业建立符合技能人才特点的工资分配制度。加快实施职业技能提升行动，面向包括民营企业职工在内的城乡各类劳动者开展大规模职业技能培训，并按规定落实培训补贴。

（十一）优化资质管理制度。对存量资质、认证认可实施动态调整，优化缩减资质类别，建筑企业资质类别和等级压减三分之一以上。对新能源汽车、商用车等行业新增产能，在符合市场准入要求条件下，公平给予资质、认证认可，不得额外设置前置条件。深化工业产品生产许可证制度改革，除涉及公共安全、经济安全产品以外，不再实行许可证管理，对于保留许可证管理产品，审批权限下放至省级市场监管部门。完善强制性产品认证制度，探索引入“自我符合性声明”方式，优化认证程序。

（十二）破除要素流动的区域分割和地方保护。除法律法规明确规定外，不得要求企业必须在某地登记注册，不得为企业在不同区域间的自由迁移设置障碍。支持地方开展“一照多址”改革，探索简化平台企业分支机构设立手续。逐步统一全国市场主体登记业务规范、数据标准和统一平台服务接口，减少区域间登记注册业务的差异性。完善企业注销网上服务平台，进一步便利纳税人注销程序。对设立后未开展生产经营活动或者无债权债务的市场主体，可以按照简易程序办理注销。

四、着力解决融资难题

（十三）加大对民营企业信贷支持力度。引导商业银行增加制造业民营企业信贷投放，大幅增加制造业中长期贷款，满足民营制造业企业长期融资需求。进一步修改完善金融企业绩效评价办法，强化对小微企业贷款业务评价。鼓励中小银行与开发性、政策性金融机构加深合作，提升服务民营企业、小微企业质效。

（十四）支持开展信用融资。加大对中小企业融资综合信用服务平台和地方征信平台建设指导力度，推动政府部门、公用事业单位、大型互联网平台向征信机构和信用评级机构开放企业信用信息，鼓励金融机构和征信机构、信用评级机构加强合作，利用大数据等技术手段开发针对民营企业的免抵押免担保信用贷款产品。加大“信易贷”等以信用信息为核心内容的中小微企业融资模式推广力度，依托全国中小企业融资综合信用服务平台、地方征信平台等各类信用信息服务平台，加大信用信息归集力度，更好发挥对小微企业信用贷款的支持作用。用好普惠小微信用贷款支持方案，大幅增加小微企业信用贷款。深入开展“银税互动”，扩大受惠企业范围，推动缓解企业融资难题。

（十五）拓展贷款抵押质押物范围。支持大型企业协助上下游企业开展供应链融资。依法合规发展企业应收账款、存货、仓单、股权、租赁权等权利质押贷款。积极探索将用能权、碳排放权、排污权、合同能源管理未来收益权、特许经营收费权等纳入融资质押担保范围。逐步扩大知识产权质押物范围，对企业专利权、商标专用权和著作权等无形资产进行打包组合融资，推动知识产权质押贷款增量扩面。继续向银行业金融机构延伸不动产登记服务点，加快“互联网+不动产登记”，推进查询不动产登记信息、办理抵押预告登记和抵押登记、发放电子不动产登记证明等全程不见面网上办理。鼓励银行等金融机构根据企业物流、信息流、资金流的评价结果，提升制造业民营企业最高授信额度。

（十六）拓展民营经济直接融资渠道。支持民营企业开展债券融资，进一步增加民营企业债券发行规模。大力发展创业投资，支持民营企业创新发展。支持民营企业在全国中小企业股份转让系统、区域性股权市场挂牌交易和融资。

（十七）创新信贷风险政府担保补偿机制。指导政府性融资担保机构加大对中小微企业的支持力度，适当降低融资担保费率。鼓励各地设立信用贷款、知识产权质押贷款、中小微企业贷款等风险分担机制，简化审核流程，分担违约风险。

（十八）促进及时支付中小企业款项。落实《保障中小企业款项支付条例》，加快建立支付信息披露制度、投诉处理和失信惩戒制度以及监督评价机制。要对恶意拖欠、变相拖欠等行为开展专项督查，通报一批拖欠民营企业账款的典型案例，督促拖欠主体限期清偿拖欠账款。

五、引导扩大转型升级投资

（十九）鼓励产业引导基金加大支持力度。更好发挥国家新兴产业创业投资引导基金、国家中小企业发展基金、国家制造业转型升级基金、先进制造产业投资基金、战略性新兴产业引导基金和国家绿色发展基金等基金以及地方各级政府设立的产业引导基金作用，鼓励各类产业引导基金加大对民营企业的支持力度。发挥国家科技成果转化引导基金作用，支持民营企业推广转化一批重大技术创新成果。

（二十）支持传统产业改造升级。加快推动传统产业技术改造，向智能、安全、绿色、服务、高端方向发展，加强检验检测平台、系统集成服务商等技术改造服务体系建设。推动机械装备产业高质量发展、石化产业安全绿色高效发展，推进老旧农业机械、工程机械及老旧船舶更新改造。支持危化品企业改造升级，对于仅申报小批量使用危险化学品、不涉及制造和大规模囤积的项目，设立“一企一策”评审通道。

（二十一）支持民营企业平等参与项目投资。用好中央预算内投资和地方政府专项债券筹集的资金，优化投向结构和投资领域，支持金融机构依法合规提供融资，保障各类市场主体平等参与项目建设运营。对在政府和社会资本合作（PPP）项目中设置针对民营资本差别待遇或歧视性条款的，各级财政部门按照规定不予资金支持。探索按照“揭榜挂帅，立军令状”的公开征集方式组织实施一批重大投资工程。

（二十二）引导民营企业聚焦主业和核心技术。优化《鼓励外商投资产业目录》和《产业结构调整指导目录》，推动民营企业在产业链、价值链关键业务上重组整合，进一步集聚资源、集中发力，增强核心竞争力。

（二十三）提升民营企业应急物资供给保障能力。加快发展柔性制造，提升制造业应急保障能力。完善合理的激励政策，引导生产重要应急物资、应急装备的民营企业强化日常供应链管理，增强生产能力储备。积极支持民营节能环保企业参与医疗废弃物处理处置、污水垃圾处理等工程建设。鼓励民营企业加大医疗器械生产制造投资，保障民营企业公平参与公共卫生基础设施建设。

六、巩固提升产业链水平

（二十四）精准帮扶重点民营企业。对处于产业链关键环节重点民营企业所遇到的问题和困难，实施响应快速、程序简单、规则透明的针对性帮扶。及时研判产业链发展趋势，引导企业将产业链关键环节留在国内。

（二十五）依托产业园区促进产业集群发展。以园区为载体集聚创新资源和要素，促进国家级新区、高新技术开发区、经济技术开发区、新型工业化产业示范基地等规模扩大、水平提升。在产业转型升级示范区和示范园区的相关项目安排方面，加大对民营企业支持力度。鼓励各地建设中小微企业产业园、小型微型企业创业创新示范基地、标准化厂房及配套设施。

（二十六）有序引导制造业民营企业产业转移。推动中西部和东北地区积极承接东部地区制造业民营企业转移，支持承接产业转移示范区等重点功能平台建设，为制造业民营企业有序转移创造条件。

（二十七）提高产业链上下游协同协作水平。国有企业特别是中央企业要发挥龙头带动作用，进一步加强与产业链上下游企业协同，协助解决配套民营企业技术、设备、资金、原辅料等实际困难，带动上下游各类企业共渡难关。支持民营企业参与供应链协同制造，推进建设上下游衔接的开放信息平台。

七、深入挖掘市场需求潜力

（二十八）进一步放宽民营企业市场准入。加快电网企业剥离装备制造等竞争性业务，进一步放开设计施工市场，推动油气基础设施向企业公平开放。进一步放开石油、化工、电力、天然气等领域节能环保竞争性业务。制定鼓励民营企业参与铁路发展的政策措施，支持民营企业参与重大铁路项目建设以及铁路客货站场经营开发、快递物流等业务经营。依法支持社会资本进入银行、证券、资产管理、债券市场等金融服务业。推动检验检测机构市场化改革，鼓励社会力量进入检验检测市场。

（二十九）以高质量供给创造新的市场需求。落实支持出口产品转内销的实施意见，支持适销对路出口商品开拓国内市场。扩大基础设施建设投资主体，规范有序推进 PPP 项目，营造公平竞争的市场环境，带动民营企业参与 5G 网络、数据中心、工业互联网等新型基础设施投资建设运营。

（三十）实施机器人及智能装备推广计划。扩大机器人及智能装备在医疗、助老助残、康复、配送以及民爆、危险化学品、煤矿、非煤矿山、消防等领域应用。加快高危行业领域“机器化换人、自动化减人”行动实施步伐，加快自动化、智能化装备推广应用及高危企业装备升级换代。加强对民营企业创新型应急技术装备推广应用的支持力度，在各类应急救援场景中，开展无人机、机器人等无人智能装备测试。

（三十一）支持自主研发产品市场迭代应用。适时修订国家首台（套）重大技术装备推广应用指导目录，优化首台（套）保险覆盖范围，加大对小型关键装备和核心零部件支持力度。支持通过示范试验工程提升国产装备应用水平。

（三十二）助力开拓国际市场。健全促进对外投资的政策和服务体系，拓展民营企业“走出去”发展空间，支持民营企业平等参与海外项目投标，避免与国内企业恶性竞争。搭建支持民营企业开展第三方市场合作的平台。鼓励行业组织协助企业开拓国际市场。发挥海外中国中小企业中心作用，提供专业化、本地化服务。

八、鼓励引导民营企业改革创新

（三十三）鼓励有条件的民营企业优化产权结构。鼓励民营企业构建现代企业产权结构，严格区分企业法人财产和企业主个人以及家族财产，分离股东所有权和公司法人财产权，明确企业各股东的持股比例。鼓励民营企业推进股权多元化，推动民营企业自然人产权向法人产权制度转变。鼓励有条件的股份制民营企业上市和挂牌交易。

（三十四）鼓励民营企业参与混合所有制改革。加大国有企业混合所有制改革力度，深入推进重点领域混合所有制改革。鼓励民营企业通过出资入股、收购股权、认购可转债、股权置换等形式参与国有企业改制重组、合资经营和混合所有制改革，促进行业上下游和企业内部生产要素有效整合。

（三十五）引导民营企业建立规范的法人治理结构。引导企业依据公司法及相关法律法规，形成权责明确、运转协调、有效制衡的决策执行监督体系，健全市场化规范经营机制，建立健全以质量、品牌、安全、环保、财务等为重点的企业内部管理制度。积极推动民营企业加强党组织和工会组织、职工代表大会制度建设，强化企业内部监督，增强企业凝聚力。

九、统筹推进政策落实

（三十六）完善涉企政策服务机制。建立健全企业家参与涉企政策制定机制，鼓励各地建立统一的民营企业政策信息服务平台，畅通企业提出意见诉求直通渠道。认真听取民营企业意见和诉求，鼓励各地建立民营企业转型升级问题清单制度，及时协调解决企业反映的问题困难。

（三十七）加强组织领导和督促落实。发展改革委要会同相关部门统筹做好支持民营企业改革发展与转型升级工作，完善工作机制，加强政策指导、工作协调和督促落实，及时研究解决民营企业发展中遇到的问题。

（三十八）加强典型推广示范引领。开展民营企业转型升级综合改革试点，支持试点地方先行先试、大胆创新，探索解决民营企业转型升级面临突出问题的有效路径和方式，梳理总结民营企业建立现代企业制度和转型升级的经验成效，复制推广各地支持民营企业改革发展的先进做法。

2020 年 10 月 14 日

人力资源社会保障部关于开展“人社服务快办行动”的通知

人社部发〔2020〕26号

各省、自治区、直辖市及新疆生产建设兵团人力资源社会保障厅(局)，部属各单位：

为深入贯彻落实中央关于深化“放管服”改革、优化营商环境的决策部署，进一步推动人力资源社会保障领域“清事项、减材料、压时限”，经研究决定，2020年在全系统开展“人社服务快办行动”（以下简称“快办行动”)，通过关联事项“打包办”、高频事项“提速办”、所有事项“简便办”，为企业群众提供更加优质便捷高效的服务。现就有关事项通知如下：

一、总体要求

(一) 指导思想。

以习近平新时代中国特色社会主义思想为指导，全面贯彻落实党的十九大和十九届二中、三中、四中全会精神，坚持以人民为中心，坚持目标导向、问题导向、效果导向，围绕人社服务高频事项，以标准化促服务规范，以信息化促服务创新，以资源整合促服务效能提升，大力开展“快办行动”，实现企业群众办事“跑腿”越来越少，材料越来越简，时限越来越短，体验越来越好，不断提升企业群众的获得感和满意度。

(二) 基本原则。

——坚持集成服务。将企业群众生产生活中在特定时点特定情形需办理、日常可打包办理的多个人社服务事项整合为企业群众眼里“一件事”，实现多个关联事项一次办理。

——坚持简约服务。抓住受理、审核、反馈等关键环节，整合优化经办流程，加强内外经办衔接，大力减少证明材料，大幅压缩办结时限。

——坚持创新服务。运用现代科技手段，通过信息系统整合和各级人社政务服务平台对接，实现同城通办、就近可办、一网通办。探索应用人工智能技术精准画像、智能审核、主动服务。

——坚持规范服务。依法依规建立健全事项规范、指引规范、流程规范、监管规范的人社服务运行机制。

（三）工作目标。

以“持续推进清减压，人社服务更快办”为主题，推动材料齐全一次受理、关联事项一次办理、更多事项网上办理。2020年底前，力争实现10个以上企业群众眼里的“一件事”打包办理，10个以上高频服务事项在规定办理时限基础上提速50%。

二、主要任务

（一）推进打包办理。

重点围绕10个企业群众眼里的“一件事”，包括企业招用员工、企业与员工解除终止劳动合同、失业、高校毕业生就业、事业单位聘用工作人员、创业、职工退休、申领工亡人员有关待遇、退休人员过世、申领社会保障卡等（见附件1），推进每个“一件事”所涉相关服务事项打包办理，整合材料、优化流程。企业群众申请办理每个“一件事”时，只需通过“一个窗口”或“一个平台”，提交“一套材料”，即可一次办理。有条件的地区，可在此基础上进一步将流程相似、材料相近、结果关联的事项，打包为“一件事”。暂不具备条件的，可根据本地实际，对每个“一件事”所涉相关服务事项分步推进打包办理。

（二）推进提速办理。

各地要聚焦高频服务事项，在“提速办”服务事项备选清单（见附件2）中选取10个以上事项，大力推进提速办理。可一次办好、立等可取的即时办结事项，从接收材料到办结原则上不超过30分钟。限时办结事项要在规定办结时限基础上提速50%以上，具备条件的要及时转为即时办结事项；暂不具备条件的，受理后要第一时间提交后台审核；需其他部门协同办理的，要及时推送办理请求、跟踪办理进度；需现场调查或情况特别复杂的，可暂按法律法规规定时限执行。

（三）推进简便办理。

严格落实已取消证明事项材料的要求，不得变相保留、明减暗留。按照中共中央办公厅、国务院办公厅《关于深入推进审批服务便民化的指导意见》提出的“六个一律取消”的要求，进一步梳理证明事项材料，不断推进“能减尽减”。认真总结人事考试、社保经办领域开展告知承诺制试点的经验做法，不断扩大告知承诺制实施范围，企业群众办理相关事项，只需作出符合规定的承诺，无需提交有关证明材料。

三、工作措施

（一）整合优化窗口服务。

大力推广综合柜员制，鼓励有条件的地方实行人社全业务“一窗通办”；暂不具备条件的，可按就业创业、社会保险、人才人事、劳动关系等业务实现“一窗”分类受理。要根据业务办理量合理配置窗口资源，减少排队等候时间。对服务对象确有特殊情况需特事特办的，可开辟绿色通道。2020年底前，企业群众办理10个打包“一件事”须实现“一窗通办”。每个打包“一件事”所涉经办机构均能按统一标准受理，后台并联办理，及时反馈办理结果。依托部省两级人社政务服务平台，整合各类网上经办系统的登录入口，实现“单点登录、一次认证、全网通办”，方便群众线上办理“打包一件事”。

（二）推行服务规范承诺制。

进一步完善和落实“五制”“四公开”“三亮明”服务规

范。根据打包办、提速办、简便办要求，修订完善服务指南，明确事项办理条件、办理渠道、办理时限、反馈方式、监督渠道等，在窗口大厅、网上平台、网站、微信公众号等醒目位置公开发布，向社会作出承诺，主动接受监督。对反映未履行承诺的问题，要件件有核实、有反馈，按规定追究责任。

（三）强化业务协同和信息共享。

建立健全人社系统跨业务、跨层级、跨地域“上下联动、左右联通”的业务协同机制。加强跨部门业务协同，配合其他部门办理的事项（如“企业社会保险登记”、“参保单位注销”，配合市场监管部门一并办理），不得要求企业群众跑本部门办理；会同其他部门办理的事项，应主动协调联办，不得要求企业群众再跑其他部门。要细化信息共享场景，梳理共享需求，完善共享机制，加大共享频次，率先实现人社系统内信息共享，逐步拓展与相关部门的共享范围。鼓励在全市、全省范围应用统一的人社全业务经办信息系统，暂不具备条件的，要加大信息系统改造整合力度，为“快办行动”提供支撑。

（四）加强事中事后监管。

在大力推行“快办”的同时，要坚持依法依规经办，加强事中事后监管，充分运用信息化手段实施精准监管。通过内部核查、部门间行政协助、必要的现场勘查等方式，对有关办理要件进行核实。严格制度管理，加强风险防控，分析可能存在的风险点，有针对性地制定处理预案。通过加强事中事后监管，确保服务全程可追溯、服务安全有保障、服务规范不走样、服务质量不降低。

（五）开展服务评价和调度。

广泛开展人社政务服务“好差评”工作，重点关注企业群众对“快办”相关事项的感受和诉求，开展实施效果评价。部里将对各地事项整合数、快办“提速”量、材料精减数，以及窗口优化、服务规范承诺、系统整合等情况进行跟踪调度，通报进展；对每省份 5 个联系点（包括省本级、2 个地市、2 个区县）按季调度。各省可参照确立一批省内联系点。各地实施“快办行动”的典型经验、取得成效和相关问题建议请及时报部行风办。“快办行动”实施情况纳入 2020 年度人社窗口单位调研暗访内容。

附件：1. 人社服务 10 个“打包一件事”清单

2. “提速办”服务事项备选清单

2020 年 4 月 21 日

附件 1

人社服务 10 个“打包一件事”清单

序号	办事场景	所涉服务事项	涉及机构	备注
1	企业招用员工	①1.1.5 职工参保登记 ②1.3.1 缴费人员增减申报 ③养老保险关系转移接续（含 1.6.10 城镇职工基本养老保险关系转移接续申请；1.6.13 机关事业单位基本养老保险与城镇企业职工基本养老保险互转申请；1.6.15 军地养老保险关系转移接续申请） ④1.8.8 失业保险关系转移接续 ⑤1.10.1 社会保障卡申领 ⑥2.4.2 就业登记 ⑦2.4.3《就业创业证》申领 ⑧2.7.1 高等学校等毕业生接收手续办理 ⑨3.4.1 档案的接收和转递（流动人员） ⑩3.4.7 存档人员党员组织关系的接转 ⑪4.1.1 劳动用工备案	社保经办机构、公共就业人才服务机构、信息化管理机构、劳动用工管理部门	1. 要同步办理养老保险、工伤保险、失业保险缴费人员增加 2. 如涉及失业保险金停发，应一并办理 3. 社保经办机构、公共就业人才服务机构和劳动用工管理部门，要同步人员名单信息

续表

序号	办事场景	所涉服务事项	涉及机构	备注
2	企业与员工解除终止劳动合同	①1.3.1 缴费人员增减申报 ②4.1.1 劳动用工备案 ③1.3.5 社会保险费欠费补缴申报 ④1.8.8 失业保险关系转移接续 ⑤3.4.1 档案的接收和转递（流动人员） ⑥3.4.7 存档人员党员组织关系的接转	社保经办机构、公共就业人才服务机构、劳动用工管理部门	社保经办机构、公共就业人才服务机构和劳动用工管理部门，要同步人员名单信息
3	失业	①2.4.1 失业登记 ②2.4.3《就业创业证》申领 ③2.2.1 职业介绍 ④1.8.1 失业保险金申领 ⑤1.8.6 代缴基本医疗保险费 ⑥1.8.3 职业培训补贴申领（领金失业人员） ⑦1.8.7 价格临时补贴申领 ⑧2.6.1 就业困难人员认定	公共就业人才服务机构、社保经办机构	1. 需失业人员本人办理的事项 2. 社保经办机构、公共就业人才服务机构要同步人员名单信息

续表

序号	办事场景	所涉服务事项	涉及机构	备注
4	高校毕业生就业（含灵活就业）	①2.1.1 就业政策法规咨询 ②2.1.2 职业供求信息、市场工资指导价位信息和职业培训信息发布 ③2.2.1 职业介绍 ④2.2.2 职业指导 ⑤2.3.1 公共就业服务专项活动 ⑥2.4.2 就业登记 ⑦2.4.3《就业创业证》申领 ⑧2.7.1 高等学校等毕业生接收手续办理 ⑨2.7.3 求职创业补贴申领 ⑩2.7.4 高校毕业生社保补贴申领 ⑪3.4.1 档案的接收和转递（流动人员） ⑫3.4.7 存档人员党员组织关系的接转 ⑬1.1.5 职工参保登记 ⑭1.4.1 社会保险费缴纳 ⑮1.10.1 社会保障卡申领	公共就业人才服务机构、社保经办机构、信息化管理机构	1. 需高校毕业生离校后本人办理的事项 2. 社保经办机构、公共就业人才服务机构要同步人员名单信息 3. 其他劳动者就业，也可参考此场景所列的服务事项打包

续表

序号	办事场景	所涉服务事项	涉及机构	备注
5	事业单位聘用工作人员	①3.3.3 事业单位拟聘人员备案 ②3.4.1 档案的接收和转递（流动人员） ③3.4.7 存档人员党员组织关系的接转 ④1.1.5 职工参保登记 ⑤1.3.1 缴费人员增减申报 ⑥养老保险关系转移接续（含 1.6.10 城镇职工基本养老保险关系转移接续申请；1.6.13 机关事业单位基本养老保险与城镇企业职工基本养老保险互转申请；1.6.15 军地养老保险关系转移接续申请） ⑦1.8.8 失业保险关系转移接续 ⑧1.10.1 社会保障卡申领 ⑨2.7.1 高等学校等毕业生接收手续办理	事业单位管理行政部门、社保经办机构、公共就业人才服务机构、信息化管理机构	1. 要同步办理养老保险、工伤保险、失业保险缴费人员增加 2. 如涉及失业保险金停发，应一并办理 3. 社保经办机构和公共就业人才服务机构要同步人员名单信息

续表

序号	办事场景	所涉服务事项	涉及机构	备注
6	创业	①2.2.3 创业开业指导 ②2.4.2 就业登记 ③2.4.3《就业创业证》申领 ④2.5.1 创业补贴申领 ⑤2.5.2 创业担保贷款申请 ⑥2.7.1 高等学校等毕业生接收手续办理 ⑦3.4.1 档案的接收和转递（流动人员） ⑧3.4.7 存档人员党员组织关系的接转 ⑨1.1.1 企业社会保险登记 ⑩1.1.5 职工参保登记 ⑪1.3.1 缴费人员增减申报 ⑫养老保险关系转移接续（含 1.6.10 城镇职工基本养老保险关系转移接续申请；1.6.13 机关事业单位基本养老保险与城镇企业职工基本养老保险互转申请；1.6.15 军地养老保险关系转移接续申请） ⑬1.8.8 失业保险关系转移接续 ⑭1.10.1 社会保障卡申领 ⑮4.1.1 劳动用工备案	公共就业人才服务机构、社保经办机构、信息化管理机构、劳动用工管理部门	1. 需创业人员本人办理的事项 2. 企业社会保险登记，按照“多证合一”要求，并入企业新办理工商注册登记环节统一办理 3. 要同步办理养老保险、工伤保险、失业保险缴费人员增加 4. 如涉及失业保险金停发，应一并办理 5. 社保经办机构、公共就业人才服务机构和劳动用工管理部门，要同步人员名单信息

续表

序号	办事场景	所涉服务事项	涉及机构	备注
7	职工退休	①1.6.1 职工正常退休（职）申请 ②1.6.3 职工提前退休（退职）申请 ③4.1.1 劳动用工备案 ④1.3.5 社会保险费欠费补缴申报 ⑤养老保险关系转移接续（含 1.6.10 城镇职工基本养老保险关系转移接续申请；1.6.13 机关事业单位基本养老保险与城镇企业职工基本养老保险互转申请；1.6.14 城镇职工基本养老保险与城乡居民基本养老保险制度衔接申请） ⑥1.6.16 多重养老保险关系个人账户退费 ⑦1.2.3 养老保险待遇发放账户维护申请	社保经办机构、社会保险行政部门、劳动用工管理部门	如涉及工伤保险待遇补差或失业保险金停发，应一并办理
8	申领工亡人员有关待遇	①工伤备案登记（含 1.7.2 用人单位办理工伤登记；1.7.3 变更工伤登记） ②工伤医疗费用申报（含 1.7.21 工伤医疗（康复）费用申报；1.7.22 住院伙食补助费申领；1.7.13 异地工伤就医报告；1.7.23 统筹地区以外交通、食宿费申领） ③一次性及长期待遇申领（含 1.7.27 一次性工亡补助金（含生活困难，预支 50%确认）、丧葬补助金申领；1.7.28 供养亲属抚恤金申领） ④1.2.4 工伤保险待遇发放账户维护申请	社保经办机构、社会保险行政部门	1. 行政部门作出工伤认定后，及时将认定结论推送社保经办机构，办理用人单位工伤登记 2. 发生停工留薪期内因工伤导致死亡、一至四级停工留薪期满后死亡、下落不明等情形，需申领有关待遇的，可视情况打包到此场景中

续表

序号	办事场景	所涉服务事项	涉及机构	备注
9	退休人员过世	①1.6.6 个人账户一次性待遇申领（养老保险） ②1.6.8 遗属待遇申领（养老保险） ③1.7.29 工伤保险待遇变更 ④1.10.8 社会保障卡注销 ⑤1.2.3 养老保险待遇发放账户维护申请 ⑥1.2.4 工伤保险待遇发放账户维护申请	社保经办机构、社会保险行政部门、信息化管理机构	
10	申领社会保障卡	①1.10.1 社会保障卡申领 ②1.10.2 社会保障卡启用（含社会保障卡银行账户激活） ③1.10.5 社会保障卡密码修改与重置 ④1.10.6 社会保障卡挂失与解挂 ⑤1.10.7 社会保障卡补领、换领、换发	信息化管理机构、社保经办机构、公共就业人才服务机构	

注：所涉服务事项详见《全国人力资源社会保障系统公共服务事项清单》。

附件 2

“提速办”服务事项备选清单

序号	事项名称	当前规定的办结时限	提速后办结时限
1	1.6.1 职工正常退休（职）申请	无	各地结合实际制定提速目标
2	1.6.10 城镇职工基本养老保险关系转移接续申请	45 个工作日	15 个工作日
3	1.8.8 失业保险关系转移接续	无	15 个工作日
4	1.7.4 工伤认定申请	自受理工伤认定申请之日起 60 日内作出工伤认定的决定。对受理的事实清楚、权利义务明确的工伤认定申请，应当在 15 日内作出工伤认定的决定	原则上自受理工伤认定申请之日起 30 日内作出工伤认定的决定，对受理的事实清楚、权利义务明确的工伤认定申请，原则上应当在 7 日内作出工伤认定决定。对于事实不清，权利义务不明确，需要进一步深入工伤认定调查的工伤认定申请，可在 60 日内作出工伤认定决定

续表

序号	事项名称	当前规定的办结时限	提速后办结时限
5	劳动能力鉴定申请（含 1.7.5 劳动能力鉴定申请；1.7.6 劳动能力再次鉴定申请；1.7.7 劳动能力复查鉴定申请）	自收到劳动能力鉴定申请之日起 60 日内作出劳动能力鉴定结论，必要时可延长 30 日	原则上自收到劳动能力鉴定申请之日起 30 日内作出劳动能力鉴定结论，伤情复杂的应在 60 日内作出劳动能力鉴定结论
6	1.8.1 失业保险金申领	自受理失业人员领取失业保险金申请之日起 10 日内，对申领者的资格进行审核认定	加快推进网上申领；现场办理 5 个工作日
7	1.8.9 稳岗返还（稳岗补贴）申领	自企业申请到审核通过，最长不得超过 3 个月	加快实现全程网办；现场办理不超过 1 个月
8	1.8.10 技能提升补贴申领（失业人员）	无	加快实现网上申领；现场办理 5 个工作日
9	1.10.1 社会保障卡申领	批量制发 30 个工作日；零星制发 5 个工作日	批量制发 30 个工作日；70%以上区县零星制发实现立等可取
10	2.4.1 失业登记	7 个工作日	3 个工作日
11	2.4.2 就业登记	10 个工作日	5 个工作日
12	2.4.3《就业创业证》申领	7 个工作日	3 个工作日

续表

序号	事项名称	当前规定的办结时限	提速后办结时限
13	2.5.1 创业补贴申领	无	各地结合实际制定提速目标
14	2.5.2 创业担保贷款申请	无	各地结合实际制定提速目标
15	2.6.1 就业困难人员认定	无	各地结合实际制定提速目标
16	2.6.2 就业困难人员社会保险补贴申领	无	各地结合实际制定提速目标
17	2.6.4 求职创业补贴申领（就业困难人员）	无	各地结合实际制定提速目标
18	2.7.1 高等学校等毕业生接收手续办理	无	各地结合实际制定提速目标
19	2.7.2 就业见习补贴申领（高校毕业生等）	无	各地结合实际制定提速目标
20	2.7.3 求职创业补贴申领（高校毕业生）	无	各地结合实际制定提速目标
21	2.7.4 高校毕业生社保补贴申领	无	各地结合实际制定提速目标

续表

序号	事项名称	当前规定的办结时限	提速后办结时限
22	3.3.2 事业单位公开招聘工作方案、招聘信息审核备案	无	各地结合实际制定提速目标
23	3.3.3 事业单位拟聘人员备案	无	各地结合实际制定提速目标
24	3.4.7 存档人员党员组织关系的接转	无	办理接收手续，符合条件的即时办结；办理转出手续，符合条件的即时办结（收到组织关系介绍信回执后及时存档）
25	3.5.2 遗失技能人员职业资格证书补发申请	无	各地结合实际制定提速目标

注：所涉服务事项详见《全国人力资源社会保障系统公共服务事项清单》。文件下发后，对服务事项办结时限有新要求的，以新要求为准。

人力资源社会保障部印发关于进一步优化人社公共服务切实解决老年人运用智能技术困难实施方案的通知

人社部发〔2020〕94号

各省、自治区、直辖市及新疆生产建设兵团人力资源社会保障厅(局)，部属各单位：

为深入贯彻落实《国务院办公厅印发关于切实解决老年人运用智能技术困难实施方案的通知》（国办发〔2020〕45号）要求，我部制定了《关于进一步优化人社公共服务　切实解决老年人运用智能技术困难的实施方案》。现印发给你们，请结合实际认真贯彻落实。

2020年12月25日

关于进一步优化人社公共服务切实解决老年人运用智能技术困难的实施方案

为贯彻落实《国务院办公厅印发关于切实解决老年人运用

智能技术困难实施方案的通知》（国办发〔2020〕45号）有关要求，实现人力资源和社会保障（以下简称人社）领域传统服务方式与智能化服务创新并行、融合发展，结合人社信息化便民服务创新提升行动，为老年人提供更便捷、更周全、更贴心、有温度的人社服务，制定本实施方案。

一、指导思想和工作目标

解决老年人运用智能技术困难是应对我国人口老龄化、帮助老年人跨越“数字鸿沟”、维护信息化时代下老年人合法权益的重要任务。各级人社部门要以习近平新时代中国特色社会主义思想为指导，坚持以人民为中心的发展思想，进一步增强服务意识，坚持传统服务方式与智能化服务“两条腿”走路，着重解决老年人在人社公共服务中的痛点难点问题，将服务质量和群众满意度作为工作成效考量的重要指标，让老年人在信息化发展中有更多获得感、幸福感、安全感。

各级人社部门要梳理人社系统涉及老年人的高频服务事项，逐项完善服务政策，改进服务措施，优化服务方式，一方面通过传统服务方式为老年人提供兜底服务保障，另一方面促进智能技术在老年人中的普及应用，并于2021年底前完成各项人社服务优化和整改任务，于2022年底前建成相应的长效机制，持续提升人社公共服务均等化、普惠化、便捷化水平。

二、工作任务

（一）明确老年人高频服务事项，提供优质便民服务

1. 完善社保卡申领服务。各级人社部门要按照《人力资源社会保障部办公厅关于进一步提升社会保障卡服务质量的通知》（人社厅函〔2020〕171号）有关要求，联合合作银行，优化社保卡申领、社保功能启用、银行账户激活等服务，补全本人及监护人手机、地址等联系方式。针对老年人，要加强主动沟通、主动服务，加大宣传引导力度，做好应用培训。在为老年人发放社保卡过程中，同时引导帮助老年人领用电子社保卡。针对异地居

住的老年人，还要做好社保卡的网上申领补换和邮寄服务，并优先联合全国性银行为该类人群发放社保卡。（各级人社信息化综合管理机构负责）

2. 完善社保待遇申领服务。对临近退休或待遇领取年龄的人员，各级人社部门要通过短信、消息、用人单位或基层工作人员联络等方式，主动提醒本人享有待遇申领权益，提前进行档案核查，通过全国社保比对查询系统，核对参保人是否存在多地参保经历，对需进行社保关系转移或制度衔接的，应做好业务提醒。在养老金待遇核定等业务办理过程中，同步做好社保关系转移或制度衔接、通过社保卡发放待遇、失业保险待遇终止、1~4级工伤职工伤残津贴停发等可以打包办理的工作，减少老年人跑腿。对丧葬补助金、抚恤金、个人账户余额等死亡待遇申领和核定，要结合跨部门共享的人员死亡等数据，提高业务办理效率，并通过待遇进卡服务，提高待遇发放效率。（各级人社行政部门、社保经办机构按职责分工负责）

3. 完善补贴待遇发放服务。各级人社部门要组织好就业补贴、社保待遇、农民工工资等通过社保卡发放的有关工作，做好社保卡申领激活服务，加强宣传培训，稳步切换实施。在待遇进卡工作中，同步加强待遇到账短信或消息提醒、对账折、纸质对账单等服务，保障老年人及时知晓待遇情况。对经宣传培训仍主动提出使用银行存折领取养老金的部分老年人可保留存折，不做“一刀切”。（各级人社行政部门、公共就业和人才服务机构、社保经办机构按职责分工负责）

4. 完善工伤医疗待遇结算服务。各级人社部门要做好工伤职工的工伤医疗、工伤康复治疗、辅助器具配置等服务，通过社保卡开展直接结算，减少行动不便的工伤职工跑腿、垫资。对于采用事后报销方式的工伤医疗费，通过社保卡等方式发放，提高资金发放效率。对尚有工伤医疗服务需求的已经退休或者是异地居住的工伤职工，要做好工伤医疗待遇结算的服务保障。（各级

社保经办机构负责）

5. 完善社保权益信息查询服务。各级人社部门要利用在办事大厅布设的自助服务一体机，为老年人等群体提供社保权益信息打印服务，方便老年人查询社保待遇。通过社银系统接口，将社保查询服务延伸到银行在网点的自助服务设施和在基层乡镇的便民服务终端。在办事大厅、基层服务平台预留查询打印服务柜台或配备自助服务一体机引导人员，为老年人运用自助服务一体机提供兜底服务。（各级社保经办机构负责）

6. 完善社保待遇资格认证。要统筹养老、工伤、失业保险的待遇资格认证工作，加强与公安、民政、司法、卫生健康、交通、医保、银行等部门的数据共享比对，充分利用部级下发的比对信息，寓认证于无形，提高社保待遇资格认证的免办服务比例。支持老年人利用国家社保公共服务平台、人社政务服务平台、电子社保卡、掌上12333以及地方自助认证平台等，实现刷脸方式的自助认证，让老年人不跑腿。支持老年人利用基层服务平台实现就近认证，让老年人少跑腿。认证期结束前向尚未认证人员或其监护人打电话、发送短信、消息或上门提醒。（各级社保经办机构负责）

7. 拓展社保卡其他公共服务场景。继续支持通过社保卡（含电子社保卡）进行就医购药结算，方便老年人就医购药。在充分保障个人信息安全前提下，推进社保卡（含电子社保卡）与“健康码”等互相关联，支持刷卡（码）通行。推进第三代社保卡加载交通出行功能，在有条件的地区实现老年人凭社保卡乘坐城市公共交通。支持其他政府部门惠民惠农财政补贴资金通过社保卡“一卡通”发放，做好服务支撑。（各级人社信息化综合管理机构负责）

（二）完善服务政策，拓展服务方式

8. 提升人性化服务水平。各级人社部门要将便民服务意识贯穿于人社政策制定、业务规程设计、服务流程设置的全过程，完善各项规章制度。要结合年龄、教育背景、生活环境和习惯等的不同，分人群提供针对性、差异化的服务措施，避免“一刀切”。要制定针对老年人等特殊群体的关爱服务制度，在提供规范化、标准化服务的同时，兼顾人性化、个性化服务需求。（各级人社行政部门、公共就业和人才服务机构、社保经办机构按职责分工负责）

9. 发展代办服务。各级人社部门对待办事的老年人要像家人一样提供贴心服务，从老年人视角检视在服务流程、服务要件、服务方式、服务手册等方面的不足。应依法接受授权代理、亲友代办等服务申请，在服务中避免循环证明，以方便群众办理业务。（各级公共就业和人才服务机构、社保经办机构按职责分工负责）

10. 开展上门服务。各级人社部门要加强主动沟通与服务，特别是要为老年人多想一点、多做一点。对大龄等特殊困难人员，提供政策咨询、职业介绍、职业指导、专项招聘活动等线下、现场的就业创业服务。依托基层服务平台，联合社保卡合作银行，对于社保待遇资格认证、社保卡办理等服务内容，向高龄等行动不便人员提供上门服务，特别是对 80 岁以上的老年人，要主动联络、优先提供上门服务，并建立服务台账实施动态管理。（各级公共就业和人才服务机构、社保经办机构按职责分工负责）

（三）完善传统服务，确保全面兜底

11. 延伸服务体系，发展就近服务。各级人社部门应保留老年人熟悉的传统服务方式。在提供办事大厅服务的基础上，向街道乡镇、社区行政村等基层服务平台延伸下沉服务，与银行共建社保卡联合服务网点或社保服务代办网点，提供就近服务，让老年人不出社区行政村即可实现养老金领取、社保待遇资格认证、社保信息查询等服务。（各级公共就业和人才服务机构、社保经办机构、其他人社服务窗口部门按职责分工负责）

12. 完善服务设施，发展优先服务。各级人社部门办事大厅应提供“一窗式”“一门式”服务，设立老年人业务办理绿色通道，实现优先办理，设置等候专区、爱心专座，印制适合老年人阅读的专用办事指南，张贴醒目的引导标识，提供老花镜等便民服务设施，配备医药应急箱。（各级公共就业和人才服务机构、社保经办机构、其他人社服务窗口部门按职责分工负责）

13. 加强服务引导，发展主动服务。各级人社部门要在办事大厅和基层服务平台配备服务引导人员，与群众面对面做好政策解读、服务引导、自助设备操作指导、线上服务操作引导等服务，提供从接待、答疑、受理，到办理、反馈的“一站式”服务，对前来服务网点的老年人主动询问所办业务，根据其情况，按需提供全程引导服务。（各级公共就业和人才服务机构、社保经办机构、其他人社服务窗口部门按职责分工负责）

14. 完善疫情管控，增加替代措施。各级人社部门在新冠肺炎疫情低风险地区，对进入人社办事大厅和基层服务平台的群众一般不查验“健康码”。根据疫情防控需要确需查验时，对因无智能手机、不会操作等原因无法提供“健康码”的群众，可以采取凭社保卡、身份证等身份证件登记、持纸质证明通行、出示“通信行程卡”作为辅助行程证明等替代措施。（各级公共就业和人才服务机构、社保经办机构、其他人社服务窗口部门按职责分工负责）

（四）优化智能化服务，打造适老平台

15. 推广电子社保卡亲情服务等功能。在各级人社 App、小程序中全面嵌入电子社保卡，通过使用电子社保卡简化线上注册流程，实现扫码登录、授权登录。充分利用电子社保卡“亲情服务”“工作人员服务”等功能，通过家人或是工作人员，帮助不使用或不会操作智能手机的老年人查询社保待遇、进行社保待遇资格认证。（各级人社信息化综合管理机构负责）

16. 开展网站和 App 的适老化改造。按照国家统一部署，进行各级人社部门政府网站、人社 App、小程序等的适老化改造，简化使用步骤，优化界面交互，增加操作提示。针对老年人常用功能，提供大字版、语音版、少数民族文字版的服务模块，挂在首页醒目位置，方便老年人获取信息和服务。（各级人社信息化综合管理机构负责）

17. 强化电话咨询服务。加强电话咨询服务建设，将代办服务、上门服务等关爱政策以及智能技术操作问答纳入知识库，提高咨询服务人员业务能力，畅通老年人咨询人社政策和办事服务问题的途径，畅通人社服务投诉举报的渠道，利用电话人工客服的服务优势，为老年人提供人社相关智能技术操作的指导服务。发展短信服务，支持各类业务提醒和办理进度反馈。（各级电话咨询服务机构负责）

（五）加强宣传培训，营造良好氛围

18. 加强群众宣传。加强各项人社政策和服务方式的宣传，特别是要宣传针对特殊人群的关爱政策，让群众知晓从哪办、怎么办、找谁问。采取适合老年人了解信息的图文、视频、音频方式开展宣传，必要时提供面对面的指导服务措施，加强对智能化服务运用及防骗知识的科普宣传，让老年人敢用、能用、会用智能技术。（各级公共就业和人才服务机构、社保经办机构、其他人社服务窗口、各级人社宣传部门按职责分工负责）

19. 拓展技能培训内容。探索在养老护理员等康养职业技能培训中，适当增加智能技术运用培训内容，使养老服务人员在为老年人服务的过程中，能够为老年人操作智能终端提供协助。（各级人社职业能力建设部门负责）

20. 加强工作人员培训。将服务意识、服务流程、服务礼仪等作为人社部门工作人员日常业务培训的重要内容，在人社系统倡导尊老爱老敬老服务，提高各级工作人员特别是窗口工作人员的服务水平。完善应急处置机制，提高窗口工作人员的应急处理能力，快速有效解决老年人遇到的困难。（各级人社行政部门、公共就业和人才服务机构、社保经办机构、其他人社服务窗口部门按职责分工负责）

三、工作要求

1. 开展全面自查。各级人社部门应明确贯彻落实国办发〔2020〕45 号文件的牵头单位，组织业务部门、经办机构、信息化部门、宣传部门等，分别负责政策文件、传统服务、智能化服务、宣传培训等相关工作，全面排查本地区老年人运用智能技术困难的有关问题及个案现象，如政策文件和服务事项中无法适用老年人需求等“一刀切”的问题，仅支持线上业务办理等“单条腿”的问题，对老年人服务措施针对性不够的问题，对老年人关爱政策宣传不到位的问题等。

2. 制定实施方案。各地要根据自查情况制定实施方案，明确时间表、路线图，建立工作台账，提出整改措施。对国办发〔2020〕45 号文件作出的规定要立即做到；对已取消传统服务的“单条腿”问题要于 2021 年 1 月底前完成整改，恢复提供传统服务或建立专用通道；对需要改造完善的服务要于 2021 年底前完成，明确时限并引导群众预期。

3. 加强服务监督。我部将建立调度督导机制，健全问责工作机制，定期调度各地解决老年人运用智能技术困难工作的实施进展和成效，将面向老年人的服务措施纳入人社服务窗口明察暗访和人社系统行风建设，对人社公共服务的适老化程度进行评估，通过舆情监测主动接受群众监督，对群众投诉举报问题严重的，进行全系统通报，组织各地交流经验做法，督促各地不断提升人社便民服务水平。

4. 完善服务保障。各级人社部门应做好有关的服务保障工作，开展群众特别是老年人的满意度调查，确保各项服务措施做实做细、落实到位。要加强人社部门政府网站、人社 App、小程序等的安全防护，明确个人信息填报和使用范围，切实保护个人隐私，让老年人放心运用智能技术。

各地根据自查情况制定的实施方案（包括工作牵头单位及联系人，高频服务事项、存在的问题、整改措施、责任单位及时间安排），请于 2021 年 1 月 25 日前报我部。

人力资源社会保障部关于组织开展2020年度全国人社窗口单位业务技能练兵比武活动的通知

人社部函〔2020〕19号

各省、自治区、直辖市及新疆生产建设兵团人力资源社会保障厅（局），部属各单位：

为切实践行以人民为中心的发展思想，深入贯彻落实中央深化“放管服”改革优化营商环境的决策部署，持续推进系统行风建设，不断提升人社窗口单位为民服务能力和水平，经研究决定，2020年继续组织开展全国人社窗口单位业务技能练兵比武活动（以下简称练兵比武活动）。现就有关事项通知如下：

一、加强领导，周密组织。开展练兵比武活动，是打造一支政治过硬、本领过硬、作风过硬的高素质人社干部队伍的重要举措，是持续推进正行风树新风、打造群众满意的人社服务的重要抓手。各级人社部门要高度重视，切实加强组织领导，由分管领导负责，明确牵头机构和参与单位，建立分工合作机制，落实经费等保障措施。要按照练兵比武活动总体方案（见附件），结合本地实际和当前统筹做好新冠肺炎疫情防控工作的有关要求，进一步细化实施方案，精心做好各项筹备和组织实施工作。要主动加强与有关部门及工会组织、共青团、妇联等群众团体的沟通，争取各方支持。

二、紧贴实际，突出实效。练兵比武活动旨在推动人社窗口单位工作人员熟练掌握法规政策，提升服务技能，增强为民服务本领。要站在群众办事角度编制大纲题库，确保科学性、实用性，学得好、用得上。要广泛发动各级人社窗口单位工作人员，依托全国人社窗口单位业务技能练兵比武在线学习答题平台，参加“日日学、周周练、月月比”活动，养成良好学习习惯，促进知识日积月累、技能日益精进。要自下而上组织多种形式的比武活动，特别要适应服务向基层下沉延伸的需要，重点面向县（区）级窗口单位工作人员开展比武活动，展实景、拼实力、求实效，以比促练，以练促用。

三、强化宣传，典型引路。要创新方式方法，利用各类媒体平台，广泛宣传推广各地开展练兵比武活动的特色做法和取得成效。要深入挖掘报道在练兵比武活动中成长成才、得到群众认可好评的典型人物和事迹，培养一批人社“知识通”、业务“一口清”，把他们用在关键处、吃劲处，充分发挥示范引领作用，在全系统窗口单位营造人人愿学、真学、精学的良好氛围，使学政策、钻业务、强技能、优服务蔚然成风。

四、总结经验，建立机制。要认真总结练兵比武活动中的好做法好经验，积极探索工作规律，将其中行之有效、可复制可推广的做法固化下来，并逐步形成制度化、规范化的安排，建立健全宣传发动、组织实施、效果评估、激励保障等方面工作机制，推动练兵比武活动常态化开展，将其作为人社系统锻炼培养干部队伍的重要平台，作为落实不忘初心、牢记使命制度的生动实践。

各省在练兵比武活动实施过程中遇到的问题，请及时向我部报告。

联系方式（略）

附件：2020 年度全国人社窗口单位业务技能练兵比武活动总体方案

2020 年 3 月 11 日

附件

2020年度全国人社窗口单位业务技能练兵比武活动总体方案

一、活动目的

通过持续深入开展练兵比武活动，推动全员练兵常态化，业务比武多样化，不断扩大覆盖面和影响力，突出针对性和实效性，加快提升全系统窗口单位特别是县（区）级及以下基层窗口单位工作人员政治素质、业务素养和服务技能，培树更多群众身边的人社“知识通”、业务“一口清”，为不断深化人社领域“放管服”改革、持续提高群众对人社服务的满意度提供坚强支撑。

二、活动主题

练兵比武强技能　人社服务树新风

各省份可结合实际，围绕活动主题提出具有本地特点的系列宣传口号。

三、参加范围

地方各级人社窗口单位全员参加，实现省份、市、县（区）、街道（乡镇）、社区（村）全覆盖，前后台人员、编制内外人员全覆盖。鼓励非窗口单位工作人员参加。

四、内容和形式

（一）内容

练兵比武紧紧围绕贯彻落实习近平新时代中国特色社会主义思想、党的十九大和十九届二中、三中、四中全会精神，涵盖就业创业、社会保险、人才人事、劳动关系、综合服务规范等方面，重点考察法规政策理解运用能力、问题解决能力、沟通协调能力等。鼓励各地结合工作实际，将运用信息平台能力纳入比武范围。

（二）形式

1. 开展“日日学、周周练、月月比”活动。引导窗口工作人员依托全国人社窗口单位业务技能练兵比武在线学习答题平台（以下简称在线学习平台）进行常态化学习，对每日坚持登录平台学习的，由平台给予“日日学之星”称号；对每周答题成绩排名靠前的，由平台给予“周周练达人”称号。每月最后一个周末（周六、日），依托平台举办全国统一比试，对总成绩排名靠前的个人和省份，给予奖励。

2. 比武活动分省内赛、区域赛、全国赛进行。各省份要在全省范围内组织比武活动，实现省内地市、县（区）全覆盖。要组织开展全省统一笔试，试题由各省在部里公布的大纲题库范围内自行编制，参赛人员数量一般不少于 100 人，县（区）级及以下参赛人员占比一般不低于 60%，笔试前 5%的选手由本省授予省级人社“知识通”称号。区域赛分四个赛区（每个赛区 8 个省份），采取现场比赛方式进行，每个省份确定本省一个县（区）代表本省组队（每队 4 人，其中 1 人为替补）参加。区域赛胜出 16 个省份参加全国赛（每个赛区 4 个名额，其中承办省份直接获得全国赛资格，其他按成绩排序取前三）。全国赛包括晋级赛和决赛两个阶段。晋级赛采取笔试方式，参赛人员范围为区域赛胜出的 16 个省份代表队（每个省份确定本省一个地市代表本省组队，每队 4 人，其中 1 人为替补）和 32 个省份省内笔试第 1 名选手（若笔试第 1 名选手已作为本省代表队选手，则递补本省省内笔试第 2 名的选手参加，如此类推）；笔试成绩前 5 名的选手获得全国人社“知识通”称号。区域赛胜出的 16 支代表队选手前三名笔试成绩之和（不含因省内笔试成绩单独参赛的选手）为该队晋级赛总成绩，排名前八的 8 支代表队参加决赛。决赛采取现场比赛方式进行。区域赛、全国赛赛事规则，全国赛比赛试题由部里制定；区域赛现场比赛试题由承办省份制定。

五、组织机构

练兵比武活动在部加强行风建设工作领导小组领导下开展，由部行风办具体牵头负责，部属有关单位参加，负责活动的总体设计、统筹协调和推动实施。

设立命题组、练兵组、赛务组、裁判组、宣传组。

命题组由部行风办会同部考试中心牵头，部属有关单位和部分地方人社部门及2019年度人社“知识通”等参加，负责练兵比武大纲和题库的制定、修订、完善、审核以及相关比赛试题命制等工作。

练兵组由部行风办会同部高培中心牵头，负责改造完善在线学习平台，组织“日日学、周周练、月月比”活动。

赛务组由部行风办会同部能力建设中心、承办地人社部门组成，负责区域赛、全国赛赛事规则制定、赛务筹划设计和组织实施等工作。

裁判组由部属有关单位负责同志参加，负责对全国赛现场比赛选手答题作出裁决。

宣传组由部行风办会同部宣传中心牵头，人事报刊社、劳动保障报社、出版集团参加，负责练兵比武活动的宣传策划和组织实施等工作。

区域赛由承办省份牵头，会同本赛区其他成员省份共同组织实施，负责制定区域赛现场比赛实施方案，做好赛务保障，确保比赛公平公正进行。具体组织形式由区域赛承办省份会同成员省份协商确定。区域赛现场比赛试题由承办省份在部里公布的大纲题库范围内编制。各赛区实施方案、现场比赛试题报部行风办审定后实施。部行风办加强对各区域赛的指导和监督。

六、工作安排

（一）动员部署（3月）

2020年度练兵比武活动自本方案公布之日起正式启动；各省份按照通知要求，做好动员部署工作。

活动LOGO保持与2019年度样式不变，请在部官网下载使用；部里设计2020年度活动主海报，形成电子文档供各地自行印刷张贴。各省份还可结合实际，组织设计配套的活动海报、拍摄宣传短片、编写主题歌等，进一步营造踊跃参加练兵比武活动的浓厚氛围。海报等宣传产品要在机关、事业单位、窗口服务大厅等场所张贴，在人社部门官方网站、政务服务平台发布。

（二）编制大纲题库（1月中旬—9月底）

1月中旬开始，组织部属有关单位、2019年度人社“知识通”、全国赛部分优秀选手以及部分地方人社厅（局）有关同志，对现有大纲和题库进行修订完善；3月中下旬组织审题。各地可结合实际，组织编制地方试题作为补充。

4月中旬，公布新修订的练兵比武大纲题库（2020年版）。

9月底，根据新出台的法律法规、规章和政策措施，对练兵比武大纲题库（2020年版）进行增补。

（三）岗位练兵（持续开展）

4月中旬，改版后的在线学习平台上线运行。此前，各地要继续发动窗口工作人员利用原平台学习。

4月中旬开始，各地依托在线学习平台，开展“日日学、周周练、月月比”活动。

4月—10月，部里对各地依托在线学习平台练兵情况进行定期调度。

（四）比武活动（8月—11月）

1. 省内赛（8月10日前）

8月10日前，各省份完成全省范围的比武活动，并选拔出代表本省份参加区域赛的县（区）代表队。省内赛应合理安排省、市、县（区）级及以下参赛选手比例。各省级人社“知识通”名单请于省内比武活动结束一周内报部行风办。

2. 区域赛（9月底前）

3月底，确定区域赛承办省份。

4月底，部里公布区域赛赛事规则。各省份抽签分别编入4大赛区。其中，2019年度全国决赛8支队伍按规则编入不同赛区。

6月底，区域赛承办单位向部里报送区域赛具体实施方案。

8月11日前，各省份向部里报送参加区域赛人员名单，要求须为来自同一县（区）的4名选手（3人为正式选手，1人为替补选手）。

8月17日前，部里公布各省份参加区域赛人员名单。名单一经公布，不得增减或调换。

9月份，分赛区在4个承办地分别举办区域赛。部里派员全程监督。各省份根据参加区域赛成绩排名获得全国赛参赛资格。赛后2日内，各省份按规定将全国赛参赛人员名单报部行风办。其中，16个取得全国赛参赛资格的省份报送参加全国赛晋级赛人员名单，每队4人（应来自同一地市，含3名正式选手，1名替补选手）及1名省级人社“知识通”；另16个省份报送参加全国赛晋级赛的1名省级人社“知识通”和参加决赛挑战环节的3名选手名单。

各省份参加区域赛和全国赛的参赛人员，应当符合下列条件：不得包含2019年度人社系统窗口单位业务技能练兵比武省际邀请赛和全国赛（含晋级赛、决赛）、2019年度全国人社法治知识竞赛（含晋级赛、决赛）选手名单中的正式和替补选手。

3. 全国赛（11月上旬）

4月底，公布全国赛赛事规则（和区域赛赛事规则同步公布）。

9月底，公布全国赛参赛人员名单（公布后不得更换）。

11月上旬，全国赛分晋级赛和决赛两个阶段连续进行。晋级赛总成绩排名前八的代表队晋级决赛，每队3名选手参加。决赛采取现场比赛方式进行。各代表队在决赛现场比赛各环节的得分之和，为该队决赛总成绩。

七、奖项设置

（一）团体奖项

1. 全国赛奖项

（1）一等奖1名、二等奖3名、三等奖4名：按决赛总成绩确定。

（2）优胜奖8名：进入全国赛但未进入决赛的8支代表队。

（3）挑战奖8名：决赛挑战环节得分前八的代表队。

（4）优秀组织奖若干名：结合“日日学、周周练、月月比”组织情况确定。

（5）特别贡献奖4名：承办区域赛的4个省份。

2. 区域赛奖项

各赛区设一等奖1名、二等奖3名、三等奖4名。

（二）个人奖项

1. 全国人社“知识通”称号5名：全国赛晋级赛笔试成绩前5名的选手。

2. 全国赛“最佳风采奖”8名：决赛各参赛代表队每队1名。

3. 区域赛“最佳风采奖”32名：各参赛代表队每队1名。

4.“岗位练兵明星”96名：根据在线学习平台“月月比”个人成绩确定，每省份3名。

部里为获奖团队和选手颁发奖牌、证书，并按规定发放奖金。各地可按规定对获奖团队和个人给予奖励。

八、经费保障

区域赛和全国赛所需费用，由部里与承办省份做好沟通协调。各省份参加全国赛、区域赛有关人员交通、食宿等费用自行承担。

人力资源社会保障部关于进一步做好新型冠状病毒感染的肺炎疫情防控工作的通知

人社部明电〔2020〕1号

各省、自治区、直辖市及新疆生产建设兵团人力资源社会保障厅（局）：

新型冠状病毒感染的肺炎疫情发生以来，党中央高度重视，习近平总书记作出一系列重要指示。近日，习近平总书记再次作出重要指示，党中央印发《关于加强党的领导、为打赢疫情防控阻击战提供坚强政治保证的通知》，对各级党组织和广大党员干部做好疫情防控工作提出明确要求。各级人力资源社会保障部门要坚决贯彻习近平总书记重要指示精神和党中央、国务院部署要求，在落实1月23日印发的《人力资源社会保障部办公厅关于人力资源和社会保障系统做好新型冠状病毒感染的肺炎疫情防控有关工作的通知》（人社厅明电〔2020〕3号）要求基础上，进一步抓紧抓实当前工作，坚定信心、同舟共济，科学防治、精准施策，为打赢疫情防控阻击战做出积极贡献。现就有关事项通知如下：

一、进一步提高政治站位，切实增强做好疫情防控工作的使命感、责任感、紧迫感

疫情就是命令，防控就是责任。人力资源社会保障工作全部涉及到人，大部分涉及民生，既担负着支援保障一线防控工作人员的重要职责，也担负着维护受疫情影响职工群众权益的重要任务。各级人力资源社会保障部门要进一步增强“四个意识”、坚定“四个自信”、做到“两个维护”，切实把思想和行动统一到习近平总书记重要指示精神和中央决策部署上来，坚持把人民群众生命安全和身体健康放在第一位，把疫情防控工作作为当前最重要的工作来抓，坚决扛起疫情防控政治责任，做到守土有责、守土担责、守土尽责。

二、全力做好人社政策支持工作

各级人力资源社会保障部门要充分发挥职能作用，根据疫情防控大局需要，及时研究制定有关针对性政策，并抓好落实。按照人力资源社会保障部、财政部、卫生健康委《关于因履行工作职责感染新型冠状病毒肺炎的医护及相关工作人员有关保障问题的通知》（人社部函〔2020〕11号）要求，做好医护人员及相关工作人员工伤保险保障工作，并开辟工伤待遇绿色通道。支持疫情防控相关医疗卫生机构等事业单位简化招聘程序和设立招聘绿色通道，紧急补充医护人员等疫情防控工作人员。督促落实疫情防治人员临时性工作补助等工资待遇政策。

三、切实关心激励疫情防控人员

各级人力资源社会保障部门要会同相关部门，及时发现先进典型，及时挖掘先进事迹，对在医疗救治、疫苗研发、基础预防、物资援助、抢建设施等方面做出突出贡献的个人和集体，尤其是广大医务工作者和医务团队给予及时性表彰，进一步鼓舞士气、坚定信心、凝聚力量。对在疫情防控中做出贡献的事业单位工作人员和集体特别是奋战在疫情防控一线的事业单位工作人员和集体，根据《事业单位工作人员奖励规定》有关规定开展及时奖励。

四、稳妥做好劳动就业等重点工作

各级人力资源社会保障部门要增强工作前瞻性，对就业形势、农民工流动、人力资源市场、劳动关系等情况进行密切监测和研判，深入评估疫情影响，提前研究应对举措，做好政策储备。要调整优化一季度就业服务活动，有针对地向劳动者发布节后企业开工信息，引导农民工安全有序流动。要组织各级各类公共就业人才服务机构、人力资源服务机构常态化开展线上招聘，组织开展职业技能线上培训，积极稳妥做好农民工、高校毕业生等重点群体就业工作，加强失业人员生活保障，加快落实援企稳岗政策，努力维护就业大局稳定。落实《人力资源社会保障部办公厅关于妥善处理新型冠状病毒感染的肺炎疫情防控期间劳动关系问题的通知》（人社厅明电〔2020〕5号），对因疫情防控引发的劳动关系处理、工资支付、工伤保险等问题，进一步加强工作指导，切实保障劳动者合法权益。

五、扎实做好本系统疫情防控工作

各级人力资源社会保障部门要继续做好公共就业服务、社保经办、职业培训和技能鉴定、人才人事服务、劳动人事争议处理等窗口服务单位的疫情防控工作，推行不见面服务，减少非必须的现场办理，配备必需设备，科学安排业务办理流程，避免出现人员密集办理业务情况。要指导技工院校、培训机构等重点场所和农民工密集的企业，按照国家和当地党委政府疫情防治工作要求做好疫情防控工作。要加强本单位干部职工科学防护，切实保障好干部职工身体健康。

六、切实加强组织领导

各级人力资源社会保障部门要在党委统一领导、统一指挥下统一行动，全力出战。要建立健全人力资源社会保障领域疫情防控工作机制，制定完善疫情防控应急预案，下好先手棋、打好主动仗。领导班子和领导干部特别是主要负责同志要坚守岗位、靠前指挥，基层党组织和广大党员要充分发挥战斗堡垒作用和先锋模范作用。要在这场严峻斗争的实践中考察识别干部，激励引导广大党员、干部在疫情防控斗争中挺身而出、英勇奋斗、扎实工作，经受住考验。

各地应对疫情工作中的重要情况，要及时报告人力资源社会保障部。

2020年1月30日

人力资源社会保障部办公厅关于做好人力资源和社会保障政务服务“好差评”工作的通知

人社厅发〔2020〕31号

各省、自治区、直辖市及新疆生产建设兵团人力资源社会保障厅（局），部属各单位：

为深入学习贯彻习近平新时代中国特色社会主义思想，贯彻落实党的十九大和十九届二中、三中、四中全会精神，按照《国务院办公厅关于建立政务服务“好差评”制度提高政务服务水平的意见》（国办发〔2019〕51号）要求，现就做好人力资源和社会保障政务服务（以下简称人社政务服务）“好差评”工作通知如下。

一、工作目标

2020年底前，各级人力资源社会保障部门按照国办发〔2019〕51号文件和本级政府要求，结合系统特点，全面开展线上线下人社政务服务“好差评”工作，实现服务事项全覆盖、评价对象全覆盖、服务渠道全覆盖，确保每个企业和群众都能自愿自主真实评价。建立评价数据自下而上归集分析机制，全面及时准确了解企业和群众对人社政务服务的感受和诉求，有针对性地改进服务，促进服务水平持续提高。

二、主要任务

（一）厘清政务服务事项。各级人力资源社会保障部门要进一步落实好《关于规范人力资源社会保障系统行政审批和公共服务事项清单的指导意见》（人社部发〔2018〕75号），完善规范事项清单和办事指南，实现同一事项名称统一、编码统一、标准统一，逐步实现办事指南统一。要按照设定依据的立改废释、机构和职能调整、信息化手段应用、经办模式升级等情况，动态调整政务服务事项清单，精减所需材料，压缩办理时限。要探索将程序相似、材料相近、结果关联的多个事项整合为企业和群众眼里的“一件事”，对流程再造和优化。各级窗口单位依据事项清单，开展“好差评”工作。（责任单位：部行风办牵头，部属有关单位、各级人力资源社会保障部门参与）

（二）畅通政务服务评价渠道。政务服务实体大厅要在服务窗口醒目位置设置评价器或评价二维码，提供“很好”“好”“一般”“差”“很差”或“非常满意”“满意”“基本满意”“不满意”“非常不满意”5类评价，满足现场服务“一次一评”。人社政务服务平台，包括网上经办系统、12333服务热线、移动服务端、自助服务端等服务渠道，要设置评价功能模块或环节，在提供5类评价基础上，按照设计说明（见附件1）细化评价问询表单，满足网上服务“一事一评”。对在服务结束后没有即时作出评价的企业和群众，可在7日内补充评价。（责任单位：各级人力资源社会保障部门及其所属窗口单位依职能分别负责）

（三）强化政务服务差评核查整改。窗口单位要对差评进行即时回访核实。对情况清楚、诉求合理的，做到立行立改；对情况复杂、一时难以解决的，建立台账限期整改；对缺乏法定依据的，做好解释说明。经核实为误评、恶意差评或诉求不符合规定并已作出解释说明的差评，不予采纳。做好差评整改情况记录，做到差评件件有整改、实名差评件件有反馈。各级人力资源社会保障部门要随机抽取不低于20%的差评，开展整改情况回访调查。每年12月底，形成差评整改情况报告，报上一级人力资源社会保障部门。（责任单位：各级人力资源社会保障部门及其所属窗口单位依职能分别负责）

（四）归集政务服务评价数据。依托全国人社政务服务平台，按照统一的数据范围（见附件 2），归集各级人社政务服务“好差评”数据。部属窗口单位的评价数据由全国人社政务服务平台直接生成。省、市、县窗口单位的评价数据，通过省级人社政务服务平台实时同步上传至全国人社政务服务平台，暂不具备实时同步条件的可按月上传。各地人力资源社会保障部门要加强与当地数据管理或政务服务部门的沟通，建立评价数据共享交换机制，及时获取人社政务服务评价数据。（责任单位：部信息中心牵头，部属有关单位、各级人力资源社会保障部门参与）

（五）开展实体大厅服务情况实时监测调度。依托部监测指挥平台，在前期试点基础上，统一组织通过视频设备接入方式，对窗口单位实体大厅服务情况进行实时监测；通过手机云视频接入方式，对人社政策落实有关情况进行调度。已建成全省监测指挥平台的，要加强与部监测指挥平台的对接；未建设的，要将县以上窗口单位实体大厅逐步接入部监测指挥平台。对统一进驻当地政府政务服务中心的，应协调将人社政务服务窗口接入部监测指挥平台。窗口单位要完善实体大厅实时监控功能，为服务差评的核实整改提供依据。（责任单位：部规划司、行风办、信息中心牵头，部属有关单位、各级人力资源社会保障部门参与）

（六）加强服务评价数据分析应用。部里根据归集的评价数据，结合监测调度情况，对全国人社政务服务“好差评”情况开展分区域、分业务、分时段等比较分析，挖掘企业和群众反映较为集中的问题，逐项推动解决。各地人力资源社会保障部门要定期对本地人社政务服务“好差评”数据进行分析，及时发现堵点难点，找准企业和群众的诉求期盼，有针对性地提出改进服务措施并抓好整改落实。（责任单位：部行风办、部信息中心、部属有关单位、各级人力资源社会保障部门依职能分工负责）

三、有关要求

（一）加强组织领导。把做好人社政务服务“好差评”工作作为深化“放管服”改革的重要举措，逐级加强指导，层层压实责任，抓好组织实施。明确责任单位和责任人，制定时间表和路线图，确保按期完成目标任务。部属有关单位要充分发挥在厘清服务事项、优化经办流程、督促差评整改、分析应用数据等方面的职能作用。地方人力资源社会保障部门要做好具体实施工作，近期要按照新冠肺炎疫情防控工作的要求，做好衔接，并加强与部里的沟通联系。

（二）实施正向引导。将人社政务服务“好差评”情况纳入绩效评价。健全激励机制，对企业和群众评价满意度高的单位和人员，按照国家有关规定进行表彰和奖励。及时总结推广创新做法，加大典型经验宣传力度，不断激发改进服务的内生动力，形成比学赶帮超的良好氛围。

（三）规范评价管理。要制定“好差评”管理办法，规范“好差评”工作流程，保护评价人和被评价人权益，不得强迫或干扰评价人的评价行为，允许被评价人举证解释、申诉申辩和申诉复核，严格对误评和恶意评价结果的更正程序。鼓励各地人力资源社会保障部门在国家标准和行业标准的基础上，制定更高的地方人社政务服务评价标准。

（四）主动接受监督。支持社会各界“综合点评”，通过意见箱、热线电话、投诉平台等渠道，主动接受社会各界综合性评价。积极开展人社政务服务调查，可委托第三方独立开展评估。公开政务服务评价信息，将政务服务情况、评价结果及整改情况，通过门户网站、政务服务平台和新闻媒体向社会公开，推动形成愿评、敢评、评了管用的社会共识。做好风险评估，落实属地责任，及时稳妥处理相关舆情。

附件：1. 线上服务评价问询表单设计说明

2. 人社政务服务评价数据归集范围

2020年3月19日

附件 1

线上服务评价问询表单设计说明

当地人民政府已统一设计政务服务“好差评”线上服务评价问询表单的，应按其要求应用。没有统一规定的，应自行设计，主要分为 3 个部分：

第一部分：总体评价。分为 5 个等级：“非常满意、满意、基本满意、不满意、非常不满意”或“很好、好、一般、差、很差”。

第二部分：选择评价。当选择不满意、非常不满意时，评价人可从以下几方面进行勾选：1. 材料方面。①材料多。②重复交。2. 时限方面。①办结时限长。②排队时间久。3. 咨询方面。①解答不清。②态度不好。4. 查询方面。①更新不及时。②登录认证不方便。5. 导航方面。①事项不好找。②流程不清晰。

第三部分：自由评价。对本次服务的改进建议，字数不超过 200 字。

附件 2

人社政务服务评价数据归集范围

一、服务事项名称和编码。

二、服务机构层级和名称。

三、办理渠道。包括实体大厅、网上经办系统、12333 服务热线、移动服务端、自助服务端等 5 种渠道。

四、评价结果。5 个等级：“很好”“好”“一般”“差”“很差”或“非常满意”“满意”“基本满意”“不满意”“非常不满意”。未进行评价的事项也要上传。

五、线上政务服务问询表单数据。指附件 1 的选择评价和自由评价数据。

六、评价时间。实施评价的具体时间，格式为“×年×月×日×时×分×秒”。

人力资源社会保障部办公厅关于印发《人力资源社会保障部2020年政务公开工作要点》的通知

人社厅发〔2020〕90号

部属各单位：

《人力资源社会保障部2020年政务公开工作要点》已经部领导同意，现印发给你们，请认真贯彻落实。

2020年8月31日

人力资源社会保障部2020年政务公开工作要点

2020年，人力资源社会保障部政务公开工作的总体要求是：以习近平新时代中国特色社会主义思想为指导，全面贯彻党的十九大和十九届二中、三中、四中全会精神，贯彻落实中央经济工作会议精神和政府工作报告关于人社工作的要求，认真落实党中央、国务院关于政务公开工作的重大决策部署、新修订的《中华人民共和国政府信息公开条例》和国务院办公厅《2020年政务公开工作要点》，聚焦做好“六稳”工作、落实“六保”任务，以公开促落实、促规范、促服务，不断提升政务公开质量，为统筹推进疫情防控常态化和服务经济社会持续发展做出积极贡献。

一、围绕贯彻落实党的十九届四中全会精神加强用权公开

（一）加强权力配置信息公开

1. 编制我部权责清单。对照法律法规规章，全面梳理我部依法行使的行政权力和依法承担的公共服务职责，编制权责清单。

2. 加强机构信息公开。在部门户网站上依法公开本机关工作职能、机构设置等信息。

（二）加强权力运行过程公开

3. 健全重要决策公众参与机制。对人力资源和社会保障涉及公共利益和公众权益的重大事项，除依法应当保密的外，要主动向社会公布决策草案、决策依据等，通过听证座谈、网络征集、咨询协商、媒体沟通等多种形式，广泛听取意见。除依法需要保密的外，起草部门应当将规章草案征求意见稿及其说明向社会公开征求意见，期限一般不少于30天。

4. 推进人社领域基层政务公开。指导和督促各地人社系统落实《人力资源社会保障部办公厅关于印发就业和社会保险领域基层政务公开标准指引的通知》（人社厅函〔2019〕113号）要求，结合实际完善相关公开标准目录，不断提升人社领域基层政务公开标准化规范化水平。

（三）加强规章和规范性文件公开管理

5. 系统梳理我部制发的规章和规范性文件，按照“放管服”改革要求及时立改废。2020年底前，在部门户网站建立部政策文件库，集中统一对外公开并动态更新，并提供在线便捷查阅、检索、下载等服务。

二、围绕“六稳”“六保”加强政策发布解读

(一)深入解读重要政策措施

6. 加大政策解读力度，紧紧围绕 2020 年人力资源和社会保障中心工作，全面强化就业优先政策，以稳就业攻坚行动、提升社会保险保障能力、人才服务专项行动、根治欠薪工作、人社扶贫攻坚行动、职业技能提升行动、人社行风建设专项行动、人社信息化创新提升攻坚行动等为重点，全面公开、精准解读相关政策措施，释放更多积极信号，稳定各项社会预期。

7. 加大重点领域政策公开力度，围绕着力稳就业保民生等重大部署和重点工作任务，及时公开强化稳就业保就业的政策措施，及时公开面向高校毕业生、农民工、贫困劳动力和就业困难人员等重点群体的就业专项活动信息，及时公开减免企业社会保险费有关政策措施、落实情况、政策成效等，加大定点推送、精准推送力度，加强信息的时度效。

8. 加大纾困和激发市场活力规模性政策的公开力度，在部门户网站设置“防疫便民人社在行动”“中国公共招聘网”“减免企业社会保险费”“职业技能提升行动”“人社扶贫”等专题专栏，全面深入解读各项人社优惠政策，推动各项纾困措施直达基层、直接惠及市场主体。

(二)积极回应社会关切

9. 对稳就业、减免企业社会保险费、根治欠薪、职业技能提升、人社扶贫等热点焦点，以及人民群众办事创业的堵点痛点，要及时解疑释惑，营造良好的舆论环境。

(三)增强解读回应效果

10. 拓宽发布渠道，丰富内容形式，充分运用部门户网站、微信公众号等载体，运用答记者问、在线访谈等方式，采用图片图表、音频视频、卡通动漫等形式，客观生动解读政策，增强传播力影响力。

11. 加强权威解读，在重要政策出台、重点工作推进时，相

关司局主要负责同志要通过参加新闻发布会、吹风会及接受媒体采访、在线访谈等方式，履行好信息发布、权威定调、自觉把关等职责，带头解读政策，主动引导预期。

三、围绕优化营商环境加强政务信息公开

（一）提高政务服务透明度便利度

12. 全面优化办事流程，推进人社政务服务平台、国家社保平台建设，拓展网上办事范围，利用互联网等技术手段让办事人动态掌握办事进展，最大限度实现网络化、透明化办事。根据“放管服”改革进程，及时调整完善人力资源社会保障系统及部本级行政审批和公共服务事项清单，全面公开面向社会公众的部本级审批服务事项及办事指南，指导各地做好审批服务事项及办事指南的发布工作。

13. 在全系统开展“人社服务快办行动”，2020 年底前，力争实现 10 个以上企事业和群众眼里的“一件事”打包办理（10 个“一件事”，包括：企业招用员工、企业与员工解除终止劳动合同、失业、高校毕业生就业、事业单位聘用工作人员、创业、职工退休、申领工亡人员待遇、退休人员过世、申领社会保障卡等），10 个以上高频服务事项在规定办理时限基础上提速 50%，推动关联事项“打包办”、高频事项“提速办”、所有事项“简便办”，加强综合办事信息公开，进一步提升办事便利度。建立健全人社公共服务标准体系，印发人社政务服务‘一网通办’指导性文件，实现服务平台基本建设、数据基本共享。建立和实施人社系统政务服务“好差评”工作机制，完善社会公众和市场主体需求和满意度调查等制度。

（二）提高政策解读针对性精准性

14. 提升政策发布质量，制定政策及贯彻落实文件时，通过及时发布政策答问口径、开展“看得懂　算得清”人社政策图解、更新人社政策问答等方式，帮助基层人社工作人员提高政策理解、咨询辅导等能力，推动各项政策措施在“最后一公里”

落实中不遗漏、不走样，全面及时惠及市场主体。

四、围绕落实新修订的政府信息公开条例加强制度执行

（一）加强公开平台建设

15. 改建政府信息公开栏目。按照《国务院办公厅政府信息与政务公开办公室关于规范政府信息公开平台有关事项的通知》（国办公开办函〔2019〕61号）统一名称、统一格式要求，2020年底前在部门户网站完成“政府信息公开”栏目改建，推动公开内容进一步聚焦重点政务信息，公开方式更加统一规范，确保法定主动公开内容全部公开到位并及时更新。

16. 加强政府网站与政务新媒体建设。加强政府网站和政务新媒体内容保障，更多发布权威准确、通俗易懂、形式多样、易于传播的政策解读产品，不断提高政策知晓度。加强政府网站和政务新媒体信息发布审核，严把政治关、政策关、文字关。做好政府网站集约化建设工作，推进政府网站、政务新媒体、人社政务服务平台、国家社保平台等数据融通、服务融通、应用融通，提升数据应用能力、辅助决策能力、整体发声能力和服务公众水平。强化网络安全责任，抓好政府网站和政务新媒体安全防护。2020年底前，部政府网站全部支持互联网协议第6版。

17. 加强12333服务热线建设。进一步加强部本级12333电话服务中心建设，做好中央国家机关事业单位社会保障卡等业务咨询，接听群众反映人社系统行风监督电话。指导地方12333提高服务质量，提升综合接通率和答复准确率，积极探索智能技术应用和线上服务多渠道建设，推进远程服务试点。

（二）规范政府信息公开申请办理

18. 以完善内部工作制度为抓手，以规范答复文书格式为重点，完善接收、登记、审核、办理、答复工作流程，全面提升政府信息公开申请办理工作质量，依法保障公众合理信息需求。准确适用依申请公开各项规定，从严把握不予公开范围，对法定不予公开条款坚持最小化适用原则，切实做到以公开为常态、不公开为例外。

（三）做好政府信息公开年报编制工作

19. 按照《国务院办公厅政府信息与政务公开办公室关于政府信息公开工作年度报告有关事项的通知》（国办公开办函〔2019〕60号）要求，进一步提高政府信息公开年报编写质量，确保报告数据可靠、内容全面、填报准确，并按时发布。

五、强化做好政务公开工作的保障措施

（一）加强组织领导

20. 印发《人力资源社会保障部办公厅关于调整部政务（政府信息）公开工作领导小组及办公室成员的通知》。部政务公开工作领导小组听取政务公开工作情况汇报，研究解决有关政务公开工作重大问题。办公厅要加强日常指导监督。

21. 各单位要高度重视政务公开工作，加强对政务公开工作的研究部署，认真贯彻落实各项任务。

（二）抓好培训工作

22. 围绕学习贯彻新修订的政府信息公开条例，组织开展相关培训，使人社系统政务公开工作人员准确理解相关规定，切实增强公开意识和能力。

部属各单位贯彻落实工作要点的情况，要纳入部政府信息公开工作年度报告予以公开，接受社会监督。

人力资源社会保障部办公厅关于印发《部本级全面推行证明事项告知承诺制实施方案》的通知

人社厅发〔2020〕110号

部属各单位：

为贯彻落实党中央、国务院关于深化“放管服”改革、优化营商环境的决策部署，持续开展“减证便民”行动，按照《国务院办公厅关于全面推行证明事项和涉企经营许可事项告知承诺制的指导意见》（国办发〔2020〕42号）要求，经研究，部里制定了《部本级全面推行证明事项告知承诺制实施方案》。现印发给你们，请认真贯彻执行。

2020年12月16日

部本级全面推行证明事项告知承诺制实施方案

一、工作目标

坚持问题导向、高效便民、协同推进、风险可控原则，针对部本级直接面向企业群众、依申请办理的行政审批和公共服务事项，全面推行证明事项告知承诺制，实现相关审批服务事项流程更简、办事更快、服务更优，进一步从制度层面解决企业群众办事证明材料多、手续繁等问题。

二、主要任务

（一）明确实行告知承诺制的证明事项。按照最大限度利民便民原则，对《人力资源社会保障部行政审批事项清单》《人力资源社会保障部公共服务事项清单》中企业群众关注度高、使用频次多或获取难度较大的人才人事、社会保险、资格考试等24个办事事项的89件次证明材料实行告知承诺制（见附件1）。

（二）确定告知承诺制的适用对象。对于实行告知承诺制的证明事项，申请人可自主选择是否采用告知承诺制方式办理。申请人不愿承诺或者无法承诺的，应当提交法律、行政法规或者国务院决定要求的证明。允许代为承诺的，要有申请人的书面授权。申请人有较严重的不良信用记录或曾作出虚假承诺等情形的，在信用修复前，不适用告知承诺制。

（三）规范告知承诺工作流程。结合告知承诺制工作开展，制定完善业务规程，明确告知承诺制的范围、适用对象、告知承诺书的制式、事中事后核查手段、针对不实承诺的防控补救措施等。要修改完善办事指南，做到通俗易懂、简便易行。参照告知承诺书参考范本（见附件2），根据不同办事事项特点，制作内容明确、语言简洁、文字规范的告知承诺书文本（含电子文本）。告知的内容应当包括：办事事项名称及其设定依据，证明内容和材料要求，承诺的方式，不实承诺可能承担的民事、行政、刑事责任，行政机关核查权力，承诺书是否公开、公开范围及时限等，其中的具体要求应当可量化、易操作，不含模糊表述和兜底条款。承诺的内容应当包括：申请人已知晓告知事项、已符合相关条件、愿意承担不实承诺的法律责任以及承诺的意思表示真实等。办事指南和告知承诺书文本应于2021年1月底之前，通过对外服务场所、部门户网站等渠道公布，方便查阅、索取或下载。

（四）实施事中事后核查。针对事项的特点等确定具体核查办法，将承诺人的信用状况作为确定核查办法的重要因素，明确核查时间、标准、方式以及是否免予核查。综合运用在线核查、现场核查、协助核查等方式，对申请人的承诺内容进行核查。对于免予核查的事项和对象，采用“双随机、一公开”监管、重点监管、智慧监管等方式实施日常监管，不得对通过告知承诺制方式办理的申请人采取歧视性监管措施。对在核查或者日常监管中发现承诺不实的，依法依规终止办理、责令限期整改、撤销行政决定或予以行政处罚，并纳入信用记录。涉嫌犯罪的，依法移送司法机关。

（五）完善信用监管。加强告知承诺信用管理制度建设，针对不同事项，认真梳理筛查申请人承诺内容与客观事实或特定条件不相符合的情形，界定告知承诺失信行为范围。将范围内的失信行为，按规定程序记入《社会保险领域严重失信人名单》和《专业技术人员资格考试诚信档案库》等信用记录。

（六）强化风险防范措施。梳理工作环节重大风险，制定防控措施，切实提高风险防范能力。建立承诺退出机制，在行政事项办结前，申请人有合理理由的，可以撤回承诺申请，撤回申请后按原程序办理。对涉及社会公共利益、第三人利益或者核查难度较大的证明事项，要根据政府信息公开等规定，通过对外服务场所、部门户网站等渠道向社会公开告知承诺书，接受社会监督。依法做好个人信息和商业秘密保护。探索建立事前信用预警系统，对申请人进行信用评估，加强事前的风险防控。

三、组织实施

（一）加强组织领导。要把全面推行证明事项告知承诺制作为加强系统行风建设的重要内容，各有关单位主要负责同志要作为本单位全面推行证明事项告知承诺制工作的第一责任人，亲自研究制定具体措施，及时了解掌握工作进展，研究解决工作中存在的问题，确保工作有序开展。行风办要做好统筹和调度。规划司、信息中心要为部本级全面推行证明事项告知承诺制提供信息共享支持，及时解决部门间数据共享、人社政务信息资源与各省份信息共享问题。各有关单位要了解掌握本业务领域地方推行证明事项告知承诺制的有关情况，加强指导，研究解决工作中遇到的问题，挖掘并复制推广典型经验、典型事例。

（二）强化宣传引导。通过对外服务场所、政务服务平台、门户网站、微信公众号等平台媒体，对证明事项告知承诺制工作进行广泛宣传，加强政策解读，合理引导社会预期，及时回应社会关切，为全面推行证明事项告知承诺制营造良好社会氛围。

（三）加强监督检查。将开展部本级证明事项告知承诺制工作情况纳入业务、党建年度考核及调研暗访内容。结合人社政务服务“好差评”工作，及时发现和收集企业群众对证明事项告知承诺制工作的意见建议，处理相关投诉举报，不断改进优化服务，提升企业群众的满意度和获得感。

附件：1. 部本级全面推行证明事项告知承诺制事项清单

2. 告知承诺书参考范本

附件 1

部本级全面推行证明事项告知承诺制事项清单

序号	办理单位	办事事项	一级子项	可实行告知承诺制的证明材料
1	流动管理司	人力资源服务备案	人力资源服务备案	1. 自有场所的房产证明或不少于1年租赁期的场所租赁协议 2. 法定代表人（负责人）的身份证明、任职证明 3. 人力资源服务人员等相关职业资格证明
2	职业能力司	职业技能等级认定试点机构（社会培训评价组织）认定	职业技能等级认定试点机构（社会培训评价组织）认定	1. 专家等专业人员技能水平证明 2. 场地设备设施等资产有效证明文件（包括场地所有权属证明复印件或房产租赁协议复印件、固定资产清单、上年度经外部审计出具的财务审计报告复印件或全套财务报表等）
3	央保中心	社会保险登记	职工参保登记	工资关系或工资审批手续复印件
4	央保中心	社会保险登记	职工参保登记	1. 统筹内调入的需提供人事（组织）部门正式录用通知、调令、任职文件或者事业单位聘用合同等复印件 2. 工资关系或工资审批手续复印件

续表

序号	办理单位	办事事项	一级子项	可实行告知承诺制的证明材料
5	央保中心	社会保险登记	职工参保登记	1. 工作调动的需提供人事（组织）部门调动手续复印件 2. 辞职、解除合同需提供解除合同证明或辞职开除手续复印件
6	央保中心	养老保险服务	参保人员因病或因公死亡后，参保单位向社保经办机构申请办理领取个人账户一次性支付	参保人员死亡医学证明书或其他死亡证明材料
7	考试中心	专业技术人员资格考试报名管理	工程咨询（投资）专业技术人员职业资格	1. 学历证明 2. 学位证明 3. 从事相关专业工作年限证明 4. 专业技术人员职业资格证书 5. 全国优秀工程咨询成果奖项目或者全国优秀工程勘察设计奖项目的主要完成人证明
8	考试中心	专业技术人员资格考试报名管理	注册建筑师	1. 学历证明 2. 学位证明 3. 从事相关专业工作年限证明 4. 职称评聘证明
9	考试中心	专业技术人员资格考试报名管理	监理工程师	1. 学历证明 2. 学位证明 3. 从事相关专业工作年限证明 4. 专业技术人员职业资格证书

续表

序号	办理单位	办事事项	一级子项	可实行告知承诺制的证明材料
10	考试中心	专业技术人员资格考试报名管理	环境影响评价工程师	1. 学历证明 2. 学位证明 3. 从事相关专业工作年限证明 4. 专业技术职务聘用（评聘）证明 5. 环境影响评价上岗培训合格证书
11	考试中心	专业技术人员资格考试报名管理	翻译专业资格（笔译、口译）	1. 在读证明 2. 专业技术职务聘用（评聘）证明 3. 专业技术人员职业资格证书
12	考试中心	专业技术人员资格考试报名管理	助理社会工作师、社会工作师、高级社会工作师	1. 学历证明 2. 学位证明 3. 从事相关专业工作年限证明 4. 专业技术人员职业资格证书
13	考试中心	专业技术人员资格考试报名管理	一级注册计量师、二级注册计量师	1. 学历证明 2. 学位证明 3. 从事相关专业工作年限证明 4. 职称评聘证明 5. 专业技术人员职业资格证书
14	考试中心	专业技术人员资格考试报名管理	注册设备监理师	1. 学历证明 2. 学位证明 3. 从事相关专业工作年限证明 4. 专业技术职务聘用（评聘）证明
15	考试中心	专业技术人员资格考试报名管理	注册测绘师	1. 学历证明 2. 学位证明 3. 从事相关专业工作年限证明 4. 专业技术职务聘用（评聘）证明

续表

序号	办理单位	办事事项	一级子项	可实行告知承诺制的证明材料
16	考试中心	专业技术人员资格考试报名管理	建造师	1. 学历证明 2. 学位证明 3. 从事相关专业工作年限证明 4. 专业技术职务聘用（评聘）证明 5. 专业技术人员职业资格证书 6. 建筑业企业一级项目经理资质证书
17	考试中心	专业技术人员资格考试报名管理	出版专业技术人员职业资格（初级、中级）	1. 学历证明 2. 学位证明 3. 从事相关专业工作年限证明 4. 专业技术职务聘用（评聘）证明
18	考试中心	专业技术人员资格考试报名管理	执业药师（药学、中药学）	1. 学历证明 2. 学位证明 3. 相关专业工作年限证明 4. 职称评聘证明
19	考试中心	专业技术人员资格考试报名管理	注册城乡规划师	1. 学历证明 2. 学位证明 3. 从事专业工作年限证明 4. 专业技术人员职业资格证书
20	考试中心	专业技术人员资格考试报名管理	勘察设计注册工程师	1. 学历证明 2. 学位证明 3. 从事相关专业工作年限证明
21	考试中心	专业技术人员资格考试报名管理	一级造价工程师	1. 学历证明 2. 学位证明 3. 从事相关专业工作年限证明 4. 专业技术人员职业资格证书

续表

序号	办理单位	办事事项	一级子项	可实行告知承诺制的证明材料
22	考试中心	专业技术人员资格考试报名管理	注册安全工程师	1. 学历证明 2. 学位证明 3. 从事相关专业工作年限证明 4. 职称评聘证明 5. 专业技术人员职业资格证书 6. 本科毕业时所学安全工程专业经全国工程教育专业认证
23	考试中心	专业技术人员资格考试报名管理	经济专业技术资格（初级、中级、高级）	1. 学历证明 2. 学位证明 3. 从事相关专业工作年限证明 4. 专业技术人员职业资格证书
24	考试中心	专业技术人员资格考试报名管理	一级注册消防工程师	1. 学历证明 2. 学位证明 3. 从事相关专业工作年限证明 4. 专业技术职务聘用（评聘）证明 5. 专业技术人员职业资格证书

附件 2

告知承诺书参考范本

（以 2019 年证明事项告知承诺制试点事项中的“申请供养亲属抚恤金”为例）

一、基本信息

（一）申请办事事项名称

申请供养亲属抚恤金。

（二）申请人

姓名：　　　　　　　　　　　联系方式：

证件类型：　　　　　　　　　证件编号：

二、告知内容

（一）证明事项名称

依靠工亡职工生前提供主要生活来源的证明材料。

（二）设定证明的依据

《关于印发工伤保险经办规程的通知》（人社部发〔2012〕11 号）。

（三）证明的内容

申请人依靠工亡职工生前提供主要生活来源。

（四）承诺的方式

采用书面或电子承诺方式。由申请人本人承诺，如代为承诺，应提供代为承诺委托书。

（五）核查及不实承诺的责任

本机构将综合运用在线核查、现场核查、协助核查等方式，对承诺内容进行核查。对虚假承诺的，依法终止事项办理、责令限期整改、撤销行政决定或予以行政处罚，并纳入有关信用记录，由相关部门按规定实施联合惩戒。涉嫌犯罪的，依法移送司法机关。

（六）承诺书是否公开及公开的形式、范围、时限等

三、申请人承诺

申请人已认真阅读本告知书，对承诺内容以及不实承诺的责任已充分知晓。在此向（办理机构名称）郑重承诺，所填报的信息和承诺内容客观真实，愿意承担不实承诺的相关法律责任，并愿意接受办理机构的核查。

申请人签名：

承诺日期：×年×月×日

人力资源社会保障部办公厅
关于组织开展 2020 年度全国人社
窗口单位业务技能统一在线比试的通知

人社厅函〔2020〕134 号

各省、自治区、直辖市及新疆生产建设兵团人力资源社会保障厅（局）：

为统筹做好新冠肺炎疫情防控和业务技能练兵比武工作，今年以来，各地人社部门认真落实部里要求，广泛发动全系统特别是窗口单位工作人员参加在线练兵，开展多种形式的比武活动，培树了一批业务标杆，营造了比学赶帮超的良好氛围，进一步夯实了行风建设的队伍基础。为阶段性检验各地练兵比武成果，选出 2020 年度全国人社“知识通”，部里决定 11 月下旬组织全国统一在线比试。现将有关事项通知如下：

一、参比人员

（一）人员数量及要求

每省份 25 名选手参加。其中，各省份根据省内练兵比武情况自主推荐 15 人；部里从各省份“月月比”成绩（9 月份“月月比”结束后的加权成绩）排名靠前的 200 人中抽取 10 人。

各省份参加比试选手，应当符合下列条件：不包含 2019 年度人社系统窗口单位业务技能练兵比武全国赛（含晋级赛、决赛）、2019 年度全国人社法治知识竞赛（含晋级赛、决赛）选手名单中的正式和替补选手。

（二）人员确定期限

10月16日（周五）前，各省份向部行风办报送自主推荐名单（报名表见附件1）；完成本省份“月月比”总分排名前200人的人员信息（9月“月月比”结束后，在线练兵平台将公布截至9月份的加权成绩，各地可在平台下载）核实、完善等工作，并报送人员信息表（见附件2）。

10月30日（周五）前，部里公布各省份参加比试选手名单（每省25名选手）。名单一经发布，不得更改。

二、比试内容、形式及时间地点

（一）内容

全国人社窗口单位业务技能练兵比武大纲和题库中的相关内容，以及今年以来部里出台的稳就业、保就业和应对疫情新的政策措施。

（二）形式

采用机考方式进行，使用电脑操作答题，题型包括填空题、单选题、多选题、不定项选择题、判断题、简答题和案例题等7类题型。全程闭卷考试。

（三）时间地点

时间：2020年11月27日上午10：00—11：00，时长1个小时。

地点：各省份全部选手集中在本省省会城市指定地点参加比试。

三、组织机构

全国统一在线比试工作由部行风办会同部人事考试中心组织实施，部行风办负责命制试题，组织相关司局做好阅卷（主观题）等工作。部人事考试中心负责试题的录入、传送、汇总、阅卷（客观题）以及技术支持保障等工作。针对考试机构及其工作人员的具体考务工作，将另行下发通知，明确比试程序、操作要求及考试工作纪律等。部直属机关党委（纪委）负责监督比试的公正性。

各省份负责本地区线上比试的具体组织实施工作，制定具体实施方案，做好考试场地确定、现场技术支持、现场监考及相关经费等保障工作，确保比试工作顺利进行。考务技术保障标准和要求见附件3。

各省份指定1名组织纪律性强、工作经验丰富的同志作为监考员，负责本省份的现场监考工作（工作职责见附件4）。同时，各省份确定1名督考员，于2020年10月16日（周五）前将名单报部行风办，由部行风办统筹安排，采取异地交叉派出方式，赴相关省份参加督考工作（报名表和工作职责见附件5、附件6）。

四、奖项设置

（一）团体奖项

一等奖6名，二等奖12名，三等奖14名，根据各省份团队成绩由高到低排序确定。如出现团队成绩并列的情形，则以团队选手成绩的方差值排序，方差值较小的代表队排名在前，如仍并列，则调整相应奖项的名额，给予并列团队同等次奖项。

取各省份分数前20名选手成绩相加为该省份团队成绩，如因选手缺考等原因导致实际比试选手少于20人的，则按照实际参加比试选手成绩相加。

（二）个人奖项

全国人社“知识通”称号40名，根据所有选手成绩由高到低排序确定。如出现成绩并列且导致无法排序确定奖项的情形，则案例题成绩较高的选手排名在前；如仍并列，则简答题成绩较高的选手排名在前；如仍并列，则调整奖项名额，将并列选手全部授予全国人社“知识通”称号。

部里为团体奖项颁发奖牌，为全国人社“知识通”颁发证书、发放奖金，对全国人社“知识通”和线上平台“岗位练兵明星”予以通报表扬。各地可按规定对获奖团队和个人给予奖励。

五、有关要求

（一）各地要按照本通知要求，认真做好本地区统一在线比试的组织实施工作，按规定时限报送参比选手名单和督考员名单。现场监考员要配合部里派出的督考员，确保比试公平公正进行。

（二）督考员要严格按照督考要求履行职责。督考员差旅费用，由所在单位承担。

（三）各地要严格按照当地政府疫情防控要求，做好比试现场的消杀、测温及相关防控工作。

各地工作中遇到问题，请及时与部行风办、部人事考试中心联系。

联系方式（略）

附件：1. 各省份参加比试人员推荐名单

2. “月月比”总分排名靠前人员信息表

3. 统一比试考务技术保障标准和要求

4. 监考员职责

5. 督考员报名表

6. 督考员职责

2020 年 9 月 15 日

附件 1

各省份参加比试人员推荐名单（15 人）

（务必提供电子版 excel 文档，请勿提交 word、图片等）

填写单位（盖章）：　　　　填报人：　　　　联系电话：

姓名	身份证号码	性别	民族	所属层级	单位及职务（填写须完整、准确）	联系方式（手机）	备注

注：如推荐选手是省级人社“知识通”，请在备注栏目中注明。

附件 2

“月月比”总分排名靠前人员信息表（200 人）

（务必提供电子版 excel 文档，请勿提交 word、图片等）

填写单位（盖章）：　　　　填报人：　　　　联系电话：

姓名	身份证号码	性别	民族	所属层级	单位及职务（填写须完整、准确）	联系方式（手机）	是否为推荐人员[1]	是否为 2019 年参赛人员[2]	备注[3]

注：1. “是否为推荐人员”是指，该人员是否在附件 1 推荐名单中。

2. “是否为 2019 年参赛人员”是指，该人员是否为 2019 年度人社系统窗口单位业务技能练兵比武全国赛（含晋级赛、决赛）、2019 年度全国人社法治知识竞赛（含晋级赛、决赛）选手名单中的正式和替补选手。

3. 非本省系统内工作人员等情况，可在备注中说明。

附件 3

统一比试考务技术保障标准和要求

一、本次比试采用人事考试电子化考试（机考）系统，所有选手须使用鼠标、键盘进行答题。

二、参照人事考试机考考点考场标准设置比试场所（考场）。考场应配备 1 台考点机（兼监考机）、1 台备用考点机（兼备用监考机）、25 台考试机和 2 台备用考试机、1 台打印机、视频监控设施及局域网等。考点机（监考机）、考试机及局网等软硬件配置要求与人事考试机考一致。考试机间距至少 1 米，有条件的可加装间隔挡板或防窥膜等辅件。局域网必须与其他网络物理隔离。比试过程视频监控信息应在比试结束后 2 天内上传部人事考试中心。

三、选派 1~2 名系统管理员，协助监考员、督考员做好比试现场技术保障工作。系统管理员应由熟悉人事考试机考考务和技术保障工作的业务骨干担任。

四、比试开始前，应及时注册、使用专用的考务锁和监考锁，提前安排组织模拟测试，确保考场设备设施符合比试（机考）要求。比试前一天，须完成考场环境检查、机房配置、机考系统安装、考试机性能检测、考务数据导入、考试授权获取等工作，准备就绪后封闭考场。

五、比试过程的技术管理、应急处置、异常情况记录，以及比试结束后的作答数据备份上报、机考系统卸载、比试过程痕迹清除等工作，参照人事考试机考规定程序和要求进行操作。

附件 4

监考员职责

一、主持本考场的考试，维护考场秩序，严格执行考试实施程序，如实记录、及时报告考试情况，保证考试正常进行。

二、引导考生有序进入考场；核对考生证件与所坐机号是否一致；验证考生身份；宣读考试注意事项；清理考生带入考场的所有手机、智能手表等通信设备及其他禁止物品。

三、严格执行考场纪律，发现各种违纪现象应予以认真查处，并立即将作弊考生情况向督考员报告。

四、考试过程中若出现机器异常或其他技术问题应及时与系统管理员联系。

五、制止非本考场考生和除督考员、系统管理员外任何人进入考场。

六、严格遵守监考工作纪律，不擅离职守。监考工作过程中，不吸烟，不聊天，不打瞌睡，不阅读书报，不做题、念题，不以声音、动作等任何形式暗示考生答题，不做任何与监考工作无关的事情。

七、认真填写考场记录表（一式两份），经系统管理员校验签字后上交。

附件 5

督考员报名表（1 人）

（务必提供电子版 excel 文档，切勿提交 word、图片等）

填写单位（盖章）：　　　　填报人：　　　　联系电话：

姓名	身份证号码	性别	民族	单位及职务 （填写须完整、准确）	联系方式 （手机）

附件 6

督考员职责

一、比试开始前

（一）熟悉监考业务，能够识别常见作弊工具。

（二）提前 1 天到达考试地，通过座谈交流及现场查看等方式，了解当地比试组织安排工作情，督促做好各项准备工作。

二、比试期间

（一）配合考试地监考员，维护考场秩序，及时报告发现的异常情况。

（二）配合考试地监考员，做好考试前准备、考生信息核对等工作。

（三）配合考试地监考员，组织本考场考生入场，对考生的手机、计算器等违禁物品进行检查，核对考生身份等信息，发现错误，应要求改正。

（四）实时巡查考场，防范、制止违规行为。发现考生存在作弊情形的，与监考员共同协商处理，如双方对处理意见不一致的，由督考人员确定最终处理意见。

（五）严格遵守督考工作纪律，不擅离职守。督考工作过程中，不吸烟，不聊天，不打瞌睡，不阅读书报，不做题、念题，不以声音、动作等任何形式暗示考生答题，不做任何与督考工作无关的事情。

三、比试结后

向部人事考试中心提交督考情况报告，包括当地考务组织、工作是否规范、是否存在违规情况等。

人力资源社会保障部办公厅关于人力资源和社会保障系统做好新型冠状病毒感染的肺炎疫情防控有关工作的通知

人社厅明电〔2020〕3号

各省、自治区、直辖市及新疆生产建设兵团人力资源社会保障厅(局)：

为贯彻落实习近平总书记对新型冠状病毒感染的肺炎疫情作出的重要指示精神和李克强总理批示要求，按照党中央、国务院统一决策部署，各级人力资源社会保障部门要在党委政府领导下，主动配合有关部门切实做好新型冠状病毒感染的肺炎疫情防控工作。现就有关事项通知如下：

一、高度重视新型冠状病毒感染的肺炎疫情防控工作。各级人力资源社会保障部门要坚决贯彻党中央、国务院的各项部署，把思想和行动统一到中央的精神上来，将疫情防控工作作为当前工作的重中之重，坚决扛起责任，坚定信心决心，科学应对疫情，狠抓防控措施落实。

二、防止人员聚集性疫情发生。改进招聘会、会议、培训等活动的组织形式，尽量减少人员聚集，能以视频形式召开的会议尽量召开视频会，能在线上开展的活动尽量在线上开展，能延期的尽量延期，可将大型人员集中的活动调整为小范围、多批次、灵活多样的活动。对于考试或者招聘会等确需组织的人员密集型活动，要主动与当地防疫部门协商，切实采取有效措施防范疫情。若地区出现重大疫情，应暂停举办大型招聘活动和跨地区劳务协作活动。做好公共就业服务、社保经办、职业培训和技能鉴定、人才人事服务、劳动人事争议处理和信访等窗口服务单位的疫情防控安全措施，推行不见面服务，减少非必须的现场办理，配备必需设备，科学安排业务办理流程，避免出现人员密集办理业务情况。指导技工学校、培训基地等重点场所和农民工密集的企业，按照国家和当地政府防治工作要求做好疫情防控工作。要结合农民工返乡特点及当前疫情形势制定有效措施，对疫情高发地区农民工返乡，配合有关部门加强监测、宣传和服务保障等工作；引导农民工合理安排节后出行，避免盲目外出。

三、制定疫情防控应急预案。要制定完善疫情防控应急预案，健全组织协调机制，明确防控责任和措施。加强疫情监测，确保及时掌握疫情信息，如有疫情发生，确保在第一时间启动应急预案，做到早发现、早报告、早隔离、早治疗，减少疾病传播和蔓延。

四、加强干部职工科学防护。要加强对疫情科学防护措施的宣传教育工作，提高干部职工个人防护意识，养成良好个人卫生习惯，减少到人员密集区域的活动。密切关注干部职工健康，落实好重点部位、重点环节的防范和监控措施，全面加强预防工作。

五、积极做好人社政策支持。各级人力资源社会保障部门要充分发挥职能作用，积极会同有关部门做好疫情防控工作。做好因履行工作职责感染新型冠状病毒肺炎疫情的医护人员及相关工作人员的保障工作。落实疫情防治人员临时性工作补助政策。认真做好防控疫情工作中的劳动关系和有关人员工资支付工作，切实维护劳动者合法权益。

2020 年 1 月 23 日

就业促进

国务院办公厅关于应对新冠肺炎疫情影响强化稳就业举措的实施意见

国办发〔2020〕6号

各省、自治区、直辖市人民政府，国务院各部委、各直属机构：

为深入贯彻习近平总书记关于统筹推进新冠肺炎疫情防控和经济社会发展工作的重要指示精神，加快恢复和稳定就业，经国务院同意，现提出如下意见：

一、更好实施就业优先政策

（一）推动企业复工复产。坚持分区分级精准防控，提高复工复产服务便利度，取消不合理审批，坚决纠正限制劳动者返岗的不合理规定。加快重大工程项目、出口重点企业开复工，以制造业、建筑业、物流业、公共服务业和农业生产等为突破口，全力以赴推动重点行业和低风险地区就业，循序渐进带动其他行业和地区就业。协调解决复工复产企业日常防护物资需求，督促其落实工作场所、食堂宿舍等防控措施。（发展改革委、工业和信息化部、交通运输部、卫生健康委按职责分工负责）

（二）加大减负稳岗力度。加快实施阶段性、有针对性的减税降费政策。加大失业保险稳岗返还，对不裁员或少裁员的中小微企业，返还标准最高可提至企业及其职工上年度缴纳失业保险费的100%，湖北省可放宽到所有企业；对暂时生产经营困难且恢复有望、坚持不裁员或少裁员的参保企业，适当放宽其稳岗返还政策认定标准，重点向受疫情影响企业倾斜，返还标准可按不超过 6 个月的当地月人均失业保险金和参保职工人数确定，或按不超过 3 个月的企业及其职工应缴纳社会保险费确定。2020 年 6 月底前，允许工程建设项目暂缓缴存农民工工资保证金，支付记录良好的企业可免缴。切实落实企业吸纳重点群体就业的定额税收减免、担保贷款及贴息、就业补贴等政策。加快实施阶段性减免、缓缴社会保险费政策，减免期间企业吸纳就业困难人员的社会保险补贴期限可顺延。（财政部、人力资源社会保障部、住房城乡建设部、交通运输部、水利部、人民银行、税务总局按职责分工负责）

（三）提升投资和产业带动就业能力。实施重大产业就业影响评估，明确重要产业规划带动就业目标，优先投资就业带动能力强、有利于农村劳动力就地就近就业和高校毕业生就业的产业。加快制定和完善引导相关产业向中西部地区转移的政策措施。对部分带动就业能力强、环境影响可控的项目，制定环评审批正面清单，加大环评“放管服”改革力度，审慎采取查封扣押、限产停产等措施。（发展改革委、人力资源社会保障部、生态环境部、商务部按职责分工负责）

（四）优化自主创业环境。深化“证照分离”改革，推进“照后减证”和简化审批，简化住所（经营场所）登记手续，申请人提交场所合法使用证明即可登记。充分发挥创业投资促进“双创”和增加就业的独特作用，对带动就业能力强的创业投资企业予以引导基金扶持、政府项目对接等政策支持。加大创业担保贷款支持力度，扩大政策覆盖范围，优先支持受疫情影响的重点群体，对优质创业项目免除反担保要求。政府投资开发的孵化基地等创业载体应安排一定比例场地，免费向高校毕业生、农民工等重点群体提供。各类城市创优评先项目应将带动就业能力强的“小店经济”、步行街发展状况作为重要条件。（发展改革委、工业和信息化部、财政部、人力资源社会保障部、商务部、人民银行、市场监管总局、银保监会、全国妇联按职责分工负责）

（五）支持多渠道灵活就业。合理设定无固定经营场所摊贩管理模式，预留自由市场、摊点群等经营网点。支持劳动者依托平台就业，平台就业人员购置生产经营必需工具的，可申请创业担保贷款及贴息；引导平台企业放宽入驻条件、降低管理服务费，与平台就业人员就劳动报酬、工作时间、劳动保护等建立制度化、常态化沟通协调机制。取消灵活就业人员参加企业职工基本养老保险的省内城乡户籍限制，对就业困难人员、离校2年内未就业高校毕业生灵活就业后缴纳社会保险费的，按规定给予一定的社会保险补贴。（财政部、人力资源社会保障部、自然资源部、人民银行、市场监管总局按职责分工负责）

二、引导农民工安全有序转移就业

（六）引导有序外出就业。强化重点企业用工调度保障、农民工"点对点、一站式"返岗复工服务，推广健康信息互认等机制，提升对成规模集中返岗劳动者的输送保障能力。引导劳动者有序求职就业，及时收集发布用工信息，加强输出地和输入地信息对接，鼓励低风险地区农民工尽快返岗复工。对组织集中返岗、劳务输出涉及的交通运输、卫生防疫等给予支持。对人力资源服务机构、劳务经纪人开展跨区域有组织劳务输出的，给予就业创业服务补助。（公安部、财政部、人力资源社会保障部、交通运输部、卫生健康委按职责分工负责）

（七）支持就地就近就业。抓好春季农业生产，大力发展新型农业经营主体，组织暂时无法外出的农民工投入春耕备耕，从事特色养殖、精深加工、生态旅游等行业。在县城和中心镇建设一批城镇基础设施、公共服务设施，加强农业基础设施建设，实施农村人居环境改善工程，开展以工代赈工程建设，优先吸纳农村贫困劳动力和低收入群体就业。（发展改革委、人力资源社会保障部、交通运输部、农业农村部、卫生健康委按职责分工负责）

（八）优先支持贫困劳动力就业。企业复工复产、重大项目开工、物流体系建设等优先组织和使用贫困劳动力，鼓励企业更多招用贫困劳动力。支持扶贫龙头企业、扶贫车间尽快复工。利用公益性岗位提供更多就地就近就业机会，优先对贫困劳动力托底安置。加大对“三区三州”等深度贫困地区、52 个未摘帽贫困县、易地扶贫搬迁大型安置区的支持力度。对吸纳贫困劳动力就业规模大的，各地可通过财政专项扶贫资金给予一次性奖励。（发展改革委、财政部、人力资源社会保障部、农业农村部、扶贫办按职责分工负责）

三、拓宽高校毕业生就业渠道

（九）扩大企业吸纳规模。对中小微企业招用毕业年度高校毕业生并签订 1 年以上劳动合同的，给予一次性吸纳就业补贴。国有企业今明两年连续扩大高校毕业生招聘规模，不得随意毁约，不得将本单位实习期限作为招聘入职的前提条件。（财政部、人力资源社会保障部、国资委、烟草局、邮政局等部门和企业按职责分工负责）

（十）扩大基层就业规模。各级事业单位空缺岗位今明两年提高专项招聘高校毕业生的比例。开发城乡社区等基层公共管理和社会服务岗位。扩大“三支一扶”计划等基层服务项目招募规模。出台改革措施，允许部分专业高校毕业生免试取得相关职业资格证书。畅通民营企业专业技术职称评审渠道。（教育部、民政部、财政部、人力资源社会保障部、农业农村部按职责分工负责）

（十一）扩大招生入伍规模。扩大 2020 年硕士研究生招生和普通高校专升本招生规模。扩大大学生应征入伍规模，健全参军入伍激励政策，大力提高应届毕业生征集比例。（发展改革委、教育部、财政部、退役军人部、中央军委政治工作部、中央军委国防动员部按职责分工负责）

（十二）扩大就业见习规模。支持企业、政府投资项目、科研项目设立见习岗位。对因疫情影响见习暂时中断的，相应延长见习单位补贴期限。对见习期未满与高校毕业生签订劳动合同的，给予见习单位剩余期限见习补贴。（财政部、人力资源社会保障部、商务部、国资委、共青团中央按职责分工负责）

（十三）适当延迟录用接收。引导用人单位推迟面试体检和签约录取时间。对延迟离校的应届毕业生，相应延长报到接收、档案转递、落户办理时限。离校未就业毕业生可根据本人意愿，将户口、档案在学校保留 2 年或转入生源地公共就业人才服务机构，以应届毕业生身份参加用人单位考试、录用，落实工作单位后参照应届毕业生办理相关手续。（教育部、人力资源社会保障部、国资委按职责分工负责）

四、加强困难人员兜底保障

（十四）保障失业人员基本生活。畅通失业保险金申领渠道，放宽失业保险申领期限，2020 年 4 月底前实现线上申领失业保险金。对领取失业保险金期满仍未就业的失业人员、不符合领取失业保险金条件的参保失业人员，发放 6 个月的失业补助金，标准不高于当地失业保险金的 80%。对生活困难的失业人员及家庭，按规定及时纳入最低生活保障、临时救助等社会救助范围。（民政部、财政部、人力资源社会保障部按职责分工负责）

（十五）强化困难人员就业援助。动态调整就业困难人员认定标准，及时将受疫情影响人员纳入就业援助范围，确保零就业家庭动态清零。对通过市场渠道确实难以就业的，利用公益性岗位托底安置。开发一批消杀防疫、保洁环卫等临时性公益岗位，根据工作任务和工作时间，给予一定的岗位补贴和社会保险补贴，补贴期限最长不超过 6 个月，所需资金可从就业补助资金中列支。（财政部、人力资源社会保障部、中国残联按职责分工负责）

（十六）加大对湖北等疫情严重地区就业支持。建立农资点对点保障运输绿色通道，支持湖北省组织农业生产。对湖北高校及湖北籍2020届高校毕业生给予一次性求职创业补贴，湖北省各级事业单位可面向湖北高校及湖北籍高校毕业生开展专项招聘，高校毕业生基层服务项目向湖北省倾斜。做好湖北省疫情解除后的就业工作，加大资金、政策、项目倾斜，开展专场招聘和专项帮扶。维护就业公平，坚决纠正针对疫情严重地区劳动者的就业歧视。（发展改革委、教育部、工业和信息化部、财政部、人力资源社会保障部、农业农村部按职责分工负责）

五、完善职业培训和就业服务

（十七）大规模开展职业技能培训。加大失业人员、农民工等职业技能培训力度，实施农民工等重点群体专项培训，适当延长培训时间。对企业组织职工参加线上线下培训，组织新招用农民工、高校毕业生参加岗前培训的，给予职业培训补贴。动态发布新职业，组织制定急需紧缺职业技能标准。（财政部、人力资源社会保障部按职责分工负责）

（十八）优化就业服务。2020年3月底前开放线上失业登记。推进在线办理就业服务和补贴申领。持续开展线上招聘服务，发挥公共就业服务机构、高校就业指导机构、经营性人力资源服务机构作用，加大岗位信息、职业指导、网上面试等服务供给。对大龄和低技能劳动者，通过电话、短信等方式推送岗位信息，提供求职、应聘等专门服务。低风险地区可有序开展小型专项供需对接活动。优化用工指导服务，鼓励困难企业与职工协商采取调整薪酬、轮岗轮休、灵活安排工作时间等方式稳定岗位，依法规范裁员行为。（教育部、财政部、人力资源社会保障部、全国总工会、全国工商联按职责分工负责）

六、压实就业工作责任

（十九）强化组织领导。各地区各有关部门要在确保疫情防控到位的前提下，毫不放松抓紧抓实抓细稳就业各项工作。县级以上地方政府要加快建立由政府负责人牵头的就业工作领导机制，压实工作责任，细化实化扶持政策。各有关部门要同向发力，围绕稳就业需要，落实完善政策措施，形成工作合力。要健全公共就业服务体系，加强基层公共就业服务能力建设，提升基本公共就业服务水平。（各有关部门和单位、各省级人民政府按职责分工负责）

（二十）加强资金保障。加大就业补助资金和稳岗补贴投入力度。支持市县政府根据稳就业工作推进和政策实施需要，统筹用好就业创业、职业培训、风险储备等方面资金。失业保险基金结余大的地区，要加速稳岗返还、保生活政策落地见效。（财政部、人力资源社会保障部、各省级人民政府按职责分工负责）

（二十一）强化表扬激励。持续开展就业工作表扬激励，完善激励办法，对落实稳就业政策措施工作力度大、促进重点群体就业创业等任务完成较好的地方，及时予以资金支持等方面的表扬激励。（人力资源社会保障部、财政部牵头，各有关部门和单位、各省级人民政府按职责分工负责）

（二十二）加强督促落实。细化分解目标任务，在相关督查工作中将稳就业作为重要内容，重点督促政策服务落地及重点群体就业、资金保障落实等。对不履行促进就业职责，产生严重后果或造成恶劣社会影响的，依法依规严肃问责。完善劳动力调查，研究建立省级调查失业率按月统计发布制度，启动就业岗位调查，做好化解失业风险的政策储备和应对预案。（人力资源社会保障部、统计局牵头，各有关部门和单位、各省级人民政府按职责分工负责）

上述新增补贴政策，受理截止期限为 2020 年 12 月 31 日。各地区各有关部门要抓紧政策实施，发挥政策最大效应，工作中遇到的重要情况和重大问题及时报告国务院。

2020 年 3 月 18 日

国务院办公厅关于提升大众创业万众创新示范基地带动作用进一步促改革稳就业强动能的实施意见

国办发〔2020〕26号

各省、自治区、直辖市人民政府，国务院各部委、各直属机构：

大众创业万众创新示范基地启动建设以来，创新资源不断集聚，创业活力持续提升，平台能力显著增强，有力带动了创新创业深入发展。为进一步提升双创示范基地对促改革、稳就业、强动能的带动作用，促进双创更加蓬勃发展，更大程度激发市场活力和社会创造力，经国务院同意，现提出以下意见。

一、总体要求

以习近平新时代中国特色社会主义思想为指导，全面贯彻党的十九大和十九届二中、三中、四中全会精神，认真落实党中央、国务院关于统筹推进新冠肺炎疫情防控和经济社会发展工作的决策部署，深入实施创新驱动发展战略，聚焦系统集成协同高效的改革创新，聚焦更充分更高质量就业，聚焦持续增强经济发展新动能，强化政策协同，增强发展后劲，以新动能支撑保就业保市场主体，尤其是支持高校毕业生、返乡农民工等重点群体创业就业，努力把双创示范基地打造成为创业就业的重要载体、融通创新的引领标杆、精益创业的集聚平台、全球化创业的重要节点、全面创新改革的示范样本，推动我国创新创业高质量发展。

二、积极应对疫情影响，巩固壮大创新创业内生活力

（一）落实创业企业纾困政策。切实落实阶段性减免企业社会保险费、缓缴住房公积金等减负政策，根据所在统筹地区政策做好阶段性减征职工基本医疗保险费工作，落实好小规模纳税人增值税减免等优惠政策。落实承租国有房屋房租减免政策，确保惠及最终承租人。鼓励双创示范基地通过延长孵化期限、实施房租补贴等方式，降低初创企业经营负担。优先对受疫情影响较大但发展潜力好的创新型企业加大金融支持力度，简化贷款审批流程，提高信用贷款、中长期贷款比重。（有关部门按职责分工负责）

（二）强化双创复工达产服务。进一步提升双创示范基地服务信息化、便利化水平，充分发挥双创支撑平台、工业互联网平台、电子商务平台等作用，推广“一键申领、网上兑现”、“企业网上跑、政府现场办”等经验，多渠道为企业解决物流、资金、用工等问题，补齐供应链短板，推动全产业链协同。鼓励双创示范基地积极探索应对疫情影响的新业态新模式。政府投资开发的孵化基地等创业载体安排一定比例场地，免费向下岗失业人员、高校毕业生、农民工等群体提供。引导平台企业降低个体经营者相关服务费，支持开展线上创业。（地方各级人民政府负责）

（三）增强协同创新发展合力。充分发挥双创示范基地大企业带动作用，协助中小企业开展应收账款融资，帮助产业链上下游企业和相关创新主体解决生产经营难题。在符合条件的示范基地加快推广全面创新改革试验经验，探索实施政银保联动授信担保、建立风险缓释资金池等改革举措，为中小企业应对疫情影响提供有效金融支持。（地方各级人民政府负责）

三、发挥多元主体带动作用，打造创业就业重要载体

（四）实施社会服务创业带动就业示范行动。顺应消费需求升级和服务便利化要求，重点围绕托育、养老、家政、乡村旅游

等领域，组织有条件的企业、区域示范基地与互联网平台企业联合开展创业培训、供需衔接、信息共享和能力建设，打造社会服务创业带动就业标杆项目，及时复制推广经验成果，吸引社会资本发展社会服务新业态新模式，拓展更大就业空间。（国家发展改革委牵头负责）

（五）增强创业带动就业能力。加大创业带动就业支持力度，出台支持灵活就业的具体举措。（人力资源社会保障部牵头负责）盘活闲置厂房、低效利用土地等，加强对创业带动就业重点项目的支持。（地方各级人民政府负责）加强创业培训与创业担保贷款等支持政策的协同联动，提升创业担保贷款贴息等扶持政策的针对性和及时性。支持有条件的区域示范基地建设产教融合实训基地、人力资源服务产业园，加快发展面向重点群体的专业化创业服务载体。（国家发展改革委、人力资源社会保障部、财政部、人民银行按职责分工负责）

（六）加强返乡入乡创业政策保障。优先支持区域示范基地实施返乡创业示范项目。发挥互联网平台企业带动作用，引导社会资本和大学生创客、返乡能人等入乡开展“互联网+乡村旅游”、农村电商等创业项目。（国家发展改革委、文化和旅游部、商务部按职责分工负责）完善支持返乡入乡创业的引人育人留人政策，加大对乡村创业带头人的创业培训力度，培育一批能工巧匠型创业领军人才。对首次创业并正常经营1年以上的返乡入乡创业人员，可给予一次性创业补贴。对符合条件的返乡入乡创业人员按规定给予创业担保贷款贴息和培训补贴。（财政部、人力资源社会保障部、农业农村部、人民银行按职责分工负责）对返乡创业失败后就业和生活遇到困难的人员，及时提供就业服务、就业援助和社会救助。（人力资源社会保障部牵头负责）

（七）提升高校学生创新创业能力。支持高校示范基地打造并在线开放一批创新创业教育优质课程，加强创业实践和动手能力培养，依托高校示范基地开展双创园建设，促进科技成果转化与创新创业实践紧密结合。推动高校示范基地和企业示范基地深度合作，建立创业导师共享机制。支持区域示范基地与高校、企业共建面向特色产业的实训场景，加快培养满足社会需求的实用型技能人才。促进大学生加强数理化和生物等基础理论研究，夯实国家创新能力基础。（教育部牵头负责）实施双创示范基地“校企行”专项行动，充分释放岗位需求，支持将具备持续创新能力和发展潜力的高校毕业生创业团队纳入企业示范基地人才储备和合作计划，通过职业微展示、创业合伙人招募等新方式，拓宽创业带动就业的渠道。（国家发展改革委、国务院国资委、教育部、人力资源社会保障部按职责分工负责）

（八）发挥大企业创业就业带动作用。支持大企业与地方政府、高校共建创业孵化园区，鼓励有条件的双创示范基地开展产教融合型企业建设试点。（国家发展改革委牵头负责）对中央企业示范基地内创业带动就业效果明显的新增企业，探索不纳入压减净增法人数量。（国务院国资委牵头负责）发展“互联网平台+创业单元”、“大企业+创业单元”等模式，依托企业和平台加强创新创业要素保障。（工业和信息化部、国家发展改革委牵头负责）

四、提升协同联动发展水平，树立融通创新引领标杆

（九）构建大中小企业融通创新生态。鼓励企业示范基地结合产业优势建设大中小企业融通发展平台，向中小企业开放资源、开放场景、开放应用、开放创新需求，支持将中小企业首创高科技产品纳入大企业采购体系。（国家发展改革委、工业和信息化部、国务院国资委牵头负责）细化政府采购政策，加大对中小企业的采购支持力度。（财政部牵头负责）鼓励双创示范基地聚焦核心芯片、医疗设备等关键环节和短板领域，建立大中小企业协同技术研发与产业化的合作机制，带动壮大高新技术企业、科技型中小企业规模。（国家发展改革委、科技部、工业和信息化部按职责分工负责）瞄准专业细分领域，培育专精特新

"小巨人"企业、制造业单项冠军企业。(工业和信息化部牵头负责)

(十)构筑产学研融通创新创业体系。加强双创示范基地"校+园+企"创新创业合作，建设专业化的科技成果转化服务平台，增强中试服务和产业孵化能力。(地方各级人民政府负责)鼓励企业示范基地牵头构建以市场为导向、产学研深度融合的创新联合体。(国家发展改革委、科技部、工业和信息化部、国务院国资委按职责分工负责)不断优化科技企业孵化器、大学科技园和众创空间及其在孵企业的认定或备案条件，加大对具备条件的创业服务机构的支持力度。(科技部、教育部牵头负责)中央预算内投资安排专项资金支持双创示范基地建设，降低对双创示范基地相关支持项目的固定资产投资比例要求。(国家发展改革委、科技部牵头负责)支持有条件的双创示范基地建设学科交叉和协同创新科研基地。(教育部牵头负责)优先在双创示范基地建设企业技术中心等创新平台。(国家发展改革委牵头负责)

(十一)加强不同类型双创示范基地协同联动。搭建双创示范基地跨区域合作交流平台，推广跨区域孵化"飞地模式"，探索在孵项目跨区域梯次流动衔接的合作机制，在资源共享、产业协同、知识产权保护和运营等方面开展跨区域融通合作。推动建设孵化器、加速器、产业园区相互接续的创业服务体系。(地方各级人民政府负责)中央预算内资金优先支持区域一体化创新创业服务平台建设。(国家发展改革委牵头负责)优化长三角、京津冀和西部示范基地联盟，支持建立中部、南部示范基地联盟。(国家发展改革委牵头负责)

五、加强创新创业金融支持，着力破解融资难题

(十二)深化金融服务创新创业示范。支持双创示范基地与金融机构建立长期稳定合作关系，共同参与孵化园区、科技企业孵化器、专业化众创空间等创新创业服务载体建设。(科技部、人民银行、银保监会、证监会按职责分工负责）鼓励以双创示范基地为载体开展政银企合作，探索多样化的科技金融服务。鼓励金融机构与双创示范基地合作开展设备融资租赁等金融服务。（人民银行、银保监会、证监会按职责分工负责）支持双创示范基地内符合条件的企业发行双创孵化专项债券、创业投资基金类债券、创新创业公司债券和双创债务融资工具。支持在双创示范基地开展与创业相关的保险业务。（国家发展改革委、人民银行、证监会、银保监会按职责分工负责）支持将双创示范基地企业信息纳入全国知识产权质押信息平台。在有条件的区域示范基地设立知识产权质押融资风险补偿基金，对无可抵押资产、无现金流、无订单的初创企业知识产权质押融资实施风险补偿。（国家发展改革委、人民银行、银保监会、国家知识产权局按职责分工负责）

（十三）完善创新创业创投生态链。鼓励国家出资的创业投资引导基金、产业投资基金等与双创示范基地深度合作，加强新兴领域创业投资服务，提升项目路演、投融资对接、信息交流等市场化专业化服务水平。（国家发展改革委、财政部、工业和信息化部、科技部按职责分工负责）支持金融机构在依法合规、风险可控前提下，与科研院所示范基地和区域示范基地按照市场化原则合作建立创业投资基金、产业投资基金，支持成立公益性天使投资人联盟等平台组织，加大对细分领域初创期、种子期项目的投入。（国家发展改革委、科技部、人民银行、证监会、银保监会按职责分工负责）

六、深化对外开放合作，构筑全球化创业重要节点

（十四）做强开放创业孵化载体。鼓励有条件的双创示范基地建设国际创业孵化器，与知名高校、跨国公司、中介机构等联合打造离岸创新创业基地，提升海外创业项目转化效率。支持设立海外创业投资基金，为优质创新创业项目提供资金支持。（科技部、证监会、中国科协按职责分工负责）

（十五）搭建多双边创业合作平台。优先将双创示范基地纳入多双边创新创业合作机制，支持承办大型国际创新创业大赛和论坛活动。支持双创示范基地建立国际合作产业园、海外创新中心。加强与国际重点城市的创新创业政策沟通、资源融通和链接。支持双创示范基地依托双创周“海外活动周”等举办创新创业重点活动，对接国际创新资源。加强与海外孵化器、国际创业组织和服务机构合作，为本土中小企业“走出去”拓展合作提供支撑。（国家发展改革委、科技部、中国科协按职责分工负责）

七、推进全面创新改革试点，激发创新创业创造动力

（十六）探索完善包容创新监管机制。支持双创示范基地深化商事制度改革，营造良好营商环境。（市场监管总局牵头负责）在省级政府事权范围内，支持区域示范基地在完善创业带动就业保障体系、建立新业态发展“监管沙盒”、推动各类主体融通创新、健全对创业失败者容错机制等方面开展试点，加快构建创新引领、协同发展的创新创业创造生态。（有关省级人民政府统筹组织遴选方案）

（十七）深化双创体制改革创新试点。支持企业示范基地重点在建立大企业牵头的创新联合体、完善中央企业衍生混合所有制初创企业配套支持政策等方面开展试点，加快形成企业主体、市场导向的融通创新体系。支持企业示范基地率先试点改革国有投资监管考评制度，建立可操作的创新创业容错机制。支持在具有较高风险和不确定性的业务领域实施员工跟投机制，探索“事业合伙人”方式，形成骨干员工和企业的利益共同体。（国务院国资委牵头统筹组织遴选方案）

（十八）创新促进科技成果转化机制。支持高校和科研院所示范基地在建设现代科研院所、推动高校创新创业与科技成果转化相结合、推进职务科技成果所有权或长期使用权改革、优化科技成果转化决策流程、完善产学研深度融合的新机制、建立专业化技术转移机构等方面开展试点，为加快科技成果转移转化提供制度保障。（科技部、教育部、中科院等按职责分工统筹组织遴选方案）

各地区、各部门要认真贯彻落实党中央、国务院决策部署，抓好本意见的贯彻落实。发展改革委要会同有关部门加强协调指导，完善双创示范基地运行监测和第三方评估，健全长效管理运行机制，遴选一批体制改革有突破、持续创业氛围浓、融通创新带动强的区域、企业、高校和科研院所，新建一批示范基地。对示范成效明显、带动能力强的双创示范基地要给予适当表彰激励，对示范成效差的要及时调整退出。

2020 年 7 月 23 日

国务院办公厅关于支持多渠道灵活就业的意见

国办发〔2020〕27号

各省、自治区、直辖市人民政府，国务院各部委、各直属机构：

个体经营、非全日制以及新就业形态等灵活多样的就业方式，是劳动者就业增收的重要途径，对拓宽就业新渠道、培育发展新动能具有重要作用。为全面强化稳就业举措，落实保居民就业任务，经国务院同意，现就支持多渠道灵活就业提出以下意见。

一、总体要求

以习近平新时代中国特色社会主义思想为指导，全面贯彻党的十九大和十九届二中、三中、四中全会精神，坚持以人民为中心的发展思想，把支持灵活就业作为稳就业和保居民就业的重要举措，坚持市场引领和政府引导并重、放开搞活和规范有序并举，顺势而为、补齐短板，因地制宜、因城施策，清理取消对灵活就业的不合理限制，强化政策服务供给，创造更多灵活就业机会，激发劳动者创业活力和创新潜能，鼓励自谋职业、自主创业，全力以赴稳定就业大局。

二、拓宽灵活就业发展渠道

（一）鼓励个体经营发展。持续深化商事制度改革，提供便捷高效的咨询、注册服务。引导劳动者以市场为导向，依法自主选择经营范围。鼓励劳动者创办投资小、见效快、易转型、风险小的小规模经济实体。支持发展各类特色小店，完善基础设施，增加商业资源供给。对下岗失业人员、高校毕业生、农民工、就业困难人员等重点群体从事个体经营的，按规定给予创业担保贷款、税收优惠、创业补贴等政策支持。（财政部、人力资源社会保障部、商务部、人民银行、税务总局、市场监管总局等按职责分工负责）

（二）增加非全日制就业机会。落实财政、金融等针对性扶持政策，推动非全日制劳动者较为集中的保洁绿化、批发零售、建筑装修等行业提质扩容。增强养老、托幼、心理疏导和社会工作等社区服务业的吸纳就业能力。加强对非全日制劳动者的政策支持，对就业困难人员、离校2年内未就业高校毕业生从事非全日制等工作的，按规定给予社会保险补贴。（民政部、财政部、人力资源社会保障部、住房城乡建设部、商务部、人民银行等按职责分工负责）

（三）支持发展新就业形态。实施包容审慎监管，促进数字经济、平台经济健康发展，加快推动网络零售、移动出行、线上教育培训、互联网医疗、在线娱乐等行业发展，为劳动者居家就业、远程办公、兼职就业创造条件。合理设定互联网平台经济及其他新业态新模式监管规则，鼓励互联网平台企业、中介服务机构等降低服务费、加盟管理费等费用，创造更多灵活就业岗位，吸纳更多劳动者就业。（国家发展改革委、教育部、工业和信息化部、人力资源社会保障部、交通运输部、商务部、文化和旅游部、国家卫生健康委、市场监管总局等按职责分工负责）

三、优化自主创业环境

（四）加强审批管理服务。开通行业准入办理绿色通道，对需要办理相关行业准入许可的，实行多部门联合办公、一站式审批。在政府指定的场所和时间内销售农副产品、日常生活用品，或者个人利用自己的技能从事依法无须取得许可的便民劳务活动，无须办理营业执照。加大“放管服”改革力度，引导劳动

者规范有序经营。（市场监管总局和地方各级人民政府按职责分工负责）

（五）取消部分收费。取消涉及灵活就业的行政事业性收费，对经批准占道经营的免征城市道路占用费。建立公开投诉举报渠道，依法查处违规收费行为。（财政部、住房城乡建设部、市场监管总局和地方各级人民政府按职责分工负责）

（六）提供低成本场地支持。落实阶段性减免国有房产租金政策，鼓励各类业主减免或缓收房租，帮助个体经营者等灵活就业人员减轻房租负担。有条件的地方可将社区综合服务设施闲置空间、非必要办公空间改造为免费经营场地，优先向下岗失业人员、高校毕业生、农民工、就业困难人员提供。（国家发展改革委、民政部、住房城乡建设部和地方各级人民政府按职责分工负责）

四、加大对灵活就业保障支持

（七）推动新职业发布和应用。密切跟踪经济社会发展、互联网技术应用和职业活动新变化，广泛征求社会各方面对新职业的意见建议，动态发布社会需要的新职业、更新职业分类，引导直播销售、网约配送、社群健康等更多新就业形态发展。及时制定新职业标准，推出新职业培训课程。完善统计监测制度，探索建立新就业形态统计监测指标。（人力资源社会保障部、国家统计局等负责。列第一位者为牵头单位，下同）

（八）开展针对性培训。将有创业意愿的灵活就业人员纳入创业培训范围，组织开展开办店铺、市场分析、经营策略等方面的创业培训，促进提升创业能力和创业成功率。支持各类院校、培训机构、互联网平台企业，更多组织开展养老、托幼、家政、餐饮、维修、美容美发等技能培训和新兴产业、先进制造业、现代服务业等领域新职业技能培训，推进线上线下结合，灵活安排培训时间和培训方式，按规定落实职业培训补贴和培训期间生活费补贴，增强劳动者就业能力。（人力资源社会保障部、教育

部、财政部等负责）

（九）优化人力资源服务。把灵活就业岗位供求信息纳入公共就业服务范围，开设灵活就业专区专栏，免费发布供求信息，按需组织专场招聘，送岗位进基层进社区，提供职业指导等服务。指导企业规范开展用工余缺调剂，帮助有“共享用工”需求的企业精准、高效匹配人力资源。有条件的城市可选择交通便利、人员求职集中的地点设立劳务市场或零工市场，组织劳务对接洽谈，加强疫情防控、秩序维护和安全管理。鼓励各类人力资源服务机构为灵活就业人员提供规范有序的求职招聘、技能培训、人力资源外包等专业化服务，按规定给予就业创业服务补助。（人力资源社会保障部、财政部等负责）

（十）维护劳动保障权益。研究制定平台就业劳动保障政策，明确互联网平台企业在劳动者权益保护方面的责任，引导互联网平台企业、关联企业与劳动者协商确定劳动报酬、休息休假、职业安全保障等事项，引导产业（行业、地方）工会与行业协会或行业企业代表协商制定行业劳动定额标准、工时标准、奖惩办法等行业规范。依法纠正拖欠劳动报酬等违法违规行为。持续深入推进工程建设领域农民工按项目参加工伤保险，有针对性地做好工伤预防工作。（人力资源社会保障部、应急部、全国总工会等按职责分工负责）

（十一）加大对困难灵活就业人员帮扶力度。2020年缴纳基本养老保险费确有困难的灵活就业人员，可按规定自愿暂缓缴费。对符合条件的灵活就业人员，及时按规定纳入最低生活保障、临时救助范围。（民政部、财政部、人力资源社会保障部、税务总局等按职责分工负责）

五、切实加强组织实施

（十二）强化组织领导。地方各级人民政府特别是市、县级人民政府要切实履行稳就业主体责任，把支持多渠道灵活就业作为就业工作重要内容，结合实际创新工作举措，加强规范引导，完善监督管理，促进灵活就业健康发展。各级人民政府要统筹用好就业补助资金和其他稳就业、保就业的资金，保障灵活就业扶持政策落实。各有关部门要同向发力、分工合作，坚持问题导向，完善政策措施，共同破解工作难题。(各有关部门、单位和地方各级人民政府按职责分工负责)

(十三) 加强激励督导。各地区各有关部门要加强督促检查和政策实施情况评估，狠抓政策落实，简化手续，提高效率，确保灵活就业人员便捷享受各项支持政策和就业创业服务。将支持多渠道灵活就业有关工作纳入文明城市创建和测评内容。对灵活就业政策落实好、发展环境优、工作成效显著的城市，优先纳入创业型城市创建范围。(中央文明办、人力资源社会保障部和地方各级人民政府按职责分工负责)

(十四) 注重舆论引导。充分利用各种宣传渠道和媒介，大力宣传支持灵活就业的政策措施和典型做法，宣传自主就业创业和灵活就业的典型事迹。建立舆情监测和处置机制，积极主动回应社会关切，营造良好舆论氛围。(各有关部门、单位和地方各级人民政府按职责分工负责)

2020 年 7 月 28 日

人力资源社会保障部　国务院扶贫办关于应对新冠肺炎疫情进一步做好就业扶贫工作的通知

人社部发〔2020〕12号

各省、自治区、直辖市及新疆生产建设兵团人力资源社会保障厅(局)、扶贫办(局)：

为深入贯彻党中央、国务院决策部署，在确保做好防疫工作的前提下，进一步做好就业扶贫工作，现就有关事项通知如下：

一、切实提高思想认识。各地要把思想和行动切实统一到习近平总书记重要讲话精神和党中央决策部署上来，在确保疫情防控安全的前提下，抓好涉及决胜全面建成小康社会、决战脱贫攻坚的重点任务，切实做好就业扶贫工作，不能有缓一缓、等一等的思想。努力减轻疫情对贫困劳动力就业增收的影响，助力全面建成小康社会和打赢脱贫攻坚战。

二、鼓励重点企业优先招录。根据本地区防疫物资、生产生活必需品生产以及上下游配套产业等重点企业用工需求，梳理适合贫困劳动力的就业岗位，实施远程精准推送。鼓励重点企业优先招用符合条件的贫困劳动力，给予一次性吸纳就业补贴，有条件地区可适当提高补贴标准。

三、安全有序组织外出返岗务工。主动了解贫困劳动力外出返岗务工需求和意愿，加强与输入地信息对接，对具备返岗条件的，优先开展“点对点”集中运送到岗，提供口罩等出行、上岗物资。鼓励公共就业服务机构、人力资源服务机构、劳务经纪人开展贫困劳动力有组织劳务输出，给予就业创业服务补助。

四、促进就地就近转移就业。在确保防疫安全前提下，协调推动疫情较轻地区的企业、就业扶贫车间等经营主体和乡村农田水利等项目尽早复工复产，推荐符合条件的贫困劳动力优先上岗。临时增设的保洁环卫、防疫消杀、卡点值守等岗位吸纳贫困劳动力的，参照当地乡村公益性岗位补贴标准给予岗位补贴。

五、重点做好深度贫困地区就业帮扶。将“三区三州”等深度贫困地区、易地扶贫搬迁安置点所在地区以及挂牌督战的52个贫困县作为工作重点，组织定向投放就业岗位，加大有组织劳务输出力度，适当扩大乡村公益性岗位规模，进一步给予资金倾斜支持，提高政策补贴标准。

六、推动务农就业增收。结合春季农业生产部署，引导无法外出贫困劳动力投入春耕备耕，从事农资运输、农产品产销等实现就业增收。加强与电子商务平台合作，推动爱心助农等活动惠及贫困劳动力。对吸纳贫困劳动力就业的各类农资企业、农业经营主体，参照重点企业给予一次性吸纳就业补贴。

七、加强关心关爱。组织第一书记、驻村工作队、帮扶责任人等人员力量，定期联络对口帮扶贫困劳动力，关心他们的健康、生活和务工情况。对贫困劳动力反映的卫生防疫、生活保障等方面问题，及时转交相关部门帮助解决。对受疫情影响失业的参保贫困劳动力，按照不高于当地失业保险金标准发放失业补助金。

八、优化线上服务线上培训。及时向贫困劳动力筛选推送一批有针对性的岗位信息，帮助贫困劳动力掌握居家线上求职应聘操作流程，有条件的地区可在确保防疫安全前提下，组织不具备线上求职条件的贫困劳动力到公共就业服务机构参加视频面试。鼓励支持贫困劳动力积极参加线上培训，在培训期间按规定纳入职业培训补贴范围，并给予一定的生活费补贴。

九、强化组织领导。各地要进一步压实工作责任，积极主动作为，向当地疫情防控领导机构建言献策，加强部门协同，创造有利于贫困劳动力的良好环境。动态掌握贫困劳动力就业情况，做到就业状态清、就业需求清、技能水平清、就业困难清，及时提供有针对性的就业帮扶，切实防止因疫失业返贫。

2020 年 2 月 21 日

人力资源社会保障部　财政部
自然资源部　交通运输部　水利部
国家林业和草原局　国务院扶贫办
关于进一步用好公益性岗位
发挥就业保障作用的通知

人社部发〔2020〕38号

各省、自治区、直辖市及新疆生产建设兵团人力资源社会保障厅（局）、财政厅（局）、自然资源厅（局）、交通运输厅（局）、水利（水务）厅（局）、林业和草原主管部门、扶贫办（局）：

就业事关基本民生、经济发展和社会稳定大局。为落实党中央、国务院决战决胜脱贫攻坚、应对新冠肺炎疫情影响强化稳就业决策部署，进一步用好各类公益性岗位，充分发挥就业保障作用，现就有关事项通知如下：

一、切实提高思想认识。各地要高度重视公益性岗位有关工作，将其作为当前今后一段时期稳定和扩大就业的重要举措，摆在更加突出位置。压实工作责任，加强资金保障，推动政策落实，强化日常调度与集中督查。统筹各方资源，形成工作合力，加强部门间协同配合，切实发挥公益性岗位“兜底线、救急难”作用。

二、做好就业困难人员认定。根据本地区经济社会发展和就业形势变化，动态调整就业困难人员认定标准，及时将受疫情影响失业人员、残疾人员、建档立卡贫困劳动力等各类就业困难人员纳入援助对象范围。推动就业困难人员认定与失业登记协同办理，便捷受理申请，同步开展认定，主动提供援助服务，做到应认尽认、应帮尽帮。

三、多渠道开展就业援助。根据就业援助对象特点和需求，设计服务路径和援助举措，实施分类帮扶。针对性开展职业技能培训，积极推荐企业吸纳，帮助灵活就业，扶持自主创业，落实好税费减免、社会保险补贴、职业培训补贴等政策。对仍然难以通过市场渠道实现就业的，通过公益性岗位予以安置。

四、聚焦城乡公共服务短板把握开发领域。围绕疫情防控等重大突发事件，开发防疫消杀、医护辅助、物资配送、道路管制、卡点值守等应急管理服务岗位。满足城乡基层公共服务需求，开发保洁、保绿、公共设施维护、便民服务、妇幼保健、托老托幼助残、乡村快递收发等便民服务类岗位。弥补“三农”领域基础设施建设、人居环境整治和生态治理不足，开发农村公路建设与管护、村庄公共基础设施建设与管护、水利工程及水利设施建设与管护、河湖巡查与管护、垃圾污水处理、厕所粪污无害化处理、河塘清淤整治、造林绿化等岗位。加强与各类公共服务管理主管部门的沟通联系，掌握相关领域招人用人需求，拓展岗位开发范围。

五、合理利用临时性城镇公益性岗位。2020年新开发的城镇公益性岗位以短期性、临时性岗位为主，提升资金使用效率，合理安置人员。临时性公益性岗位在岗时间不超过6个月，探索实施项目制管理，适当采取非全日制等方式。根据实际工作时间等因素合理确定岗位补贴，全日制岗位补贴不超过当地月最低工资标准，非全日制岗位补贴不超过当地小时最低工资标准，社会保险补贴根据参加社会保险情况按规定发放。

六、协同协力用好乡村公益性岗位助力脱贫攻坚。加强乡村公益性岗位开发管理部门间的协同配合，定期开展信息共享，汇聚各类岗位合力，助力脱贫攻坚。充分考虑当地收入水平和岗位职责内容，合理确定岗位待遇水平。指导乡镇、村结合实际开展岗位招聘，将岗位更多用于安置无法外出、无业可扶、无力脱贫的建档立卡贫困劳动力。通过现有资金渠道，加大对现有各类乡村公益性岗位的支持力度，并结合实际实行动态调整。

七、公开公平公正开展岗位招聘。公开发布岗位招聘信息，在网络或街道（乡镇）、社区（村）公告栏发布张贴招聘公告，注明岗位职责、招聘要求、薪酬待遇、劳动时长、在岗时间等信息。规范开展人员招用，组织好上岗资格认定、人岗匹配和拟招用人员公示等工作，接受社会各方监督。优化服务方式，搭建信息发布平台，开设招聘服务专区，为公益性岗位用人单位和劳动者提供更加优质高效的求职招聘服务。

八、强化岗位规范化管理。严格开展安置人员身份核实认定，确保依法依规安置符合条件人员，强化相关补贴资金监管。加强在岗人员履职情况监管，定期开展考核评价，重点考核工作成效、遵守规章制度和工作纪律情况。及时纠正查处安置不符合条件人员、优亲厚友、轮流坐庄、资金补贴一发了之、变相发钱等违法违规行为，坚决避免一村多岗、一人多岗等岗位设置过多过滥等现象。强化实名制动态管理，建立省级公益性岗位数据库，做好各类公益性岗位统计分析，按季度报送有关情况。

九、加强组织领导。各地要围绕稳定和扩大就业工作目标，立足职责、密切合作。人力资源社会保障部门会同扶贫部门加强各类公益性岗位统计分析，摸清就业困难人员、建档立卡贫困劳动力等困难群体就业状况和就业需求，会同财政部门做好就业相关资金补助公益性岗位相关政策制定。扶贫部门加大光伏收益、扶贫专项资金开发乡村公益性岗位力度，会同人力资源社会保障部门、自然资源部门、交通运输部门、水利部门、林业草原部门做好各类乡村公益性岗位的统筹利用。交通运输部门做好护路员岗位的开发管理，协同做好岗位招聘与安置人员统计分析。水利部门做好水利工程建设与管护岗位管理，协同做好岗位招聘和安置人员统计分析。各地财政部门会同人力资源社会保障部门、自然资源部门、交通运输部门、水利部门、林业草原部门、扶贫部门做好各类公益性岗位资金支出使用情况的监管检查。

2020 年 5 月 29 日

人力资源社会保障部　财政部
国务院扶贫办关于进一步做好
就业扶贫工作的通知

人社部发〔2020〕48号

各省、自治区、直辖市及新疆生产建设兵团人力资源社会保障厅（局）、财政厅（局）、扶贫办（局）：

一人就业，全家脱贫，增加就业是最有效最直接的脱贫方式。去年全国有2729万建档立卡贫困劳动力在外务工，这些家庭三分之二左右的收入来自外出务工。今年是脱贫攻坚决战决胜、全面收官之年，做好就业扶贫工作尤为重要。受新冠肺炎疫情影响，当前仍有一些贫困劳动力尚未外出，一些贫困劳动力在外务工不稳定，就业增收压力加大。为贯彻落实党中央、国务院关于决战决胜脱贫攻坚和应对疫情影响强化稳就业举措决策部署，进一步做好就业扶贫工作，现就有关事项通知如下：

一、明确目标任务。围绕贫困劳动力出得去、稳得住、留得下，多措并举、精准施策，帮助有劳动能力和就业意愿的贫困劳动力外出务工，帮助已外出贫困劳动力稳定务工，力争今年外出务工规模不降低、有提高，最大限度防止和减少外出务工贫困劳动力返乡回流，努力稳定贫困群众就业增收渠道。

二、压实工作责任。强化中央统筹、省负总责、市县抓落实的工作机制，层层压实输出地和输入地主体责任。输出地负责摸清本地贫困劳动力外出务工意愿，做好组织发动、劳务输出。输入地负责畅通贫困劳动力流入渠道，帮助贫困劳动力稳在企业、稳在当地。东部地区要扩大东西部扶贫协作机制覆盖面，将在当地务工的贫困劳动力全部作为工作对象、纳入服务范围。

三、全面摸排底数。要依托全国建档立卡贫困人口实名制数据库，摸查贫困劳动力务工情况。输入地要将在当地务工的贫困劳动力实名制数据，与本地就业失业、用工备案、社保缴纳等数据比对，列出贫困劳动力就业人员清单、失业人员清单，包括务工单位、参保信息等情况。输出地要对照去年外出务工贫困劳动力名单，摸排今年已就业和未外出、有意愿外出人员情况，列出本地贫困劳动力就业人员清单、有意愿外出务工人员清单，做到人员底数清、劳动能力清、就业状态清、外出意愿清。输出地人社部门要配合扶贫部门从源头抓好贫困劳动力数据摸排采集工作，统一口径、共同确认，确保数据准确。

四、优先组织外出。要抓住全国复工复产进度加快的有利时机，加强贫困劳动力就业岗位信息的归集发布，加强输出地和输入地劳务对接。输出地要充分发挥行政村第一书记、驻村工作队作用，广泛动员公共就业服务机构、人力资源服务机构和劳务经纪人，加快组织贫困劳动力外出务工。外出务工规模低于去年的省份，要建立工作调度机制，及时解决劳务输出中遇到的问题，扩大输出规模。输入地要在做好东西部劳务协作、对口支援的同时，主动与输出省份加强劳务对接，常态化提供就业岗位，协助开展有组织劳务输出。对吸纳贫困劳动力就业的企业，符合条件的按规定给予以工代训职业培训补贴，有条件的地区可给予一次性吸纳就业补贴。疫情防控期间，对吸纳贫困劳动力就业规模大的企业，可通过财政专项扶贫资金给予一次性奖励。对开展有组织劳务输出的公共就业服务机构、人力资源服务机构、劳务经纪人，按规定给予就业创业服务补助。对通过有组织劳务输出到户籍所在县以外就业的贫困劳动力，按规定给予一次性求职创业补贴，对疫情防控期间外出务工的贫困劳动力按规定给予交通费补助。

五、全力稳在企业。对贫困劳动力所在企业，建立定期联系专人帮扶机制，加强用工指导、政策宣介，及时排忧解难，落实各项援企稳岗、减税降费优惠政策。对生产经营遇到困难、确实需要裁员的企业，提前介入指导，同等条件下优先留用贫困劳动力；对不裁贫困劳动力的，优先落实失业保险稳岗返还、困难企业培训补贴政策，帮助企业渡过难关。

六、尽力稳在当地。对不得不裁减贫困劳动力的企业，指导企业妥善处理与贫困劳动力的劳动关系，依法支付工资报酬和经济补偿，做好社会保险关系转移接续。对贫困劳动力与用人单位发生劳动争议的，启动劳动争议仲裁绿色通道，做到快立、快审、快结。对参加失业保险的贫困劳动力，及时按规定落实失业保险待遇。对未参加失业保险的符合条件对象，协调当地民政部门按规定及时纳入最低生活保障、临时救助，保障失业期间基本生活。加强就业帮扶，将就业转失业的贫困劳动力纳入当地就业困难人员范围，及时提供职业介绍、岗位推荐等服务，落实企业吸纳、灵活就业、自主创业、公益性岗位安置等扶持政策，优先帮助尽快转岗就业。

七、拓宽就地就近就业渠道。要充分尊重贫困劳动力意愿，将返乡留乡贫困劳动力作为重点帮扶对象，通过发展农业生产、组织参加工程项目建设、推动扶贫龙头企业和扶贫车间复工达产、培树发展劳务品牌、培育贫困村创业致富带头人等方式，多渠道安排返乡留乡贫困劳动力就地就近就业。结合实际加大乡村公益性岗位开发力度，加强规范管理，防止变相发钱、福利化倾向。村级光伏扶贫电站收益80%用于设置扶贫公益性岗位。

八、始终聚焦重点。要把52个未摘帽贫困县、“三区三州”等深度贫困地区、易地扶贫搬迁大型安置区以及湖北省的贫困劳动力作为重点对象，优先组织输出、优先稳岗转岗、优先托底安置、优先实施救助。充分发挥东西部劳务协作、对口支援、省内协作机制，加大劳务协作、项目建设等各类资源的倾斜支持，实施一对一帮扶，定向投放岗位，开展点对点劳务输出。2020年各地对口支援资金、就业补助资金分配要向以上重点地区倾斜。2020年对“三区三州”等深度贫困地区、52个未摘帽贫困县参加失业保险且不裁员少裁员的企业，将稳岗返还标准由企业及其职工上年度实际缴纳失业保险费总额的60%最高提至100%，并按规定将吸纳建档立卡贫困人员就业并签订劳动合同的事业单位纳入稳岗返还和技能提升补贴政策范围。

九、强化考核评估。贫困劳动力就业情况将作为年度脱贫攻坚成效考核的重要内容，考核参照指标为去年贫困劳动力外出务工数据，东部地区今年吸纳中西部地区贫困劳动力务工总数不少于去年，中西部地区外出务工贫困劳动力总数不少于去年。

十、加强组织领导。要把就业扶贫作为打赢脱贫攻坚战的重要内容、稳就业的重要举措，高度重视，倾力作为，确保完成目标任务。鼓励各地结合实际制定更有针对性的政策措施，统筹使用就业补助资金、符合条件的相关扶贫资金和地方财政安排的援助资金保障落实，促进贫困劳动力稳定就业。要持续抓好作风建设，坚决杜绝形式主义、官僚主义，防止数字脱贫弄虚作假。

附件：贫困劳动力外出务工情况（截至5月30日）

2020年6月17日

附件

贫困劳动力外出务工情况

（截至 2020 年 5 月 30 日）

单位：万人

序号	省区市	2019 年外出务工人数	2020 年已外出务工人数						2020 年未外出但有意愿外出务工人数
			共计	占 2019 年外出务工数比例	省外务工人数	省内县外务工人员	县内务工人数	跨省点对点输送人数	
1	河北	69.47	70.53	101.53%	10.96	8.62	50.95	0.25	2.01
2	山西	81.82	87.20	106.58%	16.20	25.76	45.24	0.80	3.42
3	内蒙古	17.21	12.44	72.30%	1.12	1.01	10.31	0.02	3.38
4	辽宁	13.35	12.84	96.17%	1.60	4.14	7.11	0.03	2.89
5	吉林	8.47	10.02	118.34%	1.23	0.94	7.86	0.07	0.04
6	黑龙江	15.68	15.76	100.51%	3.15	1.46	11.15	0.59	1.86
7	安徽	157.92	163.01	103.22%	71.07	18.73	73.21	2.00	0.00

续表

序号	省区市	2019 年外出务工人数	2020 年已外出务工人数						2020 年未外出但有意愿外出务工人数
			共计	占 2019 年外出务工数比例	省外务工人数	省内县外务工人员	县内务工人数	跨省点对点输送人数	
8	福建	8. 12	8. 20	100. 99%	0. 82	2. 11	5. 27	0. 04	0. 00
9	江西	117. 71	122. 20	103. 81%	47. 30	12. 10	62. 80	1. 08	4. 50
10	山东	17. 48	16. 91	96. 74%	1. 65	2. 20	13. 06	0. 01	0. 92
11	河南	188. 61	188. 88	100. 14%	63. 64	26. 11	99. 13	16. 89	11. 33
12	湖北	189. 98	188. 20	99. 06%	78. 00	37. 60	72. 60	3. 32	5. 90
13	湖南	214. 61	213. 61	99. 53%	110. 18	39. 86	63. 57	9. 54	1. 36
14	广西	244. 01	250. 62	102. 71%	104. 67	48. 65	97. 30	10. 91	7. 24
15	海南	24. 56	26. 15	106. 47%	1. 65	6. 70	17. 80	0. 05	0. 60
16	重庆	69. 97	71. 88	102. 73%	32. 70	15. 47	23. 71	5. 31	0. 02
17	四川	199. 54	200. 56	100. 51%	93. 38	39. 87	67. 31	8. 54	7. 14
18	贵州	303. 73	315. 45	103. 86%	148. 70	37. 01	129. 74	67. 40	12. 71
19	云南	284. 00	290. 46	102. 27%	89. 66	62. 57	138. 23	18. 29	10. 19
20	西藏	15. 35	2. 13	13. 88%	0. 02	0. 93	1. 18	0. 01	3. 68
21	陕西	178. 42	182. 21	102. 12%	42. 52	52. 82	86. 87	1. 73	0. 28
22	甘肃	174. 75	175. 30	100. 31%	76. 80	33. 50	65. 00	4. 00	14. 60
23	青海	12. 49	3. 30	26. 42%	0. 50	0. 80	2. 00	0. 08	4. 10
24	宁夏	21. 87	20. 13	92. 04%	3. 48	5. 34	11. 31	0. 40	1. 61
25	新疆	100. 12	102. 67	102. 55%	2. 80	12. 73	87. 14	0. 90	5. 17
合计		2 729. 23	2 750. 67	100. 79%	1 003. 79	497. 04	1 249. 84	152. 26	104. 94

中共中央组织部　人力资源社会保障部　民政部　中央文明办　教育部　财政部　国家卫生健康委关于引导和鼓励高校毕业生到城乡社区就业创业的通知

人社部发〔2020〕53号

各省、自治区、直辖市及新疆生产建设兵团党委组织部、文明办，政府人力资源社会保障厅（局）、民政厅（局）、教育厅（教委、教育局）、财政厅（局）、卫生健康委：

引导和鼓励高校毕业生到城乡社区就业创业，支持城乡社区积极为高校毕业生提供职业平台，既是扩大高校毕业生就业空间、助力成长成才的重要渠道，也是助推城乡社区治理体系和治理能力建设的有效举措。为推动拓宽高校毕业生就业渠道、提升城乡社区治理和服务水平互促共进，现就引导和鼓励高校毕业生到城乡社区就业创业通知如下。

一、鼓励高校毕业生围绕社区服务需求就业创业。各地要精准对接居民需求，通过落实税费减免、场地支持、政府购买服务等政策，支持城乡社区服务机构（含社区服务类企业、社会组织等）发展，创造更多岗位吸纳高校毕业生就业。对社区服务类企业吸纳高校毕业生就业或组织见习的，按规定落实吸纳就业补贴、就业见习补贴、创业担保贷款等政策。对社区服务类社会组织吸纳高校毕业生就业或组织见习的，按规定享受吸纳就业扶持政策。支持高校毕业生积极投身城乡社区服务领域创业，按规定落实税费减免、创业补贴、创业担保贷款等政策。鼓励城乡社区综合服务设施为高校毕业生创业提供免费场地支持。对高校毕业生到城乡社区服务领域灵活就业的，按规定落实社会保险补贴等政策。

二、加快城乡社区工作者队伍建设吸纳更多高校毕业生。各地要大力推进城乡社区工作者职业体系建设，把社区（村）党组织、基层群众性自治组织成员以及其他社区（村）专职工作人员纳入城乡社区工作者队伍统筹管理，建立健全培养、评价、选拔、使用、激励机制，引导高校毕业生等青年人才向城乡社区治理和服务领域流动。城乡社区工作者队伍出现空缺岗位要优先招用高校毕业生，或拿出一定数量岗位专门招用高校毕业生(含择业期内未落实工作单位的高校毕业生)。

三、加强社区治理和服务能力建设开发更多就业岗位。各地要聚焦全面提升社区治理和服务精准化、精细化水平，着力补齐新冠肺炎疫情社区防控中暴露出的社区工作力量短板。对人员缺口，可通过招用高校毕业生加以补充。要加强对新招用高校毕业生的培养使用，将其优先安排在能够充分发挥自身专长的社区工作岗位，更好组织社区居民开展自治活动，更好协助做好与社区居民利益密切相关的劳动就业、社会保障、卫生健康、教育事业、社会服务、住房保障、文化体育、公共安全、公共法律服务、调解仲裁等服务提供工作。

四、加强社区、社会组织、社会工作联动机制建设创造更多就业机会。各地要完善政府购买社区服务政策措施，推进由“养人”到“办事”的转变，重点围绕纠纷调解、健康养老、儿童福利、教育培训、公益慈善、防灾减灾、文体娱乐、邻里互助、居民融入及农村生产技术服务等领域，培育发展各类城乡社区社会组织和社会工作服务机构，通过服务供给增加带动高校毕业生就业创业。进一步支持各地探索整合利用现有资源推进乡镇社会工作站建设，积极打造一批基层社会服务平台，鼓励社会工作服务机构和乡镇社会工作站优先招用使用高校毕业生，面向城乡社区提供专业社会工作服务。

五、强化高校毕业生社区就业服务和职业培训。各级公共就业人才服务机构要与城乡社区组织、社区服务机构建立联系对接机制，及时收集社区服务领域招聘信息，依托官网官微、报刊电视、市场服务机构网站等渠道广泛发布，并通过高校校园网、手机短信息等方式向高校毕业生精准推送。针对城乡社区用人单位需求和高校毕业生专业特点，搭建人力资源供需对接平台，组织社区用人单位积极参加小型化、特色化专场招聘，多方式提供就业创业服务。各地可结合实际需要，对高校毕业生从事城乡社区服务开展就业技能培训和创业培训，重点围绕“互联网+”健康、养老、托育、家政等领域组织专项培训，有针对性地提升技术技能水平。

六、加强高校毕业生就业创业观念引导。各地教育部门和高校要加强对在校大学生的理想信念和思想政治教育，引导高校毕业生将职业选择融入国家发展和社会建设，树立科学的就业观和成才观。积极组织在校大学生到城乡社区开展实习实践、志愿服务、社会公益等活动，激发高校毕业生到城乡社区就业创业的热情。引导在校大学生学习社区工作知识，增强服务群众的工作方法和本领，做好勇于投身城乡社区一线锻炼锤炼、成长成才的职业准备。各级公共就业人才服务机构要加强就业创业政策宣传，打包政策服务清单进学校、进社区，帮助高校毕业生和城乡社区用人单位充分了解和享受政策。

七、关心城乡社区就业创业高校毕业生成长发展。各地要将到城乡社区就业创业的高校毕业生纳入当地人才政策扶持范围，对符合条件的提供住房、医疗、落户等支持。对到城乡社区就业创业的党员高校毕业生，各级党委和基层党组织应加强教育管理和激励关怀，对非党员的优秀人才要加强政治引领和政治吸引。

进一步强化基层和实践导向，加大从优秀城乡社区工作者中招录（聘）公务员或事业单位工作人员特别是街道（乡镇）干部力度。加强舆论宣传引导，发掘一批扎根城乡社区、建功立业的优秀高校毕业生典型，营造良好社会氛围。

八、健全组织领导和工作推进机制。各地要坚持把高校毕业生就业作为重中之重，将引导和鼓励高校毕业生到城乡社区就业创业纳入当地就业、人才和城乡社区治理工作总体安排，建立由组织、人力资源社会保障、民政、文明、教育、财政、卫生健康等部门各司其职、协同推进的工作机制，压实责任，抓好实施。结合实际细化实化政策措施，明确工作任务和要求，发挥各方职能优势，充分调动市场力量，多措并举支持高校毕业生到城乡社区就业创业。将高校毕业生在城乡社区就业创业情况纳入文明城市（区）、文明村镇、文明单位测评体系。

各地要将引导和鼓励高校毕业生到城乡社区就业创业工作进展和岗位落实情况，于年底前分别报人力资源社会保障部、民政部。

2020 年 6 月 22 日

国家发展改革委　中央网信办　工业和信息化部　教育部　人力资源社会保障部　交通运输部　农业农村部　商务部　文化和旅游部　国家卫生健康委　国资委　市场监管总局　国家医疗保障局关于支持新业态新模式健康发展激活消费市场带动扩大就业的意见

发改高技〔2020〕1157 号

各省、自治区、直辖市、新疆生产建设兵团有关部门：

党中央、国务院高度重视数字经济发展，先后出台实施“互联网+”行动和大数据战略等一系列重大举措，加快数字产业化、产业数字化发展，推动经济社会数字化转型。在各方面共同努力下，数字经济助推经济发展质量变革、效率变革、动力变革，增强了我国经济创新力和竞争力。特别在抗击新冠肺炎疫情中，数字经济发挥了不可替代的积极作用，成为推动我国经济社会发展的新引擎。为落实《政府工作报告》部署，支持新业态新模式健康发展，激活消费市场带动扩大就业，打造数字经济新优势，提出如下意见。

一、总体要求

以习近平新时代中国特色社会主义思想为指导，全面贯彻党的十九大和十九届二中、三中、四中全会精神，坚持新发展理念，坚持推动高质量发展，坚持以供给侧结构性改革为主线，深入实施数字经济战略。把支持线上线下融合的新业态新模式作为经济转型和促进改革创新的重要突破口，打破传统惯性思维。从问题出发深化改革、加强制度供给，更有效发挥数字化创新对实体经济提质增效的带动作用，推动“互联网+”和大数据、平台经济等迈向新阶段。以重大项目为抓手创造新的需求，培育新的就业形态，带动多元投资，形成强大国内市场，更好地满足人民群众对美好生活的新期待，推动构建现代化经济体系，实现经济高质量发展。

二、发展原则

——打破惯性思维，创新治理理念。以抗击新冠肺炎疫情期间涌现的线上服务新模式发展为契机，打破传统业态按区域、按行业治理的惯性思维，探索触发式监管机制，建立包容审慎的新业态新模式治理规则。

——加快转型升级，拓展融合深度。深入推进各行业各领域数字化转型，着力提升数字化转型公共服务能力和平台“赋能”水平，推进普惠性“上云用数赋智”服务，增强转型能力供给，促进企业联动转型、跨界合作，培育数字化新生态，提高转型效益。

——激发市场活力，开辟发展空间。营造鼓励就业模式创新的政策氛围，支持大众基于互联网平台开展微创新，探索对创造性劳动给予合理分成，降低创业风险，激活全社会创新创业创富积极性。

——提升要素效率，畅通经济循环。探索生产资料所有权和使用权分离改革，大力推进实物生产资料数字化，促进生产资料共享，促进数据要素流通，引导增值开发应用，激活数字化对实物生产资料倍增作用，提升全要素生产率。

三、积极探索线上服务新模式，激活消费新市场

（一）大力发展融合化在线教育。构建线上线下教育常态化融合发展机制，形成良性互动格局。允许购买并适当使用符合条件的社会化、市场化优秀在线课程资源，探索纳入部分教育阶段的日常教学体系，并在部分学校先行先试。鼓励加大投入和教师培训力度，试点开展基于线上智能环境的课堂教学、深化普及“三个课堂”应用等。完善在线教育知识产权保护、内容监管、市场准入等制度规范，形成高质量线上教育资源供给。（教育部牵头负责）

（二）积极发展互联网医疗。以互联网优化就医体验，打造健康消费新生态。进一步加强智慧医院建设，推进线上预约检查检验。探索检查结果、线上处方信息等互认制度，探索建立健全患者主导的医疗数据共享方式和制度。探索完善线上医疗纠纷处理办法。将符合条件的“互联网+”医疗服务费用纳入医保支付范围。规范推广慢性病互联网复诊、远程医疗、互联网健康咨询等模式。支持平台在就医、健康管理、养老养生等领域协同发展，培养健康消费习惯。（国家卫生健康委、医保局按职责分工负责）

（三）鼓励发展便捷化线上办公。打造“随时随地”的在线办公环境，在部分行业领域形成对线下模式的常态化补充。支持远程办公应用推广和安全可靠的线上办公工具研发，满足日常性多方协同工作、异地协同办公需求，有效支撑工作效率提升、业务协同模式创新和业务组织方式变革。推动完善电子合同、电子发票、电子印章、电子签名、电子认证等数字应用的基础设施，为在线办公提供有效支撑。（国家发展改革委、中央网信办、工业和信息化部牵头，商务部、国家保密局、税务总局等按职责分工负责）

（四）不断提升数字化治理水平。促进形成政企多方参与、高效联动、信息共享的现代化治理体系和治理能力。结合国家智

慧城市试点建设，健全政府社会协同共治机制，构建政企数字供应链，以数据流引领带动物资流、技术流、人才流、资金流，有力支撑城市应急、治理和服务。支持民间资本参与水电路网等城市设施智慧化改造。结合国家区域发展战略及生产力布局，加快推进5G、数据中心、工业互联网等新型基础设施建设。探索完善智慧城市联网应用标准，推进京津冀、长三角、粤港澳大湾区、成渝等区域一体化数字治理和服务。（国家发展改革委、中央网信办、工业和信息化部牵头负责）

四、加快推进产业数字化转型，壮大实体经济新动能

（五）培育产业平台化发展生态。着力发挥互联网平台对传统产业的赋能和效益倍增作用，打造形成数字经济新实体。开展重大工程布局，支持传统龙头企业、互联网企业打造平台生态，提供信息撮合、交易服务和物流配送等综合服务。鼓励金融机构在有效防范风险的前提下，依法依规为平台提供金融服务。建设跨产业的信息融通平台，促进农业全流程、全产业链线上一体化发展。支持工业互联网平台建设推广，发挥已建平台作用，为企业提供数字化转型支撑、产品全生命周期管理等服务。发展服务衍生制造，鼓励电子商务、转型服务等行业企业向制造环节拓展业务。大力发展众包、云外包、平台分包等新模式。（国家发展改革委、中央网信办、工业和信息化部、农业农村部、商务部牵头，交通运输部、人民银行、银保监会按职责分工负责）

（六）加快传统企业数字化转型步伐。助力降低数字化转型难度，发展线上线下融合的业务发展模式，提升企业发展活力。组织数字化转型伙伴行动，建立政府—金融机构—平台—中小微企业联动机制，发展普惠性"上云用数赋智"。鼓励各类平台、机构对中小微企业实行一定的服务费用减免。培育一批数字化服务企业和创新应用企业，发挥引领带动作用。组织面向数字化转型基础软件、技术、算法等联合攻关。鼓励发展开源社区，支持开放软件源代码、硬件设计和应用服务。（国家发展改革委、中

央网信办、工业和信息化部牵头，农业农村部、商务部、国务院国资委、人民银行、银保监会等按职责分工负责）

（七）打造跨越物理边界的“虚拟”产业园和产业集群。实现产业供需调配和精准对接，推进产业基础高级化和产业链现代化。实施数字经济新业态培育行动，支持建设数字供应链，推动订单、产能、渠道等信息共享。支持具有产业链、供应链带动能力的核心企业打造产业“数据中台”，以信息流促进上下游、产供销协同联动，保产业链供应链稳定，发展产业服务化新生态。支持出口园区和基地创新数字服务出口新业态新模式，大力发展数字贸易。（国家发展改革委、中央网信办、工业和信息化部、农业农村部、商务部、交通运输部按职责分工负责）

（八）发展基于新技术的“无人经济”。充分发挥智能应用的作用，促进生产、流通、服务降本增效。支持建设智能工厂，实现生产过程透明化、生产现场智能化、工厂运营管理现代化。发展智慧农业，支持适应不同作物和环境的智能农机研发应用。支持建设自动驾驶、自动装卸堆存、无人配送等技术应用基础设施。发展危险作业机器人，满足恶劣条件应用需求。试点探索完善智能公共服务新业态涉及的交通、食品等领域安全发展政策标准。（国家发展改革委、中央网信办、工业和信息化部、农业农村部、商务部、交通运输部按职责分工负责）

五、鼓励发展新个体经济，开辟消费和就业新空间

（九）积极培育新个体，支持自主就业。进一步降低个体经营者线上创业就业成本，提供多样化的就业机会。支持微商电商、网络直播等多样化的自主就业、分时就业。鼓励发展基于知识传播、经验分享的创新平台。鼓励商业银行推广线上线下融合的信贷服务，合理降低个体工商户融资成本。通过网络平台开展经营活动的经营者，可使用网络经营场所登记个体工商户。引导互联网平台企业降低个体经营者使用互联网平台交易涉及的服务费，吸引更多个体经营者线上经营创业。加强新业态新模式就业

统计监测研究。（国家发展改革委、人力资源社会保障部、人民银行、市场监管总局、国家统计局、银保监会按职责分工负责）

（十）大力发展微经济，鼓励“副业创新”。着力激发各类主体的创新动力和创造活力，打造兼职就业、副业创业等多种形式蓬勃发展格局。支持线上多样化社交、短视频平台有序发展，鼓励微创新、微应用、微产品、微电影等万众创新。引导“宅经济”合理发展，促进线上直播等服务新方式规范健康发展。探索运用区块链技术完善多元价值传递和贡献分配体系。实施新业态成长计划，建立微经济等新业态成长型企业名录，及时跟踪推动解决企业的政策堵点。（国家发展改革委、中央网信办、工业和信息化部、商务部按职责分工负责）

（十一）强化灵活就业劳动权益保障，探索多点执业。探索适应跨平台、多雇主间灵活就业的权益保障、社会保障等政策。完善灵活就业人员劳动权益保护、保费缴纳、薪酬等政策制度，明确平台企业在劳动者权益保障方面的相应责任，保障劳动者的基本报酬权、休息权和职业安全，明确参与各方的权利义务关系。探索完善与个人职业发展相适应的医疗、教育等行业多点执业新模式。结合双创示范基地建设，支持建立灵活就业、“共享用工”服务平台，提供线上职业培训、灵活就业供需对接等就业服务。推进失业保险金的线上便利化申领，方便群众办事。（人力资源社会保障部、国家卫生健康委、医保局等按职责分工负责）

六、培育发展共享经济新业态，创造生产要素供给新方式

（十二）拓展共享生活新空间。推动形成高质量的生活服务要素供给新体系。鼓励共享出行、餐饮外卖、团购、在线购药、共享住宿、文化旅游等领域产品智能化升级和商业模式创新，发展生活消费新方式，培育线上高端品牌。推动旅游景区建设数字化体验产品，丰富游客体验内容。扩大电子商务进农村覆盖面，促进农产品进城和工业品下乡。鼓励康养服务范围向农村延伸，培育农村消费新业态。完善具有公共服务属性的共享产品相关标准，优化布局，规范行业发展。（中央网信办、国家发展改革委、交通运输部、工业和信息化部、商务部、国家卫生健康委、文化和旅游部、市场监管总局按职责分工负责）

（十三）打造共享生产新动力。推动形成高质量的生产服务要素供给新体系。鼓励企业开放平台资源，共享实验验证环境、仿真模拟等技术平台，充分挖掘闲置存量资源的应用潜力。鼓励公有云资源共享，引导企业将生产流程等向云上迁移，提高云资源利用率。鼓励制造业企业探索共享制造的商业模式和适用场景，促进生产设备、农用机械、建筑施工机械等生产工具共享。（国家发展改革委、中央网信办、工业和信息化部、农业农村部等按职责分工负责）

（十四）探索生产资料共享新模式。健全完善“所有权与使用权分离”的生产资料管理新制度。取消各种不合理的限制，畅通共享经济合作机制，鼓励各类所有制企业、行政事业单位等法人主体生产资料共享。依托互联网、云计算等技术，盘活空余云平台、开发工具、车间厂房等闲置资源，充分发挥市场在资源配置中的决定性作用。各类企业作为平等独立的市场主体，按市场化原则、商业化方式自主推进生产资料共享，提高资源利用效率。（国家发展改革委、工业和信息化部、国务院国资委等按职责分工负责）

（十五）激发数据要素流通新活力。推动构建数据要素有序流通、高效利用的新机制。依托国家数据共享和开放平台体系，推动人口、交通、通信、卫生健康等公共数据资源安全共享开放。在修订税收征收管理法的基础上，健全适应数据要素特点的税收征收管理制度。加快全国一体化大数据中心体系建设，建立完善跨部门、跨区域的数据资源流通应用机制，强化数据安全保障能力，优化数据要素流通环境。（国家发展改革委、中央网信办、工业和信息化部牵头，交通运输部、税务总局等按职责分工

负责）

七、保障措施

（十六）持续加强统筹协调。要打破惯性思维，拿出硬招、实招、新招，支持新业态新模式健康发展。要加强统筹协调，强化政策联动和各部门协同配合，形成促进新业态新模式发展的合力。要结合实际进一步细化具体目标和任务，积极主动、大胆探索，全面激发市场主体创新活力。

（十七）有效释放改革活力。要继续推进简政放权、放管结合、优化服务改革，优化营商环境。要加快在知识产权保护、普惠金融支持等方面持续深化改革，降低新业态新模式创新发展成本。国家数字经济创新发展试验区等要重点发挥先行示范作用，率先探索改革举措，形成辐射带动效应。

（十八）坚持包容审慎监管。要探索创新监管模式，积极鼓励创新，健全触发式监管机制，构建各类主体参与的多方协同治理体系。要及时修订完善监管政策制度，为新业态新模式发展留足空间。要坚守安全和质量底线，强化安全监测和风险评估，对于侵犯他人合法权益、违背公平竞争秩序等违法行为要坚决依法打击。

（十九）积极营造良好氛围。要认真抓好相关政策出台、解读和宣传，及时回应社会关切，合理引导预期，激发市场创新活力。要及时总结宣传发展新业态新模式的好做法、好经验，充分调动社会各界推动新业态新模式健康发展的积极性，发挥各类主体创造潜力，增强广大群众参与感、获得感和幸福感，凝聚广泛共识。

2020 年 7 月 14 日

人力资源社会保障部　国家发展改革委等十五部门关于做好当前农民工就业创业工作的意见

人社部发〔2020〕61号

各省、自治区、直辖市人民政府，国务院有关部委、有关直属机构：

促进农民工就业创业，事关农民增收致富，事关就业大局稳定，事关打赢脱贫攻坚战。今年以来，受新冠肺炎疫情、经济下行压力等多重因素叠加影响，部分农民工就业创业面临一些困难。为进一步做好当前农民工就业创业工作，经国务院同意，现提出以下意见：

一、拓宽外出就业渠道

（一）稳定现有就业岗位。全面落实减税降费、失业保险稳岗返还、以工代训等援企稳岗政策，引导企业特别是中小微企业不裁员或少裁员，督促企业将补贴资金用于职工生活补助、缴纳社会保险费、开展在岗转岗培训等。帮助外贸企业纾困解难，支持出口产品转内销，加大对住宿餐饮、批发零售、文化旅游、家政服务等行业的针对性政策扶持，最大限度稳定农民工就业岗位。（国家发展改革委、工业和信息化部、财政部、人力资源社会保障部、商务部、文化和旅游部、国家卫生健康委、税务总局等按职责分工负责）

（二）创造更多就业机会。推动重大投资项目加速落地，强化促消费、扩内需政策扶持，释放经济发展潜力，提升吸纳就业能力。各类基础设施建设要优先考虑带动就业能力强的项目。大力发展生活服务业、劳动密集型产业，对吸纳农民工就业多的给予更大政策激励。培育经济发展新动能，加快信息网络等新型基础设施建设，促进共享出行、社区团购等新业态发展，支持农业、林业生产端电子商务发展，促进产销对接，拓展农民工就业新领域。（国家发展改革委、科技部、工业和信息化部、民政部、财政部、交通运输部、农业农村部、商务部、国家林草局等按职责分工负责）

（三）支持多渠道灵活就业。支持农民工通过临时性、非全日制、季节性、弹性工作等多种形式实现灵活就业，灵活就业支持政策对城镇户籍居民和农民工一视同仁。因地制宜发展零工市场或劳务市场，搭建企业用工余缺调剂平台。鼓励农民工从事个体经营，开办特色小店，符合条件的按规定给予税收优惠、场地支持等政策。鼓励互联网平台企业降低平台服务费、信息中介费、加盟管理费等费用标准，支持农民工从事直播销售、网约配送等新就业形态增加收入。（财政部、人力资源社会保障部、商务部、税务总局、市场监管总局等按职责分工负责）

二、促进就地就近就业

（四）发展乡村产业吸纳就业。结合农业生产特点创新开发“惠农”产品包等金融产品，支持发展特色种植业、林草特色产业、规模养殖业和种养结合循环农林业。大力发展农林产品加工业、农林产品物流冷链和产销对接等相关产业，推动休闲观光、健康养生、农事体验等乡村休闲旅游业健康发展。将带动就业情况作为创建现代农林业产业园的重要考量。支持返乡留乡农民工成立农民合作社、发展现代种养业和农产品初加工，鼓励发展新产业新业态，增加就业岗位。（农业农村部、国家林草局牵头，财政部、人民银行等按职责分工负责）

（五）推动项目建设促进就业。大力发展县域经济，建设一批卫星城镇，发展一批当地优势特色产业项目，提高就业承载力。加强小型水利、高标准农田、林下经济、木本粮油等特色经济林基地、乡村绿化、人居环境整治等领域的农村中小型基础设施建设，加快灾后恢复重建，积极采取以工代赈方式实施项目。加大以工代赈投入力度，加快推进项目开工建设，将发放劳务报酬的资金占比由10%提高至15%以上，吸纳更多返乡留乡农民工就业。（国家发展改革委、住房城乡建设部、水利部、农业农村部、国家林草局等按职责分工负责）

（六）支持返乡入乡创业带动就业。加强创业服务能力建设，组织协调企业家、科技人员、创业成功人士等成立创业服务专家团队和农村创新创业导师队伍，为返乡入乡创业农民工提供政策咨询、开业指导等专业服务。对符合条件的返乡入乡创业农民工，按规定给予税费减免、创业补贴、创业担保贷款及贴息等创业扶持政策，对其中首次创业且正常经营1年以上的，按规定给予一次性创业补贴，正常经营6个月以上的可先行申领补贴资金的50%。加强创业载体建设，政府投资开发的孵化基地等创业载体可安排一定比例的场地，免费向返乡入乡创业农民工提供，支持高质量建设一批返乡入乡创业园（基地）、集聚区，吸引农民工等就地就近创业就业。（国家发展改革委、财政部、人力资源社会保障部、农业农村部、人民银行、税务总局等按职责分工负责）

三、强化平等就业服务和权益保障

（七）加强就业服务。提供便捷高效求职服务，广泛收集跨区域岗位信息，通过线上线下多渠道发布，举办农民工专场招聘会，送岗位下乡进村入户，对有集中外出需求的农民工开展有组织劳务输出。畅通就业求助渠道，建立健全动态更新的岗位储备机制和多方联动的快速响应机制，及时帮助农民工解决求职困难。全面放开失业登记，失业农民工可在户籍地、常住地、就业地、参保地进行登记，免费享受职业介绍、培训项目推介等基本公共就业服务，对其中大龄、身有残疾、长期失业等特殊困难的，按规定纳入就业援助范围，实施重点帮扶。（人力资源社会保障部、农业农村部等按职责分工负责）

（八）强化教育培训。用好职业技能提升行动专账资金，实施农民工稳就业职业技能培训计划。支持企业面向新吸纳失业农民工开展以工代训，实现以训稳岗。面向失业农民工开展定向定岗培训、急需紧缺职业专项培训，面向返乡农民工就近开展职业转换培训和创业培训。农民工可按规定在培训地申领职业培训补贴、培训期间生活费补贴和职业技能鉴定补贴等。落实高职扩招任务要求，针对农民工单列招生计划，做好考试测试、招生录取、分类教育管理等工作。（教育部、财政部、人力资源社会保障部、农业农村部等按职责分工负责）

（九）维护劳动权益。指导督促企业依法招工用工，加强农民工劳动保障权益维护，依法严厉打击恶意欠薪等违法行为。加大涉劳动报酬等劳动争议处理力度，依法为农民工提供法律援助服务，支持农民工与用人单位协商化解矛盾纠纷。加大日常监察执法力度，坚决纠正针对湖北等受疫情影响严重地区农民工的就业歧视。科学合理界定互联网平台企业责任，维护平台就业农民工劳动保障权益。（司法部、人力资源社会保障部等按职责分工负责）

（十）做好生活保障。扩大失业保险保障范围，畅通线上线下申领渠道，为符合条件的农民工及时发放失业保险金、失业补助金、一次性生活补助或临时生活补助。对受疫情影响无法返岗复工、连续3个月无收入来源，生活困难且失业保险政策无法覆盖的农民工等未参保失业人员，未纳入低保范围的，经本人申请，由务工地或经常居住地发放一次性临时救助金。（民政部、财政部、人力资源社会保障部等按职责分工负责）

四、优先保障贫困劳动力稳岗就业

（十一）稳定贫困劳动力外出务工规模。优先组织贫困劳动力有序外出务工，加大岗位归集发布和劳务对接力度，按规定落实各项扶持政策，力争有就业意愿和就业能力的贫困劳动力都能实现就业，确保今年贫困劳动力外出务工规模不低于去年。千方百计稳定已就业贫困劳动力就业岗位，对企业确需裁员的，提前介入指导，鼓励同等条件下优先留用贫困劳动力。加大对失业贫困劳动力就业帮扶力度，优先提供转岗就业机会，对通过市场渠道难以就业的，纳入当地就业困难人员范围，符合条件的提供公益性岗位等托底安置。对有培训意愿的贫困劳动力实行技能培训全覆盖。将贫困劳动力外出务工情况作为年度脱贫攻坚成效考核的重要内容。（人力资源社会保障部、农业农村部、国务院扶贫办等按职责分工负责）

（十二）拓宽贫困劳动力就地就近就业渠道。积极发展农业生产，加强农业农村、交通、水利、林草等领域工程项目建设，积极采取以工代赈方式实施项目，为返乡留乡贫困劳动力提供更多就业机会。促进扶贫龙头企业和扶贫车间健康发展，坚持扶贫性质，更多招收贫困劳动力就业。加强乡村公益性岗位开发和管理，充分考虑当地收入水平和岗位职责等情况，合理确定岗位待遇水平，统筹用好各类乡村公益性岗位托底安置就业困难贫困劳动力。（国家发展改革委、人力资源社会保障部、自然资源部、交通运输部、水利部、农业农村部、国家林草局、国务院扶贫办等按职责分工负责）

（十三）聚焦聚力重点地区攻坚。将 52 个未摘帽贫困县、“三区三州”等深度贫困地区、易地扶贫搬迁大型安置区以及湖北等受疫情影响严重地区作为重中之重，充分发挥对口支援、省际省内协作机制等作用，加大劳务协作、项目建设等各类资源倾斜支持力度，定向投放岗位，开展点对点劳务输出，及时解决贫困劳动力就业面临的突出困难和问题。（国家发展改革委、人力资源社会保障部、国务院扶贫办等按职责分工负责）

五、加强组织保障

（十四）加强组织领导。地方各级人民政府要高度重视农民工就业创业工作，将其作为稳就业和保居民就业重点，坚持市场就业和政府促进相结合，层层压实责任，健全机制，综合施策，稳定城镇常住农民工就业，确保农民工就业形势总体平稳，困难农民工及时得到救助。各有关部门要各司其职，协同配合，形成合力。人力资源社会保障部门要发挥统筹协调作用，做好农民工就业创业服务、职业技能培训和权益维护等工作；发展改革、住房城乡建设、交通运输、水利等部门要抓好项目投资带动就业、以工代赈项目实施；工业和信息化、商务、文化和旅游等部门要完善行业产业发展规划，助力稳企稳岗；民政、人力资源社会保障等部门要做好生活困难农民工的兜底保障工作；财政部门要做好农民工就业创业各项工作资金保障；农业农村、林草等部门要加大乡村地区一、二、三产业岗位开发力度，拓宽农民工就地就近就业渠道；统计部门要做好农民工就业情况调查监测；扶贫部门要配合做好贫困劳动力就业稳岗工作。（各有关部门、单位和地方各级人民政府按职责分工负责）

（十五）加强工作保障。健全公共就业服务体系，推进城镇公共就业服务向农村延伸，运用购买服务等多种方式，充分发挥各类人力资源服务机构、劳务经纪人作用，为农民工提供便捷高效的就业服务。加大农民工就业创业政策落实力度，优化申领流程，精简证明材料，确保政策便捷惠及享受对象。统筹用好各类资金，将吸纳农民工就业数量作为城镇建设用地增加规模的重要因素，保障农民工平等享受就业服务政策。（财政部、人力资源社会保障部、自然资源部、农业农村部和地方各级人民政府按职责分工负责）

（十六）加强宣传引导。大力宣传促进农民工就业创业的优惠政策和服务举措，充分利用各种受众面广、宣传效果好的新媒体，提高政策知晓度。广泛挖掘农民工就业创业典型案例，讲好

就业故事，营造有利于农民工就业创业的良好氛围。（各有关部门、单位和地方各级人民政府按职责分工负责）

2020 年 8 月 6 日

中共中央组织部　人力资源社会保障部　教育部　科技部　民政部　财政部　共青团中央关于实施高校毕业生就业创业推进行动的通知

人社部发〔2020〕65号

各省、自治区、直辖市及新疆生产建设兵团党委组织部，政府人力资源社会保障厅（局）、教育厅（教委、教育局）、科技厅（委、局）、民政厅（局）、财政厅（局），团委：

高校毕业生就业关系民生改善和高质量发展。受新冠肺炎疫情影响，高校毕业生招聘延期、求职受阻，部分毕业生还未落实工作。为进一步促进未就业高校毕业生实现就业创业，现决定实施高校毕业生就业创业推进行动。现就有关工作通知如下：

一、指导思想

以习近平新时代中国特色社会主义思想为指导，贯彻落实党中央、国务院决策部署，把高校毕业生就业作为稳就业保就业工作重中之重，坚持市场引领与政府推动并重，就业创业与人才培养并举，普遍支持与特别帮扶并行，多点发力，精准施策，强化保障，克服新冠肺炎疫情带来的不利影响，集中帮助未就业毕业生就业创业，确保就业局势总体稳定。

二、行动时间

2020年9月15日至12月31日。

三、行动主题

扬帆筑梦，就创未来。

四、对象范围

2020届未就业高校毕业生和往届未就业高校毕业生。

五、工作目标

把未就业毕业生全面纳入就业创业推进行动，普遍落实实名帮扶举措，使有就业创业需求的毕业生都能得到相应服务支持，着力提升就业能力，充分激发创业活力，进一步提高人力资源配置效率，促进毕业生尽早就业。

六、主要措施

（一）开展专项摸排。县级及以上人力资源社会保障部门要建立未就业毕业生实名清单，将本地户籍与外地前来求职的毕业生全面纳入。做好教育部门和人力资源社会保障部门信息交接，放开线上线下各类登记服务渠道，开设本地求职热线，公开服务机构联系方式，开展基层摸排，对辖区内未就业毕业生应登尽登。对登记毕业生逐一联系，摸清基本信息、就业需求、就业状况，形成实名数据库，动态更新帮扶就业情况。

（二）加快岗位落实。加快实施企业吸纳就业补贴政策，明确申办流程，精简政策凭证，畅通线上线下申领渠道，激励企业更多吸纳毕业生就业。全面加快机关事业单位、国有企业、基层服务项目和科研助理岗位招录（聘）进度，抓紧启动笔试面试，尽早公布考试成绩，及时反馈录（聘）用结果，加快办理入职（聘用）手续，确保扩招任务尽快落地。持续拓展就业机会，对接新技术、新产业增长点储才育才，挖掘平台经济、数字经济从业机会，围绕基层治理、教育医疗、农业技术等人才紧缺领域增设岗位，拓宽毕业生市场化社会化就业渠道。

（三）扶持创业创新。推进创业培训广覆盖，对创业毕业生普遍提供创办企业、经营管理等培训，增设信息技术、现代农业等领域课程，提升培训针对性。倾斜创业服务资源，推荐适合发挥毕业生专长的创业项目，提供咨询辅导、跟踪扶持、成果转化等“一条龙”服务。优先安排经营场所，政府投资开发的各类创业载体安排一定比例场地，免费向毕业生提供，充分利用闲置资源提供低成本场地支持。加强创业资金保障，落实创业担保贷款、创业补贴等政策，缓解融资压力。

（四）提供不断线服务。各地各高校要对未就业毕业生指定专人服务，发放政策服务清单，推送针对性岗位信息，动员参加见习培训，对有特殊困难的，提供心理咨询辅导。常态化开展专项招聘，各级各类公共就业人才服务机构要广泛搜集岗位信息，在相关网站开设毕业生招聘专区专栏，创新“直播带岗”“隔空送岗”等模式。根据疫情防控要求加密线上线下招聘活动，地市以上城市每月举办一次综合性招聘，每周举办一次专场招聘。设立就业手续办理绿色通道，推进档案转递、组织关系转接、落户等“一站式”办理，推动高校毕业生入职体检结果互认，最大限度减少重复体检。有条件的地方可对到本地求职的高校毕业生提供临时性住房安置或补贴。

（五）提升就业能力。开展针对性职业指导，增强求职能力，推出公开课、直播课，为毕业生提供丰富多元的职业规划、职业体验、求职技巧等指导。扩大就业见习规模，提升实践能力，募集一批企事业单位、社会组织、政府投资项目等见习岗位，增加管理、技术、科研类岗位比例，密集举办见习对接活动，让有需求的毕业生都能获得见习机会。开展大规模、高质量职业培训，提高技术技能，对接产业发展和就业急需，扩大专项能力培训，着力拓展新职业培训，对有培训意愿的毕业生应培尽培，支持取得多类职业技能等级证书。高校毕业生参加职业技能培训和创业培训，按规定给予职业培训补贴，所需资金从职业技能提升行动专账资金中列支。

（六）加大困难帮扶。明确帮扶重点，对建档立卡贫困家庭、零就业家庭、残疾和就业困难的少数民族毕业生、湖北籍毕业生开展专项帮扶。实施定制服务、优先服务，逐一制订求职计划，优先推荐就业岗位。对通过市场化方式确实难以实现就业的，按规定利用公益性岗位托底安置。对符合条件的，按规定纳入最低生活保障、临时救助等社会救助范围。对获得国家助学贷款的毕业生，离校后无法正常还本付息的，可按规定延后还款期限。

（七）保护就业权益。规范就业协议签订，高校不得以任何方式强迫毕业生签约，或劝说虚假签约，用人单位不得出具虚假用人证明，不得随意毁约，人力资源服务机构不得参与签订不实就业协议。规范招聘市场秩序，依法打击"黑中介"、虚假招聘、就业歧视等违法违规行为。加大对企业用工行为的监督检查，及时查处滥用试用期、拖欠试用期工资、不依法签订劳动合同等行为。公布维权渠道，及时受理投诉举报。

七、工作要求

（一）加强组织领导。各地要把就业创业推进行动作为做好当前高校毕业生就业工作的重要抓手，高度重视，精心实施。制定行动具体方案，充实细化内容，建立工作专班，明确职责分工、时间进度、工作要求，确保各项任务落地。定期调度行动实施和毕业生帮扶进展情况，加强督促检查，积极解决行动推进中遇到的困难和问题。

（二）加大工作保障。加强部门协同配合，强化信息共享，定期交流情况，做好统计核查，全面掌握毕业生就业情况。加大行动实施的人力、财力、物力等保障，科学调配资源，提升工作成效。运用政府购买服务方式，支持经营性人力资源服务机构、社会组织为高校毕业生提供多元化就业创业服务。

（三）强化宣传引导。紧扣就业创业推进行动主题，开展形式多样、内容丰富的专题宣传活动，扩大行动知晓度和参与度。依托传统媒体和新兴媒介，大力宣传国家支持高校毕业生就业创业的政策措施，讲述毕业生到城乡基层、生产一线就业创业故事，引导广大毕业生把个人的理想追求融入党和国家事业之中，到祖国最需要的地方建功立业。

2020 年 8 月 31 日

人力资源社会保障部　教育部　财政部　商务部　国务院国资委　共青团中央　全国工商联关于进一步加强就业见习工作的通知

人社部函〔2020〕66号

各省、自治区、直辖市及新疆生产建设兵团人力资源社会保障厅（局）、教育厅（委、局）、财政厅（局）、商务厅（局）、国资委、团委、工商联：

就业见习是帮助青年人积累实践经验、增强就业能力的重要手段。为贯彻落实《国务院办公厅关于应对新冠肺炎疫情影响强化稳就业举措的实施意见》（国办发〔2020〕6号），扩大见习规模，提高见习质量，把有需求的青年都组织到见习活动中，现就有关工作通知如下：

一、把握见习政策要求。就业见习是组织青年进行岗位实践锻炼的就业准备活动。见习对象为离校2年内未就业高校毕业生、16~24岁失业青年，见习时间为3至12个月，期间由见习单位给予基本生活费，办理人身意外伤害保险。对吸纳见习的单位，按规定给予就业见习补贴，因疫情见习中断的，相应延长补贴期限。各地要准确把握政策内涵，制定见习政策清单，精简申请材料，优化兑现流程，确保今明两年见习规模持续扩大，最大程度发挥就业见习稳定就业、促进就业作用。

二、加强见习单位管理。根据本地产业发展、行业特色和青年意愿，积极确定一批就业见习单位，稳定持续提供见习岗位。鼓励依托国家级经济技术开发区和各级开发区、产业园、科技园等，发挥产业资源集聚优势，拓展见习单位。做好见习单位动态管理，定期跟进见习开展情况，对超过一年未提供见习岗位、未开展见习活动的及时清退。加强就业见习示范单位建设，选树一批岗位质量高、吸纳人员多、见习成效好的典型，发挥引领带动作用。

三、扩大岗位募集规模。做足岗位储备，按照多元募集、量质并重的原则，大力募集一批就业见习岗位，做到今明两年见习岗位总量不低于上年。丰富岗位来源，通过民营企业募集一批、国有企业征集一批、事业单位提供一批、社会组织收集一批、政府投资项目挖掘一批、科研项目开发一批，满足青年多元见习需求。增强岗位吸引力，通过政策激励和主动挖掘，募集一批互联网、金融、教育医疗、公共管理等现代服务业，以及5G、半导体、新能源等高端制造业企业见习岗位。提升岗位质量，更多募集管理、技术、科研类岗位，更好发挥高校毕业生等青年所学所长。

四、摸清见习对象情况。开通线上线下见习报名渠道，简化报名手续，及时登记有意参加见习人员信息。在每年7月份高校毕业生离校时，同步启动信息衔接和登记摸排，掌握有见习需求的未就业毕业生信息，及早锁定见习对象。全面打开失业登记渠道，对辖区内失业人员逐一摸底，把符合条件的失业青年纳入见习范围。健全见习对象信息库，记载个人基本信息、学历层次、技能水平、求职意愿等情况，方便后续提供针对性见习服务。

五、促进见习供需对接。制定见习单位目录和岗位清单，通过部门网站、各类媒体、公共就业人才服务平台等渠道，及时向社会公布。开展见习岗位进校园、进社区、进市场，集中举办见习专场招募、双向选择洽谈等活动，并在各类招聘会中同步推出见习岗位，多方搭建见习对接平台。有条件的地方可依托就业服务信息化平台，设立网上见习专区，提供见习信息发布、见习单位申报、见习报名对接等一体化服务。见习岗位不得通过考试竞争选拔等方式设置门槛，确保有需要的都能得到见习机会。

六、完善见习管理制度。规范见习组织实施，把握正常用工和就业见习之间关系。指导见习单位建立带教制度，委派实践经验丰富、业务素质好、责任心强的技术或管理人员作为带教老师，帮助见习人员熟悉岗位内容、提升工作能力。做好见习工作评估，定期检查地方见习组织实施、岗位募集、制度执行、政策落实和见习实效等情况，健全就业见习长效机制。

七、保障见习人员待遇。做好见习人员全程服务，指导签订见习协议，帮助维护合法权益，努力提高见习质量。鼓励见习单位留用见习期满人员。对见习后未留用人员做好后续就业帮扶，持续提供岗位信息、职业指导等服务，促进尽快实现就业。指导见习单位适当提高见习人员基本生活费，力争不低于当地最低工资。鼓励有条件的地方或用人单位，为见习人员购买附加险种，提高见习保障水平。

八、加大见习宣传推广。强化政策普及，充分利用电视、微博微信、短视频等宣传载体，广泛宣传见习制度和参与渠道，扩大社会知晓度和影响力。实施定向宣传，在青年聚集的高校、社区开展政策宣讲，在见习对象经办业务时同步宣传政策内容，确保有需求的应知尽知。加大典型示范，大力宣传一批青年通过见习提升能力、成功就业的故事，宣传见习单位履行社会责任的良好形象，引导更多青年和用人单位主动参与见习活动。

九、加强工作组织领导。各地要将就业见习作为促进青年就业的重要举措，纳入稳就业工作整体安排，加强部门协同，加大督促指导，合力推进实施，确保完成见习规模扩大任务。人力资源社会保障部门要加强工作统筹协调，做好见习单位认定、岗位募集和管理服务工作，指导推动事业单位提供见习岗位。教育部门要加强校内见习政策宣传，向有需求的毕业生推荐见习信息。财政部门要统筹就业补助资金等相关渠道，保障见习政策落实。商务部门要指导经济技术开发区集中推荐一批优质见习单位。国有资产监督管理部门要指导国有企业设立见习岗位。共青团要发挥组织优势，动员失业青年参加见习，推荐一批企业为见习单位。工商联要推荐一批经营稳定、信誉良好的民营企业作为见习单位。

各地人力资源社会保障部门每月汇总各方情况后，填报《青年就业见习工作情况汇总表》（见附件），于下月前5个工作日内报人力资源社会保障部全国人才流动中心，并于每年年底报送当年见习工作实施情况报告。

附件：青年就业见习工作情况汇总表

2020年7月8日

附件

青年就业见习工作情况汇总表

单位：个、人、万元

项目	本期末实有见习单位总数		本期末实有见习岗位总数		本期计划组织见习人数	本期实际到岗位人数		本期完成见习人数				本期非正常结束见习人数	本期末实有在岗见习人数	本年累计各级财政实际拨付的见习补贴资金数
		本期新增见习单位数量		本期新增见习岗位数量			离校未就业高校毕业生人数		被见习单位留用人数		其他方式就业人数			
										离校未就业高校毕业生人数				
	1	2	3	4	5	6	7	8	9	10	11	12	13	14

填报人：　　　　填报时间：　　　　联系电话：

填报说明：

1. 本表于每月5日内上报，遇节假日顺延。

2. 指标 8 “本期完成见习人数”：是指统计周期内，按照见习协议的规定，如期完成就业见习的人数；以及见习期虽未满，但提前被见习单位留用的人数。(见习期内，因见习人员个人原因等提前结束见习的人员数不算在内)

3. 指标 12 “本期非正常结束见习人数”，是指统计周期内，见习期未满，因个人选择或见习单位变动等原因，未按照见习协议规定提前结束见习，且未被留用的人员数量。

4. 指标 11 “其他方式就业人数”：是指见习期满后除被见习单位留用外，通过见习单位或公共就业人才服务机构推荐、个人自主择业等方式实现就业的人数。

5. 指标 14 “本年累计各级财政实际拨付的见习补贴资金数”：是指省、市、县级财政实际拨付的见习补贴资金数，包括分配拨付中央财政下达的就业补助资金中用于见习补贴的部分。

6. 指标中的 “本期”，是指统计周期当期实有情况，不与上期数据累积。

7. 逻辑关系：$1 \geqslant 2$，$3 \geqslant 4$，$5 \geqslant 6 \geqslant 7$，$8 \geqslant 9+11$，$9 \geqslant 10$。

人力资源社会保障部　教育部国务院扶贫办关于进一步加强贫困家庭高校毕业生就业帮扶工作的通知

人社部函〔2020〕75号

各省、自治区、直辖市及新疆生产建设兵团人力资源社会保障厅（局）、教育厅（教委、教育局）、扶贫办（局）：

今年是决战决胜脱贫攻坚和全面建成小康社会的收官之年，促进贫困家庭高校毕业生尽早就业，是稳就业保民生的重要内容。受新冠肺炎疫情影响，一些贫困家庭高校毕业生求职面临更多困难。为进一步加强对贫困家庭高校毕业生的就业帮扶工作，现就有关事项通知如下。

一、明确目标任务。各地要将贫困家庭高校毕业生及时纳入就业帮扶，坚持重点关注、重点推荐、重点服务，建立健全覆盖就业创业全过程的帮扶机制，统筹调动资源，突出精准施策，加强关爱指导，使建档立卡贫困家庭、零就业家庭毕业生全面就业到位，使有需求的其他贫困家庭毕业生全面帮扶到位，有就业意愿的都能实现就业或组织到就业准备活动中。

二、摸清就业需求。各地要不断完善求职创业补贴政策数据库，将受疫情影响而导致家庭经济困难的高校毕业生及时纳入政策范围。依托现有就业信息平台，建立贫困家庭毕业生就业帮扶机制，做实专门台账，实施动态管理，做到人员底数清、就业需求清、帮扶举措清、求职进展清。教育部门和高校要摸清每名贫困家庭毕业生服务需求，实施“一生一策”针对性帮扶。对离校未就业贫困家庭毕业生，教育部门与人力资源社会保障部门要在实名信息交接中，同步交接其帮扶台账，记录就业意向、求职区域、存在困难等情况，做到就业服务不断线。

三、加强招聘服务。各地各高校要在“百日冲刺”行动中对贫困家庭毕业生实施专项服务，组织其参加24365校园招聘等专项活动，积极帮助他们解决网上求职遇到的困难和问题。严格遵守疫情防控要求，有序恢复线下招聘，举办针对贫困家庭毕业生的小型供需对接活动。完善信息精准推送机制，通过短信息、微信群等，向每名贫困家庭毕业生推送3~5个符合其需求的针对性岗位，并向用人单位重点推荐。对有异地求职意愿的贫困家庭毕业生，依托大中城市联合招聘，组织跨地区服务协作和岗位共享，为其求职提供便利。加强人力资源市场监管，依法查处虚假招聘、违规收费、求职贷等侵害毕业生就业权益的行为。

四、提升就业能力。各地要为每名贫困家庭毕业生确定一名职业指导师，讲解就业形势政策、职业规划、求职技巧等，加强心理疏导和人文关怀。各类就业创业服务项目要向贫困家庭毕业生倾斜，对有培训需求的全部纳入培训计划，支持参加“互联网+”培训、专项能力培训、以工代训，按规定给予职业培训补贴、生活费补贴，使之至少掌握一种专项技能；对有创业意愿的全面纳入创业培训，指定创业导师全程跟踪指导，落实创业担保贷款、免费场地等支持政策，提升创业能力和创业成功率；对有见习需求的全员纳入见习安排，提供能够发挥其专长的见习岗位，增强就业竞争力，并优先推荐见习单位留用。

五、突出重点帮扶。各地要将建档立卡贫困家庭毕业生、52个未摘帽贫困县毕业生作为就业援助重点，实施结对帮扶、包干到人，优先提供岗位、优先推荐录用。对建档立卡贫困家庭学生实施“普通高校专升本专项计划”，单独进行录取。国有企业招聘、科研助理岗位吸纳、“三支一扶”“特岗教师”等基层服务项目招募，要在同等条件下优先录用建档立卡贫困家庭毕业生，事业单位可拿出一定数量的岗位招聘建档立卡贫困家庭毕业生。对符合条件的贫困家庭毕业生，可运用公益性岗位进行临时性安置。将离校未就业贫困家庭毕业生全部纳入实名制服务，列出就业需求清单、帮扶清单，量身定制求职计划，实施“一对一”帮扶。充分发挥东西部扶贫协作、对口支援机制作用，受援地要将贫困家庭毕业生信息提供给支援地，支援地要将其纳入就业政策扶持范围，项目建设、企业吸纳等岗位要优先录用。

六、加强组织领导。各地要坚持以人民为中心的发展思想，把做好贫困家庭高校毕业生就业帮扶工作作为重要政治任务，纳入就业工作目标责任体系和高校重点督促考核内容，加强领导，精心实施，层层压实工作责任。要结合实际细化工作措施，建立教育、人力资源社会保障和扶贫部门数据共享、工作协同、情况互通机制，强化学籍地、求职地、户籍地政策服务对接，做到摸排到位、帮扶到位、保障到位。加快就业创业政策落地实施，亮出政策清单，简化经办手续，推进网上办理，确保对贫困家庭高校毕业生就业补贴政策及时兑现。加强舆论宣传引导，选树一批贫困家庭毕业生自强不息、干事创业的优秀典型，营造全社会关心关爱贫困家庭毕业生就业的良好氛围。

2020 年 7 月 15 日

人力资源社会保障部关于开展就业创业服务攻坚季行动的通知

人社部函〔2020〕99号

各省、自治区、直辖市及新疆生产建设兵团人力资源社会保障厅（局）：

为贯彻落实党中央、国务院关于稳就业保就业决策部署，进一步做实做细就业创业服务，定于2020年第四季度在全国开展就业创业服务攻坚季行动，有效解决重点群体联系不及时、服务针对性不强等问题，集中帮扶重点群体就业创业，确保年底前完成各项目标任务，保持就业形势总体稳定。现就有关事项通知如下：

一、行动主题

集中攻坚稳就业　精准服务保民生

二、行动时间

2020年第四季度

三、服务对象

离校未就业高校毕业生、登记失业人员、农民工、建档立卡贫困劳动力、长江禁捕退捕渔民、地方确定的其他重点群体。

四、行动目标

集中利用3个月的时间开展攻坚行动，进一步畅通失业登记和求职创业服务渠道，强化基本公共就业服务，提升重点群体差异化、精准化服务水平，确保登记到位、联系到位、帮扶到位，着力促进离校未就业高校毕业生等重点群体就业创业，稳定就业基本盘，稳定就业局势。

五、夯实基本公共就业服务

（一）做实帮扶台账。充分利用各类重点群体数据库，畅通部门间数据转交，开通用好线上就业求助渠道，设置公共就业服务现场求助点，加强劳动争议调解仲裁信息共享，做实重点群体就业帮扶台账，及时记录重点群体基本信息和就业创业服务开展情况。

（二）全面摸排联系。以市（县）为单位，全面开展一次重点群体未就业人员信息摸排，通过发送短信、电话联系、上门走访等方式，掌握其就业失业状况、就业创业意愿、技术技能水平、培训服务需求等情况，做到摸排记录实、就业状态清、服务需求准。

（三）强化就业服务。健全标准化公共就业服务，对有劳动能力和就业意愿的劳动者，开展1次就业创业政策宣介，提供1次职业指导，推荐至少3个针对性就业岗位。对有技能提升需求的，推介至少3个培训课程或项目。对符合就业创业扶持政策条件的，主动协助申请相关政策。

（四）密集招聘对接。根据重点群体特点，分类筛选用人单位和就业岗位，精准推送就业信息。综合运用线上线下渠道，组织开展行业轮动、企业轮换的动态专场招聘。举办地点要覆盖城乡、深入社区，举办频次要确保市（地、州）周周有、县（区）以及重点群体较为集中的乡镇（街道）月月有，持续提供就业机会。

（五）优化创业服务。结合本地区产业特色和资源禀赋优势，对有创业意愿的重点群体提供创业培训、开业指导、融资服务等“一条龙”创业服务，精准推介创业项目。实施创业扶持政策代办帮办，主动为符合条件的高校毕业生、返乡入乡创业农民工等重点群体落实创业担保贷款、一次性创业补贴等政策。

（六）加强困难援助。加强对就业困难人员的就业援助，指定专人负责，制订援助计划。对长期失业人员，开展心理疏导，帮助提振信心、明确方向。对通过市场渠道确实难以实现就业的，通过公益性岗位予以托底安置。为参保失业人员快速发放失业保险金、失业补助金、一次性生活补助等失业保险待遇，为未参保、未纳入低保的生活困难人员协调申领一次性临时救助金。

六、聚焦重点群体实施特色服务

（一）为高校毕业生提供品质化就业服务。提升面向毕业生的岗位推送质量，重点推送知识型、技术型、管理型等岗位，重点采取小型化、专业化、行业化专场招聘形式。提升就业见习组织化程度，健全就业见习宣传推介、岗位募集、服务对接工作流程，支持有见习需求的毕业生积极参与，增加实践经验。增加新兴产业、智能制造、现代服务业等领域急需紧缺岗位培训，及时开展新职业培训，调动优质培训资源，提供高质量培训项目。

（二）为农民工实行平等就业服务。允许农民工在户籍地、常住地、就业地、参保地进行失业登记，享有与本地居民同等的公共就业服务。创建特色劳务品牌，实施专项培训计划，每省（区、市）要确保至少具有1~2个典型劳务品牌，组织返乡留乡农民工积极参与。支持多渠道灵活就业，在自发形成的零工市场、劳务市场每月至少开展1次公共就业服务活动，提供面对面就业服务。

（三）为贫困劳动力开展优先稳岗就业服务。对扶贫部门提供的贫困劳动力信息全面联系核查一次，对在岗的指导企业优先留用，对失业的提供优先转岗服务，实现不挑不拣一周内再就业。针对贫困劳动力特点储备一批岗位，向贫困劳动力推送就业求助途径和就业服务内容，发出一封公开承诺信，确保贫困劳动力随时求助、随时上岗。东部省份要将在本地就业的贫困劳动力全部纳入服务对象范围，中西部省份要着力做好省内贫困劳动力稳岗就业工作，为返乡贫困劳动力在返乡一个月内推送就近就业机会。

（四）为长江禁捕退捕渔民实施全覆盖就业服务。把有就业意愿的退捕渔民全部纳入当地就业管理服务体系，普遍开展就业观念、职业素养、融入城市等适应性培训。针对性推出一批涉渔类职业技能培训和创业培训项目，加大鱼虾种养、水产加工、休闲渔业等相关岗位以及就近岗位信息收集发布力度。将符合就业困难人员条件的退捕渔民全部纳入就业援助范围，规范开发公益性岗位及时兜底安置。

七、工作要求

（一）加强组织领导。要把本次行动作为稳就业保就业工作的重要抓手，高度重视，精心实施，制定具体方案，充实细化内容，明确责任分工、时间进度、工作要求。行动方案请于2020年10月15日前报送我部。

（二）扩大服务供给。要充分发挥相关部门力量，加强部门协同配合，发挥人力资源服务机构、行业协会等社会力量作用，形成工作合力，提供多元化就业服务。运用政府购买服务方式，拓展就业服务供给渠道，提升行动成效。

（三）强化安全保障。要按照疫情防控常态化要求做好线下招聘活动组织工作，确保安全有序。加强信息安全保障，严格设定重点群体个人信息使用范围，强化各级各类信息平台系统安全防护，提供就业服务的社会机构要签订保密协议，明确行动参与各方保密责任。

（四）广泛宣传引导。要紧扣行动主题，运用新闻媒体、微博微信、广播电视等渠道，开展形式多样、内容丰富的宣传活动。要做好行动跟踪宣传，及时报道经验做法和亮点特色，随时上报行动进展工作信息。

（五）做好总结报告。要对照行动要求，逐项总结行动进展与成效，形成包括任务完成情况、主要数据、典型案例、意见建议等内容的行动总结报告，于2021年1月10日前报送我部。

2020年9月24日

人力资源社会保障部　中国残联关于开展2021年就业援助月专项活动的通知

人社部函〔2020〕130号

各省、自治区、直辖市及新疆生产建设兵团人力资源社会保障厅(局)、残联：

为全面贯彻党的十九大和十九届二中、三中、四中、五中全会精神，做好“六稳”工作，落实“六保”任务，人力资源社会保障部、中国残疾人联合会定于2021年元旦、春节期间在全国组织开展就业援助月专项活动，集中帮助困难群众就业创业，不断增强人民群众获得感、幸福感、安全感。现就有关事项通知如下：

一、活动主题

就业帮扶　真情相助

二、活动时间

2021年1月1日—1月31日

三、服务对象

(一) 符合认定条件的就业困难人员；

(二) 残疾登记失业人员；

(三) 重大改革产生的脱贫人口、长江禁捕退捕渔民等重点就业帮扶对象。

四、活动目标

帮助服务对象了解就业援助政策措施，使服务对象都能掌握申领政策服务的具体流程和操作方法，有就业需求的都能得到就业援助服务，符合条件的都能享受就业援助政策，促进未就业的服务对象就业，确保零就业家庭动态清零，让服务对象感受到党和政府的温暖与关怀。

五、活动内容

（一）建立帮扶清单。各地要对照各类服务对象实名制数据库和帮扶台账，通过数据比对、联系核实等方式，将其中尚未就业，以及灵活就业但收入较低、就业不稳定的人员作为本次活动重点服务对象，建立帮扶清单。详细了解掌握其基本信息和就业信息，做到基本情况清、就业需求清、技能水平清、就业意向清，为精准帮扶提供支撑。

（二）广泛收集岗位。各地要深入辖区内各类用人单位，广泛收集符合困难群众需求特点的岗位，建立岗位信息库，为实施就业援助做好准备。依托社区开发收集一批便民商业、物业管理等社区服务岗位，方便困难群众就近就业。动员辖区内经营业绩好、社会责任感强的企业拿出一批有保障、无年龄限制、无技能要求、无学历门槛的岗位，拓展困难群众就业渠道。准备一批保洁保绿、基层协管等公益性岗位，对难以通过市场渠道实现就业的困难群众予以托底安置。

（三）实施精准服务。各地要针对困难群众特点，围绕困难群众不同需求，精准施策。对就业意愿不足的，开展 1 次政策宣讲、1 次职业指导，帮助提振信心，合理规划求职方向。对技能不足的，提供至少 1 个培训项目。对有就业意愿的，对照帮扶清单和岗位信息库，提供至少 3 个适合的岗位。对符合条件的困难群众及用人单位，落实就业援助各项补贴政策，鼓励困难群众灵活就业、自主创业，鼓励用人单位更多吸纳困难群众就业。

（四）举办专场招聘。各地要在活动期间组织开展面向困难群众的系列专场招聘活动，坚持线上线下相结合，加强与经营性人力资源服务机构的合作，提前制订公布全省招聘活动计划安排。举办覆盖城乡、深入社区的现场招聘会，分类设置招聘专区，要求入场用人单位发布适合困难群众的招聘信息。举办形式多样的线上招聘会，开展远程招聘，靶向推送岗位信息，促进人岗精准匹配。

（五）开展走访慰问。各地要对照帮扶清单，面向服务对象普遍开展走访慰问。发出一封慰问信，送上节日问候，详细介绍本次活动的主要内容、活动安排、参与方式。开展一轮入户走访，了解困难群众生活情况和就业情况，对有就业需求的，现场开展送岗位、送政策、送服务，帮助解决就业中遇到的困难问题。

（六）聚焦重点群体。各地要聚焦特定群体，实施特色帮扶，落实特殊要求。对零就业家庭开展“清零”行动，确保活动期间每个家庭中至少 1 人实现就业。对残疾登记失业人员开展“一对一”就业帮扶，帮助一批残疾人就业创业。对脱贫人口严格落实“四个不摘”要求，稳定就业帮扶政策措施，稳定现有就业规模。对长江禁捕退捕渔民切实提高帮扶措施的针对性、精准性，确保有劳动能力和就业意愿的退捕渔民就业帮扶到位，及时更新退捕渔民安置保障实名制动态帮扶系统。

六、工作要求

（一）高度重视。各地要高度重视 2021 年就业援助月专项活动，把活动作为做好“六稳”工作、落实“六保”任务重要举措，作为“两节”期间为困难群众送温暖的重要工作，带着对困难群众的深厚感情开展工作，将党和政府对困难群众的关心落到实处。

（二）精心组织。各地要成立领导小组，制定工作方案，明确职责分工，确定专人负责，确保活动顺利开展。活动期间，要根据疫情防控形势，合理安排线上线下招聘活动、服务活动，严格落实疫情防控常态化、安全生产等要求，消除隐患，防范风险。

（三）广泛宣传。各地要在2021年1月上旬组织适当形式的活动启动仪式，组织媒体跟进报道，提高活动知晓度，扩大活动影响力。要及时汇总活动有关情况，即时报送现场图片、影音资料、新闻线索，便于有关部门及时宣传。请于2021年1月15日前报送活动启动和活动安排情况，2月5日前报送活动总结和统计表。

附件：1. 2021年就业援助月活动情况统计表（人力资源社会保障部门负责填报）

2. 2021年就业援助月活动情况统计表（残疾人就业服务机构负责填报）

2020年12月25日

附件 1

2021 年就业援助月活动情况统计表

（人力资源社会保障部门负责填报）

填报单位：　　　　　　　　　　　　　　　　填报时间：2021 年　月　日（单位盖章）

走访服务对象家庭数	其中残疾登记失业人员家庭数	帮助服务对象实现就业人数	其中残疾登记失业人员数	其中长江禁捕退捕渔民人数	其中通过公益性岗位安置人数	帮助就业困难人员享受政策人数	辖区内招用就业困难人员并享受扶持政策用人单位数
1	2	3	4	5	6	7	8

单位负责人：　　　　审核人：　　　　填表人：　　　　联系电话：

注：上述内容均为活动期间的统计数字。

附件 2

2021 年就业援助月活动情况统计表

（残疾人就业服务机构负责填报）

填报单位：　　　　　　　　　　　　　　　　填报时间：2020 年　月　日（单位盖章）

走访残疾登记失业人员家庭户数	登记失业的残疾人员人数	组织残疾人专场招聘会次数	实名制纳入年度培训计划残疾人数	帮助残疾登记失业人员实现就业人数	其中社会用人单位按比例吸纳就业人数	帮助残疾人享受专项扶持政策人数
1	2	3	4	5	6	7

单位负责人：　　　　　　审核人：　　　　　　填表人：　　　　　　联系电话：

注：上述内容均为活动期间的统计数字。

人力资源社会保障部　教育部　财政部　交通运输部　国家卫生健康委关于做好疫情防控期间有关就业工作的通知

人社部明电〔2020〕2号

各省、自治区、直辖市及新疆生产建设兵团人力资源社会保障厅（局）、教育厅（教委）、财政厅（局）、交通运输厅（局）、卫生健康委：

党中央、国务院高度重视新型冠状病毒感染肺炎疫情防控和农民工、高校毕业生等重点群体就业工作。当前疫情防控正处于关键期，即将迎来农民工等人员返岗复工和高校毕业生求职高峰，做好疫情防控和就业工作责任重大。为坚决贯彻中央决策部署，切实做好当前农民工、高校毕业生等重点群体就业工作，现就有关事项通知如下：

一、有力确保重点企业用工。对保障疫情防控、公共事业运行、群众生活必需及其他涉及重要国计民生企业、重大工程，指定专人对接，优先发布用工信息，通过本地挖潜、余缺调剂、组织见习、协调实习生等，满足企业阶段性用工需求。对当地难以满足的，在符合疫情防控要求的前提下，协助企业定向跨区域招聘。对具有一定规模的，通过联防联控机制协调交通运输部门制定运送方案，有条件的可组织集中运送直达目的地。对春节期间（截至2020年2月9日）开工生产、配送疫情防控急需物资的企业，符合条件的可给予一次性吸纳就业补贴。对提供职业介绍的人力资源服务机构，按规定给予就业创业服务补助。

二、做好返岗复工企业和劳动者的疫情防控。根据春节假期调整和防控疫情安排，抓紧摸清辖区内企业、工程项目开复工时间，在人社部门官网、官微开设专区发布。督促用人单位通过电话、短信、微信等方式，向员工通报开复工时间。加强输入地、输出地信息对接，依托公共就业人才服务机构、劳务站等向辖区内劳动者推送开复工时间。针对农民工等人员流动特点，编制发布预防手册，指导劳动者做好居家隔离和返岗务工的相关防护。针对企业行业不同特点特别是劳动密集程度，指导其做好卫生防疫、检测仪器及药品配置等工作，改善劳动者生产生活条件。

三、关心关爱重点地区劳动者。对滞留在疫情严重地区的劳动者，通过发送慰问短信、公告、慰问信等形式，关心其健康和生活情况，妥善做好安抚和疏导。对已离开湖北返乡的劳动者，指导其主动居家隔离。对暂时难以外出且有就业意愿的农民工，开发一批就地就近就业岗位，有创业意愿的同等享受当地创业扶持政策，给予一次性创业补贴，确有困难的可按规定通过公益性岗位托底安置。疫情防控期间，湖北等疫情严重地区受疫情影响失业的参保人员，可通过失业保险基金，按照不高于当地失业保险金标准发放失业补助金，具体办法报请省级人民政府确定。失业保险金和失业补助金不得同时发放。生活确实困难的，可按规定申请临时救助。维护劳动者合法权益，各类人力资源服务机构和用人单位不得发布拒绝招录疫情严重地区劳动者的招聘信息。各类用人单位不得以来自疫情严重地区为由拒绝招用相关人员。对因疫情导致劳动者暂不能返岗提供正常劳动的，企业不得解除劳动合同或退回劳务派遣用工。

四、支持中小微企业稳定就业。加大失业保险稳岗返还力度，将中小微企业失业保险稳岗返还政策裁员率标准由不高于上年度统筹地区城镇登记失业率，放宽到不高于上年度全国城镇调查失业率控制目标，对参保职工 30 人（含）以下的企业，裁员率放宽至不超过企业职工总数20%。同时，湖北等重点地区可结合实际情况将所有受疫情影响企业的稳岗返还政策裁员率标准放宽至上年度全国城镇调查失业率控制目标。具体实施办法由相关省级人民政府确定。支持企业开展在岗培训，受疫情影响的企业在确保防疫安全情况下，在停工期、恢复期组织职工参加线下或线上职业培训的，可按规定纳入补贴类培训范围。统筹使用工业企业结构调整专项奖补资金，用于支持受疫情影响企业稳定岗位、保障基本生活等支出。发挥创业担保贷款作用，对已发放个人创业担保贷款，借款人患新型冠状病毒感染肺炎的，可向贷款银行申请展期还款，展期期限原则上不超过1年，财政部门继续给予贴息支持。对受疫情影响暂时失去收入来源的个人和小微企业，申请贷款时予以优先支持。加大创业载体奖补力度，支持创业孵化园区、示范基地降低或减免创业者场地租金等费用。

五、完善高校毕业生就业举措。暂停各类高校毕业生就业现场招聘活动，充分利用国家、地方、高校毕业生就业网开展就业服务，完善高校毕业生就业信息共享发布机制。鼓励高校和用人单位利用互联网进行供需对接，实行网上面试、网上签约、网上报到，引导用人单位适当延长招聘时间、推迟体检时间、推迟签约录取。公共就业人才服务机构要延长报到接收时间，可通过信函、传真、网络等方式为高校毕业生办理就业协议签订、就业报到手续。视情调整2020年度事业单位和国有企业招聘、基层服务项目招募笔试面试时间，笔试已经结束的推迟面试时间，调整后的时间要及时告知考生并向社会公告。加强求职心理疏导，组织有经验的职业指导师、心理咨询师和高校心理学教师，推出一批在线咨询指导课，开通心理热线。

六、推广优化线上招聘服务。暂停举办现场招聘和跨地区劳务协作。组织各级各类公共就业人才服务机构、人力资源服务机构加大线上招聘力度，推行视频招聘、远程面试，动态发布岗位信息，加快向中国公共招聘网（http://job.mohrss.gov.cn）归集共享，实施“就业服务不打烊、网上招聘不停歇”的线上春风行动。根据当地疫情状况和党委政府部署，确定并公告公共就业服务机构和窗口开放时间，引导就业政策、就业服务尽可能网上办、自助办，切实加快审核进度，有序疏导现场流量，及时消毒、保持通风，配备体温检测设施，做好疫情防控工作。

上述有关补贴类政策执行期限为疫情防控期间。各地要深入贯彻习近平总书记重要指示精神，坚决落实党中央、国务院关于应对疫情的重大决策部署，压实责任、主动作为、加强协调，积极回应群众关切，科学研判当前市场供求，引导用人单位和重点群体有序招聘求职，确保社会大局稳定。

2020 年 2 月 5 日

人力资源社会保障部办公厅关于进一步做好失业登记工作强化失业人员就业服务的通知

人社厅发〔2020〕3号

各省、自治区、直辖市及新疆生产建设兵团人力资源社会保障厅（局）：

失业登记是政府掌握劳动者就业失业状况的重要手段，是为失业人员提供就业服务，落实就业创业政策的基础工作。为贯彻党中央、国务院关于稳就业的决策部署，落实《国务院关于进一步做好稳就业工作的意见》（国发〔2019〕28号）要求，切实做好失业登记工作，强化失业人员就业服务，现就有关事项通知如下：

一、明确失业登记对象

劳动年龄内、有劳动能力、有就业要求、处于无业状态的城乡劳动者，可在户籍地或常住地办理失业登记。本通知所指劳动年龄为年满16周岁（含）至依法享受基本养老保险待遇。在内地（大陆）就业后失业的香港特别行政区、澳门特别行政区居民中的中国公民和台湾地区居民（以下简称港澳台居民）可参照执行。

二、拓宽失业登记办理渠道

各地要采用线下渠道与线上渠道相结合的方式受理劳动者失业登记申请。线下渠道包括各级公共就业服务机构综合性服务场所和街道（乡镇）、社区（村）基层公共就业服务平台（以下统称公共就业服务机构），以及受县级以上人社部门委托承担残疾劳动者失业登记工作的残疾人就业服务机构。线上渠道包括各地对外办理失业登记服务的网站、手机客户端、微信等应用平台，以及我部依托全国人力资源社会保障政务服务平台（以下简称人社政务服务平台）开设的失业登记全国统一服务入口。尚未开通失业登记线上受理渠道的地区，要于2020年6月底前开通。

三、规范失业登记受理审核

劳动者持本人有效身份证件，填写《失业人员登记表》（表样见附件1），提供个人基本信息和失业原因，并由本人对填写信息真实性作出书面承诺。其中，内地（大陆）居民的有效身份证件指劳动者的居民身份证或社会保障卡；港澳台居民的有效身份证件指港澳台居民居住证或社会保障卡、港澳居民来往内地通行证。

各地可采取劳动者书面承诺的方式，在7个工作日内办结失业登记，以适当方式主动反馈办理结果。必要时可对劳动者个人身份信息、失业状态等进行审核。其中，个人身份信息可通过与社会保障卡持卡人员基础信息库比对核实；失业状况可通过与社会保险参保登记、劳动用工备案等系统比对核实。有条件的地区，可进一步通过公安、民政、工商等部门数据进行比对核实。无法通过上述途径核查的，可采取工作人员调查方式予以核实。

四、强化登记失业人员服务

各地要打通服务链条，优化服务流程，为登记失业人员提供一站式服务。要主动联系登记失业人员，在《失业人员登记表》记录信息基础上，为其提供分级分类服务，并全程记录提供服务、落实政策情况。具体服务包括（但不限于）下列事项：

（一）摸清登记失业人员基本信息，详细了解失业原因、技能水平、就业意愿，介绍后续就业服务、失业登记注销条件等信息。

（二）介绍政策法规咨询、职业介绍、职业指导等基本公共就业服务事项，提供政策清单、服务清单和公共就业服务机构清单。政策清单应包括政策名称、享受对象、政策内容、申请条件、受理机构等。服务清单应包括服务项目、服务对象、服务内容等。公共就业服务机构清单应包括机构名称、办公地址、联系电话、经办项目等。

（三）对有培训就业意愿的登记失业人员，推介就业创业政策和职业培训项目，开展求职技巧指导，精准匹配岗位信息并回访求职结果。

（四）对有创业意愿的登记失业人员，提供创业培训（实训）、开业指导、融资服务、政策落实等服务；对符合创业担保贷款条件的，协助办理贷款申请。

（五）对符合就业困难人员条件的登记失业人员，实施优先扶持和重点帮助，指定专人负责，制订个性化就业援助计划，明确服务项目和步骤，开展心理疏导，组织参加职业培训，跟踪解决就业过程中的困难和问题。对其中通过市场渠道难以实现就业创业且符合相关条件的，可通过公益性岗位予以优先安置。

（六）对符合就业创业扶持政策条件的，在主动介绍相关政策内容的基础上，同步受理政策申请。

（七）对符合失业保险金申领条件的，一并办理失业登记和失业保险金发放。对直接到社会保险经办机构办理失业保险金申领业务的失业人员，社会保险经办机构可一并办理失业登记和失业保险金申领业务。

五、加强定期联系和动态管理

各地要做好登记失业人员日常服务，实时录入服务情况及结果，帮助其尽快就业创业或参加到就业准备活动中。同时，鼓励登记失业人员主动报告求职经历和就业状态，及时更新相关信息。要建立定期联系制度，通过信息比对或工作人员实地走访、电话调查等方式，每月至少进行1次跟踪调查，了解劳动者就业失业情况。对提供虚假信息骗取失业保险待遇、就业创业扶持政策的，纳入人社信用体系。

各地要加强失业登记动态管理，对出现下列情形之一的劳动者，注销其失业登记，并以适当方式予以告知（移居境外、被判刑收监执行、死亡及无法取得联系的除外）：

（一）超出登记年龄：已依法享受基本养老保险待遇的。

（二）处于就业状态：被各类用人单位录用或招聘的；从事个体经营、创办企业或民办非企业的；已从事有稳定收入的劳动，并且月收入不低于当地最低生活保障标准的。

（三）终止就业要求：入学、应征服兵役、移居境外的；完全丧失劳动能力的；被判刑收监执行的；死亡的；无正当理由连续3次拒绝接受公共就业服务的；连续6个月无法取得联系的。

（四）各地确定的其他情形。

六、强化失业登记信息统计监测

各地要加强公共就业服务信息系统建设，健全失业登记服务管理功能，推进社会保障卡在就业领域的应用，为失业登记服务全程信息化提供支撑。要按照就业统计制度规定，将常住地为城镇的登记失业人员（包括农村进城务工人员和其他非本地户籍人员）纳入城镇登记失业人员统计范围，并加强信息系统数据与统计报表数据的一致性校验，逐步实现登记失业人员数据从信息系统中直接生成。要按照全国就业信息监测制度要求，按期报送全部失业登记信息，并对辖区内各地市数据上报情况和数据质量进行通报，加强和改进相关工作。

七、做好与失业登记全国统一服务入口的对接

各地要按照《全国人力资源社会保障政务服务平台失业登

记服务对接方案》（附件3），做好本地公共就业服务信息系统与失业登记全国统一服务入口的对接，于2020年6月底前完成联调测试工作。自2020年7月1日起，失业登记全国统一服务入口将受理劳动者失业登记申请，并按照登记失业地将劳动者申请转交各地办理。各地要及时办理转办事项，并将审核结果信息（包括依托本地服务平台受理的失业登记）实时同步至人社政务服务平台，方便劳动者在线查询相关信息。各地要全面梳理本地区公共就业服务机构清单（附件4），在人社政务服务平台发布并进行动态管理，供劳动者查询失业登记办理情况，咨询相关政策服务。

八、加强组织保障

失业登记是做好稳就业工作的重要措施，关系到广大劳动者的切身利益。各地要高度重视，加强组织实施，明确责任单位和负责人，落实各项工作要求，不得以人户分离、户籍不在本地等为由不予受理。要着力加强信息化建设，建立人社部门内部业务协同机制，逐步打通与工商、公安、民政等部门之间的信息交流渠道，实现共享数据信息、互认证明材料。要加大对劳动者的政策服务宣传力度，公开线下服务机构和线上服务途径以及失业登记流程等信息，做好与12333等咨询服务渠道的衔接，让符合条件的劳动者及时得到政府政策服务帮扶。我部将适时通报各地与人社政务服务平台对接滞后、服务响应逾期、反馈数据不准及更新不及时等情况，并将失业登记服务情况纳入就业工作考核，与资金分配挂钩，并作为评优评先的依据。

请各省（区、市）于2020年2月10日前将责任单位和联系方式及本地公共就业信息系统部署层级、公共就业服务机构信息清单报我部就业促进司。已开通线上失业登记服务的地方，将服务网址、系统名称、办理流程等信息一并报送。各地的好做法、好经验，要及时总结推广，对出现的新情况、新问题，请及时报告部就业促进司。

附件：1. 失业人员登记表
2. 失业登记工作流程图
3. 全国人力资源社会保障政务服务平台失业登记服务对接方案
4. 公共就业服务机构清单

2020 年 1 月 13 日

附件 1

失业人员登记表

<table>
<tr><td colspan="8">个人基本信息</td></tr>
<tr><td>姓名*</td><td></td><td>性别*</td><td></td><td>民族*</td><td></td><td>政治面貌</td><td></td></tr>
<tr><td>学历*</td><td></td><td>健康状况*</td><td colspan="3"></td><td>失业时间*</td><td>年　月</td></tr>
<tr><td>证件类型*</td><td></td><td>证件号*</td><td colspan="5"></td></tr>
<tr><td>户籍地址*</td><td colspan="7">____省（区/市）____市（州）____县（区）________（详细地址）</td></tr>
<tr><td>常住地址*</td><td colspan="7">____省（区/市）____市（州）____县（区）________（详细地址）</td></tr>
<tr><td colspan="2" rowspan="3">职业（工种）资格及等级或专业技术职务名称及级别</td><td>1</td><td colspan="3"></td><td colspan="2"></td></tr>
<tr><td>2</td><td colspan="3"></td><td colspan="2"></td></tr>
<tr><td>3</td><td colspan="3"></td><td colspan="2"></td></tr>
<tr><td rowspan="2">联系方式</td><td>手机*</td><td colspan="2"></td><td colspan="2">固定电话</td><td colspan="2"></td></tr>
<tr><td>电子邮件</td><td colspan="2"></td><td colspan="2">其他</td><td colspan="2"></td></tr>
<tr><td>登记失业地*</td><td colspan="7">□户籍地址　□常住地址</td></tr>
<tr><td>失业原因*</td><td colspan="7">□年满 16 周岁，从各类学校毕业、肄业
□被企业解除或终止劳动关系
□企业破产倒闭终止劳动关系
□从机关事业单位被辞退解聘
□从各类单位辞职
□私营企业、民办非企业业主停业、破产
□终止从事个体工商户
□承包土地被征用等情况
□从事一定收入的劳动，但月收入低于当地最低生活保障标准
□退出公益性岗位
□军人退出现役且未纳入国家统一安置
□刑满释放、假释、监外执行
□其他：__________（请填写）</td></tr>
<tr><td colspan="2">是否申领失业保险金*</td><td colspan="6">□是　□否</td></tr>
</table>

续表

求职意向	1		2		3	
其他需说明的事项						

本人承诺填报的以上内容均真实、准确、有效，如与实际情况不一致，本人愿意承担相应责任，同时纳入人社信用记录。

申请人（签字）：

年　月　日

相关说明：

1. 标记“＊”的为必填项。

2. 如健康状况为残疾，需注明伤残等级。

3. 劳动者通过失业登记服务全国统一入口申请办理失业登记，将填写此表。上述信息将下发至各地，由登记失业地公共就业服务机构为劳动者办理失业登记。

附件 2

失业登记工作流程图

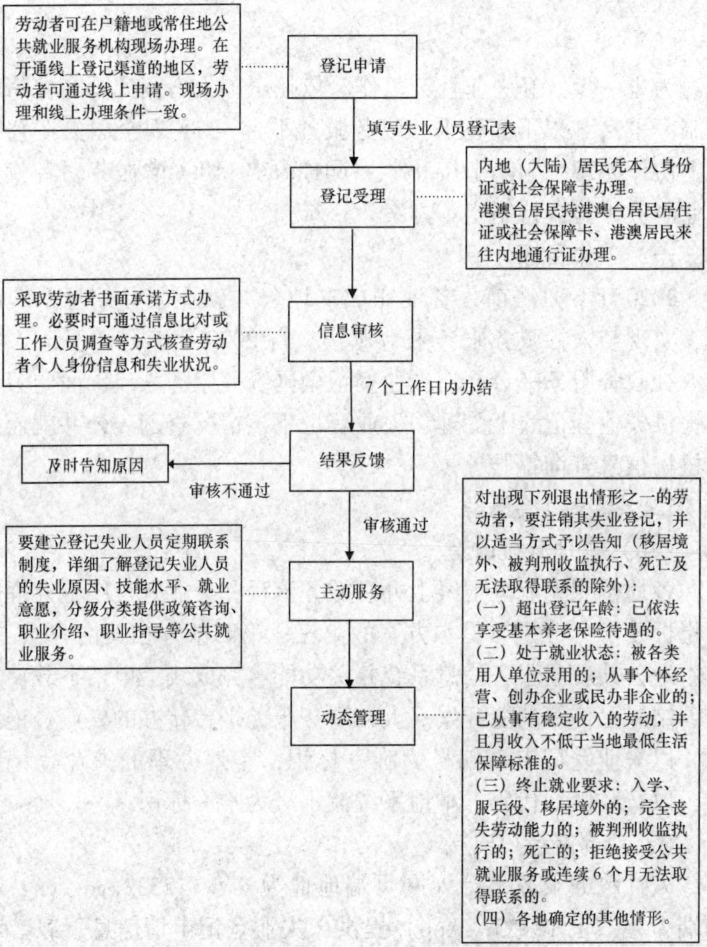

附件 3

全国人力资源社会保障政务服务平台
失业登记服务对接方案

为进一步做好失业登记工作，依托全国人力资源社会保障政务服务平台（以下简称人社政务服务平台），实现全国失业登记线上协作办理、顺畅衔接和“一网通办”，切实增强劳动者就业失业服务体验，特制定本方案。

一、工作目标

2020 年 6 月底前，各地完成本地公共就业服务信息系统改造，实现与人社政务服务平台对接。自 2020 年 7 月 1 日起，依托人社政务服务平台开通失业登记全国统一服务入口，面向劳动者提供失业登记线上受理、失业登记审核情况查询、公共就业服务机构信息查询等服务。

二、系统对接任务

（一）本地系统改造

各地按照失业登记线上办理服务流程和失业登记线上办理数据指标要求（分别参见本方案的第三、第四部分相关内容），调整本地公共就业服务信息系统相关功能，完成线上申请下载、审核、结果上传等功能开发。人社政务服务平台转办的失业登记申请，以失业登记申请编号为唯一标识；本地办理的失业登记申请，以行政区划代码、本地系统流水号为唯一标识。

（二）部端接口对接

人社政务服务平台（网页端地址为 www. 12333. gov. cn，移动端为“掌上 12333” App）提供“失业登记申请信息下载”和

"失业登记审核结果上传"两个接口，将发布至部级业务协同平台（访问地址为业务专网 xtpt. mohrss）。各地按照《关于全面启动业务协同平台和公共服务信息平台对接实施工作的通知》（人社网信函〔2019〕25 号）有关要求，以及线上办理流程和数据指标要求，做好本地公共就业服务信息系统改造，实现与人社政务服务平台的衔接。

（三）联调测试接入

各地完成本地系统改造后，在 6 月底前与人社政务服务平台开展联调测试工作，通过测试的地区，填写《失业登记线上办理接入申请表》（请与部信息中心联系获取），由部端实现正式接入，开通失业登记线上服务相关功能。

三、线上办理流程

（一）失业登记线上办理

依托人社政务服务平台，实现劳动者失业登记请求的统一受理、分级审核和统一反馈。具体实现流程如下：

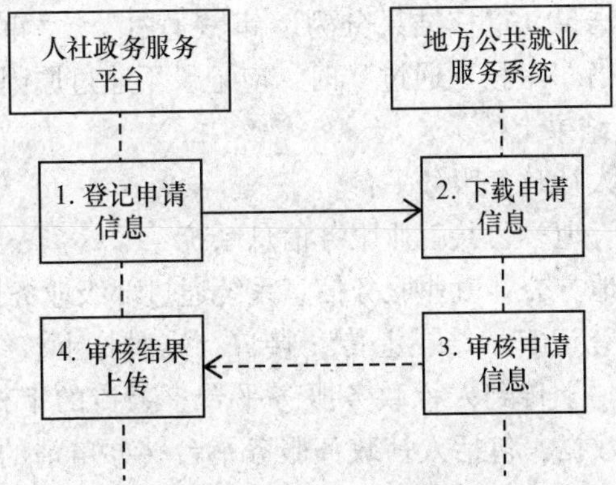

网上失业登记申请流程图

1. 登记申请信息

系统：人社政务服务平台

办理方：劳动者

流程：劳动者登录人社政务服务平台网上办事大厅或“掌上 12333”App，选择“失业登记线上办理”功能，登记个人基本信息和失业原因等相关信息，提交失业登记申请。

2. 下载申请信息

系统：人社政务服务平台

办理方：地方公共就业服务信息系统

流程：地方公共就业服务信息系统在部级业务协同平台上注册后，通过部级业务协同平台提供的“失业登记申请信息下载”接口，定期下载失业登记申请信息，同步到本地公共就业服务信息系统。下载周期为 1 小时。

3. 审核申请信息

系统：地方公共就业服务信息系统

办理方：地方公共就业服务机构经办人员

流程：经办人员在规定时间内，对申请失业登记人员的个人身份信息和失业状态进行核实，并在本地公共就业服务信息系统中录入审核结果。审核结果分为“审核通过”、“审核不通过”两种状态。当“审核不通过”时，应记录不通过原因。

4. 审核结果上传

系统：人社政务服务平台

办理方：地方公共就业服务信息系统

流程：地方公共就业服务信息系统通过部级业务协同平台提供的“失业登记审核结果上传”接口，实时将审核结果（含未通过的原因）上传到人社政务服务平台。上传的审核结果数据应为全口径数据，包括人社政务服务平台转办申请的审核结果，以及在本地申请的审核结果。

（二）失业登记审核情况查询

系统：人社政务服务平台

办理方：劳动者

流程：劳动者通过人社政务服务平台网上办事大厅或“掌

上12333” App，选择“失业登记审核情况查询”功能，查询审核状态及结果。当申请提交后，其审核状态为“待审核”；当申请被地方下载后，其审核状态变更为“审核中”；当地方上传审核结果后，其审核状态变更为“已审核”，并展示审核结果。

（三）公共就业服务机构信息查询

系统：人社政务服务平台

办理方：劳动者

流程：通过人社政务服务平台网上办事大厅和“掌上12333” App，向劳动者提供公共就业服务机构信息查询服务。

四、数据指标要求

（一）失业登记申请信息

失业登记申请信息由劳动者在人社政务服务平台提出失业登记申请后生成，供地方公共就业服务信息系统查询下载。

全国业务唯一标识号：失业登记申请编号。

序号	指标名称	是否必填	指标编码	指标类型	指标长度	代码标识	校验规则
1	失业登记申请编号	是	ADC201	C	36		【业务】在人社政务服务平台中开展失业登记线上办理的唯一编号
2	登记失业地行政区划代码	是	AAB301	C	6	Y	【业务】线上办理业务已经入网地区
3	申请日期	是	AAE127	N	8		【数据】格式为YYYYMMDD的有效日期 【业务】早于或等于系统当前日期
4	姓名	是	AAC003	C	50		【数据】不能含有半角或全角空格
5	性别	是	AAC004	C	1	Y	【数据】必须在代码表中

续表

序号	指标名称	是否必填	指标编码	指标类型	指标长度	代码标识	校验规则
6	民族	是	AAC005	C	2	Y	【数据】必须在代码表中
7	政治面貌	否	AAC024	C	2	Y	【数据】必须在代码表中
8	学历	是	AAC011	C	2	Y	【数据】必须在代码表中
9	健康状况	是	AAC033	C	1	Y	【数据】必须在代码表中
10	伤残等级	否	ALA040	C	2	Y	【业务】健康状况为残疾的，需注明伤残等级。【数据】必须在代码表中
11	失业时间	是	AJC090	N	8		【数据】格式为 YYYYMMDD 的有效日期【业务】早于或等于系统当前日期
12	社会保障号码	否	AAC002	C	18		【数据】首位不是字母的，长度为 15 或 18 位【数据】15 位公民身份号码不能含有非数字字符【数据】18 位公民身份号码前 17 位不能含有非数字字符【数据】18 位公民身份号码第 18 位必须符合校验规则【数据】公民身份号码与性别相符

续表

序号	指标名称	是否必填	指标编码	指标类型	指标长度	代码标识	校验规则
13	证件类型	是	AAC058	C	2	Y	【数据】必须在代码表中
14	证件号码	是	AAC044	C	22		
15	户籍地行政区划代码	是	AAB299	C	6	Y	【数据】必须在代码表中
16	户籍地详细地址	是	AAC010		150		【数据】填写省市县（区）以外的详细地址
17	常住地行政区划代码	是	AAF016	C	6	Y	【数据】必须在代码表中
18	常住地详细地址	是	AAC046	C	150		【数据】填写省市县（区）以外的详细地址
19	职业（工种）资格名称 1	否	ACA111	C	7	Y	【数据】必须在代码表中
20	职业资格等级（技能人员等级）1	否	AAC015	C	1	Y	【数据】必须在代码表中
21	职业（工种）资格名称 2	否	ACA200	C	7	Y	【数据】必须在代码表中
22	职业资格等级（技能人员等级）2	否	ACA202	C	1	Y	【数据】必须在代码表中
23	职业（工种）资格名称 3	否	ACA201	C	7	Y	【数据】必须在代码表中

续表

序号	指标名称	是否必填	指标编码	指标类型	指标长度	代码标识	校验规则
24	职业资格等级（技能人员等级）3	否	ACA203	C	1	Y	【数据】必须在代码表中
25	专业技术职务1	否	AAC200	C	3	Y	【数据】必须在代码表中
26	专业技术职务级别1	否	AAC014	C	3	Y	【数据】必须在代码表中
27	专业技术职务2	否	ACA204	C	3	Y	【数据】必须在代码表中
28	专业技术职务级别2	否	ACA206	C	3	Y	【数据】必须在代码表中
29	专业技术职务3	否	ACA205	C	3	Y	【数据】必须在代码表中
30	专业技术职务级别3	否	ACA207	C	3	Y	【数据】必须在代码表中
31	手机号码	是	AAC067	C	11		【数据】11位数字字符
32	固定电话	否	AAE005	C	20		【数据】固定电话必须填写区号。区号、电话、分机间通过半角字符“-”分隔（如010-88888888）。多个号码以半角字符“,”分隔
33	电子邮箱	否	AAE159	C	50		
34	其他联系方式	否	AAE461	C	50		

续表

序号	指标名称	是否必填	指标编码	指标类型	指标长度	代码标识	校验规则
35	登记失业地类型	是	ADC221	C	1	Y	【数据】必须在代码表中
36	失业登记原因	是	AJC093	C	2	Y	【数据】必须在代码表中
37	其他失业原因	否	ADC220	C	200		【业务】当失业原因为其他时，可填写
38	求职意向	否	ACA112	C	200		【业务】可写三个意向，中间用“|”隔开。
39	其他需说明的事项	否	AAE815	C	200		【数据】可填写其他需要说明的事项
40	是否申领失业保险金	是	ADC222	C	1	Y	【数据】必须在代码表中

（二）失业登记申请审核结果信息

失业申请审核结果信息由各地公共就业服务机构审核劳动者失业申请时生成，保存对个人失业申请信息的审核结果，实时上传至人社政务服务平台，供劳动者查询。

各地业务唯一标识号：行政区划代码+系统流水号。对于人社政务服务平台转办的申请，失业登记申请编号必填。

序号	指标名称	是否必填	指标编码	指标类型	指标长度	代码标识	校验规则
1	系统流水号	是	AAZ341	C	18		【业务】失业登记信息在本地公共就业服务信息系统中的申请编号（或 ID），不可重复

续表

序号	指标名称	是否必填	指标编码	指标类型	指标长度	代码标识	校验规则
2	失业登记地行政区划代码	是	AAB301	C	6	Y	【业务】线上办理业务已经入网地区
3	失业登记申请编号	否	ADC201	C	36		【业务】人社政务服务平台下载的申请信息，返回审核结果时，需要将失业登记申请编号同步返回
4	申请日期	是	AAE127	N	8		【数据】格式为 YYYYMMDD 的有效日期 【业务】早于或等于系统当前日期
5	姓名	是	AAC003	C	50		【数据】不能含有半角或全角空格
6	性别	是	AAC004	C	1	Y	【数据】必须在代码表中
7	民族	是	AAC005	C	2	Y	【数据】必须在代码表中
8	政治面貌	否	AAC024	C	2	Y	【数据】必须在代码表中
9	学历	是	AAC011	C	2	Y	【数据】必须在代码表中
10	健康状况	是	AAC033	C	1	Y	【数据】必须在代码表中
11	伤残等级	否	ALA040	C	2	Y	【业务】健康状况为残疾的，需注明伤残等级。 【数据】必须在代码表中

续表

序号	指标名称	是否必填	指标编码	指标类型	指标长度	代码标识	校验规则
12	失业时间	是	AJC090	N	8		【数据】格式为 YYYYMM 的有效日期 【业务】早于或等于系统当前日期
13	社会保障号码	否	AAC002	C	18		【数据】首位不是字母的，长度为 15 或 18 位 【数据】15 位公民身份号码不能含有非数字字符 【数据】18 位公民身份号码前 17 位不能含有非数字字符 【数据】18 位公民身份号码第 18 位必须符合校验规则 【数据】公民身份号码与性别相符
14	证件类型	是	AAC058	C	2	Y	【数据】必须在代码表中
15	证件号码	是	AAC044	C	22		
16	户籍地行政区划代码	是	AAB299	C	6	Y	【数据】必须在代码表中
17	户籍地详细地址	是	AAC010		100		【数据】填写省市县（区）以外的详细地址
18	常住地行政区划代码	是	AAF016	C	6	Y	【数据】必须在代码表中
19	常住地详细地址	是	AAC046	C	100		【数据】填写省市县（区）以外的详细地址

续表

序号	指标名称	是否必填	指标编码	指标类型	指标长度	代码标识	校验规则
20	职业（工种）资格名称1	否	ACA111	C	7	Y	【数据】必须在代码表中
21	职业资格等级（技能人员等级）1	否	AAC015	C	1	Y	【数据】必须在代码表中
22	职业（工种）资格名称2	否	ACA200	C	7	Y	【数据】必须在代码表中
23	职业资格等级（技能人员等级）2	否	ACA202	C	1	Y	【数据】必须在代码表中
24	职业（工种）资格名称3	否	ACA201	C	7	Y	【数据】必须在代码表中
25	职业资格等级（技能人员等级）3	否	ACA203	C	1	Y	【数据】必须在代码表中
26	专业技术职务1	否	AAC200	C	3	Y	【数据】必须在代码表中
27	专业技术职务级别1	否	AAC014	C	3	Y	【数据】必须在代码表中
28	专业技术职务2	否	ACA204	C	3	Y	【数据】必须在代码表中
29	专业技术职务级别2	否	ACA206	C	3	Y	【数据】必须在代码表中

续表

序号	指标名称	是否必填	指标编码	指标类型	指标长度	代码标识	校验规则
30	专业技术职务3	否	ACA205	C	3	Y	【数据】必须在代码表中
31	专业技术职务级别3	否	ACA207	C	3	Y	【数据】必须在代码表中
32	手机号码	是	AAC067	C	11		【数据】11位数字字符
33	固定电话	否	AAE005	C	40		【数据】固定电话必须填写区号。区号、电话、分机间通过半角字符"-"分隔（如010-88888888）。多个号码以半角字符","分隔
34	电子邮箱	否	AAE159	C	50		
35	其他联系方式	否	AAE461	C	50		
36	登记失业地类型	是	ADC221	C	1	Y	【数据】必须在代码表中
37	失业登记原因	是	AJC093	C	2	Y	【数据】必须在代码表中
38	其他失业原因	否	ADC220	C	200		【业务】当失业原因为其他时，可填写
39	求职意向	否	ACA112	C	200		【业务】可写三个意向
40	其他需说明的事项	否	AAE815	C	200		【数据】可填写其他需要说明的事项
41	是否申领失业保险金	是	ADC222	C	1	Y	【数据】必须在代码表中

续表

序号	指标名称	是否必填	指标编码	指标类型	指标长度	代码标识	校验规则
42	审核结果	是	AAE540	C	1	Y	【数据】必须在代码表中
43	审核不通过原因	否	AAE360	C	100		【业务】当审核结果为"审核不通过"时必填
44	经办人	是	AAE011	C	20		【数据】不能含有半角或全角空格
45	经办日期	是	AAE036	D			【数据】格式为YYYYMMDD的有效日期 【业务】早于或等于系统当前日期
46	备注	否	AAE013	C	100		

（三）代码定义

1. 行政区划代码 AAB301、AAB299、AAF016

参照《中华人民共和国行政区划代码》（GB/T 2260—2007），并按照《关于做好人力资源社会保障信息系统行政区划代码变更管理工作的通知》（人社厅函〔2011〕581 号）文件要求统一扩充，具体代码参见 www. morhss. gov. cn 的金保工程下载专区。

2. 性别 AAC004

采用《个人基本信息分类》（GB/T 2261. 1—2003）第 1 部分：人的性别代码。

代码	名称	代码	名称
1	男性	9	未说明的性别
2	女性		

3. 民族 AAC005

采用《中国各民族名称的罗马字母拼写法和代码》（GB/T 3304—1991），并增加其他人员分类（代码 99）。

4. 政治面貌 AAC024

采用《政治面貌代码》（GB/T 4762—1984）。

5. 学历 AAC011

参照《学历代码》（GB/T 4658—2006）。

代码	名称	代码	名称
10	研究生及以上	44	职业高中
11	博士研究生	47	技工学校
14	硕士研究生	60	普通高中
20	大学本科	70	初中及以下
30	大学专科	71	初级中学
40	中专技校	81	小学
41	中等专科	90	其他

6. 健康状况 AAC033

参照《健康状况》（GB/T 2261. 3—2003）。

7. 残疾等级 ALA040

代码	名称	代码	名称
01	伤残一级	07	伤残七级
02	伤残二级	08	伤残八级
03	伤残三级	09	伤残九级
04	伤残四级	10	伤残十级
05	伤残五级	11	未达等级
06	伤残六级		

8. 证件类型 AAC058

代码	名称	代码	名称
01	居民身份证（户口簿）	04	社会保障卡
02	港澳居民往来内地通行证	05	其他身份证件
03	港澳台居民居住证		

9. 职业（工种）资格名称 ACA111、ACA200、ACA201

参照《中华人民共和国职业分类大典》（2015 版）修订。

10. 职业资格等级（技能人员等级）AAC015、ACA202、ACA203

采用《全国干部、人事管理信息系统指标体系分类与代码》（GB/T 14946—2002）。

代码	名称	代码	名称
1	职业资格一级（高级技师）	4	职业资格四级（中级）
2	职业资格二级（技师）	5	职业资格五级（初级）
3	职业资格三级（高级）		

11. 专业技术职务 AAC014、ACA204、ACA205

采用《专业技术职务代码》（GB/T 8561—2001）。

12. 专业技术职务级别 AAC200、ACA206、ACA207

采用《职务级别代码》（GB/T 12407—2008）中的专业技术职务级别代码。

代码	名称	代码	名称
410	高级	430	初级
411	正高级	434	助理级
412	副高级	435	员级
420	中级	499	未定职级

13. 登记失业地类型 ADC221

代码	名称	代码	名称
1	户籍地址	2	常驻地址

14. 失业登记原因 AJC093

代码	名称	代码	名称
10	年满16周岁，从各类学校毕业、肄业	32	私营企业业主停业、破产停止经营
20	从企业、机关、事业单位等各类用人单位失业	33	退出灵活就业
21	被企业解除或终止劳动关系	40	退出公益性岗位
22	企业破产倒闭终止劳动关系	50	符合当地规定条件，承包土地被征用等情况（含转产渔民和牧民）
23	从机关事业单位被辞退解聘	60	军人退出现役且未纳入国家统一安置
24	从各类单位辞职	70	刑满释放、假释、监外执行
31	退出个体经营	90	其他

15. 是否申领失业保险金 ADC222

代码	名称	代码	名称
1	是	2	否

16. 审核结果 AAE540

代码	名称	代码	名称
1	审核通过	2	审核不通过

附件 4

公共就业服务机构清单

序号	行政区划	机构名称	办公地址	联系电话	经办项目

人力资源社会保障部办公厅关于做好就业岗位信息归集和服务工作的通知

人社厅发〔2020〕4号

各省、自治区、直辖市及新疆生产建设兵团人力资源社会保障厅(局):

为贯彻党中央、国务院关于稳就业的决策部署，落实《国务院关于进一步做好稳就业工作的意见》(国发〔2019〕28号)要求，进一步畅通用人单位招聘用工和劳动者求职就业的信息对接渠道，促进人力资源市场供需匹配，现就做好就业岗位信息归集和服务工作通知如下:

一、加大就业岗位信息归集力度

各地要加强对辖区内企业的招聘用工服务，通过窗口经办、上门服务、电话沟通、网络登记等多种渠道，定期了解企业用工情况和招聘计划，及时采集招聘岗位信息。要建立政府投资开发岗位信息对接机制，归集同级政府投资项目产生的岗位信息、各方面开发的公益性岗位信息，系统梳理政府购买基层公共管理和社会服务开发就业岗位、国有企事业单位公开招聘、中央和地方各类基层项目等信息，在人力资源社会保障部门网站公开发布。要加强与工会、工商联、企业联合会等社会团体和人力资源服务机构的合作，拓展岗位信息获取路径和渠道。

二、加强就业岗位信息动态管理

各地要加强对用人单位的用工指导，帮助用人单位根据市场供求状况科学制订和调整招聘计划，合理确定招聘条件，做好岗位需求特征描述等基础工作，提高招聘针对性。要规范岗位信息采集要求，加强信息审核，确保用人单位信息、招聘岗位基本情况、薪酬待遇等关键信息的真实、完整，防止虚假信息和设置性别、民族等歧视性内容。要健全就业岗位信息动态更新机制，跟踪用人单位招聘进度和劳动者求职应聘情况，及时剔除过期或失效信息，补充新归集的就业岗位信息。

三、拓宽就业岗位信息发布渠道

各地采集和归集的就业岗位信息要实现线下、线上同步发布。要在县级以上人力资源社会保障公共服务场所和街道（乡镇）、社区（村）基层服务平台实时发布。要根据不同群体的特点，依托服务大厅显示屏、电视、广播、社区宣传栏、海报等传统媒体发布岗位信息，并拓展手机 App、微信、微博等新兴媒体发布渠道，为劳动者获取信息提供便利。要通过定期或不定期专场招聘会、专项公共就业服务等活动载体发布。要建立健全就业岗位信息公开发布平台，市级以上公共就业服务机构和人才交流服务机构要在 2020 年 3 月底前实现就业岗位信息在线发布，并向省级集中；要加快省级就业岗位信息发布平台（以下简称省级平台）的建设和应用，2020 年 6 月底前实现省内信息归集、发布，并向国家级集中。

我部将依托中国公共招聘网健全就业岗位信息的部级发布平台（以下简称部级平台），以省为单位加强联网实施和信息上报工作，实现全国就业岗位信息归集、发布。已建成省级平台并实现与中国公共招聘网联网的省份，按照原有渠道上报数据。未建成省级平台或尚未与中国公共招聘网联网的省份，部级平台将提供互联网接口或专网接口方式，实现就业岗位信息汇聚，具体要求详见《中国公共招聘网数据归集方案》（附件 1）。各地可根据本地就业岗位信息汇集存储的情况，确定上传方式，于 2020 年 6 月前完成省级平台与部级平台的对接以及数据上报。

四、加强就业岗位信息服务应用

各地要为高校毕业生、登记失业人员等重点群体提供精准岗位信息推送服务。要根据岗位特点，组织开展行业性、专业性、针对性招聘活动。对受国际国内经济形势变化、重大政策调整和自然灾害影响，存在高失业风险的地区、行业和劳动者群体，开展专项帮扶，集中投放就业岗位信息。有条件的地区可根据本地经济社会发展需求和人力资源结构特点，组织辖区内岗位余缺调剂和省际人力资源合作，推动形成区域性和省际劳务协作工作机制。各地要密切关注就业岗位数量和结构变化，结合市场供求状况分析和失业动态监测情况，多维度开展重点区域、重点行业、重点企业岗位需求信息监测，为分析研判就业形势提供数据支持。

五、强化工作基础保障

各地要统筹加大对就业人才服务机构和街道（乡镇）、社区（村）基层服务平台服务场所、服务设施设备等投入力度，合理配备服务人员，建立常态化培训机制，提升工作人员信息归集和服务能力。要加快推进信息化建设和应用，健全就业岗位信息发布机制，推进数据向上集中。要积极协调发展改革、财政等部门，多渠道争取资金，提升服务保障能力。要运用好就业补助资金，支持人力资源市场信息网络系统建设及维护、公共就业服务机构开展招聘活动，加大对基层公共就业服务机构承担免费公共就业服务的补助，及向社会购买基本就业创业服务成果。

六、加强组织领导

各地要高度重视就业岗位信息归集和发布工作，将其作为稳定和扩大就业的重要措施，加强组织领导，落实责任单位和责任人，统筹做好本地区工作。要树立底线思维，稳妥防范和应对部分行业、企业可能出现的突发性失业风险和集中性规模裁员，实现对就业岗位信息的实时掌握和统筹应用。我部将定期对各地进行工作调度和情况通报，并将通报结果纳入就业工作表扬激励的评价因素。工作开展过程中遇到的新情况、新问题，要及时沟通报告。

附件：1. 中国公共招聘网数据归集方案

2. 责任单位和联系人信息表

2020年1月13日

附件 1

中国公共招聘网数据归集方案

为进一步做好就业岗位信息归集工作，依托中国公共招聘网健全就业岗位信息的部级发布平台（以下简称部级平台），以省为单位加强联网实施和信息上报工作，实现就业岗位信息统一公开发布，特制定本方案。

一、工作目标

2020 年 6 月前，以省（自治区、直辖市）为单位完成省级平台对接改造，实现全省归集就业岗位信息向部级平台上传。

二、数据归集任务

（一）加快省级数据归集

各地按照《关于加快推进就业信息公共服务网络建设的通知》（人社部发〔2011〕101 号）文件规定的《全国招聘信息公共服务数据指标规范》（以下简称指标规范），加快省级就业岗位信息发布平台的建设，做好辖区内就业岗位信息的归集和汇总发布。

（二）部端接口对接

部级平台提供互联网接口上传和专网接口上传两种方式，数据上报周期为每个工作日一次，上传内容为当前有效的就业岗位信息数据。各地可根据本地信息系统中就业岗位信息的存储和使用情况，确定具体上传方式，并 2020 年 5 月底前完成省级平台对接改造（对接技术标准请从 http://job.mohrss.gov.cn:7060 上下载获取）。

（三）联调测试接入

各地完成部端接口对接后，在 6 月底前与部级平台完成联调测试工作，启动就业岗位信息上报汇集工作。

三、数据上报方式

中国公共招聘网数据上传功能包括数据上传接口、数据上传情况查询和数据上传情况统计三部分。

（一）数据上传接口

1. 互联网接口上传

此方式适用于已基于互联网建立了就业岗位信息归集平台的地区，通过互联网上报数据。互联网接口上传包括三个阶段：一是数据采集，将当地业务系统中的数据抽取成 XML 格式文件；二是数据传输，将抽取的数据文件读取到部级平台服务器上；三是数据入库，将各地上传的数据导入到部级平台数据库中。

2. 专网接口上传

此方式适用于在人力资源社会保障业务专网归集就业岗位信息数据，且没有建设互联网平台的地区。整体流程与互联网接口上传相同，只是网络传输通道为业务专网，且需要在部端从业务专网将数据同步至互联网服务器上。

（二）数据上传情况查询

省级用户上传数据后，可以对数据上报情况进行查询。

1. 数据上报情况查询

省级用户可查询本省数据上报的情况，包括上报时间、数据条数，是否成功、失败原因，校验通过条数、入库条数等信息。

2. 数据校验情况查询

省级用户可查询每条校验失败数据的明细信息，包括岗位信息的具体内容，校验错误字段，校验错误原因等。

四、数据上传情况统计

省级用户可查看数据上报的统计数据，包括数据上报情况统计、数据校验情况统计、库内数据情况统计等

（一）数据上报情况统计

按月统计上报数据次数、上报量、入库率等情况。

（二）数据校验情况统计

按月统计上报数据的数据质量情况，包括按校验规则统计的每个规则的错误量、错误率统计等。

（三）库内数据情况统计

可查询当前数据库中岗位信息的统计情况，包括按岗位行业统计、按岗位工种统计等。

附件 2

责任单位和联系人信息表

______省（区、市）

责任单位			
通信地址			
负责人信息			
姓名		职务	
联系电话		传真电话	
手机		电子邮箱	
业务联系人信息			
姓名		职务	
联系电话		传真电话	
手机		电子邮箱	
技术联系人信息			
姓名		职务	
联系电话		传真电话	
手机		电子邮箱	
请选择信息上传的具体方式	外网自动上传 □		
	专网自动上传 □		

单位公章：　　　　　　　　　　填报日期：　　年　月　日

人力资源社会保障部办公厅 财政部办公厅关于发布就业补贴类政策清单及首批地方线上申领平台的通知

人社厅发〔2020〕44号

各省、自治区、直辖市及新疆生产建设兵团人力资源社会保障厅（局）、财政厅（局）：

为深入贯彻习近平总书记关于统筹推进新冠肺炎疫情防控和经济社会发展工作的重要指示精神，全面强化稳就业举措落实，人力资源社会保障部、财政部梳理形成了现行鼓励企业（单位）吸纳就业和支持劳动者就业创业的就业补贴类政策清单，并汇总了各地线上申领平台。现予公布，并就有关事项通知如下：

一、各地要对照就业补贴类政策清单，在确保中央政策落实落地的基础上，结合本地实际，进一步细化完善本地政策清单，明确补贴对象、补贴标准、申领流程、受理机构、办理时限、政策依据，并主动向社会公布。

二、已实现就业补贴类政策线上申领的地方，要切实保障线上申领渠道畅通，逐步推动所有补贴事项实现线上办理。要加大宣传力度，通过主动推送、媒体宣传、经办服务等各种渠道广泛宣传线上申领平台，使用人单位和劳动者了解并运用线上申领平台，推动线上办成为政策申领主渠道。

三、尚未实现线上申领的地区，要加快进度，抓紧建立完善经办信息系统，力争今年6月底前实现线上办理。对仍需现场办理的，要及时公布受理机构、联系方式和地址，大力推广电话申请、邮寄办理、代办服务等方式，尽可能实行各类补贴政策不见面申领、一次性办理。要切实精简材料，优化流程，缩短办理时间，切实提升用人单位和劳动者获得感、满意度。

附件：1. 就业补贴类政策清单

2. 各地就业补助资金线上申领平台

2020 年 4 月 23 日

附件 1

就业补贴类政策清单

一、鼓励企业（单位）吸纳就业政策

（一）职业培训补贴

1. 补贴对象：

对企业新录用贫困家庭子女、毕业年度高校毕业生、城乡未继续升学应届初高中毕业生、农村转移就业劳动者、城镇登记失业人员，签订1年以上期限劳动合同、并于签订劳动合同之日起1年内，参加岗位技能培训的，取得职业资格证书后给予职工个人或企业职业培训补贴。

企业在职职工参加新型学徒制培训、技师培训，取得职业资格证书的，给予职工个人或企业职业培训补贴。

企业、农民专业合作社和扶贫车间等各类生产经营主体吸纳贫困劳动力就业并开展以工代训的，根据吸纳人数，给予最长不超过6个月的职业培训补贴。

受新冠肺炎疫情影响的企业，在停工期、恢复期组织职工参加线上线下培训的，按规定纳入补贴类培训范围。

2. 补贴标准：由省级人社、财政部门确定。

3. 申领流程：

企业申请职工岗位技能培训、技师培训、新型学徒制培训补贴，应向人社部门提供培训机构开具的税务发票等。企业在开展技师培训或新型学徒制培训前，应将培训计划、培训人员花名册、劳动合同复印件报当地人社部门备案。

人社部门审核后，对个人申请的培训补贴或生活费补贴资金，按规定支付到申请者本人社会保障卡银行账户（或其他银行账户，由申请者自主选择，下同）或个人信用账户；对企业和培训机构代为申请或直补培训机构的培训补贴资金，支付到企业和培训机构的银行账户。

4. 受理机构：当地人社部门

5. 政策依据：

国务院办公厅关于应对新冠肺炎疫情影响强化稳就业举措的实施意见（国办发〔2020〕6号）

财政部、人力资源社会保障部关于印发《就业补助资金管理办法》的通知（财社〔2017〕164号）

人力资源社会保障部、财政部关于进一步加大就业扶贫政策支持力度着力提高劳务组织化程度的通知（人社部发〔2018〕46号）

人力资源社会保障部、财政部关于进一步精简证明材料和优化申办程序充分便利就业补贴政策享受的通知（人社部发〔2019〕94号）

（二）社会保险补贴

1. 补贴对象：

招用就业困难人员并缴纳社会保险费的单位。（就业困难人员是指因身体状况、技能水平、家庭因素、失去土地等原因难以实现就业，以及连续失业一定时间仍未实现就业的人员，具体范围由各省级人民政府确定，并实施动态调整）

通过公益性岗位安置就业困难人员并缴纳社会保险费的单位。以及通过消杀防疫、保洁环卫等城镇临时性公益岗位安置人员的单位（受理截止期限为2020年12月31日）。

招用离校2年内未就业高校毕业生，签订1年以上劳动合同并缴纳社会保险费的小微企业。

2. 补贴标准：

对招用或安置就业困难人员的单位，按其为就业困难人员实际缴纳的基本养老保险费、基本医疗保险费和失业保险费给予补贴，不包括个人缴纳部分。补贴期限除对距法定退休年龄不足5年的可延长至退休外，其余人员最长不超过3年。阶段性减免社会保险费期间，企业吸纳就业困难人员的社会保险补贴可顺延。临时性公益性岗位社保补贴期限最长不超过6个月。

对公益性岗位期满后仍难以通过其他渠道实现就业的大龄就业困难人员、零就业家庭成员、重度残疾人等特殊困难人员，可再次按程序通过公益性岗位予以安置，补贴期限重新计算，并报送省级人社、财政部门备案，累计安置次数原则上不超过2次。2020年1月1日—12月31日，对从事公益性岗位政策期满仍未实现稳定就业的，政策享受期限可延长1年。

对招用符合条件高校毕业生的小微企业，按其为高校毕业生实际缴纳的基本养老、基本医疗和失业保险费给予补贴，不包括个人缴纳部分，期限最长不超过1年。

3. 申领流程：

社会保险补贴实行“先缴后补”，并根据资金具体用途分别遵循以下要求：

招用就业困难人员的单位和招用符合条件高校毕业生的小微企业，向当地人社部门提供以下材料：基本身份类证明（包括身份证、就业创业证、就业失业登记证、社会保障卡，任选其一即可，下同）或毕业证书复印件、劳动合同复印件等。

通过公益性岗位安置就业困难人员的单位，申请社会保险补贴应向当地人社部门提供基本身份类证明复印件。

人社部门审核后，将补贴资金支付到单位银行账户。

4. 受理机构：当地人社部门

5. 政策依据：

国务院办公厅关于应对新冠肺炎疫情影响强化稳就业举措的实施意见（国办发〔2020〕6号）

财政部、人力资源社会保障部关于印发《就业补助资金管

理办法》的通知（财社〔2017〕164号）

人力资源社会保障部、教育部、公安部、财政部、中国人民银行关于做好当前形势下高校毕业生就业创业工作的通知（人社部发〔2019〕72号）

人力资源社会保障部、财政部关于进一步精简证明材料和优化申办程序充分便利就业补贴政策享受的通知（人社部发〔2019〕94号）

（三）公益性岗位补贴

1. 补贴对象：公益性岗位安置的就业困难人员、建档立卡贫困劳动力，以及各地开发的消杀防疫、保洁环卫等临时性公益岗位安置的人员（受理截止期限为2020年12月31日）。

2. 补贴标准：公益性岗位补贴标准参照当地最低工资标准执行。补贴期限最长不超过3年，对距法定退休年龄不足5年的可延长至退休。对补贴期满后仍难以通过其他渠道实现就业的大龄就业困难人员、零就业家庭成员、重度残疾人等特殊困难人员，可再次按程序通过公益性岗位予以安置，补贴期限重新计算，并报送省级人社、财政部门备案，累计安置次数原则上不超过2次。2020年1月1日—12月31日，对从事公益性岗位政策期满仍未实现稳定就业的，政策享受期限可延长1年。

乡村公益性岗位补贴标准根据劳动时间、劳动强度等因素确定，原则上不高于当地城镇公益性岗位补贴水平，为安置人员购买意外伤害商业保险，所签订的劳动合同或劳务协议最长期限不超过1年。

临时性公益性岗位补贴标准根据工作任务和工作时间确定，补贴期限最长不超过6个月。

3. 申领流程：

通过公益性岗位安置就业困难人员、建档立卡贫困劳动力的单位，申请公益性岗位补贴应向当地人社部门提供以下材料：基本身份类证明复印件、单位发放工资明细账（单）等。

经人社部门审核后，将补贴资金支付到单位银行账户或公益性岗位安置人员本人社会保障卡银行账户。

4. 受理机构：当地人社部门

5. 政策依据：

国务院关于进一步做好稳就业工作的通知（国发〔2019〕28号）

国务院办公厅关于应对新冠肺炎疫情影响强化稳就业举措的实施意见（国办发〔2020〕6号）

财政部、人力资源社会保障部关于印发《就业补助资金管理办法》的通知（财社〔2017〕164号）

人力资源社会保障部、财政部关于进一步精简证明材料和优化申办程序充分便利就业补贴政策享受的通知（人社部发〔2019〕94号）

人力资源社会保障部、财政部关于做好公益性岗位开发管理有关工作的通知（人社部发〔2019〕124号）

（四）就业见习补贴

1. 补贴对象：吸纳离校2年内未就业高校毕业生、16～24岁失业青年参加就业见习的单位。

2. 补贴标准：

由省级人社、财政部门确定。补贴用于见习单位支付见习人员见习期间基本生活费、为见习人员办理人身意外伤害保险，以及对见习人员的指导管理费用。

对见习人员见习期满留用率达到50%以上的单位，可适当提高见习补贴标准。

对因疫情影响见习暂时中断的，相应延长见习单位补贴期限。对见习期未满与高校毕业生签订劳动合同的，给予见习单位剩余期限见习补贴。

3. 申领流程：

见习单位向当地人社部门提供以下材料：基本身份类证明

（或毕业证书）复印件、就业见习协议书、单位发放基本生活补助明细账（单）、为见习人员办理人身意外伤害保险发票复印件。

人社部门审核后，将补贴资金支付到单位银行账户。

4. 受理机构：当地人社部门

5. 政策依据：

国务院关于做好当前和今后一个时期促进就业工作的若干意见（国发〔2018〕39号）

国务院办公厅关于应对新冠肺炎疫情影响强化稳就业举措的实施意见（国办发〔2020〕6号）

财政部、人力资源社会保障部关于印发《就业补助资金管理办法》的通知（财社〔2017〕164号）

人力资源社会保障部、财政部关于进一步精简证明材料和优化申办程序充分便利就业补贴政策享受的通知（人社部发〔2019〕94号）

（五）一次性吸纳就业补贴

1. 补贴对象：吸纳登记失业半年以上人员就业且签订1年以上劳动合同并按规定缴纳社会保险的企业（实施期限为2020年全年）；

2020年春节期间（截至2月9日）开工生产、配送疫情防控急需物资的企业；

招用毕业年度高校毕业生并签订1年以上劳动合同的中小微企业（政策受理截止期限为2020年12月31日）。

2. 补贴标准：由省级人社、财政部门确定。

3. 申领流程：由省级人社、财政部门确定。

4. 受理机构：当地人社部门

5. 政策依据：

国务院关于进一步做好稳就业工作的通知（国发〔2019〕28号）

国务院办公厅关于应对新冠肺炎疫情影响强化稳就业举措的实施意见（国办发〔2020〕6号）

人力资源社会保障部、教育部、财政部、交通运输部、国家卫生健康委关于做好疫情防控期间有关就业工作的通知（人社部明电〔2020〕2号）

二、支持劳动者就业创业的政策

（一）职业培训补贴

1. 补贴对象：贫困家庭子女、毕业年度高校毕业生、城乡未继续升学的应届初高中毕业生、农村转移劳动者、城镇登记失业人员参加就业技能培训和创业培训，培训后取得职业资格证书的（或职业技能等级证书、专项职业能力证书、培训合格证书）。

2. 补贴标准：由省级人社、财政部门根据培训成本、培训时长、市场需求和取得相关证书情况等确定。

农村学员和城市低保家庭学员参加劳动预备制培训的，以及2019、2020年就业困难人员和零就业家庭成员参加培训的，培训期间同时给予一定的生活费补贴。

3. 申领流程：上述人员向当地人社部门提供以下材料：基本身份类证明原件或复印件、培训机构开具的税务发票（或行政事业性收费票据，下同）等。

人社部门审核后，对个人申请的培训补贴或生活费补贴资金，按规定支付到申请者本人社会保障卡银行账户（或其他银行账户，由申请者自主选择，下同）或个人信用账户。

4. 受理机构：当地人社部门

5. 政策依据：

国务院关于做好当前和今后一个时期促进就业工作的若干意见（国发〔2018〕39号）

财政部、人力资源社会保障部关于印发《就业补助资金管理办法》的通知（财社〔2017〕164号）

人力资源社会保障部、财政部关于进一步精简证明材料和优化申办程序充分便利就业补贴政策享受的通知（人社部发〔2019〕94号）

（二）职业技能鉴定补贴

1. 补贴对象：通过初次职业技能鉴定并取得职业资格证书（不含培训合格证）的贫困家庭子女、毕业年度高校毕业生、城乡未继续升学的应届初高中毕业生、农村转移劳动者、城镇登记失业人员。

2. 补贴标准：由省级人社、财政部门确定。对纳入重点产业职业资格和职业技能等级评定指导目录的，可适当提高补贴标准。

3. 申领流程：

上述人员向当地人社部门提供以下材料：基本身份类证明原件或复印件、职业技能鉴定机构开具的税务发票（或行政事业性收费票据）等。

人社部门审核后，将补贴资金支付到申请者本人社会保障卡银行账户。

4. 受理机构：当地人社部门

5. 政策依据：

财政部、人力资源社会保障部关于印发《就业补助资金管理办法》的通知（财社〔2017〕164号）

人力资源社会保障部、财政部关于进一步精简证明材料和优化申办程序充分便利就业补贴政策享受的通知（人社部发〔2019〕94号）

（三）社会保险补贴

1. 补贴对象：灵活就业的就业困难人员、灵活就业的离校2年内未就业的高校毕业生。

2. 补贴标准：按灵活就业后缴纳的社会保险费，给予一定数额的社会保险补贴，原则上不超过其实际缴费的2/3。

就业困难人员社保补贴期限最长不超过3年，对距法定退休年龄不足5年的可延长至退休。高校毕业生社保补贴期限最长不超过2年。2020年1月1日—12月31日，对享受补贴政策期满仍未实现稳定就业的，政策享受期限可延长1年。

3. 申领流程：

上述人员应向当地人社部门提供基本身份类证明原件或复印件、灵活就业证明材料等。

人社部门审核后，将补贴资金支付到单位银行账户或申请者本人社会保障卡银行账户。

4. 受理机构：当地人社部门

5. 政策依据：

国务院关于进一步做好稳就业工作的通知（国发〔2019〕28号）

国务院办公厅关于应对新冠肺炎疫情影响强化稳就业举措的实施意见（国办发〔2020〕6号）

财政部、人力资源社会保障部关于印发《就业补助资金管理办法》的通知（财社〔2017〕164号）

人力资源社会保障部、教育部、公安部、财政部、中国人民银行关于做好当前形势下高校毕业生就业创业工作的通知（人社部发〔2019〕72号）

人力资源社会保障部、财政部关于进一步精简证明材料和优化申办程序充分便利就业补贴政策享受的通知（人社部发〔2019〕94号）

（四）一次性求职创业补贴

1. 补贴对象：毕业学年有就业创业意愿并积极求职创业的低保家庭、贫困残疾人家庭、建档立卡贫困家庭和特困人员中的高校毕业生和中等职业学校（含技工院校）毕业生，残疾及获得国家助学贷款的高校毕业生和中等职业学校（含技工院校）毕业生。湖北高校及湖北籍2020届高校毕业生。

2. 补贴标准：由省级人社、财政部门确定。

3. 申领流程：

符合条件的毕业生所在学校申请求职创业补贴，应向当地人社部门提供毕业生获得国家助学贷款（或享受低保、身有残疾、建档立卡贫困家庭、贫困残疾人家庭、特困救助供养）证明材料、学籍证明复印件等。申请材料须经毕业生所在学校初审和公示。

当地人社部门审核后，将补贴资金支付到毕业生本人社会保障卡银行账户。

4. 受理机构：当地人社部门

5. 政策依据：

国务院关于进一步做好稳就业工作的通知（国发〔2019〕28 号）

国务院办公厅关于应对新冠肺炎疫情影响强化稳就业举措的实施意见（国办发〔2020〕6 号）

财政部、人力资源社会保障部关于印发《就业补助资金管理办法》的通知（财社〔2017〕164 号）

人力资源社会保障部、教育部、公安部、财政部、中国人民银行关于做好当前形势下高校毕业生就业创业工作的通知（人社部发〔2019〕72 号）

人力资源社会保障部、财政部关于进一步精简证明材料和优化申办程序充分便利就业补贴政策享受的通知（人社部发〔2019〕94 号）

（五）一次性创业补贴

1. 补贴对象：有条件的地区，首次创办小微企业或从事个体经营，且所创办企业或个体工商户自工商登记注册之日起正常运营 1 年以上的离校 2 年内高校毕业生、就业困难人员、返乡入乡创业人员。对贫困劳动力的一次性创业补贴，放宽到正常运营 6 个月以上。

2. 补贴标准：由省级人社、财政部门确定。

3. 申领流程：由省级人社、财政部门确定。

4. 受理机构：当地人社部门

5. 政策依据：

国务院关于进一步做好稳就业工作的通知（国发〔2019〕28号）

财政部、人力资源社会保障部关于印发《就业补助资金管理办法》的通知（财社〔2017〕164号）

人力资源社会保障部、财政部关于进一步加大就业扶贫政策支持力度着力提高劳务组织化程度的通知（人社部发〔2018〕46号）

人力资源社会保障部、财政部、农业农村部关于进一步推动返乡入乡创业工作的意见（人社部发〔2019〕129号）

附件 2

各地就业补助资金线上申领平台

①职业培训补贴；②职业技能鉴定补贴；③社会保险补贴；④公益性岗位补贴；⑤创业补贴；⑥就业见习补贴；⑦求职创业补贴；⑧吸纳就业补贴。

序号	地区	办理渠道		补贴项目	线上服务功能				
		渠道	名称		政策申请	条件审核	结果反馈	待遇发放	进度查询
1	北京	网站	北京市人力资源社会保障局官网	①②⑥⑦	√	√	√		√
		网站	北京市人力资源社会保障局官网	③④	√		√		√
		微信公众号	北京 12333	③	√		√		√
2	天津	网站	天津网上办事大厅	①②③⑥	√	√	√		√
		客户端	中天人力 App	⑦	√	√	√		√

续表

序号	地区	办理渠道		补贴项目	线上服务功能				
		渠道	名称		政策申请	条件审核	结果反馈	待遇发放	进度查询
3	河北	网站	河北人社公共服务平台	①④⑤⑧	√	√	√		√
		客户端	河北人社 App	①④⑤⑧	√	√	√		√
4	山西	网站	山西省培训实名制管理信息系统	①	√	√	√	√	√
5	内蒙古	网站	内蒙古自治区人社网	①③④	√	√	√		√
6	辽宁	网站	大连市人力资源和社会保障局官网	③④	√	√	√		√
		网站	大连市高校毕业生就业信息网	⑥⑦	√	√	√		√
7	吉林	网站	“吉林智慧人社”网上办事大厅	①③④⑤	√	√	√	√	
		微信公众号	吉林人社	①③④⑤	√	√	√	√	
		客户端	“吉林智慧人社”安卓版	①③④⑤	√	√	√	√	
8	黑龙江	网站	职业培训补贴实名制管理系统	①	√	√	√		√
9	上海	网站	上海人力资源社会保障网	①②③④⑤⑥⑦	√	√	√		√
		客户端	上海市劳动保障管理信息系统	①②③④⑤⑥⑦	√	√	√	√	√
		客户端	人社手机 App	③⑤⑦	√	√	√		√

续表

序号	地区	办理渠道		补贴项目	线上服务功能				
		渠道	名称		政策申请	条件审核	结果反馈	待遇发放	进度查询
10	江苏	网站	南京人社局网站	①②③⑥	√	√	√		√
		网站	无锡人社局网站	①②③④⑤⑥⑧	√	√	√	√	√
		网站	徐州公共就业服务网	①②③④	√	√	√	√	√
		网站	常州人社网厅	①③⑤	√	√	√	√	√
		网站	苏州人社网上申报平台	③④	√	√			
		网站	南通就业公共服务平台	①②	√	√	√		
		网站	淮安就业网	①	√	√	√		
		网站	盐城人社网站	③④⑥	√				
		网站	泰州青年就业见习信息管理系统	⑥	√	√	√	√	√
		网站	宿迁社保就业业务平台	①②③	√		√		√
		网站	宿迁市人力资源和社会保障管理系统	①	√	√	√		√
		微信公众号	苏州人社	③	√	√	√		√
		微信公众号	南通就业	①②	√	√	√		
		微信公众号	扬州创业就业	①⑤	√	√	√	√	√

续表

序号	地区	办理渠道		补贴项目	线上服务功能				
		渠道	名称		政策申请	条件审核	结果反馈	待遇发放	进度查询
10	江苏	客户端	我的南京 App	①②③⑤⑥	√	√	√	√	√
		客户端	镇江智慧人社 App	③⑤⑥	√	√	√	√	√
		客户端	泰州人社 App	③④⑤	√	√	√		
11	浙江	网站	浙江政务服务网	③④⑤⑥⑦	√	√	√		√
		客户端	浙里办 App	③⑤⑦	√	√	√		
12	安徽	网站	安徽阳光就业网	②③④⑤⑥⑦	√		√		√
		网站	安徽职业培训信息管理系统	①②	√	√	√		√
		其他渠道	微信小程序	③⑦	√		√		
		其他渠道	支付宝城市服务	③⑦	√		√		
13	福建	网站	福建省毕业生就业创业公共服务网	⑦	√	√	√		
		网站	厦门市人社局官网	③④⑤⑦	√	√	√		√
		微信公众号	三明就业和人才公共服务	①③	√	√	√	√	√
		客户端	手机榕 e 社保卡 App	③	√	√	√		√
14	江西	网站	江西人社公共服务平台	①②③④⑤⑥⑦⑧	√	√	√		√
		客户端	支付宝：赣服通	①②③⑤⑥⑦	√	√	√		√

续表

序号	地区	办理渠道		补贴项目	线上服务功能				
		渠道	名称		政策申请	条件审核	结果反馈	待遇发放	进度查询
15	山东	网站	公共就业人才服务网上服务大厅（除青岛、东营外）	①②③④⑤⑧	√	√	√		√
		网站	青岛就业网	①②③⑤⑧	√	√	√	√	√
		网站	东营市人社局网上服务大厅	①②⑤	√		√		
		网站	威海市人社局网上服务大厅	①②③⑤⑥⑧	√	√	√	√	√
16	河南	网站	河南就业网上办事大厅	①②③④⑤⑥⑦	√	√	√		√
17	湖北	网站	湖北政务服务网	①③④⑤⑦	√	√	√		√
18	湖南	网站	湖南省公共就业服务信息管理平台	①②③④⑥	√	√	√		√
19	广东	网站	广东就业创业专项资金补贴申报平台	③④⑤⑥⑦	√	√	√		√
		网站	广东省劳动力培训转移就业专项补助资金网上申报系统	①②	√	√	√		√
		网站	部省属高校促进毕业生就业补贴	②	√	√	√		√
		网站	广州市人社局网上办事大厅	③⑤	√	√	√		√
		网站	深圳市公共就业服务平台	①③⑤⑥⑦	√	√	√	√	√

续表

序号	地区	办理渠道		补贴项目	线上服务功能				
		渠道	名称		政策申请	条件审核	结果反馈	待遇发放	进度查询
19	广东	网站	珠海市人社网上服务平台	③⑤⑥⑦	√	√	√	√	√
		网站	东莞政务服务网	③	√	√	√	√	√
		网站	江门市人社网上服务平台	①②③④⑤⑥	√	√	√	√	√
		微信公众号	深圳人社	①⑦	√	√	√		
		客户端	广东省“粤商通”	⑤	√	√	√		√
		客户端	广东省“粤省事”	⑤	√	√	√		√
20	广西	网站	广西数字人社经办管理信息系统	③④	√	√	√	√	√
		网站	广西数字政务一体化平台	③⑤	√	√	√	√	√
		微信公众号	广西人社	③④	√	√	√	√	√
		微信公众号	柳州人社网上办事大厅	①②③④⑤⑧	√	√			
		客户端	南宁智慧人社 App	①②	√	√	√		
				③④⑤⑧	√	√	√		√
				⑥	√	√			
21	海南	网站	海南政务服务网	①③④⑥⑦	√	√	√	√	√

续表

序号	地区	办理渠道		补贴项目	线上服务功能				
		渠道	名称		政策申请	条件审核	结果反馈	待遇发放	进度查询
22	重庆	网站	重庆市职业培训信息管理平台	①	√	√	√	√	√
		网站	重庆就业网	③⑦	√	√	√	√	√
		网站	重庆市高校毕业生就业见习管理系统	⑥	√	√	√	√	√
		微信公众号	重庆就业	⑦	√	√	√	√	√
23	四川	网站	四川省就业创业网上服务大厅	①②③④⑤⑥⑦	√	√	√	√	√
		网站	成都市人社局官网	①③④⑤	√	√	√		√
		微信公众号	四川 e 就业	①②③④⑤⑥⑦	√	√	√	√	√
		其他渠道	自助服务一体机	①③⑤	√	√	√	√	√
24	贵州	网站	实名制培训管理系统	①		√	√	√	√
25	云南	网站	云南公共就业服务平台网上办事大厅	⑥		√	√	√	√
		网站	昆明就业服务网服务之窗	①⑦	√	√	√		
		网站	玉溪市人社局网上服务大厅	③④	√	√	√		
		微信公众号	昆明市劳动就业服务局	①⑦	√	√	√		

续表

序号	地区	办理渠道		补贴项目	线上服务功能				
		渠道	名称		政策申请	条件审核	结果反馈	待遇发放	进度查询
26	西藏	网站	西藏公共就业服务网上大厅	③	√	√	√		√
		微信公众号	西藏高校毕业生就业	⑦	√	√	√		√
27	陕西	网站	陕西省就业见习管理系统	⑥	√	√	√		√
28	青海	网站	青海人社网上服务大厅	③⑤⑥		√	√		√
		客户端	青海人社通 App	③⑤		√	√		√
29	宁夏	网站	宁夏政务服务网	②	√	√	√	√	√
30	新疆	网站	新疆公共就业服务网	⑦	√	√	√		
		客户端	新疆就业综合管理平台	①②③④⑤⑥⑦	√	√		√	
		客户端	乌鲁木齐就业服务平台	①②③④⑤⑥	√	√	√	√	√
		客户端	就业补贴信息管理系统（巴州）	③	√	√	√		
31	兵团	网站	兵团公共就业和人才服务网	①③	√	√	√	√	√

人力资源社会保障部办公厅 财政部办公厅　民政部办公厅 关于加大湖北地区和湖北籍劳动者就业支持力度的通知

人社厅发〔2020〕46号

各省、自治区、直辖市及新疆生产建设兵团人力资源社会保障厅（局）、财政厅（局）、民政厅（局）：

当前，各地在抓好新冠肺炎疫情防控的同时，积极有序推进复工复产。与此同时，湖北地区及湖北籍劳动者就业方面还存在一些困难障碍。为切实加大对湖北地区和湖北籍劳动者就业支持力度，维护劳动者合法权益，努力保持就业大局稳定，现就有关事项通知如下：

一、开展劳务协作专项对接。东部地区要及时掌握本地区企业用工需求和湖北员工返岗情况，主动与湖北地区做好信息对接。湖北地区要结合各地提供的人员信息和本地摸排情况，与输入地做好对接方案，对有外出意愿且外出时间、地点相对集中的劳动者，提供“点对点、一站式”直送服务，优先运送有外出就业意愿的建档立卡贫困劳动力。对公共就业服务机构、经营性人力资源服务机构、用人单位及劳务经纪人组织湖北地区和湖北籍劳动者开展跨区域有组织劳务输出的，给予就业创业服务补助。

二、鼓励企业吸纳湖北籍劳动者。搭建供需对接平台，在全国“百日千万网络招聘”专项行动中设立湖北专场，归集发布湖北地区企业招聘信息。广东、浙江、江苏等用工大省要开展专场招聘活动，动员本地企业更多招用湖北籍劳动者，特别是湖北籍建档立卡贫困劳动力。对企业新招用湖北籍劳动者，签订 1 年以上劳动合同并缴纳社会保险费的，有条件的地方可给予一次性吸纳就业补贴。鼓励人力资源服务机构整合企业招聘和用工信息，筛选一批就业岗位，开辟湖北地区和湖北籍劳动者线上招聘绿色通道。

三、鼓励自主创业和灵活就业。加大创业担保贷款及贴息支持力度，进一步扩大政策覆盖群体，适当降低政策门槛，允许合理展期，简化审批流程，提高办理效率，降低和取消反担保要求。对首次创办小微企业或从事个体经营，且所创办企业或个体工商户自工商登记之日起正常运营 6 个月以上的湖北籍创业人员，有条件的地方可给予一次性创业补贴。政府主办或投资的创业孵化基地等创业载体，可拿出一定场地，为湖北籍创业者提供一定期限的免费支持。鼓励湖北籍创业人员创办城乡社区服务类机构或企业，有条件的城乡社区可为其提供场地等方面支持。鼓励平台企业，通过优先录入平台、初期现金激励、开展技能培训等帮扶措施，支持湖北地区和湖北籍劳动者依托平台就业。对平台就业人员购置生产经营必需工具申请创业担保贷款的，提供绿色通道办理。

四、加强高校毕业生就业支持。对湖北高校及生源地为湖北的 2020 届高校毕业生，由高校所在地发放一次性求职创业补贴，加快审核发放进度。2020 年“三支一扶”计划中央财政补助名额向湖北倾斜。今明两年湖北省各类事业单位空缺岗位主要用于专项招聘高校毕业生，可以面向本省高校毕业生或本省户籍高校毕业生开展专项招聘。各地组织社区服务人员招聘时，可将相关名额向湖北高校和湖北籍高校毕业生倾斜。

五、及时提供就业援助。湖北地区和湖北籍失业人员，可在常住地公共就业服务机构办理失业登记，享受当地就业创业服务和政策扶持。对其中符合就业困难人员条件的，要及时纳入就业援助范围。对通过市场渠道确实难以就业的，按规定通过公益性岗位托底安置。各地民政部门要对求助的符合条件湖北籍困难群众提供救助帮扶，对其中有就业意愿和能力且符合当地疫情联防联控机制复工条件的，转介引导到当地人力资源社会保障部门，人力资源社会保障部门要及时向其提供岗位信息等免费公共就业服务。各地要加强心理疏导和社会工作服务，引导社会消除对治愈出院患者的排斥，及时为有求职意愿的治愈出院患者提供就业服务。落实残疾人就业税收优惠政策，加大对湖北地区和湖北籍残疾人就业的帮扶力度。

六、保障失业人员基本生活。对符合条件的湖北地区和湖北籍失业人员，及时发放失业保险金。对领取失业保险金期满仍未就业且距离法定退休年龄不足 1 年的人员，可继续发放失业保险金直至法定退休年龄。对湖北地区领取失业保险金期满仍未就业的失业人员、不符合领取失业保险金条件的参保失业人员，按照不高于当地失业保险金 80%的标准，发放 6 个月失业补助金。对符合最低生活保障条件的家庭，及时纳入最低生活保障范围。对符合临时救助条件的，给予临时救助。对符合残疾人生活补贴和护理补贴条件的，及时足额发放补贴。

七、规范招聘行为。各类用人单位、人力资源服务机构在拟定招聘计划、发布招聘信息、招用人员过程中，不得限制、禁止湖北籍务工人员应聘或提高录用标准。要快速受理、及时处置针对湖北籍劳动者就业歧视的举报投诉。对企业、人力资源服务机构发布招聘信息中含有不招用、限制招用湖北籍劳动者等歧视性内容的，依据相关法律法规责令改正，拒不改正或违法情节严重的依法处理。

八、加强组织实施。各地要结合实际情况，主动出谋划策，加强信息对接，帮助解决湖北地区和湖北籍劳动者就业面临的实际困难和具体问题。中央财政2020年加大对湖北省就业补助资金转移支付力度，各地财政部门要切实加强就业创业政策经费保障。

上述面向湖北地区和湖北籍劳动者的专项补贴政策，受理期限截至2020年12月31日。有关工作情况请及时报告。

2020年4月26日

人力资源社会保障部办公厅 国家发展改革委办公厅 工业和信息化部办公厅 国务院扶贫办综合司关于开展易地扶贫搬迁就业帮扶专项行动的通知

人社厅发〔2020〕48号

各省、自治区、直辖市及新疆生产建设兵团人力资源社会保障厅(局)、发展改革委、经信委（工信委、工信厅)、扶贫办（局)：

为贯彻落实习近平总书记关于易地扶贫搬迁就业帮扶工作的重要指示精神，落实中央脱贫攻坚专项巡视“回头看”整改任务，推动易地扶贫搬迁群众搬得出、稳得住、有就业，人力资源社会保障部、国家发展改革委、工业和信息化部、国务院扶贫办定于5月上旬至6月底开展易地扶贫搬迁就业帮扶专项行动。现就有关事项通知如下。

一、工作目标

以习近平新时代中国特色社会主义思想为指导，贯彻落实习近平总书记关于脱贫攻坚重要论述，聚焦有劳动能力和就业意愿的搬迁群众尤其是建档立卡贫困搬迁群众，聚焦易地扶贫搬迁大型安置区，综合运用就业服务各种措施，集中力量加大就业帮扶，促进一批搬迁群众就业创业。

二、工作任务

（一）开展全面摸排。各地要通过开展调查摸底、信息比对、数据共享等方式，依托各类复工复产大数据平台，摸清搬迁群众尤其是贫困劳动力就业情况，掌握其就业能力、就业需求和就业意愿，建立实名制台账，明确帮扶对象。

（二）定向投放岗位。各地要归集适合搬迁群众的岗位，定向投放大型搬迁安置区。东部扶贫协作省份和对口支援省份要动员辖区内企业提供招聘岗位，形成岗位供给清单，提供给搬迁安置区。

（三）组织外出务工。各地要依托东西部扶贫协作、对口支援、省内结对帮扶等机制，在务工需求摸底和岗位归集推送方面双向发力，促进精准对接，集中输出一批搬迁贫困劳动力。动员人力资源服务机构、劳务经纪人等市场主体，提供省内外对接、点对点劳务对接。培树宣介一批劳务品牌，以品牌带动一批贫困劳动力有组织输出。

（四）促进就地就业。各地要因地制宜实施一批当地重点建设项目和以工代赈项目，积极动员搬迁群众参与工程建设，提供就地就近就业岗位。推进扶贫车间复工复产，支持扶贫车间建设，优先吸纳搬迁贫困劳动力。鼓励开发区、工业园区对接搬迁安置区，提供园区就业岗位，支持中小企业吸纳搬迁贫困劳动力。统筹开发一批乡村公益性岗位，托底安置搬迁贫困劳动力。

（五）开展就业服务。各地要在大型安置区集中开展政策宣传，集中帮助搬迁群众了解、享受政策。组织职业指导，帮助提高务工常识和求职技巧。大力开展职业技能培训，按规定给予培训补贴和生活费补贴。组织线上线下招聘活动，指导搬迁群众利用“百日千万”网络招聘、本地网上招聘平台等线上渠道求职，根据疫情防控形势适时在万人以上大型安置区或者搬迁群众集中的县区组织专场招聘会。

三、工作要求

（一）加强组织领导。各地要高度重视易地扶贫搬迁就业帮扶专项行动，明确部门分工，加强协调配合，突出重点，共同发力。要实实在在做好就业帮扶工作，不能搞形式主义，坚决杜绝数字脱贫、虚假脱贫。人力资源社会保障部门要充分发挥牵头协调作用，负责具体实施；发展改革部门要通过实施重大项目、以工代赈项目，扩大易地扶贫搬迁安置区短期就业岗位；工业和信息化、发展改革等部门要指导各类开发区、工业园区以及中小企业向搬迁群众提供适合的就业岗位；扶贫部门要及时提供搬迁贫困人口信息，统筹东西部扶贫协作、定点扶贫资源，推进扶贫车间建设，支持搬迁群众就业。

（二）建立联系机制。各地要确定就业帮扶专项行动联系人，每个万人以上大型安置区要指定专人，各地联系人、每个万人以上大型安置区联系人（见附件1）请于5月10日前上报人力资源社会保障部。

（三）广泛宣传引导。各地要及时梳理易地扶贫搬迁就业帮扶典型经验做法和搬迁安置区就业脱贫增收典型人物，充分利用网络、电视、报纸等多种媒体，广泛开展宣传。人力资源社会保障部、国家发展改革委、国务院扶贫办将以工作信息、微信公众号等方式总结推广。

（四）及时报告情况。各地要加强跟踪调度，按月上报有关工作进展（见附件2、3）。同时，各地人社部门要会同发改、扶贫部门做好专项行动总结，于6月30日前将情况报告报送人力资源社会保障部。

联系方式（略）

附件：1. 易地扶贫搬迁就业帮扶专项行动联系人
2. 易地扶贫搬迁群众就业情况统计表
3. 易地扶贫搬迁贫困劳动力就业情况统计表

2020年4月30日

附件 1

易地扶贫搬迁就业帮扶专项行动联系人

省份/万人安置区	姓名	单位	职务	联系方式（手机号）	微信号
云南省					
云南省＊＊县＊＊安置区					

填表人：　　　　　　　　　　　　联系电话：

填表说明：此表由各省（区、市）统一汇总上报。没有万人以上安置区的省份，只填报省级联系人。

附件 2

易地扶贫搬迁群众就业情况统计表

省份/万人安置区	搬迁人口数	搬迁劳动力数量	已就业人数					未就业人数	
				外出就业人数	本地就业人数				其中有就业意愿人数
						其中扶贫车间吸纳人数	其中公益性岗位安置人数		
＊＊省									
＊＊省＊＊县＊＊安置区									

填表人：　　　　　　　　　　联系电话：

填表说明：1. 此表由各省（区、市）统一汇总上报。没有万人以上安置区的省份，只填报全省数据。

2. 此表统计所有搬迁人口，包括搬迁贫困人口和随迁人口。

3. 请每月 5 日前报送截至上月底数据。

附件 3

易地扶贫搬迁贫困劳动力就业情况统计表

省份/万人安置区	搬迁贫困人口数	搬迁贫困劳动力数量	已就业贫困劳动力数量					未就业贫困劳动力数量	
				外出就业人数	本地就业人数				其中有就业意愿人数
						其中扶贫车间吸纳人数	其中公益性岗位安置人数		
＊＊省									
＊＊省＊＊县＊＊安置区									

填表人：　　　　　　　　　　　　　　　　联系电话：

填表说明：1. 此表由各省（区、市）统一汇总上报。没有万人以上安置区的省份，只填报全省数据。

2. 此表统计数据为建档立卡贫困人口。

3. 请每月 5 日前报送截至上月底数据。

人力资源社会保障部办公厅关于印发线下招聘活动疫情防控工作指南的通知

人社厅发〔2020〕60号

各省、自治区、直辖市及新疆生产建设兵团人力资源社会保障厅（局）：

当前，我国新冠肺炎疫情防控向好态势进一步巩固，防控工作已从应急状态转为常态化。按照党中央、国务院关于抓紧抓实抓细常态化疫情防控工作的决策部署，为指引各地在开展线下招聘活动时，做好疫情防控工作，我们根据国家疫情防控相关规定，制定了《线下招聘活动疫情防控工作指南》（以下简称《指南》）。现印发给你们，请参照执行。

各地可根据当地疫情防控要求，对《指南》内容进行调整，安全有序开展线下招聘活动，逐步恢复日常招聘服务和现场招聘活动。

附件：线下招聘活动疫情防控工作指南

2020年5月29日

附件

线下招聘活动疫情防控工作指南

为贯彻落实党中央、国务院关于在做好常态化防控基础上推动经济社会发展全面步入正常轨道的决策部署，指引各地在开展线下招聘活动时，切实做好疫情防控工作，服务复工复产企业用工招聘，帮助高校毕业生、失业人员、农民工、建档立卡贫困劳动力等群体求职就业，制定本指南。

一、总体要求

（一）坚持常态防控。各地人力资源社会保障部门应按照属地原则，严格遵守当地疫情防控指挥部门的要求，结合本地区实际情况，抓紧抓实抓细各项防控工作，指导公共就业人才服务机构、人力资源服务机构开展日常服务工作和现场招聘活动。

（二）坚持有序推进。在充分做好防疫措施的情况下，各地人力资源社会保障部门应当严格按照属地党委、政府统一部署，以县域为单位，分区分级制定线下招聘疫情防控工作应急预案，逐步开展日常招聘服务和小型化、灵活性现场招聘活动，确保线下招聘安全有序。

（三）坚持动态调整。要因地制宜、因时制宜，根据当地疫情防控风险级别和疫情应急响应级别调整情况，及时动态调整线下招聘工作安排。一旦发生疫情，及时启动应急预案，采取应急处置措施，实施精准防控，协助相关部门做好防疫工作。

二、加强场所防控管理

（四）合理规划布局。服务场所要加大服务柜台或窗口间隔，在服务柜台、取号机、自助设备、招聘展位等前设置“一米线”。现场招聘活动要合理控制活动规模，合理设置展位，保证展位间留有足够的安全距离，分道出入并隔开一定距离。现场招聘活动应尽量安排在室外开阔地段，如确需组织室内招聘，应严格控制进场招聘企业户数，并扩大安全距离。

（五）配备防护物资。服务场所和招聘活动现场应储备足够数量的疫情防控物资，包括消毒设备、消毒用品、口罩、手套、非接触式温度计、洗手液等，并有连续供应的保障计划。

（六）加强消毒通风。加大对服务柜台、公共座椅、自助设施等公共部位及电梯按钮、自动扶梯扶手、门把手等经常接触部位的消毒频次。设置废弃口罩垃圾桶，及时清运垃圾。室内场所应当经常开窗通风，保证空气流通。

三、做好进场人员保护

（七）加强入场检测。服务场所和招聘活动现场入口处应当配备测量体温设施设备，安排专人进行核验。进场人员必须佩戴口罩、测量体温、出示健康码，并进行实名登记。拒绝佩戴口罩或者体温异常的，应当拒绝其进入。

（八）做好健康提示。提前做好相关宣传工作，告知入场要求。服务场所和招聘活动现场应在醒目位置张贴健康提示，或利用显示屏等电子设备宣传新冠肺炎及其他传染病防控知识，提醒入场人员遵守相关防控要求。

（九）实施限流措施。日常服务应推行预约服务，实行分时段、间隔性入场等措施，对入场人员进行限流，保持安全距离。招聘活动现场，特别是室内活动，严控场内人员密度，根据情况及时疏导人流，减少求职者逗留时间，必要时可采取限流措施。

（十）加大现场巡查。服务场所和招聘活动现场应安排一定数量的人员，开展不间断流动巡查，提醒现场人员保持安全距离、正确佩戴口罩。对随意摘除口罩、随地吐痰等不符合疫情防控要求、不文明行为的人员及时进行劝诫，要求拒不配合人员立即离开活动现场，情节严重者交由公安机关依法处理。

四、强化应急管理处置

（十一）加强应急管理。要按照应急预案，明确疫情防控、安全突发事件应急措施和处置流程，加强风险监测和日常防范，及时发现隐患苗头，做到早发现、早化解。

（十二）做好应对处置。如出现疫情疑似症状，应当立即启动应急预案，做好现场管理，避免恐慌，配合卫生健康部门采取隔离措施，做好清洁消毒等工作并暂时关闭场所。

五、加强组织领导

（十三）强化责任落实。各地人力资源社会保障部门要落实疫情防控的监管责任，加强对公共就业人才服务机构、人力资源服务机构开展线下招聘工作的指导和支持。公共就业人才服务机构、人力资源服务机构要落实主体责任，严格执行疫情防控规定，细化实化工作方案和应急预案，责任到人、措施到人。

（十四）建立沟通机制。各地人力资源社会保障部门要加强与卫生健康部门、疾控机构、就近定点医疗机构、社区卫生服务中心的沟通协调，提前告知招聘活动举办情况，畅通疫情上报通道，并配合属地有关部门积极开展联防联控。

（十五）加强内部管理。公共就业人才服务机构、人力资源服务机构要按照当地要求，做好工作人员健康管理，指导做好个人防护。加强对一线工作员工的培训，了解疫情防控相关知识及疫情防控应急处置方法，确保一线员工掌握处理突发事件的必要技能。

人力资源社会保障部办公厅 国务院扶贫办综合司关于印发 “数字平台经济促就业 助脱贫行动”方案的通知

人社厅函〔2020〕74号

各省、自治区、直辖市及新疆生产建设兵团人力资源社会保障厅(局)、扶贫办：

为贯彻中央关于决战决胜脱贫攻坚和强化稳就业举措的决策部署，进一步拓宽政企合作领域，发挥政府和市场两方面作用，帮助建档立卡贫困劳动力和贫困地区农民工就业创业，人力资源社会保障部、国务院扶贫办拟开展“数字平台经济促就业助脱贫行动”。现将行动方案（见附件1）印发你们，请按照要求抓紧做好以下工作：

一、精心组织实施。各地要确定本地区行动实施机构与联系人，主动与数字平台经济企业机构开展对接，制定具体合作协议和工作方案。要广泛发动公共就业服务机构、驻村工作队、第一书记等参与行动，充分发挥村“两委”作用，组织贫困劳动力积极参与。

二、加强作风建设。各地在行动实施过程中要切实加强作风建设，坚决避免形式主义，杜绝搞形式、走过场、摆花架子，把行动各项计划落到实处，扎扎实实帮助一批贫困劳动力和农民工实现就业增收。

三、做好信息报送。各地要按照要求，做好相关数据统计，定期报送人力资源社会保障部、国务院扶贫办，具体要求见附件4。请及时报送行动中好的经验做法、典型案例、新闻报道等信息，人力资源社会保障部、国务院扶贫办将适时予以宣传推广。

附件：1. “数字平台经济促就业助脱贫行动”方案
2. 相关省份负责机构与联系人名单（略）
3. 相关企业联系人名单（略）
4. “数字平台经济促就业助脱贫行动”统计表（略）

2020年5月22日

附件 1

“数字平台经济促就业助脱贫行动”方案

为贯彻中央关于决战决胜脱贫攻坚和强化稳就业举措的决策部署，拓宽政企合作领域，发挥政府和市场两方面作用，帮助建档立卡贫困劳动力和贫困地区农民工就业创业，拟开展专项服务行动。

一、行动名称

数字平台经济促就业助脱贫行动

二、行动主题

平台经济促就业　脱贫增收奔小康

三、行动时间

2020 年 5 月下旬—2020 年 9 月底

四、服务对象

贫困地区建档立卡贫困劳动力和农民工，重点为 52 个未摘帽县和易地扶贫搬迁万人安置区贫困劳动力和农民工。

五、行动目的

依托数字平台经济，努力减轻新冠肺炎疫情影响，为建档立卡贫困劳动力和贫困地区农民工提供多渠道、多形式的灵活就业、居家就业、自主创业机会，带动贫困地区发展特色产业，推动县域生活服务业加快恢复，为打赢脱贫攻坚战做出贡献。

六、参与单位

人力资源社会保障部、国务院扶贫办主办，各级人社和扶贫部门，公共就业人才服务机构和驻村工作队、第一书记，阿里巴巴、到家、滴滴、京东、美团、顺丰（按拼音首字母顺序）等市场主体协同开展。

七、行动内容

（一）定向招聘计划。针对建档立卡贫困劳动力和农民工技能特点，组织企业提供一批就业岗位定向投放贫困地区。由阿里巴巴本地生活（蜂鸟即配）、美团提供一批平台外卖骑手，由京东、顺丰提供一批物流相关收派员、运作员、仓管员，由阿里旗下盒马鲜生等新零售业态提供一批理货、打包等店员岗位，由滴滴提供一批网约车上下游汽车维修、加油服务、两轮车运维等岗位，由到家集团提供一批家政服务员、货运司机等岗位。

（二）居家就业计划。针对无法外出务工的贫困劳动力就业增收需求，提供一批居家灵活就业机会。由阿里、京东培育一批电商平台智能标注员，从事图片拍摄、页面设计、数据处理等简单易学、重复性高、使用手机即可完成的工作任务。由阿里提供一批兼职云客服岗位，自主选班、在家办公，为阿里巴巴平台消费者或商家通过电话沟通的形式进行咨询解答。

（三）创业带动计划。组织相关企业为贫困地区提供一批创业项目和创业支持。由阿里巴巴本地生活（饿了么+口碑）向贫困地区提供新餐饮、新零售等生活服务类创业项目，减免项目加盟费，开展生活服务业人才致富带头人培训。由顺丰支持贫困劳动力回乡担任区域代理，给予专业培训、免费配备物资等扶持。由到家集团向贫困地区提供货运创业项目。

（四）爱心助农计划。发挥相关企业平台资源优势，助力贫困地区农产品销售，帮助贫困劳动力增收。由阿里巴巴本地生活旗下“饿了么”平台开展业务下沉，帮助贫困县数字化升级，通过扶持商家复工复产稳定餐饮就业，通过直播等方式拓展农产品销售渠道。由京东开通贫困县县域农副产品上行绿色通道，帮助贫困县农产品建立品牌形象传播体系，联合组织举办产销对接会，打造一批县域特色农副产品区域化品牌。由顺丰利用电商平台，助力贫困地区农产品上行，实施“一县一品”，提供智慧营销、品牌推广以及贷款、保险等金融增值服务。

人力资源流动管理

网络招聘服务管理规定

（2020年12月18日人力资源社会保障部令第44号）

第一章　总　　则

第一条　为了规范网络招聘服务，促进网络招聘服务业态健康有序发展，促进就业和人力资源流动配置，根据《中华人民共和国就业促进法》《中华人民共和国网络安全法》《中华人民共和国电子商务法》《人力资源市场暂行条例》《互联网信息服务管理办法》等法律、行政法规，制定本规定。

第二条　本规定所称网络招聘服务，是指人力资源服务机构在中华人民共和国境内通过互联网等信息网络，以网络招聘服务平台、平台内经营、自建网站或者其他网络服务方式，为劳动者求职和用人单位招用人员提供的求职、招聘服务。

人力资源服务机构包括公共人力资源服务机构和经营性人力资源服务机构。

第三条　国务院人力资源社会保障行政部门负责全国网络招聘服务的综合管理。

县级以上地方人民政府人力资源社会保障行政部门负责本行政区域网络招聘服务的管理工作。

县级以上人民政府有关部门在各自职责范围内依法对网络招聘服务实施管理。

第四条　从事网络招聘服务，应当遵循合法、公平、诚实信用的原则，履行网络安全和信息保护等义务，承担服务质量责任，接受政府和社会的监督。

第五条 对从事网络招聘服务的经营性人力资源服务机构提供公益性人力资源服务的，按照规定给予补贴或者通过政府购买服务等方式给予支持。

第六条 人力资源社会保障行政部门加强网络招聘服务标准化建设，支持企业、研究机构、高等学校、行业协会参与网络招聘服务国家标准、行业标准的制定。

第七条 人力资源服务行业协会应当依照法律、行政法规、规章及其章程的规定，加强网络招聘服务行业自律，推进行业诚信建设，促进行业公平竞争。

第二章 网络招聘服务活动准入

第八条 从事网络招聘服务，应当符合就业促进、人力资源市场管理、电信和互联网管理等法律、行政法规规定的条件。

第九条 经营性人力资源服务机构从事网络招聘服务，应当依法取得人力资源服务许可证。涉及经营电信业务的，还应当依法取得电信业务经营许可证。

第十条 对从事网络招聘服务的经营性人力资源服务机构，人力资源社会保障行政部门应当在其服务范围中注明“开展网络招聘服务”。

第十一条 网络招聘服务包括下列业务：

（一）为劳动者介绍用人单位；

（二）为用人单位推荐劳动者；

（三）举办网络招聘会；

（四）开展高级人才寻访服务；

（五）其他网络求职、招聘服务。

第十二条 从事网络招聘服务的经营性人力资源服务机构变更名称、住所、法定代表人或者终止网络招聘服务的，应当自市场主体变更登记或者注销登记办理完毕之日起 15 日内，书面报告人力资源社会保障行政部门，办理人力资源服务许可变更、注销。

第十三条 从事网络招聘服务的经营性人力资源服务机构应当依法在其网站、移动互联网应用程序等首页显著位置，持续公示营业执照、人力资源服务许可证等信息，或者上述信息的链接标识。

前款规定的信息发生变更的，从事网络招聘服务的经营性人力资源服务机构应当及时更新公示信息。

从事网络招聘服务的经营性人力资源服务机构自行终止从事网络招聘服务的，应当提前 30 日在首页显著位置持续公示有关信息。

第十四条 人力资源社会保障行政部门应当及时向社会公布从事网络招聘服务的经营性人力资源服务机构名单及其变更、注销等情况。

第三章 网络招聘服务规范

第十五条 用人单位向人力资源服务机构提供的单位基本情况、招聘人数、招聘条件、用工类型、工作内容、工作条件、工作地点、基本劳动报酬等网络招聘信息，应当合法、真实，不得含有民族、种族、性别、宗教信仰等方面的歧视性内容。

前款网络招聘信息不得违反国家规定在户籍、地域、身份等方面设置限制人力资源流动的条件。

第十六条 劳动者通过人力资源服务机构进行网络求职，应当如实提供本人基本信息以及与应聘岗位相关的知识、技能、工作经历等情况。

第十七条 从事网络招聘服务的人力资源服务机构应当建立完备的网络招聘信息管理制度，依法对用人单位所提供材料的真实性、合法性进行审查。审查内容应当包括以下方面：

（一）用人单位招聘简章；

（二）用人单位营业执照或者有关部门批准设立的文件；

（三）招聘信息发布经办人员的身份证明、用人单位的委托证明。

用人单位拟招聘外国人的，应当符合《外国人在中国就业管理规定》的有关要求。

第十八条 人力资源服务机构对其发布的网络求职招聘信息、用人单位对所提供的网络招聘信息应当及时更新。

第十九条 从事网络招聘服务的人力资源服务机构，不得以欺诈、暴力、胁迫或者其他不正当手段，牟取不正当利益。

从事网络招聘服务的经营性人力资源服务机构，不得向劳动者收取押金，应当明示其服务项目、收费标准等事项。

第二十条 从事网络招聘服务的人力资源服务机构应当按照国家网络安全法律、行政法规和网络安全等级保护制度要求，加强网络安全管理，履行网络安全保护义务，采取技术措施或者其他必要措施，确保招聘服务网络、信息系统和用户信息安全。

第二十一条 人力资源服务机构从事网络招聘服务时收集、使用其用户个人信息，应当遵守法律、行政法规有关个人信息保护的规定。

人力资源服务机构应当建立健全网络招聘服务用户信息保护制度，不得泄露、篡改、毁损或者非法出售、非法向他人提供其收集的个人公民身份号码、年龄、性别、住址、联系方式和用人单位经营状况等信息。

人力资源服务机构应当对网络招聘服务用户信息保护情况每年至少进行一次自查，记录自查情况，及时消除自查中发现的安全隐患。

第二十二条 从事网络招聘服务的人力资源服务机构因业务需要，确需向境外提供在中华人民共和国境内运营中收集和产生的个人信息和重要数据的，应当遵守国家有关法律、行政法规规定。

第二十三条 从事网络招聘服务的人力资源服务机构应当建立网络招聘服务有关投诉、举报制度，健全便捷有效的投诉、举报机制，公开有效的联系方式，及时受理并处理有关投诉、举报。

第二十四条 以网络招聘服务平台方式从事网络招聘服务的人力资源服务机构应当遵循公开、公平、公正的原则，制定平台服务协议和服务规则，明确进入和退出平台、服务质量保障、求职者权益保护、个人信息保护等方面的权利和义务。

鼓励从事网络招聘服务的人力资源服务机构运用大数据、区块链等技术措施，保证其网络招聘服务平台的网络安全、稳定运行，防范网络违法犯罪活动，保障网络招聘服务安全，促进人力资源合理流动和优化配置。

第二十五条 以网络招聘服务平台方式从事网络招聘服务的人力资源服务机构应当要求申请进入平台的人力资源服务机构提交其营业执照、地址、联系方式、人力资源服务许可证等真实信息，进行核验、登记，建立登记档案，并定期核验更新。

第二十六条 以网络招聘服务平台方式从事网络招聘服务的人力资源服务机构应当记录、保存平台上发布的招聘信息、服务信息，并确保信息的完整性、保密性、可用性。招聘信息、服务信息保存时间自服务完成之日起不少于3年。

第四章 监督管理

第二十七条 人力资源社会保障行政部门采取随机抽取检查对象、随机选派执法人员的方式，对经营性人力资源服务机构从事网络招聘服务情况进行监督检查，并及时向社会公布监督检查的情况。

人力资源社会保障行政部门运用大数据等技术，推行远程监管、移动监管、预警防控等非现场监管，提升网络招聘服务监管精准化、智能化水平。

第二十八条　人力资源社会保障行政部门应当加强网络招聘服务诚信体系建设，健全信用分级分类管理制度，完善守信激励和失信惩戒机制。对性质恶劣、情节严重、社会危害较大的网络招聘服务违法失信行为，按照国家有关规定实施联合惩戒。

第二十九条　从事网络招聘服务的经营性人力资源服务机构应当在规定期限内，向人力资源社会保障行政部门提交经营情况年度报告。人力资源社会保障行政部门可以依法公示或者引导从事网络招聘服务的经营性人力资源服务机构依法通过互联网等方式公示年度报告的有关内容。

第三十条　人力资源社会保障行政部门应当加强与其他部门的信息共享，提高对网络招聘服务的监管时效和能力。

第三十一条　人力资源社会保障行政部门应当畅通对从事网络招聘服务的人力资源服务机构的举报投诉渠道，依法及时处理有关举报投诉。

第五章　法律责任

第三十二条　违反本规定第九条规定，未取得人力资源服务许可证擅自从事网络招聘服务的，由人力资源社会保障行政部门依照《人力资源市场暂行条例》第四十二条第一款的规定予以处罚。

违反本规定第十二条规定，办理变更或者注销登记未书面报告的，由人力资源社会保障行政部门依照《人力资源市场暂行条例》第四十二条第二款的规定予以处罚。

第三十三条　未按照本规定第十三条规定公示人力资源服务许可证等信息，未按照本规定第十九条第二款规定明示有关事项，未按照本规定第二十九条规定提交经营情况年度报告的，由人力资源社会保障行政部门依照《人力资源市场暂行条例》第四十四条的规定予以处罚。

第三十四条 违反本规定第十五条第一款规定，发布的招聘信息不真实、不合法的，由人力资源社会保障行政部门依照《人力资源市场暂行条例》第四十三条的规定予以处罚。

违反本规定第十五条第二款规定，违法设置限制人力资源流动的条件，违反本规定第十七条规定，未依法履行信息审查义务的，由人力资源社会保障行政部门责令改正；拒不改正，无违法所得的，处1万元以下的罚款；有违法所得的，没收违法所得，并处1万元以上3万元以下的罚款。

第三十五条 违反本规定第十九条第一款规定，牟取不正当利益的，由人力资源社会保障行政部门依照《人力资源市场暂行条例》第四十三条的规定予以处罚。

违反本规定第十九条第二款规定，向劳动者收取押金的，由人力资源社会保障行政部门依照《中华人民共和国就业促进法》第六十六条的规定予以处罚。

第三十六条 违反本规定第二十一条、第二十二条规定，未依法进行信息收集、使用、存储、发布的，由有关主管部门依照《中华人民共和国网络安全法》等法律、行政法规的规定予以处罚。

第三十七条 违反本规定第二十五条规定，不履行核验、登记义务，违反本规定第二十六条规定，不履行招聘信息、服务信息保存义务的，由人力资源社会保障行政部门依照《中华人民共和国电子商务法》第八十条的规定予以处罚。法律、行政法规对违法行为的处罚另有规定的，依照其规定执行。

第三十八条 公共人力资源服务机构违反本规定从事网络招聘服务的，由上级主管机关责令改正；拒不改正的，对直接负责的主管人员和其他直接责任人员依法给予处分。

第三十九条 人力资源社会保障行政部门及其工作人员玩忽职守、滥用职权、徇私舞弊的，对直接负责的领导人员和其他直接责任人员依法给予处分。

第四十条 违反本规定，给他人造成损害的，依法承担民事责任。违反其他法律、行政法规的，由有关主管部门依法给予处罚。

违反本规定，构成违反治安管理行为的，依法给予治安管理处罚；构成犯罪的，依法追究刑事责任。

第六章 附 则

第四十一条 本规定自2021年3月1日起施行。

共青团中央　教育部　财政部 人力资源社会保障部关于印发《2020—2021年度大学生志愿服务西部计划实施方案》的通知

中青联发〔2020〕6号

各省（自治区、直辖市）团委、教育厅（教委）、财政厅（局）、人力资源社会保障厅（局），新疆生产建设兵团团委、教育局、财政局、人力资源社会保障局：

为深入学习贯彻习近平新时代中国特色社会主义思想，全面贯彻落实党的十九大和十九届二中、三中、四中全会精神，认真落实中央领导同志对大学生志愿服务西部计划的指示批示精神，按照国务院常务会议关于稳就业特别是高校毕业生等重点群体就业的有关要求，进一步引导和鼓励高校毕业生到基层工作，在青年中大力弘扬“奉献、友爱、互助、进步”的志愿精神，培育和践行社会主义核心价值观，共青团中央、教育部、财政部、人力资源社会保障部决定继续实施“大学生志愿服务西部计划”，现将《2020—2021年度大学生志愿服务西部计划实施方案印发给你们。

请各地紧紧围绕打赢脱贫攻坚战和实施乡村振兴战略的有关部署，结合落实好中共中央办公厅《关于鼓励引导人才向艰苦边远地区和基层一线流动的意见》，中共中央办公厅、国务院办公厅《关于进一步引导和鼓励高校毕业生到基层工作的意见》，《关于印发高校毕业生基层成长计划的通知》（人社部发〔2017〕85号），《关于统筹实施引导高校毕业生到农村基层服务项目工作的通知》（人社部发〔2009〕42号）等文件精神，认真落实方案要求，精心组织实施，优化服务管理，加强政策保障，提升执行效益，突出示范引导，支持广大西部计划志愿者在祖国最需要的地方奉献青春、建功立业。

2020年6月5日

人力资源社会保障部关于开展人力资源服务行业促就业行动的通知

人社部发〔2020〕58号

各省、自治区、直辖市及新疆生产建设兵团人力资源社会保障厅（局）：

人力资源服务业是促进劳动者就业和职业发展、服务用人单位管理开发人力资源的专门行业。服务稳就业促就业、优化人力资源流动配置，是人力资源服务行业的职责所在。为深入贯彻党中央、国务院关于稳就业保就业工作决策部署，人力资源社会保障部决定开展人力资源服务行业促就业行动。现将有关事项通知如下：

一、总体要求

坚持以习近平新时代中国特色社会主义思想为指导，深入贯彻习近平总书记关于统筹推进新冠肺炎疫情防控和经济社会发展工作的重要指示精神，落实党中央、国务院关于促进市场化社会化就业和促就业举措要应出尽出的有关要求，聚焦疫情防控常态化条件下促就业工作的现实需要，充分发挥人力资源服务机构的职能优势和专业优势，创新方式，精准施策，为促进稳就业保就业、维护经济发展和社会稳定大局、决战决胜脱贫攻坚、全面建成小康社会，提供坚实有力的人力资源服务支撑。

二、行动内容

（一）开展联合招聘服务。充分发挥人力资源服务机构作用，通过线上线下结合、跨区域协同、各类机构联动等方式，统一行动，联合招聘，激发促就业的倍增效应。鼓励人力资源服务机构拓展各类线上求职招聘服务模式，打造更优、更便捷的线上招聘服务平台，满足各类求职者就业择业需求。各地要严格按照属地党委、政府统一部署，在充分做好防疫措施的情况下，指导鼓励人力资源服务机构，逐步开展日常招聘服务和小型化、灵活性现场招聘活动，安全有序开展线下招聘活动。

（二）开展重点行业企业就业服务。组织推动人力资源服务机构，聚焦承担重大工程项目、重要医用物资生产、公共事业运行、群众生活必需等涉及国计民生和产业发展的重点行业企业，提供用工招聘、人才寻访、劳务派遣、员工培训、人力资源服务外包等急需必需服务。引导人力资源服务机构为受疫情影响严重、存在较大经营困难的行业企业，尤其是中小微企业，提供劳动用工管理、薪酬管理、社保代理、发展规划等实用型服务。鼓励人力资源服务机构充分发挥专业优势，广泛参与政府部门、社会组织开展的各类援企稳岗活动。

（三）开展重点群体就业服务。支持人力资源服务机构，通过组织进校园开展专场招聘、进乡村摸清实际需求、进企业实施精准对接等方式，有效促进高校毕业生、农民工等重点群体就业。引导人力资源服务机构广泛面向困难企业职工、城乡未继续升学初高中毕业生、城镇登记失业人员、退役军人、农村转移就业劳动者、贫困劳动力及就业困难人员等，开发创新服务产品和服务模式，有针对性地开展精准招聘、创业扶持、技能培训等多样化人力资源服务。指导人力资源服务机构不得将被用工单位退回的被派遣劳动者简单推向社会，通过积极对接其他企业劳务派遣用工需求，尽快实现重新派遣。要鼓励有条件的人力资源服务机构，尤其是国有、骨干企业承担社会责任，主动参与实施困难人员就业援助等有关工作，积极提供免费服务。

（四）开展促进灵活就业服务。鼓励人力资源服务机构进一步拓展和优化人力资源服务外包等业务，创新服务模式，提升服务水平。鼓励人力资源服务机构为各类企业，特别是餐饮、快递、家政、制造业等用工密集型企业，提供招聘、培训、人事代理等精细化服务。鼓励人力资源服务机构建立用工余缺调剂平台，为阶段性缺工企业提供供需对接服务。鼓励人力资源服务机构搭建线上线下信息服务平台，广泛发布短工、零工、兼职及自由职业等各类需求信息，支持劳动者灵活就业。

（五）开展就业创业指导服务。支持各级人力资源服务产业园和各类人力资源服务机构，紧密结合市场需求，优化就业创业培训项目、产品，提供各类实用型就业创业指导服务。引导人力资源服务机构对有创业意愿的劳动者，提供职业规划、创业指导、招聘用工、经营管理、投融资对接等一体化服务，通过服务创业有效带动促进就业。鼓励人力资源服务机构及产业园区，结合当地产业布局和发展实际，组织开展相关行业的创业创新大赛、成果展示交流等活动，邀请投融资机构、天使投资人、创业导师考察对接，为创业创新项目成果的转化孵化，提供广阔平台。

（六）开展优质培训服务。鼓励人力资源服务机构大力开展线上培训，针对用人单位和劳动者的就业创业、技能提升等培训需求，积极开发和升级在线学习、直播课堂等服务项目，提供各类实用性强的线上线下培训服务。支持人力资源服务机构联合技工院校、职业培训机构和企业，积极开发优化技能培训项目，按规定参与职业技能提升行动、稳岗扩岗、以训稳岗、重点群体专项培训等工作。

（七）开展劳务协作服务。依托东西部协作、对口支援机制，建立完善人力资源市场供需信息连通联动机制，搭建供需对接交流平台，及时互通信息，畅通跨地区劳务协作渠道。充分发挥人力资源服务机构等市场化力量的专业化、灵活性优势，积极组织开展跨地区劳务对接活动，努力扩大劳务输出规模，提高劳务组织化水平，积极促进劳动力转移就业、人力资源有序流动。

（八）开展就业扶贫服务。聚焦贫困地区特别是“三区三州”、52个未摘帽贫困县人力资源市场建设，深入开展人力资源服务机构助力脱贫攻坚行动，加强贫困地区人力资源服务机构与发达地区的对口交流合作，支持鼓励东部省份引导人力资源服务机构到贫困地区设立分支机构，形成常态化就业扶贫合作机制。加大贫困地区人力资源市场建设力度，不断提升东西部交流协作、市场援助项目对促进就业扶贫的针对性和实效性，注重发挥示范引导作用，有效调动各方积极性、内动力，形成推动人力资源市场建设、带动助力就业扶贫的整体合力。

（九）开展供求信息监测服务。指导鼓励人力资源市场和人力资源服务机构依托招聘信息和数据库，采取设点监测、线上调研、数据对比等方式，开展人力资源市场供求监测。指导人力资源服务机构通过发布监测信息、开展预测分析、编制需求目录等方法，及时掌握不同地区、重点行业的人力资源市场供求状况，为研判就业形势、完善就业政策，提供参考依据。

（十）开展人力资源服务产业园区促就业综合服务。人力资源服务产业园要把为促就业提供综合性服务作为重大任务，深入开展国家级人力资源服务产业园促就业服务行动，精心打造和持续优化线上线下协同的统一活动平台。各国家级产业园要聚焦疫情防控常态化要求，在开展国家级人力资源服务产业园专场招聘活动基础上，进一步统筹开展综合性就业服务活动，为劳动者和用人单位提供求职招聘、管理咨询、人力资源服务外包、人才测评、专业培训、事务代理等一揽子、一站式服务。各地人力资源服务产业园要积极发挥园区产业集聚、服务齐全、功能完备的独特优势，组织园区内外人力资源服务机构协同开展促就业综合服务活动，精准对接供需，提供优质服务。

三、保障措施

（一）加强组织领导。要提高政治站位，深入学习贯彻习近平总书记关于全面强化稳就业举措、发挥市场促就业作用的重要指示精神，以更加有力的举措、更加精细的作风，进一步推动人力资源服务业促就业工作。要结合当地人力资源服务业发展实际，统筹推进人力资源服务机构稳就业相关行动，增强促进就业尤其是重点群体、重点行业就业的针对性、实效性。要强化责任落实，专题研究部署，定期推动落实，加强督促指导。

（二）加大支持力度。要注重激发人力资源服务机构的社会责任感和积极性主动性，切实加大支持力度，对发挥促就业作用突出的人力资源服务机构，要制定落实减免场地租金、给予奖励补贴、确定诚信服务机构、入选行业骨干企业等政策措施。对提供求职招聘、保障用工、劳务对接等相关服务的机构，要根据有关规定落实就业创业服务补助政策；对符合职业技能培训相关条件的，应按规定纳入补贴类培训范围；大力推进政府向社会力量购买人力资源服务，研究明确政府购买服务指导目录，健全完善有关政策制度。指导支持人力资源服务机构，尤其是中小微企业，充分享受减税降费、贷款补贴等相关扶持政策。

（三）形成工作合力。要结合当地实际，尽快制定完善人力资源服务机构促就业行动实施方案，进一步强化工作措施，加大工作调度，加强分工合作，坚持同向发力。要指导行业协会充分发挥在推动行业促就业中的引领示范、协调自律作用，与人力资源服务产业园区、人力资源服务机构统一行动，形成合力。要健全工作机制，找准工作切入点和着力点，确保各项行动措施落细落实。

（四）注重宣传引导。要建立正面激励机制，及时总结人力资源服务业促就业工作的好经验好做法，注重发现活动中涌现出的人力资源服务机构及从业人员先进典型事例，通过多种形式、各类渠道进行宣传推广，并予以奖励激励，充分发挥示范引领作用，营造良好社会氛围。

各地在推动工作中的典型做法和成效，请及时报送我部。

联系方式（略）

2020年7月17日

人力资源社会保障部办公厅 财政部办公厅关于做好2020年高校毕业生“三支一扶”计划实施工作的通知

人社厅发〔2020〕57号

各省、自治区、直辖市及新疆生产建设兵团人力资源社会保障厅（局）、财政厅（局）：

为贯彻落实《中共中央办公厅　国务院办公厅关于进一步引导和鼓励高校毕业生到基层工作的意见》和《国务院办公厅关于应对新冠肺炎疫情影响强化稳就业举措的实施意见》（国办发〔2020〕6号，以下简称国办发6号文件），更好发挥高校毕业生基层服务项目示范引领作用，引导和鼓励更多高校毕业生到基层工作，按照《中共中央组织部　人力资源社会保障部等九部门关于实施第三轮高校毕业生“三支一扶”计划的通知》（人社部发〔2016〕41号）安排，2020年全国拟选拔招募3.2万名高校毕业生到基层从事支教、支农（水利）、支医、扶贫等相关领域服务。现就有关事项通知如下：

一、紧贴基层需求，科学编制招募计划

聚焦决战决胜脱贫攻坚和新冠肺炎疫情防控等重大决策部署，中央财政补助名额进一步向贫困地区、革命老区、民族地区和边疆地区倾斜，对“三区三州”等深度贫困地区实行招募计划单列，52 个未脱贫县招募需求全部纳入中央财政补助名额，加大对湖北等受疫情影响较大的省份支持力度，扩大支医服务岗位招募规模。各地要在《2020 年“三支一扶”计划名额分配方案》基础上，结合基层实际情况，按照国办发 6 号文件关于扩大“三支一扶”计划等基层服务项目招募规模的要求，科学编制年度招募计划，对深度贫困县等脱贫攻坚任务重的地区要增加招募计划，提高扶贫服务人员招募比例；对基层公共卫生服务基础相对薄弱地区，加大支医服务人员选派力度；对招人难、留人难的艰苦边远地区，可适当提高本地户籍高校毕业生招募比例；优先招募建档立卡贫困家庭、零就业家庭的高校毕业生。

二、根据疫情防控情况，稳妥安排招募工作

各地要根据本地疫情防控情况，稳慎安排今年“三支一扶”人员招募工作。及时向社会公布招募工作安排，利用多种渠道开展招募宣传，广泛发动应届高校毕业生报名。严格规范招募流程，坚持公开平等、竞争择优，采取统一发布公告、统一报名、统一命题、统一公示等方式，保障考试公平。参照当地公务员考录、事业单位招聘等有关做法，安全稳妥组织好集中笔试工作。要积极完成中央下达的招募计划，未完成招募的将按照中央财政补助名额调剂制度向其他省份进行调剂，招募计划完成情况将作为来年计划分配重要参考。

三、强化培养使用，充分发挥应有作用

各地要完善“三支一扶”人员管理制度，积极推行“一帮一”“传帮带”制度，指导基层服务单位为每一名“三支一扶”人员明确指导老师，积极推选“三支一扶”人员兼任基层服务单位团委副书记、基层供销社主任助理等，加强培养锻炼。加强对“三支一扶”人员工作考核，注重日常表现考核和工作实绩考核，强化约束监督。要认真组织实施“三支一扶”人员能力提升专项计划，多层次开展岗前、在岗和离岗培训，进一步健全贯穿全服务周期的教育培训制度，提升“三支一扶”人员综合素质和专业水平。中央财政支持的专项培训项目另行下达。要会同教育、水利、农业农村、卫生健康、扶贫等行业主管部门将“三支一扶”人员纳入行业人才培训对象范围，加强专业技术和技能培训。

四、落实待遇保障，加强关心爱护

各地要切实加强对疫情防控一线“三支一扶”人员的关心关爱，符合一线医务人员条件的可按现行政策规定享受临时性工作补助。要按规定按月足额发放“三支一扶”人员工作生活补贴，全面落实社会保险、一次性安家费等政策。鼓励有条件的地方为“三支一扶”人员办理补充医疗保险、重大疾病、人身意外伤害等商业保险以及住房公积金，建立年度考核奖励机制。指导和协调基层服务单位结合实际安排好“三支一扶”人员食宿、交通、休假等基本工作生活条件，解决后顾之忧。尤其要关心在艰苦边远地区扶贫一线服务的“三支一扶”人员，加强人文关怀和健康安全保障措施。要多渠道、多形式搭建“三支一扶”人员交流平台，组织开展节日慰问座谈，激发他们投身基层干事创业热情。

五、强化期满服务，推动期满人员扎根基层成长成才

各地要以鼓励“三支一扶”人员留在基层为重点，完善“三支一扶”人员期满流动政策，畅通流动渠道，加强流动服务。积极落实从服务期满考核合格“三支一扶”人员中定向招录公务员、专项招聘事业单位人员相关政策。参加“三支一扶”计划前无工作经历的人员服务期满且考核合格的，在2年内参加机关事业单位考录（招聘）、各类企业吸纳就业、自主创业、落户、升学等方面可同等享受应届高校毕业生的相关政策。要通过举办专场招聘活动等方式向各类用人单位积极推荐服务期满人员，扶持有创业意愿和创业能力的服务期满人员在基层创新创业，落实考研加分等政策，促进服务期满“三支一扶”人员有序流动、多渠道发展。及时将留在基层继续工作的“三支一扶”

人员纳入高校毕业生基层成长计划，重点跟踪培养，构建短期与长期相结合、服务与工作相配套的引导鼓励高校毕业生到基层工作体系。

六、加强宣传引导，弘扬担当奉献的正能量

各地要按规定对在疫情防控工作中担当作为、做出贡献的“三支一扶”人员给予表彰奖励。落实《中共中央宣传部 人力资源社会保障部关于开展“最美基层高校毕业生”学习宣传活动的通知》（人社部发〔2019〕139号）精神，通过开展“三个1”活动，即现场或在线聆听1场先进事迹报告会、学习1本先进事迹读本、撰写分享1篇学习心得，组织“三支一扶”人员深入学习“最美基层高校毕业生”先进事迹和宝贵精神，增强他们扎根基层、服务基层、奉献基层的信心和决心。要大力选树宣传“三支一扶”人员优秀典型，及时发现思想进步、敬业奉献、业绩突出、善于创新的基层“三支一扶”人员，加强对他们先进事迹的宣传报道。持续开展主题突出、形式多样的宣传报道活动，广泛宣传“三支一扶”计划的重要意义、实施成效，提升“三支一扶”计划社会影响力和美誉度。

七、加强组织领导，落实工作责任

各地要高度重视“三支一扶”工作，将其作为引导高校毕业生到基层工作、推进基层人才队伍建设的重要抓手，健全完善工作机制，强化部门沟通协调，指定专人负责，务求工作取得实效。除特殊省份外，原则上各地要在8月底前完成人员招募工作，9月底前新招募人员上岗到位。要依托全国高校毕业生“三支一扶”工作管理信息系统，认真及时做好信息采集、数据报送、进度管理、统计分析等工作，切实提高数据质量。省级财政部门、人力资源社会保障部门要按规定严格管理使用中央财政补助资金，在9月15日前按照中央下达的招募计划完成情况向财政部和人力资源社会保障部提出预算申请。要积极做好第三轮“三支一扶”计划总结评估工作，全面总结计划实施成效，深入分析面临的形势和问题，研究提出今后一个时期“三支一扶”工作思路，为推动“三支一扶”工作创新发展奠定基础。

2020 年 5 月 19 日

人力资源社会保障部办公厅关于开展2020年人力资源服务机构助力脱贫攻坚行动的通知

人社厅函〔2020〕56号

各省、自治区、直辖市及新疆生产建设兵团人力资源社会保障厅（局）：

2020年是全面建成小康社会目标实现之年，是全面打赢脱贫攻坚战收官之年。为统筹做好新冠肺炎疫情防控和决战决胜脱贫攻坚工作，进一步发挥人力资源服务机构在助力脱贫攻坚、提高劳务组织化程度中的重要作用，人力资源社会保障部决定开展2020年人力资源服务机构助力脱贫攻坚行动。现将有关事项通知如下：

一、总体要求

坚持以习近平新时代中国特色社会主义思想和党的十九大精神为指导，深入贯彻落实习近平总书记关于决战决胜脱贫攻坚的重要讲话精神和党中央国务院决策部署，坚持精准扶贫精准脱贫基本方略，充分发挥人力资源服务机构的职能优势和专业优势，积极应对疫情带来的影响和挑战，聚焦贫困地区特别是“三区三州”等深度贫困地区人力资源市场建设，创新方式，精准施策，着力提升劳务协作组织化程度和就业质量，为确保如期高质量完成脱贫攻坚目标任务提供坚实有力的人力资源服务支撑。

二、具体措施

（一）开展应对疫情助力贫困劳动力外出务工行动。各地要按照中央关于统筹推进疫情防控和经济社会发展工作的决策部署，充分发挥人力资源服务机构作用，做好帮扶贫困劳动力外出务工工作，全力支持企业复工复产。鼓励人力资源服务机构深入了解贫困劳动力，尤其是52个未摘帽贫困县及贫困村劳动力的外出务工需求和意愿，加强与输入地信息对接，结合实际开展“点对点”集中运送到岗，协助做好人员健康检测、服务保障等工作。对于开展贫困劳动力有组织劳务输出的人力资源服务机构、劳务经纪人，要落实就业创业服务补助政策。

（二）开展人力资源服务机构劳务组织提升行动。各地要依托东西部扶贫协作机制、对口支援机制，发挥人力资源服务机构等市场力量优势，针对贫困地区特别是“三区三州”等深度贫困地区、52个未摘帽贫困县、易地扶贫搬迁安置区，努力扩大劳务输出规模，积极促进贫困劳动力转移就业。引导人力资源服务机构在促进和谐劳动关系、维护各市场主体合法权益等方面发挥重要作用。

（三）开展人力资源服务机构精准对接行动。各地要充分激发人力资源服务机构、劳务经纪人的积极性主动性，加强人力资源市场供求信息监测，深入摸排贫困劳动力的基本情况和就业意愿，广泛搜集针对性强、适合度高的岗位信息，建立贫困劳动力就业需求数据库，调动贫困劳动力就业创业、劳动致富的内生动力，提供更加精准有力的对接服务。

（四）开展人力资源服务机构专场招聘行动。各地要充分发动各级人力资源服务产业园、人力资源服务机构举办线上扶贫专场招聘，结合部里统一开展的百日千万网络招聘专项行动——国家级人力资源服务产业园专场招聘等活动，发动有招聘需求的用人单位提供招聘信息，聚焦贫困劳动力实际需求，提供有针对性的个性化服务。西部相关省市及东部对口交流合作的相关省市，要重点针对52个未摘帽贫困县，协同开展人力资源服务机构专场招聘活动。要根据疫情防控工作进展情况，按照当地党委政府的统一部署要求，科学有序开展线下扶贫专场招聘活动。要组织人力资源服务机构为贫困劳动者送政策、送信息，特别是要让贫困劳动者充分了解掌握获取就业创业政策和招聘岗位信息的多种渠道。

（五）开展人力资源服务机构创业指导行动。各地要支持鼓励人力资源服务产业园和人力资源服务机构，紧密结合贫困劳动力需求，开发优化创业培训项目、产品，提供各类实用型、多样化创业培训服务。要引导人力资源服务机构组织知名专家、企业家、创投人士深入贫困地区，为开展电商、农产品加工、手工艺制作等项目提供创业指导、投融资、跟踪扶持等服务，通过创业带动贫困劳动力就业。

（六）开展人力资源服务机构技能扶贫行动。各地要依托人力资源服务机构，大力为贫困劳动力提供职业指导、技能开发等服务。组织人力资源服务机构联合技工院校、职业培训机构和企业面向贫困劳动力开展职业技能培训，针对有劳动能力、有就业意愿的贫困劳动力，采取定岗定向等培训模式，增强劳务组织化输出质量。对符合职业技能培训相关条件的，各地应按规定纳入补贴类培训范围。

（七）开展贫困地区人力资源市场援助行动。聚焦贫困地区特别是“三区三州”、52个未摘帽贫困县人力资源市场建设，大力实施“西部和东北地区人力资源市场建设援助计划”，建立完善跨区域交流合作机制，加强贫困地区人力资源服务机构与发达地区的对口交流合作，形成常态化合作机制。健全优化线上线下统一交流合作平台，支持鼓励东部省份引导人力资源服务机构到贫困地区设立分支机构，加强劳务对接，开展服务合作，切实提高劳务组织化程度和水平。

三、组织实施

（一）加强组织领导。脱贫攻坚已到攻城拔寨、全面收官阶段，各地要切实提高政治站位，以更加有力的举措、更加精细的工作，进一步做好人力资源服务机构助力脱贫攻坚工作。要突出工作重点，聚焦“三区三州”等深度贫困地区、52个未摘帽贫困县，周密筹划实施相关活动。要强化责任落实，将人力资源服务机构助力脱贫攻坚工作纳入各级人力资源社会保障部门综合考评体系，专题研究部署，定期推动落实。引导激发人力资源服务机构在助力脱贫攻坚中的社会责任感和积极性主动性，对符合相关条件的人力资源服务机构，加大支持力度，落实相关政策。

（二）形成工作合力。各地要结合实际，尽快制定完善针对性强、操作性好的行动实施方案，进一步强化工作措施、加大工作调度，确保人社部门、行业协会、人力资源服务产业园区、人力资源服务机构形成合力。要健全工作机制，坚持目标导向、问题导向和结果导向，找准工作切入点和着力点，加强与扶贫、财政等部门协同配合，确保人力资源服务机构助力脱贫攻坚各项行动措施落实落细、取得实效。

（三）加大宣传引导。各地要建立正面激励机制，将人力资源服务机构参与助力脱贫攻坚工作情况，与享受优惠政策、遴选诚信机构及领军企业等方面相结合。要及时总结助力脱贫攻坚工作的好经验好做法，对涌现出的人力资源服务机构及从业人员先进典型，通过多种形式、多种渠道进行宣传推广，充分发挥示范引领作用，营造良好社会氛围。

各地在推动工作中的典型做法和成效，请及时报告我部。

联系方式（略）

2020年4月3日

人力资源社会保障部办公厅关于做好新型冠状病毒感染的肺炎疫情防控期间人力资源市场管理有关工作的通知

人社厅明电〔2020〕8号

各省、自治区、直辖市及新疆生产建设兵团人力资源社会保障厅（局）：

为深入贯彻习近平总书记关于做好疫情防控工作重要指示精神，落实党中央、国务院决策部署，有效减少人员聚集，保障劳动者生命安全和身体健康，切实做好疫情防控期间人力资源市场管理工作，促进就业和人力资源有序流动配置，现就有关事项通知如下：

一、暂停现场招聘会等活动。暂停各地人力资源服务机构近期举办的现场招聘会、跨地区劳务协作、人力资源培训、供需对接会等聚集性活动。推迟或取消举办现场招聘会等活动的，要提前发布或公告相关信息。相关活动的恢复时间，由各地根据疫情缓解情况相应安排。

二、强化网络招聘等线上服务。人力资源服务机构要创新服务方式，充分运用“互联网+”、云平台等，针对高校毕业生、农民工等重点群体，加大对疫情防控物资生产等企业招用工支持力度，通过短信、微信公众号、网络发布岗位供求信息，采取电子邮件、传真、视频等形式开展远程笔试面试和人力资源培训等非现场服务。要畅通沟通渠道，设置服务热线，开通企业微信等线上服务，保障劳动者和用人单位合法权益。

三、合理安排现场服务。人力资源服务机构要科学安排业务流程，优化服务程序，精简办理材料，减少非必须的现场服务。要加强服务场所卫生安全，把服务劳动者和用人单位的场所作为重点区域，严格落实消毒、清洁等疫情防控要求，保持服务场所良好通风，做好疫情预防和控制工作。

四、做好人力资源服务许可备案等工作。各地要按照《人力资源社会保障部关于进一步做好新型冠状病毒感染的肺炎疫情防控工作的通知》（人社部明电〔2020〕1号）关于窗口服务单位疫情防控工作有关要求，做好人力资源服务许可备案工作。根据疫情防控情况，可适当延长人力资源服务机构年度报告公示和年度人力资源市场统计时限。

五、做好流动人员人事档案服务工作。流动人员人事档案管理服务机构要大力推行不见面服务，引导存档人员通过网上办、邮寄办、咨询办等方式，减少出行办事。对确需现场办理的业务实行预约办理，分时段分流办事群众，尽可能减少群众办理等候时间。

六、加强人力资源市场监测。各地要依托公共人力资源服务机构和经营性人力资源服务机构，密切结合疫情影响和防控情况，做好辖区内人力资源市场供求信息的统计分析，及时掌握、积极监测市场供求变动状况，为受疫情防控影响的劳动者提供市场信息，确保就业大局稳定和人才有序流动配置。

七、加大人力资源市场监管力度。各地要加大市场监管力度，积极发挥行业协会作用，对为疫情防控一线企业、单位提供优质服务的人力资源服务机构，可优先考虑纳入诚信示范典型，加大表彰、宣传和扶持力度。要依法严厉打击哄抬服务价格、就业歧视、发布虚假就业信息等违法违规行为，将失信机构纳入

“黑名单”，发挥“黑名单”约束惩戒作用。

各地要把新型冠状病毒感染的肺炎疫情防控作为当前人力资源市场管理的重要工作，认真落实各项防控措施，做到疫情防控和管理服务两不误。工作中的重要情况和典型做法，请及时报告我部人力资源流动管理司。

联系方式（略）

2020年2月6日

人力资源社会保障部办公厅关于切实做好新型冠状病毒感染的肺炎疫情防控期间高校毕业生“三支一扶”计划有关工作的通知

人社厅明电〔2020〕9号

各省、自治区、直辖市及新疆生产建设兵团人力资源社会保障厅(局):

为贯彻落实习近平总书记关于做好疫情防控工作重要指示精神，按照党中央、国务院决策部署和部党组有关要求，现就做好疫情防控期间高校毕业生“三支一扶”计划有关工作通知如下:

一、切实加强“三支一扶”人员防护。各地要在当地党委政府的统一领导下，按照当地重大突发公共卫生事件响应的工作要求，统筹做好当地“三支一扶”人员疫情防控工作。要关心关爱在基层服务的“三支一扶”人员，密切关注“三支一扶”人员的假期外出情况、身体健康状况等，通过微信、QQ、电话等形式保持沟通联系，精准摸排，全力做好防控工作。

二、统筹安排2020年“三支一扶”工作。各地要根据疫情防控情况和我部相关部署要求，适当调整或延后2020年度“三支一扶”人员招募工作安排，疫情期间不组织开展“三支一扶”人员能力提升专项培训。要按时按规定发放在岗“三支一扶”人员的工作生活补贴和一次性安家费，协调同级“三支一扶”

工作领导小组成员单位、基层服务单位、公共就业和人才服务机构等，做好服务期满人员直接考核招聘、就业创业等服务工作。

三、支持“三支一扶”人员参加疫情防控。各地要根据当地党委政府的统一部署和实际需要，支持动员“三支一扶”人员参与疫情防控相关工作。支持医疗岗位服务人员积极参加基层疫情防控工作，向群众积极宣讲普及疫情防控知识等；其他岗位服务人员根据基层需要积极参加基层疫情联防联控的相关具体工作。对参加疫情防控工作的“三支一扶”人员，特别是奋战在疫区一线人员，务必要求加强个人防护，做好必要的个人防护措施，切实保障个人安全。

四、及时发现宣传先进典型。各地要跟踪了解“三支一扶”人员参与疫情防控工作情况，及时发现先进典型和感人事迹，组织做好先进典型的宣传报道工作，坚定信心、凝聚力量，弘扬青春报国、担当奉献精神。有关重要情况和好的做法及时报送部流动管理司。

联系方式（略）

2020年2月6日

人力资源社会保障部办公厅关于切实做好新冠肺炎疫情防控期间人力资源服务有关工作的通知

人社厅明电〔2020〕11号

各省、自治区、直辖市及新疆生产建设兵团人力资源社会保障厅(局)：

为深入贯彻习近平总书记关于做好新冠肺炎疫情防控工作的重要指示精神，坚决落实党中央、国务院关于打赢疫情防控阻击战的决策部署，结合当前复工复产工作形势需要，指导鼓励各地各类人力资源服务机构紧贴抗击疫情、促进就业、服务发展、维护稳定等工作，依法科学有力有序地做好人力资源服务有关工作，为打赢疫情防控人民战争提供坚实人力资源服务支撑，现将有关事项通知如下：

一、加强重点单位用工服务。各地要激发人力资源服务机构积极性，指导公共服务机构切实发挥带头示范作用，引导经营性服务机构积极履行社会责任。聚焦疫情防控、公共事业运行、群众生活必需等涉及国计民生的重点单位，特别是与疫情防控工作直接相关的生产运输单位的用工需求，鼓励人力资源服务机构发挥信息汇聚、联通各方、专业服务的优势，综合运用线上对接、远程协作、线上专场招聘等方式，提供精准有力的供需对接服务。各地对提供职业介绍的人力资源服务机构，要根据有关规定落实就业创业服务补助政策。

二、强化线上求职招聘。各地要指导鼓励人力资源服务机构，大力拓展各类线上求职招聘服务模式，进一步创新挖潜、整合资源，通过开发全新功能，拓展服务方式，满足包括高校毕业生、农民工等重点群体在内的各类求职者的就业择业需求，为受疫情影响暂停或推迟的现场、校园等招聘活动，打造更优、更便捷的线上招聘服务平台。鼓励人力资源服务机构为受疫情影响较大或担负疫情防控重点任务的单位，适当减免招聘服务费用。

三、拓展线上培训。针对疫情防控期间用人单位和劳动者的就业创业、技能提升等多方面培训需求，鼓励人力资源服务机构及时跟进，积极开发和优化在线学习、直播课堂、热线辅导等服务项目和产品，提供各类实用型、多样化线上培训服务。鼓励有条件的人力资源服务机构，向疫情防控重点单位提供各类人力资源培训服务，对符合职业技能培训相关条件的，各地应按规定纳入补贴类培训范围。

四、加强人力资源管理咨询服务。各地要鼓励人力资源服务机构，主动对接用人单位在疫情防控期间存在的人员招聘、职位发布、简历筛选、人选沟通、聘用签约、绩效考核等人力资源管理工作需求，积极提供人力资源管理咨询、解决方案拟定等服务，助力用人单位经济高效、规范可靠地招到用好人力资源。

五、做好疫情防控人社政策宣讲。各地要指导支持人力资源服务机构及行业协会，通过各类宣传媒介，尤其是在开展人力资源服务过程中广泛运用的网络传媒、微信公众号等新媒体平台，对近期人社部门制定出台的疫情防控期间稳定就业、劳动关系、社会保障、人事人才等政策措施，进行全面深入地宣讲报道，周知人社政策，助力惠企惠民。

六、切实关心关爱职工。各地要指导鼓励人力资源服务机构及行业协会，切实关心关爱本单位职工和人力资源服务对象单位职工，尤其是滞留疫情严重地区和受疫情影响无法及时返岗职工的身心健康，通过发布公告、在线沟通等方式，积极向大家宣讲疫情防控政策措施和科学防疫健康知识，及时掌握职工动态情况，提供有针对性的职业发展咨询、心理健康援助等服务。

七、强化产业园区协同服务。各地人力资源服务产业园在做好自身防疫工作的同时，要统筹把握、稳妥有序安排园区内人力资源服务机构返岗复工，积极发挥园区产业集聚、服务齐全、功能完备的独特优势，协同开展统筹对接需求、线上专场招聘、全链条服务等活动，努力形成为疫情防控提供人力资源服务的工作合力。各地应结合实际，对在疫情防控期间发挥作用突出的人力资源服务机构，研究制定减免场地租金、给予奖励补贴等方面的措施办法。

八、加强人力资源服务需求监测。各地要加大对疫情防控期间人力资源服务需求的监测力度，深入研判疫情对人力资源服务行业发展的影响，特别要高度关注高校毕业生、农民工等重点就业群体，紧盯劳动者返岗复工、疫情防控进展等重要时间节点，充分发挥各类人力资源服务机构的专业优势，采取设点监测、线上调研、数据对比等方式，通过发布监测信息、开展预测分析、编制需求目录等手段，为做好疫情防控、服务就业大局、促进稳定发展，提供重要参考。

各地要切实提高政治站位，落实主体责任，勇于担当作为，依法合规做好疫情防控期间人力资源服务工作。同时，及时发现和宣传在疫情防控及复工复产工作中涌现出的人力资源服务先进典型，深入总结经验做法，不断提升人力资源服务能力水平。工作中遇到重要情况，请及时报告我部人力资源流动管理司。

联系方式（略）

2020 年 2 月 18 日

职业能力建设

人力资源社会保障部　财政部
关于实施职业技能提升行动“互联网+
职业技能培训计划”的通知

人社部发〔2020〕10号

各省、自治区、直辖市及新疆生产建设兵团人力资源社会保障厅（局），财政厅（局）：

为坚决贯彻党中央、国务院决策部署，助力打赢新型冠状病毒感染肺炎疫情防控阻击战，人力资源社会保障部、财政部决定在2020年至2021年实施职业技能提升行动“互联网+职业技能培训计划”，鼓励支持广大劳动者参加线上职业技能培训，现就有关事项通知如下。

一、目标任务

针对新型冠状病毒感染肺炎疫情防控工作要求，立足经济社会发展和就业创业需要，实施“互联网+职业技能培训计划”，大力推进职业技能提升行动。2020年，实现“511”线上培训目标：征集遴选50家以上面向全国的优质线上职业技能培训平台，推出覆盖100个以上职业（工种）的数字培训资源，全年开展100万人次以上的线上职业技能培训；到2021年，健全“互联网+职业技能培训”管理服务工作模式，构建线上培训资源充足、线上线下融合衔接、政策支持保障有力、监管有序到位的工作格局，进一步扩大线上培训规模，提高线上培训质量。

二、工作原则

（一）服务大局，防控第一。各地要从疫情防控大局出发，按照当地党委政府统一部署，因地因时制宜，统筹推进职业技能提升行动。疫情防控期间，暂缓开展线下集中培训，积极开展线上职业技能培训。

（二）免费开放，资源共享。加大线上培训资源供给，疫情防控期间，组织线上平台免费开放培训课程资源，加强线上培训课程开发，推动优质培训资源共享。

（三）分类施策，融合发展。大力推行线上线下结合的培训方式，分类组织实施。对理论知识、通用职业素质、疫病防治与卫生健康等综合性内容以及仿真模拟和技能视频演示等以线上培训为主；对实操性强的职业技能培训实行线上学习线下实训融合开展。

（四）夯实基础，加强服务。加强线上培训与公共就业服务和人力资源市场信息衔接，加强职业技能标准开发和技能评价工作，提升线上培训基础能力。明确线上培训激励政策措施，做好线上培训管理监管和服务。

三、组织实施

（一）大力开展线上职业技能培训。创新培训方式方法，充分利用门户网站、移动 App、微信等多种渠道，扩大线上职业技能培训的覆盖面。面向社会征集资质合法、信誉良好、服务优质的线上职业技能培训平台及数字资源。根据各地产业发展和就业工作实际，组织待岗、返岗和在岗企业职工以及离校未就业高校毕业生、就业重点群体等参加线上培训。

（二）丰富线上培训课程资源。将职业道德规范、通用职业素质、就业指导、工匠精神、质量意识、法律意识和相关法律法规、安全消防环保和健康卫生、疫病防控以及新知识、新技术、新工艺等内容纳入线上课程开发内容。积极推动技工院校、企业和社会培训机构开发线上培训课程，开放线上培训资源，与线上培训平台合作开展线上培训。充分发挥技能大师等优秀高技能人才作用，组织开发绝招绝技、技能及工艺操作法等技能训练微课，提升线上培训效果。

（三）强化对企业的支持力度。在受疫情影响停工期间（整体停工或部分停工），对各类企业（包括依托互联网技术实现运营的平台企业和新业态企业）自主或委托开展的职工（含与其建立劳动关系或未建立劳动关系但通过平台提供服务获取劳动报酬）线上培训，按规定纳入职业培训补贴范围，所需资金可从职业技能提升行动专账资金中列支。对受疫情影响的企业开展项目制培训，可按规定预拨一定比例的培训补贴资金。

（四）加大培训补贴政策支持。各级人社、财政部门要制定线上培训相关政策和管理规定，对于参加线上培训并取得相应课程培训合格证明的学员，按照规定给予培训补贴，所需资金可从职业技能提升行动专账资金中列支。

（五）鼓励支持劳动者参加线上培训。各地可根据实际，对参加线上培训的建档立卡贫困劳动力、就业困难人员、零就业家庭成员、“两后生”中农村学员和城市低保家庭学员，在培训期间给予一定的生活费补贴（不含交通费补贴），所需资金可从就业补助资金中列支。

（六）做好技能人才评价。疫情防控期间，要统筹开展技能人才评价，服务支持线上培训。企业可结合生产经营实际，采取线上理论考试、生产过程考核、工作业绩考评等方式进行技能评价，指导社会培训评价组织有序开展职业技能等级认定。

（七）夯实线上培训基础。各地要结合产业发展和就业状况，将相关线上培训平台及数字资源纳入当地“两目录一系统”。做好新职业开发，加快职业技能标准和培训教材开发，为线上培训提供基础支持。

（八）优化管理服务。各地要加强对线上培训的调度、统计和管理，建立劳动者职业培训电子档案。要以提升职业培训补贴便利性和有效性为核心，实现补贴网上申请，简化补贴办理流程，缩短补贴发放周期。积极推行培训机构和培训项目、企业新型学徒制、企业技能人才自主评价等实施线上审批或备案。

四、工作要求

各级人社、财政部门要深入贯彻习近平总书记对疫情防控工作作出的重要指示精神，充分认识开展“互联网+职业技能培训”的重要性和紧迫性，抓紧实施职业技能提升行动。要切实强化组织领导和培训计划实施，层层分解培训任务，压实主体责任。要加强疫情防控期间开展线上培训的政策宣传，及时发布有关信息，引导各类劳动者积极参与线上培训。要加强线上培训管理和监督检查工作，定期采集培训数据，分析线上培训状况，严格监管线上培训过程，杜绝套取培训补贴资金情况的发生。对以虚假线上培训等套取、骗取资金的机构、培训平台及个人须依法依纪严惩。

2020 年 2 月 17 日

人力资源社会保障部关于加强技工院校劳动教育的实施意见

人社部发〔2020〕27号

各省、自治区、直辖市及新疆生产建设兵团人力资源社会保障厅（局）：

为贯彻落实《中共中央　国务院关于全面加强新时代大中小学劳动教育的意见》精神，构建德智体美劳全面培养的技工教育体系，现就加强技工院校劳动教育提出以下实施意见。

一、总体要求

（一）指导思想。以习近平新时代中国特色社会主义思想为指导，全面贯彻党的教育方针，深入落实党中央、国务院关于全面加强新时代大中小学劳动教育的决策部署，坚持立德树人，坚持培育和践行社会主义核心价值观，把劳动教育融入技工院校技能人才培养全过程，贯穿家庭、学校、社会各方面，与德育、智育、体育、美育相融合，弘扬劳动光荣、技能宝贵、创造伟大的时代风尚，倡导劳动精神、劳模精神、工匠精神，注重教育实效，实现知行合一、工学一体，促进学生形成正确的世界观、人生观和价值观，坚定劳动创造美好生活的信念，践行技能成才、技能报国的理想。

（二）目标任务。结合技工教育特点，构建技工院校劳动教育体系，精准把握劳动教育基本原则和基本内涵，开展以“新时代、新青年、新技能、新梦想”为特色的技工院校劳动教育。

以培养担当民族复兴大任的新时代技能人才为导向，以引导学生理解和形成马克思主义劳动观、培养劳动精神和形成良好劳动习惯为目标，以日常生活劳动、生产劳动和服务性劳动等为抓手，在技能学习和劳动实践中磨炼学生艰苦奋斗、精益求精的意志品质，引导其成长为辛勤劳动、诚实劳动、创造性劳动的高技能人才。

二、构建技工院校劳动教育体系

（三）优化劳动教育课程设置。各地要将劳动教育纳入技工院校人才培养方案，增设劳动教育公共课必修课程。及时跟进优化专业和课程设置，完善劳动教育课程体系，开足开齐劳动教育课程。依托技能大师工作室等开展技能传授，联合行业企业深度参与课程开发。积极开设选修课并用好开学第一课，邀请大国工匠、高技能人才楷模、劳动模范、世界技能大赛获奖选手、优秀校友等进校园开展讲座，发挥榜样示范和典型引路的作用。通过劳动教育引导学生树立正确劳动观，深入体会劳动创造世界、创造美好生活，提高践行工匠精神的自觉意识，练就工匠技艺，养成劳动习惯，树牢劳动最光荣、劳动最崇高、劳动最伟大、劳动最美丽的观念，培养勤俭、奋斗、创新、奉献的劳动精神。

（四）依托校企合作实习实训开展劳动教育。技工院校要充分发挥校企合作办学特色，以实习实训课为主要载体开展劳动教育，其中劳动精神、劳模精神、工匠精神专题教育不少于每学年16学时。深入推进校企双制、工学一体办学模式，积极开展企业新型学徒制培训，大力推广一体化课程教学改革，在实训教学中融入劳动教育内容。遵循学生成长规律和职业能力形成规律，统筹安排形式多样的实习工作，强化校企协同育人。加强与实习单位的协作，在学生实习过程中加强新知识、新技术、新工艺、新方法的使用，提高解决实际问题能力，积累职业经验。

（五）强化劳动教育时代特征。技工院校要聚焦新产业、新经济、新职业发展方向，突出“高、精、尖、缺”导向，培养急需紧缺技能人才，体现劳动教育的时代性，提高针对性。紧密结合产业经济发展方向开展劳动教育，实现产业、职业、专业与就业创业联动发展，针对劳动新形态加强新职业、新业态技能人才培养，增强学生职业荣誉感，强化技工教育就业导向。

（六）大力开展职业技能竞赛交流活动。把职业技能竞赛打造成劳动教育的重要载体，组织引导技工院校师生积极参与世界技能大赛、全国技能大赛以及各级各类职业技能竞赛活动，定期组织开展全国技工院校教师职业能力大赛和学生创业创新大赛。在相关竞赛评价指标中融入劳动教育元素，突出劳动精神导向。举办技能日、劳动周、劳动月、技能夏（冬）令营、技能成果展览、高技能人才研修交流、先进事迹报告会等技能与劳动展示交流活动，创新劳动教育方式，增强劳动教育吸引力。

（七）统筹开展校内校外劳动教育。将劳动教育融入技工院校日常教学工作，组织学生参加校园卫生保洁、绿化美化等形式多样的校内劳动，开展班务整理、勤工俭学等实践活动，提高学生劳动意识，养成良好劳动习惯。引导学生家庭发挥在劳动教育中的基础作用，利用日常生活劳动实践，使学生掌握生活技能。充分依托社会各方面资源，建立相对稳定的实习和劳动实践基地。结合实习教学安排，组织学生到企业公司、工厂农场参加力所能及的生产劳动、参与新型服务性劳动。支持学生深入城乡社区、企业事业单位等参加志愿服务、公益劳动等多种形式的社会劳动实践。

（八）加强创业创新实践。将创业创新实践课程与劳动教育课程相结合，建立健全技工院校创业培训体系，依托创业孵化基地、众创空间、网络平台开展各类创业培训。充分发挥技工院校就业指导机构、“互联网+”等载体的作用，有条件的技工院校可开设创业训练营、创业孵化基地、创业咨询服务机构，为学生创业提供创业服务。鼓励技工院校积极参与“中国创翼”创业创新大赛、全国创业培训讲师大赛等各类创业创新比赛，支持学生创业创新。

（九）强化劳动素养考核。将劳动素养纳入技工院校学生综合素质评价体系，综合评估学生参加劳动技能和劳动成果展示、技能竞赛活动情况，记录课内外劳动过程和结果，加强实际劳动技能和价值体认情况的考核。将学生参加家务劳动和掌握生活技能的情况按年度记入学生综合素质档案。把劳动素养评价结果作为衡量学生全面发展情况的重要内容，作为评优评先的重要参考和毕业依据。

三、完善技工院校劳动教育保障机制

（十）加强师资队伍建设。建立技工院校专兼职结合的劳动教育教师队伍。将劳动教育纳入教师培训内容，开展全员培训，强化教师的劳动意识、劳动观念，提升实施劳动教育的自觉性。对承担劳动教育课程的教师进行专项培训，提高劳动教育专业化水平。鼓励开展劳动教育科学研究，组织经常性的劳动教育课程教研活动，促进劳动教育理论与实践相结合，不断丰富教学内容，优化教学方式，增强教学效果。有条件的地区和院校可组织开展劳动教育教学竞赛，提高教师能力水平。

（十一）加强劳动教育教材建设。按规定制定劳动教育课程标准，组织编写劳动教育教材。组织编写劳动实践活动指导手册，明确教学目标、实践设计、工具使用、考核评价、安全保护等劳动教育要求。推进技能人才培养标准、一体化课程规范和教材建设紧密结合，推动世界技能大赛标准和成果进教材。积极运用互联网平台推广应用数字化教学资源，体现劳动教育元素。

（十二）推动建设劳动基地。加大推动公共实训基地、高技能人才培训基地和世界技能大赛集训基地建设力度。支持各地依托技工院校建设行业或区域性实训基地，鼓励引企驻校、引校进企、校企一体等方式，吸引优质企业与学校共建共享生产性实训基地。发挥技工院校实训场地资源和紧密联系企业等优势，加强与相关政府部门、大中小学和社会组织的合作交流，积极开放实践场所，共建共享劳动教育实践基地，提升服务能力和水平。

（十三）强化劳动保护安全保障。指导技工院校加强劳动安全教育，强化劳动风险意识，建立健全安全教育与管理并重的劳动安全保障体系。科学评估劳动实践活动的安全风险，排查清除劳动实践中的隐患。强化对劳动过程每个岗位的管理，明确各方责任，防患于未然。建立实习实训场地安全应急制度，对实习实训场所专职管理人员定期开展应急处置知识学习和应急处理培训。加强学生实习实训安全技能和操作规范培训并进行考核，未通过考核的人员不得进入实习实训场所进行实训操作。制定劳动实践活动风险防控预案，完善应急与事故处理机制。

四、强化技工院校劳动教育组织实施

（十四）提高政治站位。劳动教育是中国特色社会主义教育制度的重要内容，直接决定社会主义建设者和接班人的劳动精神面貌、劳动价值取向和劳动技能水平。技工院校是培养新时代高素质技能人才的重要载体。加强技工院校劳动教育是培养德智体美劳全面发展的社会主义建设者和接班人的必要途径，是提升技工院校技能人才培养质量的重要举措。各级人力资源社会保障部门要深入学习党中央、国务院有关要求，高度重视新时代技工院校劳动教育，坚决贯彻落实部署要求，推动技工院校劳动教育工作取得实效。

（十五）加强组织领导。各地人力资源社会保障部门要在地方党委统一领导下，加强对本地区技工院校劳动教育工作的组织领导，明确负责部门，层层压实工作责任。结合本地实际研究制定实施方案，推动技工院校切实加强劳动教育。要指导技工院校抓好工作落实。学校应制定劳动教育具体实施办法，明确实施机构和人员、工作内容、方式方法等，开好课程、抓好教学、用好教材、办好活动，多措并举深入开展劳动教育。

（十六）健全经费投入机制。各级人力资源社会保障部门要协调有关部门加大经费支持力度，可采取政府购买服务方式，吸引社会力量提供劳动教育服务。学校应建立劳动教育器材、耗材补充机制，可按照规定统筹安排公用经费等资金开展劳动教育。

（十七）强化宣传引导。及时总结推广技工院校劳动教育典型经验和优秀案例。组织开展好职业教育活动周、世界青年技能日、技能中国行等活动，宣传校企合作、技能竞赛、技艺传承等成果。结合高技能人才评选表彰和职业技能大赛等工作，大力宣传劳动创造世界、技能成就未来的典型人物和事迹，弘扬劳动光荣、创造伟大的主旋律，营造全社会关心支持劳动教育的良好氛围。

2020 年 4 月 29 日

人力资源社会保障部　财政部
共青团中央关于印发百万青年
技能培训行动方案的通知

人社部发〔2020〕59 号

各省、自治区、直辖市及新疆生产建设兵团人力资源社会保障厅(局)，财政厅（局)，团委：

为贯彻落实党中央、国务院决策部署，深入实施职业技能提升行动，扎实做好广大青年职业培训工作，促进高校毕业生等青年就业创业，加快建设知识型、技能型、创新型劳动者大军，特实施百万青年技能培训行动。

现将《百万青年技能培训行动方案》印发给你们，请结合本地工作实际，认真贯彻执行。

2020 年 7 月 21 日

百万青年技能培训行动方案

一、行动目标

深入贯彻党中央、国务院把稳就业摆在更加突出位置的要求，实施百万青年技能培训行动，以高校毕业生和其他青年群体为培训对象，以提升青年就业创业能力为核心，大规模开展青年职业技能培训。2020 年至 2021 年，面向各类青年群体开展职业技能培训 200 万人次以上，提高青年就业率和创业成功率，扩大和稳定青年就业。

二、主题

百万青年长技能，促进就业见行动

三、对象范围

14~35 周岁有就业创业意愿和培训需求的城乡各类青年劳动者。

四、实施和参与主体

各地人力资源社会保障部门具体组织实施，有关部门、行业、企业、社会团体、职业院校和有关机构积极参与，形成工作合力，健全组织实施网络，共同实施百万青年技能培训行动。

五、行动内容

（一）青年学徒培养计划。组织企业新招用高校毕业生或在职青年职工等参加 1 年以上的企业新型学徒制培训。学徒培训主要运用企业与技工院校、职业院校、职业培训机构、企业培训中心等企校双师带徒、工学交替培养模式进行。通过企校合作，重点培训与企业岗位相关的理论知识、操作技能、安全生产规范、职业素养等，强化有针对性的理论知识学习和岗位技能训练，把高校毕业生等青年培养成为适合企业发展和岗位需要的高技能人才。2020 年至 2021 年，对组织高校毕业生等开展企业新型学徒制培训的，给予企业每人每年 5 000 元以上的职业培训补贴，培训耗材较高的职业（工种），可提高补贴标准。

（二）青年以工代训计划。把企业青年职工作为企业稳岗扩岗专项支持计划的重点对象，大力开展以工代训，实现以训稳岗。支持中小微企业吸纳离校两年内高校毕业生等青年开展以工代训，支持受疫情影响出现生产经营暂时困难导致停工停业的中小微企业组织青年职工开展以工代训，支持外贸、住宿餐饮、文化旅游、交通运输、批发零售等行业的各类企业开展以工代训，并按规定给予企业职业培训补贴，受理期限截至 2020 年 12 月 31 日。

（三）青年技能研修计划。以企业、技工院校和技能大师工作室等为载体，开展青年技能研修培训。组织企业在职青年到技能大师工作室或技工院校进行职业技能研修和实训，强化实际操作技能训练和综合职业素养培养，增强和提升岗位工作能力。有条件的地区，可提高对技能大师工作室的补贴标准，补贴资金从就业补助金列支。组织技工院校、职业院校针对未就业高校毕业生等青年开设不超过 3 个月中长期技能训练班或进行非全日制弹性学习，开展定向、定岗培训，补强技能短板，提升青年就业能力。技能研修要对接人力资源市场、企业和青年需求，因材施教，特色办班。

（四）青年创业培训计划。加大青年创业支持力度，面向有创业意愿和培训需求的城乡青年，开展有针对性的创业培训。加强创业意识教育、创业项目指导和网络创业等培训，提高创业能力和创业成功率。要强化落实创业担保贷款、税费减免等扶持政策，提供创业咨询指导、创业孵化、融资、法律咨询和事务代理等全方位服务，健全创业培训、创业扶持和创业服务“三位一体”的工作体系。对创办企业成功且经营稳定的，按规定给予创业补贴和优先贷款支持。

（五）青年新职业培训计划。立足青年特点，面向新职业、新技能和新就业形态，重点开展人工智能、大数据、云计算等新技术培训，媒体运营、网络营销、电子竞技、健康照护等新职业培训，以及网络平台就业创业等新业态培训。大力推行线上线下相结合的培训方式，实行线上学习线下实训融合开展。鼓励各类平台机构将培训与推荐就业紧密衔接。

（六）青年职业技能竞赛计划。广泛组织各级各类职业技能竞赛，实现以赛促训。各地可设置智能制造、信息通信、生活服务等职业赛项，举办职业技能竞赛活动。积极组织青年参加中华人民共和国职业技能大赛、世界技能大赛、“振兴杯”青年职业技能竞赛等竞赛活动。创新竞赛形式，采取线上与线下相结合的方式组织竞赛活动。要动员青年参加赛前职业技能培训，不断提升技能水平。

六、组织实施

（一）加强组织领导。各地要将百万青年技能培训工作纳入职业技能提升行动总体安排，做好相关组织管理、数据统计、调度督导等工作。要以地方政府为主导，层层压实责任，人力资源社会保障、财政、共青团等密切配合、协同联动，共同推进工作落实。人力资源社会保障部门要充分发挥牵头和统筹协调作用，财政部门要做好资金保障，共青团组织要广泛动员和发动各类青年劳动者，积极参加各类职业技能培训计划。各地要根据实际统筹实施，向广大青年提供不断线的培训和就业服务。

（二）落实经费保障和相关补贴政策。对参加培训行动的各类青年，按规定给予补贴，所需资金可从职业技能提升行动专账资金中列支。

（三）营造良好环境。广泛开展主题宣传活动，大力宣传党和国家关于加强青年职业培训工作的方针政策，宣传技能成才、技能就业的典型事迹。加强政策咨询和服务保障工作，运用现场集中办公、线上咨询办理、上门服务等多种方式，推动百万青年技能培训政策落实落地，行动见到成效，为保持青年就业局势总体平稳，促进经济发展和社会大局稳定做出积极贡献。

人力资源社会保障部　民政部　财政部　商务部　全国妇联关于实施康养职业技能培训计划的通知

人社部发〔2020〕73号

各省、自治区、直辖市及新疆生产建设兵团人力资源社会保障厅(局)、民政厅（局)、财政厅（局)、商务厅（局)、妇联：

健康照护、养老护理、家政服务、婴幼儿照护等康养服务从业人员职业素质和工作质量，直接关系人民群众日常生活和切身利益。为贯彻落实党中央、国务院有关要求，推进职业技能提升行动，促进康养服务技能人才培养和劳动者就业创业，人力资源社会保障部、民政部、财政部、商务部、全国妇联决定组织实施“康养职业技能培训计划”。现将有关事项通知如下：

一、总体要求和目标任务

（一）总体要求。认真贯彻落实习近平总书记关于统筹做好推进疫情防控和经济社会发展工作的重要指示，围绕做好“六稳”工作，服务落实“六保”任务，聚焦当前人民群众反映强烈的康养服务从业人员数量不足、职业技能水平不高等实际问题，坚持培训先行、人人持证，大规模、高质量开展康养服务人员职业技能培训，健全培养、使用、评价和激励工作体系，加快培养数量充足、素质优良、技能高超、服务优质的康养服务技能人才。

（二）目标任务。2020年至2022年，培养培训各类康养服务人员500万人次以上，其中养老护理员200万人次以上；充分利用现有各类职业技能培训和公共实训基地，在全国建成10个以上国家级（康养）高技能人才培训基地；加强职业标准、培训师资和教材建设，不断提升康养培训基础能力。

二、健全康养服务人员培训体系

（三）建立康养服务人员培训制度。建立以地方政府为工作主体，有关部门协调支持，院校、企业、社会团体、职业培训机构、公共实训基地、养老服务机构、儿童福利机构等为实施载体，适应康养服务市场需求和人员就业需要的职业技能培训制度，全面推行康养服务人员就业上岗前培训、岗位技能提升培训、转岗转业培训和创业培训。加强康养服务实训基地建设，支持有条件的企业兴办培训实训机构。扩大职业院校（含技工院校，下同）招生和培养规模，积极面向有意愿从事康养服务的各类人员开展培养培训。

（四）全面提升康养服务人员职业技能水平。以提升职业能力为重点，强化康养服务人员的实际操作技能训练、综合职业素质培养，并将法律知识、职业道德、从业规范、质量意识、健康卫生等要求和心理学、营养学等方面的内容贯穿培训全过程。加强失能失智人员照护、老年人照护、康复护理服务、饮食起居照料、生活家务料理、婴幼儿照护、儿童照护、意外伤害预防与处理等方面的岗位技能培训，提升从业人员职业技能水平。

（五）健全康养服务培训标准体系。按照健康照护师、养老护理员、家政服务员、育婴员、保育员、孤残儿童护理员等国家职业技能标准、培训大纲和最新行业企业考核评价规范开展培训。针对不同培训对象的文化程度和就业经历，开发全面系统、简便可行的培训课程。对基础性、易操作的知识和技能，组织开发通用速成教材，帮助入职者尽快掌握职业技能要求。有关院校和培训机构要优化课程设置，构建多层次、模块化、高质量的技能课程体系。院校和培训机构要加强校企合作，推行“职业培训包”和“工学一体化”培训模式，增强培训实效。

（六）大力培育康养服务企业和培训机构。支持健康照护、养老、家政、托育服务等企业发展，推动建设产教融合型企业。探索以龙头企业和培训机构为主体，支持建设高技能人才培训基地、家政服务职业培训示范基地、家政劳务输出基地等，打造培训实训体系，引领行业发展。鼓励和支持有关职业院校开设健康管理（健康服务与管理）、康复保健、老年保健与管理（老年服务与管理）、护理（养老护理员、育婴员、保育员）、家政服务与管理（家政服务）、公共营养保健等相关专业，强化理论知识和工作实训，加强高层次、综合性专业人才培养。

三、促进康养服务人员职业发展

（七）开展康养服务人员职业技能评价。紧跟新产业、新业态、新模式，加强康养服务新职业和相关职业技能标准开发，做好康养服务技能人才评价工作，畅通从职业资格或职业技能等级五级（初级工）、四级（中级工）、三级（高级工）到二级（技师）、一级（高级技师）的职业发展通道，拓宽职业发展空间。对经评价认定合格的，纳入证书查询系统和信息管理服务平台，向社会公开。推进评价认定信息与相关业务主管部门共享，为康养服务人员培训、使用和监管提供数据支撑。要严格证书管理，加强评价工作的事中事后监管，确保评价质量和效果，防止乱发证和以次充好等不良现象。

（八）加强康养服务人员激励保障。加大康养服务人员的激励力度，强化政府激励引导，充分发挥市场机制作用，提升从业人员经济待遇和社会地位，增强职业吸引力。各地、各有关部门开展技能人才评选表彰，可适当向康养服务人员倾斜。鼓励市场主体建立从业人员薪酬待遇与职业技能等级和服务内容、时间、难易等挂钩机制，实现技高者多得，多劳者多得。鼓励家政服务员通过全国家政服务信用信息平台建立信用记录，引导消费者优先选择信用良好的家政服务员。各级政府和有关部门要加强对康养服务人员的职业指导、就业服务和关心关爱，维护其合法权益。

（九）广泛组织职业技能竞赛活动。大力开展康养服务人员职业技能竞赛，按照有关规定对获奖选手予以奖励，并晋升相应的职业技能等级。组织开展面向贫困劳动力的职业技能竞赛，将有关康养服务类职业（工种）作为竞赛项目，引导和带动更多贫困劳动力从事康养相关职业。推动世界技能大赛健康和社会照护等项目的竞赛标准转化为职业教育培训标准和课程，促进人才培养与国际接轨，提高培养质量和水平。

四、做好组织实施工作

（十）加强组织领导。各地、各有关部门要充分认识加强康养服务人员职业技能培训的重要意义，把康养职业技能培训计划作为重要民生工程，加强组织领导和统筹实施，建立地方政府主导，人社、民政、财政、商务、妇联等部门协调配合的联动机制，形成工作合力，推进培训信息与相关业务主管部门共享，加强康养服务人员信息信用管理。要将康养职业技能培训计划纳入各地职业技能提升行动，同步进行部署、落实、督导和考核。各地人社部门、民政部门共同做好养老护理员培养培训工作；各地民政部门要做好养老院院长和专兼职老年社会工作者培养培训工作。上述两项具体培训任务由各省（区、市）按 2019 年底当地 60 岁以上老年人数量占全国总数比例确定。

（十一）加大培训补贴政策落实力度。各地要将健康照护师、养老护理员、家政服务员、育婴员、保育员等作为急需紧缺职业（工种），纳入本地职业技能提升行动“两目录一系统”，按规定落实好职业技能培训补贴、创业培训补贴以及职业技能鉴定补贴政策，所需资金从职业技能提升行动专账资金中列支；按规定落实好生活费补贴政策，所需资金从就业补助资金中列支。有条件的地方，可适当提高职业技能培训补贴标准。各地不得以地域、户籍、年龄、缴纳社保等为前提条件，限制上述人员参加培训并享受培训补贴。

（十二）加大宣传和推动力度。各地要采取多种方式，做好培训计划和从业人员待遇政策解读服务。创新方式和手段，开展宣传服务周（月）活动，通过现场咨询、“12333”热线、上门宣传、发放政策宣传页、张贴宣传海报、投放公益广告等方式，提高政策知晓度。要注重培育全国知名劳务输出地，打造康养服务人员劳务品牌，扩大社会影响力。充分利用媒体，选树先进典型，营造劳动光荣的社会风尚和精益求精的敬业风气，不断增强康养服务人员的职业荣誉感和岗位吸引力，鼓励引导更多劳动者技能就业和技能成才。

2020 年 10 月 9 日

人力资源社会保障部关于印发《中华人民共和国职业技能大赛标志管理办法（试行）》的通知

人社部发〔2020〕78号

各省、自治区、直辖市及新疆生产建设兵团人力资源社会保障厅（局），国务院有关部门、有关行业组织、中央企业人事劳动保障工作机构：

为加强对中华人民共和国职业技能大赛标志的保护和规范使用，维护中华人民共和国职业技能大赛标志权利人的合法权益，根据《特殊标志管理条例》及知识产权保护相关法律法规，我部制定了《中华人民共和国职业技能大赛标志管理办法（试行）》。现印发给你们，请遵照执行。

2020年10月29日

中华人民共和国职业技能大赛标志管理办法（试行）

第一条 为加强对中华人民共和国职业技能大赛（以下简

称“全国技能大赛”）标志的保护和规范使用，维护全国技能大赛标志权利人的合法权益，根据《特殊标志管理条例》及知识产权保护相关法律法规，结合全国技能大赛筹办工作实际，制定本办法。

第二条 本办法所称全国技能大赛标志包括：

（一）名称

中文名称“中华人民共和国职业技能大赛”。中文简称“全国技能大赛”、英文名称“Vocational Skills Competition of the People’s Republic of China”、英文缩写“CVSC”。

（二）标识

全国技能大赛组委会对外公布的标识，图标原型源于“技”字笔意。

第三条 人力资源社会保障部为全国技能大赛标志所有人，授权全国技能大赛组委会对全国技能大赛标志进行管理。

第四条 全国技能大赛标志的使用应当有助于全国技能大赛的筹备和推广工作。使用人应当维护全国技能大赛和全国技能大赛组委会的形象，按照本办法规范使用全国技能大赛标志。未经人力资源社会保障部或全国技能大赛组委会的许可，任何单位和个人不得擅自使用与全国技能大赛标志相同或近似的图形、文字或其组合。

第五条 任何单位和个人不得冒用人力资源社会保障部或全国技能大赛组委会的名义提供涉及全国技能大赛标志的商品或服务，举办会议、大赛、展览、广告宣传、征集赞助等活动。

第六条 未经人力资源社会保障部或全国技能大赛组委会的许可，任何单位和个人不得将全国技能大赛标志中的名称、标识等用于商品、商品包装、容器、商品交易文书上，不得用于任何形式、任何媒体的广告宣传、展览以及其他商业活动中。

第七条 任何单位和个人不得实施下列混淆行为，可能使人认为其与全国技能大赛或全国技能大赛组委会存在特定联系。

（一）擅自使用与全国技能大赛、全国技能大赛组委会相同或者近似的名称、简称、标识、图形，或上述相关元素不同形式的组合。

（二）擅自使用全国技能大赛、全国技能大赛组委会等域名主体部分、网站名称、网页、App、小程序等。

（三）其他可能使人认为其与全国技能大赛、全国技能大赛组委会存在特定联系的混淆行为。

第八条 为做好全国技能大赛筹办和推广工作，人力资源社会保障部或全国技能大赛组委会可以授权特定实体实施全国技能大赛标志使用许可工作。

需要使用全国技能大赛标志且依法成立的企业、事业单位、社会团体、个体工商户，应当向人力资源社会保障部或全国技能大赛组委会或其授权特定实体提出书面申请。经同意后，双方应当签订书面协议，明确使用范围、地域和期限等。

第九条 被授权使用的单位应当在授权书载明的使用范围、地域、期限内规范使用全国技能大赛标志。未经人力资源社会保障部或全国技能大赛组委会书面同意或许可，不得转授权。

第十条 人力资源社会保障部或全国技能大赛组委会在全国技能大赛筹备和推广工作及城市文明公益宣传等非商业活动中，可以自己使用或授权其他单位使用全国技能大赛标志。

第十一条 任何企业、事业单位、社会团体、个体工商户从事或参加与全国技能大赛相关的服务平台、展示平台、线上或线下活动等，且需使用全国技能大赛标志的，应当就使用行为取得人力资源社会保障部或全国技能大赛组委会或者其授权特定实体书面授权。

上述单位经合法授权后，应当使用全国技能大赛相关服务平台、展示平台、线上或线下活动等名称的全称，不得仅使用“中华人民共和国职业技能大赛”或其简称。

第十二条 经合法授权的单位，应当加强标志使用的规范与管理，遵守人力资源社会保障部或全国技能大赛组委会制定的标志使用管理办法。特殊标志的使用人应当是依法成立的企业、事业单位、社会团体、个体工商户。特殊标志使用人应当同特殊标志所有人签订书面使用合同。特殊标志使用人应当自合同签订之日起1个月内，将合同副本报国务院知识产权管理部门备案，并报使用人所在地县级以上人民政府知识产权管理部门存查。

第十三条 使用人违反本办法规定或超出授权书范围使用全国技能大赛标志的，人力资源社会保障部或全国技能大赛组委会或者其授权特定实体有权撤销授权，并依法追究使用人的法律责任。

第十四条 任何单位和个人发现涉嫌侵犯全国技能大赛组委会权利的行为，可向人力资源社会保障部或全国技能大赛组委会举报，或直接向有关知识产权行政部门举报。

第十五条 本办法自公布之日起施行，由人力资源社会保障部或全国技能大赛组委会负责解释。

人力资源社会保障部关于印发百日免费线上技能培训行动方案的通知

人社部函〔2020〕24号

各省、自治区、直辖市及新疆生产建设兵团人力资源社会保障厅（局）：

为贯彻落实《人力资源社会保障部财政部关于实施职业技能提升行动“互联网+职业技能培训计划”的通知》（人社部发〔2020〕10号），按照新冠肺炎疫情防控工作要求和职业技能提升行动工作部署，人力资源社会保障部决定在全国组织实施百日免费线上技能培训行动。现将《百日免费线上技能培训行动方案》印发给你们，请结合本地工作实际，认真贯彻执行。

2020年3月24日

百日免费线上技能培训行动方案

一、行动名称

百日免费线上技能培训行动（简称“线上培训行动”）。

二、行动主题

抗疫接力，技能就业，助力脱贫。

三、行动目标

在 2020 年 3 月下旬至 6 月底，集中实施线上培训行动，大规模开展免费线上职业技能培训。实现“百日 515”目标：遴选 50 家以上线上技能培训平台，推出覆盖 100 个以上职业（工种）的数字培训资源，实现线上培训实名注册 500 万人次以上。

四、对象范围

企业返岗、待岗职工，农村转移就业劳动者、失业人员、高校毕业生、“两后生”、贫困劳动力等城乡各类劳动者。

五、实施和参与主体

人力资源社会保障部牵头组织，各地人力资源社会保障部门具体实施，充分调动有关部门、企业、行业协会和社会团体的积极性，形成工作合力。

六、行动内容

（一）加大对重点地区和重点人群的支持。在 6 月底前，依托经人力资源社会保障部和各地遴选公布的线上技能培训平台，对劳动者免费开放线上职业技能培训资源。人力资源社会保障部所属“中国职业培训在线”等 6 家在线培训平台，要设立线上培训专区专栏，向湖北等受疫情影响严重地区、“三区三州”深度贫困地区和挂牌督战贫困地区，加大线上培训资源免费开放力度，扩大课程免费范围，延长免费时间。各地要重点对企业返岗、待岗职工、农村转移就业劳动者、失业人员、贫困劳动力等开展线上培训，支持企业复工复产和脱贫攻坚，提高重点就业群体就业创业能力。

（二）加强线上平台建设。各地要将人力资源社会保障部和各地征集的资质合法、信誉良好、服务优质的线上职业技能培训平台及数字资源，纳入各地“两目录一系统”（培训评价机构、培训项目目录和补贴性培训实名制信息管理系统）。培训平台要提升线上培训质量，做好线上培训统计和监管，实现督促学习、记录学习、数据统计和过程监控等功能。

（三）丰富数字培训资源。组织推动线上培训平台按照各地产业发展和就业需求，以及各类劳动者技能需求和特点，不断丰富数字培训资源。

要根据疫情防控和职业技能提升行动工作需求，重点开展医护用品制造、心理疏导、健康照护、家政服务、养老护理、托幼、网约配送、电商等市场急需紧缺职业培训，持续开展家电维修、保安、汽修、电工、餐饮、美发、种养殖、妇女手工等从业人员多的职业培训，并着眼产业发展需要，开展先进制造业、战略性新兴产业、现代服务业以及循环农业、智慧农业、智能建筑、智慧城市建设等新产业和人工智能、云计算、大数据等新职业新技能线上培训。要把通用职业素质、法律法规、职业指导、安全生产、消防环保、健康卫生、疫病防控等内容贯穿线上培训全过程。

要提供优质的线上培训课程，邀请中华技能大奖获得者、全国技术能手、技能大师、世界技能大赛专家教练和获奖选手、岗位技能标兵、非遗传承人、绝招绝技绝活手艺人、企业生产作业工作法创造人、优秀乡土技能人才等进行在线直播、视频录播、实时互动。

（四）重点支持企业复工复产培训。对在受疫情影响停工期间（整体停工或部分停工）的各类企业自主或委托开展的职工线上培训，按规定纳入职业培训补贴范围，所需资金可从职业技能提升行动专账资金中列支。对受疫情影响的企业开展项目制培训，可按规定预拨一定比例的培训补贴资金。

（五）及时提供培训补贴。对参加线上培训并取得相应课程培训合格证明的学员，按照规定给予培训补贴，所需资金可从职业技能提升行动专账资金中列支。对参加线上培训的建档立卡贫困劳动力、就业困难人员、零就业家庭成员、“两后生”中农村学员和城市低保家庭学员，在培训期间给予一定的生活费补贴，所需资金可从就业补助资金中列支。

（六）加强线上培训管理和服务。建立健全线上培训信息采集和全过程监控机制，定期采集培训数据，分析线上培训状况，确保学员线上培训有签到注册、有学习记录、有答疑测试，学习过程可查询、可追溯。动态发布新职业，加快职业技能标准开发，全面推行企业技能人才自主评价，持续征集面向全国和各省开展职业技能等级认定的社会培训评价组织。基础电信企业要按照《关于应对新型冠状病毒感染肺炎疫情支持鼓励劳动者参与线上职业技能培训的通知》（发改办就业〔2020〕100号）要求，对在疫情期间参加线上职业技能培训予以优惠，服务支持线上培训工作。

七、工作要求

（一）建立工作机制。各地要高度重视线上培训行动，建立由人力资源社会保障等部门参与的联席工作机制，统筹部署疫情防控和线上培训行动，加强宏观指导、政策协调和组织推动，集中力量开展线上职业技能培训，广泛动员各类劳动者积极参加线上培训。要充分发挥行业协会、社会团体、企业、院校和培训机构以及社会各方面的作用，共同做好线上技能培训工作。

（二）加强监督检查工作。加强对线上课程资源审核把关，确保课程质量。规范线上培训补贴标准，严格监管线上培训过程，杜绝套取培训补贴资金情况的发生。对以虚假线上培训等套取、骗取资金的机构、培训平台及个人须依法依纪严惩。

（三）加大指导督导。加大工作调度和督促，建立线上培训行动双周调度制度。各地按照《线上培训行动实施情况双周调度表》要求，按时上报线上培训情况。要强化工作基础，优化工作流程，完成目标任务分解，做好统计工作。

（四）广泛宣传和发动。在人力资源社会保障部官网和各级人力资源社会保障部门官网的职业技能提升行动专栏对各地线上培训行动开展情况进行广泛宣传，在有关央媒、部属媒体、新媒体、系统矩阵进行宣传报道。要通过新闻发布会、线上集中宣讲、微信公众号定向推送、网络直播等方式，大力宣传线上培训行动。采用在线问答、热线电话等方式，对线上培训政策进行答疑解惑，全面解读线上培训的最新政策。

附件：线上培训行动实施情况双周调度表

附件

线上培训行动实施情况双周调度表

__________省（区、市）

线上培训学员情况		纳入机构目录的线上培训平台数量		
实名注册学员人次数	线上培训总人次数	面向全省	面向地市	部推荐 54 家线上平台机构※

注：※采用情况（具体平台名称）可另附页

截止日期：2020 年　月　日

人力资源社会保障部关于开展第十五届高技能人才评选表彰活动的通知

人社部函〔2020〕41号

各省、自治区、直辖市及新疆生产建设兵团人力资源社会保障厅(局),国务院有关部门、有关行业组织、有关企业人事劳动保障工作机构,国资委企干一局,中央军委政治工作部兵员和文职人员局,全国工商联办公厅:

为深入贯彻落实习近平总书记对技能人才工作的重要指示精神,积极宣传技能成才、技能报国的先进典型,根据《中华技能大奖和全国技术能手评选表彰管理办法》,人力资源社会保障部决定组织开展第十五届高技能人才评选表彰活动。现就有关事项通知如下:

一、评选表彰和推荐名额

(一) 评选表彰名额

本届表彰活动将在全国范围内评选表彰30名中华技能大奖获得者、300名全国技术能手,通报表扬国家技能人才培育突出贡献单位和国家技能人才培育突出贡献个人。

(二) 推荐名额

1. 中华技能大奖候选人推荐名额

各省(区、市)及新疆生产建设兵团各推荐1名候选人;中央军委政治工作部推荐人选不超过3名;国资委推荐中央企业候选人不超过20名;中国石油和化学工业联合会、中国轻工业联合会、中国纺织工业联合会、中国煤炭工业协会、中国电力企业联合会、中国有色金属工业协会、中国建筑材料联合会、中国商业联合会、中国钢铁工业协会、中国机械工业联合会、中国国家铁路集团有限公司、中国印钞造币总公司、中国邮政集团有限公司、中国工程物理研究院各推荐 1 名候选人；全国工商联负责推荐 1 名民营企业候选人。

2. 全国技术能手候选人推荐名额

（1）常规申报渠道推荐。各省（区、市）及新疆生产建设兵团推荐名额共 113 名（见附件 1）；中央军委政治工作部、国务院有关部门、有关行业组织和企业推荐名额为 157 名（见附件 2）。各单位可在分配名额的基础上再推荐 1 名后备人选（国资委可推荐不超过 20 名后备人选）。

（2）国家重大项目（工程）申报渠道推荐。仅限参与涉保密规定的国家重大项目（工程）并做出重要贡献的高技能人才。中央军委政治工作部可推荐不超过 2 名候选人；国务院有关部门、有关行业组织和企业可各推荐 1 名；国资委管理的中央企业每家可推荐候选人不超过 3 名。

3. 国家技能人才培育突出贡献候选单位和候选个人推荐名额

各省（区、市）及新疆生产建设兵团各推荐候选单位 1 家、候选个人 1 名；中央军委政治工作部推荐候选单位不超过 2 家、候选个人不超过 2 名；国务院有关部门、有关行业组织和企业可各推荐候选单位 1 家、候选个人 1 名；国资委推荐中央企业候选单位不超过 20 家、候选个人不超过 20 名；全国工商联可推荐民营企业候选单位 1 家、候选个人 1 名。

二、评选条件

推荐对象必须坚持习近平新时代中国特色社会主义思想，具有坚定的理想信念，热爱祖国、拥护中国共产党领导，带头增强“四个意识”、坚定“四个自信”、做到“两个维护”；积极践行社会主义核心价值观，遵纪守法，品德高尚；具有崇高的职业道德和敬业奉献精神。同时，应具备以下条件：

（一）中华技能大奖。候选人须来自生产一线岗位且从事本职业（工种）10年以上，享受过国务院政府特殊津贴，原则上从历届全国技术能手和具有高级技师职业资格（技能等级）的在岗人员中推荐。鼓励各单位优先推荐从事重大战略、重大工程、重大项目、重点产业和重点领域（如：新一代信息技术；高档数控机床和机器人；航天航空装备；海洋工程装备及高技术船舶；先进轨道交通装备；节能与新能源汽车；电力装备；新材料、生物医药及高性能医疗器械；农机装备；生活照料服务等，下同）相关工作的高技能人才。候选人应秉承工匠精神，技术技能水平在国际国内有重要影响，并具备下列条件之一：

1. 在技术创新、攻克技术难关等方面做出突出贡献，并总结出独特的操作技术方法，产生重大经济效益和社会效益；

2. 具备某种绝招绝技，并在带徒传技方面做出突出贡献，在国际国内产生重要影响；

3. 在推广应用先进技术等方面做出突出贡献。

（二）全国技术能手。候选人须来自生产一线岗位，且从事本职业（工种）5年以上，取得高级工以上职业资格（技能等级）或同等资格，秉承工匠精神的在岗人员。鼓励各单位优先推荐从事重大战略、重大工程、重大项目、重点产业、重点领域相关工作的高技能人才。

1. 常规渠道推荐的全国技术能手候选人技术技能水平应在国内有较大影响，并具备下列条件之一：

（1）具备较高技艺，并在培养徒弟、传授技术技能方面做出突出贡献；

（2）在技术革新、技术改造中做出重要贡献，取得重大经济效益和社会效益；

（3）在本企业、同行业中具有领先的技术技能水平，并在某一生产工作领域总结出先进的操作技术方法，取得重大经济效益和社会效益；

（4）在开发、应用先进科学技术成果并将其转化为现实生产力方面有突出贡献，并取得重大经济效益和社会效益。

2. 国家重大项目（工程）渠道推荐的全国技术能手候选人应具备以下条件之一：

（1）获得国家科学技术进步特等（一等）奖项或直接参与获得过国家科学技术进步特等（一等）奖项项目并在其中做出重要贡献；

（2）受到中共中央、国务院、中央军委的表彰或直接参与获得中共中央、国务院、中央军委表彰项目并在其中做出重要贡献；

（3）直接参与涉及国家安全、国防战略的重大项目（工程）并做出重要贡献。

（三）国家技能人才培育突出贡献单位。推荐对象应从基层企业、技工院校等职业院校、高技能人才培训基地、世界技能大赛中国集训基地、公共实训基地、职业技能培训机构等单位中择优推荐。候选单位应积极贯彻落实国家有关技能人才工作决策部署，积极参与技能人才培养培训、使用评价、激励保障等试点工作，加大资金投入，加强技能人才培养基础能力建设，技能人才培育成效突出，取得较好的社会效益和经济效益。其中，企业等用人单位必须建立完善的技能人才培养、使用、评价、激励工作机制。

（四）国家技能人才培育突出贡献个人。推荐对象应从企业生产服务一线员工、世界技能大赛技术指导专家和教练、技工院校等职业院校和职业技能培训机构实训教师、公共实训基地师资、直接从事技能人才培养的基层工作者中择优推荐。候选人应具有丰富的一线工作经验，技术高超、技艺精湛，在带徒传技、技能传承、技术攻关、教学研究、竞赛指导、技能人才培养等方面有突出业绩或表现。

（五）同等条件下，鼓励优先推荐为新冠肺炎疫情防控和扶贫工作做出突出贡献的高技能人才和单位。对推荐参评中华技能大奖的，其从事本职业（工种）年限放宽为8年以上；对推荐参评全国技术能手的，其从事本职业（工种）年限放宽至4年以上。

三、申报和评选程序

（一）各单位按照推荐名额和评选条件要求，择优推荐中华技能大奖、全国技术能手候选人和国家技能人才培育突出贡献候选单位、候选个人，逐级上报人力资源和社会保障部全国技能人才评选表彰办公室（以下简称评选表彰办公室）。国家重大项目（工程）申报渠道的全国技术能手候选人，由中央军委政治工作部、国务院有关部门、有关行业组织和企业直接报评选表彰办公室（中央企业推荐人选由国资委汇总后一并报送）。

（二）人力资源社会保障部组织专家评议和公示。根据公示情况，确定表彰和表扬对象，印发表彰决定和表扬通知。

四、奖励措施

（一）对中华技能大奖获得者，人力资源社会保障部将授予中华技能大奖称号，颁发中华技能大奖奖章、证书、奖杯和奖金。

（二）对评选出的全国技术能手，人力资源社会保障部将授予全国技术能手称号，颁发全国技术能手奖章、证书、奖牌和奖金。

（三）对国家技能人才培育突出贡献单位、国家技能人才培育突出贡献个人，人力资源社会保障部将予以通报表扬。

五、有关要求

（一）加强统筹领导，精心部署安排。人力资源社会保障部成立第十五届高技能人才评选表彰工作小组，负责此次评选表彰活动的组织领导工作。各地、有关部门、有关行业和企业要加强组织领导，指定专人负责，切实做好评审推荐工作。

（二）坚持评选条件，严把质量关。各单位要坚持实事求是、宁缺毋滥原则，严格评选条件、标准和程序，做好推荐工作，确保推荐对象真正具有先进性、典型性和代表性。要把思想政治表现作为推荐评选的首要条件，对推荐的候选人和候选单位分别排出优先顺序。推荐参与国家重大项目（工程）的全国技术能手候选人的申报材料和申报程序须符合国家保密及相关规定。

（三）严肃评选纪律，加强监督检查。对未严格按照评选条件和规定程序推荐，以及在评选推荐过程中弄虚作假的，经核实后撤销其评选资格，核减该单位下一届评选表彰推荐名额或取消推荐资格。对相关单位和个人在评选推荐过程中存在借机谋取私利、收受贿赂等违法违纪行为的，按照有关法律法规和相关规定予以处理。

（四）加强沟通协调，避免重复推荐。各省（区、市）人力资源社会保障部门不得推荐所在地中央企业人员参评全国技术能手。曾获得中华技能大奖、全国技术能手和国家技能人才培育突出贡献单位、突出贡献个人的，不得重复申报同类奖项（表扬）。同一候选人不得同时申报中华技能大奖、全国技术能手和国家技能人才培育突出贡献个人。重复推荐视为无效。

（五）完善激励机制，加强宣传引导。要以评选表彰工作为契机，推动构建多层次、多渠道表彰奖励体系，形成以政府奖励为导向、用人单位奖励为主体、社会奖励为补充的技能人才表彰奖励制度，全面加强对高技能领军人才的服务保障工作。加大宣传力度，重点宣传高技能领军人才在经济社会发展中的重要作用和突出贡献，营造劳动光荣、技能宝贵、创造伟大的良好氛围。

（六）按时报送材料，确保工作进度。请于 6 月 15 日前将《第十五届表彰工作联系方式情况表》（见附件 3）函报评选表彰办公室；9 月 4 日前将《中华技能大奖和全国技术能手候选人推荐表》、《国家技能人才培育突出贡献候选单位推荐表》、《国家技能人才培育突出贡献候选个人推荐表》、《历届中华技能大奖获得者和全国技术能手情况表》（见附件4-7）及相关推荐申报材料（具体要求另行下发）函报评选表彰办公室。组织开展评选工作中，如有问题，请及时与评选表彰办公室联系，并可通过人力资源社会保障部网站（www. mohrss. gov. cn）和中国就业培训技术指导中心网站（cettic. mohrss. gov. cn）查询相关信息。

联系方式（略）。

附件：1. 全国技术能手候选人名额分配表（地方）

2. 全国技术能手候选人名额分配表（部门、行业、企业）

3. 第十五届表彰工作联系方式情况表

4. 中华技能大奖和全国技术能手候选人推荐表

5. 国家技能人才培育突出贡献候选单位推荐表

6. 国家技能人才培育突出贡献候选个人推荐表

7. 历届中华技能大奖获得者和全国技术能手情况表

2020年5月20日

附件 1

全国技术能手候选人名额分配表

（地方）

合计	113		
北京	5	湖北	6
天津	4	湖南	5
河北	5	广东	7
山西	2	广西	3
内蒙古	2	海南	2
辽宁	4	重庆	4
吉林	3	四川	3
黑龙江	3	贵州	1
上海	5	云南	3
江苏	7	西藏	1
浙江	6	陕西	2
安徽	4	甘肃	1
福建	3	青海	1
江西	4	宁夏	1
山东	7	新疆	3
河南	6	新疆兵团	1

附件 2

全国技术能手候选人名额分配表

(部门、行业、企业)

合计	157		
中央军委政治工作部①	5	国务院国有资产监督管理委员会	101
工业和信息化部	3	中国石油和化学工业联合会	1
民政部	2	中国轻工业联合会	1
自然资源部	2	中国纺织工业联合会	1
住房和城乡建设部	3	中国煤炭工业协会	2
交通运输部	3	中国电力企业联合会	2
水利部	2	中国有色金属工业协会	1
农业农村部	2	中国建筑材料联合会	1
文化和旅游部	1	中国商业联合会	1
国家卫生健康委员会	1	中国钢铁工业协会	1
国家广播电视总局	1	中国机械工业联合会	2
国家机关事务管理局	1	中国国家铁路集团有限公司	3
国家粮食和物资储备局	1	中国印钞造币总公司	2
国家烟草专卖局	1	中国邮政集团有限公司	1
国家林业和草原局	1	中国工程物理研究院	2
中国民用航空局	1	全国工商联	5

① 中央军委政治工作部的 5 个名额中含企业化装备维修工厂人员。

附件 3

第十五届表彰工作联系方式情况表

联系人姓名		手机号码	
工作单位所在部门及职务			
办公电话		传真	
邮政编码		微信号	
		QQ 号	
电子邮件			
通信地址			

附件 4

中华技能大奖和全国技术能手候选人推荐表

推荐单位：　　　　（公章）

分配名额数：中华技能大奖候选人____、全国技术能手候选人____；实际推荐人数：中华技能大奖候选人____、全国技术能手候选人____

项目		内容	姓名	性别	出生年月	民族	政治面貌	工作单位	公民身份号码	职业（工种）	技能等级	文化程度	联系电话
中华技能大奖候选人		1											
		…											
全国技术能手候选人	常规渠道	1											
		2											
		3											
		…											

续表

项目＼内容			姓名	性别	出生年月	民族	政治面貌	工作单位	公民身份号码	职业（工种）	技能等级	文化程度	联系电话
全国技术能手候选人	国家重大项目（工程）渠道	1											
		2											
		3											
		…											

填表人：　　　　填表日期：　　　　联系电话：

附件 5

国家技能人才培育突出贡献候选单位推荐表

推荐单位：　　　　　（公章）

序号	单位名称	统一社会信用代码	联系人	联系电话	单位地址	邮政编码
1						
…						

填表人：　　　　　填表日期：　　　　　联系电话：

附件 6

国家技能人才培育突出贡献候选个人推荐表

推荐单位：　　　　　　（公章）

序号	姓名	性别	年龄	民族	政治面貌	工作单位	公民身份号码	职业（工种）	技术/技能等级	文化程度	联系电话
1											
…											

填表人：　　　　　　填表日期：　　　　　　联系电话：

附件 7

历届中华技能大奖获得者和全国技术能手情况表

推荐单位：　　　　　（公章）

姓名		获奖类别	中华技能大奖□　全国技术能手□
获奖形式	评选表彰□　竞赛□	获奖届次和年份	
获奖时职业（工种）		获奖时职业资格（技能等级）	
现职业（工种）		现职业资格（技能等级）	
现工作单位			
联系电话		工作现状	在职□　退休□　退休返聘□
享受国务院特贴	已享受□　未享受□	享受特贴时间	
公民身份号码		备注	

注："获奖类别"栏：若本人曾先后分别获得全国技术能手和中华技能大奖，请同时勾选并在"获奖届次和年份"栏中分别注明。

人力资源社会保障部关于印发农民工稳就业职业技能培训计划的通知

人社部函〔2020〕48号

各省、自治区、直辖市及新疆生产建设兵团人力资源社会保障厅(局)：

为贯彻落实党中央、国务院决策部署，扎实做好“六稳”工作，全面落实“六保”任务，确保决战决胜脱贫攻坚，大力提升广大农民工职业技能和就业创业能力，特实施农民工稳就业职业技能培训计划。现将《农民工稳就业职业技能培训计划》印发给你们，请结合本地工作实际，认真贯彻执行。

2020年5月28日

农民工稳就业职业技能培训计划

一、工作目标

深入实施职业技能提升行动，将职业技能培训作为促进农村转移劳动力就业、稳定农民工工作岗位、支持农民工返乡创业、助力贫困劳动力增收脱贫的重要抓手，面向广大农民工群体，开展大规模、广覆盖和多形式的职业技能培训。2020年至2021

年，每年培训农民工700万人次以上，促进农民工职业技能提升，推动农民工稳岗就业和返乡创业，改善农民工就业结构，将农民工培育成为重要的人力资源。

二、对象范围

在岗农民工、城镇待岗和失业农民工、农村新转移劳动力、返乡农民工、贫困劳动力等。

三、实施和参与主体

各地人力资源社会保障部门具体组织实施，各地、各有关部门、行业、企业和社会团体积极参与，形成工作合力。

四、工作内容

（一）以企业为主，组织开展在岗和待岗农民工以工代训，实现以训稳岗。支持企业吸纳农民工就业，面向新吸纳农民工开展以工代训。对中小微企业吸纳就业困难人员、零就业家庭成员、登记失业人员中的农民工就业，并开展以工代训的，根据吸纳人数给予企业职业培训补贴。支持困难企业开展以工代训。对受疫情影响出现生产经营暂时困难导致停工停业的中小微企业，组织待岗农民工开展以工代训、以训稳岗的，根据组织以工代训人数给予企业职业培训补贴。受疫情影响较大的外贸、住宿、餐饮、文化、旅游、交通、运输、批发零售等行业可将以工代训补贴范围扩展到各类企业。以上以工代训职业培训补贴政策受理期限截止到2020年12月31日。

企业、农民专业合作社和扶贫车间等各类生产经营主体吸纳贫困劳动力就业并开展以工代训，以及参保企业吸纳就业困难人员、零就业家庭成员中的农民工就业并开展以工代训的，给予一定期限的职业培训补贴，最长不超过6个月。政策执行期限按职业技能提升行动政策执行。

（二）以输入地为主，组织转岗和失业农民工开展定向定岗培训，提升农民工就业能力。输入地可结合当地产业发展和企业用工需求以及农民工就业意愿，组织开展有针对性的定向、定岗培训和专项技能培训，提升转岗和失业农民工技能，支撑当地产业发展。要注重围绕市场急需紧缺职业，大力开展建筑、机械、维修、家政、养老、餐饮、保安、物流等适合农民工就业的技能培训和快递员、网约配送员、直播销售员、汽车代驾员等新职业新业态培训。

（三）以输出地为主，组织返乡农民工开展就业创业培训，促进农民工就近就业创业。结合县域经济发展和公益岗位需求，重点围绕县域内生产制造业、建筑业、服务业、乡土产业、休闲旅游业、餐饮业等开展技能培训，提高返乡农民工职业转换和再就业能力，促进返乡农民工再就业。根据区域经济和人文特点，结合新经济、新业态，大力开展农民工返乡创业培训，鼓励准备创业和创业初期的农民工参加创办企业、创业实训、经营管理等课程培训，提升项目选择、市场评估、资金预测、创业计划等能力，推动返乡农民工创业。对新生代返乡创业农民工，积极开展大数据、人工智能、电子商务等新技术新领域创业培训，促进提高创业质量和层次。加大返乡农民工就业创业政策扶持，健全创业培训与创业服务相结合的工作体系，不断提高返乡农民工创业成功率。

五、组织实施

（一）加强组织领导，广泛动员农民工参加培训。各地要把农民工促就业、扩就业和稳就业摆在更加突出位置，高度重视农民工职业技能培训工作。督促指导行业、企业和各级人力资源社会保障部门做好各类培训组织工作，广泛动员广大农民工参加各类技能培训。鼓励人力资源服务企业、劳务派遣公司以及劳务中介机构组织新招用农民工、待岗农民工、失业农民工和返乡农民工等群体，开展就业技能培训、岗位技能提升培训和创业培训，并给予培训补贴。

（二）加大培训供给，提高培训质量。各级人社部门要对接人力资源市场、企业和农民工需求，及时发布培训项目目录、培训机构目录、培训种类方式以及就业信息等，方便农民工培训和就业。针对农民工特点，支持技工院校、职业院校、职业培训机构、企业培训中心等开展定向、定岗、订单培训，提升培训质量。利用互联网、手机客户端等平台载体，积极开展线上职业技能培训。

（三）落实相关补贴政策，加大支持力度。落实农民工免费培训政策、参加培训的贫困劳动力生活费补贴政策和企业以工代训政策。对同一职业（工种）同一技能等级通过初次职业技能鉴定并取得职业资格证书、职业技能等级证书、专项职业能力证书、特种作业操作证书、特种设备作业人员证书的参训人员，给予技能鉴定补贴。各地要认真落实中央要求，提高培训补贴标准。农民工培训补贴资金从职业技能提升行动专账资金中列支，农民工培训数量纳入职业技能提升行动月对账统计范围。

人力资源社会保障部关于做好2020年技工院校招生工作的通知

人社部函〔2020〕52号

各省、自治区、直辖市及新疆生产建设兵团人力资源社会保障厅(局)：

为贯彻落实习近平总书记关于大力发展技工教育重要指示精神和《政府工作报告》总体部署，根据《国家职业教育改革实施方案》和《职业技能提升行动方案（2019—2021年)》有关要求，推动扩大2020年技工院校招生规模，提高招生质量，现就做好有关工作通知如下：

一、明确目标任务。持续扩大技工院校招生规模是大力发展技工教育、缓解技能人才短缺和促进就业创业的重要举措，是统筹推进疫情防控和经济社会发展、做好“六稳”、落实“六保”的重要任务。根据服务经济发展、促进就业和脱贫攻坚实际需求，2020年全国技工院校招生工作的目标任务是，以“爱劳动、上技校、长技能、好就业”为主题，在疫情防控常态化前提下，坚持稳中求进，进一步加强劳动教育，强化技工院校培养特色，优化培养结构，做好专业更新，推进校企合作，全面提升技工院校学生（学员）职业技能水平和就业创业能力。全国技工院校计划招生130万人，其中招收建档立卡贫困家庭学生不少于3万人，技师学院扩招10万人。各地要根据全国招生目标任务，结合当地职普比例、经济支撑、办学条件、生源情况等因素综合测算招生能力，并考虑疫情防控要求，做好工作任务和指标的细化分解，做到一省（市）一任务、一校一计划，精心谋划、周密组织、全面落实。

二、将技工院校招生纳入职业教育统一招生平台。各地要根据《人力资源社会保障部　教育部关于做好技工院校招生工作的通知》（人社部发〔2019〕119号）要求，积极做好统筹协调，将技师学院、技工学校纳入职业教育统一招生平台，组织好招生工作。技工院校要在统一招生平台中做好与初高中生源的对接，引导组织初高中毕业生进入技工院校学习。支持进入高等学校序列的技师学院纳入高职（专科）统一招生平台，并以××职业技术学院（××技师学院）予以明确体现，支持这些学院参与高职扩招。开辟多种招生渠道，继续统筹用好社会招生、校企合作招生、提前分流招生、校校合作招生、地区间合作办学招生等各类招生渠道。推动技工院校中级工班、高级工班、预备技师（技师）班毕业生分别按相当于中专、大专、本科学历落实相关待遇，增强招生吸引力。

三、深入实施技能脱贫千校行动。会同扶贫部门加大技能脱贫千校行动组织实施力度，完善绿色通道，为贫困学生做好“一站式”招生服务。强化政策落实，及时将中等职业教育助学金、免学费和“雨露计划”补贴政策，以及贫困劳动力职业培训补贴、生活费补贴等政策落实到位。持续推进东西部扶贫协作框架下技工教育帮扶，落实对口帮扶任务，开展“一对一”、“一对多”帮扶，帮助西部地区学生到东部地区就读技工院校。聚焦“三区三州”等深度贫困地区尤其是52个未摘帽贫困县和1113个贫困村，组织贫困学生上技校、学技能，强化宣传服务，实现应招尽招。

四、大力实施职业技能提升行动。指导技工院校紧跟新产业、新技术、新职业发展，充分发挥服务就业创业特色优势，面向企业职工、高校毕业生、农民工、失业人员、退役军人、贫困劳动力等群体积极开展职业技能培训。增加非全日制招生，大力开展劳动预备制培训、企业新型学徒制培训。对非全日制学生采取弹性学制，实行学分制管理，支持自主学习，分阶段完成学业。发挥企业办技工院校和民办技工院校与企业联系紧密的优势，扩大职业培训规模，按规定落实职业培训补贴、以工代训等支持政策，积极参与农民工稳就业职业技能培训计划、高校毕业生等青年职业技能提升计划。充分考虑技工院校承担培训任务情况，合理核定绩效工资总量和水平。对承担培训任务较重的院校，在原总量基础上及时核增所需绩效工资总量。

五、加强招生工作组织领导。各级人社部门要高度重视技工院校招生工作，提高政治站位，把思想统一到党中央、国务院决策部署上来，按照人力资源和社会保障事业发展计划要求，切实履行主体责任，积极应对疫情影响，统筹部署做好招生工作。建立完善招生工作机制，压实责任，形成工作合力，努力完成任务。做好招生日常宣传和重大活动宣传，突出技工院校办学特色、就业成效，弘扬劳动精神、劳模精神、工匠精神。充分利用“技工教育网”（http://jg.class.com.cn）共建共享全国技工院校招生宣传平台，做好信息完善和精准宣传。加强技工院校招生资质和招生简章核查力度，公布具备招生资质的技工院校信息，设立招生监督举报电话，加大对违规违法行为的查处力度。建立招生月调度制度，我部对各地招生情况进行定期调度和通报。

2020 年 6 月 5 日

人力资源社会保障部关于举办中华人民共和国第一届职业技能大赛的通知

人社部函〔2020〕57号

各省、自治区、直辖市及新疆生产建设兵团人力资源社会保障厅（局），国务院有关部门、有关行业组织人事劳动保障工作机构：

为充分发挥职业技能竞赛在促进技能人才培养、推动职业技能培训和弘扬工匠精神的重要作用，经国务院批准，定于2020年12月，我部将举办中华人民共和国第一届职业技能大赛（以下简称第一届全国技能大赛）。现将有关事项通知如下：

一、指导思想

以习近平新时代中国特色社会主义思想为指导，深入贯彻落实习近平总书记对技能人才工作的重要指示精神，服务人才强国、创新驱动、“一带一路”建设等国家重大战略，坚持创新引领、公平公正、高效节俭、绿色安全理念，通过举办全国性综合技能赛事活动，推动大规模开展职业技能培训，全面提高劳动者素质，进一步激励广大劳动者走技能成才、技能报国之路，加快建设知识型、技能型、创新型劳动者大军，营造劳动光荣的社会风尚和精益求精的敬业风气，促进就业创业和经济高质量发展。

二、工作目标

对接世界技能大赛，打造新时代全国性综合职业技能竞赛新品牌，健全职业技能竞赛体系，引领各地、各行业不断提升技能竞赛工作规模和质量，推动以赛促学、以赛促训、以赛促建。建设职业技能领域互学互鉴的交流展示平台，检视各地技能人才工作成效成果，营造全社会尊重技能人才、重视技能人才工作的良好环境，整体推进我国技能人才工作均衡和可持续发展。

三、竞赛安排

（一）比赛时间。2020 年 12 月上中旬（具体时间另行通知）。

（二）比赛地点。广东省广州市（具体地点另行通知）。

（三）竞赛项目。分世赛选拔项目和国赛精选项目，共 86 个竞赛项目（附件 1）。其中，世赛选拔项目设 63 个竞赛项目（含第 46 届世界技能大赛 9 个拟新增项目），世赛选拔项目比赛作为第 46 届世界技能大赛全国选拔赛；国赛精选项目设 23 个竞赛项目。

（四）参赛方式。分全国总决赛和省级（行业）及以下选拔赛。全国总决赛以省（区、市）及新疆生产建设兵团为单位组队参赛，相关行业部门组队（名单见附件 2）参加部分世赛选拔项目比赛。

（五）报名条件。凡 16 周岁以上、法定退休年龄以内的中国大陆公民（当地学习或工作满 1 年以上）按属地原则报名参赛。其中，世赛选拔项目选手应为 1999 年 1 月 1 日以后出生（信息网络布线、制造团队挑战赛、机电一体化、飞机维修、网络安全、水处理技术等 6 个项目选手为 1996 年 1 月 1 日以后出生，9 个拟新增比赛项目选手年龄待世界技能组织公布后另行通知），国赛精选项目选手为 2004 年 1 月 1 日以前出生，法定退休年龄以内。

四、组织工作

人力资源社会保障部作为第一届全国技能大赛主办单位，牵头成立中华人民共和国第一届职业技能大赛组委会（以下简称组委会)，负责统筹决策和部署推动赛事各项重点工作。组委会设秘书处、技术工作组、活动指导组、新闻宣传组，成立监督仲裁委员会。广东省人民政府为承办单位，牵头成立中华人民共和国第一届职业技能大赛执委会（以下简称执委会)，负责具体落实赛事组织协调、技术实施、开闭幕式活动、交通食宿服务、健康安全服务保障等工作，设综合协调部、赛务保障部、技术保障部等工作部门。广东省人力资源和社会保障厅和广州市人民政府为协办单位。

各省（区、市）及新疆生产建设兵团人力资源和社会保障厅（局）和相关行业部门可相应成立参赛工作机构，负责组织实施本地区、本行业选手选拔和参赛工作。

五、技术工作

组委会负责赛事技术工作。参照世界技能大赛技术标准、国家职业技能标准（三级/高级工及以上）或行业企业评价规范相应等级，组织制定技术规则和技术文件。遴选确定各项目裁判长，由其组织制定技术文件、命制比赛试题、确定评判标准、负责比赛评判工作等。裁判员由组委会在具有相应项目执裁经验的人员中择优选择或由各参赛队等额推荐，裁判员数量视各项目比赛实际需要确定。具体要求另行通知。

执委会选派熟悉比赛场地、设施设备技术要求的专业人员担任场地经理，负责各项目比赛设施设备和工具材料等技术保障工作。上海市选派第46届世界技能大赛各项目场地经理协助各项目开展工作，为举办第46届世界技能大赛积累办赛工作经验。

六、奖励政策

（一）金牌、银牌、铜牌和优胜奖。对各竞赛项目获得前3名的选手，相应颁发金、银、铜牌，选手排名原则上不并列。对前3名以外但排名在参赛人数1/2以上的选手颁发优胜奖，其他参赛选手颁发参赛证书。设金牌、奖牌和团体总分排名榜，行业部门参赛队不参加排名。

（二）全国技术能手和职业资格或职业技能等级。对各竞赛项目前5名获奖选手（团队双人赛项前3名、三人赛项前2名），授予“全国技术能手”称号。优胜奖以上选手可直接晋升技师（二级）职业资格或职业技能等级，已具有技师（二级）职业资格或职业技能等级的可晋升高级技师（一级）。

（三）第46届世界技能大赛中国集训队。世赛选拔项目中，单人项目前10名、团队项目前5名选手入围第46届世界技能大赛中国集训队。第45届世界技能大赛各项目适龄备选选手和集训最终排名3~5名（团队项目为第3名）适龄选手可直接入围第46届世界技能大赛中国集训队，如选择参加世赛选拔项目比赛（占各参赛队报名名额），则以比赛成绩作为入围第46届世界技能大赛中国集训队依据。

（四）其他奖励。鼓励各地结合职业技能提升行动和技能人才表彰，将省级、市级比赛选手赛前培训纳入培训补贴领用范围，制定本地区奖励政策，对获奖选手和专家团队等给予奖励。

七、工作要求

（一）各地区和有关行业部门要高度重视，抓紧动员发动符合条件的人员报名参赛，公平公正公开组织本地区、本行业选拔赛，组织参赛相关人员参加赛前培训和技术讨论，并做好赛事新闻宣传报道工作。比赛期间，要严格管理本参赛代表队参赛选手及相关人员，遵守比赛各项规定，确保第一届全国技能大赛顺利进行。

（二）各参赛代表队统一组织本地区、本行业报名工作，明确1名竞赛工作负责同志作为联络员，并于7月8日前电告组委会秘书处。全国总决赛参赛报名工作将于9月30日截止。竞赛期间，将同期组织技能展示交流活动，请做好推荐展示项目和经验交流等准备工作。同时，请组织协调1~2家以上本地、本行业媒体参与赛事报道，并做好随队媒体注册、管理和服务保障等工作。全国总决赛报名要求、推荐展示项目和经验交流、媒体注册等具体事宜另行通知。

（三）比赛不收取任何费用。参赛选手及相关人员参赛往返交通费、食宿费和人身意外伤害保险，由各参赛代表队自行承担。食宿和市内交通由执委会统一安排。

（四）企业或社会组织自愿赞助第一届全国技能大赛的，应严格执行相关财务规定和制度。组委会授权执委会组织实施并统一管理社会赞助工作。

八、联系方式（略）

附件：1. 第一届全国技能大赛竞赛项目

2. 第一届全国技能大赛行业部门参赛名单

2020 年 6 月 29 日

附件 1

第一届全国技能大赛竞赛项目

（共 86 项）

一、世赛选拔项目（共 63 项）

（一）运输与物流（7 项）

飞机维修、车身修理、汽车技术、汽车喷漆、重型车辆维修、货运代理、轨道车辆技术（新）

（二）结构与建筑技术（13 项）

砌筑、家具制作、木工、混凝土建筑、电气装置、精细木工、园艺、油漆与装饰、抹灰与隔墙系统、管道与制暖、制冷与空调、瓷砖贴面、建筑信息建模（新）

（三）制造与工程技术（21 项）

数控铣、数控车、建筑金属构造、电子技术、工业控制、工业机械、制造团队挑战赛、CAD 机械设计、机电一体化、移动机器人、塑料模具工程、原型制作、焊接、水处理技术、化学实验室技术、增材制造（新）、工业设计技术（新）、工业 4.0（新）、光电技术（新）、可再生能源（新）、机器人系统集成（新）

（四）信息与通信技术（8 项）

信息网络布线、网络系统管理、商务软件解决方案、印刷媒体技术、网站设计与开发、云计算、网络安全、移动应用开发（新）

（五）创意艺术与时尚（6 项）

时装技术、花艺、平面设计技术、珠宝加工、商品展示技

术、3D 数字游戏艺术

（六）社会及个人服务（8 项）

烘焙、美容、糖艺/西点制作、烹饪（西餐）、美发、健康和社会照护、餐厅服务、酒店接待

二、国赛精选项目（共 23 项）

数控车、数控铣、电工、装配钳工、焊接、电子技术、CAD 机械设计、汽车维修、新能源汽车智能化技术、木工、砌筑、室内装饰设计、网络系统管理、物联网技术、信息网络布线、珠宝加工、时装技术、健康照护、餐厅服务、西式烹调、烘焙、茶艺、社会体育指导（健身）

附件 2

第一届全国技能大赛行业部门参赛名单

一、交通运输部

飞机维修、车身修理、汽车技术、汽车喷漆、货运代理、轨道车辆技术

二、住房和城乡建设部

砌筑、花艺、瓷砖贴面、水处理技术、抹灰与隔墙系统、管道与制暖、焊接、建筑金属构造

三、中国机械工业联合会

数控车、数控铣、制冷与空调、机电一体化、移动机器人、重型车辆维修、工业 4.0、机器人系统集成

四、中国轻工业联合会

木工、精细木工、家具制作、烘焙、糖艺/西点制作

人力资源社会保障部关于实施2020年职业技能提升攻坚行动的通知

人社部函〔2020〕105号

各省、自治区、直辖市及新疆生产建设兵团人力资源社会保障厅（局）：

为全力推进职业技能提升行动深入实施，努力完成今年各项工作目标任务，决定在10月下旬至12月底，集中开展“2020年职业技能提升攻坚行动”。

一、强化各项政策贯彻落实

（一）加大专账资金使用效能。认真贯彻落实《关于做好职业技能提升行动专账资金使用管理工作的通知》（人社厅发〔2019〕117号），优先使用专账资金开展各类职业技能培训、以工代训和技能扶贫等各项工作，切实加快专账资金使用执行进度。有条件的地区可安排经费，对培训组织动员工作进行奖补。

（二）激发以工代训政策新动能。认真贯彻落实《人力资源社会保障部　财政部关于实施企业稳岗扩岗专项支出计划的通知》（人社部发〔2020〕30号）精神，发挥专账资金稳定和扩大就业的积极作用，全力支持中小微企业以及外贸、住宿餐饮、文化旅游、交通运输、批发零售等行业的各类企业开展以工代训。

（三）加大政策落实力度。充分利用就业补助资金，重点加强高技能人才培训基地建设、职业培训实名制信息管理系统建设、企业院校和培训机构的实训设施设备升级改造、教材开发、师资培训、教学改革以及职业技能竞赛等基础工作。

二、强化组织实施工作力度

（四）健全工作协调机制。贯彻落实2019年国务院第45次常务会议审议通过的《职业技能提升行动方案（2019—2021年）重点任务分工》，充分调动和发挥发展改革、教育、工业和信息化、住房城乡建设、财政、农业农村、退役军人事务、应急管理、国资等行业主管部门以及工会、共青团、妇联等群团组织参与，并共同做好职业技能培训工作。

（五）开展常态化的大规模职业技能培训。在疫情防控常态化前提下，统筹做好线上线下培训工作，实现线上线下融合发展。各地要根据本地疫情防控实际情况，全面有序恢复大规模线下培训。加快完善职业技能等级认定、专项职业能力考核等多元化评价方式，跟进开展技能等级认定和证书核发工作。

三、强化培训质量管理

（六）提高培训针对性实效性。坚持就业导向，紧密围绕劳动者就业需求、企业用人需求，引导培训资源向市场急需紧缺、企业生产需要、安全生产必需、新职业新业态领域职业培训聚集。加大急需紧缺职业、先进制造业、战略性新兴产业、现代服务业以及人工智能、云计算、大数据等领域的各类职业技能培训。聚焦就业重点群体，为企业在岗职工、困难企业转岗职工、失业人员、农民工、未就业大学生和贫困劳动力等提供技能培训服务。

（七）强化监管保证培训质量。依据国家职业技能标准要求，开展职业技能培训。鼓励推广"职业培训包"、"互联网+"等培训方式，提升培训质量。完善培训和评价机构、培训项目目录和实名制职业培训信息管理系统（"两目录一系统"）并实行动态管理。采用"制度+科技"的手段，运用大数据、视频监控等对培训机构、培训鉴定评价过程等进行全方位监管。严格证书管理，加强评价工作的事中事后监管，确保评价质量和效果。

（八）强化风险防控。加强培训资金监管，每季度定期向社会公开资金使用情况。加强属地化监管职责，完善相关政策措施和制度建设，做好补贴培训督导检查工作。对以虚假培训等套取、骗取资金的，要依法依纪严惩，典型案例在全系统通报。

（九）提高培训管理服务水平。优化培训补贴支付方式，探索推行企业申领补贴承诺制，提升培训补贴申领发放效率。探索开展培训管理服务外包，利用第三方优质资源力量组织实施培训管理服务，解决基层工作人员短缺问题。面向全国引进优质培训和评价服务机构，组织开展培训和评价工作，并纳入“两目录一系统”，方便劳动者按需选择。大力推广社保卡加载电子培训券试点工作，实现劳动者免垫付享受职业技能培训。

四、强化督导调度和宣传工作

（十）加大工作督导和宣传工作力度。按月通报本辖区完成培训任务情况。通过挂牌督办、实地督导、蹲点调研、召集约谈等方式督导加快工作进度。积极开展服务企业和基层活动，面向企业、院校、培训机构、技能鉴定评价机构和城乡各类劳动者，开展形式多样的宣传服务活动。因地制宜创新开展集中服务活动，将政策、服务送到劳动者，送到企业、院校和培训机构。

2020 年 10 月 26 日

人力资源社会保障部关于实施职业技能提升行动创业培训“马兰花计划”的通知

人社部函〔2020〕109号

各省、自治区、直辖市及新疆生产建设兵团人力资源社会保障厅（局）：

为深入贯彻落实《国务院办公厅关于印发职业技能提升行动方案（2019—2021年）的通知》（国办发〔2019〕24号）等文件精神，提升劳动者就业创业能力，促进劳动者成功创业、稳定和扩大就业，决定面向有创业意愿和培训需求的城乡各类劳动者实施创业培训“马兰花计划”（以下简称“马兰花计划”）。现就有关工作通知如下：

一、指导思想

以习近平新时代中国特色社会主义思想为指导，深入贯彻“六稳”“六保”，认真落实职业技能提升行动部署要求，扎实推进脱贫攻坚的战略措施，按照政府激励引导、社会广泛参与、劳动者自主选择的原则，面向劳动者开展创业培训，提升劳动者就业创业能力，为加快推动大众创业、万众创新，促进就业倍增效应提供有力支撑。

二、工作目标

实施“马兰花计划”，健全并完善政府引导、社会参与、创业者自主选择的创业培训工作机制。创业培训机构突破5 000

家，并结合高技能人才培训基地建设，发展一批更高水平、更具影响力的创业培训示范基地。培育一支覆盖各类培训课程的创业培训师资队伍，力争年培训量不低于8 000人，参照技能大师工作室做法，支持优秀创业培训师资等成立创业指导工作室。扩大创业培训规模，提升创业培训质量，2021年培训量不低于200万人次，力争年培训量逐年有所提高。

三、工作措施

（一）明确创业培训内容。针对不同的创业阶段有针对性地开展创业培训。准备创业和创业初期的人员可参加创业意识、创办企业、网络创业、创业（模拟）实训等培训课程，提升项目选择、市场评估、资金预测、创业计划等能力；已经成功创业的人员可参加改善企业和扩大企业的培训课程，健全管理体系，制定发展战略，抵御外部风险，稳定企业经营，扩大就业岗位。

（二）扩大创业培训群体范围。创业培训要面向有创业意愿和培训需求的城乡各类劳动者。重点对贫困家庭子女、贫困劳动力、城乡未继续升学初高中毕业生（以下简称“两后生”）、各类职业院校（含技工院校，下同）学生、高校学生、离校2年内未就业高校毕业生、农村转移就业劳动者、返乡入乡创业人员、乡村创业致富带头人、下岗失业人员、转岗职工、小微企业主、个体工商户、就业困难人员（含残疾人）、退役军人、即将刑满释放人员等开展创业培训。

（三）促进技能与创业创新结合。推动职业院校创业创新培训，将创业创新课程纳入教学计划，使有创业意愿和培训需求的学生都有机会参加创业创新培训。依托技能大师工作室等开展多种形式的创业创新活动，将学生在校期间开展的“试创业”实践活动纳入政策支持范围。依托各地创业培训师资培训计划，加速职业院校创业培训师资培养。

（四）完善创业培训资源建设。依托《创业培训标准（试行）》，开发适用于不同创业群体、不同创业阶段的创业培训课程和教材，构建创业培训课程库和案例库。完善灵活多样的培训模式，积极采取小班互动式教学，辅以创业实训、观摩游学、创业指导等。探索“互联网+创业培训”，有条件的地区可按照有关要求规范试点翻转课堂等线上学习与线下培训相融合的培训模式。加强网络创业培训技术平台的课程设置、教学管理和后续服务等功能建设。

（五）促进创业培训机构发展。加强创业培训机构规范管理，指导创业培训机构严格按照《创业培训标准（试行）》开展创业培训，强化培训效果评估和培训后续服务。广泛发动更多优势资源参与创业培训，支持符合条件的职业培训机构、就业创业培训（实训）中心、各类职业院校、高校、创业孵化基地、众创空间等实体开展创业培训。鼓励培训机构将培训服务“送上门”，为各类职业院校、高校、企业等机构组织提供培训课程、师资等创业培训优质资源。

（六）加强创业培训师资队伍建设。各地要进一步加强创业培训师资管理，完善进出、考评和激励机制。建立创业培训师资库，实现创业培训师资动态管理。制订长期师资培养计划，定期组织各类创业培训师资培训，并通过提高培训、研讨交流、教学观摩、讲师大赛等活动，提升创业培训师资培训指导能力。鼓励有条件的地区根据创业培训师资培训需求，探索创新市场化师资培训模式。持续组织“马兰花全国创业培训讲师大赛”，以赛促培训，以赛促交流，以赛促提高。

（七）完善创业培训质量监控体系。依托《创业培训标准（试行）》，完善创业培训质量监控和效果评估体系。利用大数据、区块链等技术，完善创业培训管理工作，加强创业培训信息化平台建设，做好创业培训日常管理、过程监督、培训考核、证书管理、效果评估、资金管理等一体化管理服务，实现培训机构全覆盖、培训人员全实名、培训资金全记录、培训过程可追溯、培训质量可监控。

（八）强化创业培训后续服务。加强创业培训与创业服务的有效衔接和统筹推进。依托人力资源社会保障部门公共创业服务机构，为参加培训的创业者提供开业指导、创业担保贷款、创业孵化、创业见习、企业咨询等服务，推动开展线上创业服务。吸纳创业培训师资、创业指导师、企业家、投资人等建立创业导师库，有条件的地区可结合本地实际，探索支持优秀创业导师成立工作室。

（九）推动创业培训助力脱贫致富。各地要加强对贫困地区、农村地区、边远地区的创业培训指导。结合乡村创业特点和培训需求，开发创业培训指导课程。加强贫困地区创业培训师资队伍和创业导师队伍建设。挖掘宣传返乡入乡人员、乡村创业致富带头人和扶贫创业培训师资的典型事迹。

四、工作要求

（十）加强实施管理。“马兰花计划”是职业技能提升行动的重要内容，各地要高度重视，建立工作机制，确保高质量完成任务。结合职业技能提升行动整体要求，强化督导管理，结合实际制定实施方案，明确目标，落实责任。对创业培训项目和创业培训机构实行目录清单管理，及时公布创业培训课程和创业培训机构目录。加强部门协作，协调解决“马兰花计划”中遇到的实际困难和问题。

（十一）落实资金保障。创业培训所需补贴从就业补助资金或职业技能提升行动专账资金中合理统筹安排。职业技能提升行动期间，优先使用职业技能提升行动专账资金。各地可结合实际提高培训补贴标准。有条件的地区可结合本地实际，对教学资源开发、线上创业培训、管理人员培训、管理平台开发等基础工作给予经费支持。各地要健全资金管理制度，明确监管主体，强化使用监管，保障使用安全，提高使用效益。

（十二）注重宣传引导。面向城乡各类劳动者加大创业培训政策宣传力度。结合职业技能提升行动，开展“马兰花计划”

主题宣传活动。积极运用各种宣传媒介和平台，广泛宣传创业者、创业培训师资、创业培训机构、创业培训管理人员的典型事迹，发挥示范作用，交流工作经验，深入推动创业带动就业工作。

附件：马兰花创业培训项目介绍

2020 年 11 月 4 日

附件

马兰花创业培训项目介绍

马兰花创业培训项目（以下简称项目）是人力资源社会保障部门面向有创业意愿和培训需求的城乡各类劳动者开展的示范性创业培训，通过激发创业意识、提高创业能力、稳定企业经营，为劳动者提供创业培训和指导。

一、项目背景

21世纪初，为应对经济体制改革带来的就业压力，原劳动保障部与国际劳工组织合作实施“创办和改善你的企业（SIYB）中国项目”，引进SIYB课程体系和管理技术，对下岗失业人员等就业重点群体开展创业培训。同时，国家出台积极就业政策，探索补贴培训与小额担保贷款相结合，并逐步建立政策扶持、创业培训和创业服务“三位一体”的工作模式，为我国推动创业促就业工作奠定坚实基础。

二、项目特点

（一）管理体系基础实。项目依托人力资源社会保障系统建立了部、省、市、培训机构四级管理体制。部职业能力建设司负责政策制定及工作推动；中国就业培训技术指导中心负责组织实施、技术开发及队伍建设等；省、市级创业培训主管部门负责日常管理及监督评估等；培训机构负责培训组织和后续服务。目前，全国有创业培训机构4 000余家。

（二）补贴政策有渠道。项目主要依托人力资源社会保障系统，面向就业困难人员等就业重点群体开展补贴性创业培训。补贴资金渠道主要通过就业补助资金或职业技能提升行动专账资金。

（三）课程体系较完善。项目以国际劳工组织 SIYB 课程为基础，覆盖创业全过程，包括初创阶段的创业意识（GYB）课程和创办企业（SYB）课程，已创业阶段的改善企业（IYB）课程和扩大企业（EYB）课程。项目自主开发网络创业培训课程，帮助创业者在网上开店创业。项目通过课程库逐步开发和吸收适用于不同群体和业态的课程体系。

（四）师资队伍建设强。项目累计培养师资 6 万余人，覆盖所有省、自治区、直辖市，并培养蒙、维、藏语师资服务边远地区。这些师资包括创业培训服务机构人员、高校师资、创业专家、企业家等。为加强师资能力提升，人力资源社会保障部每两年组织一届“马兰花全国创业培训讲师大赛”。

（五）带动就业效果好。项目通过小班互动式教学，实现较高的学员满意度、创业成功率和企业稳定率，就业带动效果凸显，成为各级人力资源社会保障部门推动“双创”稳就业，助力脱贫攻坚，促进职业能力提升的重要抓手。

人力资源社会保障部　教育部　科学技术部　中华全国总工会　中国机械工业联合会关于举办2020年全国行业职业技能竞赛——第九届全国数控技能大赛的通知

人社部函〔2020〕112号

各省、自治区、直辖市及新疆生产建设兵团人力资源社会保障厅（局）、教育厅（教委、教育局）、科技厅（委）、总工会、机械行业主管部门及有关协会（联合会）：

为全面贯彻落实习近平总书记对技能人才工作的重要指示精神，加快培养和选拔先进制造技术领域高素质技能人才，根据《人力资源社会保障部关于组织开展2020年全国行业职业技能竞赛的通知》（人社部函〔2020〕30号）要求，人力资源社会保障部、教育部、科学技术部、中华全国总工会、中国机械工业联合会决定共同举办2020年全国行业职业技能竞赛——第九届全国数控技能大赛（以下简称“大赛”）。现将有关事项通知如下：

一、组织管理

本次大赛为一类职业技能大赛，由人力资源社会保障部、教育部、科学技术部、中华全国总工会、中国机械工业联合会共同成立大赛全国组委会（名单见附件），全面负责大赛组织管理工作。全国组委会下设办公室和技术工作委员会。办公室设在人力资源社会保障部职业能力建设司，负责大赛综合管理、组织协调等工作。技术工作委员会设在中国机械工业联合会教育培训部，负责技术筹备和全国决赛组织实施工作。

全国决赛由机械工业教育发展中心、江苏省人力资源和社会保障厅、无锡市人民政府承办，无锡市人力资源和社会保障局、无锡技师学院等单位协办。

各省、自治区、直辖市及新疆生产建设兵团人力资源社会保障厅（局）牵头，会同教育、科技、工会、机械行业等部门(单位）成立赛区组委会，负责组织开展本赛区竞赛事宜，接受全国组委会的指导。

二、大赛赛项

大赛设加工中心操作调整工（五轴联动加工技术)、机床装调维修工（数控机床智能化升级改造)、计算机软件产品检验员(数控系统与工业软件应用技术)、数控程序员（数字化设计与制造）四个赛项。各赛项均设职工组、教师组和学生组，其中加工中心操作调整工（五轴联动加工技术）为单人赛项，机床装调维修工（数控机床智能化升级改造)、计算机软件产品检验员（数控系统与工业软件应用技术)、数控程序员（数字化设计与制造）为双人赛项。

三、参赛选手

凡在相关岗位从事五轴联动加工、数控机床智能化升级改造、数控系统与工业软件应用、数字化设计与制造的企业职工、装备制造类相关专业的各类院校教师及全日制在籍学生，均可报名参加相应赛项和组别的竞赛。

已获得“中华技能大奖”、“全国技术能手”称号及在2019年国家级一类大赛获得前5名（双人赛项前3名、三人赛项前2名)、国家级二类竞赛获得前3名（双人赛项前2名、三人赛项第1名)、2019年“三区三州”职业技能大赛和全国扶贫职业技能大赛获得第1名且为职工身份的人员，不得以选手身份参赛。具有全日制学籍的在校创业学生不得以职工身份参赛。

四、大赛内容

大赛职工组和教师组分别按照加工中心操作工、数控机床装调维修工、计算机软件产品检验员、数控程序员国家职业技能标准技师（职业技能等级二级）的要求、学生组按照高级工（职业技能等级三级）要求，适当增加数控机床在五轴加工、智能化升级改造、数控系统与工业软件应用、数字化设计与制造等方面的新技术、新工艺、新规范和企业生产实际等内容。大赛将理论考核融入技能操作考核过程中，不单独设理论考核。具体竞赛规则及要求由全国组委会技术工作委员会另行通知。

五、大赛实施

大赛分为省级选拔赛、全国决赛两个阶段。

（一）省级选拔赛阶段。2020 年 11 月底前，由各赛区组织实施省级选拔，选拔优秀选手参加全国决赛。

（二）全国决赛阶段。2021 年 1 月中上旬将在无锡市举办全国决赛，各赛区组成代表队报名参加。大赛四个赛项共计 12 个组别，各代表队各赛项各组别限报 1 支参赛队，参赛选手不得跨单位组队。全国决赛报名具体事宜另行通知。

六、奖励措施

（一）各赛项各组别全国决赛设一等奖、二等奖、三等奖和优胜奖。其中，一等奖前 5 名，二等奖第 6~20 名，三等奖和优胜奖若干名。全国组委会向获得一等奖的选手颁发奖杯和荣誉证书，向获得二等奖、三等奖和优胜奖的选手颁发荣誉证书。

（二）加工中心操作调整工（五轴联动加工技术）赛项获得全国决赛前 5 名，机床装调维修工（数控机床智能化升级改造）、计算机软件产品检验员（数控系统与工业软件应用技术）、数控程序员（数字化设计与制造）赛项获得全国决赛前 3 名的职工组和教师组选手，经人力资源社会保障部核准后，授予“全国技术能手”称号，颁发奖章、奖牌和证书。

（三）各赛项各组别获奖选手晋升职业技能等级有关政策另

行规定。

（四）各赛项获得职工组全国决赛第1名且符合条件的企业职工选手，可由选手所在省（区、市）总工会在次年度五一集中表彰时，优先申报“全国五一劳动奖章”。

（五）全国组委会颁发的其他奖项

1. 对获得各赛项各组别全国决赛第1名的选手所在单位，由全国组委会颁发“冠军选手单位”奖牌和荣誉证书。

2. 对各赛项各组别全国决赛一等奖获得者的教练（每支参赛队指定1名教练），由全国组委会颁发“优秀教练”荣誉证书。

3. 对贡献突出的承办、协办和技术支持单位，由全国组委会颁发“突出贡献奖”奖牌和荣誉证书。

4. 对省级选拔赛组织工作和决赛成绩表现突出的赛区，由全国组委会颁发“优秀组织奖”奖牌和荣誉证书。

5. 对在全国决赛组织中表现突出的个人（限15人以内），由全国组委会颁发“优秀工作者”荣誉证书。

6. 对在全国决赛执裁工作中表现突出的个人（限15人以内），由全国组委会颁发“优秀裁判员”荣誉证书。

各赛区可参照本通知制定本赛区奖励办法。

七、有关要求

（一）各省级赛区组委会要根据各地疫情防控要求，研究确定省级选拔赛时间、形式和规模。要积极争取地方财政支持，紧密结合当地企业生产和院校教学实际，积极发动符合条件的人员报名参赛。可借助竞赛信息管理系统，采用信息化和网络化等手段，做好选手报名、信息审核和成绩评判等工作，加强对竞赛全过程的管理，确保省级选拔赛科学规范、竞赛结果公平公正。

（二）各赛区要依靠机械行业组织（各省、市机械行业联合会、协会）做好选拔组织、技术指导、赛前训练和安全教育等工作。

（三）各赛区应依据省级选拔赛成绩确定参赛选手，组成参赛代表队参加全国决赛。要结合大赛全国组委会技术工作委员会发布的技术文件和培训资源做好参赛代表队赛前训练工作，鼓励各省（区、市）赛前将选手集中培训纳入职业技能提升行动范围，由各地按标准落实职业培训补贴政策。

（四）大赛全国组委会将统筹做好媒体宣传工作，各赛区及时向大赛全国组委会技术工作委员会提供省级选拔赛新闻通稿、比赛花絮、背景资料等文字、图片、视频宣传素材。

（五）在全国决赛期间，所有代表队人员须自行购买意外伤害保险。各赛区要严格管理本代表队选手及相关人员，遵守比赛各项规定，确保大赛活动顺利进行并取得实效。

（六）各赛区组委会须于2020年11月16日前指定1名大赛联系人，并将联系人信息（姓名、单位、职务、联系方式）发送至全国组委会技术工作委员会指定电子邮箱，以便于沟通联络。

八、联系方式（略）

附件：2020年全国行业职业技能竞赛——第九届全国数控技能大赛全国组委会人员名单

2020年11月6日

附件

2020 年全国行业职业技能竞赛
——第九届全国数控技能大赛
全国组委会人员名单

一、主任

汤　涛　人力资源社会保障部副部长

孙　尧　教育部副部长

相里斌　科学技术部副部长

阎京华　中华全国总工会副主席、书记处书记

王瑞祥　中国机械工业联合会会长

二、副主任

张立新　人力资源社会保障部职业能力建设司司长

陈子季　教育部职业教育与成人教育司司长

秦　勇　科学技术部高新技术司司长

王晓峰　中华全国总工会劳动和经济工作部部长

刘　康　中国就业培训技术指导中心主任

杨学桐　中国机械工业联合会执行副会长

戴元湖　江苏省人力资源和社会保障厅厅长

杜小刚　无锡市人民政府市长

三、委员

刘新昌　人力资源社会保障部职业能力建设司二级巡视员

周　为　教育部职业教育与成人教育司副司长

陈彦丞　科学技术部高新技术司司副司长

姜文良　中华全国总工会劳动和经济工作部副部长

陈晓明　中国机械工业联合会教育培训部主任
袁　芳　中国就业培训技术指导中心副主任
房志凯　机械工业教育发展中心副主任
毛予锋　中国机床工具工业协会常务副理事长
顾　潮　江苏省人力资源和社会保障厅副厅长
朱爱勋　无锡市人民政府副市长

四、办公室

（一）主任

张立新（兼）

（二）副主任

刘新昌（兼）

（三）成员

翟　涛　人力资源社会保障部职业能力建设司技能竞赛管理处处长
王珊珊　教育部职业教育与成人教育司职业院校发展处副处长
杨建坤　科学技术部高新技术司先进制造与网络处处长
杜文甫　中华全国总工会劳动和经济工作部技术协作与创新处处长
王　静　中国就业培训技术指导中心信息和远程培训处一级调研员
刘加勇　机械工业教育发展中心技工教育和培训处处长
李建方　江苏省人力资源和社会保障厅职业能力建设处处长
李　平　无锡市人力资源和社会保障局局长
沈　挺　无锡技师学院院长

五、技术工作委员会

（一）主任

杨学桐（兼）

（二）执行主任

陈晓明（兼）

（三）技术顾问

王黎明　中国机床工具工业协会秘书长

方卫国　北京机电行业协会副理事长

鲁宏勋　中国空空导弹研究院高级技师

（四）副主任

房志凯（兼）

宋放之　北京航空航天大学高级工程师

谷立恒　北京市机电研究院教授级高工

（五）委员

郑丽梅　全国机械职业教育教学指导委员会秘书长

王晓颖　中国机械工业联合会质量工作部副处长

陈吉红　国家数控系统工程技术研究中心主任

陈彦德　江苏省人力资源和社会保障厅职业能力建设处二级调研员

冯福龙　北京市工贸技师学院副院长

宋春林　天津市机电工艺学院党委书记、院长

冯为远　广东省机械技师学院党委书记

宋军民　江苏省常州技师学院正高级讲师

徐国胜　天津职业技术师范大学教授

周明虎　南京工程学院高级工程师

滕宏春　南京工业职业技术大学教授

熊志勇　华南理工大学副教授

李建国　天津职业大学高级实验师

钟　健　深圳职业技术学院教授

牛小铁　北京工业职业技术学院教授

石皋莲　苏州工业职业技术学院教授

曹彦生　中国航天科工集团公司高级工程师

蔡　焱　中国通用技术（集团）控股有限责任公司人力资源总部人才培训处处长

李　强　宝鸡机床集团有限公司董事长
杨　森　西安灵秀智能有限公司董事长
于恒山　东辰榜数控装备有限公司总经理
成亚飞　深圳模德宝科技有限公司总经理

人力资源社会保障部办公厅
市场监管总局办公厅　统计局办公室
关于发布智能制造工程技术人员等
职业信息的通知

人社厅发〔2020〕17号

各省、自治区、直辖市及新疆生产建设兵团人力资源社会保障厅(局)、市场监管局、统计局，国务院各部委、各直属机构、各中央企业、有关社会组织人事劳动保障工作机构，中央军委政治工作部兵员和文职人员局：

根据《中华人民共和国劳动法》有关规定，为贯彻落实《国务院关于推行终身职业技能培训制度的意见》提出的“紧跟新技术、新职业发展变化，建立职业分类动态调整机制，加快职业标准开发工作”要求，加快构建与国际接轨、符合我国国情的现代职业分类体系，我们面向社会持续公开征集新职业信息。经专家评估论证、公示征求意见等程序，目前遴选确定了智能制造工程技术人员等16个新职业信息，调整变更了11个职业信息，现予发布。

2020年2月25日

智能制造工程技术人员等职业信息

一、新职业信息

（一）2-02-07-13　智能制造工程技术人员

定义：从事智能制造相关技术的研究、开发，对智能制造装备、生产线进行设计、安装、调试、管控和应用的工程技术人员。

主要工作任务：

1. 分析、研究、开发智能制造相关技术；
2. 研究、设计、开发智能制造装备、生产线；
3. 研究、开发、应用智能制造虚拟仿真技术；
4. 设计、操作、应用智能检测系统；
5. 设计、开发、应用智能生产管控系统；
6. 安装、调试、部署智能制造装备、生产线；
7. 操作、应用工业软件进行数字化设计与制造；
8. 操作、编程、应用智能制造装备、生产线进行智能加工；
9. 提供智能制造相关技术咨询和技术服务。

（二）2-02-10-13　工业互联网工程技术人员

定义：围绕工业互联网网络、平台、安全三大体系，在网络互联、标识解析、平台建设、数据服务、应用开发、安全防护等领域，从事规划设计、技术研发、测试验证、工程实施、运营管理和运维服务等工作的工程技术人员。

主要工作任务：

1. 研究、设计网络互联与数据互通、共享等解决方案并指导工程实施；
2. 研究、开发、应用工业大数据的采集技术、工业机理模型和高级数据分析挖掘技术；

3. 研究、设计、开发、调测、推广工业互联网应用平台和应用型工业App；

4. 规划、设计、部署工业互联网安全系统，监控、管理和保障工业互联网网络、平台及数据安全；

5. 规划、运营产业链和供应链资产数据，指导资源配置、协同生产和柔性生产、设备健康和能耗管理；

6. 构建、调测、维护工业互联网网络，监控相关信息，动态维护网络链路和网络资源；

7. 提供工业互联网术语解释、技术咨询与工程实施指导。

（三）2-02-10-14　虚拟现实工程技术人员

定义：使用虚拟现实引擎及相关工具，进行虚拟现实产品的策划、设计、编码、测试、维护和服务的工程技术人员。

主要工作任务：

1. 虚拟现实软件产品策划、场景设计、界面设计、模型制作、程序开发、系统测试；

2. 设计、开发、集成、测试虚拟现实硬件系统；

3. 研究、应用虚拟现实体系架构、技术和标准；

4. 管理、监控、维护并保障虚拟现实产品的稳定和安全运行；

5. 提供虚拟现实技术相关的技术咨询、技术培训和技术支持服务。

（四）4-01-02-06　连锁经营管理师

定义：运用连锁经营管理工具及相关技术，进行业态定位、品类管理、营销企划、顾客服务、视觉营销等工作，负责门店运营业务管理的人员。

主要工作任务：

1. 设计连锁体系，厘清总部与门店权责，规划门店运营模式；

2. 分析门店经营数据，制定经营目标与计划并组织实施；

3. 调研商圈特征，拓展新门店，进行业态定位与品类结构调整；

4. 负责商品的进货、销售和储存，策划门店促销活动并组织实施；

5. 设计门店动线，负责布局规划与商品陈列的落实；

6. 设计门店服务体系，培训、激励一线营业人员，做好顾客服务工作；

7. 负责维护门店外围关系，处理与门店相关的其他事务；

8. 管控门店日常运作，对门店业绩进行评估与优化；

9. 负责商品安全管理工作，组织开展门店及商品安全自查。

（五）4-02-06-05　供应链管理师

定义：运用供应链管理的方法、工具和技术，从事产品设计、采购、生产、销售、服务等全过程的协同，以控制整个供应链系统的成本并提高准确性、安全性和客户服务水平的人员。

主要工作任务：

1. 实施销售和运作计划，进行库存管理，协调供给与需求关系；

2. 制定采购策略，对供应商进行整合与评估；

3. 负责生产和服务设施选址与布置，实施精益生产；

4. 负责运输网络设计与管理，协调仓储规划与运作，实现产品和服务的高效交付与回收；

5. 制定供应链信息技术决策，运用数字化技术管理客户、内部供应链、供应商及交易；

6. 运用供应链绩效管理工具及方法，对供应链进行评估与改进；

7. 提供供应链技术咨询和服务。

（六）4-02-07-10　网约配送员

定义：通过移动互联网平台等，从事接收、验视客户订单，根据订单需求，按照平台智能规划路线，在一定时间内将订单物品递送至指定地点的服务人员。

主要工作任务：

1. 通过移动智能终端接收、验视、核对客户订单，包括但不限于数量、尺寸、规格、颜色、保质期、价格、地址；

2. 分类整理订单物品，编排递送顺序；

3. 按照客户要求及网络平台智能规划的配送路线，在一定时间内将订单物品递送至指定地点；

4. 处理无人接收、拒收、破损等递送异常情况；

5. 处理客户投诉及其他递送诉求。

（七）4-04-05-05　人工智能训练师

定义：使用智能训练软件，在人工智能产品实际使用过程中进行数据库管理、算法参数设置、人机交互设计、性能测试跟踪及其他辅助作业的人员。

主要工作任务：

1. 标注和加工图片、文字、语音等业务的原始数据；

2. 分析提炼专业领域特征，训练和评测人工智能产品相关算法、功能和性能；

3. 设计人工智能产品的交互流程和应用解决方案；

4. 监控、分析、管理人工智能产品应用数据；

5. 调整、优化人工智能产品参数和配置。

本职业包含但不限于下列工种：

数据标注员　人工智能算法测试员

（八）4-08-05-07　电气电子产品环保检测员 L

定义：从事电气电子产品的整机、元器件、材料等环保检验、检测、监测、分析及数据处理，并利用检测结果改进产品环保设计、生产工艺、供应链环保溯源管理，以及环保检测新方法开发的技术及管理服务人员。

主要工作任务：

1. 研究并应用电气电子产品环保法规、标准、检测方法、检测仪器设备装置；

2. 规划、设计、建置电气电子产品检测实验室，评估、校准、维护环保检测设备；

3. 开发、确认、验证新的环保检测方法，参与相关检测标准制定；

4. 组织内部检验测试单位能力比对；

5. 制定产品环保检验、检测、监测方案，进行产品材料、设计、生产工艺的禁/限用物质风险评估；

6. 根据标准或规范进行样品的采集、拆分和制样等前处理，使用检测仪器设备对样品的禁/限用物质进行检验、检测、监测及分析；

7. 对样品检测数据进行处理、分析、结果符合性判定，形成记录或出具报告；

8. 分析并利用检验、检测和监测结果，制定产品环保设计、生产工艺及供应链产品环保符合性溯源管理的改进方案。

（九）4-13-05-04　全媒体运营师

定义：综合利用各种媒介技术和渠道，采用数据分析、创意策划等方式，从事对信息进行加工、匹配、分发、传播、反馈等工作的人员。

主要工作任务：

1. 运用网络信息技术和相关工具，对媒介和受众进行数据化分析，指导媒体运营和信息传播的匹配性与精准性；

2. 负责对文字、声音、影像、动画、网页等信息内容进行策划和加工，使其成为适用于传播的信息载体；

3. 将信息载体向目标受众进行精准分发、传播和营销；

4. 采集相关数据，根据实时数据分析、监控情况，精准调整媒体分发的渠道、策略和动作；

5. 建立全媒体传播矩阵，构建多维度立体化的信息出入口，对各端口进行协同运营。

（十）4-14-01-02　健康照护师

定义：运用基本医学护理知识与技能，在家庭、医院、社区等场所，为照护对象提供健康照护及生活照料的人员。

主要工作任务：

1. 观察发现照护对象的常见健康问题及疾病（危急）症状，提出相应预防、康复及照护措施，或提出送医建议；

2. 观察发现照护对象的常见心理问题，提供简单心理疏导及支持性照护措施；

3. 照护老年人生活起居、清洁卫生、睡眠、日常活动，提供合理饮食及适宜活动，提供预防意外伤害安全照护，为临终老人提供安宁疗护措施；

4. 照护孕产妇生活起居，根据个体身心特点，提供合理营养、适当运动的健康生活照护，促进母乳喂养及产后康复；

5. 照护婴幼儿生活起居与活动，提供喂养、排泄、洗浴、抚触、睡眠、生长发育促进及心理健康照护措施；

6. 照护病患者生活起居、清洁卫生、日常活动，提供合理饮食及适宜活动，按医嘱督促、协助照护对象按时服药、治疗；

7. 为照护对象家庭提供整洁生活环境、合理营养膳食及健康常识普及。

本职业包含但不限于下列工种：

医疗护理员

（十一）4-14-01-03　呼吸治疗师

定义：使用呼吸机、肺功能仪、多导睡眠图仪、雾化装置等呼吸治疗设备，从事心肺和相关脏器功能的评估、诊治与康复，以及健康教育、咨询指导等工作的人员。

主要工作任务：

1. 运用肺功能检查、多导睡眠图、心肺运动检查、呼吸力学、血气分析等设备及技术方法，进行心肺和相关脏器生理与功能的监测及评估，制定呼吸治疗方案；

2. 评估和管理需要呼吸支持的患者，维护呼吸机等相关设备，保障呼吸机等设备的规范化使用；

3. 负责人工气道管理与自然气道维护的个体化计划的制订与实施；

4. 负责雾化吸入、气道湿化、气道廓清等其他呼吸治疗方案的制定和实施；

5. 负责患者院内外转运或急救中呼吸治疗安全的保障工作；

6. 负责呼吸康复的管理、指导与咨询，进行戒烟指导和呼吸健康宣教工作；

7. 参与呼吸治疗相关技术与设备的研究、开发和推广。

（十二）4-14-02-04　出生缺陷防控咨询师

定义：从事出生缺陷防控宣传、教育、咨询、指导以及提供出生缺陷发生风险的循证信息、遗传咨询、解决方案建议、防控管理服务及康复咨询的人员。

主要工作任务：

1. 为咨询对象提供包括环境、遗传等因素的出生缺陷发生风险的循证咨询建议，提供医学检查和就医建议；

2. 对出生缺陷检测、治疗与康复、病患家庭的重点人群再生育等提供咨询建议；

3. 为咨询对象提供出生缺陷临床表现和可能采取的干预措施及预后情况的咨询，并提供心理疏导；

4. 为咨询对象、病患家庭提供出生缺陷相关的防控、保障等社会资源信息；

5. 进行出生缺陷防控社会宣传，普及出生缺陷防控相关知识。

（十三）4-14-03-06　康复辅助技术咨询师

定义：根据功能障碍者的身体功能与结构、活动参与能力及使用环境等因素，综合运用康复辅助技术产品，为功能障碍者提供辅助技术咨询、转介、评估、方案设计、应用指导等服务的人员。

主要工作任务：

1. 为功能障碍者提供康复辅助技术产品咨询与服务转介；

2. 评估功能障碍者的身体结构和功能、活动和参与、环境因素以及个人因素，提出康复辅助技术产品适配方案，以及个人和公共环境改造方案；

3. 指导康复辅助技术产品适配方案、个人和公共环境改造方案的实施；

4. 指导功能障碍者使用康复辅助技术产品，并进行效果评价；

5. 为功能障碍者提供辅助技术产品保养和简单维修知识及简易康复指导服务，对用户进行随访；

6. 开展社区居民的康复辅助技术服务科普和宣教。

（十四）6-23-03-15　无人机装调检修工

定义：使用设备、工装、工具和调试软件，对无人机进行配件选型、装配、调试、检修与维护的人员。

主要工作任务：

1. 根据无人机的产品性能等相关要求，对无人机进行配件选型、制作及测试；

2. 按照装配图等相关要求，使用专用工具进行无人机的整机装配；

3. 使用相关调试软件和工具，进行无人机系统和功能模块的联调与测试；

4. 使用专用检测仪器及软件进行无人机各系统检测、故障分析和诊断；

5. 使用相关工具，根据故障诊断结果进行无人机维修；

6. 使用专用检测工具和软件对修复后的无人机进行性能测试；

7. 根据维护保养手册，对无人机各功能模块进行维护保养；

8. 编制无人机设备装配、测试、检修维修等报告。

（十五）6-29-02-16　铁路综合维修工

定义：对铁路线路、路基、桥涵、隧道、信号、牵引供电接触网及附属设备进行检测、施工、养护、维修的人员。

主要工作任务：

1. 负责铁路线路、路基、桥涵、隧道及附属设备的巡视检查、日常养护、值班值守、应急处置、施工配合等；

2. 负责铁路现场信号设备的巡视检查、日常养护、值班值守、应急处置、施工配合等；

3. 负责铁路牵引供电接触网设备的巡视检查、日常养护、值班值守、应急处置、施工配合等；

4. 负责铁路现场信号设备、牵引供电接触网设备的数据采集、整理及综合分析；

5. 负责铁路基础设施巡检、基础设施设备养护现场作业安全防护等。

本职业包含但不限于下列工种：

铁路网线维修工　铁路信线维修工

（十六）6-29-99-00　装配式建筑施工员

定义：在装配式建筑施工过程中从事构件安装、进度控制和项目现场协调的人员。

主要工作任务：

1. 编制装配式建筑预制构件现场安装方案；

2. 负责预制构件现场堆放；

3. 负责现场构件定位放线、标高测定、吊装、安装、调平、校正；

4. 负责构件的临时支撑；

5. 负责外墙、内墙构件的砂浆密封和套筒灌浆连接；

6. 负责构件吊装后的吊点切割和抹平；

7. 负责构件表面预埋件凹槽部位的处理；

8. 负责施工现场进度的控制和有关单位的沟通协调。

二、调整变更职业信息

（一）在“行政办事员（3-01-01-01）”职业下增设“政务服务综合窗口办事员”工种。

（二）在“秘书（3-01-02-02）”职业下增设“科研助理”工种。

（三）在“电子商务师（4-01-02-02）”职业下增设“跨境电子商务师”工种。

（四）在“轨道列车司机（4-02-01-01）”职业下增设“动力集中型电力动车组司机”和“动力集中型内燃动车组司机”2个工种。

（五）在“职业指导员（4-07-03-01）”职业下增设“残疾人就业辅导员”工种。

（六）在“企业人力资源管理师（4-07-03-04）”职业下增设“薪税师”工种。

（七）在“首饰设计师（4-08-08-11）”职业下增设“珠宝设计师”和“饰品设计师”2个工种。

（八）将“医疗临床辅助服务员（4-14-01-00）”的职业编码更改为“4-14-01-01”，同时将该职业原下设的“医疗护理员”工种调整为“健康照护师（4-14-01-02）”职业下设的工种。

（九）将“防腐蚀工（6-11-01-06）”职业名称变更为“腐蚀控制工”。

（十）在“废旧物资加工处理工（6-27-01-00）”职业下增设“废矿物油再生处置工”工种。

（十一）在“铁路自轮运转设备工（6-29-02-01）”职业下增设“轨道作业车司机”工种，同时取消该职业原下设的“轨道车司机”和“接触网作业车司机”2个工种。

人力资源社会保障部办公厅
市场监管总局办公厅　统计局办公室
关于发布区块链工程技术人员等
职业信息的通知

人社厅发〔2020〕73号

各省、自治区、直辖市及新疆生产建设兵团人力资源社会保障厅（局）、市场监管局、统计局，国务院各部委、各直属机构、各中央企业、有关社会组织人事劳动保障工作机构，中央军委政治工作部兵员和文职人员局：

根据《中华人民共和国劳动法》有关规定，为贯彻落实《国务院关于推行终身职业技能培训制度的意见》提出的“紧跟新技术、新职业发展变化，建立职业分类动态调整机制，加快职业标准开发工作”要求，加快构建与国际接轨、符合我国国情的现代职业分类体系，我们面向社会持续公开征集新职业信息。经专家评估论证、向社会公示、征求国务院各部门意见等程序，目前遴选确定了区块链工程技术人员等9个新职业信息，调整变更了7个职业信息，现予发布。

2020年6月28日

区块链工程技术人员等职业信息

一、新职业信息

（一）2-02-10-15　区块链工程技术人员

定义：从事区块链架构设计、底层技术、系统应用、系统测试、系统部署、运行维护的工程技术人员。

主要工作任务：

1. 分析研究分布式账本、隐私保护机制、密码学算法、共识机制、智能合约等技术；
2. 设计区块链平台架构，编写区块链技术报告；
3. 设计开发区块链系统应用底层技术方案；
4. 设计开发区块链性能评测指标及工具；
5. 处理区块链系统应用过程中的部署、调试、运行管理等问题；
6. 提供区块链技术咨询及服务。

（二）3-01-01-06　城市管理网格员

定义：运用现代城市网络化管理技术，巡查、核实、上报、处置市政工程（公用）设施、市容环境、社会管理事务等方面的问题，并对相关信息进行采集、分析、处置的人员。

主要工作任务：

1. 操作信息采集设备，巡查、发现网格内市政工程（公用）设施、市容环境、社会管理事务等方面的问题，受理相关群众举报；
2. 操作系统平台对发现或群众举报的网格内市政工程（公用）设施、市容环境、社会管理事务等方面的问题进行核实、上报、记录；

3. 研究网格内市政工程（公用）设施、市容环境、社会管理事务等方面问题的立案事宜，提出处置方案；

4. 通知存在问题的责任单位，并协助解决相关问题；

5. 核实上级通报的问题，协助责任单位处置，并反馈处置结果；

6. 收集、整理、分析相关信息、数据，提出网格内城市治理优化建议。

（三）4-01-02-07　互联网营销师

定义：在数字化信息平台上，运用网络的交互性与传播公信力，对企业产品进行营销推广的人员。

主要工作任务：

1. 研究数字化信息平台的用户定位和运营方式；

2. 接受企业委托，对企业资质和产品质量等信息进行审核；

3. 选定相关产品，设计策划营销方案，制定佣金结算方式；

4. 搭建数字化营销场景，通过直播或短视频等形式对产品进行多平台营销推广；

5. 提升自身传播影响力，加强用户群体活跃度，促进产品从关注到购买的转化率；

6. 签订销售订单，结算销售货款；

7. 协调销售产品的售后服务；

8. 采集分析销售数据，对企业或产品提出优化性建议。

本职业包含但不限于下列工种：

直播销售员

（四）4-04-04-04　信息安全测试员

定义：通过对评测目标的网络和系统进行渗透测试，发现安全问题并提出改进建议，使网络和系统免受恶意攻击的人员。

主要工作任务：

1. 分析研究网络与信息系统安全攻防技术，并跟踪其发展变化；

2. 利用信息收集工具及技术手段，采集并分析评测目标的相关信息；

3. 制定评测目标的安全测试方案及实施计划；

4. 利用漏洞检测工具定位、识别评测目标存在的安全漏洞，并进行技术核查与评估；

5. 利用渗透工具对评测目标进行深度测试，验证安全漏洞引发的网络与系统安全隐患；

6. 编制安全评测报告，协助专业人员对评测目标进行安全恢复及技术改进。

（五）4-04-05-06　区块链应用操作员

定义：运用区块链技术及工具，从事政务、金融、医疗、教育、养老等场景系统应用操作的人员。

主要工作任务：

1. 分析研究在区块链应用场景下的用户需求；

2. 设计系统应用的方案、流程、模型等；

3. 运用相关应用开发框架协助完成系统开发；

4. 测试系统的功能、安全、稳定性等；

5. 操作区块链服务平台上的系统应用；

6. 从事系统应用的监控、运维工作；

7. 收集、汇总系统应用操作中的问题。

（六）4-13-99-02　在线学习服务师

定义：运用数字化学习平台（工具），为学习者提供个性、精准、及时、有效的学习规划、学习指导、支持服务和评价反馈的人员。

主要工作任务：

1. 对学习者进行学情分析，提出针对性的学习规划和学习建议；

2. 为学习者提供全方位、全周期的个性化指导支持和课程管理服务，解决学习者学习过程中的技术、内容、方法等问题；

3. 管理在线学习班级，为学习者建立和维护在线交互社群，激发学习者的学习动机，提高学习兴趣；

4. 运用分析和评价工具对学习者的学习活动和学习成果进行综合评价并及时反馈；

5. 根据学习者体验，对学习平台、学习工具、学习资源等提出优化建议。

（七）4-14-01-04　社群健康助理员

定义：运用卫生健康及互联网知识技能，从事社群健康档案管理、宣教培训，就诊和保健咨询、代理、陪护及公共卫生事件事务处理的人员。

主要工作任务：

1. 运用互联网共享卫生健康资源，提供健康咨询、培训、代理、监护及网约就诊、保健等服务；

2. 为社群成员建立健康档案，采集、上报健康风险因素及公共卫生健康信息；

3. 为社群成员提供健康探访、体检、就诊、转诊等代理或陪护服务；

4. 为患者提供预约挂号、缴费、取药、办理住院手续等协助服务；

5. 为有养生、体检、心理咨询等健康需求的社群成员推荐机构及技师，提供预约、出行陪护及接送等服务；

6. 开展社群卫生健康防护，协助开展爱国卫生运动，组织社区环境卫生整治、健康科普、群众动员工作，提供消毒、清洁、送药、看护等防疫及生活保障服务，协助相关物资的登记、统计、购置、发放等工作；

7. 利用互联网技术参与公共卫生事件的健康预警、监视。

（八）4-14-02-05　老年人能力评估师

定义：为有需求的老年人提供生活活动能力、认知能力、精神状态等健康状况测量与评估的人员。

主要工作任务：

1. 采集、记录老年人的基本信息和健康状况；

2. 评估老年人日常生活活动能力；

3. 测量与评估老年人认知能力、精神状态、感知觉与沟通能力、社会参与能力；

4. 依据测量与评估结果，确定老年人能力等级；

5. 出具老年人能力综合评估报告；

6. 为老年人能力恢复提出建议。

（九）6-20-99-00 增材制造设备操作员 L

定义：从事增材制造设备安装、调试、维修和保养，及生产操作和运行管理的人员。

主要工作任务：

1. 安装、调试增材制造设备；

2. 操作增材制造设备进行生产，负责增材制造设备的运行管理；

3. 从事增材制造设备的故障排查、设备维修及保养工作；

4. 为客户提供设备操作和日常保养培训；

5. 协助客户解决设备常见问题，并收集客户反馈意见建议；

6. 分析研究增材制造设备生产过程中的技术问题。

二、调整变更职业信息

（一）在“互联网营销师（4-01-02-07）”职业下增设“直播销售员”工种。

（二）在“网络与信息安全管理员（4-04-04-02）”职业下增设“互联网信息审核员”工种。

（三）在“银行信贷员（4-05-01-02）”职业下增设“小微信贷员”工种。

（四）在“企业人力资源管理师（4-07-03-04）”职业下增设“劳务派遣管理员”工种。

（五）将“电子竞技员（4-13-99-00）”的职业编码更改

为“4-13-99-01”。

（六）将“公共卫生辅助服务人员（4-14-04）”小类下“公共卫生辅助服务员（4-14-04-00）”职业取消；同时将该职业下的“防疫员”“消毒员”和“公共场所卫生管理员”等3个工种分别上升为职业。职业信息如下：

1. 4-14-04-01　防疫员

定义：从事健康教育、疾病预防控制、突发公共卫生事件处置，对环境、场所、物品进行有害微生物清除及病媒生物防制的公共卫生防控辅助人员。

主要工作任务：

（1）开展有关疾病的科普宣传；

（2）监测和控制传染病；

（3）消除环境、场所、物品的有害微生物；

（4）开展病媒生物的防治工作；

（5）开展预防控制知识培训。

2. 4-14-04-02　消毒员

定义：从事消毒知识宣传、消毒药剂配制，对环境、场所、物品进行消毒和消毒效果评价，及消毒设备保养、检修的公共卫生防控辅助人员。

主要工作任务：

（1）制定消毒方案和防护措施；

（2）依据消毒要求配制消毒药剂；

（3）从事环境、场所、物品的消毒工作；

（4）对消毒效果进行评价；

（5）对消毒设备进行保养、检修。

3. 4-14-04-03　公共场所卫生管理员

定义：从事公共场所卫生管理、卫生管理制度制定、人员健康监测、卫生风险分析与控制及卫生知识宣传工作的公共卫生防控辅助人员。

主要工作任务：

（1）制定公共场所卫生管理制度和规范；

（2）建立公共场所卫生管理档案；

（3）开展公共场所人员健康监测；

（4）开展公共场所物理因素、室内空气质量、生活饮用水、游泳池水、沐浴用水、集中空调通风系统、应急通道、安全出口等的卫生管理工作；

（5）进行公共场所卫生风险分析与控制；

（6）开展公共场所卫生知识宣传工作；

（7）开展公共场所物理因素、室内空气质量、生活饮用水等卫生评价。

（七）在“壁画制作工（6-09-03-07）”职业下增设“泥板画创作员”工种。

人力资源社会保障部办公厅关于做好水平评价类技能人员职业资格退出目录有关工作的通知

人社厅发〔2020〕80号

各省、自治区、直辖市及新疆生产建设兵团人力资源社会保障厅（局），国务院有关部门、有关行业组织人事劳动保障工作机构，中央军委政治工作部兵员和文职人员局：

2019年12月，国务院常务会议决定分步取消水平评价类技能人员职业资格，推行社会化职业技能等级认定。为贯彻落实国务院常务会议精神，统筹推进疫情防控和经济社会发展，促进就业创业，现就做好水平评价类技能人员职业资格退出国家职业资格目录有关工作通知如下：

一、要深刻理解和领会取消水平评价类技能人员职业资格、推行社会化职业技能等级认定的重要意义。将技能人员水平评价由政府认定改为实行社会化等级认定，接受市场和社会认可与检验，这是推动政府职能转变、形成以市场为导向的技能人才培养使用机制的一场革命，有利于破除对技能人才成长和弘扬工匠精神的制约，促进产业升级和高质量发展。各级人力资源社会保障部门和有关部门、行业组织要从加强技能人才培养、使用、评价、激励工作大局出发，稳妥有序推进技能人才评价制度改革，将水平评价类技能人员职业资格分批有序退出目录，不再由政府或其授权的单位认定发证，转为社会化等级认定，由用人单位和相关社会组织按照职业标准或评价规范开展职业技能等级认定、颁发职业技能等级证书，支持服务技能人才队伍建设。

二、今年年底前，拟分批将水平评价类技能人员职业资格退出目录。人力资源社会保障部门和有关部门组织实施的14项职业资格（涉及29个职业）拟于9月30日前第一批退出。其他部门（单位）组织实施的66项职业资格（涉及156个职业）拟于12月31日前第二批退出。与公共安全、人身健康、生命财产安全等密切相关的职业（工种）拟依法调整为准入类职业资格。上述有关工作请于今年年底前完成（具体安排详见附件）。

三、妥善处理水平评价类技能人员职业资格退出目录的有关后续工作。对已发布鉴定考试公告或已受理鉴定考试报名的，可以根据考生意愿，继续做好鉴定考试工作，或者退回有关费用。对已组织完成鉴定考试的，要做好职业资格证书发放等工作。对按技能人才职业资格证书培养计划招生的职业院校（含技工院校），或企业招收的企业新型学徒，要支持其执行培养培训计划，保证政策不断线，帮助学生（学员）毕结业时能够取得相应职业资格证书或职业技能等级证书。

四、加强职业资格证书管理。要规范实施职业技能鉴定，保证鉴定质量，严格职业资格证书发放，严禁违规、突击发放证书。退出目录前已发放的职业资格证书继续有效，可作为持证者职业能力水平的证明。

五、做好职业技能等级认定工作。要认真总结职业技能等级认定试点工作，大力推行职业技能等级认定。要推动各类企业等用人单位全面开展技能人才自主评价，遴选发布社会培训评价组织并指导其按规定开展职业技能等级认定，颁发职业技能等级证书，支持劳动者实现技能提升。

六、对与公共安全、人身健康、生命财产安全等密切相关的水平评价类技能人员职业资格，有关单位要抓紧配合做好相关法律法规制定修订工作，依法将其调整为准入类职业资格。人力资源社会保障部门职业技能鉴定中心要加快职能转变，加强职业技能等级认定工作的质量监管，做好公共服务。有关单位职业技能鉴定中心可结合实际探索向社会培训评价组织转型。

附件：水平评价类技能人员职业资格退出目录安排

2020 年 7 月 20 日

附件

水平评价类技能人员职业资格退出目录安排

（水平评价类76项）

序号	职业资格名称		实施部门（单位）	批次
1	机械设备修理人员	设备点检员	中国钢铁工业协会	2
		电工	应急管理部、人力资源和社会保障部	
		锅炉设备检修工、变电设备检修工	中国电力企业联合会	
		工程机械维修工	中国机械工业联合会	
2	通用工程机械操作人员	起重装卸机械操作工	交通运输部、人力资源和社会保障部	2
3	建筑安装施工人员	电梯安装维修工、制冷空调系统安装维修工	人力资源和社会保障部	1
4	土木工程建筑施工人员	筑路工、桥隧工	交通运输部、住房和城乡建设部	2
		防水工	住房和城乡建设部、人力资源和社会保障部	
		电力电缆安装运维工	中国电力企业联合会	
5	房屋建筑施工人员	砌筑工、混凝土工、钢筋工、架子工	住房和城乡建设部、人力资源和社会保障部	2

续表

序号	职业资格名称		实施部门（单位）	批次
6	水生产、输排和水处理人员	水生产处理工	中国石油和化学工业联合会、中国电力企业联合会、住房和城乡建设部	2
		工业废水处理工	中国石油和化学工业联合会	
7	气体生产、处理和输送人员	工业气体生产工	中国石油和化学工业联合会	2
		工业废气治理工	中国石油和化学工业联合会、中国电力企业联合会	
		压缩机操作工	中国石油和化学工业联合会、中国煤炭工业协会	
8	电力、热力生产和供应人员	锅炉运行值班员、发电集控值班员、变配电运行值班员、继电保护员、燃气轮机值班员	中国电力企业联合会	2
		锅炉操作工	人力资源和社会保障部	1
9	仪器仪表装配人员	钟表及计时仪器制造工	中国轻工业联合会	2
10	电子设备装配调试人员	广电和通信设备电子装接工、广电和通信设备调试工	工业和信息化部	2
11	计算机制造人员	计算机及外部设备装配调试员	工业和信息化部	2

续表

序号	职业资格名称		实施部门（单位）	批次
12	电子器件制造人员	液晶显示器件制造工、半导体芯片制造工、半导体分立器件和集成电路装调工	工业和信息化部	2
13	电子元件制造人员	电子产品制版工、印制电路制作工	工业和信息化部	2
14	电线电缆、光纤光缆及电工器材制造人员	电线电缆制造工	中国机械工业联合会	2
15	输配电及控制设备制造人员	变压器互感器制造工、高低压电器及成套设备装配工	中国机械工业联合会	2
16	汽车整车制造人员	汽车装调工	中国机械工业联合会	2
17	医疗器械制品和康复辅具生产人员	矫形器装配工、假肢装配工	民政部	2
18	金属加工机械制造人员	机床装调维修工	人力资源和社会保障部	1
19	工装工具制造加工人员	模具工	人力资源和社会保障部	1
20	机械热加工人员	铸造工、锻造工、金属热处理工	人力资源和社会保障部	1

续表

序号	职业资格名称		实施部门（单位）	批次
21	机械冷加工人员	车工、铣工、钳工、磨工、冲压工	人力资源和社会保障部	1
		电切削工	中国机械工业联合会、人力资源和社会保障部	2
22	硬质合金生产人员	硬质合金成型工、硬质合金烧结工、硬质合金精加工工	中国有色金属工业协会	2
23	金属轧制人员	轧制原料工、金属轧制工、金属材热处理工、金属材精整工	中国钢铁工业协会、中国有色金属工业协会	2
		金属挤压工、铸轧工	中国有色金属工业协会	
24	轻有色金属冶炼人员	氧化铝制取工、铝电解工	中国有色金属工业协会	2
25	重有色金属冶炼人员	重冶火法冶炼工、电解精炼工、重冶湿法冶炼工	中国有色金属工业协会	2
26	炼钢人员	炼钢原料工、炼钢工	中国钢铁工业协会	2
27	炼铁人员	高炉原料工、高炉炼铁工、高炉运转工	中国钢铁工业协会	2
28	矿物采选人员	井下支护工、矿山救护工	中国有色金属工业协会、中国煤炭工业协会、中国钢铁工业协会	2
29	陶瓷制品制造人员	陶瓷原料准备工、陶瓷烧成工、陶瓷装饰工	中国轻工业联合会、中国建筑材料联合会	2

续表

序号	职业资格名称		实施部门（单位）	批次
30	玻璃纤维及玻璃纤维增强塑料制品制造人员	玻璃纤维及制品工、玻璃钢制品工	中国建筑材料联合会	2
31	水泥、石灰、石膏及其制品制造人员	水泥生产工、石膏制品生产工、水泥混凝土制品工	中国建筑材料联合会	2
32	药物制剂人员	药物制剂工	国家中医药管理局	2
33	中药饮片加工人员	中药炮制工	国家中医药管理局	2
34	涂料、油墨、颜料及类似产品制造人员	涂料生产工、染料生产工	中国石油和化学工业联合会	2
35	农药生产人员	农药生产工	中国石油和化学工业联合会	2
36	化学肥料生产人员	合成氨生产工、尿素生产工	中国石油和化学工业联合会	2
37	基础化学原料制造人员	硫酸生产工、硝酸生产工、纯碱生产工、烧碱生产工、无机化学反应生产工、有机合成工	中国石油和化学工业联合会	2
38	化工产品生产通用工艺人员	化工总控工、防腐蚀工	中国石油和化学工业联合会	2
		制冷工	人力资源和社会保障部	1

续表

序号	职业资格名称		实施部门（单位）	批次
39	炼焦人员	炼焦煤制备工、炼焦工	中国煤炭工业协会、中国钢铁工业协会	2
40	工艺美术品制作人员	景泰蓝制作工	中国轻工业联合会	2
41	木制品制造人员	手工木工	住房和城乡建设部、人力资源和社会保障部	2
42	纺织品和服装剪裁缝纫人员	服装制版师	中国纺织工业联合会	2
43	印染人员	印染前处理工、印花工、印染后整理工、印染染化料配制工、纺织染色工	中国纺织工业联合会	2
44	织造人员	整经工、织布工	中国纺织工业联合会	2
45	纺纱人员	纺纱工、缫丝工	中国纺织工业联合会	2
46	纤维预处理人员	纺织纤维梳理工、并条工	中国纺织工业联合会	2
47	酒、饮料及精制茶制造人员	酿酒师、品酒师、酒精酿造工、白酒酿造工、啤酒酿造工、黄酒酿造工、果露酒酿造工	中国轻工业联合会	2
		评茶员	中华全国供销合作总社、人力资源和社会保障部	
48	乳制品加工人员	乳品评鉴师	中国轻工业联合会	2

续表

序号	职业资格名称		实施部门（单位）	批次
49	粮油加工人员	制米工、制粉工、制油工	国家粮食和物资储备局	2
50	动植物疫病防治人员	农作物植保员、动物疫病防治员、动物检疫检验员、水生物病害防治员	农业农村部	2
		林业有害生物防治员	国家林业和草原局	
51	农业生产服务人员	农机修理工、沼气工、农业技术员	农业农村部	2
52	康复矫正服务人员	助听器验配师、口腔修复体制作工	国家卫生健康委员会	2
		眼镜验光员、眼镜定配工	人力资源和社会保障部	1
53	健康咨询服务人员	健康管理师、生殖健康咨询师	国家卫生健康委员会	2
54	计算机和办公设备维修人员	信息通信网络终端维修员	工业和信息化部	2
55	汽车摩托车修理技术服务人员	汽车维修工	交通运输部、人力资源和社会保障部	1
56	保健服务人员	保健调理师	国家中医药管理局	2
57	美容美发服务人员	美容师、美发师	人力资源和社会保障部	1

续表

序号	职业资格名称		实施部门（单位）	批次
58	生活照料服务人员	孤残儿童护理员	民政部	2
		育婴员、保育员	人力资源和社会保障部	1
59	有害生物防制人员	有害生物防制员	国家卫生健康委员会、人力资源和社会保障部	2
60	环境治理服务人员	工业固体废物处理处置工	中国石油和化学工业联合会	2
61	水文服务人员	水文勘测工	水利部	2
62	水利设施管养人员	河道修防工、水工闸门运行工、水工监测工	水利部	2
63	地质勘查人员	地勘钻探工、地质调查员、地勘掘进工、地质实验员、物探工	自然资源部	2
64	检验、检测和计量服务人员	农产品食品检验员	农业农村部、国家粮食和物资储备局	2
		纤维检验员	中华全国供销合作总社	
		贵金属首饰与宝玉石检测员	中国轻工业联合会、自然资源部	
		机动车检测工	中国机械工业联合会、交通运输部	
65	测绘服务人员	大地测量员、摄影测量员、地图绘制员、不动产测绘员	自然资源部	2
		工程测量员	自然资源部、交通运输部	

续表

序号	职业资格名称		实施部门（单位）	批次
66	安全保护服务人员	保安员	公安部、人力资源和社会保障部	拟依照法定程序调整为准入类职业资格
		安检员	中国民用航空局、人力资源和社会保障部	拟依照法定程序调整为准入类职业资格
		智能楼宇管理员	住房和城乡建设部、人力资源和社会保障部	2
		安全评价师	人力资源和社会保障部	1
67	人力资源服务人员	劳动关系协调员、企业人力资源管理师	人力资源和社会保障部	1
68	物业管理服务人员	中央空调系统运行操作员	住房和城乡建设部、人力资源和社会保障部	2
69	信息通信网络运行管理人员	信息通信网络运行管理员	工业和信息化部	2
70	广播电视传输服务人员	广播电视天线工、有线广播电视机线员	国家广播电视总局	2
71	信息通信网络维护人员	信息通信网络机务员、信息通信网络线务员	工业和信息化部	2

续表

序号	职业资格名称		实施部门（单位）	批次
72	餐饮服务人员	中式烹调师、中式面点师、西式烹调师、西式面点师、茶艺师	人力资源和社会保障部	1
73	仓储人员	（粮油）仓储管理员	国家粮食和物资储备局	2
74	航空运输服务人员	民航乘务员、机场运行指挥员	中国民用航空局	拟依照法定程序调整为准入类职业资格
75	道路运输服务人员	机动车驾驶教练员	交通运输部	2
76	消防和应急救援人员	消防员、应急救援员	应急管理部	拟依照法定程序调整为准入类职业资格
		森林消防员	应急管理部、国家林业和草原局	

人力资源社会保障部办公厅关于做好长江流域禁捕退捕渔民职业技能培训工作的通知

人社厅发〔2020〕81号

上海、江苏、安徽、江西、湖北、湖南、重庆、四川、贵州、云南省（市）人力资源社会保障厅（局）：

为深入贯彻习近平总书记重要指示批示精神，落实党中央、国务院决策部署及《国务院办公厅关于切实做好长江流域禁捕有关工作的通知》（国办发明电〔2020〕21号）要求，做好退捕渔民职业技能培训工作，提升其就业创业能力，实现上岸转移就业，现就做好长江流域退捕渔民职业技能培训工作通知如下：

一、迅速将长江流域退捕渔民纳入职业技能提升行动免费培训范围。各地要按照"应培尽培，应补尽补"的原则，将长江退捕渔民作为就业重点人群，纳入免费职业技能培训范围，根据安置保障攻坚方案制订专门的培训计划，对确有培训需求的退捕渔民，至少提供1次职业培训。要结合退捕渔民就业创业意愿和文化技能基础开展各类职业培训，并在培训期间给予符合条件的贫困人员生活费补贴（含交通费）。对退捕渔民在户籍地、常住地、培训地、求职就业地参加培训后取得证书（职业资格证书、职业技能等级证书、专项职业能力证书、特种作业操作证书、特种设备作业人员证、培训合格证书）的，给予职业培训补贴。

二、加强工作协调联动。各地要按照安置保障专项工作组的要求，积极配合农业农村、商务、市场监管等部门开展退捕渔民职业技能培训及跟踪服务。职业能力建设部门要明确专人负责退捕渔民的培训工作，并加强与就业、养老、农保、信息等相关业务领域的协调联动。要及时对接农业农村部门退捕渔民建档立卡“回头看”数据，跟踪掌握退捕渔民的转产就业培训需求，区分年龄层次和基础文化差异，有针对性地开展技能培训、创业培训、以工代训和企业新型学徒制培训。

三、分类施策开展技能培训。坚持市场导向，推荐退捕渔民参加急需紧缺职业就业技能培训，提高其转移就业能力。针对文化程度低、技能比较单一的大龄渔民，积极配合农业农村部门，开展水产养殖、水产品加工等实用技能培训，或推荐参加家政、养老、保安等职业技能培训，缩短职业转换的空档期，实现快速转产上岸。退捕渔民在进行技能等级评价和考核时，可根据其文化程度水平，适当减少理论内容的考核。针对具备一定文化基础、愿意择行择业的中青年退捕渔民，围绕电商、汽修、电工等开展职业技能培训。要充分发挥新职业新业态吸纳就业的作用，面向退捕渔民开展直播销售员、公共卫生辅助服务员、网约配送员、快递员、汽车代驾员等职业技能培训。支持企业通过开展企业新型学徒制培训吸纳退捕渔民就业。针对有意愿外出务工的退捕渔民，要加强退捕渔民的流动监测和信息互联共享，组织退捕渔民围绕生产制造、建筑加工、休闲旅游、餐饮服务等开展技能培训，帮助退捕渔民外出就业。

四、加大创业培训力度。将有创业需求和培训愿望、具备一定创业条件或已创业的退捕渔民全部纳入创业培训服务范围，开展创业培训服务。对具备一定条件的退捕渔民开展以创办个体工商户和创办小微企业为重点的创业能力培训，提供开业指导和创业孵化、创业政策支持，提高创业成功率。对已创业退捕渔民，持续开展改善或扩大企业经营的创业能力提升培训和企业经营指导，加强创业公共服务，提升经营管理能力。加强创业培训项目开发、创业担保贷款、后续扶持等服务，支持引导退捕渔民成为创业致富带头人，带动更多渔民就业创业。

五、大力开展以工代训。发挥企业用工主体和培训主体的作用，以渔民转产就业为目标，支持企业开展以工代训吸纳退捕渔民，促进退捕渔民转移安置就业。对大龄、身有残疾、长期失业和专业以捕鱼为生计的退捕渔民，符合条件的要及时认定为就业困难人员，落实相关培训政策。各地要组织企业、农民合作社和扶贫车间等生产经营主体积极吸纳符合条件的退捕渔民就业，对吸纳退捕渔民就业并按规定开展以工代训的，根据吸纳人数给予职业培训补贴。

六、提供线上培训服务。充分考虑渔民沿江分散居住、不习惯固定时间工作等现实因素，结合实施“互联网+职业技能培训计划”，为退捕渔民提供全天候、可居家的线上职业技能培训服务。有条件的地区，可以设立退捕渔民线上培训专栏，加大退捕渔民技能培训课程的制作和供应。要进一步开放线上培训平台开班功能，支持培训机构申请开设培训班级，分批组织退捕渔民参加技能培训。

七、靠前做好培训组织管理。指导培训机构、技工院校围绕当地重点产业，研发适合退捕渔民的培训课程，制定培训方案，开设“退捕专班”，提高退捕渔民参加技能培训的积极性。要加强退捕渔民培训期间的动态管理，及时跟踪培训进展，为退捕渔民提供培训报名、培训组织、培训补贴发放等全流程便捷高效培训服务。各地可对生活困难的退捕渔民开展项目制培训，企业开展培训或者培训机构开展项目制培训，可先行拨付一定比例的培训补贴资金。

八、做好调度宣传工作。要加强工作调度，按照《关于做好长江禁捕退捕渔民安置保障集中攻坚专项工作的通知》（人社厅明电〔2020〕35号）的要求，按周对退捕渔民参加培训的人次数进行调度，并将退捕渔民相关数据包含于职业技能提升行动月对账表“农民工”群体之中。要加强与新闻媒体沟通协调，创新宣传方式，找准宣传视角，重点宣传长江生态修复中涉及退捕渔民职业技能培训的政策措施、经验做法和积极成效，引导帮助渔民实现技能就业创业。

2020年7月21日

人力资源社会保障部办公厅关于支持企业大力开展技能人才评价工作的通知

人社厅发〔2020〕104号

各省、自治区、直辖市及新疆生产建设兵团人力资源社会保障厅(局)，国务院有关部委、直属机构人事劳动保障工作机构，有关行业组织、企业人事劳动保障工作机构：

为深入贯彻习近平总书记关于健全技能人才培养、使用、评价、激励制度的重要指示精神，深化技能人才评价制度改革，现就做好支持企业大力开展技能人才评价工作有关事项通知如下。

一、支持企业自主开展技能人才评价。按照党中央、国务院“放管服”改革要求，加快政府职能转变，充分发挥市场在资源配置中的决定性作用，激发市场主体活力，向用人主体放权，按照“谁用人、谁评价、谁发证、谁负责”的原则，支持各级各类企业自主开展技能人才评价工作，发放职业技能等级证书，推动建立以市场为导向、以企业等用人单位为主体、以职业技能等级认定为主要方式的技能人才评价制度。解决水平评价类技能人员职业资格退出国家职业资格目录后技能人才评价载体缺失、评价工作急需跟进等问题，不断优化政策，畅通技能人才发展通道，努力形成人人渴望成才、人人努力成才、人人皆可成才、人人尽展其才的良好局面。

二、企业自主确定评价范围。符合条件、经备案的企业可面向本企业职工（含劳务派遣、劳务外包等各类用工人员）组织开展职业技能水平评价工作，实施职业技能等级认定，并将人才评价与培养、使用、待遇有机结合。企业可结合生产经营主业，依据国家职业分类大典和新发布的职业（工种），自主确定评价职业（工种）范围。对职业分类大典未列入但企业生产经营中实际存在的技能岗位，可按照相邻相近原则对应到职业分类大典内职业（工种）实施评价。支持企业参与新职业开发工作，推动较为成熟的技能岗位纳入国家职业分类体系。

三、企业自主设置职业技能等级。企业可以国家职业技能标准设置的五级（初级工）、四级（中级工）、三级（高级工）、二级（技师）和一级（高级技师）为基础，自主设置职业技能岗位等级，形成具有自身特色的评价等级结构，建立技能人才成长通道。企业可设置学徒工、特级技师、首席技师等岗位等级，并明确其与国家职业技能标准相应技能等级之间的对应关系；企业还可在技能等级内细分层级。

四、依托企业开发评价标准规范。适应产业发展和技术变革需求，发挥企业技术优势开发职业技能标准或评价规范，建立科学合理、符合生产实际的评价标准体系。企业可根据相应的国家职业技能标准，结合企业工种（岗位）特殊要求，对职业功能、工作内容、技能要求和申报条件等进行适当调整，原则上不低于国家职业技能标准要求。无相应国家职业技能标准的，企业可参照《国家职业技能标准编制技术规程》，自主开发制定企业评价规范。支持较为成熟和影响较大的企业评价规范，按程序申报国家职业技能标准。

五、企业自主运用评价方法。建立以职业能力为导向、以工作业绩为重点、注重工匠精神和职业道德养成的技能人才评价体系。坚持把品德作为评价的首要内容，重点考察劳动者执行操作规程、进行安全生产、解决生产问题和完成工作任务的能力，并注重考核岗位工作绩效，强化生产服务结果、创新成果和实际贡献。要把技能人才评价工作融入日常生产经营活动过程中，灵活运用过程化考核、模块化考核和业绩评审、直接认定等多种方式。探索利用现代信息技术，创新技能评价方式。

六、积极开展职业技能竞赛评价。发挥以赛促训、以赛促评作用，将职业技能竞赛作为技能人才评价的重要方式之一，促进评价工作公开公平公正。鼓励企业按照国家职业技能标准和行业企业评价规范要求，大力开展职业技能竞赛、岗位练兵、技术比武等活动，并将竞赛结果与职业技能等级认定相衔接。支持企业职工参加各级各类职业技能竞赛，对在职业技能竞赛中取得优异成绩的人员，可按规定晋升相应职业技能等级。

七、贯通企业技能人才职业发展。适应人才融合发展趋势，建立职业技能等级认定与专业技术职称评审贯通机制，破除身份、学历、资历等障碍，搭建企业人才成长立交桥。落实在工程技术领域实现高技能人才与工程技术人才职业发展贯通的意见要求，逐步扩大贯通领域，能扩尽扩，能融尽融。

八、提升企业评价服务能力。加强企业评价基础能力建设，发挥已有职业技能鉴定技术优势和组织优势，依托设在企业的职业技能鉴定所站、高技能人才培训基地和技能大师工作室等组织开展评价工作。鼓励备案企业申请为社会培训评价组织，为其他中小企业和社会人员提供人才评价服务。深化产教融合、企校合作，支持企业为院校学生提供人才评价服务，引导院校科学合理设置专业和课程。

九、加强质量督导和服务保障工作。各级人力资源社会保障部门要按照属地原则，加强对本地区企业技能人才评价工作的指导服务和质量督导。要健全工作机制，优化服务流程，简化程序，采取上门服务、现场集中办理、网上申报、告知承诺、网络核验等方式，做好企业技能人才评价工作的备案、质量管理和技术支持服务工作。加强跨地区协作，企业所在地人力资源社会保障部门要加强与企业子公司所在地人力资源社会保障部门的沟通衔接，建立信息互通、结果互认机制。企业按规定颁发的职业技能等级证书，纳入各级人力资源社会保障部门建设的证书查询系统，向社会公开。人力资源社会保障部门要将取得职业技能等级证书的人员纳入人才统计范围，并按规定落实相应人才政策。

各地人力资源社会保障部门在工作中遇到的突出问题，请及时向我部反映。

2020 年 11 月 7 日

人力资源社会保障部办公厅关于切实做好新型冠状病毒感染肺炎疫情防控期间技能人才评价有关工作的通知

人社厅函〔2020〕22号

各省、自治区、直辖市及新疆生产建设兵团人力资源社会保障厅(局)，国务院有关部委、直属机构及有关中央企业人事劳动保障工作机构，有关社会培训评价组织：

为深入贯彻落实习近平总书记关于坚决打赢新型冠状病毒感染肺炎疫情防控阻击战的决策部署，按照我部《关于进一步做好新型冠状病毒感染的肺炎疫情防控工作的通知》等有关要求，现就做好疫情防控期间技能人才评价工作有关事项通知如下：

一、各地人力资源社会保障部门要坚持把人民群众生命安全和身体健康放在第一位，把疫情防控工作作为当前最重要的工作来抓，坚决扛起疫情防控政治责任，加强对本行政区域内技能人才评价工作（含职业资格鉴定、职业技能等级认定、专项职业能力考核和职业技能竞赛）的组织协调和监督管理。

二、疫情防控期间，暂停开展集中考核评价活动，暂缓举办考务管理人员、考评人员、督导员等人员集中培训活动，并做好宣传解释工作。开展技能人才自主评价的企业，按照当地党委政府关于疫情防控有关要求，结合企业生产经营实际，采取线上理论考试、生产过程考核、工作业绩考评等方式，统筹组织开展；对在疫情防控一线表现突出的技能人员，可晋升职业技能等级。

三、严格落实疫情防控措施，减少非必须的现场办理。对考试报名及资格审核、评价结果查询、证书（含职业资格证书、职业技能等级证书、专项职业能力证书）补（换）发、证书数据信息更正等服务事项，通过“网上办”“电话办”“邮寄办”等方式，推行“不见面”服务，帮助群众足不出户办理业务。

四、各地人力资源社会保障部门要统筹做好技能人才评价工作。加大“放管服”改革力度，深化职业资格制度改革，全面推行职业技能等级制度。疫情防控期间，推广在线进行职业技能等级评价机构特别是自主评价用人单位备案工作，推动各类企业全面开展职业技能等级自主评价，指导社会培训评价组织有序开展职业技能等级认定。

2020 年 2 月 6 日

人力资源社会保障部办公厅关于做好高技能人才岗位需求预测及信息发布工作的通知

人社厅函〔2020〕59号

各省、自治区、直辖市及新疆生产建设兵团人力资源社会保障厅（局）：

近年来，部分省市根据本地区产业发展布局和人力资源市场需求，制定发布本地区急需紧缺职业（工种）或高技能人才目录，服务于区域经济发展、人才培养和引进，取得较好社会效果，同时也为开展高技能人才岗位需求预测工作奠定了基础。我部将依托短缺职业目录编制发布等工作，推动开展高技能人才岗位需求预测及信息发布工作。现就有关事宜通知如下：

一、探索建立分级、分类、定期发布工作机制

各地要通过公共就业和人才服务机构采集信息、委托专门机构开展专项调查、采集专业人力资源服务机构的招聘求职信息等方式，广泛收集人力资源市场职业供求信息，结合本地区经济社会发展和人才需求，开展高技能人才岗位需求预测工作，建立分级、分类（行业类别）、定期发布短缺职业目录和高技能人才岗位需求预测信息工作机制。有条件的地方可分行业发布，进一步细化工种、技能等级等信息。要结合实施职业技能提升行动，将短缺职业目录和短缺高技能人才纳入本地区补贴性培训项目目录，公布培训和评价机构目录，加大对短缺人才特别是短缺高技能人才的培养评价工作力度。

二、建立全国统一的信息发布平台

我部将在中国就业网（www. chinajob. mohrss. gov. cn/）开设专栏（专版），统一发布各地区短缺职业目录和高技能人才岗位需求预测信息，引导劳动者求职就业及参加技能培训。请已发布急需紧缺职业（工种）或高技能人才目录的地区，4 月 30 日前将文件（PDF 格式）和目录电子版发送至中国就业培训技术指导中心，并提供简要说明（包括工作流程、信息采集方式、主要指标、数据口径、用途及更新周期等）。新发布及更新短缺职业目录和高技能人才岗位需求预测信息的地区，请在本地区发布或更新后 10 个工作日内，按以上要求及时报送目录信息和高技能人才岗位需求预测信息电子版。

相关工作情况及问题建议请及时与我部联系。

联系方式（略）。

2020 年 4 月 13 日

人力资源社会保障部办公厅关于做好疫情防控常态化条件下技能扶贫工作的通知

人社厅函〔2020〕81号

各省、自治区、直辖市及新疆生产建设兵团人力资源社会保障厅（局）：

为深入贯彻党中央、国务院决策部署，最大限度降低疫情带来的不利影响，全面做好疫情防控常态化条件下技能扶贫工作，现就有关事项通知如下：

一、高度重视技能扶贫工作。各地要深入学习领会习近平总书记关于统筹推进新冠肺炎疫情防控和经济社会发展工作、决战决胜脱贫攻坚的重要讲话精神，在疫情防控常态化条件下，以湖北等疫情严重地区、“三区三州”等深度贫困地区、52个未摘帽贫困县为重点，采取更加有力更有针对性的政策举措，积极克服面临的困难和问题，切实做好技能扶贫工作，为全面建成小康社会和打赢脱贫攻坚战做出应有贡献。

二、加大职业技能培训力度。持续开展职业技能提升行动，鼓励支持广大贫困劳动力参加职业技能培训，按规定将贫困劳动力纳入职业培训补贴范围，并给予一定的生活费（含交通费）补贴。在满足疫情防控要求前提下，通过“春潮行动”、新生代农民工职业技能提升计划等专项培训行动，组织贫困劳动力和贫困家庭子女参加线下培训。实施“互联网+职业技能培训计划”，开展百日免费线上技能培训行动，向受疫情影响严重地区、“三区三州”等深度贫困地区和52个未摘帽贫困县加大线上培训免费开放力度，扩大课程免费范围。鼓励通过项目制购买服务等方式为贫困劳动力提供免费职业技能培训，并按规定给予生活费（含交通费）补贴。

三、支持企业面向贫困劳动力开展以工代训。认真落实《职业技能提升行动方案（2019—2021年）》（国办发〔2019〕24号）、《人力资源社会保障部　财政部关于实施企业稳岗扩岗专项支持计划的通知》（人社部发〔2020〕30号）有关要求，支持中小微企业吸纳就业困难人员等开展以工代训，支持受疫情影响出现生产经营暂时困难导致停工停业的中小微企业组织职工开展以工代训，支持外贸、住宿餐饮、文化旅游、交通运输、批发零售等行业的各类企业开展以工代训。

四、加大52个未摘帽贫困县技能扶贫支持力度。有关省（自治区）要加大对未摘帽贫困县的支持力度，精准摸排培训需求，提供有针对性的职业技能培训，帮助贫困户技能脱贫。当地设有技工院校和培训机构的，可按规定根据毕业生就业人数或培训实训人数给予补贴经费支持；当地没有技工院校和培训机构的，要加大省内“一帮一”对口帮扶和送训到县工作力度，调剂培训资源，提升培训能力。要积极组织52个未摘帽贫困县的劳动力参加全国扶贫职业技能大赛，展示技能脱贫成果，激发内生动力。

五、做好贫困地区技能人才评价工作。“三区三州”等深度贫困地区要结合当地产业需求，依托企业和院校，着重选择就业需求量大、简单易学的就业技能，大力开展职业技能评价，积极组织开发专项职业能力考核规范，主动为本地农村转移劳动者、贫困劳动力等提供专项职业能力考核服务。

六、合理调整培训补贴标准。认真贯彻落实《中共中央　国务院关于抓好“三农”领域重点工作确保如期实现全面小康的意见》和《职业技能提升行动方案（2019—2021 年）》（国办发〔2019〕24 号），市（地）以上人力资源社会保障部门、财政部门可根据有关规定结合实际确定职业培训补贴标准，提高贫困劳动力、农民工培训补贴标准和急需紧缺职业（工种）培训补贴标准。提升行动专账资金要向培训需求量大、培训任务重、培训工作好的地区倾斜。

七、深入开展技能脱贫千校行动。指导技工院校积极招收有就读意愿的贫困地区学生和劳动者、受疫情影响家庭子女、参加疫情防控工作人员及其子女等，优先招收其中建档立卡贫困家庭子女。指导贫困地区技工院校抓好常态化疫情防控，全力做好学生教学和贫困劳动力等社会人员职业技能培训工作。

八、强化“三区三州”等技工院校建设和对口帮扶。各有关省份和院校要按照《人力资源社会保障部办公厅关于进一步支持“三区三州”等深度贫困地区技工教育发展的通知》要求，持续推进深度贫困地区技工院校建设和技工院校对口帮扶工作。对口帮扶地区和院校要研究制定疫情防控常态化条件下的帮扶工作方案，细化完善年度目标任务，扎实推动落实，帮助提升深度贫困地区技工院校自身发展能力。加大对南疆四地州、西藏等地技工院校支持帮扶工作力度，推进部区共建南疆四地州技工院校建设工作，进一步加强西藏技师学院师资援派培训等工作。

九、优化贫困家庭学生资助政策。技工院校要关心关爱贫困家庭学生，重点关注贫困地区、农村地区、边远地区的建档立卡、低保等家庭经济困难学生，为其优先申请资助，做到应助尽助。对受疫情影响的家庭经济困难学生，可在落实国家资助政策的基础上，采取减免学杂费或给予生活补助等方式予以支持。评定劳动出版“技能雏鹰”助学金时，要优先考虑受疫情影响的家庭经济困难学生。

十、统筹做好职业技能竞赛工作。今年我部将面向贫困劳动力组织开展全国扶贫职业技能大赛、2020 年“三区三州”职业技能大赛等竞赛活动。各地要把扶贫工作相关要求纳入本地区职业技能竞赛工作统筹安排。要结合疫情防控常态化各项要求，做好第46届世界技能大赛省级及以下线上集训工作，鼓励历届世界技能大赛专家、教练、选手利用线上辅导等方式，对贫困地区加大指导力度。

十一、加强培训与就业工作联动。做好技能扶贫与就业扶贫的信息对接和工作衔接，结合技能提升行动月对账工作，加强贫困劳动力培训情况统计，做好农村贫困劳动力就业信息平台培训数据动态更新等工作。发挥平台大数据对技能扶贫工作的支撑作用，按月定期分析平台数据，及时掌握农村贫困劳动力就业失业状态。尚未实行职业培训实名制信息管理的省份，要加快系统建设，准确掌握贫困劳动力培训信息，推动培训评价信息与就业社保信息联通共享。

十二、积极做好技能扶贫宣传工作。各地要通过多种形式，做好技能扶贫有关政策和技能人才成长成才典型事迹宣传工作，引导更多贫困地区劳动力走技能成才、技能脱贫之路。统筹利用线上职业培训、技工教育等网络平台，宣传技校学生技能成才先进事迹等。我部依托学习强国技能频道开设“世赛奖牌故事”栏目，推出历届世赛获奖选手先进事迹视频报告，请各地积极组织有关企业职工、院校师生观看。

各地要及时将工作进展、问题困难和意见建议等报送我部。

联系方式（略）。

2020年5月28日

人力资源社会保障部办公厅关于做好中华人民共和国第一届职业技能大赛宣传工作的通知

人社厅函〔2020〕154号

各省、自治区、直辖市及新疆生产建设兵团人力资源社会保障厅（局），国务院有关部门、有关行业组织人事劳动保障工作机构：

经国务院批准，中华人民共和国第一届职业技能大赛（以下简称“大赛”）定于2020年12月10日至13日在广东省广州市举办，这是新中国成立以来，竞赛项目最多、参赛规模最大的一次全国性、综合性职业技能赛事。为在全国范围做好大赛宣传工作，现就有关事项通知如下。

一、宣传内容

坚持以“新时代　新技能　新梦想”为主题，着重做好以下三个方面的宣传，不断拓宽大赛影响力，营造“劳动光荣、技能宝贵、创造伟大”的时代风尚，推动全社会进一步关心关注重视技能人才工作。

（一）党中央、国务院对技能人才工作的高度重视，对广大技能人才的深切关怀；举办本次大赛的目的意义，完善职业技能竞赛体系对技能人才队伍建设工作发挥的积极作用和影响。

（二）大赛主题、口号、吉祥物、项目设置等相关知识，大赛开闭幕式、赛项比拼和技能交流展示项目、中华绝技展演等重大活动盛况，大赛开放、绿色、节俭的办赛理念和公平公正的良好赛风。

（三）各地区、有关行业参赛选手选拔情况，集训备赛、赛场比拼、技艺展示等风采和感人事迹，技能人才队伍建设、技工院校教学改革和发展经验成果，地方行业特色技能技艺等。

二、具体安排

各地区和有关行业部门要在赛前、赛中、赛后三个阶段，全方位搭建宣传平台，不断创新宣传形式，切实提升效果，拓宽大赛影响力。

（一）赛前阶段。以大赛倒计时 30 天、倒计时 10 天为重要节点，组织开展赛前宣传，为大赛举办营造浓厚的氛围，提高全社会知晓度和关注度。一是协调本地区本行业各类媒体，通过开辟专栏、专刊、专版等方式，组织专题报道，搭建全方位的宣传报道平台。二是动态发布参赛选手选拔、集训等备赛情况，积极向中华人民共和国第一届职业技能大赛官方网站、学习强国平台技能频道、技能中国微信公众号、中国就业网、中国就业创业微信公众号等媒体平台供稿。三是通过邀请典型人物、技能大师参与“视频打 call 寄语大赛”等形式，普及大赛主题、口号、吉祥物、标识等知识，全面反映社会各界对全国技能大赛的热切期望。

（二）赛中阶段。以大赛活动盛况和参赛队员风采为重点，围绕社会关注点和新闻点，组织开展赛中宣传，在全社会掀起关注大赛、关注技能人才的热潮。一是组织本地区本行业媒体，从不同角度加大对开闭幕式、技能成果展示、中华绝技展演等重大活动的盛况宣传。二是通过制作百姓喜闻乐见、易于扩散传播的图片、视频、动漫、H5 等作品，加强与新媒体合作，展示本地区本行业参赛选手奋发进取、顽强拼搏的风采风貌。三是挖掘参赛选手背后的故事，特别是来自建档立卡贫困家庭参赛选手技能脱贫的感人事迹，采写专题稿件。四是通过采访参赛选手、裁判员、指导教师等方式，报道大赛的办赛理念和创新举措。

（三）赛后阶段。以大赛举办成果为重点，持续做好赛后宣传，切实发挥大赛引导全社会关注技能、投身技能的带动作用。一是组织报社等媒体，通过采写参赛综述、侧记等方式，反映本地区本行业参赛组织、表彰奖励获奖选手情况，以及参赛对办好区域、行业职业技能竞赛、推动技能人才工作的启发。二是充分利用新媒体，通过制作发布备赛、参赛、获奖集锦等短视频，扩大赛事持续影响。三是组织电视台等媒体，策划制作奖牌故事等专题节目，展现参赛选手参赛后在精神面貌和生活方式上发生的积极变化，实现技能成才、技能就业、技能脱贫的情况。

三、有关要求

（一）提高思想认识。各地区要充分认识做好大赛宣传工作的重大意义，会同有关行业加强对大赛宣传工作的组织领导，配备工作力量，落实宣传经费，在配合做好“点亮技能之光”等重大宣传活动基础上，加强本地区、本行业宣传策划。

（二）加强组织协调。各地区、各有关行业要提早落实随队记者到比赛现场进行采访报道事宜，及时组织地方行业媒体记者注册报名，原则上媒体数控制在 3 家左右，人数控制在 5～10 人。要严格遵守宣传工作有关规定要求，加强宣传稿件的审核把关和媒体的协调，注意把握正确的舆论导向，做好有关敏感问题的舆论引导工作。

（三）强化保障服务。各地区、各有关行业要为媒体记者提供必要的工作条件，及时分享有关宣传素材，做好宣传服务和引导。

2020 年 11 月 3 日

人力资源社会保障部办公厅关于大力开展以工代训工作的通知

人社厅明电〔2020〕29号

各省、自治区、直辖市及新疆生产建设兵团人力资源社会保障厅（局）：

为贯彻《人力资源社会保障部　财政部关于实施企业稳岗扩岗专项支持计划的通知》（人社部发〔2020〕30号，以下简称30号文件）精神，现就大力开展以工代训有关工作通知如下：

一、贯彻落实30号文件以工代训政策

30号文件拓宽了以工代训范围，明确了以工代训三项政策：加大对新吸纳劳动者企业的支持，加大对困难企业的支持，加大对重点行业的支持，并明确以工代训补贴政策受理期限截止到2020年12月31日。原有以工代训政策执行期限不变。

各地要大力开展以工代训，将以工代训作为今年职业技能提升行动的重要组成部分，加强组织领导和实施推动。要全力支持中小微企业吸纳就业困难人员等开展以工代训，支持受疫情影响出现生产经营暂时困难导致停工停业的中小微企业组织职工开展以工代训，支持外贸、住宿餐饮、文化旅游、交通运输、批发零售等行业的各类企业开展以工代训，确保完成今年职业技能提升行动的各项目标任务。

二、细化和完善以工代训政策措施

各地人社部门要按照30号文件要求，结合本地工作实际，细化以工代训各项政策，创新和完善职业技能提升行动政策体系，明确管理服务流程和补贴标准。6月15日前，省（区、市）人社部门要会同财政部门完成补贴标准制定工作，我部职业技能提升行动领导小组办公室将予以督导和通报。各地人社部门要将以工代训人员数、支持企业数和资金支出数等信息实施情况纳入职业技能提升行动月对账统计范围。

三、优化以工代训管理服务

各地要优化经办服务，做好做实以工代训各项服务管理工作，精简申领证明材料，推行“打包办”和“快速办”，建立补贴资金网上申领渠道，提高审核发放效率，推广“不见面”服务，努力实现补贴受理审核发放全程网办。各地要加强职业技能提升行动专账资金监管机制，加强监督检查，对违规使用、骗取套取资金的要依法依规严惩。

四、加紧做好职业技能提升行动相关工作

我部近期拟相继出台农民工稳就业职业技能培训计划、百万青年技能培训行动、职业技能提升行动“康养培训计划”等专项培训计划。各地可结合实际，抓紧组织实施，并根据当地党委、政府对疫情防控的决策部署，适时开展线下培训、技能等级认定和技能竞赛等各项工作。

2020年5月20日

专业技术人员管理

人力资源社会保障部关于印发经济专业技术资格规定和经济专业技术资格考试实施办法的通知

人社部规〔2020〕1号

各省、自治区、直辖市及新疆生产建设兵团人力资源社会保障厅(局)，国务院各部委、各直属机构人事部门，各中央企业人事部门：

为加强经济专业人员队伍建设，更好地适应我国经济高质量发展新要求，根据《人力资源社会保障部关于深化经济专业人员职称制度改革的指导意见》（人社部发〔2019〕53号）和国家职业资格制度等有关规定，我们制定了《经济专业技术资格规定》和《经济专业技术资格考试实施办法》。现印发给你们，请遵照执行。

本通知自印发之日起施行，原人事部《关于印发〈经济专业技术资格考试暂行规定〉及其〈实施办法〉的通知》(人职发〔1993〕1号）同时废止。

2020年1月8日

经济专业技术资格规定

第一条 为加强经济专业人员队伍建设，科学客观公正评价经济专业人员，释放经济专业人员创新创业活力，根据经济专业人员职称制度改革要求和国家职业资格制度，制定本规定。

第二条 本规定适用于从事经济专业工作的专业技术人员。

第三条 国家设置经济专业技术资格，分为初级、中级、高级三个级别，列入国家职业资格目录。

经济专业技术资格英文名称为 Economics Professional Qualification。

第四条 经济专业技术资格实行全国统一组织、统一大纲、统一命题的考试制度。

第五条 人力资源社会保障部负责经济专业技术资格的政策制定、实施与监管。

有关行业主管部门按照职责分工参与相应专业的考试大纲拟定、命审题等工作。

第六条 人力资源社会保障部会同有关行业主管部门组织成立考试专家委员会，行业主管部门推荐、管理专家。专家委员会拟定考试大纲，负责命审题工作，研究提出考试专业设置、考试合格标准建议。

人力资源社会保障部确定考试大纲、专业设置，公布考试合格标准。

第七条 凡遵守中华人民共和国宪法和法律，具有良好的道德品行和业务素质，符合初级、中级、高级经济专业技术资格考试报名条件的经济专业人员，均可报名参加相应级别的考试。

第八条 凡从事经济专业工作，具备国家教育部门认可的高中（含高中、中专、职高、技校，下同）以上学历，均可报名参加初级经济专业技术资格考试。

第九条 具备下列条件之一者，可以报名参加中级经济专业技术资格考试：

（一）高中毕业并取得初级经济专业技术资格，从事相关专业工作满10年；

（二）具备大学专科学历，从事相关专业工作满6年；

（三）具备大学本科学历或学士学位，从事相关专业工作满4年；

（四）具备第二学士学位或研究生班毕业，从事相关专业工作满2年；

（五）具备硕士学位，从事相关专业工作满1年；

（六）具备博士学位。

第十条 具备下列条件之一者，可以报名参加高级经济专业技术资格考试：

（一）具备大学专科学历，取得中级经济专业技术资格后，从事与经济师职责相关工作满10年；

（二）具备硕士学位，或第二学士学位或研究生班毕业，或大学本科学历或学士学位，取得中级经济专业技术资格后，从事与经济师职责相关工作满5年；

（三）具备博士学位，取得中级经济专业技术资格后，从事与经济师职责相关工作满2年。

取得会计、统计、审计中级专业技术资格，符合以上学历、年限条件的，可以报名参加高级经济专业技术资格考试。

第十一条 人力资源社会保障部负责确定初级、中级和高级经济专业技术资格考试全国统一合格标准。

根据国家战略需求，人力资源社会保障部可以单独划定相关地区经济专业技术资格考试合格标准。

各省级人力资源社会保障部门可根据本地区人才需求状况，

确定本地区本年度参加高级经济师（高级人力资源管理师、高级知识产权师，下同）评审的使用标准。

第十二条 初级、中级经济专业技术资格考试合格者，颁发人力资源社会保障部统一印制的经济专业技术资格证书，在全国范围内有效。人力资源管理和知识产权专业分别颁发相应级别的人力资源管理师证书和知识产权师证书。

高级经济专业技术资格考试达到全国统一合格标准者，颁发人力资源社会保障部统一印制的经济专业技术资格考试成绩合格证明。合格证明自考试通过之日起，在全国范围 5 年内有效。

第十三条 各地区、各部门及具有经济系列高级职称评审权的用人单位按照经济专业人员职称评价标准条件开展高级经济师职称评审。

第十四条 获得初级、中级经济专业技术资格即可认定具备助理经济师（助理人力资源管理师、助理知识产权师）、经济师（人力资源管理师、知识产权师）职称。参加高级经济专业技术资格考试合格并通过评审者，可获得高级经济师职称。

通过单独划定合格标准或使用标准取得的职称，在划定区域内有效。

第十五条 经济专业人员应当认真履行工作职责，按照国家专业技术人员继续教育的有关规定接受继续教育，不断提高专业能力和业务水平。

第十六条 取得导游资格、拍卖师、房地产经纪人协理、银行业专业人员初级职业资格，可对应初级经济专业技术资格；取得房地产估价师、咨询工程师（投资）、土地登记代理人、房地产经纪人、银行业专业人员中级职业资格，可对应中级经济专业技术资格；取得资产评估师、税务师职业资格等相关职业资格，可根据《经济专业人员职称评价基本标准条件》规定的学历、年限条件对应初级或中级经济专业技术资格，并可作为报名参加高一级经济专业技术资格考试的条件。

第十七条 本规定施行前取得的初级、中级经济专业技术资格证书与按照本规定取得的证书效用等同。各地执行的有关职业资格与经济专业技术资格的对应关系，与本规定不一致的按照本规定执行。

第十八条 本规定由人力资源社会保障部负责解释。

经济专业技术资格考试实施办法

第一条 人力资源社会保障部人事考试中心负责经济专业技术资格考试的具体组织实施工作。

各省、自治区、直辖市人力资源社会保障厅（局）人事考试机构承担本地区经济专业技术资格考试的组织实施工作。

第二条 经济专业技术资格考试专家委员会下设考试办公室，办公室设在人力资源社会保障部人事考试中心，承担专家委员会具体工作。

第三条 初级、中级经济专业技术资格考试均设《经济基础知识》和《专业知识和实务》两个科目，《经济基础知识》为公共科目，《专业知识和实务》为专业科目。

高级经济专业技术资格考试设《高级经济实务》一个科目。

第四条 初级、中级经济专业技术资格考试专业科目和高级经济专业技术资格考试均设工商管理、农业经济、财政税收、金融、保险、运输经济、人力资源管理、旅游经济、建筑与房地产经济、知识产权等10个专业类别。考生在报名时可根据工作需要选择其一。

人力资源社会保障部会同有关行业主管部门根据经济社会发展、职业分类要求和从业人员队伍情况，适时调整经济专业技术资格考试专业设置。

第五条 经济专业技术资格考试原则上每年组织一次，各科目的考试时间根据考试方式、频次等确定。

第六条 初级、中级经济专业技术资格考试成绩实行2年为一个周期的滚动管理方法，应试人员须在连续的两个考试年度内通过全部应试科目，方可取得相应级别经济专业技术资格证书。

第七条 符合考试报名条件的报考人员，按照考试机构规定的程序和要求报名，凭准考证和有效身份证件在指定的日期、时间、地点和考场参加考试。

中央和国务院各部门及所属单位、中央管理企业的人员按属地原则报名参加考试。

第八条 考点原则上设在地级以上城市的大中专院校、中考高考定点学校或考试机构建设的专门场所。

机考考点应具备足够数量的考点机、监考机、考试机等设备，并满足有关软、硬件要求。

第九条 坚持回避原则和考试与培训分开的原则。凡参与考试命题、审题、阅卷等工作的专家及工作人员，不得报名参加当次相关科目的考试，不得参与或举办与考试内容相关的培训。应考人员参加培训坚持自愿原则。

第十条 参与考试组织的考试实施机构、专家及工作人员，应当严格执行专业技术人员资格考试有关的法律法规和规章制度，遵守考试工作纪律和保密规定。

第十一条 对违反考试工作纪律和有关规定的人员，按照国家专业技术人员资格考试违纪违规行为处理规定处理。

附件：经济专业技术资格考试科目设置表（略）

人力资源社会保障部　国家统计局关于深化统计专业人员职称制度改革的指导意见

人社部发〔2020〕16号

各省、自治区、直辖市及新疆生产建设兵团人力资源社会保障厅（局）、统计局，国家统计局各调查总队，国务院各部委、各直属机构人事部门，各中央企业人事部门：

统计专业人员是专业技术人才队伍的重要组成部分，是推进统计事业和统计服务高质量发展的智力基础。为贯彻落实中共中央办公厅、国务院办公厅印发的《关于深化职称制度改革的意见》，现就深化统计专业人员职称制度改革提出如下指导意见。

一、总体要求

（一）指导思想

以习近平新时代中国特色社会主义思想为指导，全面贯彻党的十九大和十九届二中、三中、四中全会精神，认真落实党中央、国务院决策部署，按照完善统计体制和深化职称制度改革总体要求，遵循统计专业人员成长规律，健全科学化、规范化的统计专业人员职称制度，完善评价机制，为客观科学公正评价统计专业人员、不断壮大统计人才队伍提供制度保障，为统计事业发展和统计服务高质量发展提供人才支撑。

（二）基本原则

1. 坚持服务发展。紧紧围绕服务新时代经济社会发展需要，围绕统计事业发展和统计人才队伍建设需求，发挥人才评价“指挥棒”和风向标作用，营造有利于人才成长和发挥作用的评价制度环境，用好用活人才，促进统计专业人员职业发展，最大限度激发和释放统计人才活力。

2. 坚持科学评价。优化评价标准，创新评价机制，丰富评价方式，以职业道德、能力素质和工作业绩为重点，科学设置符合统计专业人员特点的评价条件。克服唯学历、唯资历、唯论文、唯奖项倾向，加强对业绩成果的考察，鼓励和引导统计专业人员立足本职工作，深耕专业，让做出贡献的人才有成就感和获得感。

3. 坚持评用结合。加强对科学精神、职业道德和从业行为等方面的评价考核，引导统计专业人员知法守法，坚持职业操守，确保统计数据真实可靠。促进评价结果与统计人才培养、使用相结合，鼓励用人单位将选人用人制度与统计专业人员职称制度有机衔接，促进人岗相适、人尽其才。

二、主要内容

通过健全统计评价体系、完善评价标准、规范评价程序、改革评价方式、丰富评价手段，形成设置合理、评价科学、管理规范、运转协调的统计专业人员职称制度。

（一）健全评价体系

1. 完善职称层级设置。统计专业人员职称设初级、中级、高级，初级只设助理级，高级分设副高级和正高级。初级、中级、副高级和正高级职称的名称分别为助理统计师、统计师、高级统计师和正高级统计师。

2. 统计专业人员各级别职称分别与事业单位专业技术岗位等级相对应。正高级对应专业技术岗位一至四级，副高级对应专业技术岗位五至七级，中级对应专业技术岗位八至十级，初级对应专业技术岗位十一至十三级。

（二）优化评价标准

1. 坚持德才兼备，以德为先。把政治品德和职业道德放在评价标准的首位，要求统计专业人员坚持实事求是、不出假数、廉洁自律的职业操守。完善失信联合惩戒机制，对违反统计法律法规，存在严重失信的统计专业人员进行联合惩戒，实行学术造假“一票否决制”。对通过弄虚作假、暗箱操作等取得的职称一律撤销。事业单位工作人员受到记过以上处分的，在受处分期间不得申报参加职称评审。

2. 突出对能力水平和实际贡献的评价。改变在科研成果评价中过分依赖学术论文的做法，实行科研成果代表作制度。各地区、各相关单位可结合实际建立科研成果代表作清单，引入统计理论文章、分析报告、项目报告、行业标准、调查方案、发展规划等成果形式，重点考察成果质量。强化统计服务经济社会发展的导向，引导统计专业人员不断提高统计分析研究能力，促进统计数据在决策管理等方面更好发挥作用。提高技术创新、专利、技术推广、标准制定等评价指标权重，将科研、业绩成果取得的经济效益和社会效益作为职称评审的重要内容。

3. 实行分类差异化评价。对基础统计理论研究人员，以同行学术评价为主，注重评价其原创能力和解决重大科学问题的能力，尤其是研究成果的科学价值、学术水平和业内影响。对应用统计研究和技术开发人员，突出市场和社会评价，注重评价其技术创新与集成能力、取得的自主知识产权和重大技术突破、成果转化及对产业发展的实际贡献。对从事大数据、微观数据等统计科技服务的人员，将行业评价作为重要参考，注重评价其工作绩效、项目成果和取得的社会经济效益。探索对教育、卫生、金融等不同行业领域从事统计研究、行业统计等工作的统计专业人员实行分类评价。

4. 实行国家标准、地区标准和单位标准相结合。人力资源社会保障部、国家统计局负责制定《统计专业人员职称评价基本标准》（见附件）。各地区人力资源社会保障部门和统计部门可结合本地区实际情况，制定地区标准。具有自主评审权的用人单位可结合本单位实际，制定单位标准。地区标准、单位标准不得低于国家标准。

（三）完善评价机制

1. 丰富职称评价方式。助理统计师、统计师实行以考代评，高级统计师实行考试与评审相结合的方式，正高级统计师一般采取评审方式。研究建立以同行专家评价为基础的业内评价机制，综合运用个人述职、面试答辩、业绩展示等多种形式，提高评价的针对性和科学性。

2. 合理下放职称评审权限。在综合评估基础上，逐步将高级职称评审权限下放至符合条件的企事业单位、社会组织或市地。自主评审单位组建的高级职称评审委员会须按照管理权限报省级以上人力资源社会保障部门核准备案。对开展自主评审的单位，政府部门不再审批评审结果，改为事后备案管理。各级人力资源社会保障部门会同统计部门加强对自主评审工作的监管，对于不能正确行使评审权、不能确保评审质量的，将暂停自主评审工作直至收回评审权。

3. 向艰苦边远地区统计专业人员和特殊人才倾斜。对长期在艰苦边远地区和基层一线工作的统计专业人员，重点考察其实际工作业绩贡献和解决实际问题的能力，适当放宽学历要求。开展基层统计专业人员职称“定向评价、定向使用”。对引进的海外高层次人才、国家级统计高端人才和急需紧缺人才，可放宽资历、年限等条件限制，建立职称评审绿色通道。取得重大基础研究和前沿技术突破、解决重大技术难题、在统计事业发展中做出重大贡献的人员，可直接申报参加正高级统计师职称评审。

4. 畅通职称评价渠道。打破户籍、所有制、身份、档案等制约，不断壮大统计专业人员队伍。非公有制领域与公立机构的统计专业人员，公立机构中各种方式使用的统计专业人员在职称申报、评审等方面享有同等待遇。事业单位统计专业人员经批准离岗创业的，3 年内与原单位人员享有同等的职称评审权利，离岗创业期间所取得的业绩成果可作为职称评审的依据。

(四) 促进职称评价与人才培养使用有效衔接

1. 促进职称制度与统计专业人员使用有效衔接。用人单位应结合用人需求，根据职称评价结果合理使用统计专业人员。全面实行岗位管理的事业单位一般应在岗位结构比例内开展职称评审，聘用具有相应职称的统计专业人员到相应统计岗位。不实行事业单位岗位管理的用人单位，可根据需要择优聘任具有相应职称的统计专业人员从事相关岗位统计工作。

2. 促进职称制度与统计人才培养相结合。推进职称评审与专业技术人员继续教育制度相衔接，加快统计专业人员知识更新。推动统计专业人员职称制度与高端统计人才培养、统计专业学位研究生教育等有机衔接，促进统计职称与经济、会计、审计等相近职称以及哲学社会科学研究系列中统计研究相关职称的衔接，减少重复评价。

(五) 加强评审管理，优化评审服务

1. 完善评审专家遴选机制。坚持同行专家评审，注重遴选统计一线专家，吸收一定比例的高校、科研机构的高水平专家加入统计系列高级职称评审委员会，优化职称评审委员会结构。

2. 规范开展职称评审工作。规范高级职称评审委员会工作程序，细化评审规则，严肃评审纪律，强化评审考核，明确职称评审委员会工作人员和评审专家责任，建立倒查追责机制。健全完善职称评审公示制度、回避制度和随机抽查、巡查制度，建立复查、投诉机制；加强对评价全过程的监督管理，做到政策公开、标准公开、程序公开、结果公开。

3. 优化评审服务。规范和优化申报程序，简化申报证明材料，推行职称申报、评审、公示、查询等一站式服务，减轻职称申报人员负担，消除统计专业人员职称申报的流程障碍。

三、组织实施

(一) 加强领导，周密组织

统计专业人员职称制度改革是深化职称制度改革的重要内容，政策性强、涉及面广，各地、各有关部门和单位要高度重视，加强领导，抓紧落实。要加强调查研究、细化工作措施，保证各项政策的一致性，注重配套办法的实用性。对改革过程中遇到的矛盾和问题要妥善处理，重大问题及时上报。

（二）有序推进，稳步实施

要妥善做好新老人员过渡和新旧政策衔接工作，改革前各地自行试点评审的正高级统计师，要按照有关规定通过一定程序进行确认。在新的职称评审工作中，要严格按照本意见有关要求进行，不得随意降低评价标准或擅自扩大评审范围。各地区和各相关单位要坚持质量第一、宁缺毋滥的原则，对本地区、本单位正高级职称数量进行严格把控，统筹考虑高层次人才队伍建设的长远规划，合理确定比例。

（三）扩大宣传，加强引导

各级人力资源社会保障部门和统计部门要加强舆论宣传，做好政策解读，引导统计专业人员积极参与统计职称制度改革，进一步壮大基层统计专业人员力量，提升统计专业人员能力素质。引导社会各有关方面支持统计专业人员职称制度改革，营造有利于改革的良好氛围。充分发挥社会组织的专业优势，逐步推动具备条件的行业协会、学会等组织和专业机构有序承接统计专业人员高级职称评价工作。

本意见适用于在国家机关、社会团体、企事业单位和其他组织从事统计工作的人员。符合条件的公务员可以参加统计专业技术资格考试，但不得参加职称评审。

军队可参照本意见制定统计专业人员职称评价具体办法。

附件：统计专业人员职称评价基本标准

2020 年 3 月 2 日

附件

统计专业人员职称评价基本标准

一、遵守中华人民共和国宪法和统计法律法规，贯彻执行党的基本路线和各项方针、政策。

二、具备良好的统计职业道德和敬业精神，自觉维护统计数据真实性，坚决抵制统计造假、弄虚作假。

三、认真履行岗位职责，按照要求参加继续教育。

四、统计专业人员申报各层级职称，除必须达到上述基本条件外，还应分别具备以下条件：

（一）助理统计师

1. 掌握基本统计理论知识和业务技能。

2. 能够完成一个岗位或负责一个专业某一方面的统计业务工作。

3. 了解统计制度和统计方法，能准确及时填报或汇总报表。

4. 能够拟定简单的统计调查方案，独立进行调查研究。

5. 具备国家教育部门认可的高中毕业（含高中、中专、职高、技校，下同）及以上学历。

（二）统计师

1. 掌握比较系统的统计理论知识和业务知识，熟悉计算技术。

2. 能够负责组织和指导一个单位、一个专业的统计业务工作，能够拟定统计调查方案并组织实施。

3. 熟悉统计制度和统计方法，能够设计、汇总专业性较强的统计报表。

4. 能够对本专业有关的社会经济问题进行调查研究和综合分析，形成有一定水平的工作成果。

5. 能够指导助理统计师开展统计调查工作。

6. 具备博士学位；或具备硕士学位，从事统计工作满 1 年；或具备第二学士学位或研究生班毕业，从事统计工作满 2 年；或具备大学本科学历或学士学位，从事统计工作满 4 年；或具备大学专科学历，从事统计工作满 6 年；或高中毕业，取得助理统计师职称，从事统计相关工作满 10 年。

（三）高级统计师

1. 掌握系统的统计理论和比较丰富的业务知识。

2. 能够负责组织和指导一个地区、一个部门、一个专业的统计业务工作，带领、指导统计师及其他统计工作人员完成拟定调查方案、组织实施统计调查等任务。有较为丰富的统计工作经验和解决统计工作中重大问题的能力，能为生产经营活动、经济管理工作或领导决策提供指导或咨询。

3. 能够对社会经济问题进行系统的调查研究，写出较高水平的统计调查、分析研究报告或较高应用价值和学术水平的论文、论著等。能够对社会经济的现状和发展作出科学的分析和预测。

4. 为加强本领域统计基础、提高统计数据质量、提升经济效益起到积极作用。能够指导培养中、初级统计专业人才。

5. 具备博士学位，取得统计师职称后，从事与统计师职责相关工作满 2 年；或具备硕士学位、研究生班毕业或第二学士学位、大学本科学历或学士学位，取得统计师职称后，从事与统计师职责相关工作满 5 年；或具备大学专科学历，取得统计师职称后，从事与统计师职责相关工作满 10 年。

6. 具有经济、会计、审计及哲学社会科学研究（理论经济学、应用经济学、数学、统计学、计算机科学与技术）等与统计相近专业中级职称，可依据上述学历资历和业绩条件，申报高级统计师职称。

（四）正高级统计师

1. 熟练掌握系统的统计知识，理论功底深厚，业务知识丰富。掌握统计发展研究现状和发展趋势，能将国内外最新技术应用于工作实践。

2. 在统计专业技术团队中发挥领军作用，在指导、培养中青年技术骨干方面做出突出贡献，在统计人才培养方面具有重要影响力。

3. 熟练掌握统计方法制度、调查理论和操作技能。能够对社会经济问题进行系统的调查研究，写出高水平的统计调查报告或高应用价值和学术水平的论文、论著，能够对统计理论、统计制度和统计方法进行科学研究，提出有重要价值的建议。

4. 组织完成统计理论、改革、技术等方面调查研究和课题设计，独立指导解决本领域关键技术问题，取得显著社会经济效益。

5. 一般应具备大学本科及以上学历或学士及以上学位，取得高级统计师职称后，从事与高级统计师职责相关工作满 5 年。

6. 具有经济、会计、审计及哲学社会科学研究（理论经济学、应用经济学、数学、统计学、计算机科学与技术）等与统计相近专业副高级职称，可依据上述学历资历和业绩条件，申报正高级统计师职称。

人力资源社会保障部　国家档案局关于深化档案专业人员职称制度改革的指导意见

人社部发〔2020〕20号

各省、自治区、直辖市及新疆生产建设兵团人力资源社会保障厅（局）、档案局，国务院各部委、各直属机构人事部门，各中央企业人事部门：

档案专业人员是我国专业技术人才队伍的重要组成部分，承担为党管档、为国守史、为民服务的职责与使命。为贯彻落实中共中央办公厅、国务院办公厅印发的《关于深化职称制度改革的意见》，现就深化档案专业人员职称制度改革提出如下指导意见。

一、总体要求

（一）指导思想

以习近平新时代中国特色社会主义思想为指导，全面贯彻落实党的十九大和十九届二中、三中、四中全会精神，认真落实党中央、国务院决策部署，按照中央深化职称制度改革的总体要求，遵循档案专业人员成长规律，建立以科学评价为核心、以有效激励为目的、符合档案职业发展特点的科学化、规范化、社会化的档案专业人员职称制度，为建设高素质的档案干部队伍提供制度保障。

（二）基本原则

1. 坚持遵循规律。遵循档案专业人员成长规律，突出档案工作特点，引导档案专业人员提升理论水平、拓展专业能力。

2. 坚持科学评价。以品德、能力、业绩为导向，科学设置评价标准条件，破除唯学历、唯资历、唯论文、唯奖项倾向，针对档案专业人员的工作特点，实施分类评价。

3. 坚持以用为本。将档案专业人员评价与培养、使用相衔接，促进档案专业人员的职业发展，引导档案专业人员在艰苦边远地区和基层一线扎根发展、建功立业，满足单位的用人需求。

二、主要内容

通过完善评价标准、创新评价机制、促进职称评价与人才培养使用相结合、加强职称评审监督和服务等措施，形成评价科学、激励有效、管理规范、服务全面的档案专业人员职称制度。

（一）完善评价标准

1. 坚持德才兼备、以德为先。把品德放在档案专业人员评价的首位，引导档案专业人员坚定政治立场，坚守道德底线，强化社会责任，践行爱岗敬业。通过考核测评、群众评议等方式，全面考察档案专业人员的职业道德和从业操守，增强法治意识、纪律意识，弘扬求真务实精神、服务奉献精神。完善诚信承诺和失信惩戒机制，对学术不端、弄虚作假等行为实行“零容忍”。

2. 突出业绩贡献、实行分类评价。注重考察档案专业人员的专业性、技术性、实践性、创造性，突出对业绩成果、创新成果和实际贡献的评价。根据不同类型档案工作的活动特点，分类制定职称评价标准。对于主要从事档案业务工作的“工匠型”人员，着重考察其工作业绩，突出其实际操作水平和解决问题、创新方法的能力。对于主要从事档案研究工作的“学术型”人员，着重考察其研究能力，突出其学术水平、学术影响和应用效果。

3. 推行代表作制度。破除唯论文倾向，不把论文作为档案专业人员职称评价的限制性条件，将档案专业人员的代表性成果作为职称评价的重要内容。在特殊领域不能公开发表的研究成果、对档案事业发展有重要贡献的档案专业代表性成果，如标准规范、修复成果、创意产品以及发明专利、技术方案、研究报告等，均可作为代表作。严格代表作审核机制，确保代表作具有行业领先水平、具有引领带动作用。

4. 实行国家标准、地区标准和单位标准相结合。人力资源社会保障部、国家档案局研究制定《档案专业人员职称评价基本标准》（附后）。各地区人力资源社会保障部门会同档案行政管理部门依据国家标准，结合本地区档案工作发展实际，制定地区标准；具有职称评审权的用人单位可根据国家标准、地区标准，结合本单位实际，制定单位标准。地区标准、单位标准必须以国家标准为基础，不得低于国家标准。

（二）创新评价机制

1. 丰富评价方式。建立健全以同行专家评审为基础、社会和业内认可的评价机制，采用考试、评审、考评结合、考核认定、个人述职、面试答辩、成果展示、专家评议等多种评价方式，提高评价工作的科学性和针对性。

2. 畅通职称评价渠道。进一步打破户籍、地域、身份等制约，畅通各类档案专业人员职称评价渠道。非公有制经济组织、社会组织的档案专业人员可按属地原则进行申报，各地人力资源社会保障部门和档案行政管理部门要研究建立职称申报评审兜底机制，为其提供职称评价服务。

3. 建立职称评审绿色通道。对在档案保管与利用工作中做出重大贡献或急需紧缺的档案专业人员，可适当放宽学历、资历等条件限制，直接申报评审高级职称。对长期在艰苦边远地区和基层一线从事基础性工作的档案专业人员，侧重考察实际工作业绩，适当放宽学历、任职年限要求，激励档案人员扎根基层、建功立业。

4. 下放评审权限。科学界定、合理下放档案系列职称评审权限，逐步将高级职称评审权限适当下放至符合条件的省级国家综合档案馆或省级行业学会等社会组织。具体办法由省级人力资源社会保障部门会同档案行政管理部门制定。

（三）促进职称评价与人才培养使用相结合

1. 促进职称评价与人才培养制度的有效衔接。充分发挥档案系列职称评价对提高档案专业人员培养质量的导向作用，紧密结合档案事业发展对档案专业人员的需求，加快培育档案专业人员。加强档案专业人员继续教育，创新和丰富档案专业人员继续教育内容和手段，促进其更新知识、提升技能。

2. 促进职称评价与用人制度的有效衔接。用人单位结合用人需求，根据职称评价结果，合理使用档案专业人员，实现职称评价结果与聘用、考核、晋升等用人制度的衔接。全面实行岗位管理的事业单位，一般应在岗位结构比例内，组织或推荐符合条件的档案专业人员参加职称评审，并聘用到相应岗位。不实行事业单位岗位管理的单位，可根据档案工作需要，择优聘任具有相应职称的档案专业人员从事相关档案工作。

（四）加强职称评审监督和服务

1. 加强评审委员会建设。完善评审委员会的组织管理办法，合理确定评审委员会组成人员范围，加强职称评审专家库建设，注重遴选高水平的档案专家和经验丰富的一线档案专业人员。健全评审委员会工作程序和评审规则。国务院有关部门和中央企业组建的高级职称评审委员会由人力资源社会保障部核准备案，各地区档案部门组建的高级职称评审委员会由省级人力资源社会保障部门核准备案，社会化评审机构组建的职称评审委员会由相应人力资源社会保障部门核准备案，其职称评审结果纳入政府人才评价管理体系。中级、初级职称评审委员会的核准备案按照《职称评审管理暂行规定》办理。

2. 严肃职称评审工作纪律。建立档案职称申报评审诚信档案和失信黑名单制度，健全诚信承诺和失信惩戒机制。建立档案职称评审公开制度，实行政策公开、标准公开、程序公开、结果公开。健全完善档案职称评审监督机制，认真执行职称评审回避制度、公示制度、随机抽查制度，建立复查、投诉机制，充分发挥纪检监察部门和广大群众的监督作用，确保评审程序公正规范，评审过程公开透明。对在档案职称评审中发现弄虚作假的取消其申报资格并列入失信黑名单；对通过弄虚作假、暗箱操作等违纪违规行为取得的职称，一律予以撤销。对评审机构因评审工作把关不严、程序不规范，造成投诉较多、争议较大的，要责令限期整改；对整改无明显改善或逾期不予整改的，暂停其评审工作直至收回评审权，并追究责任。

3. 优化职称评审服务。简化职称申报程序和审核环节，探索实行网上申报、审核、评审、公示和发证一体化服务，减少申报表格和各类纸质证明材料，减轻申报人评审负担。加强档案职称评价公共服务平台建设，开展档案职称证书查询验证等服务。

三、组织实施

（一）提高认识，加强领导。档案专业人员职称制度改革是加强档案人才队伍专业化建设的重要举措，涉及广大档案专业人员的切身利益，政策性强。各地人力资源社会保障部门和档案行政管理部门要高度重视，加强领导，明确责任，密切配合，狠抓落实，确保各项改革举措落到实处。

（二）精心组织，有序推进。各地人力资源社会保障部门要会同当地档案行政管理部门，结合本地区实际，抓好改革政策的落地实施。各层级的档案职称评审工作，要严格按照本意见规定的原则要求、标准条件、评价办法、评审程序进行，不得降低标准。

（三）鼓励创新，稳步实施。各地区、各部门要结合档案工作实际和人才成长规律，不断深化改革，充分调动和尊重档案专业人员的创造精神，激发其工作的积极性、创造性。及时总结经验，引导档案专业人员积极支持和参与职称制度改革，妥善处理改革中遇到的矛盾和问题，稳步推进职称制度改革。

本意见适用于企事业单位、社会团体和其他组织从事档案工作的专业人员，不包括各类院校从事档案教学工作的教师。公务员和参照公务员法管理的人员不得参加档案专业人员职称评审。

附件：档案专业人员职称评价基本标准

2020年4月9日

附件

档案专业人员职称评价基本标准

一、遵守国家宪法、法律法规，执行党的路线方针政策。

二、具有良好的职业道德和敬业精神，热爱档案事业，认真钻研业务。

三、认真履行岗位职责，完成本职工作任务，能够自觉运用新理念和新技术，提高档案工作水平。

四、积极参加继续教育，接受国家有关规定要求的档案专业人员继续教育培训。

五、档案专业人员参加各层级职称评审，除必须达到上述标准条件外，还应分别具备以下条件：

（一）管理员

1. 基本了解档案工作法律法规、规章制度、标准规范。

2. 基本掌握档案专业基本知识、档案基础业务工作的基本方法和技能。

3. 能够完成所承担的工作，对档案进行初步整理和加工。

4. 具备大学专科、高中（含中专、职高、技校，下同）毕业学历，从事档案工作满 1 年。

（二）助理馆员

1. 了解档案工作法律法规、规章制度、标准规范。

2. 掌握档案专业基本知识、档案业务工作方法和技能。

3. 有一定的研究能力，能够对档案业务问题开展基本研究。

4. 具备硕士学位、大学本科学历或学士学位，从事档案工作满 1 年；或者具备大学专科学历，取得管理员职称后，在相应专业技术岗位任职满 2 年；或者具备高中毕业学历，取得管理员职称后，在相应专业技术岗位任职满 4 年。

（三）馆员

1. 比较熟悉档案工作法律法规、规章制度、标准规范。

2. 比较系统地掌握档案专业的基础理论和专业知识，具备独立开展档案业务工作的能力和素质。

3. 参与制定本单位规章制度、标准规范，提高了本单位档案管理水平；具有档案业务问题研究的能力，能够制定档案工作方案。

4. 能够指导助理馆员开展工作。

5. 具备博士学位；或者具备硕士学位，取得助理馆员职称后，在相应专业技术岗位任职满 2 年；或者具备大学本科学历或学士学位，取得助理馆员职称后，在相应专业技术岗位任职满 4 年；或者具备大学专科学历，取得助理馆员职称后，在相应专业技术岗位任职满 4 年；或者具备高中毕业学历，取得助理馆员职称后，在相应专业技术岗位任职满 7 年。

（四）副研究馆员

1. 熟悉档案工作法律法规、规章制度、标准规范；

2. 系统掌握档案专业基础理论和专业知识，具备较高质量完成业务工作的能力和素质。

3. 能够制定本单位、本系统、本行业的规章制度、标准规范，对档案工作开展具有较强指导意义；具有较强档案业务问题研究能力，有较高水平的代表性技术成果。

4. 在指导、培养中青年学术技术骨干方面发挥重要作用，能够指导馆员的工作和学习。

5. 具备博士学位，取得馆员职称后，在相应专业技术岗位任职满 2 年；或者具备硕士学位、大学本科学历或学士学位，取得馆员职称后，在相应专业技术岗位任职满 5 年。

（五）研究馆员

1. 深刻理解档案工作的法律法规、规章制度、标准规范。

2. 全面掌握档案专业基础理论和国内外前沿发展动态，能够将档案工作与所在单位、行业进行深度融合，发挥引领与示范作用，得到业内认可。

3. 能够创新性制定本单位、本行业的档案工作规定和发展规划；针对档案工作中的重大疑难问题制定可行的研究和解决方案；具有较强档案业务问题研究能力，有较高影响力的代表性技术成果，提出促进档案事业发展的新思路、新方法。

4. 在指导、培养中青年学术技术骨干方面做出突出贡献，能够有效指导副研究馆员的工作和学习。

5. 一般应具备大学本科及以上学历，或学士及以上学位，取得副研究馆员职称后，在相应专业技术岗位任职满 5 年。

人力资源社会保障部　教育部　司法部　农业农村部　文化和旅游部　国家卫生健康委　国家知识产权局关于应对新冠肺炎疫情影响实施部分职业资格“先上岗、再考证”阶段性措施的通知

人社部发〔2020〕24 号

各省、自治区、直辖市及新疆生产建设兵团人力资源社会保障厅（局）、教育厅（教委、教育局）、司法厅（局）、农业农村（农牧、畜牧兽医、渔业）厅（局、委）、文化和旅游厅（局）、卫生健康委、知识产权局（知识产权管理部门）：

为深入贯彻落实习近平总书记关于统筹推进新冠肺炎疫情防控和经济社会发展工作的重要指示精神，落实国务院常务会议部署要求，进一步强化稳就业举措，促进高校毕业生就业，经国务院同意，对《国家职业资格目录》中部分职业资格实施“先上岗、再考证”阶段性措施。现就有关事项通知如下：

一、对中小学、幼儿园、中等职业学校教师资格实施“先上岗、再考证”阶段性措施，凡符合教师资格考试报名条件和教师资格认定关于思想政治素质、普通话水平、身体条件等要求的高校毕业生，可以先上岗从事教育教学相关工作，再参加考试并取得教师资格。对护士执业资格、渔业船员资格、执业兽医资

格、演出经纪人员资格、专利代理师资格等5项准入类职业资格实施“先上岗、再考证”阶段性措施，凡符合该5项职业资格考试报名条件的高校毕业生，可以先上岗从事相关工作，再参加考试并取得职业资格。用人单位在2020年12月31日前招聘高校毕业生的，不得将取得上述职业资格作为限制性条件。

二、对实施“先上岗、再考证”的准入类职业资格，高校毕业生在取得职业资格之前主要从事辅助性工作。其中，尚未取得教师资格的高校毕业生先上岗的，不宜独立承担一门课的讲授任务或幼儿园带班任务。尚未取得护士执业资格的护理、助产专业高校毕业生先上岗的，可以先从事医疗护理员工作，但不得从事诊疗技术规范规定的护理活动。尚未取得执业兽医资格的兽医相关专业高校毕业生先上岗的，不得独立从事动物诊疗活动、开具兽药处方。

三、尚未取得法律职业资格证书的高校毕业生，符合国家统一法律职业资格考试报名条件和申请律师执业实习其他条件的，可先申请实习登记，在律师事务所实习。实习期满经律师协会考核合格并取得法律职业资格证书的，或者自收到考核合格通知之日起一年内取得法律职业资格证书的，可以按规定申请律师执业。

四、各地区统筹安排技能培训补贴时，要将先上岗的高校毕业生纳入补贴范围。用人单位要按规定对先上岗的高校毕业生加强岗位培训，提高其实际工作能力。

五、各地区、各有关部门要落实好先上岗的高校毕业生各项待遇保障，按照规定为其计算工龄，依法缴纳社会保险费等，切实维护其合法权益。对实施“先上岗、再考证”阶段性措施的准入类职业资格，高校毕业生参加事业单位公开招聘被聘用从事相关工作的，事业单位与先上岗的高校毕业生签订聘用合同时，应当按规定约定1年试用期；先上岗的高校毕业生在试用期内未取得相应职业资格的，应当依法解除聘用合同。高校毕业生与用人单位签订劳动合同的，按照有关规定管理。

六、实施“先上岗、再考证”阶段性措施是当前形势下稳定高校毕业生就业的重要举措。各地区、各有关部门要高度重视，提高政治站位，加强监督指导，精心组织实施，做好政策宣传和舆论引导，让广大高校毕业生和社会公众充分了解政策，让用人单位精准把握政策，确保政策落实落地。要根据新冠肺炎疫情防控形势，合理安排职业资格考试，为高校毕业生参加考试提供便利，统筹做好高校毕业生就业和职业资格有关工作。

2020 年 4 月 21 日

人力资源社会保障部　交通运输部
关于深化船舶专业技术人员职称制度
改革的指导意见

人社部发〔2020〕54号

各省、自治区、直辖市及新疆生产建设兵团人力资源社会保障厅(局)、交通运输厅（局、委)，长江航务管理局，各直属海事局，各引航机构，国务院各部委、各直属机构人事部门，各中央企业人事部门：

为深入贯彻落实中共中央办公厅、国务院办公厅印发的《关于深化职称制度改革的意见》，健全船舶专业技术人员职称制度，完善评价标准，充分调动广大船舶专业技术人员的积极性和创造性，切实加强船舶专业技术人才队伍建设，现就深化船舶专业技术人员职称制度改革提出如下指导意见。

一、总体要求

（一）指导思想

以习近平新时代中国特色社会主义思想为指导，全面贯彻落实党的十九大和十九届二中、三中、四中全会精神，深入实施人才强国战略和创新驱动发展战略，遵循船舶专业技术人员成长规律，把握船员职业特点，坚持目标导向和问题导向，完善评价标准，创新评价方式，建立符合船舶专业技术人员特点的职称制度，为加快建设交通强国、海洋强国、海运强国提供有力的人才支撑。

（二）基本原则

1. 坚持服务发展、国际通行。引导船舶专业技术人员牢固树立服务宗旨，全心全意服务航运、服务交通运输事业发展。适应国际公约标准要求，建立船员资格与船舶专业技术人员职称对应关系，促进船员国际交流与合作。

2. 坚持分层分类、科学评价。根据船舶等级及航区特点，分层分类制定评价标准，创新评价机制，不断提高船舶专业技术人才评价的专业性、针对性和科学性。

3. 坚持结合实际、注重业绩。结合船舶工作实际，突出职称评价的品德、能力、业绩导向。重点考核职业道德、从业行为、应急能力、实践经验，引导船舶专业技术人员注重职业行为表现、注重应急处置水平、注重服务质量、注重工作业绩。

二、主要内容

通过健全制度体系、完善评价标准、创新评价机制、改革管理服务方式等措施，形成以品德、能力和业绩为导向，覆盖各类船舶专业技术人才的职称制度。

（一）健全制度体系

1. 明确专业类别。适应船舶电子电气技术发展，设立船舶电子专业，将原电机、报务专业一并纳入船舶电子专业。调整后的船舶专业技术人员职称划分为船舶驾驶、船舶轮机、船舶电子和船舶引航四个专业类别。

2. 增设正高级职称。船舶专业技术人员职称设初级、中级、高级，初级职称分设员级和助理级，高级职称分设副高级和正高级。员级、助理级、中级、副高级和正高级职称名称依次为驾驶员（轮机员、船舶电子员、引航员）、助理驾驶员（助理轮机员、助理船舶电子员、助理引航员）、中级驾驶员（中级轮机员、中级船舶电子员、中级引航员）、高级船长（高级轮机长、高级船舶电子员、高级引航员）和正高级船长（正高级轮机长、正高级船舶电子员、正高级引航员）。

3. 实现职称制度与船员职业资格制度有效衔接。船舶专业技术人员取得船员资格，可对应初级、中级职称。围绕船舶专业技术人才服务未来发展方向，按照《海员培训、发证和值班标准国际公约》（STCW 公约）和《中华人民共和国船员条例》相关规定，动态调整船舶系列初级、中级职称与船员职业资格对应关系。对应关系由交通运输部制定公布，报人力资源社会保障部备案。

4. 船舶专业技术人员各级别职称分别与事业单位专业技术岗位等级相对应。正高级对应专业技术岗位一至四级，副高级对应专业技术岗位五至七级，中级对应专业技术岗位八至十级，助理级对应专业技术岗位十一至十二级，员级对应专业技术岗位十三级。

（二）完善评价标准

1. 突出评价船舶专业技术人员职业道德。坚持把职业道德放在评价首位，将船员日常工作中的预防处理安全事故、遵守交通安全和防污染法规等情况作为重要评价内容，引导船舶专业技术人员自觉遵纪守法、勤勉尽责、参与管理、强化服务，不断提高职业操守和专业能力。建立诚信管理评价机制，对失信人员加大惩戒力度。杜绝学术造假、资历造假，通过违纪违规行为取得的职称一律予以撤销。

2. 充分体现职业特点，突出评价业绩水平和实际贡献。针对船舶系列实操性强的职业特点，着眼船员队伍长远发展需要，将安全记录、工作实绩、实践经历和贡献作为评价的主要内容，增加技术创新、专利、技术推广、标准制定等评价指标权重，注重考察经济效益和社会效益；推行代表作制度，重点考察成果质量。以职业分类为基础，以应用为导向，强化船员实际操作能力和综合素质评价，客观反映船舶专业技术人才的适任能力。

3. 注重向基层一线倾斜。对长期坚持在基层一线工作的人员，特别是执行急、难、险、重任务的船舶专业技术人才，适当放宽学历和资历要求，重点考察其实际工作业绩。

4. 实行国家标准、地区标准和单位标准相结合。人力资源社会保障部和交通运输部负责制定《船舶专业技术人员高级职称评价基本标准》（附后）。各省（区、市）可根据本地区经济社会发展情况，制定本地区标准。具备自主评审权的用人单位可结合本单位实际，制定本单位标准。地区标准和单位标准不得低于国家标准。初级、中级职称评价标准按照船员资格考试标准执行。

（三）创新评价机制

1. 丰富评价方式。综合采用考试、专家评审等多种评价方式，建立适应不同层级船舶专业技术人员职业特点的评价机制。船舶初级、中级职称采取考试方式，与船员资格考试合并进行。副高级和正高级职称采取评审方式，坚持同行专家评审，注重对船舶专业技术人员的职业道德、能力素质、工作业绩等进行评价。

2. 加强评审委员会建设。完善以同行专家评审为基础的业内评价机制和评审专家遴选机制。加强评审专家库建设，积极吸纳拥有丰富经验的一线船舶专业专家，实行动态管理。健全评审委员会工作程序和评审规则，明确界定评审委员会工作人员和评审专家责任，加强对评审委员会的组织管理。建立评审公开制度，实行政策公开、标准公开、程序公开、结果公开，确保船舶专业技术人员职称评审工作客观公正。

（四）改进管理服务方式

1. 合理下放职称评审权限。根据船舶专业技术人才队伍建设需要，以确保评审质量为前提，正高级职称一般由交通运输部组织评审。发挥用人单位在职称评审中的主导作用，逐步将副高级职称评审权下放至有条件有意愿的大型企事业单位。各单位组建的各级职称评审委员会，要按照程序进行核准备案，规范开展职称评审工作。

2. 畅通职称申报渠道。探索选择具备条件的行业协会或学会、公共人才服务机构等社会组织，为民营企业船员以及社会船员提供职称申报服务，确保民营企业船员、社会船员公平公正地参与船舶职称的申报和评审。

3. 加强职称管理信息化建设。落实“放管服”改革要求，结合船员职业特点，具有船员适任证书即可视为具有船舶系列初级、中级职称，发放相应专业技术资格证书。证书由交通运输部负责制作并组织发放，逐步实行电子化证书。加强船舶专业技术人员职称评审信息化管理，推行船舶职称专业技术档案电子化，逐步实现职称网上申报、受理、结果查询、证书查验等。

三、组织实施

（一）统一思想，加强领导。船舶专业技术人员职称制度改革是分系列推进职称制度改革的重要内容，政策性强、涉及面广，各地要高度重视，切实加强领导，明确工作责任，确保船舶专业技术人员职称制度改革平稳推进。各级人力资源社会保障部门会同交通运输等有关部门负责全国船舶专业技术人员职称制度改革的政策制定、组织实施和监督检查工作。各有关部门要密切配合，加强宣传，做好相关工作。

（二）精心组织，稳慎实施。各地、各有关单位要结合实际落实好各项改革举措，开展的船舶专业技术人员职称评审要严格按照本意见规定进行，不得随意降低评价标准，不得擅自扩大评审范围。本指导意见出台前已取得的船舶专业技术资格证书，按照职称层级直接对应新的船舶专业技术人员职称，原则上不再换发证书。

（三）强化监督，确保公平。船舶专业技术人员职称制度改革涉及广大船员切身利益。各评审机构要严格规范评审程序。健全完善评聘监督机制，认真执行职称评审回避制度、公示制度、随机抽查制度，建立复查、投诉机制，充分发挥纪检监察部门和广大船员的监督作用，完善诚信承诺和失信惩戒机制，确保职称评审程序公正规范，评聘过程公开透明。

本指导意见适用于在以下各类船舶上工作的专业技术人员：

1. 100总吨及以上海船、内河船舶、海上非自航一、二、三等工程船舶的驾驶和船舶电子专业技术人员。

2. 海港（内河）引航员。

3. 主推进动力装置220千瓦及以上海船、主推进动力装置75千瓦及以上内河船舶、海上非自航一、二、三等工程船舶的轮机专业技术人员。

渔业船舶专业技术人员职称评审工作参照本指导意见执行，具体办法另行制定。

附件：1. 船舶专业技术人员高级职称评价基本标准

2. 船舶专业技术人员职称与船员适任证书对应表

2020年6月24日

附件 1

船舶专业技术人员高级职称评价基本标准

一、遵守中华人民共和国宪法和法律。

二、德才兼备，爱岗敬业，具有良好的职业道德和敬业精神。

三、适应岗位要求的身体条件和心理素质。

四、取得相应有效的船员（引航员）职业资格适任证书。

五、船舶专业技术人员申报各专业高级职称，除必须达到上述基本条件外，还应分别具备以下条件：

高级船长

（一）岗位服务年限要求

近 5 年在相应船舶担任船长职务 12 个月及以上，取得船舶驾驶中级职称后，符合下列条件之一：

1. 实际担任无限航区船长职务满 24 个月；

2. 实际担任沿海航区船长职务满 30 个月；

3. 实际担任海上非自航工程船舶船长或海上非运输船舶船长职务满 36 个月；

4. 实际担任内河 3 000 总吨及以上船舶或内河 1 500 千瓦及以上拖轮船长职务满 24 个月；

5. 实际担任内河 1 000 总吨至 3 000 总吨船舶或内河 500 千瓦至 1 500 千瓦拖轮船长职务满 30 个月；

6. 实际担任内河 600 总吨至 1 000 总吨船舶或内河 441 千瓦至 500 千瓦拖轮船长职务满 36 个月。

（二）专业知识要求

1. 具有系统、扎实的岗位专业理论基础知识，掌握相关专业领域的理论知识并有较深入的研究，专业理论水平较高；

2. 熟练掌握相关法律、法规和规章，准确掌握本专业的技术标准、规范和相应的管理要求；

3. 了解本专业国内外的技术现状和发展趋势，熟悉相关新知识、新理论。

（三）能力要求

1. 熟练船舶操作技术，具有丰富的船舶驾驶专业工作实践经验，能够解决本专业范围内理论和技术方面的疑难问题；

2. 熟悉船舶驾驶专业基础理论及专业知识，具有较高的专业技术水平，在国际、国内行业学术会议（全国性）上进行技术交流；

3. 具有跟踪船舶驾驶专业技术发展前沿水平和开拓新研究领域的能力，在培养和提高船舶专业技术人员的技术和管理水平等方面成绩突出，能指导船舶驾驶专业中级专业技术人员开展业务学习和技术工作。

（四）业绩要求

获得船舶驾驶中级职称以来，取得以下业绩成果之一：

1. 在从事船舶专业技术岗位工作中，或在船舶修造、技术革新和技术改造工作中，业务水平突出，取得重大经济效益；

2. 在船舶失控、遇险等危急关头或设施面临严重损毁的情况下，采取果断有效措施，使人员生命或国家财产免受重大损失，成绩显著；

3. 从事船舶专业技术工作满 28 年，在船时间累计满 216 个月，安全记录良好，在行业内有一定影响，并被同行专家所公认；

4. 参加完成经同行专家评议认为有影响的国家级相关项目或省、部级相关项目，项目成果被采用；

5. 作为主要起草人参加国家标准、行业标准的制定；

6. 在国际组织与海事相关的公约、规则和文件制修订过程中，牵头提出书面提案并被充分采纳；

7. 船舶安全管理有创新，近 3 年管理船舶不少于 5 艘，未发生一般及以上责任事故，PSC/FSC 检查涉及分管项目无 ISM 缺陷，无滞留；

8. 参与国家重大事件或执行紧急任务，受到省、部级以上表彰或奖励；或从事船舶专业技术工作中，获得省、部级以上劳动模范或先进工作者称号或省、部级以上行业技术能手表彰或荣誉奖励。

（五）考核要求

自申报之日起近 3 年内无船员违法记分，近 5 年考核均为合格及以上，且未发生一般及以上主要责任事故。

（六）学历、资历要求

具备中专及以上学历，取得船舶驾驶中级职称后，从事船舶驾驶专业技术工作满 5 年。

正高级船长

（一）专业知识要求

1. 具有系统、扎实的岗位专业理论基础知识，熟练掌握相关专业领域的理论知识并有深入的研究，专业理论水平高；

2. 对船舶驾驶技术专业有独到的见解，在本地区、本部门同行专家中有较高知名度；

3. 熟悉相关国际公约，熟练掌握国家各项相关法律、法规和规章，准确掌握本专业的技术规范、程序和标准；

4. 能准确把握并及时跟踪本专业国内外的技术现状和发展趋势。

（二）能力要求

1. 具有丰富的岗位工作实践经验和高水平的专业技术能力，能够完成各种复杂情况下的工作任务，能够帮助指导和具体解决船舶驾驶专业范围内理论和技术方面的疑难问题；

2. 坚持在生产和安全管理一线工作，在培养和提高船舶专业技术人员的业务技术及安全管理水平等方面有较强的指导能力，具备检查督导高级船长工作和学习的能力。

（三）业绩要求

获得高级船长职称以来，取得以下业绩成果之一：

1. 主持及主要承担 3 项以上船舶技术改造、设备改进或规划设计工作，取得显著经济或社会效益；

2. 在船舶生产科研实践中，解决重大关键技术难题或填补国内同行某一技术领域的空白；

3. 主持制定本专业或本行业具有国内外先进水平的技术发展规划，撰写国家级工程、科研课题立项论证报告或技术方案；

4. 主持起草编制国家标准、行业标准、规程（规范）、规划，并正式公布实施；

5. 从事船舶专业技术工作满 33 年，在船时间累计满 240 个月，安全记录良好，在本专业技术与理论方面有独到见解，在行业内有一定影响，并被同行专家所公认；

6. 作为第一完成人获得 1 项以上国家发明专利或 3 项以上与本专业相关的国家实用新型专利，实施后取得了显著的社会效益和经济效益；

7. 多次在船舶失控、遇险等危急关头或设施面临严重损毁的情况下，采取果断有效措施，使人员生命或国家财产免受重大损失，成绩卓著；

8. 主持完成经同行专家评议认为有影响的国家级、省、部级相关项目，项目成果被采用；

9. 在国际组织或海事相关的公约、规则和文件制修订过程中，担任会议、工作组、起草组主席或通信组、专家组协调人。

（四）考核要求

近 5 年应在相应船舶具有 3 个月及以上相应职务的船上工作经历。自申报之日起近 5 年内无船员违法记分，近 5 年考核均为合格及以上且在任高级船长期间至少有1年优秀，未发生一般及以上主要责任事故。

（五）学历、资历要求

具有大学专科及以上学历，取得高级船长职称后，从事船舶驾驶专业技术工作满5年。

高级轮机长

（一）岗位服务年限要求

近5年在相应船舶担任轮机长职务12个月及以上，取得船舶轮机中级职称后，符合下列条件之一：

1. 实际担任无限航区轮机长职务满24个月；

2. 实际担任沿海航区轮机长职务满30个月；

3. 实际担任海上非自航工程船舶或海上非运输船舶轮机长职务满36个月；

4. 实际担任内河500千瓦及以上船舶轮机长职务满30个月；

5. 实际担任内河441千瓦至500千瓦船舶轮机长职务满36个月。

（二）专业知识要求

1. 具有系统、扎实的岗位专业理论基础知识，掌握相关专业领域的理论知识并有较深入的研究，专业理论水平较高；

2. 熟练掌握相关法律、法规和规章，准确掌握本专业的技术标准、规范和相应的管理要求；

3. 掌握本专业船舶资源管理知识并在工作中熟练应用；

4. 了解本专业国内外的技术现状和发展趋势，熟悉相关新知识、新理论。

（三）能力要求

1. 熟练船舶轮机管理技术，具有丰富的本专业工作实践经验，能够解决本专业范围内理论和技术方面的疑难问题；

2. 熟悉本专业基础理论及专业知识，具有较高的专业技术水平，在国际、国内行业学术会议（全国性）上进行交流；

3. 具有跟踪船舶轮机技术发展前沿水平和开拓新研究领域的能力，在培养和提高船舶专业技术人员的技术和管理水平等方面成绩突出，能指导船舶轮机中级专业技术人员开展业务学习和技术工作。

（四）业绩要求

获得船舶轮机中级职称以来，取得以下业绩成果之一：

1. 在从事船舶专业技术岗位工作中，或在船舶修造、技术革新和技术改造工作中，业务水平突出，取得重大经济效益；

2. 在船舶失控、遇险等危急关头或设施面临严重损毁的情况下，采取果断有效措施，使人员生命或国家财产免受重大损失，成绩显著；

3. 从事船舶专业技术工作满 28 年，在船时间累计满 216 个月，安全记录良好，在行业内有一定影响，并被同行专家所公认；

4. 参加完成经同行专家评议认为有影响的国家级相关项目或参加完成经同行专家评议认为有影响的省、部级相关项目，项目成果被采用；

5. 作为主要起草人参加国家标准、行业标准的制定；

6. 在国际组织与海事相关的公约、规则和文件制修订过程中，牵头提出书面提案并被充分采纳；

7. 参与国家重大事件或执行紧急任务，受到省、部级以上表彰或奖励；或从事船舶专业技术工作中，获得省、部级以上劳动模范或先进工作者称号或省、部级以上行业技术能手表彰或荣誉奖励；

8. 管理船舶不少于 4 艘，近 5 年内 PSC 检查通过率 100%；在船舶修理及监造中，主持及主要承担 2 艘及以上船舶的监造工作，在上述修造船工作中利用新技术并取得显著经济或社会效益。

（五）考核要求

自申报之日起近3年内无船员违法记分，近5年考核均为合格及以上，且未发生一般及以上主要责任事故。

（六）学历、资历要求

具备中专及以上学历，取得船舶轮机中级职称后，从事船舶轮机专业技术工作满5年。

正高级轮机长

（一）专业知识要求

1. 具有系统、扎实的岗位专业理论基础知识，熟练掌握相关专业领域的理论知识并有深入的研究，专业理论水平高；

2. 对所从事的专业有独到的见解，在本地区、本部门同行专家中有较高知名度；

3. 熟悉相关国际公约，熟练掌握国家各项相关法律、法规和规章，准确掌握本专业的技术规范、程序和标准；

4. 熟练掌握本专业船舶资源管理知识并在工作中熟练运用；

5. 能准确把握并及时跟踪本专业国内外的技术现状和发展趋势。

（二）能力要求

1. 具有丰富的岗位工作实践经验和高水平的专业技术能力，能够完成各种复杂情况下的工作任务，能够帮助指导和具体解决本专业范围内理论和技术方面的疑难问题；

2. 坚持在生产和安全管理一线工作，在培养和提高船舶专业技术人员的业务技术及安全管理水平等方面有较强的指导能力，具备检查督导高级轮机长工作和学习的能力。

（三）业绩要求

获得高级轮机长职称以来，取得以下业绩成果之一：

1. 主持及主要承担3项以上船舶技术改造、设备改进或规划设计工作，取得显著经济或社会效益；

2. 在船舶生产科研实践中，解决重大关键技术难题或填补国内同行某一技术领域的空白；

3. 主持制定本专业或本行业具有国内外先进水平的技术发展规划，撰写国家级工程、科研课题立项论证报告或技术方案；

4. 主持起草编制国家标准、行业标准、规程（规范）、规划，并正式公布实施；

5. 从事船舶轮机专业技术工作满 33 年，在船时间累计满 240 个月，安全记录良好，在轮机专业技术与理论方面有独到见解，在行业内有一定影响，并被同行专家所公认；

6. 作为第一完成人获得 1 项以上国家发明专利或 3 项以上与本专业相关的国家实用新型专利，实施后取得了显著的社会效益和经济效益；

7. 多次在船舶失控、遇险等危急关头或设施面临严重损毁的情况下，采取果断有效措施，使人员生命或国家财产免受重大损失，成绩卓著；

8. 主持完成经同行专家评议认为有影响的国家级、省、部级相关项目，项目成果被采用；

9. 在国际组织或海事相关的公约、规则和文件制修订过程中，担任会议、工作组、起草组主席或通信组、专家组协调人。

（四）考核要求

近 5 年应在相应船舶具有相应职务 3 个月及以上船上工作经历。自申报之日起近 5 年内无船员违法记分，近 5 年考核均为合格及以上且在担任高级轮机长期间至少有 1 年优秀，未发生一般及以上主要责任事故。

（五）学历、资历要求

具备大学专科及以上学历，取得高级轮机长职称后，从事船舶轮机专业技术工作满 5 年。

高级船舶电子员

（一）岗位服务年限要求

近 5 年应在相应船舶具有相应职务 12 个月及以上，取得船舶电子中级职称后，符合下列条件之一：

1. 实际担任一级无线电电子员职务满 24 个月；

2. 实际担任船舶电子电气员职务满 72 个月。

（二）专业知识要求

1. 具有系统、扎实的岗位专业理论基础知识，掌握相关专业领域的理论知识并有较深入的研究，专业理论水平较高；

2. 熟练掌握相关法律、法规和规章，准确掌握本专业的技术标准、规范和相应的管理要求；

3. 掌握本专业船舶资源管理知识并在工作中熟练应用；

4. 了解本专业国内外的技术现状和发展趋势，熟悉相关新知识、新理论。

（三）能力要求

1. 熟练船舶电子专业操作技术，具有丰富的本专业工作实践经验，能够解决船舶电子专业范围内理论和技术方面的疑难问题；

2. 熟悉本专业基础理论及专业知识，具有较高的专业技术水平，在国际、国内行业学术会议（全国性）上进行交流；

3. 具有跟踪本专业技术发展前沿水平和开拓新研究领域的能力，在培养和提高船舶专业技术人员的技术和管理水平等方面成绩突出，能指导船舶电子中级专业技术人员开展业务学习和技术工作。

（四）业绩要求

获得船舶电子中级职称以来，取得以下业绩成果之一：

1. 在从事船舶专业技术岗位工作中，或在船舶修造、技术革新和技术改造工作中，业务水平突出，取得重大经济效益；

2. 在船舶失控、遇险等危急关头或设施面临严重损毁的情况下，采取果断有效措施，使人员生命或国家财产免受重大损失，成绩显著；

3. 从事船舶电子专业技术工作满 28 年，在船时间累计满

216 个月，安全记录良好，在行业内有一定影响，并被同行专家所公认；

4. 参加完成经同行专家评议认为有影响的国家级相关项目或参加完成经同行专家评议认为有影响的省、部级相关项目，项目成果被采用；

5. 作为主要起草人参加国家标准、行业标准的制定；

6. 在国际组织或海事相关的公约、规则和文件制修订过程中，牵头提出书面提案并被充分采纳；

7. 参与国家重大事件或执行紧急任务，受到省、部级以上表彰或奖励；或从事船舶专业技术工作中，获得省、部级以上劳动模范或先进工作者称号或省、部级以上行业技术能手表彰或荣誉奖励。

（五）考核要求

自申报之日起近 3 年内无船员违法记分，近 5 年考核均为合格及以上，且未发生一般及以上主要责任事故。

（六）学历、资历要求

具备中专及以上学历，取得船舶电子中级职称后，从事船舶电子专业技术工作满 5 年。

正高级船舶电子员

（一）专业知识要求

1. 具有系统、扎实的岗位专业理论基础知识，熟练掌握相关专业领域的理论知识并有深入的研究，专业理论水平高；

2. 对所从事的专业有独到的见解，在本地区、本部门同行专家中有较高知名度；

3. 熟悉相关国际公约，熟练掌握国家各项相关法律、法规和规章，准确掌握本专业的技术规范、程序和标准；

4. 熟练掌握本专业船舶资源管理知识并在工作中熟练运用；

5. 能准确把握并及时跟踪本专业国内外的技术现状和发展趋势。

（二）能力要求

1. 具有丰富的岗位工作实践经验和高水平的专业技术能力，能够完成各种复杂情况下的工作任务，能够帮助指导和具体解决船舶电子专业范围内理论和技术方面的疑难问题；

2. 坚持在生产和安全管理一线工作，在培养和提高船舶专业技术人员的业务技术及安全管理水平等方面有较强的指导能力，具备检查督导高级船舶电子员工作和学习的能力。

（三）业绩要求

获得高级船舶电子员职称以来，取得以下业绩成果之一：

1. 主持及主要承担 3 项以上船舶技术改造、设备改进或规划设计工作，取得显著经济或社会效益；

2. 在船舶生产科研实践中，解决重大关键技术难题或填补国内同行某一技术领域的空白；

3. 主持制定本专业或本行业具有国内外先进水平的技术发展规划，撰写国家级工程、科研课题立项论证报告或技术方案；

4. 主持起草编制国家标准、行业标准、规程（规范）、规划，并正式公布实施；

5. 从事船舶专业技术工作满 33 年，在船时间累计满 240 个月，安全记录良好，在船舶电子专业技术与理论方面有独到见解，在行业内有一定影响，并被同行专家所公认；

6. 作为第一完成人获得 1 项以上国家发明专利或 3 项以上与本专业相关的国家实用新型专利，实施后取得了显著的社会效益和经济效益；

7. 多次在船舶失控、遇险等危急关头或设施面临严重损毁的情况下，采取果断有效措施，使人员生命或国家财产免受重大损失，成绩卓著；

8. 主持完成经同行专家评议认为有影响的国家级、省、部级相关项目，项目成果被采用；

9. 在国际组织或海事相关的公约、规则和文件制修订过程中，担任会议、工作组、起草组主席或通信组、专家组协调人；

10. 近 5 年管理船舶不少于 5 艘，未发生责任事故，PSC 检查涉及分管项目无缺陷。船舶电气采取降本增效，节能降耗，技术改进的措施，取得重大的经济效益。

（四）考核要求

近 5 年应在相应船舶具有相应职务 3 个月及以上船上工作经历。自申报之日起近 5 年内无船员违法记分，近 5 年考核均为合格及以上且在担任高级船舶电子员期间至少有 1 年优秀，未发生一般及以上主要责任事故。

（五）学历、资历要求

具备大学专科及以上学历，取得高级船舶电子员职称后，从事船舶电子专业技术工作满 5 年。

高级引航员

（一）岗位服务年限要求

实际担任海港或内河一级引航员职务满 24 个月；近 5 年应具有不低于 240 个艘次（或 12 个月）的引航经历或引航安全业务管理工作经历。

（二）专业知识要求

1. 具有系统、扎实的岗位专业理论基础知识，掌握相关专业领域的理论知识并有较深入的研究，专业理论水平较高；

2. 熟练掌握相关法律、法规、规章和国际有关公约，准确掌握本专业的技术标准、规范和相应的管理要求；

3. 掌握本专业船舶资源管理知识并在工作中熟练应用；

4. 了解本专业国内外的技术现状和发展趋势，熟悉相关新知识、新理论。

（三）能力要求

1. 有熟练的船舶引航操作能力，具有丰富的引航实践经验，能够解决船舶引航专业范围内理论和技术方面的疑难问题；

2. 熟悉船舶引航专业基础理论及专业知识，具有较高的专业技术水平，在国际、国内行业学术会议（全国性）上进行交流；

3. 具有跟踪本专业技术发展前沿水平和开拓新研究领域的能力，在培养和提高引航员的技术和管理水平等方面成绩突出，能指导船舶引航中级专业技术人员业务理论与操作技能学习和开展引航技术工作。

（四）业绩要求

获得船舶引航中级职称以来，取得以下业绩成果之一：

1. 为其所服务的港口建设做出突出贡献，多次承担急、难、险、重引航任务，参与解决引航疑难问题，成绩显著；

2. 从事船舶专业技术工作满 28 年，安全记录良好，在行业内有一定影响，并被同行专家所公认；

3. 参加完成经同行专家评议认为有影响的国家级相关项目或参加完成经同行专家评议认为有影响的省、部级相关项目，项目成果被采用；

4. 作为主要起草人参加国家标准、行业标准的制定；

5. 在国际组织或海事相关的公约、规则和文件制修订过程中，牵头提出书面提案并被充分采纳；

6. 参与国家重大事件或执行紧急任务，受到省、部级以上表彰或奖励；或从事船舶专业技术工作中，获得省、部级以上劳动模范或先进工作者称号或省、部级以上行业技术能手表彰或荣誉奖励。

（五）考核要求

自申报之日起近 3 年内无船员违法记分，近 5 年考核均为合格及以上，且未发生无承担对等责任或者主要责任的重大及以上水上交通事故。

（六）学历、资历要求

具备中专及以上学历，取得船舶中级职称后，从事船舶引航专业技术工作满 5 年。

正高级引航员

（一）专业知识要求

1. 具有系统、扎实的岗位专业理论基础知识，熟练掌握相关专业领域的理论知识并有深入的研究，专业理论水平高；

2. 对所从事的专业有独到的见解，在本地区、本部门同行专家中有较高知名度，为船舶引航领域学术带头人或引航技术发展引领人；

3. 熟悉相关国际公约，熟练掌握国家各项相关法律、法规和规章，准确掌握本专业的技术规范、程序和标准；

4. 能准确把握并及时跟踪本专业国内外的技术现状和发展趋势。

（二）能力要求

1. 具有丰富的引航实践经验和高水平的专业技术能力，能够完成各种复杂情况下的工作任务，能够帮助指导和具体解决本专业范围内理论和技术方面的疑难问题；

2. 坚持在生产和安全管理一线工作，在培养和提高引航人员的业务技术及安全管理水平等方面有较强的指导能力，具备检查督导高级引航员工作和学习的能力。

（三）业绩要求

获得高级引航员职称以来，取得以下业绩成果之一：

1. 主持及主要承担 3 项以上引航技术改造、设备改进或规划设计工作，取得显著经济或社会效益；

2. 在引航生产科研实践中，解决重大关键技术难题或填补国内同行某一技术领域的空白；

3. 在引航机构的生产科研中，对引航事业的发展规划、采取重大的生产技术措施、解决引航服务质量等重大问题起过关键性作用，明显地提高了引航机构的经济效益；

4. 主持制定本专业或本行业具有国内外先进水平的技术发展规划，撰写国家级工程、科研课题立项论证报告或技术方案；

5. 从事船舶专业技术工作满33年，安全记录良好，在船舶引航专业技术与理论方面有独到见解，在行业内有一定影响，并被同行专家所公认；

6. 作为第一完成人获得1项以上国家发明专利或3项以上与本专业相关的国家实用新型专利，实施后取得了显著的社会效益和经济效益；

7. 主持起草编制国家标准、行业标准、规程（规范）、规划，并正式公布实施；

8. 多次在船舶失控、遇险等危急关头或设施面临严重损毁的情况下，采取果断有效措施，使人员生命或国家财产免受重大损失，成绩卓著；

9. 主持完成经同行专家评议认为有影响的国家级、省、部级相关项目，项目成果被采用；

10. 在国际组织或海事相关的公约、规则和文件制修订过程中，担任会议、工作组、起草组主席或通信组、专家组协调人；

11. 在引航安全管理领域具有典型经验，行业内有一定影响，被同行专家所公认；

12. 对引航安全业务管理工作有突出贡献，多次参与港口建设、水上水下重点工程项目建设安全咨询评估或多次主持制定特殊船舶引领方案，解决重大技术难题，取得重大社会效益，并经同行专家一致认可。

（四）考核要求

近5年应具有不低于60艘次（或3个月）的引航工作经历。自申报之日起近5年内无船员违法记分，近5年考核均为合格及以上且在担任高级引航员期间至少有1年优秀，未发生无承担对等责任或者主要责任的重大及以上水上交通事故。

（五）学历、资历要求

具备大学专科及以上学历，取得高级引航员职称后，从事船舶引航专业技术工作满5年。

附件 2

船舶专业技术人员职称与船员适任证书对应表

职称等级		职称名称/船员适任证书		备注
初级	员级	驾驶	无限航区、沿海航区二等及以上三副	
			沿海航区三等三副、二副	100 GT 及以上
			内河一类三副	
			内河二类、三类驾驶员	100 GT 及以上
			海上非自航工程船舶一等三副、二副	
			海上非自航工程船舶二等三副、二副、大副	
			海上非自航工程船舶三等船长	
			沿海公务船一等三副、二副，二等驾驶员	
		轮机	无限航区、沿海航区二等及以上三管轮	
			沿海航区三等三管轮、二管轮	220 kW 及以上
			内河一类三管轮	
			内河二类、三类轮机员	75 kW 及以上
			海上非自航工程船舶一等三管轮、二管轮	
			海上非自航工程船舶二等三管轮、二管轮、大管轮	
			海上非自航工程船舶三等轮机长	
			沿海公务船一等三管轮、二管轮，二等轮机员	
		船舶电子	通用操作员	
	助理级	驾驶	无限航区、沿海航区二等及以上二副	
			沿海航区三等大副	100 GT 及以上
			内河一类二副	

续表

职称等级		职称名称/船员适任证书		备注
初级	助理级	驾驶	内河三类船长	100 GT 及以上
			海上非自航工程船舶一等大副	
			海上非自航工程船舶二等船长	
			沿海公务船一等大副、二等船长	
		轮机	无限航区、沿海航区二等及以上二管轮	
			沿海航区三等大管轮	220 kW 及以上
			内河一类二管轮	
			内河三类轮机长	75 kW 及以上
			海上非自航工程船舶一等大管轮	
			海上非自航工程船舶二等轮机长	
			沿海公务船一等大管轮、二等轮机长	
		船舶电子	二级无线电电子员	
			电子电气员	
		引航	海港、内河三级引航员	
中级		驾驶	无限航区、沿海航区二等及以上大副、船长	
			沿海航区三等船长	100 GT 及以上
			内河一类大副、船长	
			内河二类船长	
			海上非自航工程船舶一等船长	
			沿海公务船一等船长	
		轮机	无限航区、沿海航区二等及以上大管轮、轮机长	
			沿海航区三等轮机长	220 kW 及以上
			内河一类大管轮、轮机长	
			内河二类轮机长	
			海上非自航工程船舶一等轮机长	
			沿海公务船一等轮机长	

续表

职称等级	职称名称/船员适任证书		备注
中级	船舶电子	一级无线电电子员	
		电子电气员	实际担任满42个月
	引航	海港、内河二级、一级引航员	

备注：本表由交通运输部根据船员（引航员）适任证书有关类别、等级、职务设置变化情况做相应调整，经人力资源社会保障部备案后发布。

人力资源社会保障部　文化和旅游部关于深化艺术专业人员职称制度改革的指导意见

人社部发〔2020〕68号

各省、自治区、直辖市及新疆生产建设兵团人力资源社会保障厅（局）、文化和旅游厅（局），国务院各部委、各直属机构人事部门，各中央企业人事部门：

艺术专业人员是我国专业技术人才队伍的重要组成部分，是推进文化改革发展、坚持和发展中国特色社会主义先进文化、建设社会主义文化强国的重要力量。为贯彻落实中共中央办公厅、国务院办公厅印发的《关于深化职称制度改革的意见》，现就深化艺术专业人员职称制度改革提出如下指导意见。

一、总体要求

（一）指导思想

以习近平新时代中国特色社会主义思想为指导，全面贯彻落实党的十九大和十九届二中、三中、四中全会精神，认真贯彻落实党中央、国务院决策部署，围绕人才强国战略和建设社会主义文化强国目标，坚持党管人才，遵循文艺规律和艺术专业人员成长规律，健全完善符合艺术专业人员职业特点的职称制度，畅通职业发展渠道，更加科学客观公正地评价人才，推动多出精品、多出人才，将广大艺术专业人员紧密团结在党中央周围，为繁荣发展社会主义文化艺术事业、坚持和发展中国特色社会主义先进文化提供人才支撑。

（二）基本原则

1. 服务发展。坚定文化自信，坚持唱响主旋律、传递正能量，充分发挥人才评价“指挥棒”和风向标作用，着力提升艺术专业人员的专业能力和职业素养，着力加强艺术专业人员队伍建设，大力弘扬社会主义核心价值观，发展新时代中国特色社会主义先进文化。

2. 遵循规律。坚持“二为”方向和“双百”方针，遵循艺术专业人员成长规律，突出其职业发展特点，建立分类科学、合理多元的评价体系，引导艺术专业人员刻苦研究、潜心创作，推动文艺创作由“高原”迈向“高峰”。

3. 科学评价。以职业分类为基础，以品德、能力、业绩为导向，以考察艺术水平为重点，分类制定评价标准，科学设置评价条件，进一步破除唯学历、唯资历、唯论文、唯奖项倾向，充分调动艺术专业人员创新创造创业的积极性。

4. 以用为本。围绕用好用活人才，创新人才评价机制，规范管理服务方式，促进人才评价与培养使用相结合，促使艺术专业人员职称制度与选人用人制度相衔接，满足各类用人单位选才用才的需要，促进社会主义文艺繁荣发展。

二、主要内容

通过健全制度体系、完善评价标准、创新评价机制、促进职称制度与人才培养使用制度相衔接、改进职称管理服务方式等措施，构建设置合理、覆盖全面、评价科学、管理规范的艺术专业人员职称制度。

（一）健全制度体系

1. 完善艺术系列职称层级。初级职称只设助理级，高级职称分设副高级和正高级，未设置正高级职称的专业均设置到正高级，形成初级、中级、高级层次清晰、互相衔接、体系完整的职称评价体系。根据艺术领域特点，设置艺术表演、艺术创作、艺术管理和技术保障等4个专业类别。艺术表演类包括演员、演奏员等；艺术创作类包括编剧、导演（编导）、指挥、作曲、作词、摄影（摄像）、舞台美术设计、艺术创意设计、动漫游戏设计、美术、文学创作等；艺术管理类包括演出监督等；技术保障类包括舞台技术、录音、剪辑等。

2. 统一职称等级和名称。各专业职称统一分为四级、三级、二级、一级，依次对应初级、中级、副高级和正高级。为体现专业属性，职称名称以级别加专业命名，如四级演员、三级演员、二级演员、一级演员。

原文学创作一级、文学创作二级、文学创作三级、文学创作四级依次对应一级文学创作、二级文学创作、三级文学创作、四级文学创作。原高级舞台技师、主任舞台技师、舞台技师、舞台技术员依次对应一级舞台技术、二级舞台技术、三级舞台技术、四级舞台技术。原舞美设计员对应四级舞美设计师，原美术员对应四级美术师，原录音员对应四级录音师，原剪辑员对应四级剪辑师，其他职称名称不变。

3. 动态调整专业设置。各地、各有关部门根据文化和旅游融合发展、新型职业领域发展和职业分类要求，适时调整艺术专业人员职称专业设置。对于从业人员数量较大、评价需求稳定、发展良好的专业，加强专业建设，持续稳定开展评价工作。对发展势头良好、评价需求旺盛的新型职业领域，增设新的专业。对知识结构、岗位需求相近的专业，及时整合。对发展变化较大、评价需求不断缩减、从业人员数量较少的专业，及时调整或取消。

4. 艺术专业人员各层级职称分别与事业单位专业技术岗位等级相对应。正高级对应专业技术岗位一至四级，副高级对应专业技术岗位五至七级，中级对应专业技术岗位八至十级，初级对应专业技术岗位十一至十三级。

（二）完善评价标准

1. 坚持德才兼备、以德为先。牢固树立马克思主义文艺观，坚持以人民为中心的创作导向，坚持为人民服务、为社会主义服务，为人民抒写、为人民抒情、为人民抒怀。把品德放在职称评价的首位，按照德艺双馨的要求，重点考察艺术专业人员的政治立场、职业道德、社会责任和从业操守，倡导讲品位、讲格调、讲责任。用人单位可通过考核测评、群众评议等方式全面考察艺术专业人员的职业操守和从业行为。完善诚信承诺和失信惩戒机制，对剽窃他人艺术成果或存在学术不端行为的，实行“一票否决制”，对通过弄虚作假、暗箱操作等违纪违规行为取得的职称，一律予以撤销。

2. 推行代表作制度。将艺术专业人员的代表性作品作为职称评审的重要内容。丰富代表作形式，影视、戏剧（戏曲）、舞蹈、音乐、创意设计、动漫游戏、文学创作作品和舞台美术设计方案、大型演出策划方案、舞台技术报告等均可作为代表作。严格实行代表作审核制度，重点考察作品质量，把社会效益放在首位，把受群众欢迎作为重要依据，坚持思想精深、艺术精湛、制作精良相统一，坚持人民评价、专家评价、市场检验相统一。

3. 建立职称评审绿色通道。建立职称评审向优秀人才倾斜机制，在践行社会主义核心价值观、推动中华优秀传统文化的创造性转化和创新性发展、促进文化艺术事业繁荣发展中做出重大贡献的艺术专业人员，放宽学历、年限要求，可直接申报评审高级职称。对引进的海外高层次人才和急需紧缺人才，开辟职称评审绿色通道，适当放宽资历、年限等条件限制，其在海外从事艺术工作的经历和贡献可作为职称评审的依据，不简单把海外教育、工作背景等同于专业水平。对长期在艰苦边远地区和基层一线工作的专业技术人员，重点考察其实际工作业绩，适当放宽学历、任职年限和科研能力要求，引导艺术专业人员深入群众、深入生活、扎根基层。

4. 实行国家标准、地区标准和单位标准相结合。人力资源社会保障部、文化和旅游部负责制定《艺术专业人员职称评价基本标准》（附后）。各省（区、市）人力资源社会保障部门、文化和旅游行政主管部门可以根据本地区文化艺术事业发展情况，制定地区标准。具有自主评审权的用人单位可结合本单位实际，制定单位标准。地区标准、单位标准不得低于国家标准。

（三）创新评价机制

1. 改进评价方式。建立以同行专家评审为基础的业内评价机制，注重社会和业内认可。综合采取专家评审、专业考试、业绩展示、实践操作、个人述职、面试答辩、考核认定等多种评价方式，提高职称评审的针对性和科学性。完善评审专家遴选机制，加强评审委员会建设，积极吸纳高等院校、科研机构、艺术教育机构高水平专家和经验丰富的一线文艺工作者担任评审专家。健全评审委员会工作程序和评审规则，加强对评审委员会的组织管理。建立职称评审公开制度，实行政策公开、标准公开、程序公开、结果公开，确保职称评价的客观公正。

2. 畅通职称评审渠道。延伸联系手臂，拓展评审范围，打破户籍、身份、档案等制约，畅通民营文化工作室、民营文化经纪机构、网络文艺社群等新的文艺组织从业人员和网络作家、签约作家、自由撰稿人、独立制片人、独立演员歌手、自由美术工作者等新的文艺群体从业人员职称评审渠道，确保其与国有文化艺术企事业单位艺术专业人员在职称评审上享有同等待遇。充分发挥文联、作协在联系新文艺群体人才方面的优势和作用，坚持文联、作协作为新文艺群体职称评审主渠道，积极支持其按程序组建艺术系列职称评审委员会，面向新文艺组织和新文艺群体开展职称评审工作。

3. 下放评审权限。科学界定、合理下放职称评审权限，逐步将艺术专业人员高级职称评审权限下放至符合条件的企事业单位、社会组织或市地。各省（区、市）、国务院有关部门、中央有关企业等可按有关规定成立艺术专业人员高级职称评审委员会，按照《职称评审管理暂行规定》要求进行核准备案。

4. 促进职称评价与人才培养使用相结合。艺术专业人员职称评价是文化艺术事业单位岗位聘用的重要依据和关键环节。对于全面实行岗位管理、专业技术人员能力素质与岗位职责密切相关的事业单位，一般应在岗位结构比例内开展职称评审，聘用相应职称的专业技术人员到相应岗位。不实行岗位管理的单位，可根据工作需要，坚持以用为本，择优聘用具有相应职称的专业技术人员从事相关岗位工作。健全考核制度，加强聘后管理，在岗位聘用中实现人员能上能下。

（四）优化管理服务方式

1. 转变监督管理方式。要建立职称评审随机抽查、巡查制度，加强对职称评审全过程的监督，强化单位自律和外部监督。畅通意见反映渠道，对群众反映或舆情反映较强烈的问题，有针对性地进行专项核查，及时妥善处理。要加强对自主评审工作的监督，对于不能正确行使评审权、不能确保评审质量或因评审工作把关不严、程序不规范，造成投诉较多、争议较大的，要责令限期整改；对整改无明显改善或逾期不予整改的，暂停其评审工作直至收回评审权，并依法追究相关人员责任。

2. 完善公共服务方式。推行个人诚信承诺制度，精简申报材料，减少证明事项，优化审核、评审程序。加强项目评审、人才评价和机构评估等相关业务统筹，加大申报材料和业绩成果信息共享，实行材料一次报送、一表多用，减轻艺术专业人员评审负担。

三、组织实施

（一）提高认识，加强领导。深化艺术专业人员职称制度改革是分类推进职称制度改革的重要内容，政策性强、涉及面广，各省（区、市）人力资源社会保障部门、文化和旅游等行业主管部门要充分认识改革的重要性、复杂性，切实加强组织领导，狠抓工作落实，确保各项工作落到实处。

（二）精心组织，稳慎实施。各省（区、市）人力资源社会保障部门、文化和旅游等行业主管部门在推进改革的过程中，要深入开展调查研究，细化工作措施，完善工作预案，确保改革顺利进行。各层级新的职称评审工作，要严格按照本意见执行，不得随意降低评价标准条件，不得擅自扩大评审范围。在改革中，要认真总结经验，及时解决改革中出现的新情况、新问题，妥善处理改革、发展和稳定的关系。

（三）加强宣传、营造环境。各省（区、市）人力资源社会保障部门、文化和旅游行政主管部门要加强宣传引导，搞好政策解读，充分调动各类艺术专业人员的积极性，引导各类专业技术人才积极支持和参与艺术专业人员职称制度改革工作，营造有利于艺术专业人员职称制度改革的良好氛围。

附件：艺术专业人员职称评价基本标准

2020年9月10日

附件

艺术专业人员职称评价基本标准

一、遵守中华人民共和国宪法和法律法规。

二、坚持马克思主义文艺观，坚持为人民服务、为社会主义服务，具有良好的职业道德和敬业精神，崇德尚艺，作风端正。

三、坚守艺术理想，热爱本职工作，认真履行岗位职责。

四、按照要求参加继续教育。

五、艺术专业人员申报各层级职称，除必须达到上述标准条件外，还应分别具备以下条件：

（一）演员

1. 四级演员

（1）受过系统的基本功训练，具有专业的基础理论知识。

（2）基本掌握专业的表演方法。

（3）有一定的表演能力，能较好地完成演出任务。

（4）具备硕士学位；或具备大学本科学历或学士学位，1 年见习期满，经考察合格；或具备大学专科学历，从事表演工作满 3 年；或从事表演工作满 5 年。

2. 三级演员

（1）具有较系统专业理论知识和一定的文化艺术素养。

（2）比较熟练地掌握专业的表演技巧。

（3）有较高的表演水平，在演出活动中能够圆满地完成所承担的表演任务。

（4）具备博士学位；或具备硕士学位，取得四级演员职称后，从事表演工作满 2 年；或取得四级演员职称后，从事表演工作满 4 年。其中，杂技、舞蹈、戏曲武功等舞台生命较短的演员，可适当降低工作年限要求。

3. 二级演员

（1）具有较高的专业理论修养和较广博的文艺知识，有比较丰富的艺术实践经验。

（2）在表演艺术上有所建树，能形成个人表演风格，能总结自己的艺术表演经验。

（3）工作业绩较为突出，在演出活动中担任重要角色且表演出色。表演作品参加过省级以上的大型艺术活动，在国内有一定影响。

（4）具备博士学位，取得三级演员职称后，从事表演工作满 2 年；或取得三级演员职称后，从事表演工作满 5 年。其中，杂技、舞蹈、戏曲武功等舞台生命较短的演员，可适当降低工作年限要求。

4. 一级演员

（1）具有深厚的艺术造诣和高超的表演技巧，有丰富的艺术实践经验。

（2）具有独特的表演风格，能系统论述自己的艺术表演成果。

（3）工作业绩突出，在演出活动中出色地担任主要角色，有具备较大影响力的代表性作品。表演作品参加过国际艺术比赛或国家级大型艺术活动，在国内有较大影响。

（4）一般应具备大学专科及以上学历，取得二级演员职称后，从事表演工作满 5 年。其中，杂技、舞蹈、戏曲武功等舞台生命较短的演员，可适当降低学历和工作年限要求。

（二）演奏员

1. 四级演奏员

（1）受过系统的基本功训练，具有专业的基础理论知识。

（2）基本掌握专业的演奏方法。

（3）有一定的演奏能力，能较好地完成演奏任务。

（4）具备硕士学位；或具备大学本科学历或学士学位，1 年见习期满，经考察合格；或具备大学专科学历，从事演奏工作满 3 年；或从事演奏工作满 5 年。

2. 三级演奏员

（1）具有较系统专业理论知识和一定的文化艺术素养。

（2）比较熟练地掌握专业的演奏技巧。

（3）有较高的演奏水平，在公开排演的中、小型剧（节）目中多次担任领奏或伴奏，并圆满地完成所担负的演奏任务。

（4）具备博士学位；或具备硕士学位，取得四级演奏员职称后，从事演奏工作满 2 年；或取得四级演奏员职称后，从事演奏工作满 4 年。

3. 二级演奏员

（1）具有较高的专业理论修养和较广博的文艺知识，有比较丰富的艺术实践经验。

（2）在演奏艺术上有所建树，能形成个人演奏风格，能总结自己的艺术表演经验。

（3）工作业绩较为突出，在公开排演的多部大、中型剧（节）目中担任独奏、领奏、重奏，演奏出色，有自己的代表性曲目并能举办独奏音乐会。演奏作品参加过省级以上大型艺术活动，在国内有一定影响。

（4）具备博士学位，取得三级演奏员职称后，从事演奏工作满 2 年；或取得三级演奏员职称后，从事演奏工作满 5 年。

4. 一级演奏员

（1）具有深厚的艺术造诣和高超的演奏技巧，有丰富艺术实践经验。

（2）具有独特的演奏风格，能系统论述自己的艺术表演成果。

（3）工作业绩突出，在专业文艺团体多部大型剧（节）目演出中出色地担任独奏或领奏，或能举办具有自己鲜明艺术特点的独奏音乐会且个人独奏占整台音乐会一半以上曲目。演奏作品参加过国际艺术比赛或国家级大型艺术活动，在国内有较大影响。

（4）一般应具备大学本科及以上学历或学士及以上学位，取得二级演奏员职称后，从事演奏工作满5年。

（三）编剧

1. 四级编剧

（1）具有专业的基础理论知识。

（2）基本掌握本专业创作技巧。

（3）参加过集体创作，并初步具备独立创作能力。

（4）具备硕士学位；或具备大学本科学历或学士学位，1年见习期满，经考察合格；或具备大学专科学历，从事编剧工作满3年；或具备高中（含中专、职高、技校）毕业，从事编剧工作满5年。

2. 三级编剧

（1）具有比较系统的专业理论知识和一定的文化艺术素养。

（2）能比较熟练地掌握专业创作技巧。

（3）有独立的创作能力，且有一定数量的作品公开排演。

（4）具备博士学位；或具备硕士学位，取得四级编剧职称后，从事编剧工作满2年；或取得四级编剧职称后，从事编剧工作满4年。

3. 二级编剧

（1）具有较高的学识水平和专业理论修养，有比较丰富的艺术实践经验。

（2）在艺术创作上有所建树，有一定的艺术研究能力，能总结自己的艺术创作成果。

（3）工作业绩较为突出，正式发表或出版过多部作品并公开排演，或有作品参加省级以上大型艺术活动。作品能正确反映生活，有较高的思想性和艺术性，在国内有一定影响。

（4）具备博士学位，取得三级编剧职称后，从事编剧工作满 2 年；或取得三级编剧职称后，从事编剧工作满 5 年。

4. 一级编剧

（1）具有深厚的艺术造诣和精湛的创作水平，有丰富的艺术实践经验。

（2）有独特的艺术创作风格，有较高的艺术研究水平，能系统论述自己的艺术成果和创作经验。

（3）工作业绩突出，独立创作排演过多部有较大影响的剧本，或有作品参加国际艺术比赛或国家级大型艺术活动。作品能深刻地反映生活，具有高度的思想性和艺术性，在国内有较大影响。

（4）一般应具备大学本科及以上学历或学士及以上学位，取得二级编剧职称后，从事编剧工作满 5 年。

（四）导演（编导）

1. 四级导演（编导）

（1）具有专业的基础理论知识。

（2）基本掌握专业的创作技巧。

（3）有一定创作能力，能够协助完成导演（编导）工作任务。

（4）具备硕士学位；或具备大学本科学历或学士学位，1 年见习期满，经考察合格；或具备大学专科学历，从事导演（编导）工作满 3 年；或具备高中（含中专、职高、技校）毕业，从事导演（编导）工作满 5 年。

2. 三级导演（编导）

（1）具有比较系统的专业理论知识和一定的文化艺术素养。

（2）比较熟练地掌握导演（编导）技巧。

（3）有独立的导演（编导）能力，独立完成过一定数量的中、小型剧（节）目导演（编导）任务。

（4）具备博士学位；或具备硕士学位，取得四级导演（编导）职称后，从事导演（编导）工作满 2 年；或取得四级导演（编导）职称后，从事导演（编导）工作满 4 年。

3. 二级导演（编导）

（1）具有较高的学识水平和专业理论修养，有比较丰富的艺术实践经验。

（2）在艺术创作上有所建树，有一定的艺术研究能力，能总结自己的艺术创作成果。

（3）工作业绩较为突出，能独立完成多部大、中型剧（节）目公开排演的导演（编导）工作，或有作品参加省级以上大型艺术活动。具备培养和指导专业人才进行舞台表演的能力，在国内有一定的影响。

（4）具备博士学位，取得三级导演（编导）职称后，从事导演（编导）工作满 2 年；或取得三级导演（编导）职称后，从事导演（编导）工作满 5 年。

4. 一级导演（编导）

（1）具有深厚的艺术造诣和精湛的创作水平，有丰富的艺术实践经验。

（2）有独特的艺术创作风格，有较高的艺术研究水平，能系统论述自己的艺术成果和创作经验。

（3）工作业绩突出，能独立完成多部专业文艺团体大型剧（节）目公开排演的导演（编导）工作，或有作品参加国际艺术比赛或国家级大型艺术活动。能够培养指导专业人才，在国内有较大影响。

（4）一般应具备大学本科及以上学历或学士及以上学位，取得二级导演（编导）职称后，从事导演（编导）工作满 5 年。

（五）指挥

1. 四级指挥

（1）具有专业的基础理论知识。

（2）基本掌握专业的指挥技巧。

（3）有一定指挥能力，能担任一般作品的指挥工作。

（4）具备硕士学位；或具备大学本科学历或学士学位，1年见习期满，经考察合格；或具备大学专科学历，从事指挥工作满3年；或具备高中（含中专、职高、技校）毕业，从事指挥工作满5年。

2. 三级指挥

（1）具有较系统专业理论知识和一定的文化艺术素养。

（2）较熟练地掌握专业的指挥技巧。

（3）能独立指挥并准确地表现作品的艺术风格，能圆满完成公开排演剧（节）目的指挥工作。

（4）具备博士学位；或具备硕士学位，取得四级指挥职称后，从事指挥工作满2年；或取得四级指挥职称后，从事指挥工作满4年。

3. 二级指挥

（1）具有较高的学识水平和专业理论修养，有比较丰富的艺术实践经验。

（2）在指挥艺术上有所建树，有一定的艺术研究能力，能总结自己的艺术成果和指挥经验。

（3）工作业绩较为突出，能胜任不同风格作品的指挥工作，能较为出色地完成多部专业文艺团体大、中型剧（节）目公开排演的指挥任务，有作品参加省级以上大型艺术活动。有较强的训练乐队的能力，对培养专业人才能起到一定的指导作用，在国内有一定影响。

（4）具备博士学位，取得三级指挥职称后，从事指挥工作满2年；或取得三级指挥职称后，从事指挥工作满5年。

4. 一级指挥

（1）具有深厚的艺术造诣和精湛的指挥技能，有丰富的艺术实践经验。

（2）有独特的指挥风格，有较高的艺术研究水平，能系统论述自己的艺术成果和指挥经验。

（3）工作业绩突出，在多个专业文艺团体成功担任过各种不同风格大型剧（节）目的指挥，有作品参加国际比赛或国家级大型艺术活动。有很强的训练乐队的能力，能够培养指导专业人才，在国内有较大影响。

（4）一般应具备大学本科及以上学历或学士及以上学位，取得二级指挥职称后，从事指挥工作满 5 年。

（六）作曲

1. 四级作曲

（1）具有专业的基础理论知识。

（2）基本掌握专业的创作技巧。

（3）初步具有独立创作能力。

（4）具备硕士学位；或具备大学本科学历或学士学位，1 年见习期满，经考察合格；或具备大学专科学历，从事作曲工作满 3 年；或具备高中（含中专、职高、技校）毕业，从事表演工作满 5 年。

2. 三级作曲

（1）具有比较系统的专业理论知识和一定的文化艺术素养。

（2）能比较熟练地掌握作曲创作技巧。

（3）有较高的作曲水平，能独立创作多首中、小型作品。

（4）具备博士学位；或具备硕士学位，取得四级作曲职称后，从事作曲工作满 2 年；或取得四级作曲职称后，从事作曲工作满 4 年。

3. 二级作曲

（1）具有较高的学识水平和专业理论修养，有比较丰富的艺术实践经验。

（2）在艺术创作上有所建树，有一定的艺术研究能力，能总结自己的艺术成果和创作经验。

（3）工作业绩较为突出，能独立创作出多首正式发表且有较高水准的作品，并公开排演，有作品参加省级以上大型艺术活动。作品能正确反映生活，有较高的思想性和艺术性，在国内有一定影响。

（4）具备博士学位，取得三级作曲职称后，从事作曲工作满2年；或取得三级作曲职称后，从事作曲工作满5年。

4. 一级作曲

（1）具有深厚的艺术造诣和精湛的创作水平，有丰富的艺术实践经验。

（2）有独特的艺术风格，有较高的艺术研究水平，能系统论述自己的艺术成果和创作经验。

（3）工作业绩突出，能独立创作出多首正式发表且有较高水准的作品，并在专业文艺团体公开排演或在网络、电视等专业媒体上播出，有作品参加国际艺术比赛或国家级大型艺术活动。作品能深刻地反映生活，具有高度的思想性和艺术性，在国内有较大影响。

（4）一般应具备大学本科及以上学历或学士及以上学位，取得二级作曲职称后，从事作曲工作满5年。

（七）作词

1. 四级作词

（1）具有专业的基础理论知识。

（2）基本掌握专业的创作技巧。

（3）初步具有独立创作能力。

（4）具备硕士学位；或具备大学本科学历或学士学位，1年见习期满，经考察合格；或具备大学专科学历，从事作词工作满3年；或具备高中（含中专、职高、技校）毕业，从事作词工作满5年。

2. 三级作词

（1）具有比较系统的专业理论知识和一定的文化艺术素养。

（2）能比较熟练地掌握作词创作技巧。

（3）有较高的作词水平，能独立创作多部有一定影响力的词作品。

（4）具备博士学位；或具备硕士学位，取得四级作词职称后，从事作词工作满 2 年；或取得四级作词职称后，从事作词工作满 4 年。

3. 二级作词

（1）具有较高的学识水平和专业理论修养，有比较丰富的艺术实践经验。

（2）在艺术创作上有所建树，有一定的艺术研究能力，能总结自己的艺术成果和创作经验。

（3）工作业绩较为突出，能独立创作出多首正式发表且有较高水准的作品，并公开排演，有作品参加省级以上大型艺术活动。作品能正确反映生活，有较高的思想性和艺术性，在国内有一定影响。

（4）具备博士学位，取得三级作词职称后，从事作词工作满 2 年；或取得三级作词职称后，从事作词工作满 5 年。

4. 一级作词

（1）具有深厚的艺术造诣和精湛的创作水平，有丰富的艺术实践经验。

（2）有独特的艺术风格，有较高的艺术研究水平，能系统论述自己的艺术成果和创作经验。

（3）工作业绩突出，能独立创作出多首正式发表且有较高水准的作品，并在专业文艺团体公开排演，有作品参加过国家级大型艺术活动。作品能深刻地反映生活，具有高度的思想性和艺术性，在国内有较大影响。

（4）一般应具备大学本科及以上学历或学士及以上学位，取得二级作词职称后，从事作词工作满 5 年。

（八）摄影（摄像）

1. 四级摄影（摄像）师

（1）受过系统的基本功训练，具有专业的基础理论知识。

（2）基本掌握摄影（摄像）专业的创作技巧。

（3）有一定创作能力，有摄影（摄像）作品公开发表。

（4）具备硕士学位；或具备大学本科学历或学士学位，1 年见习期满，经考察合格；或具备大学专科学历，从事摄影（摄像）工作满 3 年；或具备高中（含中专、职高、技校）毕业，从事摄影（摄像）工作满 5 年。

2. 三级摄影（摄像）师

（1）具有较系统的专业理论知识和一定的文化艺术素养。

（2）较熟练地掌握专业的创作技巧，基本功扎实。

（3）有较强的创作能力，有一定数量的摄影（摄像）作品公开发表，并参加过专业摄影（摄像）作品展览。

（4）具备博士学位；或具备硕士学位，取得四级摄影（摄像）师职称后，从事摄影（摄像）创作满 2 年；或取得四级摄影师（摄像）职称后，从事摄影（摄像）创作满 4 年。

3. 二级摄影（摄像）师

（1）有较深的艺术造诣和较高的摄影（摄像）创作技巧，有比较丰富的实践经验。

（2）对摄影（摄像）专业有较深的研究，能形成个人的摄影（摄像）创作风格并总结自己的艺术成果和创作经验。

（3）创作能力较为突出，有相当数量的摄影（摄像）作品在有较大影响力的期刊公开发表，并参加过有较大影响力的专业摄影（摄像）作品展览。

（4）具备博士学位，取得三级摄影（摄像）师职称后，从事摄影（摄像）创作满 2 年；或取得三级摄影（摄像）师职称后，从事摄影（摄像）创作满 5 年。

4. 一级摄影（摄像）师

（1）具有深厚的艺术修养、高深的理论水平和精湛的创作技巧，有丰富的实践经验。

（2）对摄影（摄像）专业有系统、深入的研究，有独特的艺术风格并能系统论述自己的艺术成果和创作经验。

（3）创作能力突出，在有重大影响力的刊物上发表或出版摄影（摄像）作品集，有作品入选全国性专业摄影（摄像）展览或由权威摄影（摄像）机构收藏，在摄影（摄像）界有很大影响力。

（4）一般应具备大学本科及以上学历或学士及以上学位，取得二级摄影（摄像）师职称后，从事摄影（摄像）创作满5年。

（九）舞台美术设计

1. 四级舞美设计师

（1）受过系统的基本功训练，具有专业的基础理论知识。

（2）基本掌握专业的设计创作方法。

（3）有一定的创作能力，能够独立完成设计创作任务。

（4）具备硕士学位；或具备大学本科学历或学士学位，1年见习期满，经考察合格；或具备大学专科学历，从事舞美设计工作满3年；或具备高中（含中专、职高、技校）毕业，从事舞美设计工作满5年。

2. 三级舞美设计师

（1）具有较系统的专业理论知识和一定的文化艺术素养。

（2）比较熟练地掌握专业的设计创作技巧。

（3）基本功扎实，能独立创作出一定数量剧（节）目舞美设计作品。

（4）具备博士学位；或具备硕士学位，取得四级舞美设计师职称后，从事舞美设计工作满2年；或取得四级舞美设计师职称后，从事舞美设计工作满4年。

3. 二级舞美设计师

（1）具有较高的学识水平和专业理论修养，有比较丰富的艺术实践经验。

（2）有一定的设计创作研究能力，能总结自己的设计成果和创作经验。

（3）工作业绩较为突出，独立创作出多部大、中型剧（节）目的专业舞美设计作品，并有一定数量的代表性作品。

（4）具备博士学位，取得三级舞美设计师职称后，从事舞美设计工作满 2 年；或取得三级舞美设计师职称后，从事舞美设计工作满 5 年。

4. 一级舞美设计师

（1）具有深厚的艺术造诣和精湛的艺术设计创作水平，有丰富的艺术实践经验。

（2）具有较高的设计创作研究能力，能系统论述自己的设计成果和创作经验。

（3）工作业绩突出，能独立完成专业文艺团体多部大型剧（节）目的专业舞美设计，有独特的设计创作风格，在业内有重大影响。

（4）一般应具备大学本科及以上学历或学士及以上学位，取得二级舞美设计师职称后，从事舞美设计工作满 5 年。

（十）艺术创意设计

1. 四级艺术创意设计师

（1）受过系统的基本功训练，具有专业的基础理论知识。

（2）基本掌握专业的艺术创意设计技巧。

（3）有一定的创作能力，能够独立完成创意设计任务。

（4）具备硕士学位；或具备大学本科学历或学士学位，1 年见习期满，经考察合格；或具备大学专科学历，从事艺术创意设计工作满 3 年；或具备高中（含中专、职高、技校）毕业，从事艺术创意设计工作满 5 年。

2. 三级艺术创意设计师

（1）具有较系统的专业理论知识和一定的文化艺术素养。

（2）比较熟练地掌握艺术创意设计的专业创作技巧。

（3）基本功扎实，能够圆满完成创意设计任务，有一定数量的设计作品在艺术机构展览展示、参加舞台艺术展演或转化为文创产品上市销售。

（4）具备博士学位；或具备硕士学位，取得四级艺术创意设计师职称后，从事艺术创意设计创作满 2 年；或取得四级艺术创意设计师职称后，从事艺术创意设计创作满 4 年。

3. 二级艺术创意设计师

（1）具有较高的学识水平和专业理论修养，有比较丰富的艺术实践经验。

（2）在艺术创意设计上有所建树，有一定的研究能力，能总结自己的设计成果和创作经验。

（3）工作业绩较为突出，能较出色地完成一定数量大、中型展览展示或舞台艺术的创意设计任务，能设计创作出多部代表性作品，或创意设计的文创产品在市场中取得良好业绩。

（4）具备博士学位，取得三级艺术创意设计师职称后，从事艺术创意设计创作满 2 年；或取得三级艺术创意设计师职称后，从事艺术创意设计创作满 5 年。

4. 一级艺术创意设计师

（1）具有深厚的艺术造诣和精湛的艺术设计创作水平，有丰富的艺术实践经验。

（2）具有较高的设计创作研究能力，能系统论述自己的设计成果和创作经验。

（3）工作业绩突出，能出色地完成一定数量大型展览展示、舞台艺术或文创产品的创意设计任务，有独特的艺术创意设计风格，在业内产生重大影响。

（4）一般应具备大学本科及以上学历或学士及以上学位，取得二级艺术创意设计师职称后，从事艺术创意设计创作满 5 年。

（十一）美术（含雕塑、书法、篆刻等）

1. 四级美术师

（1）受过系统的基本功训练，具有专业的基础理论知识。

（2）基本掌握专业的创作技巧。

（3）有一定创作能力，有作品公开发表、参加过专业美术作品展览。

（4）具备硕士学位；或具备大学本科学历或学士学位，1 年见习期满，经考察合格；或具备大学专科学历，从事美术创作满 3 年；或具备高中（含中专、职高、技校）毕业，从事美术创作满 5 年。

2. 三级美术师

（1）具有较系统的专业理论知识和一定的文化艺术素养。

（2）较熟练地掌握专业的创作技巧，基本功扎实。

（3）有较强的创作能力，能创作出具有个人风格的美术作品。有一定数量的美术作品在有影响力的期刊公开发表、参加过有影响力的专业美术作品展览。

（4）具备博士学位；或具备硕士学位，取得四级美术师职称后，从事美术创作满 2 年；或取得四级美术师职称后，从事美术创作满 4 年。

3. 二级美术师

（1）有较深的艺术造诣和较高的美术创作技巧，有比较丰富的艺术实践经验。

（2）能形成个人的美术创作风格，对美术专业有较深的研究，能总结自己的艺术成果和创作经验。

（3）创作能力较为突出，在继承、发展和创新艺术流派及美术创作技巧等方面成绩较为显著，有相当数量的美术作品在有较大影响力的期刊公开发表、参加过有较大影响力的专业美术作品展览。

（4）具备博士学位，取得三级美术师职称后，从事美术创作满 2 年；或取得三级美术师职称后，从事美术创作满 5 年。

4. 一级美术师

（1）具有深厚的艺术修养、高深的理论水平和精湛的创作技巧，有丰富的艺术实践经验。

（2）有独特的艺术风格，对美术专业有系统、深入的研究，能系统论述自己的艺术成果和创作经验。

（3）创作能力突出，在继承、发展和创新艺术流派及本专业艺术技巧方面成就突出，在有重大影响力的刊物上发表或出版美术作品集，作品能入选全国性美术展览或由权威美术机构收藏，在美术界有很大影响。

（4）一般应具备大学本科及以上学历或学士及以上学位，取得二级美术师职称后，从事美术创作满 5 年。

（十二）文学创作

1. 四级文学创作

（1）有一定的思想水平和文学素养，有比较丰富的生活积累。

（2）初步具备从事文学创作的能力，掌握文学创作的基本技巧。

（3）在公开的报刊或杂志上发表过文学作品，或在国内具有互联网传播合法资质的专业文学网站发表过完结作品，作品订阅数有一定规模。

（4）具备硕士学位；或具备大学本科学历或学士学位，1 年见习期满，经考察合格；或具备大学专科学历，从事文学创作满 3 年；或具备高中（含中专、职高、技校）毕业，从事文学创作满 5 年。

2. 三级文学创作

（1）有较高的思想水平和文化修养，有丰富的生活积累。

（2）创作技巧比较熟练，有较强概括生活的能力。

（3）在省级以上报刊或杂志上发表过多篇文学作品，或出版过文学著作，或在国内具有互联网传播合法资质且有影响力的专业文学网站发表过完结作品，作品订阅数有一定规模。在读者中有一定影响力。

（4）具备博士学位；或具备硕士学位，取得四级文学创作职称后，从事文学创作满 2 年；或取得四级文学创作职称后，从事文学创作满 4 年。

3. 二级文学创作

（1）有较高的艺术造诣和文艺理论修养，文学创作经验较为丰富。

（2）能形成个人的文学创作风格，对文学创作有较深的研究，能总结自己的创作成果和实践经验。

（3）创作能力较为突出，出版过多部文学著作，或在国内较有影响力的全国性文学刊物上发表过多篇文学作品，或在国内具有互联网传播合法资质且有影响力的专业文学网站发表过多部完结作品，作品订阅数有较大规模。在全国范围内有一定的影响力。

（4）具备博士学位，取得三级文学创作职称后，从事文学创作满 2 年，或取得三级文学创作职称后，从事文学创作满 5 年。

4. 一级文学创作

（1）具有深厚的艺术修养、高深的理论水平和精湛的创作技巧，有丰富的文学创作经验。

（2）有独特的文学创作风格，对文学创作有系统、深入的研究，能系统论述自己的创作成果和实践经验。

（3）创作能力突出，由出版社本版出版过多部文学著作，或在国内较有影响力的全国性文学刊物上发表多篇文学作品，或在国内具有互联网传播合法资质且有较大影响力的专业文学网站发表过多部完结作品，作品订阅数有较大规模。代表性作品在全国范围内有广泛影响力，有较高知名度。热心扶植文学新人。

（4）一般应具备大学本科及以上学历或学士及以上学位，取得二级文学创作职称后，从事文学创作满5年。

（十三）演出监督

1. 四级演出监督

（1）具备与舞台剧（节）目组织和监督管理相关的业务知识。

（2）初步了解掌握舞台剧（节）目的创作、排练和演出规律。

（3）初步具备一定舞台剧（节）目创作、排练和演出的组织管理能力。

（4）具备硕士学位；或具备大学本科学历或学士学位，1年见习期满，经考察合格；或具备大学专科学历，从事演出监督工作满3年；或具备高中（含中专、职高、技校）毕业，从事演出监督工作满5年。

2. 三级演出监督

（1）具有较高的舞台剧（节）目组织和监督管理水平。

（2）熟悉舞台剧（节）目创作、排练和演出规律。

（3）能独立完成中、小型剧（节）目创作、排练和演出的组织管理工作。

（4）具备博士学位；或具备硕士学位，取得四级演出监督职称后，从事演出监督工作满2年；或取得四级演出监督职称后，从事演出监督工作满4年。

3. 二级演出监督

（1）具有较高的艺术鉴赏能力和专业理论修养，有比较丰富的舞台剧（节）目创作、排练、演出的组织和监督管理经验。

（2）熟练掌握舞台剧（节）目创作、排练和演出规律，能总结舞台剧（节）目创作、排练、演出的组织和监督管理经验。

（3）工作业绩较为突出，组织过一定数量的大、中型舞台剧（节）目的创作、排练和演出，能及时发现并解决舞台剧

（节）目创作、排练和演出过程中出现的关键问题。

（4）具备博士学位，取得三级演出监督职称后，从事演出监督工作满 2 年；或取得三级演出监督职称后，从事演出监督工作满 5 年。

4. 一级演出监督

（1）具有深厚的艺术鉴赏能力和专业理论修养，有丰富的舞台剧（节）目创作、排练、演出的组织和监督管理经验。

（2）精通舞台剧（节）目创作、排练和演出规律，能系统论述舞台剧（节）目创作、排练、演出的组织和管理监督成果。

（3）工作业绩突出，组织过大量国内大型舞台剧（节）目的创作、排练、演出或一定数量国际大型舞台剧（节）目的创作、排练、演出，并在组织大型舞台剧（节）目创作、排练和演出过程中做到“零失误”。

（4）一般应具备大学本科及以上学历或学士及以上学位，取得二级演出监督职称后，从事演出监督工作满 5 年。

（十四）舞台技术

1. 四级舞台技术

（1）受过系统的基本功训练，具有专业的基础理论知识和制作（操作）技术（技巧）。

（2）熟悉舞台工作基本规律。

（3）能配合完成剧（节）目演出的舞台工作任务。

（4）具备硕士学位；或具备大学本科学历或学士学位，1 年见习期满，经考察合格；或具备大学专科学历，从事舞台技术工作满 3 年；或具备高中（含中专、职高、技校）毕业，从事舞台技术工作满 5 年。

2. 三级舞台技术

（1）具有较系统的专业理论知识和较丰富的舞台制作（操作）经验。

（2）比较熟练地掌握舞台工作规律，熟悉本专业制作技术和操作技巧。

(3) 具有一定的创作设计能力，能在不同的舞台条件下完成工作任务，能发现和解决演出过程中出现的技术问题。

(4) 具备博士学位；或具备硕士学位，取得四级舞台技术职称后，从事舞台技术工作满 2 年；或取得四级舞台技术职称后，从事舞台技术工作满 4 年。

3. 二级舞台技术

(1) 长期从事舞台技术工作，具有较高的专业理论水平和较深的实践功底，有比较丰富的舞台技术经验。

(2) 全面掌握舞台操作技术，能统筹协调大、中型剧（节）目舞台设计、制作和实施，能总结自己的舞台创作成果和实践经验。

(3) 工作业绩较为突出，能出色地配合演出完成舞台技术工作，能及时、准确地发现和解决演出过程中出现的关键问题。

(4) 具备博士学位，取得三级舞台技术职称后，从事舞台技术工作满 2 年；或取得三级舞台技术职称后，从事舞台技术工作满 5 年。

4. 一级舞台技术

(1) 有系统、扎实的专业理论知识和实践功底，精通舞台工作流程，有丰富的舞台技术经验。

(2) 对本专业学术、技术具有深入研究和独到见解，能作为本专业有较大影响力的学术、技术带头人，能够系统论述自己的舞台创作成果和实践经验。

(3) 工作业绩突出，具备独立承担大型演出剧（节）目舞台技术的统筹、实施和指导能力，有较强的创新能力，能够解决重大疑难问题或掌握关键技术，能应急处理演出过程中的突发情况。

(4) 一般应具备大学本科及以上学历或学士及以上学位，取得二级舞台技术职称后，从事舞台技术工作满 5 年。

（十五）录音师

1. 四级录音师

（1）具有本专业基本理论知识，基本掌握录音技术及其操作技能。

（2）有一定的音乐知识和文学基础知识。

（3）了解录音生产工艺及设备情况，能完成辅助性的录音工作。

（4）具备硕士学位；或具备大学本科学历或学士学位，1年见习期满，经考察合格；或具备大学专科学历，从事录音工作满3年；或具备高中（含中专、职高、技校）毕业，从事录音工作满5年。

2. 三级录音师

（1）有较扎实的录音专业理论知识，掌握录音技术及其实际技能，熟悉录音生产工艺，能独立完成一般性剧目、作品的录音任务，并能解决工作中的实际问题。

（2）有一定的音乐和电声知识、文学修养及较丰富的录音工作经验，在声音处理上能体现剧本、作品的艺术风格，有一定数量的优秀作品，获得业内较好的评价。

（3）了解本专业国内外的现状和发展趋势，对录音作品和声音质量有一定的鉴赏能力。

（4）具备博士学位；或具备硕士学位，取得四级录音师职称后，从事录音工作满2年；或取得四级录音师职称后，从事录音工作满4年。

3. 二级录音师

（1）有较丰富的录音专业理论知识和较高的实际技能，全面掌握录音生产工艺，能独立完成难度较大的录音任务，能解决本专业较复杂的实际问题。

（2）有较高的音乐和文学艺术修养，有丰富的录音工作经验，有一定数量的优秀作品，获得业内较高的评价。

（3）掌握本专业国内外的现状和发展趋势，能对录音作品和声音质量有较高的鉴赏能力和理论见解；在录音艺术处理上有一定的创新或建树，对培养录音专业人员做出较显著的贡献，在本行业享有一定声誉。

（4）具备博士学位，取得三级录音师职称后，从事录音工作满 2 年；或取得三级录音师职称后，从事录音工作满 5 年。

4. 一级录音师

（1）具有广博的录音专业理论知识和纯熟的实际技能，能指导、完成各种高难度的录音任务，能解决本专业各种理论和实际问题。

（2）有较高的音乐修养和文学艺术造诣，有丰富的录音工作经验，并在艺术实践中形成自己独特的风格，有相当数量的优秀作品，获得业内很高的评价。

（3）熟悉本专业国内外的现状和发展趋势，在录音艺术、技术方面发表过理论性的文章或著作，对录音艺术、技术工作的发展和培养录音专业队伍有显著贡献，在国内享有较高声誉。

（4）一般应具备大学本科及以上学历或学士及以上学位，取得二级录音师职称后，从事录音工作满 5 年。

（十六）剪辑

1. 四级剪辑师

（1）基本掌握剪辑专业知识和剪辑技巧。

（2）掌握影视节目制作和剪辑工艺过程，熟悉声画同步套片工艺和了解特殊技巧的制作常识。

（3）在上级剪辑师的指导下能承担正常的声画组接和一般性技巧的剪辑工作。

（4）具备硕士学位；或具备大学本科学历或学士学位，1 年见习期满，经考察合格；或具备大学专科学历，从事剪辑工作满 3 年；或具备高中（含中专、职高、技校）毕业，从事剪辑工作满 5 年。

2. 三级剪辑师

（1）有较全面的剪辑专业理论知识，熟悉剪辑工艺过程及各种创作技巧和手法，能独立完成一般性影视节目的剪辑任务，能解决剪辑工作中的实际问题。

（2）有较好的文学、戏剧和音乐修养，能正确地领会剧本和导演的创作意图，有一定数量作品，在剪辑处理上协调、流畅，基本符合剧情要求和导演意图。

（3）具备博士学位；或具备硕士学位，取得四级剪辑师职称后，从事剪辑工作满 2 年；或取得四级剪辑师职称后，从事剪辑工作满 4 年。

3. 二级剪辑师

（1）有较高的剪辑专业理论知识，能熟练地运用各种创作手法及其剪辑技巧，有较丰富的剪辑工作经验，能独立承担各片种难度较高的剪辑任务，能解决剪辑工作中较复杂的问题。

（2）有较高的文学、美学、戏剧、音乐、舞蹈等艺术修养，能根据剧本主题，通过剪辑手法出色地体现导演创作意图，有一定数量的成功作品，在行业内获得较高评价。

（3）了解国内外剪辑艺术的现状和发展趋势，能对剪辑专业进行理论探讨，对剪辑艺术及其表现手法有所创新，在本行业享有一定声誉，在培养剪辑人才方面做出较显著的贡献。

（4）具备博士学位，取得三级剪辑师职称后，从事剪辑工作满 2 年；或取得三级剪辑师职称后，从事剪辑工作满 5 年。

4. 一级剪辑师

（1）有深厚的剪辑专业理论知识和娴熟的剪辑技巧，有丰富的剪辑经验，能主持和承担各种高难度的剪辑任务，能解决剪辑工作中的理论和实际问题。

（2）有较高的文学、美学、戏剧、音乐、舞蹈等艺术修养，能根据剧本主题和剧情要求，通过剪辑创造性的处理，协助导演丰富艺术构思，增强艺术效果；在剪辑创作手法和技巧处理上有较多的创新，形成自己独特的艺术风格，有相当数量的获得很高评价的优秀作品。

（3）熟悉国内外剪辑艺术的现状和发展趋势，对剪辑艺术及技术技巧的理论与实践有系统的研究，发表过较高水平的论文或著作，对剪辑艺术和技术的发展及培养剪辑专业队伍有显著贡献，在本行业享有较高的声誉。

（4）一般应具备大学本科及以上学历或学士及以上学位，取得二级剪辑师职称后，从事剪辑工作满 5 年。

国家新闻出版署　人力资源社会保障部关于印发《出版专业技术人员继续教育规定》的通知

国新出发〔2020〕18号

各省、自治区、直辖市新闻出版局、人力资源社会保障厅（局），中央和国家机关各部委、各人民团体出版单位主管部门、人事部门，中央军委政治工作部宣传局，中央各重点出版集团：

现将《出版专业技术人员继续教育规定》印发给你们，请认真遵照执行。

2020年9月24日

出版专业技术人员继续教育规定

第一章　总　　则

第一条　为规范出版专业技术人员继续教育工作，保障出版专业技术人员继续教育权益，不断提高出版专业技术人员素质能力，根据《出版管理条例》《干部教育培训工作条例》《专业技术人员继续教育规定》等，结合出版工作实际，制定本规定。

第二条 在出版单位从事出版专业技术工作，包括出版物选题策划、内容编辑加工和校对、装帧和版式设计、信息资源集成开发、编务印制和质量管理、版权运营、出版物营销等专业技术人员继续教育，适用本规定。

第三条 出版专业技术人员继续教育是建设高素质专业化出版专业人才队伍的基础性战略性工作，必须坚持以习近平新时代中国特色社会主义思想为指导，紧紧围绕新时代宣传思想工作举旗帜、聚民心、育新人、兴文化、展形象的使命任务，不断增强脚力、眼力、脑力、笔力，打造政治过硬、本领高强、求实创新、能打胜仗的出版专业技术人员队伍，为推动出版业持续繁荣发展提供人才保证和智力支持。

第四条 出版专业技术人员继续教育工作应当遵循下列原则：

（一）服务大局，按需施教。紧紧围绕出版事业发展需要和出版专业技术人员从业要求，深入开展马克思主义出版观教育，把政治能力建设贯穿继续教育全过程，引导出版专业技术人员不断提高政治本领，不断增强政治敏锐性和政治鉴别力，增强“四个意识”，坚定“四个自信”，做到“两个维护”。

（二）提高能力，注重质量。遵循人才成长发展规律，不断深化专业能力建设，把继续教育的普遍性要求与出版专业人才的特殊需要结合起来，提高继续教育质量，增强教育培训针对性，引导出版专业技术人员更新知识、拓展技能，加强职业道德建设，全面提升专业胜任能力。

（三）改革创新，注重实效。统筹继续教育资源，创新方式方法，建立兼容、开放、共享、规范的继续教育培训体系，坚持分级分类组织，形成政府部门规划指导、社会力量积极参与、出版单位支持配合的出版专业技术人员继续教育新格局。

第五条 出版专业技术人员享有参加继续教育的权利和接受

继续教育的义务。出版单位应当依照法律、行政法规和国家有关规定提取和使用职工教育经费，为本单位出版专业技术人员参加继续教育提供保障和支持。出版专业技术人员经所在单位同意，脱产或半脱产参加继续教育活动的，所在单位应当按照国家有关规定，保障工资、福利等待遇。

第六条 出版专业技术人员应当自从事出版工作的下一年度开始参加继续教育。

第二章 管理体制

第七条 出版专业技术人员继续教育实行统筹规划、分级负责、分类指导的管理体制。

第八条 国家新闻出版署和人力资源社会保障部负责对全国出版专业技术人员继续教育工作进行综合管理和统筹协调，制定全国出版专业技术人员继续教育政策，监督指导全国出版专业技术人员继续教育工作的组织实施。

第九条 各省级新闻出版主管部门、人力资源社会保障部门，共同负责本地区出版专业技术人员继续教育工作的综合管理和组织实施。

其他机关、企业、事业单位以及社会团体等在各自职责范围内依法做好出版专业技术人员继续教育的规划、管理和实施工作。

第三章 内容与形式

第十条 出版专业技术人员继续教育内容包括公需科目和专业科目。

公需科目包括出版专业技术人员应当普遍掌握的政治理论、法律法规、职业道德等基本知识。要把学习贯彻习近平新时代中国特色社会主义思想作为首要任务，坚持及时学、系统学、深入学，引导出版专业技术人员系统掌握科学体系、精髓要义和实践要求，真正做到学懂弄通做实。

专业科目包括出版专业技术人员必须具备并应当掌握的出版政策法规、编辑业务知识，编校技能和质量要求，装帧和版式设计、信息资源集成开发、版权运营管理等专业知识，以及与行业发展相关的新知识、新技术、新技能。

国家新闻出版署会同人力资源社会保障部根据出版专业技术人员不同岗位、类别和层次，统筹规划继续教育课程和教材体系建设，定期发布继续教育公需科目指南、专业科目指南，对继续教育内容进行指导。

第十一条 出版专业技术人员可以选择参加继续教育的形式。具体形式有：

（一）参加省级及以上新闻出版主管部门、人力资源社会保障部门及其公布的继续教育机构组织的面授、网络远程等继续教育活动；

（二）参加国家教育行政主管部门承认的本科及以上相关专业学历（学位）教育；

（三）承担省级及以上新闻出版主管部门或相关行业协会的出版类研究课题，或承担国家级科研基金项目；

（四）在拥有国内统一连续出版物号、经国家新闻出版主管部门认定的学术期刊上发表出版类或与工作相关的学术论文，公开出版与工作职责相关的学术著作、译著和整理的古籍图书；

（五）担任省级及以上新闻出版主管部门或相关行业协会举办的培训班、学术会议、专题讲座等授课（报告）人；

（六）参加全国出版专业技术人员职业资格考试及命题、审题、阅卷工作；

（七）参加所在单位或相关专业机构组织的与本单位出版范围相关的专业类培训；

（八）参加省级及以上新闻出版主管部门组织的出版物质量审读、评审工作；

（九）参加省级及以上新闻出版主管部门组织举办的编校大赛获得优秀以上等次；

（十）省级及以上新闻出版主管部门、人力资源社会保障部门认可的其他继续教育方式。

第十二条 出版专业技术人员继续教育要根据出版工作特点，综合运用讲授式、研讨式、案例式等教学方法，积极探索适应信息化发展趋势的网络培训有效方式，统筹推进线上线下相结合的培训模式，充分运用“学习强国”学习平台优质资源，不断深化新知识、新技术、新技能等的培训。

第四章 学 时 管 理

第十三条 出版专业技术人员参加继续教育的时间每年累计不少于90学时。其中，专业科目学时一般不少于总学时的三分之二。

出版专业技术人员参加继续教育取得的学时，在全国范围内当年度有效，不得结转或顺延至下一年度。

第十四条 出版专业技术人员参加本规定第十一条规定形式的继续教育，其学时计算标准如下：

（一）参加省级及以上新闻出版主管部门、人力资源社会保障部门及其公布的继续教育机构组织的面授培训，每天按8学时计算；参加网络远程培训，按实际学时计算，每年最多不超过40学时。

（二）参加国家教育行政主管部门承认的本科及以上相关专业学历（学位）教育，获得学历（学位）当年度折算为40学时。

（三）独立承担省级及以上新闻出版主管部门或相关行业协会的出版类研究课题，或独立承担国家级科研基金项目，课题结项的，当年度每项折算为40学时；与他人合作完成的，主持人每项折算为30学时，参与人每人每项折算为10学时。

（四）独立公开发表出版类或与工作相关的学术论文，每篇折算为10学时；与他人合作发表的，每人每篇折算为5学时，每年最多折算为20学时。

（五）独立公开出版与工作职责相关的学术著作、译著和整理的古籍图书，每本折算为30学时；与他人合作出版的，第一作者每本折算为20学时，其他作者每人每本折算为10学时，每年最多折算为40学时。

（六）担任省级及以上新闻出版主管部门或相关行业协会举办的培训班、学术会议、专题讲座等授课（报告）人，按实际授课（报告）时间的6倍计算学时。

（七）参加全国出版专业技术人员职业资格考试，每通过一科，下一年度折算为30学时。

（八）参加全国出版专业技术人员职业资格考试命题、审题、阅卷，省级及以上新闻出版主管部门组织的出版物质量审读、评审工作，或在编校大赛中获得优秀以上等次，折算为30学时。

（九）参加所在单位或相关专业机构组织的与本单位出版范围相关的专业类培训，每年最多折算为30学时。

第十五条　出版专业技术人员参加继续教育情况实行学时登记管理。

出版单位应当对本单位出版专业技术人员参加继续教育的种类、内容、时间和考试考核结果等情况进行记录，及时登录有关网站提交继续教育情况，完成学时审核登记的初审。

省级新闻出版主管部门负责本地区出版专业技术人员继续教育学时审核登记的复审。

国家新闻出版署负责全国出版专业技术人员继续教育学时审核登记的终审，以及中央在京出版单位出版专业技术人员继续教育学时审核登记的复审。

省级新闻出版主管部门每年将本地区出版专业技术人员继续

教育审核情况送同级人力资源社会保障部门备案。

第十六条 出版专业技术人员继续教育学时登记采用以下方式：

（一）参加全国出版专业技术人员职业资格考试，或参加省级及以上新闻出版主管部门、人力资源社会保障部门及其公布的继续教育机构组织的培训，由省级及以上新闻出版主管部门根据继续教育机构或所在单位报送的继续教育信息，办理继续教育事项登记。

（二）参加除第一项以外其他形式的继续教育，应当在当年度登录国家新闻出版主管部门指定网站，按要求上传相关证明材料，申请办理继续教育事项登记。

第十七条 出版专业技术人员由于伤、病、孕等特殊原因无法在当年度完成继续教育学时的，可由所在单位提供证明，经省级及以上新闻出版主管部门审核确认后，应参加继续教育的学时顺延至下一年度合并完成。省级及以上新闻出版主管部门应当在下一年度的继续教育合格证书中予以注明。

第五章 继续教育机构

第十八条 国家新闻出版署、人力资源社会保障部指导加强出版专业技术人员继续教育机构建设，推动构建分工明确、优势互补、布局合理、开放有序的继续教育培训体系。鼓励并引导行业协会、高等院校、科研院所等具备培训条件的社会办学单位参与出版专业技术人员继续教育工作。

第十九条 国家新闻出版署以适当方式向社会公布承办出版专业技术人员继续教育的机构及其培训范围、教学内容、收费项目和标准等。继续教育机构应当认真组织实施出版专业技术人员继续教育教学计划，根据考核结果如实出具出版专业技术人员参加继续教育证明。

第二十条 继续教育机构要突出政治引领，以提升思想政治素质和职业素养、创新创造能力为重点，建立健全继续教育培训内容更新机制。

第二十一条 继续教育机构要建立健全符合出版工作特点和出版专业技术人员成长成才规律的师资准入和退出机制。建立完备的继续教育师资库，严把政治关、质量关、纪律关，建设高素质高水平专业化的出版专业技术人员继续教育师资队伍。

第二十二条 继续教育机构要把旗帜鲜明讲政治贯穿教学管理全过程，严格执行有关学员、师资管理规定，严肃讲坛纪律，加强学风建设。

第二十三条 各级新闻出版主管部门、人力资源社会保障部门直接举办的继续教育活动，应当突出公益性，不得收取费用。鼓励和支持出版企事业单位、高等院校和社会团体等举办公益性继续教育活动。

第二十四条 继续教育机构不得采取虚假、欺诈等不正当手段招揽生源，不得以继续教育名义组织旅游或与培训无关的高消费活动，不得以继续教育名义乱收费或只收费不培训，以及从事其他有关政策法规明令禁止的行为。

第六章　考核与监督

第二十五条 出版单位应当建立本单位出版专业技术人员继续教育与使用、晋升相衔接的激励机制，把出版专业技术人员参加继续教育情况作为出版专业技术人员考核评价、岗位聘用的重要依据。

第二十六条 出版专业技术人员参加继续教育情况，应当作为聘任专业技术职务或者申报评定上一级职称的重要条件，作为出版专业技术人员职业资格登记注册（续展）的必要条件。

第二十七条 省级及以上新闻出版主管部门、人力资源社会保障部门应当依法对出版专业技术人员继续教育机构、出版单位执行本规定的情况进行监督。

第二十八条　省级及以上新闻出版主管部门、人力资源社会保障部门应当定期组织或委托第三方评估机构对本地区出版专业技术人员继续教育机构进行教学质量评估，评估结果作为评价继续教育机构办学质量的重要标准和承担下一年度继续教育任务的重要依据。

第二十九条　出版专业技术人员未按本规定第十一条、十三条规定参加继续教育，无正当理由不参加继续教育或者在学习培训期间违反学习纪律和管理制度的，出版单位可视情给予批评教育、不予报销或者要求退还培训费用等。

第三十条　出版单位违反本规定的，由省级及以上新闻出版主管部门或人力资源社会保障部门责令改正。

第三十一条　出版专业技术人员存在继续教育学时造假等情形的，由省级及以上新闻出版主管部门或人力资源社会保障部门通报所在单位，暂停或暂缓职业资格登记注册（续展）。

第三十二条　继续教育机构违反本规定的，由省级及以上新闻出版主管部门或人力资源社会保障部门责令改正，并依法依规进行处理。

第七章　附　　则

第三十三条　各省级新闻出版主管部门要加强对民营书业从业人员继续教育的政策指导，统筹协调优质培训资源共建共享，组织开展多层次、有针对性的专业学习和技能培训，健全完善民营书业从业人员继续教育培训机制，探索推进民营书业从业人员继续教育学时登记等工作。各民营书业企业要积极为所属从业人员参加继续教育创造便利条件。

第三十四条　中国人民解放军和中国人民武装警察部队所属出版单位出版专业技术人员继续教育工作，参照本规定执行。

第三十五条　本规定自 2021 年 1 月 1 日起施行，由国家新闻出版署、人力资源社会保障部负责解释。原新闻出版总署印发的《出版专业技术人员继续教育暂行规定》（新出政发〔2010〕10 号）同时废止，其他出版专业技术人员继续教育相关规定与本规定不一致的，以本规定为准。

人力资源社会保障部关于进一步加强高技能人才与专业技术人才职业发展贯通的实施意见

人社部发〔2020〕96号

各省、自治区、直辖市及新疆生产建设兵团人力资源社会保障厅(局)，中央和国家机关各部委、各直属机构人事部门，各中央企业人事部门：

为打通高技能人才与专业技术人才职业发展通道，加强创新型、应用型、技能型人才培养，在总结工程技术领域试点工作基础上，现就进一步加强高技能人才与专业技术人才职业发展贯通提出如下实施意见。

一、总体要求

（一）指导思想

以习近平新时代中国特色社会主义思想为指导，全面贯彻党的十九大和十九届二中、三中、四中、五中全会精神，牢固树立新发展理念，破除束缚人才发展的体制机制障碍，大力弘扬劳模精神、劳动精神、工匠精神，探索建立理论与实践相结合、技术与技能相促进的人才评价使用激励机制，激发高技能人才创新活力，为实施制造强国战略和推动高质量发展提供有力人才支撑。

（二）基本原则

1. 坚持突出重点。适应技术技能人才融合发展趋势，以高技能人才为重点，打破专业技术职称评审与职业技能评价界限，创新技术技能导向的评价机制，拓宽技术技能人才发展通道，促进两类人才融合发展。

2. 坚持问题导向。聚焦人才职业发展中“独木桥”、“天花板”问题，推进职称制度与职业资格、职业技能等级制度有效衔接，支持高技能人才参加职称评审和职业资格考试，鼓励专业技术人才参加职业技能评价，搭建两类人才成长立交桥。

3. 坚持科学评价。进一步破除唯论文、唯学历、唯资历、唯奖项倾向，强化技术技能贡献，突出工作业绩，保持两类人才评价标准大体平衡，适当向高技能人才倾斜，让各类人才价值得到充分尊重和体现。

4. 坚持以用为本。立足实际工作岗位需要，充分发挥用人单位主体作用，促进人才评价与培养使用激励等措施相互衔接，着力提高技能人才待遇水平，营造有利于人才成长和发挥作用的制度环境。

二、主要措施

（一）扩大贯通领域。

以支持高技能人才参加工程系列职称评审为工作重点，将贯通领域扩大为工程、农业、工艺美术、文物博物、实验技术、艺术、体育、技工院校教师等职称系列。支持高技能人才取得经济、会计、统计、审计、翻译、出版、通信、计算机技术与软件等专业技术人员职业资格。各地区、各有关部门可在职业分类基础上，根据实际情况研究制定新兴职业、新兴领域贯通办法，明确高技能人才参加职称评审的专业对应关系。

（二）完善高技能人才职称评价标准。

1. 淡化学历要求。对两类人才贯通的职称系列，具备高级工以上职业资格或职业技能等级的技能人才，均可参加职称评审，不将学历、论文、外语、计算机等作为高技能人才参加职称评审的限制性条件。按照国家有关规定取得高级工职业资格或职业技能等级后从事技术技能工作满 2 年，可申报评审相应专业助理级职称；取得技师职业资格或职业技能等级后从事技术技能工作满 3 年，可申报评审相应专业中级职称；取得高级技师职业资格或职业技能等级后从事技术技能工作满 4 年，可申报评审相应专业副高级职称。高技能人才参加职称评审应在现工作岗位上近 3 年年度考核合格。

2. 强化技能贡献。高技能人才参加职称评审突出职业能力和工作业绩，注重评价科技成果转化应用、执行操作规程、解决生产难题、参与技术改造革新、工艺改进、传技带徒等方面的能力和贡献。技能竞赛获奖情况、行业工法、操作法、完成项目、技术报告、经验总结、行业标准等创新性成果均可作为职称评审的重要内容。

3. 建立绿色通道。对为国家经济发展和重大战略实施做出突出贡献，具有绝招、绝技、绝活，并长期坚守在生产服务一线岗位工作的高技能领军人才，采取特殊评价办法，建立职称评审绿色通道。获得中华技能大奖、全国技术能手，担任国家级技能大师工作室带头人，享受省级以上政府特殊津贴的高技能人才，或各省（区、市）人民政府认定的“高精尖缺”高技能人才，可直接申报评审正高级或副高级职称。各地区、各有关单位可结合实际情况制定具体办法。

（三）创新高技能人才职称评价机制。

综合采用理论知识考试、技能操作考核、业绩评审、面试答辩、竞赛选拔等多种方式评价高技能人才。支持有条件的地区和单位对高技能人才单独分组、单独评审。支持高技能人才密集、技术实力较强、内部管理规范的规模以上企业自主开展高技能人才职称评审。积极吸纳优秀高技能人才参加相关职称评审委员会、专家库，参与制定评价标准。

（四）鼓励专业技术人才参加职业技能评价。

符合职业技能评价条件的专业技术人才，可按有关规定申请参加相应职业（工种）的职业技能评价。专业技术人才取得助理级、中级、副高级职称，累计工作年限达到申报条件的，可分别申请参加与现岗位相对应职业（工种）的高级工、技师、高级技师职业技能评价。取得职业资格或职业技能等级1年后，可按累计工作年限申报相应职业（工种）晋级评价。专业技术人才参加职业技能评价，注重操作技能考核。具有所申报职业相关专业毕业证书的，可免于理论知识考试。具有相应职业（工种）技能等级水平的优秀人才可直接申报该职业（工种）的职业技能等级评价。用人单位可根据国家职业技能标准和行业企业评价规范，结合本单位实际，制定本单位专业技术人才参加职业技能评价的标准条件。

（五）加强评价制度与用人制度衔接。

高技能人才依据技术技能水平自愿参加职称评审，鼓励取得职称的高技能人才坚守在生产服务一线。探索建立企业内部技能岗位等级与管理、技术岗位序列相互比照，专业技术岗位、经营管理岗位、技能岗位互相衔接机制。各类企业对在聘的高级工、技师、高级技师在学习进修、岗位聘任、职务职级晋升、评优评奖、科研项目申报等方面，比照相应层级专业技术人员享受同等待遇。鼓励用人单位研究制定高技能领军人才职业发展规划，实行高技能领军人才年薪制、股权期权激励，设立高技能领军人才特聘岗位津贴、带徒津贴等，按实际贡献给予高技能人才绩效奖励，切实提高高技能人才待遇水平。

三、有关要求

（一）加强组织领导。建立高技能人才与专业技术人才职业发展通道是提高技能人才待遇和地位的重要举措，是进一步巩固党的执政基础的重要举措。各级人力资源社会保障部门要高度重视，加强领导，聚焦关键问题，形成工作合力，结合实际抓好高技能人才职称评审工作。

（二）强化监督指导。各级人力资源社会保障部门要把两类人才职业发展贯通作为加强高技能人才队伍建设的重要任务来抓，采取切实管用的措施，加大工作力度，指导各地、各有关单位有序开展工作，确保各项政策措施取得实效。

（三）加强宣传引导。各地区、各有关单位要加强宣传引导，做好政策解读，提高用人单位积极性，引导两类人才积极参与。大力宣传两类人才贯通的典型经验，强化引领和示范作用，营造良好氛围。

本意见自印发之日起施行。

2020 年 12 月 28 日

人力资源社会保障部　教育部
关于深化高等学校教师职称制度改革的指导意见

人社部发〔2020〕100号

各省、自治区、直辖市及新疆生产建设兵团人力资源社会保障厅(局)、教育厅（教委、教育局)，中央和国家机关有关部委人事部门，教育部直属各高等学校：

高等学校教师（以下简称高校教师）是我国专业技术人才队伍的重要组成部分，是新时代推动国家教育事业发展和高层次人才培养的重要力量。为深入贯彻落实中共中央、国务院印发的《关于全面深化新时代教师队伍建设改革的意见》和《深化新时代教育评价改革总体方案》，按照《中共中央办公厅　国务院办公厅关于深化职称制度改革的意见》要求，进一步完善教师评价机制，激励广大高校教师教书育人，落实立德树人根本任务，推进高等教育内涵式发展，加快教育现代化，现就深化高校教师职称制度改革提出如下指导意见。

一、总体要求

（一）指导思想。以习近平新时代中国特色社会主义思想为指导，全面贯彻落实党的十九大和十九届二中、三中、四中、五中全会以及全国教育大会精神，遵循高校教师职业特点和发展规律，破除束缚高校教师发展的思想观念和体制机制障碍，分类分层，科学评价，充分调动广大高校教师的积极性和创造性，激发高校教师活力、动力，建设一支高素质、专业化、创新型教师队伍，为高等教育事业发展提供制度保障和人才支持。

（二）基本原则

1. 坚持以德为先，教书育人。以师德为先，以教学为要，以育人为本，提升师德师风要求，引导广大教师以德立身、以德立学、以德施教，突出教书育人实绩，培养德智体美劳全面发展的社会主义建设者和接班人。

2. 坚持以人为本，创新机制。把握高校教师成长的规律和工作特点，完善评价标准，创新评价机制，科学客观公正评价，让教师更具有获得感和成就感，激励教师人人尽展其才。

3. 坚持问题导向，精准施策。围绕高校教师职称评审重点难点及突出问题，有针对性地提出改革举措，增强高校教师职称制度改革的实效性。

4. 坚持分类实施，自主评价。根据不同类型、不同层次高校及教师特点，采用业绩水平与发展潜力、定性与定量评价相结合的方式，高校自主实施分类分层评价，政府依法宏观管理。

二、主要内容

深入贯彻高等教育领域“放管服”改革精神，加快转变政府职能，落实高校职称评审自主权，围绕健全制度体系、完善评价标准、创新评价机制，形成以人才培养为核心，以品德、能力和业绩为导向，评价科学、规范有序、竞争择优的高校教师职称制度。

（一）健全制度体系

1. 创新岗位类型。保持高校教师现有岗位类型总体不变，一般设有教学为主型、教学科研型等岗位类型。适应新时代教师队伍发展的需要，高校可根据自身发展实际，设置新的岗位类型。

2. 健全层级设置。高校教师职称一般设置初级、中级、高级，其中高级分设副高级和正高级。初级、中级、副高级、正高级职称名称一般依次是助教、讲师、副教授、教授。有条件的高校可探索实行教师职务聘任改革，设置助理教授等职务。

（二）完善评价标准

1. 严把思想政治和师德师风考核。贯彻习近平新时代中国特色社会主义思想，坚持社会主义办学方向，以理想信念教育为核心，以社会主义核心价值观为引领，把好思想政治关，将师德表现作为教师职称评审的首要条件。完善思想政治与师德师风考核办法，健全评价标准、体系及考核方案，提高考核评价的科学性和实效性。

2. 突出教育教学能力和业绩。高校应把认真履行教育教学职责作为评价教师的基本要求。加强教学质量评价，把课堂教学质量作为主要标准，严格教学工作量，强化教学考核要求，提高教学业绩和教学研究在评审中的比重。突出教书育人实绩，注重对履责绩效、创新成果、人才培养实际贡献的评价。

3. 克服唯论文、唯“帽子”、唯学历、唯奖项、唯项目等倾向。规范学术论文指标的使用，论文发表数量和引用情况、期刊影响因子等仅作为评价参考，不以 SCI（科学引文索引）、SSCI（社会科学引文索引）等论文相关指标作为前置条件和判断的直接依据。核心是评价研究本身的创新水平和科学价值。高校结合实际建立各学科高水平期刊目录和高水平学术会议目录。对国内和国外的期刊、高水平学术会议发表论文、报告要同等对待，鼓励更多成果在具有重要影响力的国内期刊和高水平学术会议发表。不得简单规定获得科研项目的数量和经费规模等条件。不得将出国（出境）学习经历作为限制性条件。不得将人才称号作为职称评定的限制性条件，职称申报材料不得设置填写人才称号栏目，取消入选人才计划与职称评定直接挂钩的做法。

4. 推行代表性成果评价。结合学科特点，探索项目报告、技术报告、学术会议报告、教学成果、著作、论文、标准规范、创作作品等多种成果形式，将高水平成果作为代表性成果。注重代表性成果的质量、贡献、影响，突出评价成果质量、原创价值和对社会发展的实际贡献以及支撑人才培养情况。注重质量评价，防止简单量化、重数量轻质量，建立并实施有利于教师潜心教学、研究和创新的评价制度。

（三）创新评价机制

1. 分类分层评价。结合学校特点和办学类型，针对不同类型、不同层次教师，按照教学为主型、教学科研型等岗位类型，哲学社会科学、自然科学、工程科技等不同学科领域，基础研究、应用研究等不同研究类型，通用专业、特殊专业等不同专业门类，建立科学合理的分类分层评价标准。职业院校要强化技术技能要求，加强“双师型”教师队伍建设。

2. 创新评价方式。鼓励采取个人述职、面试答辩、同行评议、实践操作、业绩展示等多种灵活评价方式，完善同行专家评议机制，健全完善外部专家评审制度，探索引入第三方机构进行独立评价。给内、外部评审专家预留充足时间进行评鉴，引导评审专家负责任地提供客观公正的专业评议意见，提高职称评价的科学性、专业性、针对性。注重个人评价与团队评价相结合，考察团队合作及社会效益，尊重和认可团队所有参与者的实际贡献。探索国防科技、公共安全等特殊领域人才评价办法。

3. 建立重点人才绿色通道。引导教师主动服务国家重大战略需求，注重工作实绩，其工作成果不简单以发表论文、获得奖项等进行比较评价。对取得重大基础研究和前沿技术突破、解决重大工程技术难题、在经济社会事业发展中做出重大贡献的教师以及招聘引进的高层次人才和急需紧缺人才等，在严把质量和程序的前提下，可制定较为灵活的评价标准，申报高级职称时论文可不作限制性要求，畅通人才发展通道。

4. 完善信用和惩戒机制。建立申报教师、评审专家及相关人员诚信承诺和诚信信息共享机制。申报教师职称评审中存在弄虚作假、学术不端的，按国家和学校相关规定处理。因弄虚作假、学术不端等通过评审聘任的教师，撤销其评审聘任结果。引导建立学术共同体自律文化，建立完善评审专家的诚信记录、利益冲突回避、履职尽责评价、动态调整、责任追究等制度，严格规范专家评审行为。对违反评审纪律的评审专家、党政领导和其他责任人员，按照有关规定处理。

5. 健全聘期考核机制。科学合理设置考核评价周期，聘期考核与年度考核、日常考核相互结合，并适当延长基础研究人才、青年人才等考核周期，把考核结果作为调整岗位、工资以及续订聘用合同的依据，完善退出机制，实现人员能上能下、能进能出。

（四）落实自主评审

1. 下放职称评审权。高校教师职称评审权直接下放至高校，自主组织评审、按岗聘用，主体责任由高校承担。高校要加强对院系的指导和监管，院系要将符合条件的教师向上一级评审组织推荐。条件不具备、尚不能独立组织评审的高等学校，可采取联合评审、委托评审的方式。高校自主制定教师职称评审办法、操作方案等评审文件，按相关规定进行备案。职称评审办法应包括教师评价标准、评审程序、评审委员会人员构成规则、议事规则、回避制度等内容。高校制定的教师评价标准不低于国家规定的基本标准，可结合实际明确破格条件。高校聘用研究人员等到教师岗位的，可结合实际制定职称评价具体办法。职业院校、应用型本科高校对特殊高技能人才可适当放宽学历要求。对长期在艰苦边远地区工作的高校教师，省级人力资源社会保障部门、教育行政部门可根据实际情况适当放宽学历和任职年限要求。

2. 加强监管服务。按照高校教师职称评审监管办法，加强对高校教师职称评审工作的监管，开展业务指导，搭建平台，优化服务，为高校教师职称评审提供支持。定期按一定比例开展抽查，根据抽查情况、群众反映或舆情反映较强烈的问题，有针对性地进行专项巡查，并将抽查、巡查情况通报公开。对因评审工作把关不严、程序不规范，造成投诉较多、争议较大的高校，责令限期整改。对整改无明显改善或逾期不予整改的高校，暂停其自主评审工作直至收回评审权，并进行责任追究。加强职称评审信息化建设，探索推广在线申报和评审，简化申报信息和材料报送等相关手续。

（五）优化思想政治工作评审

1. 规范思想政治理论课教师评审体系。思想政治理论课教师职称评审纳入单列计划、单设标准、单独评审体系，高级岗位比例不低于学校平均水平。建立符合思想政治理论课教师职业特点和岗位要求的评价标准，注重考察教学工作业绩和育人实效，将在中央和地方主要媒体上发表的理论文章等纳入思想政治理论课教师职称成果评价范围。

2. 强化教师思想政治工作要求。将学生思想政治教育工作作为教师的基本职责，把教师课程思政建设情况和育人效果作为评价的重要内容。晋升高一级职称的青年教师，须有至少一年担任辅导员、班主任等学生工作经历，或支教、扶贫、参加孔子学院及国际组织援外交流等工作经历，并考核合格。

（六）实行评聘结合

1. 高校根据国家有关规定自主设置岗位，结合岗位空缺情况开展教师职称评审，并将通过评审的教师聘用到相应岗位，实现教师职称评审与岗位聘用有效衔接。

2. 对此次改革前本高校评审通过、已经取得高校教师职称但未被聘用到相应岗位的人员，有关地方和高校要结合实际研究具体办法，妥善做好这部分人员择优聘用等相关工作。

三、组织实施

（一）加强领导，优化服务。深化高校教师职称制度改革，是进一步加强高校教师队伍建设，推进高校治理体系和治理能力现代化，推动高等教育科学发展的重要举措。各地区、各部门、各高校要高度重视，充分认识改革的重要意义，坚持党管人才原则，充分发挥党的思想优势、政治优势和组织优势，加强党的领导，周密部署，统筹协调。各有关部门要各司其职，协同配合，优化服务，为深化高校教师职称制度改革创造良好条件。

（二）严格程序，确保公正。各高校要按照职称制度改革要求，认真做好职称工作，确保标准公开、程序公平、结果公正。要建立健全职称工作机制，明确岗位任职条件，规范竞聘程序，严格公示制度，健全申诉机制，畅通意见渠道，强化自我监督，主动接受外部监督。

（三）科学谋划，稳妥推进。各地区、各高校要正确处理好改革、发展和稳定的关系，把推进高校教师职称制度改革与全面履行职责、加强教师队伍建设和促进高等教育事业发展有机结合起来，确保改革平稳有序进行。

本意见适用于普通高等学校，其他高等学校可参照执行。

附件：高等学校教师职称评价基本标准

2020 年 12 月 31 日

附件

高等学校教师职称评价基本标准

一、遵守国家宪法和法律，贯彻党的教育方针，自觉践行社会主义核心价值观，具有良好的思想政治素质和师德师风修养，以德立身，以德立学，以德施教，爱岗敬业，为人师表，教书育人。坚持教书与育人相统一、言传与身教相统一、潜心问道与关注社会相统一、学术自由与学术规范相统一。

二、具备教师岗位相应的专业知识和教育教学能力，承担教育教学任务并达到考核要求，按要求履行教师岗位职责和义务。

三、身心健康，心理素质良好，能全面履行岗位职责。

四、高等学校教师任现职以来，申报各层级职称，除满足上述基本条件外，还应分别具备以下条件：

（一）助教

1. 掌握基本的教学理念和教学方法，教学态度端正。协助讲授课程部分内容。将思想政治教育融入教学，在学生培养工作中做出积极贡献。

2. 具有一定的本专业知识。

3. 具备硕士学位；或具备大学本科学历或学士学位，见习1年期满且考核合格。

（二）讲师

1. 掌握基本的教学理念和教学方法，教学基本功扎实，教学态度端正，教学效果良好。承担课程部分或全部内容的讲授工作。将思想政治教育较好融入教学，在学生培养工作中做出积极贡献。

2. 具有扎实的本专业知识，具有发表、出版的学术论文、著作或教科书等代表性成果。

3. 具备博士学位；或具备硕士学位，并担任助教职务满2年；或具备大学本科学历或学士学位，并担任助教职务满4年。

（三）副教授

教学科研型

1. 治学严谨，遵循教育教学规律，教学经验较丰富，教学效果优良，形成有一定影响的教育理念和教学风格，在教学改革、课程建设等方面取得较突出的成绩。承担过公共课、基础课或专业课的讲授工作，教学水平高。将思想政治教育较好融入教学过程，在学生培养工作中做出较大贡献。

2. 具有本专业系统、扎实的理论基础和渊博的专业知识，具有较高水平的研究成果和学术造诣。具有发表、出版的有较大影响的学术论文、教学研究成果、著作或教科书等代表性成果，受到学术界的好评。参与过重要教学研究或科研项目，或获得代表本领域较高水平的奖项，或从事科技开发、转化工作以及相关领域的创造、创作，取得较为显著经济效益和社会效益。

3. 具备大学本科及以上学历或学士及以上学位，且担任讲师职务满5年；或具备博士学位，且担任讲师职务满2年。

教学为主型

1. 治学严谨，遵循教育教学规律，教学经验较丰富，教学效果优良，形成有较大影响的教育理念和教学风格，在教学改革、课程建设等方面取得突出成绩。承担过公共课、基础课或专业课的系统讲授工作，教学水平高。将思想政治教育较好融入教学，在学生培养工作中做出较大贡献。

2. 具有本专业系统、扎实的理论基础和渊博的专业知识，具有较高水平的研究成果和学术造诣，积极参与教学改革与创新。具有发表、出版的有较大影响的教学研究或者教改论文，著作或教科书等代表性成果，受到学术界的好评。参与过具有较大影响的教育教学改革项目，或获得教学类重要奖项。

3. 具备大学本科及以上学历或学士及以上学位，且担任讲师职务满5年；或具备博士学位，且担任讲师职务满2年。

（四）教授

教学科研型

1. 治学严谨，遵循教育教学规律，教学经验丰富，教学效果优良，形成有较大影响的教育理念和教学风格，在教学改革、课程建设等方面取得突出成果。承担过公共课、基础课或专业课的系统讲授工作，教学水平高超。将思想政治教育有效融入教学，在学生培养工作中做出突出贡献。

2. 具有本专业系统、扎实的理论基础和渊博的专业知识，具有突出水平的研究成果和学术造诣。具有发表、出版的有重要影响的学术论文、教学研究成果、著作或教科书等代表性成果，受到学术界的高度评价。主持过重要教学研究或科研项目，或作为主要参与者获得代表本领域先进水平的奖项，或从事科技开发、转化工作以及相关领域的创造、创作取得重大经济效益和社会效益。

3. 具备大学本科及以上学历或学士及以上学位，且担任副教授职务满5年。

教学为主型

1. 治学严谨，遵循教育教学规律，教学经验丰富，教学效果优秀，形成很好影响的教育理念和教学风格。在教学改革、课程建设等方面取得创造性成果，发挥示范引领作用。承担过公共课、基础课或专业课的系统讲授工作，教学水平高超。将思想政治教育有效融入教学，在学生培养工作中做出突出贡献。

2. 具有本专业系统、扎实的理论基础和渊博的专业知识，具有突出水平的研究成果和学术造诣，积极推进教学改革与创新。具有发表、出版的有重要影响的教学研究或者教改论文，著作或教科书等代表性成果，受到学术界的高度评价。主持过具有重要影响的教育教学改革项目，或作为主要参与者获得教学类重要奖项。

3. 具备大学本科及以上学历或学士及以上学位，且担任副教授职务满 5 年。

住房和城乡建设部　交通运输部　水利部　人力资源社会保障部关于印发《监理工程师职业资格制度规定》《监理工程师职业资格考试实施办法》的通知

建人规〔2020〕3号

各省、自治区、直辖市及新疆生产建设兵团住房和城乡建设厅（委、局）、交通运输厅（委、局）、水利（水务）厅（局）、人力资源社会保障厅（委、局），有关单位：

根据《国家职业资格目录》，为统一、规范监理工程师职业资格设置和管理，现将《监理工程师职业资格制度规定》《监理工程师职业资格考试实施办法》印发给你们，请遵照执行。原建设部、人事部《关于全国监理工程师执业资格考试工作的通知》（建监〔1996〕462号）同时废止。

2020年2月28日

监理工程师职业资格制度规定

第一章　总　　则

第一条　为确保建设工程质量，保护人民生命和财产安全，充分发挥监理工程师对施工质量、建设工期和建设资金使用等方面的监督作用，根据《中华人民共和国建筑法》《建设工程质量管理条例》等有关法律法规和国家职业资格制度有关规定，制定本规定。

第二条　本规定所称监理工程师，是指通过职业资格考试取得中华人民共和国监理工程师职业资格证书，并经注册后从事建设工程监理及相关业务活动的专业技术人员。

第三条　国家设置监理工程师准入类职业资格，纳入国家职业资格目录。

凡从事工程监理活动的单位，应当配备监理工程师。

监理工程师英文译为 Supervising Engineer。

第四条　住房和城乡建设部、交通运输部、水利部、人力资源社会保障部共同制定监理工程师职业资格制度，并按照职责分工分别负责监理工程师职业资格制度的实施与监管。

各省、自治区、直辖市住房和城乡建设、交通运输、水利、人力资源社会保障行政主管部门，按照职责分工负责本行政区域内监理工程师职业资格制度的实施与监管。

第二章　考　　试

第五条　监理工程师职业资格考试全国统一大纲、统一命题、统一组织。

第六条 监理工程师职业资格考试设置基础科目和专业科目。

第七条 住房和城乡建设部牵头组织，交通运输部、水利部参与，拟定监理工程师职业资格考试基础科目的考试大纲，组织监理工程师基础科目命审题工作。

住房和城乡建设部、交通运输部、水利部按照职责分工分别负责拟定监理工程师职业资格考试专业科目的考试大纲，组织监理工程师专业科目命审题工作。

第八条 人力资源社会保障部负责审定监理工程师职业资格考试科目和考试大纲，负责监理工程师职业资格考试考务工作，并会同住房和城乡建设部、交通运输部、水利部对监理工程师职业资格考试工作进行指导、监督、检查。

第九条 人力资源社会保障部会同住房和城乡建设部、交通运输部、水利部确定监理工程师职业资格考试合格标准。

第十条 凡遵守中华人民共和国宪法、法律、法规，具有良好的业务素质和道德品行，具备下列条件之一者，可以申请参加监理工程师职业资格考试：

（一）具有各工程大类专业大学专科学历（或高等职业教育），从事工程施工、监理、设计等业务工作满 6 年；

（二）具有工学、管理科学与工程类专业大学本科学历或学位，从事工程施工、监理、设计等业务工作满 4 年；

（三）具有工学、管理科学与工程一级学科硕士学位或专业学位，从事工程施工、监理、设计等业务工作满 2 年；

（四）具有工学、管理科学与工程一级学科博士学位。

经批准同意开展试点的地区，申请参加监理工程师职业资格考试的，应当具有大学本科及以上学历或学位。

第十一条 监理工程师职业资格考试合格者，由各省、自治区、直辖市人力资源社会保障行政主管部门颁发中华人民共和国监理工程师职业资格证书（或电子证书）。该证书由人力资源社会保障部统一印制，住房和城乡建设部、交通运输部、水利部按专业类别分别与人力资源社会保障部用印，在全国范围内有效。

第十二条 各省、自治区、直辖市人力资源社会保障行政主管部门会同住房和城乡建设、交通运输、水利行政主管部门应加强学历、从业经历等监理工程师职业资格考试资格条件的审核。对以贿赂、欺骗等不正当手段取得监理工程师职业资格证书的，按照国家专业技术人员资格考试违纪违规行为处理规定进行处理。

第三章 注 册

第十三条 国家对监理工程师职业资格实行执业注册管理制度。取得监理工程师职业资格证书且从事工程监理及相关业务活动的人员，经注册方可以监理工程师名义执业。

第十四条 住房和城乡建设部、交通运输部、水利部按照职责分工，制定相应监理工程师注册管理办法并监督执行。

住房和城乡建设部、交通运输部、水利部按专业类别分别负责监理工程师注册及相关工作。

第十五条 经批准注册的申请人，由住房和城乡建设部、交通运输部、水利部分别核发《中华人民共和国监理工程师注册证》（或电子证书）。

第十六条 监理工程师执业时应持注册证书和执业印章。注册证书、执业印章样式以及注册证书编号规则由住房和城乡建设部会同交通运输部、水利部统一制定。执业印章由监理工程师按照统一规定自行制作。注册证书和执业印章由监理工程师本人保管和使用。

第十七条 住房和城乡建设部、交通运输部、水利部按照职责分工建立监理工程师注册管理信息平台，保持通用数据标准统一。住房和城乡建设部负责归集全国监理工程师注册信息，促进监理工程师注册、执业和信用信息互通共享。

第十八条 住房和城乡建设部、交通运输部、水利部负责建立完善监理工程师的注册和退出机制，对以不正当手段取得注册证书等违法违规行为，依照注册管理的有关规定撤销其注册证书。

第四章 执 业

第十九条 监理工程师在工作中，必须遵纪守法，恪守职业道德和从业规范，诚信执业，主动接受有关部门的监督检查，加强行业自律。

第二十条 住房和城乡建设部、交通运输部、水利部按照职责分工建立健全监理工程师诚信体系，制定相关规章制度或从业标准规范，并指导监督信用评价工作。

第二十一条 监理工程师不得同时受聘于两个或两个以上单位执业，不得允许他人以本人名义执业，严禁“证书挂靠”。出租出借注册证书的，依据相关法律法规进行处罚；构成犯罪的，依法追究刑事责任。

第二十二条 监理工程师依据职责开展工作，在本人执业活动中形成的工程监理文件上签章，并承担相应责任。监理工程师的具体执业范围由住房和城乡建设部、交通运输部、水利部按照职责另行制定。

第二十三条 监理工程师未执行法律、法规和工程建设强制性标准实施监理，造成质量安全事故的，依据相关法律法规进行处罚；构成犯罪的，依法追究刑事责任。

第二十四条 取得监理工程师注册证书的人员，应当按照国家专业技术人员继续教育的有关规定接受继续教育，更新专业知识，提高业务水平。

第五章 附 则

第二十五条 本规定施行之前取得的公路水运工程监理工程

师资格证书以及水利工程建设监理工程师资格证书，效用不变；按有关规定，通过人力资源社会保障部、住房和城乡建设部组织的全国统一考试，取得的监理工程师执业资格证书与本规定中监理工程师职业资格证书效用等同。

第二十六条 专业技术人员取得监理工程师职业资格，可认定其具备工程师职称，并可作为申报高一级职称的条件。

第二十七条 本规定自印发之日起施行。

监理工程师职业资格考试实施办法

第一条 住房和城乡建设部、交通运输部、水利部、人力资源社会保障部共同委托人力资源社会保障部人事考试中心承担监理工程师职业资格考试的具体考务工作。住房和城乡建设部、交通运输部、水利部可分别委托具备相应能力的单位承担监理工程师职业资格考试工作的命题、审题和主观试题阅卷等具体工作。

各省、自治区、直辖市住房和城乡建设、交通运输、水利、人力资源社会保障行政主管部门共同负责本地区监理工程师职业资格考试组织工作，具体职责分工由各地协商确定。

第二条 监理工程师职业资格考试设《建设工程监理基本理论和相关法规》《建设工程合同管理》《建设工程目标控制》《建设工程监理案例分析》4 个科目。其中《建设工程监理基本理论和相关法规》《建设工程合同管理》为基础科目，《建设工程目标控制》《建设工程监理案例分析》为专业科目。

第三条 监理工程师职业资格考试专业科目分为土木建筑工程、交通运输工程、水利工程 3 个专业类别，考生在报名时可根据实际工作需要选择。其中，土木建筑工程专业由住房和城乡建设部负责；交通运输工程专业由交通运输部负责；水利工程专业由水利部负责。

第四条 监理工程师职业资格考试分4个半天进行。

第五条 监理工程师职业资格考试成绩实行4年为一个周期的滚动管理办法，在连续的4个考试年度内通过全部考试科目，方可取得监理工程师职业资格证书。

第六条 已取得监理工程师一种专业职业资格证书的人员，报名参加其他专业科目考试的，可免考基础科目。考试合格后，核发人力资源社会保障部门统一印制的相应专业考试合格证明。该证明作为注册时增加执业专业类别的依据。免考基础科目和增加专业类别的人员，专业科目成绩按照2年为一个周期滚动管理。

第七条 具备以下条件之一的，参加监理工程师职业资格考试可免考基础科目：

（一）已取得公路水运工程监理工程师资格证书；

（二）已取得水利工程建设监理工程师资格证书。

申请免考部分科目的人员在报名时应提供相应材料。

第八条 符合监理工程师职业资格考试报名条件的报考人员，按当地人事考试机构规定的程序和要求完成报名。参加考试人员凭准考证和有效证件在指定的日期、时间和地点参加考试。

中央和国务院各部门所属单位、中央管理企业的人员按属地原则报名参加考试。

第九条 考点原则上设在直辖市、自治区首府和省会城市的大、中专院校或者高考定点学校。

监理工程师职业资格考试原则上每年一次。

第十条 坚持考试与培训分开的原则。凡参与考试工作（包括命题、审题与组织管理等）的人员，不得参加考试，也不得参加或者举办与考试内容相关的培训工作。应考人员参加培训坚持自愿原则。

第十一条 考试实施机构及其工作人员，应当严格执行国家人事考试工作人员纪律规定和考试工作的各项规章制度，遵守考试工作纪律，切实做好从考试试题的命制到使用等各环节的安全保密工作，严防泄密。

第十二条 对违反考试工作纪律和有关规定的人员，按照国家专业技术人员资格考试违纪违规行为处理规定处理。

第十三条 参加原监理工程师执业资格考试并在有效期内的合格成绩有效期顺延，按照4年为一个周期管理。《建设工程监理基本理论和相关法规》《建设工程合同管理》《建设工程质量、投资、进度控制》《建设工程监理案例分析》科目合格成绩分别对应《建设工程监理基本理论和相关法规》《建设工程合同管理》《建设工程目标控制》《建设工程监理案例分析》科目。

第十四条 本办法自印发之日起施行。

人力资源社会保障部办公厅关于进一步做好民营企业职称工作的通知

人社厅发〔2020〕13 号

各省、自治区、直辖市及新疆生产建设兵团人力资源社会保障厅（局）：

为深入落实习近平总书记在民营企业座谈会上的重要讲话精神，贯彻落实《中共中央　国务院关于营造更好发展环境支持民营企业改革发展的意见》《中共中央办公厅　国务院办公厅关于深化职称制度改革的意见》，更好地发挥职称评价“指挥棒”作用，充分激发和释放民营企业专业技术人才创新创造活力，大力支持民营企业改革创新，根据《职称评审管理暂行规定》，现就进一步做好民营企业职称工作有关事项通知如下：

一、拓宽民营企业职称申报渠道

民营企业专业技术人才一般在劳动关系所在地自愿参加职称评审，合法权益受到同等保护，履行同等义务。各地人力资源社会保障部门（或职称综合管理部门，下同）要进一步打破户籍、身份、档案、所有制等制约，积极拓宽民营企业专业技术人才职称申报渠道。积极创造条件，在专业技术人才密集的创业孵化基地、高新技术开发区、科技园区等地设立职称申报受理服务点，或通过人才中介服务机构、工商联、行业协会商会、学会等社会组织受理民营企业专业技术人才职称申报。非面向单位、系统内部组建的职称评审委员会，要向民营企业平等开放。经批准离岗创业或到民营企业兼职的高校、科研院所、医疗机构等企事业单位专业技术人才，3 年内可在原单位按规定申报职称，其创业和兼职期间工作业绩作为职称评审的依据。民营企业专业技术人才被派驻外地连续工作一年以上的，可按有关规定在派驻地申报职称评审。各地人力资源社会保障部门要不断完善职称社会化申报渠道，建立职称申报兜底机制，确保民营企业专业技术人才公平公正参与职称评审。

二、健全民营企业职称评审机构

各地要按照党中央、国务院要求系统清理与企业性质挂钩的职称评定政策，确保科技、教育、医疗、文化等领域民营企业专业技术人才与公立机构专业技术人才在职称评审方面享有平等待遇。坚持属地化、专业化和规范化，按照规定的条件和程序，遴选具有专业优势、服务能力强、行业自律水平高的社会组织组建社会化评审机构，开展民营企业专业技术人才职称评审。从严控制面向全国的职称评审委员会，建立公开透明、竞争择优的遴选和退出机制，确保社会组织评审工作规范有序，稳妥推进。进一步下放职称评审权限，支持专业技术人才密集、技术实力较强、内部管理规范的规模以上民营企业组建职称评审委员会，或由民营企业联合组建职称评审委员会，按程序报相应人力资源社会保障部门核准备案后开展自主评审。

三、完善以市场评价为导向的职称评审标准

民营企业职称评审标准要充分体现民营企业专业技术人才特点和工作实际，贴近民营企业用人需求。进一步克服唯学历、唯资历、唯论文、唯奖项倾向，突出工作能力和业绩考核，注重市场认可和对企业的实际贡献。对论文、职称外语等不做限制性要求，专利成果、技术突破、工艺流程、标准开发、成果转化等均可作为职称评审的重要内容。支持民营企业参与制定职称评审标准，与企业相关的职称评审委员会、专家库要吸纳一定比例的民营企业专家。积极借鉴龙头企业人才评价标准，充分考虑新兴行业、职业的特点，制定职称评审的通用标准。各地制定的职称评审标准应广泛征求本地区民营企业、行业协会商会、学会的意见。

四、创新民营企业职称评价方式

各地要综合采用考试、评审、答辩、考核认定、实践操作、业绩展示等方式，提高民营企业专业技术人才职称评审的针对性和科学性。各地人力资源社会保障部门要会同行业主管部门及时组织民营企业专业技术人才职称评价，做好职业资格与相应职称的衔接确认。对于当地具备评审能力的职称系列或专业，积极协调落实民营企业专业技术人才参加职称评审；对于当地不具备评审能力的职称系列或专业，按照规定做好委托评审工作。建立职称评审“绿色通道”或“直通车”，民营企业高层次专业技术人才、急需紧缺人才、优秀青年人才可直接申报相应级别职称。鼓励有条件的地区对民营企业专业技术人才实行单独分组、单独评审，或组织开展民营企业专项评审。专业技术人才因驻外或其他原因确实不能参加现场评审的，有条件的地方和单位要积极通过技术手段远程评审，切实减轻专业技术人才职称评审负担。

五、调动民营企业职称工作积极性

各地要加大职称政策宣传力度，创新宣传方式方法，搞好职称政策解读，做到及时公开、化繁为简、通俗易懂。加强对民营企业人力资源（人事）管理部门的职称业务培训，及时为民营企业专业技术人才提供职称评审服务，保障民营企业专业技术人才职称申报权利。加快职称评审信息化建设，推广在线评审，逐步实现网上受理、集中评审。进一步简化申报评审程序，精简职称申报材料，减少证明事项。探索实行职称评审电子证书，提供职称信息查询验证服务。要坚持评以适用、以用促评，促进职称评审结果与民营企业人才培养、使用相衔接，引导民营企业将职称评审结果作为确定岗位、考核、晋升、绩效、薪酬等的依据。企业博士后获得中国博士后科学基金资助或主持省部级以上科研项目，出站后继续留在企业的可直接认定副高级职称。对专业化人才服务机构、行业协会商会、学会和民营企业的自主职称评审结果实行事后备案管理，做好统计和查询验证工作。

六、加强民营企业职称评审事中事后监管

民营企业职称评审工作要坚持质量第一，通过科学制定评价标准，建设高水平专家和管理人员队伍，制定规范评审制度和程序，合理确定通过率等措施，把好评审质量关。各地要加强对民营企业职称评审工作的监督检查和抽查巡查，规范评审程序，严肃评审纪律，确保评审质量，建立倒查追责机制，完善诚信承诺和失信惩戒机制，从严查处材料造假、暗箱操作等行为。有关社会组织要严格按照人力资源社会保障部门核准备案的专业领域和区域范围，开展职称评审工作，不得多头重复交叉评价和强制评价。要突出职称评审公益性，严禁社会组织以营利为目的开展职称评审。对制度缺失、管理混乱、评审质量不高、社会反映较大的，各地人力资源社会保障部门要会同行业主管部门及时对其进行整改，必要时可暂停自主评审工作直至收回职称评审权，并依法追究相关人员责任。

各地要充分认识做好民营企业职称工作的重要性，切实提高政治站位，加强组织领导，完善工作机制，制定具体措施，切实抓好通知的贯彻落实。人力资源社会保障部将适时对各地民营企业职称工作情况进行评估，各地要认真总结经验，及时解决出现的新情况、新问题，妥善处理改革、发展和稳定的关系，重大情况及时向人力资源社会保障部专业技术人员管理司报告。

本通知自印发之日起实施。自由职业者和其他非公有制经济组织专业技术人才职称评审工作参照本通知精神执行。

2020 年 2 月 20 日

事业单位人事管理

人力资源社会保障部　教育部　中央编办　财政部关于做好 2020 年中小学幼儿园教师公开招聘有关工作的通知

人社部发〔2020〕28 号

各省、自治区、直辖市及新疆生产建设兵团人力资源社会保障厅（局）、教育厅（教委、教育局）、党委编办、财政厅（局）：

为贯彻习近平总书记在统筹推进新冠肺炎疫情防控和经济社会发展工作部署会议上的重要讲话精神，落实国务院常务会议关于促进高校毕业生就业的部署要求，加强教师队伍特别是基层教师队伍建设，推进教育事业发展，现就应对新冠肺炎疫情影响，做好 2020 年中小学幼儿园教师公开招聘有关工作通知如下。

一、提高认识，统筹谋划做好教师公开招聘工作

受疫情影响，今年高校毕业生就业形势严峻，党中央、国务院出台一系列稳就业重要举措，促进高校毕业生就业。各地要按照党中央、国务院决策部署，统一思想，高度重视，充分认识当前高校毕业生就业和教师队伍建设的重要性，统筹推进疫情防控和教育改革发展，稳存量、拓增量，多措并举促进高校毕业生就业，全面加强教师队伍特别是基层教师队伍建设，扎实做好 2020 年中小学幼儿园教师公开招聘工作，鼓励和引导更多高校毕业生补充到基层中小学幼儿园，满足教育发展需要。

二、挖潜创新，加强中小学教职工编制保障

各地要认真落实好国家进一步挖潜创新加强中小学教职工管

理有关政策要求，加大事业编制挖潜、创新和统筹调剂力度，盘活用好现有资源尤其是教育系统各类事业编制，落实城乡统一的中小学教职工编制标准。充分考虑多种增编因素，科学合理核定中小学教职工编制，为高校毕业生提供更多的中小学教师岗位。

三、重点突破，加大幼儿园教师补充力度

各地要重点加强幼儿园教师公开招聘，落实《幼儿园教职工配备标准（暂行）》，创新人员管理方式，保障幼儿园教师工资待遇，依法依规参加社会保险。支持各地加强幼儿园编制配置，有条件的省份每年核定一定数量的幼儿园教职工编制，招聘学前教育专业高校毕业生到幼儿园就业。中央财政在分配相关资金时，将统筹考虑各地幼儿园专任教师数因素，支持推进学前教育改革发展。

四、优化供给，教师公开招聘实施“先上岗、再考证”

各地在中小学幼儿园（含“特岗计划”）教师公开招聘工作中，要根据岗位需求，科学合理地设置招聘条件，不得设置指向性或与岗位无关的歧视性条件。要按照人力资源社会保障部等七部门有关应对新冠肺炎疫情影响实施部分职业资格“先上岗、再考证”阶段性措施文件的要求，在 2020 年 12 月 31 日前招聘高校毕业生的，不得将取得教师资格证书作为限制性条件。

五、积极支持，引导高校毕业生到艰苦边远地区学校任教

艰苦边远地区县乡中小学幼儿园按照艰苦边远地区县乡事业单位公开招聘工作的有关规定，在坚持公开招聘基本制度的基础上，可以适当放宽年龄、学历、专业等招聘条件，拓宽招聘渠道；可以拿出一定数量岗位面向本县、本市或者周边县市户籍人员（或者生源）招聘。其中，乡镇中小学幼儿园招聘本科以上高校毕业生、县中小学幼儿园招聘硕士以上高校毕业生，可以结合实际情况，采取面试、直接考察的方式公开招聘；可以根据应聘人员报名、专业分布等情况适当降低开考比例，或不设开考比例，划定成绩合格线。

六、挂图推进，确保完成“特岗计划”招聘计划

各地教育行政部门要按照工作部署，制定工作推进图表，加强与人力资源社会保障、编制、财政等部门的协调配合，切实做好今年的“特岗计划”招聘组织实施工作，精心分配计划，广泛宣传政策，吸引广大高校毕业生应聘。一次性招聘未完成计划的省份，可以按规定依次递补聘用或组织二次招聘，保证招聘完成率。实施地方“特岗计划”的省份，要统筹中央和地方两级“特岗计划”使用，优先完成中央“特岗计划”。2020 年中央“特岗计划”教师招聘工作对湖北省招聘计划和湖北籍以及湖北高校毕业生予以适当倾斜支持。

七、协同配合，落实教师招聘工作责任

各级人力资源社会保障、教育、编制、财政部门要加强协调配合，各司其职，根据各类中小学幼儿园生源和教师队伍建设情况，加大教师公开招聘力度，细化举措，明确任务，在去年招聘高校毕业生数量的基础上，再扩大招聘一定数量的高校毕业生，吸纳更多高校毕业生从教。各地要结合实际，尽快启动 2020 年教师公开招聘工作，招聘公告在事业单位人事综合管理部门公开招聘服务平台、教育部门网站及教育部“24365 校园招聘”平台上发布，通过多种途径广泛推介招聘信息。人力资源社会保障部、教育部、中央编办将建立调度协调机制，定期调度各地教师公开招聘落实进展情况，协调解决工作中的问题和困难，并在相关工作中给予支持。

八、大力扶持，增强民办学校吸纳就业能力

各地要加大就业政策落实力度，支持民办学校积极吸纳就业，对吸纳高校毕业生、就业困难人员等重点群体就业的民办中小学幼儿园按规定落实税收减免、社会保险补贴、一次性吸纳就业补贴等扶持政策。对民办中小学幼儿园按规定落实阶段性减免社会保险费政策。

请各省（区、市）教育行政部门将教师招聘工作联系人及联系电话报教育部教师工作司，并每两周报送一次工作进展情况。在 2020 年教师公开招聘工作结束后，报送《2020 年中小学幼儿园教师岗位招聘毕业生情况统计表》。

联系方式（略）。

2020 年 5 月 9 日

人力资源社会保障部　国家卫生健康委关于做好2020年县级及基层医疗卫生机构公开招聘高校毕业生工作的通知

人社部发〔2020〕50号

各省、自治区、直辖市及新疆生产建设兵团人力资源社会保障厅（局）、卫生健康委：

为深入贯彻落实习近平总书记关于统筹推进新冠肺炎疫情防控和经济社会发展工作的重要指示精神，落实国务院关于促进高校毕业生就业的部署要求，进一步强化稳就业举措，加强基层卫生人才队伍建设，现就做好2020年县级及基层医疗卫生机构公开招聘高校毕业生有关工作通知如下。

一、统筹谋划公开招聘高校毕业生工作

受疫情影响，今年高校毕业生就业形势严峻，促进高校毕业生就业工作是当前一项重要政治任务。党中央、国务院陆续出台一系列稳就业举措，各地要按照党中央、国务院决策部署，统一思想，高度重视，充分认识当前高校毕业生就业和基层卫生人才队伍建设的重要性，稳存量、拓增量，多措并举促进高校毕业生就业，变压力为机遇，及时为县级及基层医疗卫生机构增加有生力量。

二、扩大公开招聘规模

县级及基层医疗卫生机构要统筹用好现有空编资源，提高空缺岗位专项招聘高校毕业生的比例，或将适合高校毕业生的空缺岗位主要用于专项招聘高校毕业生。各级人力资源社会保障部门和卫生健康部门要加大县级及基层医疗卫生机构公开招聘力度，在去年招聘高校毕业生数量的基础上，再扩大招聘一定数量的高校毕业生，吸纳更多高校毕业生从医。

三、提高公开招聘针对性

各级人力资源社会保障部门和卫生健康部门应根据卫生健康事业发展需要，深入分析地区环境、人才状况、医疗卫生机构需求等情况，从基层实际需求出发，精准聚焦短缺人才，制定符合本地实际的招聘方案和岗位要求。要按照“干什么、考什么”的人岗相适原则，充分结合卫生健康行业特点，对应聘人员进行评价。

四、鼓励高校毕业生投身艰苦边远地区卫生健康事业

各地要积极鼓励和引导高校毕业生到艰苦边远地区县级及基层医疗卫生机构就业。艰苦边远地区县级及基层医疗卫生机构公开招聘时，可根据情况适当放宽年龄、学历等招聘条件。基层医疗卫生机构公开招聘具有本科及以上学历的人员、县级医疗卫生机构招聘具有硕士及以上学历的人员，县级及基层医疗卫生机构招聘公共卫生、全科医学、妇产科学、老年医学、儿科学等急需紧缺医学专业人才，可采取面试（技术操作）、直接考察的方式公开招聘。采取统一笔试方式的，可以根据应聘人员报名、专业分布等情况适当降低开考比例，或不设开考比例，划定成绩合格线。进一步做好农村订单定向免费医学生就业安置和履约管理工作。对聘用的高校毕业生，按《中共中央办公厅、国务院办公厅印发〈关于进一步引导和鼓励高校毕业生到基层工作的意见〉的通知》（中办发〔2016〕79 号）等规定确定工资待遇及工作补贴。

五、促进人才合理流动

各地在吸引优秀人才服务基层的同时，应着力构建人才发展平台，保持基层人才队伍稳定，推动卫生健康事业更加均衡、高

质量发展。对放宽条件招聘的人员，用人单位可以视情况在聘用合同中约定 3~5 年最低服务期限，并明确违约责任和相关要求。在最低服务期限内，其他单位不得以借调、帮助工作等方式将其借出或调走。要切实加强人才交流的管理，禁止采取另建档案等违规做法调入人员，禁止上级医疗卫生机构从下级医疗卫生机构“虹吸式”抢挖人才。对符合交流条件的人员，不得采取扣押档案等做法阻碍人员合理流动。

六、加强工作指导监督

各级人力资源社会保障部门和卫生健康部门要高度重视高校毕业生招聘工作，加强协调配合，明确任务举措，主动担当作为。要结合实际，扎实做好 2020 年县级及基层医疗卫生机构公开招聘工作，招聘公告要在事业单位人事综合管理部门公开招聘服务平台、卫生健康部门网站上发布，通过多种途径广泛推介招聘信息。要严格执行公开招聘相关规定，认真组织实施，充分体现公开、公平、公正。要严肃人事纪律，对公开招聘工作中出现的违规违纪问题，按照相关规定严肃处理。

2020 年 6 月 22 日

人力资源社会保障部办公厅关于切实做好新型冠状病毒感染的肺炎疫情防控期间事业单位人事管理工作有关问题的通知

人社厅发〔2020〕8号

各省、自治区、直辖市及新疆生产建设兵团人力资源社会保障厅（局）：

为贯彻落实习近平总书记关于打赢新型冠状病毒感染的肺炎疫情防控阻击战的重要指示精神和李克强总理批示要求，按照党中央、国务院决策部署，切实做好疫情防控期间事业单位人事管理相关工作，现就有关问题通知如下：

一、各地区事业单位公开招聘在疫情防控期间均改为网上组织或延期举行，暂停组织线下现场报名、笔试、面试活动，以减少人员聚集交叉感染风险。相关调整事项要及时以适当形式告知考生并向社会公告。如确属工作急需组织公开招聘的，应落实卫生防疫要求，尽量采用电话、视频、互联网等非现场接触方式办理有关事项，相关体检、考察活动可延后开展。

二、疫情防控相关医疗卫生机构等事业单位需要紧急补充医护人员等疫情防控工作人员的，可简化招聘程序，设立招聘绿色通道。可由事业单位或其主管部门采用网上面试、考察等方式直接招聘聘用，以保障疫情防控工作急需，相关招聘手续可疫情过后补办。

三、激励医疗卫生机构医护人员等事业单位工作人员在疫情防控工作中履职尽责，担当作为。事业单位及其主管部门、事业单位人事综合管理部门对于在疫情防控中做出贡献的事业单位工作人员和集体特别是奋战在疫情防控一线、贡献突出的事业单位工作人员和集体，可根据《事业单位工作人员奖励规定》有关规定开展及时奖励。对于获得嘉奖、记功、记大功的事业单位工作人员给予一次性奖金，获奖人员所在地区或者单位经批准可以追加其他物质奖励，所需经费按规定渠道解决。对于在疫情防控中不服从指挥、调遣或者消极对抗的事业单位工作人员，可根据《事业单位工作人员处分暂行规定》有关规定，给予警告、记过、降低岗位等级或者撤职处分，情节严重的给予开除处分。要及时总结宣传疫情防控工作中的先进事迹，树典型，立标杆，激励引导广大事业单位工作人员在疫情防控工作中主动履职，担当作为。

2020 年 1 月 30 日

中共中央组织部办公厅 人力资源社会保障部办公厅 关于应对新冠肺炎疫情影响 做好事业单位公开招聘 高校毕业生工作的通知

人社厅发〔2020〕27号

各省、自治区、直辖市及新疆生产建设兵团党委组织部、政府人力资源社会保障厅（局），中央和国家机关各部委、各人民团体组织人事部门：

习近平总书记在统筹推进新冠肺炎疫情防控和经济社会发展工作部署会议上强调，“要注重高校毕业生就业工作，统筹做好毕业、招聘、考录等相关工作，让他们顺利毕业、尽早就业”。为切实贯彻落实习近平总书记的重要讲话精神，现就应对新冠肺炎疫情影响做好事业单位公开招聘高校毕业生工作有关事项通知如下。

一、各地各部门要落实分区分级精准防控要求，在切实做好疫情防控工作的同时，安全有序开展事业单位公开招聘工作。要创新招聘方式，尽量采用电话、视频、网络等形式组织线上报名、笔试、面试。对疫情低风险地区，可在落实卫生防疫要求、控制规模、确保安全的前提下，开展现场笔试、面试等工作。对疫情高、中风险地区高校毕业生报名参加招聘的，暂不组织现场笔试、面试，以适当方式开展线上笔试、面试。

二、要加大事业单位面向高校毕业生的公开招聘力度，今明两年事业单位空缺岗位主要用于专项招聘高校毕业生（含择业期内未落实工作单位的高校毕业生）。其中，湖北省事业单位可以面向湖北省高校的毕业生或湖北籍高校毕业生开展专项招聘。

三、要组织指导事业单位及早发布招聘公告，公布岗位数量和岗位条件，及时为高校毕业生应聘提供岗位信息，增加就业机会。招聘公告须在事业单位人事综合管理部门公开招聘服务平台、主管部门网站上发布；有条件的地区，可在省级事业单位人事综合管理部门公开招聘服务平台上集中发布；要有针对性地通过报纸、电视、广播、网络等媒介广泛推介招聘信息，扩大信息发布范围和社会知晓度。

四、要积极鼓励和引导高校毕业生到艰苦边远地区基层事业单位工作，在打赢脱贫攻坚战、决胜全面建成小康社会中建功立业。艰苦边远地区乡镇事业单位招聘本科以上高校毕业生、县级事业单位招聘硕士以上高校毕业生，以及招聘行业、岗位、脱贫攻坚急需紧缺专业高校毕业生，可以结合实际情况，采取面试、直接考察的方式公开招聘；可以根据应聘人员报名、专业分布等情况适当降低开考比例，或不设开考比例，划定成绩合格线。

五、要积极鼓励和引导高校毕业生参加“三支一扶”基层服务项目计划。对高校毕业生参加“三支一扶”计划服务期满且考核合格的，可以按照有关规定进行专项招聘，并增加工作实绩在组织考察中的权重。对今明两年经省级人力资源社会保障部门统一组织招募参加“三支一扶”计划，服务期满且考核合格的人员，所在基层事业单位有岗位空缺的可以直接聘用，并不再约定试用期。

六、各地各部门要根据疫情防控要求，制定事业单位公开招聘活动防疫指南，落实落细各项防疫措施。事业单位人事综合管理部门、主管部门和事业单位要统筹毕业和招聘工作的衔接，优化做好高校毕业生特别是疫情严重地区高校毕业生公开招聘报名、考试、考察、体检、聘用报到等工作，保障疫情高风险地区高校毕业生公平参加招聘的权益，切实把党中央、国务院对高校毕业生的关心关爱落实到位。

2020 年 3 月 11 日

人力资源社会保障部办公厅关于在全国事业单位集中开展脱贫攻坚专项奖励工作的通知

人社厅发〔2020〕83号

各省、自治区、直辖市及新疆生产建设兵团人力资源社会保障厅（局）：

为深入贯彻习近平总书记关于打赢脱贫攻坚战的系列重要指示精神，激励事业单位工作人员在脱贫攻坚工作中不忘初心、牢记使命、干事创业、担当作为。根据《事业单位工作人员奖励规定》（人社部规〔2018〕4号，以下简称《奖励规定》），我部决定今年下半年在全国事业单位集中组织开展脱贫攻坚专项奖励，现就有关事项通知如下：

一、奖励范围

在贯彻落实习近平总书记重要指示精神、党和国家关于脱贫攻坚重大战略部署中，表现突出、成绩显著的事业单位工作人员和集体。重点向基层一线倾斜。

二、奖励条件和种类

在贯彻落实脱贫攻坚重大战略部署中，表现突出、做出较大贡献，在本单位发挥模范带头作用的事业单位工作人员和集体，给予嘉奖；

取得突破性成就、做出重大贡献，在本地区本行业本领域产生较大影响的事业单位工作人员和集体，给予记功；

取得重大突破性成就、做出杰出贡献，在本地区本行业本领域产生重大影响的事业单位工作人员和集体，给予记大功。

三、奖励程序与权限

本次专项奖励的程序与权限按照《奖励规定》要求执行。

四、有关工作要求

（一）周密安排、精心组织。此次专项奖励工作，政策性强、影响面大，要高度重视，认真筹划，统一部署，集中开展，扎实细致做好评选工作。自通知下发之日起，各地要尽快启动部署，在 11 月底之前完成专项奖励工作。

（二）坚持优中选优。专项奖励工作要坚持把推进脱贫攻坚的工作实绩作为衡量标准，体现广泛性、注重代表性，做到宁缺毋滥。坚持向一线的基层岗位倾斜，向脱贫攻坚任务重、难度大的贫困地区倾斜，向脱贫成效明显的地区倾斜。四级及以上管理岗位人员一般不推荐，六级以上管理岗位人员从严掌握。

（三）严格程序权限、做到公开透明。要在坚持评选标准的基础上，按规定的时间和范围做好公示，注意多方面听取意见，确保每名推荐人选经得起检验，确保专项奖励工作公开、公平、公正。

（四）统筹好各类表彰奖励。2020 年是脱贫攻坚工作的决胜之年，各地要加强统筹协调，处理好各类表彰奖励的关系，对因同一事迹已经表彰奖励过的集体和个人，原则上不再重复奖励，已经获得国家级或省级荣誉称号的不再重复奖励。本次脱贫攻坚专项奖励不影响事业单位依据《奖励规定》开展的定期奖励工作。

（五）做好典型事迹宣传，形成示范效应。各地可在 10 月 17 日国家扶贫日前后集中宣传一批先进典型，对已给予记大功的事业单位工作人员和集体的事迹，要在国家扶贫日前及时上报人社部。要采取灵活多样的方式，加大宣传力度，充分发挥先进典型的示范引领作用，助力打赢脱贫攻坚战。

各地请于2020年11月底前将奖励情况报告、记大功事业单位工作人员和集体相关材料，报人社部事业单位人事管理司。

2020年7月27日

工资福利

国家卫生健康委　教育部　财政部 人力资源社会保障部　国家医保局 国家药监局关于印发加强医疗机构药事管理　促进合理用药的意见的通知

国卫医发〔2020〕2号

各省、自治区、直辖市人民政府，新疆生产建设兵团：

经国务院同意，现将《关于加强医疗机构药事管理　促进合理用药的意见》印发给你们，请认真贯彻执行。

2020年2月21日

关于加强医疗机构药事管理 促进合理用药的意见

加强医疗机构药事管理，是建立健全现代医院管理制度的重要内容，是加强医疗卫生服务综合监管的重要举措。近年来，我国药事管理不断加强，合理用药水平逐步提升。同时，积极推进药品集中采购和使用改革，完善药品价格形成机制，规范药品生产流通秩序。为进一步加强医疗机构药事管理和药学服务，加大药品使用改革力度，全链条推进药品领域改革，提升医疗机构管理水平，促进合理用药，更好地保障人民健康，经国务院同意，现提出以下意见。

一、加强医疗机构药品配备管理

（一）规范医疗机构用药目录。医疗机构要依据安全、有效、经济的用药原则和本机构疾病治疗特点，及时优化本机构用药目录。国家以临床用药需求为导向，动态调整国家基本药物目录。各地要加大力度促进基本药物优先配备使用，推动各级医疗机构形成以基本药物为主导的“1+X”用药模式。“1”为国家基本药物目录；“X”为非基本药物，应当经过医疗机构药事管理与药物治疗学委员会充分评估论证，并优先选择国家组织集中采购和使用药品及国家医保目录药品。鼓励城市医疗集团、县域医疗共同体等建立药品联动管理机制，规范各级医疗机构用药目录。各级卫生健康行政部门要加强医疗机构药品使用监测，定期分析辖区内医疗机构药品配备使用情况，指导督促公立医疗机构不断优化用药目录，形成科学合理的用药结构。

（二）完善医疗机构药品采购供应制度。医疗机构药事管理与药物治疗学委员会要按照集体决策、程序公开、阳光采购的要求，根据省级药品集中采购结果，确定药品生产企业或药品上市许可持有人，由生产企业或药品上市许可持有人确定配送企业。医疗机构药学部门负责本机构药品统一采购，严格执行药品购入检查、验收等制度。医疗机构应当坚持以临床需求为导向，坚持合理用药，严格执行通用名处方规定。公立医疗机构应当认真落实国家和省级药品集中采购要求，切实做好药品集中采购和使用相关工作；依托省级药品集中采购平台，积极参与建设全国统一开放的药品公共采购市场。鼓励医疗联合体探索药品统一采购。研究医疗联合体内临床急需的医疗机构制剂调剂和使用管理制度，合理促进在医疗联合体内共享使用。

（三）完善药事管理与药物治疗学委员会制度。地市级以上卫生健康行政部门组建药师专家库。医疗机构药事管理与药物治疗学委员会在确定采购目录和采购工作中，应当在卫生健康行政部门指导下，从药师专家库中随机抽取一定数量的药学专家参加，并加大药学专家意见的权重。卫生健康行政部门成立国家级、省级、地市级药事管理与药物治疗学委员会，分别为全国和本地区药事管理和药学服务提供技术支持。鼓励有条件的地区试点建立总药师制度，并将总药师纳入药师专家库管理。

二、强化药品合理使用

（四）加强医疗机构药品安全管理。医疗机构应当建立覆盖药品采购、贮存、发放、调配、使用等全过程的监测系统，加强药品使用情况动态监测分析，对药品使用数量进行科学预估，并实现药品来源、去向可追溯。按照药品贮存相关规定，配备与药品贮存条件相一致的场所和设施设备，定期对库存药品进行养护与质量检查。遵循近效期先出的原则，避免出现过期药品。严格规范特殊管理药品和高警示药品的管理，防止流入非法渠道。

（五）提高医师临床合理用药水平。医师要遵循合理用药原则，能口服不肌注，能肌注不输液，依据相关疾病诊疗规范、用药指南和临床路径合理开具处方，优先选用国家基本药物、国家组织集中采购和使用药品及国家医保目录药品。充分发挥各级药事质量控制中心作用，加强对药品不良反应、用药错误和药害事件的监测，按规定及时上报，提高应急处置能力，保证用药安全。医疗联合体内上级医疗机构要加强对下级医疗机构的指导，推动提高基层药学服务水平和医疗服务质量。各级卫生健康行政部门要将药品合理使用培训作为继续教育重要内容，将药物临床应用指南、处方集纳入继续医学教育项目，重点加强对基本药物临床合理使用的培训，实现医疗机构医师药师培训全覆盖。

（六）强化药师或其他药学技术人员对处方的审核。加大培养培训力度，完善管理制度，提高药师或其他药学技术人员参与药物治疗管理的能力。药师或其他药学技术人员负责处方的审核、调剂等药学服务，所有处方均应当经审核通过后方可进入划价收费和调配环节。要加大处方审核和点评力度，重点对处方的合法性、规范性、适宜性进行审核，对于不规范处方、用药不适宜处方及超常处方等，应当及时与处方医师沟通并督促修改，确保实现安全、有效、经济、适宜用药。

（七）加强合理用药管理和绩效考核。卫生健康行政部门要将医疗机构药物合理使用等相关指标纳入医疗机构及医务人员绩效考核体系，并细化实化基本药物采购和使用等相关考核指标及内容。药师或其他药学技术人员发现不合理处方应当及时按有关规定进行处置。医保部门发现可能会对医疗保障基金支出造成影响或损失的处方，应当及时按有关规定和协议进行处理，并做好和医疗机构的沟通。

三、拓展药学服务范围

（八）加强医疗机构药学服务。医疗机构要根据功能定位加大药学人员配备和培训力度。要强化临床药师配备，围绕患者需求和临床治疗特点开展专科药学服务。临床药师要积极参与临床治疗，为住院患者提供用药医嘱审核、参与治疗方案制定、用药监测与评估以及用药教育等服务。在疑难复杂疾病多学科诊疗过程中，必须要有临床药师参与，指导精准用药。探索实行临床药师院际会诊制度。鼓励医疗机构开设药学门诊，为患者提供用药咨询和指导。

（九）发展居家社区药学服务。在家庭医生签约服务等基层医疗卫生服务中，积极开展用药咨询、药物治疗管理、重点人群用药监护、家庭药箱管理、合理用药科普等服务。鼓励医疗联合体内将二级以上医疗机构药师纳入家庭医生签约服务团队，有条件的地区可探索为行动不便的老年人、孕产妇、儿童等重点人群开展上门的居家药学服务。大力开展全科医生、社区护士的合理用药知识培训，采取进修学习、对口支援、远程教育等方式，帮助基层提高药学服务水平。

（十）规范“互联网+药学服务”。在开展互联网诊疗或远程医疗服务过程中，要以实体医疗机构内的药师为主体，积极提供在线药学咨询、指导患者合理用药、用药知识宣教等“互联网+药学服务”。规范电子处方在互联网流转过程中的关键环节的管理，电子处方审核、调配、核对人员必须采取电子签名或信息系统留痕的方式，确保信息可追溯。探索医疗卫生机构处方信息与药品零售消费信息互联互通。强化电子处方线上线下一体化监管，不断完善监管措施。鼓励有条件的地方探索建立区域药事管理或处方审核平台，提升处方调配事中事后监管水平。

四、加强药学人才队伍建设

（十一）加强药学人才培养。鼓励有条件的高校举办临床药学本科专业教育。引导高校根据药学服务需求，合理确定药学相关专业招生规模及结构，适度扩大临床药学相关专业研究生招生规模。强化药学相关学科建设，加强学生药物治疗相关专业知识和临床实践能力培养。加强药学类、药品制造类等专业职业教育，为医疗机构培养药学、制剂生产等领域技术技能人才，优化药学部门人才结构。

（十二）合理体现药学服务价值。药学服务是医疗服务的组成部分。各地要完善药学服务标准，推进药学服务规范化建设，提升药学服务水平。在医疗服务价格中统筹考虑药学服务的成本和价值，支持药学服务发展，激励药学人员在促进合理用药、减少资源浪费等方面发挥积极作用。医疗机构应当强化药师对处方的审核，规范和引导医师用药行为，并在药师薪酬中体现其技术劳务价值。医保部门将药师审核处方情况纳入医保定点医疗机构绩效考核体系。

（十三）保障药师合理薪酬待遇。落实“两个允许”要求，将药师与医师、护士等其他卫生专业技术人员统筹考虑，充分体现药师的岗位特点，保障药师合理的收入水平，增强药师职业吸引力。结合药师不同岗位特点，建立完善以临床需求为导向的人才评聘机制，克服唯论文、唯职称、唯学历、唯奖项倾向。改善医疗机构药师的工作条件，为开展药学服务提供必要的设备设施。

五、完善行业监管

（十四）开展药品使用监测和临床综合评价。建立覆盖各级公立医疗卫生机构的国家、省、地市、县药品使用监测信息网络，推广应用统一的药品编码。建立健全药品使用监测与临床综合评价工作机制和标准规范，突出药品临床价值，提升药品供应保障能力。各级医疗机构要充分利用药品使用监测数据，对药品临床使用的安全性、有效性、经济性等开展综合评价，加强评价结果的分析应用，作为医疗机构用药目录遴选、药品临床合理使用、提供药学服务、控制不合理药品费用支出等的重要依据。

（十五）加强合理用药监管。国家卫生健康委制定合理用药监测指标体系并组织实施，充分利用现代信息手段，提高监管效率和水平。国家卫生健康委会同相关部门建立抽查机制，每年组织对各省（区、市）处方有关情况按一定比例进行抽查，各地也要相应加大抽查和公布力度。

（十六）规范药品推广和公立医疗机构药房管理。医疗机构要加强对参加涉及药品耗材推广的学术活动的管理，由企业举办或赞助的学术会议、培训项目等邀请由医疗机构统筹安排，并公示、备案备查。坚持公立医疗机构药房的公益性，公立医疗机构不得承包、出租药房，不得向营利性企业托管药房，不得以任何形式开设营利性药店。公立医疗机构与企业合作开展物流延伸服务的，应当按企业所提供的服务向企业支付相关费用，企业不得以任何形式参与医疗机构的药事管理工作。

六、强化组织实施

（十七）加强组织领导。各地要高度重视加强医疗机构药事管理工作，切实加强组织领导和统筹协调，结合实际制定务实管用的具体举措，明确部门责任，确保各项任务落实到位。要按照深化医改总体要求，把医疗机构药事管理作为医改近期重点任务进行部署，加强相关政策衔接配套。要充分发挥行业组织的专业作用，认真听取公立医疗机构、非公立医疗机构等各方面意见，增强各项措施的执行力，不断完善相关政策。

（十八）强化部门协作。卫生健康行政部门要制定国家药品处方集和药事质量控制指标，加强医疗机构药师的培养培训，开展药物合理使用监管考核工作，制定药学服务项目相关技术标准、服务规范。教育部门要加大药学专业学位特别是临床药学专业学生的培养力度，提高教育质量。财政部门要按规定落实投入责任。人力资源社会保障部门要会同有关部门加快推进公立医院薪酬制度和职称评定改革，完善药学人员岗位设置。医疗保障部门要指导地方统筹推进医疗服务价格改革，总结推广地方体现药学服务价值的做法，积极推广有益经验。国家中医药局根据中医药特点，会同相关部门另行制定加强中药药事管理的相关文件并组织实施。

（十九）加强督促指导。国家卫生健康委要会同相关部门建立医疗机构药事管理重点工作跟踪和通报制度，加强各地工作进展的监测和定期通报，对进展滞后或管理不力的地区，要向省级人民政府通报并采取对地方相关部门约谈等方式督促及时整改。要强化政策指导，允许和鼓励地方结合实际创造性开展工作，提高医疗机构药事管理水平，及时总结和推广基层探索创新的好经验好做法。

（二十）加强宣传引导。各地各有关部门要积极宣传加强医疗机构药事管理、促进合理用药的重大意义，提高全社会对药事管理重要性和紧迫性的认识，引导医疗机构和医务人员理解、支持和参与改革。加强政策解读，合理引导社会预期，妥善回应社会关切，营造良好社会氛围。大力宣传药学服务先进典型，增强药学人员职业荣誉感，发挥示范引领作用。

科技部等9部门印发《赋予科研人员职务科技成果所有权或长期使用权试点实施方案》的通知

国科发区〔2020〕128号

各有关单位：

《赋予科研人员职务科技成果所有权或长期使用权试点实施方案》（以下简称《实施方案》）已经2020年2月14日中央全面深化改革委员会第十二次会议审议通过。现将《实施方案》印发给你们，请结合实际认真贯彻执行。

2020年5月9日

赋予科研人员职务科技成果所有权或长期使用权试点实施方案

为深化科技成果使用权、处置权和收益权改革，进一步激发科研人员创新热情，促进科技成果转化，根据《中华人民共和国科学技术进步法》《中华人民共和国促进科技成果转化法》《中华人民共和国专利法》相关规定，现就开展赋予科研人员职务科技成果所有权或长期使用权试点工作制定本实施方案。

一、总体要求

（一）指导思想。

以习近平新时代中国特色社会主义思想为指导，全面贯彻党的十九大和十九届二中、三中、四中全会精神，认真贯彻党中央、国务院决策部署，加快实施创新驱动发展战略，树立科技成果只有转化才能真正实现创新价值、不转化是最大损失的理念，创新促进科技成果转化的机制和模式，着力破除制约科技成果转化的障碍和藩篱，通过赋予科研人员职务科技成果所有权或长期使用权实施产权激励，完善科技成果转化激励政策，激发科研人员创新创业的积极性，促进科技与经济深度融合，推动经济高质量发展，加快建设创新型国家。

（二）基本原则。

系统设计、统筹布局。聚焦科技成果所有权和长期使用权改革，从规范赋予科研人员职务科技成果所有权和长期使用权流程、充分赋予单位管理科技成果自主权、建立尽职免责机制、做好科技成果转化管理和服务等方面做好顶层设计，统筹推进试点工作。

问题导向、补齐短板。遵循市场经济和科技创新规律，着力破解科技成果有效转化的政策制度瓶颈，找准改革突破口，集中资源和力量，畅通科技成果转化通道。

先行先试、重点突破。以调动科研人员创新积极性、促进科技成果转化为出发点和落脚点，强化政策引导，鼓励先行开展探索，破除体制机制障碍，形成新路径和新模式，加快构建有利于科技创新和科技成果转化的长效机制。

（三）主要目标。

分领域选择40家高等院校和科研机构开展试点，探索建立赋予科研人员职务科技成果所有权或长期使用权的机制和模式，形成可复制、可推广的经验和做法，推动完善相关法律法规和政策措施，进一步激发科研人员创新积极性，促进科技成果转移转化。

二、试点主要任务

（一）赋予科研人员职务科技成果所有权。

国家设立的高等院校、科研机构科研人员完成的职务科技成果所有权属于单位。试点单位可以结合本单位实际，将本单位利用财政性资金形成或接受企业、其他社会组织委托形成的归单位所有的职务科技成果所有权赋予成果完成人（团队），试点单位与成果完成人（团队）成为共同所有权人。赋权的成果应具备权属清晰、应用前景明朗、承接对象明确、科研人员转化意愿强烈等条件。成果类型包括专利权、计算机软件著作权、集成电路布图设计专有权、植物新品种权，以及生物医药新品种和技术秘密等。对可能影响国家安全、国防安全、公共安全、经济安全、社会稳定等事关国家利益和重大社会公共利益的成果暂不纳入赋权范围，加快推动建立赋权成果的负面清单制度。

试点单位应建立健全职务科技成果赋权的管理制度、工作流程和决策机制，按照科研人员意愿采取转化前赋予职务科技成果所有权（先赋权后转化）或转化后奖励现金、股权（先转化后奖励）的不同激励方式，对同一科技成果转化不进行重复激励。先赋权后转化的，科技成果完成人（团队）应在团队内部协商一致，书面约定内部收益分配比例等事项，指定代表向单位提出赋权申请，试点单位进行审批并在单位内公示，公示期不少于15日。试点单位与科技成果完成人（团队）应签署书面协议，合理约定转化科技成果收益分配比例、转化决策机制、转化费用分担以及知识产权维持费用等，明确转化科技成果各方的权利和义务，并及时办理相应的权属变更等手续。

（二）赋予科研人员职务科技成果长期使用权。

试点单位可赋予科研人员不低于10年的职务科技成果长期使用权。科技成果完成人（团队）应向单位申请并提交成果转化实施方案，由其单独或与其他单位共同实施该项科技成果转化。试点单位进行审批并在单位内公示，公示期不少于 15 日。试点单位与科技成果完成人（团队）应签署书面协议，合理约定成果的收益分配等事项，在科研人员履行协议、科技成果转化取得积极进展、收益情况良好的情况下，试点单位可进一步延长科研人员长期使用权期限。试点结束后，试点期内签署生效的长期使用权协议应当按照协议约定继续履行。

（三）落实以增加知识价值为导向的分配政策。

试点单位应建立健全职务科技成果转化收益分配机制，使科研人员收入与对成果转化的实际贡献相匹配。试点单位实施科技成果转化，包括开展技术开发、技术咨询、技术服务等活动，按规定给个人的现金奖励，应及时足额发放给对科技成果转化做出重要贡献的人员，计入当年本单位绩效工资总量，不受单位总量限制，不纳入总量基数。

（四）优化科技成果转化国有资产管理方式。

充分赋予试点单位管理科技成果自主权，探索形成符合科技成果转化规律的国有资产管理模式。高等院校、科研机构对其持有的科技成果，可以自主决定转让、许可或者作价投资，不需报主管部门、财政部门审批。试点单位将科技成果转让、许可或者作价投资给国有全资企业的，可以不进行资产评估。试点单位将其持有的科技成果转让、许可或作价投资给非国有全资企业的，由单位自主决定是否进行资产评估。

（五）强化科技成果转化全过程管理和服务。

试点单位要加强对科技成果转化的全过程管理和服务，坚持放管结合，通过年度报告制度、技术合同认定、科技成果登记等方式，及时掌握赋权科技成果转化情况。试点单位可以通过协议定价、在技术交易市场挂牌交易、拍卖等方式确定交易价格，探索和完善科技成果转移转化的资产评估机制。获得科技成果所有权或长期使用权的科技成果完成人（团队）应勤勉尽职，积极采取多种方式加快推动科技成果转化。对于赋权科技成果作价入股的，应完善相应的法人治理结构，维护各方权益。鼓励试点单位和科研人员通过科研发展基金等方式，将成果转化收益继续用于中试熟化和新项目研发等科技创新活动。建立健全相关信息公开机制，加强全社会监督。

（六）加强赋权科技成果转化的科技安全和科技伦理管理。

鼓励赋权科技成果首先在中国境内转化和实施。国家出于重大利益和安全需要，可以依法组织对赋权职务科技成果进行推广应用。科研人员将赋权科技成果向境外转移转化的，应遵守国家技术出口等相关法律法规。涉及国家秘密的职务科技成果的赋权和转化，试点单位和成果完成人（团队）要严格执行科学技术保密制度，加强保密管理；试点单位和成果完成人（团队）与企业、个人合作开展涉密成果转移转化的，要依法依规进行审批，并签订保密协议。加强对赋权科技成果转化的科技伦理管理，严格遵守科技伦理相关规定，确保科技成果的转化应用安全可控。

（七）建立尽职免责机制。

试点单位领导人员履行勤勉尽职义务，严格执行决策、公示等管理制度，在没有牟取非法利益的前提下，可以免除追究其在科技成果定价、自主决定资产评估以及成果赋权中的相关决策失误责任。各地方、各主管部门要建立相应容错和纠错机制，探索通过负面清单等方式，制定勤勉尽责的规范和细则，激发试点单位的转化积极性和科研人员干事创业的主动性、创造性。完善纪检监察、审计、财政等部门监督检查机制，以是否符合中央精神和改革方向、是否有利于科技成果转化作为对科技成果转化活动的定性判断标准，实行审慎包容监管。

（八）充分发挥专业化技术转移机构的作用。

试点单位应在不增加编制的前提下完善专业化技术转移机制建设，发挥社会化技术转移机构作用，开展信息发布、成果评价、成果对接、经纪服务、知识产权管理与运用等工作，创新技术转移管理和运营机制，加强技术经理人队伍建设，提升专业化服务能力。

三、试点对象和期限

（一）试点单位范围。

试点单位为国家设立的高等院校和科研机构。优先在开展基于绩效、诚信和能力的科研管理改革试点的中央部门所属高等院校和中科院所属科研院所，医疗卫生、农业等行业所属中央级科研机构，以及全面创新改革试验区和国家自主创新示范区内的地方高等院校和科研机构中，选择一批改革动力足、创新能力强、转化成效显著以及示范作用突出的单位开展试点。

（二）试点期限。

试点期 3 年。

四、组织实施

（一）加强组织领导。

在国家科技体制改革和创新体系建设领导小组指导下，科技部会同发展改革委、教育部、工业和信息化部、财政部、商务部、人力资源社会保障部、知识产权局、中科院等部门建立高效、精简的试点工作协调机制，及时研究重大政策问题，编制赋权协议范本，加强风险防控，指导推进试点工作，确保试点宏观可控。相关地方要建立协调机制，推动试点任务落实，做好成效总结评估和经验推广工作。试点单位应按照实施方案的原则和要求，编制试点工作方案。

（二）加强评估监测。

科技部会同相关部门完善试点工作报告制度，试点单位应及时将试点工作方案、年度试点执行情况和赋权成果名单报告主管部门和科技部。对试点中的一些重大事项，可组织科技、产业、法律、财务、知识产权等方面的专家，开展决策咨询服务。发挥第三方评估机构的作用，对试点进展情况开展监测和评估。对于试点前有关地方和单位已经开展的科技成果赋权和转化成功经验、做法和模式，及时纳入试点方案。对试点中发现的问题和偏差，及时予以解决和纠正。

（三）加强推广应用。

充分发挥试点示范作用，开展经验交流，编发典型案例，加强宣传引导。对形成的一些好的经验做法，通过扩大试点范围等方式进行复制推广，总结试点中形成的改革新举措，及时健全完善相关政策措施。为解决试点中可能出现的突出问题和矛盾，需要对现行法律法规进行调整的，依法律程序解决。

各有关部门和地方要按照本方案精神，强化全局和责任意识，统一思想，主动改革，勇于创新，积极作为，确保试点工作取得实效。国防领域赋予科研人员职务科技成果所有权或长期使用权的试点由国防科技工业主管部门和军队有关部门参照本方案精神制定实施方案，另行开展。

养老保险

人力资源社会保障部　财政部　税务总局关于阶段性减免企业社会保险费的通知

人社部发〔2020〕11号

各省、自治区、直辖市人民政府，新疆生产建设兵团：

为贯彻落实习近平总书记关于新冠肺炎疫情防控工作的重要指示精神，纾解企业困难，推动企业有序复工复产，支持稳定和扩大就业，根据社会保险法有关规定，经国务院同意，现就阶段性减免企业基本养老保险、失业保险、工伤保险（以下简称三项社会保险）单位缴费部分有关问题通知如下：

一、自2020年2月起，各省、自治区、直辖市（除湖北省外）及新疆生产建设兵团（以下统称省）可根据受疫情影响情况和基金承受能力，免征中小微企业三项社会保险单位缴费部分，免征期限不超过5个月；对大型企业等其他参保单位（不含机关事业单位）三项社会保险单位缴费部分可减半征收，减征期限不超过3个月。

二、自2020年2月起，湖北省可免征各类参保单位（不含机关事业单位）三项社会保险单位缴费部分，免征期限不超过5个月。

三、受疫情影响生产经营出现严重困难的企业，可申请缓缴社会保险费，缓缴期限原则上不超过6个月，缓缴期间免收滞纳金。

四、各省根据工业和信息化部、统计局、发展改革委、财政部《关于印发中小企业划型标准规定的通知》（工信部联企业〔2011〕300号）等有关规定，结合本省实际确定减免企业对象，并加强部门间信息共享，不增加企业事务性负担。

五、要确保参保人员社会保险权益不受影响，企业要依法履行好代扣代缴职工个人缴费的义务，社保经办机构要做好个人权益记录工作。

六、各省级政府要切实承担主体责任，确保各项社会保险待遇按时足额支付。加快推进养老保险省级统筹，确保年底前实现基金省级统收统支。2020年企业职工基本养老保险基金中央调剂比例提高到4%，加大对困难地区的支持力度。

七、各省要结合当地实际，按照本通知规定的减免范围和减免时限执行，规范和加强基金管理，不得自行出台其他减收增支政策。各省可根据减免情况，合理调整2020年基金收入预算。

各省要提高认识，切实加强组织领导，统筹做好疫情防控和经济社会发展工作，抓紧制定具体实施办法，尽快兑现减免政策。各省印发的具体实施办法于3月5日前报人力资源社会保障部、财政部、税务总局备案。各级人力资源社会保障、财政、税务部门要会同相关部门，切实履行职责，加强沟通配合，全力做好疫情防控期间企业社会保险工作，确保企业社会保险费减免等各项政策措施落实到位。

2020年2月20日

人力资源社会保障部　财政部
关于 2020 年调整退休人员
基本养老金的通知

人社部发〔2020〕22 号

各省、自治区、直辖市人民政府，国务院各部委、各直属机构，新疆生产建设兵团：

经国务院批准，从 2020 年 1 月 1 日起调整企业和机关事业单位退休人员（以下简称退休人员）基本养老金水平。现就有关事项通知如下：

一、调整范围。2019 年 12 月 31 日前已按规定办理退休手续并按月领取基本养老金的退休人员。

二、调整水平。全国总体调整比例按照 2019 年退休人员月人均基本养老金的 5%确定。各省以全国总体调整比例为高限确定本省调整比例和水平。

三、调整办法。继续采取定额调整、挂钩调整与适当倾斜相结合的办法，并实现企业和机关事业单位退休人员调整办法基本统一。定额调整要体现公平原则；挂钩调整要体现“多缴多得”、“长缴多得”的激励机制，可与退休人员本人缴费年限（或工作年限）、基本养老金水平等因素挂钩；对高龄退休人员、艰苦边远地区退休人员，可适当提高调整水平。继续确保企业退休军转干部基本养老金不低于当地企业退休人员平均水平。要进一步强化激励，适当加大挂钩调整所占比重。

四、资金来源。调整基本养老金所需资金，参加企业职工基本养老保险的从企业基本养老保险基金中列支，参加机关事业单位工作人员基本养老保险的从机关事业单位基本养老保险基金中列支。对中西部地区、老工业基地、新疆生产建设兵团和在京中央国家机关及所属事业单位，中央财政予以适当补助。未参加职工基本养老保险的，调整所需资金由原渠道解决。

五、组织实施。调整退休人员基本养老金，是提高保障和改善民生水平的重要措施，体现了党中央、国务院对广大退休人员的亲切关怀。各地区要高度重视，切实加强领导，精心组织实施，加强宣传解读，确保调整工作平稳进行。按照党中央、国务院统一部署，结合本地区实际制定具体实施方案，于 2020 年 5 月 31 日前报人力资源社会保障部、财政部备案。各地区要严格按照两部备案同意的实施方案执行，切实采取措施加强基本养老保险基金收支管理，提前做好资金安排，确保基本养老金按时足额发放，不得发生新的拖欠。对自行提高调整水平、突破调整政策、存在违规一次性补缴或违规办理提前退休的地区，将予以批评问责，并相应扣减中央财政补助资金。在京中央国家机关及所属事业单位的调整方案由人力资源社会保障部、财政部制定并组织实施。

2020 年 4 月 10 日

人力资源社会保障部　财政部　税务总局关于延长阶段性减免企业社会保险费政策实施期限等问题的通知

人社部发〔2020〕49号

各省、自治区、直辖市人民政府，新疆生产建设兵团：

按照党中央、国务院决策部署，人力资源社会保障部、财政部、税务总局印发《关于阶段性减免企业社会保险费的通知》（人社部发〔2020〕11号），自2020年2月起阶段性减免企业基本养老保险、失业保险、工伤保险（以下称三项社会保险）单位缴费部分，减轻了企业负担，有力支持了企业复工复产。为进一步帮助企业特别是中小微企业应对风险、渡过难关，减轻企业和低收入参保人员今年的缴费负担，经国务院同意，现就延长阶段性减免企业三项社会保险费政策实施期限等问题通知如下：

一、各省、自治区、直辖市及新疆生产建设兵团（以下统称省）对中小微企业三项社会保险单位缴费部分免征的政策，延长执行到2020年12月底。各省（除湖北省外）对大型企业等其他参保单位（不含机关事业单位，下同）三项社会保险单位缴费部分减半征收的政策，延长执行到2020年6月底。湖北省对大型企业等其他参保单位三项社会保险单位缴费部分免征的政策，继续执行到2020年6月底。

二、受疫情影响生产经营出现严重困难的企业，可继续缓缴社会保险费至2020年12月底，缓缴期间免收滞纳金。

三、各省2020年社会保险个人缴费基数下限可继续执行2019年个人缴费基数下限标准，个人缴费基数上限按规定正常调整。

四、有雇工的个体工商户以单位方式参加三项社会保险的，继续参照企业办法享受单位缴费减免和缓缴政策。

五、以个人身份参加企业职工基本养老保险的个体工商户和各类灵活就业人员，2020年缴纳基本养老保险费确有困难的，可自愿暂缓缴费。2021年可继续缴费，缴费年限累计计算；对2020年未缴费月度，可于2021年底前进行补缴，缴费基数在2021年当地个人缴费基数上下限范围内自主选择。

六、各省要严格按照规定的减免范围、减免时限和划型标准执行，确保各项措施准确落实到位，不得突破本通知的政策要求，不得自行出台其他减收增支政策。要统筹考虑今年减免政策等因素，按程序调整2020年社保基金收支预算。

七、各省级政府要切实承担主体责任，加快推进三项社会保险省级统筹工作，确保2020年底前实现企业职工基本养老保险基金省级统收统支。要加强资金调度，做好资金保障工作，确保各项社会保险待遇按时足额支付。

各省要结合实际制定具体实施办法，自本通知印发之日起10日内出台，并报人力资源社会保障部、财政部、税务总局备案。要抓紧组织实施，进一步将减免企业三项社会保险费等各项政策落细落实。人力资源社会保障部、财政部、税务总局将适时对政策落实情况进行监督检查。

2020年6月22日

失 业 保 险

人力资源社会保障部　财政部关于实施企业稳岗扩岗专项支持计划的通知

人社部发〔2020〕30号

各省、自治区、直辖市及新疆生产建设兵团人力资源社会保障厅（局）、财政厅（局）：

为有效应对国内外疫情形势和经济下行压力对就业的影响，做好常态化疫情防控中的稳就业工作，人力资源社会保障部、财政部决定启动实施企业稳岗扩岗专项支持计划。有关事项通知如下：

一、总体要求

坚决贯彻中央统筹推进疫情防控和经济社会发展工作部署，强化底线思维，注重精准施策，坚持援企、稳岗、扩就业、保民生并举，用足用好失业保险基金、职业技能提升行动专账资金，大力实施稳岗返还、以工代训，支持企业稳定岗位，鼓励企业吸纳就业，保障劳动者基本生活，努力保持就业局势和社会大局稳定。

二、政策举措

（一）加大稳岗返还力度。加快落实失业保险稳岗返还政策，支持参保企业不裁员、少裁员。其中，对中小微企业，2020年12月31日前返还标准最高可提至企业及其职工上年度缴纳失业保险费的100%。提高返还标准后，各级失业保险经办机构要尽快补发2020年度返还资金。对面临暂时性生产经营困难且恢复有望、坚持不裁员或少裁员的参保企业，返还标准可按不超过6个月的当地月人均失业保险金和参保职工人数确定，或按不超过3个月的企业及其职工应缴纳社会保险费确定。实施企业稳岗返还的统筹地区上年失业保险基金滚存结余应具备12个月以上备付能力，实施困难企业稳岗返还的统筹地区备付能力应达到24个月以上，对于备付能力不足的统筹地区，要充分发挥省级调剂金作用，帮助当地实施困难企业稳岗返还政策，尽可能让符合条件的企业都能享受政策支持。

（二）拓宽以工代训范围。

支持企业面向新吸纳劳动者开展以工代训，扩岗位、扩就业。对中小微企业吸纳就业困难人员、零就业家庭成员、离校两年内高校毕业生、登记失业人员就业，并开展以工代训的，可根据吸纳人数给予企业职业培训补贴。

支持困难企业开展以工代训，稳岗位、保生活。对受疫情影响出现生产经营暂时困难导致停工停业的中小微企业，组织职工开展以工代训的，可根据组织以工代训人数给予企业职业培训补贴。

各地可结合实际情况，将受疫情影响较大的外贸、住宿餐饮、文化旅游、交通运输、批发零售等行业补贴范围扩展到各类企业。补贴资金主要用于开展以工代训、职工生活补助等支出。符合条件的企业申请以工代训职业培训补贴，应向当地人力资源社会保障部门提供以工代训人员花名册、当月发放工资银行对账单（其中停工停产企业需提供上一季度发放工资银行对账单）。经当地人力资源社会保障部门审核通过后，按规定每月将补贴资金支付到企业在银行开立的基本账户。补贴标准由省级人力资源社会保障、财政部门确定，补贴期限最长不超过6个月，所需资金从职业技能提升行动专账资金中列支。以工代训职业培训补贴政策受理期限截止到2020年12月31日，原有以工代训政策执行期限不变。

三、工作要求

（一）优化经办服务。各地要梳理发布专项支持计划的政策清单、申办流程、补贴标准、服务机构及联系方式、监督投诉电话等，结合本地区重点关注企业清单宣介政策、了解困难、做好帮扶。要精简申领证明材料，对同一企业同时申请多项政策的推行“打包”办理，不得要求重复提交材料。对稳岗返还政策，稳岗返还金额可依据征缴机构提供的上年度缴费记录按规定确定，不再要求提供职工花名册、工资表等；“生产经营活动应符合国家及所在区域产业结构调整和环保政策”的审核可采用企业承诺方式。要提高审核发放效率，做到随报随审，不得设定集中申报期和资金拨付期。要加快建立补贴资金网上申领渠道，推广“不见面”服务，努力实现补贴受理审核发放全程网办。

（二）强化资金保障监管。各地要加大以工代训职业培训补贴资金保障力度，确保政策落实。要按月监测失业保险基金运行状况，加强情况预判和适时调控，确保基金收支平衡和安全可持续。建立健全失业保险基金、职业技能提升行动专账资金监管机制，向社会公示享受政策的单位、额度等情况，加强监督检查和专项审计，对违规使用、骗取套取资金的要依法依规严惩，涉嫌犯罪的及时移交司法机关处理。

（三）加强组织领导。实施稳岗扩岗专项支持计划是当前稳就业、促就业、防失业的重要抓手，各地人力资源社会保障、财政部门要高度重视、精心组织。要制定实施方案，结合本地区就业工作需要，细化实化稳岗返还、以工代训政策，合理确定政策享受对象，明确操作流程和补贴标准。要依托现有信息系统，将以工代训政策实施情况纳入技能提升行动统计范围，按月上报政策落实情况。要强化宣传引导，充分运用各类媒体，及时向社会宣传专项支持计划政策举措、进展成效。专项支持计划实施情况将作为本年度稳就业工作相关督查、技能提升行动落实情况考核的重要内容。

各地实施专项支持计划的有关情况及工作中发现的困难问题，要及时报送人力资源社会保障部、财政部。

2020 年 5 月 9 日

人力资源社会保障部　财政部 关于扩大失业保险保障范围的通知

人社部发〔2020〕40号

各省、自治区、直辖市人民政府，新疆生产建设兵团：

为深入贯彻落实党中央、国务院关于扩大失业保险保障范围、更好保障失业人员基本生活的决策部署，确保失业人员待遇应发尽发、应保尽保，经国务院同意，现就扩大失业保险保障范围有关事项通知如下：

一、充分认识做好失业人员生活保障的重要意义。扩大失业保险保障范围是党中央、国务院为应对新冠肺炎疫情影响、保障基本民生作出的一项重要决策部署，对于做好困难群众兜底保障、维护社会稳定具有重要意义。各地要切实把思想和行动统一到党中央、国务院决策部署上来，进一步增强责任感和紧迫感，充分发挥失业保险保生活基础功能，抓紧抓实抓细政策落地见效，努力扩大受益面，切实保障参保失业人员基本生活。

二、及时发放失业保险金。对参保缴费满1年、非因本人意愿中断就业、已办理失业登记并有求职要求的失业人员，应及时足额发放失业保险金，代缴基本医疗保险费，按规定发放价格临时补贴、丧葬补助金和抚恤金。自2019年12月起，延长大龄失业人员领取失业保险金期限，对领取失业保险金期满仍未就业且距法定退休年龄不足1年的失业人员，可继续发放失业保险金至法定退休年龄。

三、阶段性实施失业补助金政策。2020 年 3 月至 12 月，领取失业保险金期满仍未就业的失业人员、不符合领取失业保险金条件的参保失业人员，可以申领 6 个月的失业补助金，标准不超过当地失业保险金的 80%。领取失业补助金期间不享受失业保险金、代缴基本医疗保险费、丧葬补助金和抚恤金。失业人员领取失业补助金期满、被用人单位招用并参保、死亡、应征服兵役、移居境外、享受城镇职工基本养老保险或城乡居民养老保险待遇、被判刑收监执行的，停发失业补助金。领取失业补助金期限不核减参保缴费年限。失业补助金按月发放，从失业保险基金“其他支出”科目列支。

四、阶段性扩大失业农民工保障范围。对《失业保险条例》规定的参保单位招用、个人不缴费且连续工作满 1 年的失业农民工，及时发放一次性生活补助。2020 年 5 月至 12 月，对 2019 年 1 月 1 日之后参保不满 1 年的失业农民工，参照参保地城市低保标准，按月发放不超过 3 个月的临时生活补助。与城镇职工同等参保缴费的失业农民工，按参保地规定发放失业保险金或失业补助金。

五、阶段性提高价格临时补贴标准。2020 年 3 月至 6 月，对领取失业保险金和失业补助金人员发放的价格临时补贴，补贴标准在现行标准基础上提高 1 倍。

六、畅通失业保险待遇申领渠道。各地要优化经办流程，减少证明材料，取消附加条件，让参保失业人员方便快捷得到保障。参保失业人员可凭社会保障卡或身份证件申领失业保险金、失业补助金、一次性生活补助或临时生活补助，可不提供解除或者终止劳动关系、失业登记证明等材料。经办机构应通过核验参保信息库中的参保缴费信息，确认申领人员是否符合领取条件对应的失业状态，不得增加其他义务、条件或时限要求。各地要在实现线上申领失业保险金基础上，于 6 月底前实现失业补助金等其他失业保险待遇线上申领；人力资源社会保障部建立领取失业保险金、失业补助金全国线上申领入口，并向地方提供全国参保信息联网核验服务。

七、切实防范基金运行风险。各地要密切关注失业保险基金运行情况，加强监测预警，对困难地区及时做好帮扶。要结合本地失业保险基金结余情况，做好资金测算，合理确定补助标准，优先保障保生活支出。基金支撑能力较弱的统筹地区，要适时调整基金支出方向和结构。有条件的省份要充分发挥省级调剂金作用，支持统筹地区各项政策有序实施。要强化监督管理，严防冒领、骗取、套取基金行为，切实维护基金安全。

八、做好组织实施工作。各地要围绕应发尽发、应保尽保的目标任务，统筹谋划，周密部署，压实工作责任，建立健全抓落实的体制机制，确保扩大失业保险保障范围政策尽快落地见效。地方各级人力资源社会保障、财政部门要主动履职尽责，加强工作调度，做好政策宣传解读，提高政策知晓度，及时回应群众关切。各地在执行中遇有重大情况和问题，及时报人力资源社会保障部、财政部。

2020 年 5 月 29 日

国家发展改革委　民政部　财政部　人力资源社会保障部　退役军人事务部　国家统计局关于进一步做好阶段性价格临时补贴工作的通知

发改电〔2020〕876 号

各省、自治区、直辖市、新疆生产建设兵团发展改革委、民政厅（局）、财政厅（局）、人力资源社会保障厅（局）、退役军人事务厅（局）、统计局，国家统计局各调查总队：

党中央、国务院高度重视困难群众基本生活保障工作。当前形势下，对低收入群体特别是困难群体加大保障力度十分紧要。为贯彻落实国务院常务会议精神，更好保障困难群众基本生活，现就阶段性加大社会救助和保障标准与物价上涨挂钩联动机制（以下简称联动机制）的价格临时补贴力度工作通知如下。

一、阶段性扩大价格补贴联动机制保障范围

各地要在认真执行《关于进一步完善社会救助和保障标准与物价上涨挂钩联动机制的通知》（发改价格规〔2016〕1835 号）规定基础上，将孤儿、事实无人抚养儿童，以及领取失业补助金人员，纳入联动机制保障范围。执行期限为 2020 年 3 月至 6 月。

二、阶段性提高价格临时补贴标准

以现行联动机制测算的补贴标准为基础，阶段性提高每月价格临时补贴标准1倍。执行期限为2020年3月至6月。

三、明确增支资金保障渠道

对城乡低保对象、特困人员、享受国家定期抚恤补助的优抚对象提高补贴标准的增支资金和将孤儿、事实无人抚养儿童纳入保障范围的增支资金，由中央财政通过困难群众救助补助资金分地区给予补助，其中东部地区补助30%、中部地区补助60%、西部地区补助80%；对领取失业保险金人员和领取失业补助金人员的增支资金，从失业保险基金中列支。其余增支资金，由地方财政予以保障。

四、工作要求

（一）加强资金保障。各地要切实落实资金保障责任，按规定做好价格临时补贴所需资金安排。

（二）进一步提高工作效率。各地要充分利用信息化手段提高会商、报审等各环节工作效率，尽可能缩短发放时间，务必做到20个工作日内足额发放到困难群众手中。

（三）确保补贴对象全覆盖。各地要严格对照有关规定要求，认真梳理价格临时补贴范围和对象，做到“应保尽保、应补尽补”。

（四）规范补贴测算依据。价格临时补贴标准测算按照《关于完善社会救助和保障标准与物价上涨挂钩联动机制的通知》（发改价格〔2014〕182号）规定执行。现行补贴标准未达到该规定要求的，要严格按照城乡低保标准×城镇低收入居民基本生活费用价格指数（SCPI）同比涨幅的方法测算补贴标准。

各地要抓紧组织落实相关政策措施，工作中遇到的重要情况和问题及时报告当地人民政府和上级有关部门。每月8日前，将上月价格临时补贴发放情况报国家发展改革委（价格司）。

特此通知。

2020年4月8日

人力资源社会保障部办公厅关于公布失业保险金网上申领平台的通知

人社厅发〔2020〕9号

各省、自治区、直辖市及新疆生产建设兵团人力资源社会保障厅（局）：

为深入贯彻落实习近平总书记关于新型冠状病毒感染肺炎疫情的重要指示精神，切实做好疫情防控期间失业人员的基本生活保障，确保失业保险待遇按时足额发放，同时，减少现场经办防范交叉感染，有效维护群众身体健康，现就有关事项通知如下：

一、已实现失业保险金网上申领的直辖市、省会城市、计划单列市网上经办平台网址、App、二维码或公众号，将在人社部官网、官方公众号、国家社会保险公共服务平台及“掌上12333”App向社会公布，请各地切实保障网上申领渠道畅通。

二、各省、自治区要主动将辖区内已实现失业保险金网上申领的地（市、州、盟）的网上经办平台网址、App、二维码或公众号，通过人社部门官网、官方公众号、App等渠道向社会公布。在上述渠道的显著位置，同时公布本地区失业保险金网上申领流程和办事指南，并通过发送短信、微信等方式将相关信息主动推送给参保企业和参保人员。

三、对目前暂不具备网上申领条件的经办机构，可通过电话申请或邮寄材料等方式，尽可能实行失业保险金不见面申领，要及时公布办理电话和邮寄地址。对确需到现场办理的，可采用告知承诺的方式，精简材料，优化流程，缩短办理时间，降低交叉感染风险。

四、各省、自治区要指导、督促、帮助未实现网上申领的地（市、州、盟）抓紧优化和调整经办信息系统，结合全国统一社会保险公共服务平台建设，结合社会保障卡功能的拓展，尽快实现网上经办，方便群众足不出户办理业务。

附件：各直辖市、省会城市、计划单列市失业保险金网上申领平台

2020 年 2 月 3 日

附件

各直辖市、省会城市、计划单列市失业保险金网上申领平台

城市	失业保险金网上申领平台
直辖市：	
北京	北京市人力资源和社会保障局官方网站公共服务平台“就业超市”（http://fuwu.rsj.beijing.gov.cn/jycy/jycs/index.html）、北京市人力资源和社会保障局微信公众号“北京人社”
天津	天津人力社保 App
上海	上海人社 App
重庆	重庆掌上 12333App
省会城市：	
石家庄	河北人社手机 App
太原	民生山西 App
呼和浩特	呼和浩特人力资源和社会保障局网上服务大厅 http://106.74.0.244:8082/personlogin/或呼和浩特 12333App
沈阳	盛京好办事 App
长春	长春市社会保险公共服务平台 https://www.ccshbx.org.cn 或长春社会保险微信公众号
哈尔滨	哈尔滨政务服务网（http://zwfw.harbin.gov.cn/）或哈尔滨智慧人社 App（仅支持安卓系统）
南京	“我的南京”App
杭州	浙江政务服务网（网址：www.zjzwfw.gov.cn）或浙里办 App

续表

城市	失业保险金网上申领平台
合肥	支付宝城市服务
福州	榕 e 社保卡 App
南昌	南昌社会保障网上大厅 http://218.204.132.4:8006/uaa/person-login
济南	济南市社会保险事业中心网站 http://jnsi.jnhrss.jinan.gov.cn
郑州	河南省社会保障网上服务平台 http://222.143.34.121/portal/#/home
武汉	支付宝城市服务或湖北政务服务网 http://zwfw.hubei.gov.cn/s/index.html
长沙	长沙市 12333 服务平台 www.cs12333.com
广州	广州市人力资源和社会保障局官方网站 www.hrssgz.gov.cn
南宁	"南宁智慧人社" App
海口	海南政务服务网 https://wssp.hainan.gov.cn/
成都	成都市人力资源和社会保障局成都市就业网上经办系统 https://es.cdhrss.chengdu.gov.cn:5788/cdwtqt/login.jsp
贵阳	贵阳市人社通 App（仅支持安卓系统）
昆明	"就业彩云南" 公众号
拉萨	西藏公共就业服务网上大厅 218.206.180.132
西安	西安市人力资源和社会保障局政务服务网 http://1.85.18.182:8615/
兰州	甘肃人力资源和社会保障网上办事大厅 www.rst.gansu.gov.cn:8080
西宁	青海人社通手机 App 或青海人社官方网站 http://rst.qinghai.gov.cn/qhrst/index/
银川	"我的宁夏" App
乌鲁木齐	新疆智慧人社手机 App（仅支持安卓系统）

续表

城市	失业保险金网上申领平台
计划单列市：	
大连	大连市人力资源和社会保障局网上办事大厅 http://bsdt.dlyun.work/personal.jsp
青岛	青岛人社 App 或“青岛 Ai 人社”公众号，青岛就业网 http://jy.qingdao.gov.cn/pages/wsjb/jingban.html
宁波	浙江政务服务网（网址：www.zjzwfw.gov.cn）或浙里办 App
厦门	厦门市人力资源和社会保障局官网（网址：http://hrss.xm.gov.cn/）
深圳	i 深圳 App、“粤省市”“深圳人社”“深圳社保”公众号或广东政务服务网 https://sipub.sz.gov.cn/hspms/

人力资源社会保障部办公厅关于进一步推进失业保险金“畅通领、安全办”的通知

人社厅发〔2020〕24号

各省、自治区、直辖市及新疆生产建设兵团人力资源社会保障厅（局）：

为贯彻落实习近平总书记关于要加快推动线上申领失业保险金，确保失业人员应发尽发、应保尽保的重要指示精神，应对疫情防控期间及其后可能出现的失业风险，切实保障失业人员的基本生活，确保失业保险金按时足额发放，现就进一步畅通申领渠道、优化经办服务等事项通知如下：

一、对领取失业保险金期满仍未就业且距离法定退休年龄不足1年的失业人员，可继续发放失业保险金直至法定退休年龄，实施时间自2019年12月起。失业人员的领金期限、就业失业状态、法定退休年龄可通过失业保险参保缴费记录、身份证信息等内部信息比对确定。续发失业保险金无需个人提出申请，失业人员按照规定同时享受代缴基本医疗保险费等其他失业保险待遇。续发期间发生《社会保险法》第五十一条规定的停止发放失业保险金情形的，停止续发失业保险金。

二、失业人员在失业期间，可凭社会保障卡或身份证件到现场或通过网上申报的方式，向参保地经办失业保险业务的公共就业服务机构或者社会保险经办机构（以下简称经办机构）申领

失业保险金。经办机构应当受理，并根据失业人员累计参保缴费时间核定其领金期限，按照申请之日当地失业保险金标准，按月发放失业保险金。

经办机构认定失业人员失业状态时，应通过内部经办信息系统比对及信息共享，核实用人单位已停止为失业人员缴纳社会保险费即可确认，不得要求失业人员出具终止或者解除劳动关系证明、失业登记证明等其他证明材料。

三、加速推进失业保险金网上申领，力争在 2020 年 4 月底前，所有地（市）均能实现失业保险金网上申领，力争在 6 月底前直辖市、省会城市、计划单列市实现手机申领。要及时做好与国家社会保险公共服务平台和全国人社政务服务平台开通的失业保险金网上申领统一入口的对接，推进全国范围“一网通办”。网上经办系统应做到界面友好、标识清晰、指示明确、路径简洁，凡能够通过内部比对获取的信息，应自动生成电子表单，请失业人员确认即可。系统应当包含纠错功能，及时在线受理群众异议，限时反馈处理结果。

四、失业人员申领失业保险金，经办机构应依据《社会保险法》和《失业保险条例》规定的领金条件进行审核，不得增加失业人员义务，不得附加和捆绑培训等其他条件，不得以超过 60 日申领期限为由拒发失业保险金。不得要求失业人员转移档案；失业人员有视同缴费年限的，可以通过内部信息共享等方式查明；不得将失业人员领取失业保险金的情况记入职工档案。

五、对超过法定退休年龄但尚未依法享受基本养老保险待遇的参保失业人员，经办机构应在其办理失业登记后，按规定发放失业保险金。失业人员申领失业保险金，经办机构应当同时为其办理失业登记和失业保险金发放，实行“一门、一窗”办理，避免“进多个门，跑多次腿”。

六、各地要严格执行社会保险法关于停止领取失业保险金的规定，非法定情形不得停发。经办机构以失业人员重新就业为由停发失业保险金时，可以用人单位是否为其缴纳社会保险费为标准确定是否重新就业。

七、经办机构要加大宣传力度，提示参保单位应当履行告知失业人员有申领失业保险金权利的法定义务。可利用用人单位办理参保缴费人员增减申报等业务的时机，向其发放《失业保险金申领告知书》，也可采取网上信息推送、微信、短信、电话及其他方式提醒用人单位及时履行告知义务。用人单位与职工办理终止或者解除劳动关系时，应将《失业保险金申领告知书》交给失业人员。

八、各级人社部门要把好失业保险基金安全关，定期对统筹地区领金人员信息比对核查，对核查发现已重新就业、享受基本养老保险待遇、死亡等停止领取失业保险金的情形但仍然领取失业保险金的违规行为要及时纠正。对部级社会保险比对查询信息系统定期反馈的疑似违规人员名单信息，要及时核实确认，防止冒领、重复领取。经办机构对冒领、骗领等违规行为依法追究责任。

九、加强组织领导。畅通失业保险金申领渠道，直接关系失业人员切身利益，关系民生底线和社会稳定。各地要把“为民服务解难题”作为失业保险经办系统的价值追求，尽快调整完善申领办法，确保符合条件的失业人员应发尽发，应保尽保。要学习部分地区的先进做法，加速推进“网上办”，提高经办服务便捷性。要在 2020 年底前开展线上线下失业保险服务“好差评”工作，有针对性地提出改进措施。要加强经办人员业务培训，及时掌握新政策、新要求，打造让人民满意的失业保险经办服务。

2020 年 3 月 5 日

工伤保险

人力资源社会保障部 工业和信息化部 财政部 住房城乡建设部 交通运输部 国家卫生健康委 应急部 中华全国总工会关于印发工伤预防五年行动计划（2021—2025）的通知

人社部发〔2020〕90 号

各省、自治区、直辖市及新疆生产建设兵团人力资源和社会保障厅（局）、工业和信息化厅（局）、财政厅（局）、住房和城乡建设厅（局）、交通运输厅（局、委）、卫生健康委员会、应急管理厅（局）、总工会：

为贯彻落实党的十九届五中全会精神，切实做好“十四五”时期工伤预防工作，更好发挥工伤保险积极功能，我们研究制定了《工伤预防五年行动计划（2021—2025 年）》。现印发给你们，请结合实际，认真贯彻落实。

各省级人力资源社会保障部门要会同相关单位制定五年行动计划实施方案，于 2021 年 5 月底前报人力资源社会保障部备案，并于每年 12 月 31 日前将计划落实情况报人力资源社会保障部工伤保险司。

2020 年 12 月 18 日

工伤预防五年行动计划（2021—2025年）

一、总体要求

以习近平新时代中国特色社会主义思想为指导，全面贯彻党的十九大和十九届二中、三中、四中、五中全会精神，坚持以人民为中心的发展思想，适应推进国家治理体系和治理能力现代化要求，完善“预防、康复、补偿”三位一体制度体系，把工伤预防作为工伤保险优先事项，采取一切适当的手段组织推进，切实提升工伤预防意识和能力，促进劳动者实现稳定就业，促进经济社会持续健康发展。

二、工作目标

——工伤事故发生率明显下降，重点行业5年降低20%左右；

——工作场所劳动条件不断改善，切实降低尘肺病等职业病的发生率；

——工伤预防意识和能力明显提升，实现从“要我预防”到“我要预防”“我会预防”的转变。

三、主要任务

（一）牢固树立预防优先的工作理念。深入学习贯彻习近平总书记关于“人民至上、生命至上”的重要指示精神，始终把人民群众生命安全和身体健康放在第一位，把减少事故伤害和职业病危害作为工伤预防的根本出发点和落脚点，从源头上防止工伤事故发生，切实保障劳动者的生命安全和身体健康。

（二）建立完善工伤预防联防联控机制。各地人社部门要与应急管理部门、卫生健康部门、工会和行业主管部门建立联席会议制度，明确职责分工，加强协调联动，加强联合检查，督促用人单位认真落实工伤预防主体责任。要建立完善信息交换、数据共享机制，实现人员信息、事故信息、职业病信息和涉及安全生产事故和职业病的工伤信息等相关数据共享，及时对各类安全隐患、工伤事故苗头性问题和职业病危害因素浓（强）度超标现象综合运用法律、行政、经济手段重点治理，提出限期整改建议。对未按规定落实主体责任、未及时整改的用人单位及其主要负责人，相关部门应依据安全生产法和职业病防治法严肃处理。对有代表性或典型性的工伤事故，相关部门要在全国范围内进行通报，努力避免类似事故重复发生。

（三）瞄住盯紧工伤预防重点行业。各地要加强对工伤预防相关数据的分析，定期研究本地区工伤事故和职业病危害的现状及变化情况，研究确定工伤预防重点领域，依法确定重点项目。本期计划主要围绕工伤事故和职业病高发的危险化学品、矿山、建筑施工、交通运输、机械制造等重点行业企业开展。各地可结合实际明确本地区重点行业、重点领域。

（四）全面加强工伤预防宣传。充分发挥主流媒体和新媒体作用，充分发挥各部门和有关行业企业的宣传作用，抓住重点时段、重要节点、重大事件开展有针对性宣传。要从关注关爱职工群众生命安全和职业健康的视角，运用影音视频、图标图解、典型案例、身边工伤事件等群众易于接受、感染力强的形式，宣传职业病防治、安全生产、交通事故防范、心脑血管疾病防治等方面的知识，不断提高职工群众的工伤预防意识和自我保护意识。鼓励工伤事故和职业病高发易发企业设立工伤预防警示教育基地。

（五）深入推进工伤预防培训。实施重点行业重点企业工伤预防（安全生产、职业病防治）能力提升培训工程，重点培训重点行业重点企业分管负责人、安全管理部门主要负责人和一线班组长等重点岗位人员，2025 年底前实现上述人员培训全覆盖。技工院校要全面开设工伤预防课程，将安全生产、职业病防治与工伤预防的政策法规、安全生产事故与工伤事故防范知识、工伤事故与职业病警示教育等内容作为工伤预防培训必修内容。鼓励各地采取线上培训和线下培训相结合方式，更加注重发挥线上培训的作用。

（六）科学进行工伤保险费率浮动。各地要在依据行业工伤风险程度确定行业基准费率基础上，充分发挥浮动费率的激励和约束作用，促进用人单位主动做好工伤预防，减少工伤事故和职业病的发生。为更好评估用人单位工伤风险趋势，更全面考察用人单位风险管理效果，鼓励各地结合实际，以 3 年为一个周期进行费率浮动。

（七）大力开展互联网+工伤预防。充分发挥信息化、大数据、人工智能在工伤预防方面的作用，一体化推进工伤预防信息共享、在线培训、考核评估，普及工伤预防科学知识、宣传工伤预防政策、开展工伤预防线上培训、强化工伤事故警示教育。人力资源社会保障部将建立基于云架构的工伤预防综合性平台，加强对工伤预防工作的指导和服务。各省级人社部门可会同相关部门推荐资质合法、信誉良好、服务优质的在线培训平台，供地方有关部门、大中型企业等依法自主选用。

（八）积极推进工伤预防专业化、职业化建设。支持有条件、有能力的第三方专业技术服务机构积极参与工伤预防工作，建立长效服务机制。鼓励有能力的大中型企业发挥示范作用，带领同行业中小微企业开展工伤预防工作。建立工伤预防专家库，遴选工伤预防、安全生产、职业卫生等方面的专家，负责工伤预防立项评审、宣传培训、问题诊断、措施制定、评估验收等专业技术相关工作。

（九）切实加强对工伤预防工作的考核监督。将工伤预防工作开展情况纳入对省级政府安全生产目标责任考核内容，促进提高工伤预防工作的实效。加强对工伤预防项目事前、事中、事后全过程监管，按照项目进展安排全程检查、全程跟踪、全程问效。大力推广工伤预防先进典型、先进做法，营造工伤预防正能量。

四、保障措施

（一）加强组织领导。工伤预防是一项系统性工程，也是一项民心工程。人社、财政、应急管理、卫生健康及行业主管部门要切实负起责任，落实安全生产职业卫生法律法规规定的各项职责，负责各自领域工伤预防项目的实施和监管。工会组织要切实发挥好监督作用，督促企业落实工伤预防主体责任，切实维护好职工合法权益。人社部门要充分发挥牵头部门作用，发挥好部门联动工作机制作用，及时召开联席会议，研究解决工作推进中的问题。

（二）勇于创新发展。各地要坚持问题导向、目标导向、效果导向，完善工伤预防工作体系、政策体系、标准体系，加强统计分析，推动解决工伤预防重点难点问题。要建立示范引领和奖惩激励机制，加大工作引导力度，增强用人单位履行主体责任自觉性。要探索建立工伤预防培训机构和线上培训平台推荐清单制度，严把培训实施机构条件关。要坚持大处着眼、细处着手，探索创建一批可操作、可监管、可评价、可推广的工伤预防工作模式。

（三）强化经费保障。各地要认真落实《工伤保险条例》和《工伤预防费使用管理暂行办法》规定，按要求编制工伤预防项目预算，保证工伤预防工作经费，为开展工伤预防工作提供有力支撑。省级人社部门要会同有关部门制定培训项目申报指引和格式文本，为各方规范、精准、便捷申报项目提供支持。要加强基金监管，确保工伤预防费依法合规支出和使用，严格落实项目验收评估制度，防止弄虚作假，坚决杜绝形式主义、官僚主义。

（四）建立长效机制。各地要结合当地实际，健全抓落实长效机制，杜绝一阵风一刀切，推动工伤预防工作日常化、规范化、机制化。要发扬钉钉子精神，以五年为一个周期，坚持一张蓝图绘到底，保持政策稳定性和工作连续性，一年一年干下去，一期一期干下去，久久为功，常抓不懈，推动工伤预防工作不断取得新的成效。

人力资源社会保障部　国家卫生健康委国家医疗保障局关于进一步规范劳动能力鉴定工作的通知

人社部发〔2020〕91号

各省、自治区、直辖市及新疆生产建设兵团人力资源和社会保障厅（局）、卫生健康委员会、医疗保障局：

为深入贯彻社会保险法、《工伤保险条例》和《国务院关于安置老弱病残干部的暂行办法和国务院关于工人退休、退职的暂行办法》（国发〔1978〕104号文），进一步规范劳动能力鉴定行为，加强劳动能力鉴定管理，提升劳动能力鉴定质量和水平，强化劳动能力鉴定风险防控，现就有关事项通知如下：

一、充分认识劳动能力鉴定工作的重要性

劳动能力鉴定是职工享受相关社保待遇的重要依据，是防范基金风险的重要环节。各地人社部门要切实加强对劳动能力鉴定工作的领导，建立健全劳动能力鉴定机构，配齐配强专门工作人员，规范劳动能力鉴定程序，依法依规开展劳动能力鉴定工作。

二、统一因病或非因工致残劳动能力鉴定标准

各地人社部门在办理未达到法定退休年龄因病或非因工致残完全丧失劳动能力退休时，应当以劳动能力鉴定委员会出具的因病或非因工致残劳动能力鉴定结论为依据。各地人社部门开展因病或非因工致残劳动能力鉴定，原则上应依据《职工非因工伤残或因病丧失劳动能力鉴定标准（试行）》（劳社部发〔2002〕8

号）进行。

三、规范劳动能力鉴定程序

各地人社部门要在《工伤保险条例》和《工伤职工劳动能力鉴定管理办法》基础上，进一步细化劳动能力鉴定工作制度。目前还没有制定因病或非因工致残劳动能力鉴定管理办法的，参照《工伤职工劳动能力鉴定管理办法》执行。

四、严格依规做出劳动能力鉴定结论

各地人社部门要从流程设计、风险防范等多方面采取措施，加强劳动能力鉴定现场管理，安全有序地开展现场鉴定。劳动能力鉴定专家应严格按照相关标准的规范要求实施对症检查，准确描述伤病情症状，逐项提出伤病情症状符合或参照劳动能力鉴定标准的具体级别及条款的意见和综合定级意见。劳动能力鉴定委员会应当根据专家组的鉴定意见客观、公正地作出鉴定结论。工伤职工劳动能力鉴定不得超出工伤认定书载明的受伤部位、伤情范围。

五、强化劳动能力鉴定风险防控

各地人社部门要从组织机构控制、业务运行控制、信息系统控制、监督管理控制、费用支出控制等多方面入手，加强劳动能力鉴定内控管理，提高业务核查、抽检频次与质量，对岗位配置、人员管理、权限设置、业务规程、档案管理、系统建设、安全管理等事项明确标准和要求，建立健全内控管理体系。加强对劳动能力鉴定工作的内部监督和外部监督，提升劳动能力鉴定的公信力。

六、加强劳动能力鉴定廉政建设

各地要把纪律挺在前面，切实加强劳动能力鉴定廉政建设，转变工作作风，压实主体责任，加强警示教育，牢固树立廉洁意识、底线意识，坚决杜绝虚假鉴定、人情鉴定。对劳动能力鉴定工作中出现的违规违纪问题要及时进行核查，依法依规严肃处理。要坚持问题导向、目标导向，建立完善相关制度，构建廉政建设长效机制，努力从制度上、程序上防范和杜绝违规违纪问题的发生。

七、加强劳动能力鉴定专家队伍建设

各地劳动能力鉴定委员会要充分发挥卫生健康部门等各成员单位的协同作用，充实劳动能力鉴定专家库，建立专家鉴定考评制度，强化政策、能力培训，加强对劳动能力鉴定专家库的管理和动态调整。对于专家库中医疗卫生专家副主任以上医师人员偏少的地区或科目，可通过卫健部门推荐政治过硬、业务精湛、作风优良、诚实可信的主治医师充实劳动能力鉴定专家队伍。对于一年内多次被再次鉴定改变级别的，应暂停或取消劳动能力鉴定专家资格。对劳动能力鉴定工作中表现突出的鉴定专家，在评定专业技术职称、聘用岗位等同等条件下优先考虑。有条件的地区可通过省级统一随机安排劳动能力鉴定专家跨地市鉴定等方式确保劳动能力鉴定的公平性。

八、加强劳动能力鉴定档案管理

各地要完善劳动能力鉴定档案管理，实现档案和业务一体化，确保全面、准确、规范。要规范纸质档案管理保存，研究制定电子档案标准，建立电子档案系统。有条件的地区劳动能力鉴定委员会可利用现代医疗技术和多媒体影像设备，加强鉴定现场相关影像资料的采集，作为评定职工工伤伤残等级和因病或非因工致残劳动能力鉴定的重要依据存档备查。

九、加强劳动能力鉴定信息化建设

各地人社部门要加快推进工伤保险认定鉴定经办信息一体化建设，实现劳动能力鉴定工作流程电子化闭环；通过互联网渠道，实现劳动能力鉴定线上申请和结论查询；探索通过大数据、人工智能等信息化技术加强劳动能力鉴定结果核查检验，做到全程可留痕、可监督、可追溯。加强与养老保险等人社内部信息共享，实现业务协同办理。加强与卫生健康委、医保部门、医疗机构的信息共享，鼓励通过医院检查结果互认共享，减少重复检查，方便职工办事，压缩劳动能力鉴定时限；通过与医保定点医疗机构就医信息的比对，核验劳动能力鉴定申请材料的真实性。鼓励地方积极协作开展异地劳动能力鉴定工作，支持有条件的地方对特殊群体、在特定时间探索开展“远程鉴定”。

十、加强劳动能力鉴定统计工作

各地人社部门要高度重视劳动能力鉴定统计工作，安排专人负责，并切实保证统计数据质量，《因病或非因工致残劳动能力鉴定情况》（见附件）按年度随《劳动能力鉴定情况》（人社统W18表）按时统一报送，对于经核实统计数据发生严重错误的，将进行通报。

附件：因病或因工致残劳动能力鉴定情况

2020年12月17日

附件

因病或因工致残劳动能力鉴定情况

填报单位名称：　　　　　　　　　　填报时间：　　　　　　　　　　单位：人

项目	申请病退鉴定人数				评定伤残等级人数					
	小计	初次申请	再次（或重复）申请		合计	符合完全丧失劳动能力	不符合完全丧失劳动能力			
				其中：改变结论			小计	其中：大部分丧失劳动能力	其中：部分丧失劳动能力	其中：不符合丧失劳动能力
甲	1	2	3	4	5	6	7	8	9	10
总										

单位负责人签章：　　　　　　处（科）负责人签章：　　　　　　填表人签章：

列关系：（1）＝（2）＋（3），（3）⩾（4），（5）＝（6）＋（7）＝（6）＋（8）＋（9）＋（10），（7）＝（8）＋（9）＋（10）。

备注：1. 未开展因病或非因工致残再次或亘复劳动能力鉴定的省份第（3）、（4）列可不填报；

2. 仅评定是否符合完全丧失劳动能力的省份第（8）、（9）、（10）列可不填报。

人力资源社会保障部　财政部
国家卫生健康委关于因履行工作职责
感染新型冠状病毒肺炎的医护及
相关工作人员有关保障问题的通知

人社部函〔2020〕11号

各省、自治区、直辖市及新疆生产建设兵团人力资源社会保障厅（局）、财政厅（局）、卫生健康委：

为做好新型冠状病毒肺炎疫情防治工作，保障防治人员的权益，现就在此次新型冠状病毒肺炎预防和救治工作中，因履行工作职责而感染新型冠状病毒肺炎的医护及相关工作人员的有关保障问题通知如下：

在新型冠状病毒肺炎预防和救治工作中，医护及相关工作人员因履行工作职责，感染新型冠状病毒肺炎或因感染新型冠状病毒肺炎死亡的，应认定为工伤，依法享受工伤保险待遇。

已参加工伤保险的上述工作人员发生的相关费用，由工伤保险基金和单位按工伤保险有关规定支付；未参加工伤保险的，由用人单位按照法定标准支付，财政补助单位因此发生的费用，由同级财政予以补助。

各级人力资源社会保障、财政、卫生健康行政部门要密切配合，搞好服务，及时共同做好上述人员的工伤认定和待遇支付工作。

2020年1月23日

社会保险基金监管

人力资源社会保障部关于印发社会保险基金要情报告制度的通知

人社部发〔2020〕21号

各省、自治区、直辖市及新疆生产建设兵团人力资源社会保障厅(局)，部社保中心、央保中心：

为加强社会保险及补充保险基金监督工作，完善基金要情报告机制，及时掌握基金安全情况，强化基金安全评估和形势研判，提高基金管理风险防控和治理能力，现将修订后的《社会保险基金要情报告制度》印发给你们，请认真贯彻执行。

2020年3月30日

社会保险基金要情报告制度

第一条［制定依据］ 为加强社会保险及补充保险基金监督工作，及时掌握基金安全情况，强化基金安全评估和形势研判，提高基金管理风险防控和治理能力，根据《中华人民共和国社会保险法》等法律法规和部门规章，制定本制度。

第二条［适用范围］ 县级以上人力资源社会保障部门对其依法依规承担管理监督职责、本行政区域内发现的基本养老、失业和工伤保险等社会保险基金及企业（职业）年金基金等要情（以下简称要情）报告的管理活动适用本制度。

人力资源社会保障行政部门的社会保险基金监督机构具体负责本行政区域内要情报告的管理工作。

第三条［完善落实要情报告制度一般性要求］ 人力资源社会保障行政部门应当根据国家法律法规和本制度，结合本地区实际，建立健全要情报告制度并严格执行，加强要情报告规范化、标准化、信息化管理，确保依规、按时、完整、准确报告，做到有情则报、急情快报、应报尽报、全面报告。

上级人力资源社会保障行政部门应当加强对下级人力资源社会保障行政部门完善和落实要情报告制度的指导和督促。

第四条［要情报告责任制］ 要情报告实行单位领导负责制。县级以上人力资源社会保障行政部门主要负责人是本行政区域要情报告第一责任人，负主要领导责任；其他负责人按工作分工，负相应领导责任。人力资源社会保障行政部门的社会保险基金监督机构负责人负报告监督责任。要情发生、发现单位负责人负报告直接责任。

上报的要情必须由报告单位主要负责人或分管负责人签名并加盖单位公章。各级报告单位对所报告内容的真实性、准确性和完整性负责。

第五条［要情定义及发现途径］ 本制度所称要情是指基本养老、失业和工伤保险等社会保险基金及企业（职业）年金基金涉嫌被贪污挪用、欺诈骗取以及其他违法违规行为造成基金损失等情况。

要情发现途径包括人力资源社会保障行政部门或其委托机构监督检查、经办机构审核和稽核内审内控检查、媒体披露、受理举报投诉、审计机关审计、其他行政部门监督检查、纪检监察机关立案审查调查、公安机关立案侦查、法院立案审理及其他方式和渠道等。

第六条［要情分类］ 要情分为普通要情和重大要情：

（一）普通要情是指涉及基金金额1万元以上（含）、50万元以下的；金额虽未达到1万元，但是被立案审查调查侦查的；

（二）重大要情是指涉及基金金额50万元以上（含）的；金额虽未达到50万元，但涉及社会保险工作人员贪污挪用骗取基金被立案审查调查侦查的，或者涉及3人以上（含）团伙作案的，或者涉及个人50人以上（含）的，或者涉及单位3个以上（含）的；或者其他性质严重并造成恶劣影响的。

第七条［同批同案并案情形要情管理］ 对于同批查处、属于同一经办机构经办管理、涉及多人采取同种类型违法违规行为的要情，原则上合并报告，合计涉及金额或者对象数达到重大要情标准的，应当按照重大要情管理。

对于涉及多个单位或者个人同案或者并案处理的要情，符合重大要情标准的应当按照重大要情管理，不得任意拆分为普通要情管理。

第八条［要情报告分类和报送一般性要求］ 要情报告包括要情发现报告、要情进展报告和要情终结报告。

重大要情发现、进展和终结报告应当按照本制度规定的程序、内容和时限报送。普通要情发现、进展和终结报告的报送程序、内容和时限，由省级人力资源社会保障行政部门根据本制度并结合本地区实际情况确定。

第九条［重大要情发现报告报送］ 市、县级发生重大要情的，应当在发现5个工作日内，同时报告上一级、省级人力资源社会保障行政部门；省级人力资源社会保障行政部门应当在收到下级重大要情发现报告3个工作日内，报告人力资源社会保障部社会保险基金监管局。

各省（自治区、直辖市）本级发生重大要情的，省级人力资源社会保障行政部门应当在发现5个工作日内，报告人力资源社会保障部社会保险基金监管局。

对于性质严重、情况紧急的重大要情，应当即时报告，可先进行口头报告和书面简报，再进行正式书面报告。

第十条［经办机构发生发现要情报告］ 社会保险经办机构发生、发现的普通要情，应当在发现5个工作日内报告同级人力资源社会保障行政部门；发生、发现的重大要情，应当在发现3个工作日内报告同级人力资源社会保障行政部门。对于性质严重、情况紧急的，应当即时报告，可先进行口头报告和书面简报，再进行正式书面报告。相关要情应当同步报告上级社会保险经办机构。

第十一条［重大要情发现报告内容］ 重大要情发现报告内容主要包括：

（一）要情基本情况。包括：发现要情的时间和方式，要情发生的时间和地点，涉案手段、金额、险种以及涉案单位和涉案人员情况等；

（二）初步处理情况和应对措施；

（三）报告单位认为其他需要报告或说明的情况；

（四）报告单位，联系人和联系电话。

第十二条［重大要情进展报告报送］ 要情报告单位应当根据本制度及上级要求和实际情况报送重大要情进展情况。重大要情进展情况每半年至少报告一次，有重要进展的应当及时报告。

省级人力资源社会保障行政部门应当在报告期后或者收到下级人力资源社会保障行政部门或同级经办机构重大要情进展报告10个工作日内，报告人力资源社会保障部社会保险基金监管局。对于同一时间报告多个重大要情进展情况的，可以一同行文报送。

第十三条［重大要情进展报告内容］ 重大要情进展报告内容主要包括：

（一）要情基本情况；

（二）涉案基金和责任人处理进展情况；

（三）已采取的应对措施及落实情况；

（四）下一步拟采取的措施；

（五）报告单位认为其他需要报告或说明的情况；

（六）报告单位，联系人和联系电话。

第十四条［重大要情终结报告情形］ 同时符合以下条件的重大要情，应当报送要情终结报告：

（一）人力资源社会保障行政部门及社会保险经办机构已依法履行相关职责；

（二）案情已查清；

（三）已梳理管理漏洞并采取相应防范措施；

（四）已作出行政处理处罚、协议处理以及依法追究责任人责任或者已进入纪检监察、司法诉讼程序的；

（五）基金已全额追回，或者基金虽未全额追回但已进入司法机关法定追退程序的。

第十五条［重大要情终结报告报送］ 省级人力资源社会保障行政部门应当在确定要情处置终结10个工作日内，将重大要情终结报告报送人力资源社会保障部社会保险基金监管局。情况复杂的，可以适当延长报告时限，最长不超过20个工作日。对于同一时间报告多个重大要情终结情况的，可以一同行文报送。

人力资源社会保障行政部门收到下级人力资源社会保障行政部门或同级经办机构重大要情终结报告后，应当及时组织力量进行研判，对于符合要情终结条件的，确定要情处置终结；对于不符合要情终结条件的，继续作为未终结要情管理。

第十六条［重大要情终结报告内容］ 重大要情终结报告内容主要包括：

（一）要情详细情况；

（二）涉案基金处理情况；

（三）责任主体及对责任人的处理（处罚、处分）情况；

（四）遗留问题和事项及解决办法或方案；

（五）原因分析及经验教训；

（六）改进和加强基金管理风险防控的措施及落实情况；

（七）报告单位认为其他需要报告或说明的情况；

（八）附件：要情处置相关文书和证据材料。

第十七条［重大要情处置终结后事项管理］ 人力资源社会保障行政部门应当加强对重大要情处置终结后遗留问题和事项的跟踪和督促，有重要进展或者解决完成的，应当在10个工作日内向上一级人力资源社会保障行政部门报告有关情况。

省级人力资源社会保障行政部门在收到下级人力资源社会保障行政部门或同级经办机构重大要情处置终结后事项有关情况报告10个工作日内，报告人力资源社会保障部社会保险基金监管局。

第十八条［要情情况定期汇总分析报告］ 人力资源社会保障行政部门应当定期对本地区要情进行汇总分析，研判基金安全形势，评估基金管理运行风险，形成要情情况报告，报送上一级人力资源社会保障行政部门。

省级人力资源社会保障行政部门应当于年度结束后30个工作日内报送上年度社会保险基金要情情况报告，并附社会保险基金要情表。

无要情发生的也要报零报告。

第十九条［年度要情情况报告内容］ 年度要情情况报告内容主要包括：

（一）要情总体情况及分析；

（二）重大要情情况及分析；

（三）涉及社保工作人员要情情况及分析；

（四）本地区采取的主要应对措施、成效和经验教训；

（五）本地区完善和落实要情报告制度情况；

（六）报告单位认为其他需要报告或说明的情况。

第二十条［要情情况通报］ 人力资源社会保障行政部门应

当根据基金监管工作需要和要情报告实际情况，做好本地区要情情况通报工作，加强案例警示教育。

第二十一条［要情台账和信息化管理］ 人力资源社会保障行政部门应当建立要情台账，指派专人对要情进行登记管理。

人力资源社会保障行政部门应当充分利用社会保险基金监管信息管理系统，加强要情报告信息化管理。

第二十二条［要情档案管理］ 人力资源社会保障行政部门应加强要情档案管理，建立健全立卷归档、保管和查阅登记制度，妥善保管相关材料，确保档案完整和安全。

人力资源社会保障行政部门对于要情已确认处置终结的，应当及时收集、整理相关材料，分险种进行立卷归档。对于重大要情应当分别单独立卷。

人力资源社会保障行政部门建立要情报告电子档案的，电子档案应当与纸质档案内容一致。

第二十三条［责任追究］ 要情发生地人力资源社会保障行政部门、社会保险经办机构存在以下情形的，由上级或者同级人力资源社会保障行政部门进行督促、约谈、通报，并依法依纪追究或者建议有关部门追究相关责任人责任：

（一）对已知发生要情而不调查核实、不处理的；

（二）对发现要情隐瞒不报、谎报或拖延不报的，特别是其他部门已经反映或者媒体已经披露的；

（三）其他违反本制度的情形。

第二十四条［施行］ 本制度自2020年4月1日起施行。《劳动和社会保障部关于印发社会保险基金要情报告制度的通知》（劳社部发〔2006〕43号）同时废止。

附件：社会保险基金要情台账及相关报告文书和附表格式

附件

社会保险基金要情台账及相关报告文书和附表格式

1. 社会保险基金要情台账（格式）

2. 关于报送社会保险基金重大要情（发现/进展/终结）报告的函（格式）

3. 关于报送__________省（区、市）__________年度社会保险基金要情情况报告的函（格式）

格式 1

社会保险基金要情台账

（格式）

要情管理单位名称：　　　　　　　　　　　　　　　　单位：人、元

<table>
<tr><td>要情编号</td><td></td><td colspan="2">要情类型</td><td></td></tr>
<tr><td>要情名称</td><td></td><td colspan="2">要情发现时间</td><td></td></tr>
<tr><td>要情发生地区</td><td></td><td rowspan="2">要情发生时间</td><td>起</td><td></td></tr>
<tr><td>要情发生单位</td><td></td><td>止</td><td></td></tr>
<tr><td>要情发现方式</td><td></td><td colspan="2">要情终结时间</td><td></td></tr>
<tr><td>违规业务环节</td><td></td><td colspan="2">涉案人数</td><td></td></tr>
<tr><td>违规行为类型</td><td></td><td colspan="2">涉案社保人数</td><td></td></tr>
<tr><td>主要情节</td><td colspan="4"></td></tr>
</table>

<table>
<tr><td rowspan="6">涉案基金</td><td colspan="2">种类</td><td>金额</td><td>已回收</td><td rowspan="6">主要涉案单位</td><td></td><td>单位名称</td></tr>
<tr><td></td><td>合计</td><td></td><td></td><td>1</td><td></td></tr>
<tr><td>1</td><td></td><td></td><td></td><td>2</td><td></td></tr>
<tr><td>2</td><td></td><td></td><td></td><td>3</td><td></td></tr>
<tr><td>3</td><td></td><td></td><td></td><td>4</td><td></td></tr>
<tr><td>4</td><td></td><td></td><td></td><td>5</td><td></td></tr>
</table>

<table>
<tr><td rowspan="6">主要涉案人员</td><td></td><td>姓名</td><td>性别</td><td>所在单位</td><td>部门岗位</td><td>职务级别</td><td>责任追究</td></tr>
<tr><td>1</td><td></td><td></td><td></td><td></td><td></td><td></td></tr>
<tr><td>2</td><td></td><td></td><td></td><td></td><td></td><td></td></tr>
<tr><td>3</td><td></td><td></td><td></td><td></td><td></td><td></td></tr>
<tr><td>4</td><td></td><td></td><td></td><td></td><td></td><td></td></tr>
<tr><td>5</td><td></td><td></td><td></td><td></td><td></td><td></td></tr>
</table>

续表

		时间	进展情况		时间	种类	文号
要情处置主要进展	1			要情报告情况			
	2						
	3						
	4						
	5						
	6						
	7						
	8						
台账管理员（姓名）：				建账日期：　年　月　日			

格式 2

（文号）

（报告单位）
关于报送社会保险基金重大要情（发现/进展/终结）报告的函
（格式）

主送单位（名称）：

根据《社会保险基金要情报告制度》，现将［要情名称（要情编号）］重大要情（发现/进展/终结）报告报上。

（联系人及联系电话）

报告单位（公章）
年　月　日

（报告单位）

社会保险基金重大要情发现报告

（格式）

（要情发现单位）于____年____月____日通过（要情发现方式）发现（要情发生地区、发生单位）发生涉及（基金种类）重大要情。根据《社会保险基金要情报告制度》，现将［要情名称（要情编号）］有关情况报告如下：

一、要情基本情况

（一）发现要情的时间和方式；

（二）要情发生的时间和地点，涉案手段、金额、险种以及涉案单位和涉案人员情况等。

二、初步处理情况和应对措施

三、其他需要报告或说明的情况

附表：社会保险基金重大要情报告表（格式）

（报告单位、联系人及联系电话）

（报告单位）
社会保险基金重大要情进展报告
（格式）

我单位（地区）于____年____月____日报告了［要情名称（要情编号）］重大要情发现报告（文号）。根据《社会保险基金要情报告制度》，现将有关进展情况报告如下：

一、要情基本情况

二、要情处置进展情况

（一）涉案基金和责任人处理进展情况；

（二）已采取的应对措施及落实情况。

三、下一步拟采取的措施

四、其他需要报告或说明的情况

附表：社会保险基金重大要情报告表（格式）

（报告单位、联系人及联系电话）

（报告单位）
社会保险基金重大要情终结报告
（格式）

我单位（地区）于____年____月____日报送重大要情发现报告（文号）的［要情名称（要情编号）］现已处置终结。根据《社会保险基金要情报告制度》，现将有关进展情况报告如下：

一、要情情况

（一）要情详细情况；

（二）涉案基金处理情况；

（三）责任主体及对责任人的处理（处罚、处分）情况；

（四）遗留问题和事项及解决办法或方案。

二、风险防范措施

（一）原因分析及经验教训；

（二）改进和加强基金管理风险防控的措施及落实情况。

三、其他需要报告或说明的情况

附表：社会保险基金重大要情报告表（格式）

附件：要情处置相关文书和证据材料（包括：追回基金相关证据材料、整改建议书、行政处理（处罚）决定书、处分决定书、涉嫌犯罪移送文书、法院判决书等）

（报告单位、联系人及联系电话）

附表

社会保险基金重大要情报告表

（格式）

要情报告单位名称（公章）：　　　　　　单位：人、次、万元

<table>
<tr><td>要情编号</td><td></td><td colspan="2">要情报告种类</td><td></td></tr>
<tr><td>要情名称</td><td></td><td colspan="2">要情发现时间</td><td></td></tr>
<tr><td>要情发生地区</td><td></td><td rowspan="2">要情发生时间</td><td>起</td><td></td></tr>
<tr><td>要情发生单位</td><td></td><td>止</td><td></td></tr>
<tr><td>要情发现方式</td><td></td><td colspan="2">发现报告时间</td><td></td></tr>
<tr><td>违规业务环节</td><td></td><td colspan="2">上报报告时间</td><td></td></tr>
<tr><td>违规行为类型</td><td></td><td colspan="2">已报告次数</td><td></td></tr>
<tr><td>要情处置情况</td><td></td><td colspan="2">涉案人数</td><td></td></tr>
<tr><td>要情终结时间</td><td></td><td colspan="2">涉案社保人数</td><td></td></tr>
<tr><td>主要情节</td><td colspan="4"></td></tr>
</table>

<table>
<tr><td rowspan="6">涉案基金</td><td colspan="2">种类</td><td>金额</td><td>已回收</td><td rowspan="6">主要涉案单位</td><td></td><td>单位名称</td></tr>
<tr><td></td><td>合计</td><td></td><td></td><td>1</td><td></td></tr>
<tr><td>1</td><td></td><td></td><td></td><td>2</td><td></td></tr>
<tr><td>2</td><td></td><td></td><td></td><td>3</td><td></td></tr>
<tr><td>3</td><td></td><td></td><td></td><td>4</td><td></td></tr>
<tr><td>4</td><td></td><td></td><td></td><td>5</td><td></td></tr>
</table>

<table>
<tr><td rowspan="6">主要涉案人员</td><td></td><td>姓名</td><td>性别</td><td>所在单位</td><td>部门岗位</td><td>职务级别</td><td>责任追究</td></tr>
<tr><td>1</td><td></td><td></td><td></td><td></td><td></td><td></td></tr>
<tr><td>2</td><td></td><td></td><td></td><td></td><td></td><td></td></tr>
<tr><td>3</td><td></td><td></td><td></td><td></td><td></td><td></td></tr>
<tr><td>4</td><td></td><td></td><td></td><td></td><td></td><td></td></tr>
<tr><td>5</td><td></td><td></td><td></td><td></td><td></td><td></td></tr>
</table>

续表

<table>
<tr><td>主要进展</td><td colspan="2"></td></tr>
<tr><td colspan="2">承办机构负责人（签名）：</td><td rowspan="2">单位负责人（签名）：</td></tr>
<tr><td colspan="2" rowspan="2">经办人（签名）：</td></tr>
<tr><td>报告日期：　　年　月　日</td></tr>
</table>

格式 3

（文号）

（报告单位）
关于报送＿＿＿＿＿＿省（区、市）＿＿年度社会保险基金要情情况报告的函

（格式）

主送单位（名称）：

根据《社会保险基金要情报告制度》，现将＿＿＿＿＿＿省（区、市）＿＿年度社会保险基金要情情况报告报上。

（联系人及联系电话）

报告单位（公章）

年　月　日

（报告单位）

____________省（区、市）____年度社会保险基金要情情况报告

（格式）

根据《社会保险基金要情报告制度》，我们对____年度社会保险基金要情进行了汇总分析，现将有关情况报告如下：

一、要情总体情况及分析

二、重大要情情况及分析

三、涉及社保工作人员要情情况及分析

四、本地区采取的主要应对措施、成效和经验教训

五、本地区完善和落实要情报告制度情况

六、其他需要报告或说明的情况

附件：1. ____________省（区、市）____年度社会保险基金要情表（略）

2. ____________省（区、市）____年度社会保险基金要情摘要（略）

（报告单位、联系人及联系电话）

人力资源社会保障部关于调整年金基金投资范围的通知

人社部发〔2020〕95号

各省、自治区、直辖市及新疆生产建设兵团人力资源社会保障厅(局)，各计划单列市人力资源社会保障局，各企业年金基金管理机构、企业年金理事会：

为促进年金市场健康发展，实现年金基金资产保值增值，根据《企业年金基金管理办法》（人力资源社会保障部令第11号)、《人力资源社会保障部　财政部关于印发职业年金基金管理暂行办法的通知》（人社部发〔2016〕92号）等法律法规规定，经商财政部、银保监会、证监会，现就调整年金基金投资范围的有关事项通知如下：

一、本通知所称年金基金，是指根据依法建立的年金计划筹集的资金及其投资运营收益形成的补充养老保险基金，包括企业年金基金和职业年金基金。年金基金投资管理应当遵循谨慎、分散风险的原则，充分考虑年金基金财产的安全性、收益性和流动性，实行专业化管理。

二、年金基金财产限于境内投资和香港市场投资。

境内投资范围包括银行存款，标准化债权类资产，债券回购，信托产品，债权投资计划，公开募集证券投资基金，股票，股指期货，国债期货，养老金产品。

香港市场投资指年金基金通过股票型养老金产品或公开募集

证券投资基金，投资内地与香港股票市场交易互联互通机制下允许买卖的香港联合交易所上市股票（简称“港股通标的股票”）。

三、年金基金可投资的标准化债权类资产指依法发行的固定收益证券，包括国债，中央银行票据，同业存单，政策性、开发性银行债券，以及信用等级在投资级以上的金融债、企业债、公司债、可转换债、可交换债、（超）短期融资券、中期票据、非公开定向债务融资工具、信贷资产支持证券、资产支持票据、证券交易所挂牌交易的资产支持证券。上述资产发行方式包括公开发行和非公开发行。

四、年金基金财产以投资组合为单位，按照公允价值计算应当符合下列规定：

（一）投资一年期以内（含一年）的银行存款、中央银行票据，同业存单，剩余期限在一年期以内（含一年）的国债，剩余期限在一年期以内（含一年）的政策性、开发性银行债券，债券回购，货币市场基金，货币型养老金产品等流动性资产的比例，合计不得低于投资组合委托投资资产净值的5%。清算备付金、证券清算款以及一级市场证券申购资金视为流动性资产。

（二）投资一年期以上的银行存款，标准化债权类资产，信托产品，债权投资计划，债券基金，固定收益型养老金产品，混合型养老金产品等固定收益类资产的比例，合计不得高于投资组合委托投资资产净值的135%。债券正回购的资金余额在每个交易日均不得高于投资组合委托投资资产净值的40%。已计入流动性资产的不再重复计入固定收益类资产。

（三）投资股票、股票基金、混合基金、股票型养老金产品（含股票专项型养老金产品）等权益类资产的比例，合计不得高于投资组合委托投资资产净值的40%。其中，投资港股通标的产品的比例，不得高于投资组合委托投资资产净值的20%；投资单只股票专项型养老金产品的比例，不得高于投资组合委托投资资产净值的10%。

年金基金不得直接投资于权证，但因投资股票、分离交易可转换债等投资品种而衍生获得的权证，应当在权证上市交易之日起10个交易日内卖出。

（四）投资信托产品、债权投资计划，以及信托产品型、债权投资计划型养老金产品的比例，合计不得高于投资组合委托投资资产净值的30%。其中，投资信托产品以及信托产品型养老金产品的比例，合计不得高于投资组合委托投资资产净值的10%。

（五）专门投资组合是指将80%以上非现金资产投资于银行存款、信托产品、债权投资计划或者存款型、信托产品型、债权投资计划型养老金产品中的一类产品而专门设立的投资组合。专门投资组合可以不受第（一）款5%流动性限制。投资信托产品、债权投资计划或信托产品型、债权投资计划型养老金产品的专门投资组合，可以不受第（四）款30%和10%规定的限制。

五、单个投资组合的年金基金财产，按照公允价值计算应当符合下列规定：

（一）投资一家企业所发行的股票，单期发行的同一品种标准化债权类资产，单只证券投资基金，分别不得超过上述证券发行量、该基金份额（基金产品份额数以最近一次公告或者发行人正式说明为准）的5%，也分别不得超过该投资组合委托投资资产净值的10%。其中，投资资产支持证券或资产支持票据的比例不得超过该只证券发行量的10%。

（二）投资单期信托产品、债权投资计划，分别不得超过该期信托产品、债权投资计划资产管理规模的20%。投资信托产品、债权投资计划的专门投资组合，可以不受此规定的限制。

六、单个计划的年金基金财产按照公允价值计算，应当符合投资流动性资产、固定收益类资产、权益类资产、信托产品、债权投资计划，以及信托产品型、债权投资计划型养老金产品的比例限制，参照本通知第四条管理。

法人受托机构可以设立受托直投组合，将部分或全部受托管理的年金计划基金资产，直接分配给一个或多个养老金产品。单个受托直投组合配置本公司发行的养老金产品的比例，合计不得高于受托直投组合资产净值的40%。

七、年金基金投资港股通标的股票的股票型养老金产品应当符合下列规定：

（一）投资港股通标的股票的股票型养老金产品名称中应含有“港股”字样，且应有80%以上的权益类资产投资于港股通标的股票。

（二）发行含有“港股”字样养老金产品的投资管理人应当配备不少于2名具有5年以上投资管理经验且具有2年以上香港股票市场投资管理相关经验的人员，其中至少应包括1名投资经理。

八、年金基金可投资的优先股应当符合下列规定：

（一）证券投资组合及混合型、股票型（含股票专项型）养老金产品可投资优先股。

（二）优先股发行主体信用等级不低于国内信用评级机构评定的AAA级，且优先股信用等级不低于国内信用评级机构评定的AA+级。

（三）优先股发行主体公司章程或优先股募集说明书中应当包含明确的分红条款。

九、年金基金可投资的同业存单的发行主体信用等级应不低于国内信用评级机构评定的AAA级。

十、年金基金可投资的永续债应当符合下列规定：

（一）永续债及发行主体的信用等级不低于国内信用评级机构评定的AA+级；其中，非公开募集的永续债可无债项评级，但其发行主体的信用等级需具有国内信用评级机构评定的AAA级。

（二）有明确约定的利率和付息频率，有利率跳升条款；其中，商业银行发行的永续债可无利率跳升条款，但发行主体的信用等级需具有国内信用评级机构评定的AAA级。

十一、年金基金可投资的资产支持证券、资产支持票据应当符合下列规定：

（一）在银行间债券市场或者证券交易所市场挂牌交易。

（二）限于产品评级为国内信用评级机构评定的AAA级资产支持证券、资产支持票据的优先级份额。

十二、年金基金可投资的信托产品应当符合下列规定：

（一）限于集合资金信托计划和为年金基金设计、发行的单一资金信托。

（二）基础资产限于非标准化债权类资产。

（三）投资相关合同应当包含固定频率的信托利益分配表述及明确的“受益权转让”条款。

（四）信用等级不低于国内信用评级机构评定的AA+级或者相当于AA+级的信用级别。但符合下列条件之一的，可以豁免外部信用评级：

1. 偿债主体上个会计年度末经审计的净资产不低于150亿元人民币，或最近三年连续盈利且年营业收入不低于200亿元人民币；

2. 提供无条件不可撤销连带责任保证担保的担保人，担保人上个会计年度末经审计的净资产不低于150亿元人民币，或最近三年连续盈利且年营业收入不低于200亿元人民币。

（五）安排投资项目担保机制，但符合上述第四款1条规定且在风险可控的前提下可以豁免信用增级安排。

（六）发行信托产品的信托公司应当具有完善的公司治理、良好的市场信誉和稳定的投资业绩，上个会计年度末经审计的净资产不低于100亿元人民币；近一年公司及高级管理人员未发生重大违法违规行为。

十三、年金基金可投资的债权投资计划应当符合下列规定：

（一）履行完毕相关监管机构规定的所有合法程序。

（二）投资合同应当包含明确的“受益权转让”条款。

（三）信用等级不低于国内信用评级机构评定的A级或者相当于A级的信用级别。

（四）投资品种限于银保监会认可的信用增级为保证担保方式和免于信用增级的情况。

（五）发行债权投资计划的公司应当具有完善的公司治理、良好的市场信誉和稳定的投资业绩，上个会计年度末经审计的净资产不低于2亿元人民币。

十四、投资组合、养老金产品参与股指期货、国债期货交易应当符合下列规定：

（一）根据风险管理的原则，只能以套期保值为目的，并按照中国金融期货交易所套期保值管理的有关规定执行。

（二）任一投资组合或者养老金产品在任何交易日日终，所持有的卖出股指期货或者国债期货合约价值，不得超过其对冲标的的账面价值。

（三）投资组合、养老金产品不得买入股指期货或者国债期货套期保值。

十五、因证券市场波动、上市公司合并、投资组合或产品规模变动等投资管理人之外的因素致使年金基金投资不符合投资比例要求的，投资管理人应当在可上市交易之日起10个交易日内调整完毕。因信用等级下降等因素致使年金基金所投金融产品不再符合投资条件的，投资管理人应当在评级报告等信息发布之日起30个交易日内调整完毕。法律法规或监管部门另有规定的，从其规定。

十六、金融产品的估值按照相关法律法规或者监管部门的规定执行。

十七、年金基金投资应当按照穿透式管理要求，明确约定投资的底层资产符合年金基金投资范围，不得多层嵌套。其中，货币市场基金、债券基金、混合基金、股票基金可不受本限制。

十八、投资管理人投资的非标准化债权类资产，募集资金投资方向应当符合国家宏观政策、产业政策和监管政策；产品结构简单，基础资产清晰，信用增级安排确凿，具有稳定可预期的现金流；建立信息披露机制和风险隔离机制，并实行资产托（保）管。投资管理人应当优先投资在公开平台登记发行和交易转让的金融产品。

十九、企业年金计划委托人、职业年金计划代理人不得直接或间接指定管理人配置金融产品。年金基金管理机构应当利用年金基金资金长期、稳定的优势，发挥自身专业能力，着眼长期，实现年金基金保值增值。

法人受托机构、企业年金理事会应当做好计划层面风险防控，确保资产配置比例符合相关规定，提高大类资产配置能力；托管人应当认真履行投资监督职责，督促合规运作，维护资产安全；投资管理人应当加强风险防范，持续跟踪金融产品管理运作，投资有关金融产品时，不得与当事人发生涉及利益输送、利益转移等不当交易行为，不得通过关联交易或者其他方式侵害年金委托人的利益。

二十、本通知自 2021 年 1 月 1 日起实施，《关于扩大企业年金基金投资范围的通知》（人社部发〔2013〕23 号）同时废止。《企业年金基金管理办法》（人力资源社会保障部令第 11 号）第六章、《人力资源社会保障部财政部关于印发职业年金基金管理暂行办法的通知》（人社部发〔2016〕92 号）第三章、《关于企业年金养老金产品有关问题的通知》（人社部发〔2013〕24 号）以及《关于企业年金基金股权和优先股投资试点的通知》（人社部发〔2014〕64 号）中与本通知不符的内容依照本通知相应调整。

2020 年 12 月 28 日

人力资源社会保障部办公厅关于印发调整年金基金投资范围有关问题政策释义的通知

人社厅发〔2020〕112号

各省、自治区、直辖市及新疆生产建设兵团人力资源社会保障厅（局），各计划单列市人力资源社会保障局，各企业年金基金管理机构、企业年金理事会：

《人力资源社会保障部关于调整年金基金投资范围的通知》（人社部发〔2020〕95号）的发布，有利于拓宽年金基金投资渠道，提高投资效率，分散投资风险，促进年金基金在新形势下健康发展。为进一步推动该文件的贯彻执行，经商财政部、银保监会、证监会，我们制定了《调整年金基金投资范围有关问题政策释义》，现印发给你们，请认真贯彻执行。《关于印发扩大企业年金基金投资范围和企业年金养老金产品有关问题政策释义的通知》（人社厅发〔2014〕35号）同时废止。

2020年12月28日

调整年金基金投资范围有关问题政策释义

本释义中所指“通知”指《人力资源社会保障部关于调整年金基金投资范围的通知》（人社部发〔2020〕95号）。

一、通知第二条、第四条第（一）（二）（五）款，银行存款的发行主体要求：

银行存款的发行主体不包括农村信用合作社（含联社）、农村资金互助社、财务公司等其他银行业存款类金融机构。

二、通知第二条，股票的含义：

股票包括A股（含创业板、科创板）、港股通标的股票和优先股。人力资源社会保障部将根据市场变化情况对年金基金开展其他股票投资实施监管指导。

香港市场投资要求：

目前仅限于年金基金通过股票型养老金产品或公开募集证券投资基金（不含QDII基金）投资港股通标的股票。

三、通知第四条，投资组合的含义：

投资组合包括证券投资组合和专门投资组合。

第（二）（三）款，永续债、可转债的属性：

根据《企业会计准则》及发行机构会计归属等明确其资产属性为债权的，属于标债资产，资产属性不属于债权的，维持现行监管要求不变。

第（三）款，港股通标的产品的属性：

港股通标的产品指名称中带有“港股”字样的养老金产品和名称中带有“港股”字样的公开募集证券投资基金。其他投资中含有港股通标的股票的公开募集证券投资基金可不受此款20%的限制。

第（五）款，专门投资组合的属性：

专门投资组合属于固定收益类组合，不得投资于股票、股票基金、混合基金、股指期货及股票型（含股票专项型）养老金产品等权益类产品。法律法规或监管部门另有规定的，从其规定。

四、通知第六条，单个年金计划基金资产投资比例：

单个年金计划基金资产，投资一年期以内（含一年）的银行存款、中央银行票据，同业存单，剩余期限在一年期以内（含一年）的国债，剩余期限在一年期以内（含一年）的政策性、开发性银行债券，债券回购，货币市场基金，货币型养老金产品等流动性资产的比例，合计不得低于年金计划委托投资资产净值的5%。清算备付金、证券清算款以及一级市场证券申购资金视为流动性资产。

投资一年期以上的银行存款，标准化债权类资产，信托产品，债权投资计划，债券基金，固定收益型养老金产品，混合型养老金产品等固定收益类资产的比例，合计不得高于年金计划委托投资资产净值的135%。债券正回购的资金余额在每个交易日均不得高于年金计划委托投资资产净值的40%。已计入流动性资产的不再重复计入固定收益类资产。

投资股票、股票基金、混合基金、股票型养老金产品（含股票专项型养老金产品）等权益类资产的比例，合计不得高于年金计划委托投资资产净值的40%。其中，投资港股通标的产品的比例，不得高于年金计划委托投资资产净值的20%；投资单只股票专项型养老金产品的比例，不得高于年金计划委托投资资产净值的10%。

投资信托产品、债权投资计划，以及信托产品型、债权投资计划型养老金产品的比例，合计不得高于年金计划委托投资资产净值的30%。其中，投资信托产品以及信托产品型养老金产品的比例，合计不得高于年金计划委托投资资产净值的10%。

五、通知第四条第（一）（二）款、第六条第（一）（二）款，投资比例要求：

明确无待遇支付安排的职业年金计划和职业年金投资组合，其流动性资产比例可以不受5%流动性限制，投资固定收益类资产的比例，合计不得高于该职业年金计划基金资产净值或职业年金投资组合委托投资资产净值的140%。

六、通知第七条，投资港股通标的股票的股票型养老金产品备案管理要求：

（一）投资港股通标的股票的股票型养老金产品按照“××公司××港股股票型养老金产品”的格式命名。

（二）投资管理人应按新产品备案相关要求申请港股股票型养老金产品备案，已备案的普通股票型养老金产品不得申请变更为港股股票型养老金产品。

（三）养老金产品发行人应当配备不少于2名具有5年以上投资管理经验且具有2年以上香港股票市场投资管理相关经验的人员，即拟任投资经理及相关人员实际管理香港股票市场产品（包括公募、私募、QDII等）累计2年以上。投资管理人申请备案港股股票型养老金产品时，应提供公司投资团队满足相关要求的说明，包括但不限于拟备案产品投资经理所管理的含港股投资的产品或账户名称及规模、港股投资比例、管理期间、任期回报、近2年收益率、历史净值等。

（四）已运作单只港股股票型养老金产品存续规模未达到5 000万元的，人力资源社会保障部不再受理该投资管理人新的港股股票型养老金产品备案申请，其他股票型养老金产品备案可以不受其影响。

七、通知第十一条，投资资产支持证券、资产支持票据的基础资产要求：

基础资产应符合法律法规规定，权属明确，可依法转让，能够独立产生持续稳定、可预测现金流的金融资产或符合上述条件的非金融资产，包括贷款债权、融资租赁债权、既有保理融资债权以及具有真实贸易背景、债权人已履行所有合同义务的应收账款债权等。

八、通知第十二条，信托产品的信用增级要求：

设置保证担保的，应当为本息全额无条件不可撤销连带责任保证担保，担保人信用等级不低于被担保人信用等级，担保行为履行全部合法程序，且同一担保人全部对外担保金额占其净资产的比例不超过50%。由融资主体母公司或实际控制人提供担保的，担保人净资产不得低于融资主体净资产的1.5倍。

设置抵押或质押担保的，担保财产应当权属清晰，质押担保办理出质登记，抵押担保办理抵押物登记，经评估的担保财产价值不低于待偿还本息。

九、通知第八条至第十三条，评级机构的要求：

年金基金投资品种所涉及的评级机构，应当符合金融监管部门对相关产品评级机构的监管规定。

鼓励年金基金管理机构发展内部评级，增强运用内外部评级研判风险的能力。

十、通知第十六条，金融产品的估值要求：

年金基金可投资的金融产品现行估值方式需要调整的，由人力资源社会保障部统一另行安排。

十一、通知第十九条，《关于企业年金养老金产品有关问题的通知》（人社部发〔2013〕24号）及《关于企业年金基金股权和优先股投资试点的通知》（人社部发〔2014〕64号）根据通知调整的具体要求：

（一）养老金产品限于境内投资和香港市场投资；境内投资范围包括银行存款，标准化债权类资产，债券回购，信托产品，债权投资计划，公开募集证券投资基金，股票，股指期货，国债期货；香港市场投资指年金基金通过股票型养老金产品或公开募集证券投资基金，投资港股通标的股票。投资范围及投资要求应符合通知规定。

（二）货币型养老金产品投资于一年期以内（含一年）的银行存款、中央银行票据，剩余期限在397天以内（含397天）的标准化债权类资产（不含可转换债、可交换债），债券回购，货币市场基金。债券正回购的资金余额在每个交易日均不得高于产品资产净值的40%。

（三）股票型养老金产品投资权益类资产占产品资产净值的比例下限由30%提高至40%，混合型养老金产品投资权益类资产占产品资产净值的比例上限由30%提高至40%。

（四）股票专项型养老金产品属于股票型养老金产品，应当有80%以上的非现金资产投资于一家或多家企业公开或非公开发行的股票。单个年金计划或单个证券投资组合投资于单只股票专项型养老金产品的比例，不得高于该年金计划基金资产净值或证券投资组合委托投资资产净值的10%。

（五）为了满足直接配置混合型、固定收益型养老金产品的需要，确保流动性比例符合规定，混合型、固定收益型（存款型、信托产品型、债权投资计划型除外）养老金产品，投资一年期以内（含一年）的银行存款、中央银行票据，同业存单，剩余期限在一年期以内（含一年）的国债，剩余期限在一年期以内（含一年）的政策性、开发性银行债券，债券回购，货币市场基金的比例，合计不得低于产品资产净值的5%。其余类型养老金产品、专门投资组合和受托直投组合主要用于大类资产配置，可以不受5%流动性资产的比例限制，但应确保赎回的需要，减少净值波动。清算备付金、证券清算款以及一级市场证券申购资金视为流动性资产。

（六）单只养老金产品投资一家企业所发行的股票，单期发行的同一品种标准化债权类资产，单只证券投资基金，分别不得超过上述证券发行量、该基金份额（基金产品份额数以最近一次公告或者发行人正式说明为准）的5%，也分别不得超过该养老金产品资产净值的10%。其中，投资资产支持证券、资产支持票据的比例不超过该只证券发行量的10%。股票专项型养老金产品投资一家企业所发行的股票可以不受上述10%规定的限制。

（七）单只养老金产品投资单期信托产品、债权投资计划，分别不得超过该期信托产品、债权投资计划资产管理规模的20%。信托产品型、债权投资计划型养老金产品可以不受此规定的限制。

（八）养老金产品应当免收申购费，可以收取一定的赎回费，赎回费应全部归入养老金产品资产。养老金产品投资于同一投资管理人自身管理的金融产品，如证券投资基金、债权投资计划等，该部分投资资产在养老金产品层面不再收取投资管理费，投资管理人在养老金产品投资管理合同和托管合同中应当明确包含这一条款。

（九）投资管理人是养老金产品资产净值计算和产品会计核算的主会计人。与养老金产品有关的会计问题，如投资管理人与托管人充分协商仍无法达成一致意见的，按照投资管理人对产品资产净值的计算结果对外公布，但应当注明该资产净值计算结果未经托管人复核一致。

（十）法人受托机构设立受托直投组合，托管人应当单独开立一个投资资产托管账户，专门用于根据法人受托机构的指令通过该账户进行投资养老金产品的资金划拨，法人受托机构和计划托管人分别对该账户的资产单独建账、独立核算，并进行信息报告，托管人应当定期与法人受托机构核对该账户资产净值等账务。

（十一）根据通知，涉及养老金产品投资范围及比例相应调整的，可以按照《关于加强养老金产品管理有关问题的通知》（人社厅发〔2019〕85号）第五条第（五）款“因法律法规修订而应当修改养老金产品投资管理合同”情形规定，自变更生效之日起15日内以书面送达或者公告等方式通知份额持有人，并向人力资源社会保障部报告。

十二、已运作年金计划、投资组合、受托直投组合和养老金产品的投资比例、投资范围与本通知不符的，应于2021年底前调整到位。已运作投资组合或养老金产品中，持有的商业银行理财产品、特定资产管理计划可持有至到期，相应养老金产品到期后清算并上报清算报告；已运作优先股型养老金产品2021年底前清算完毕并上报清算报告。

农民工工作

国务院农民工工作领导小组关于表彰全国优秀农民工和农民工工作先进集体的决定

国农工发〔2020〕4号

各省、自治区、直辖市及新疆生产建设兵团农民工工作议事协调机构，国务院农民工工作领导小组各成员单位：

农民工已成为我国产业工人的主体，是推动国家现代化建设的重要力量，为经济社会发展做出了巨大贡献。"十三五"期间，广大农民工积极投身全面建成小康社会、加快推进社会主义现代化的伟大事业，在各行各业涌现出一大批为决战脱贫攻坚、决胜全面建成小康社会做出突出贡献的优秀农民工。各级农民工工作机构和服务单位认真贯彻落实党中央、国务院关于农民工工作的决策部署，在为农民工服务方面，特别是今年在统筹推进新冠肺炎疫情防控和经济社会发展中做了大量卓有成效的工作，涌现出一大批取得显著成绩的先进集体。

为表彰先进，树立榜样，弘扬正气，进一步激励广大农民工和从事农民工工作的同志们积极投身经济社会发展火热实践，营造全社会关心关爱农民工的良好氛围，国务院农民工工作领导小组决定，授予刘阔等994人"全国优秀农民工"荣誉称号，授予北京市东城区职业能力建设指导中心等100个单位"全国农民工工作先进集体"荣誉称号。希望受到表彰的优秀农民工和先进集体珍惜荣誉、继续拼搏，在实施乡村振兴和新型城镇化战略、全面建设社会主义现代化国家新征程上更好发挥先进模范作用，再立新功。

广大农民工和从事农民工工作的同志们要以习近平新时代中国特色社会主义思想为指导，全面贯彻党的十九大和十九届二中、三中、四中、五中全会精神，以受到表彰的优秀农民工和农民工工作先进集体为榜样，增强“四个意识”、坚定“四个自信”、做到“两个维护”，更加紧密地团结在以习近平同志为核心的党中央周围，自觉践行社会主义核心价值观，用干劲、闯劲、钻劲，扎实工作，锐意进取，争做新时代的奋斗者，不断开创农民工发展新局面，为全面建设社会主义现代化国家、实现中华民族伟大复兴中国梦做出新的更大贡献！

附件：1. 全国优秀农民工名单

2. 全国农民工工作先进集体名单

2020 年 12 月 15 日

附件 1

全国优秀农民工名单

北京市

刘　阔	北京顺丰速运有限公司快递员
赵小虎	北京阳光北亚家政服务有限公司项目负责人
翟向峰（女）	北京铭泰嘉信能源科技有限公司职员
郭　冬	北京三色酷餐饮有限公司创建人
王敬伟	北京市昌平区红栌温泉山庄厨师
毕仁福	希版图（北京）文化传媒有限公司合伙人
何冰冰（达斡尔族）	北京市政建设集团有限责任公司施工队长
王洪光	北斗启明（北京）节能科技服务有限公司技术员
孟德杰	中能测（北京）科技发展有限公司技术研发师
李　义（女）	北京宏润宇嘉餐饮管理有限公司领班
王清春（女）	北京美中宜和妇儿医院护士
杨　茜（女）	北京仙商投资管理中心（有限合伙）数据分析师
朱文龙	德鲁克（北京）人力资源服务有限公司宣传员
管　林	北京慧之源信息技术有限公司销售员

安登锋	万国印务（北京）有限公司合伙人
刘明群（女）	北京市石景山区垃圾清运队操作员
水百强	北京宽源商贸有限公司销售员
韩九恒	房屋卫士工程技术有限公司工程师
陈　聪	北京金手杖养老有限公司厨师长
牛三东	中军军弘保安服务有限公司队长
杨松江	滨江华康（北京）生物科技有限公司技术员
郑春雨	北京市保安服务总公司保安员
唐于碗	五元素建筑装饰北京有限公司施工队长
马俊超（回族）	北京优鲜生活社区配送服务有限公司合伙人
靳雪松	北京首发公路养护工程有限公司工段长
王改芳（女）	北京槐井石舍文化旅游有限公司民宿管家
魏　巍（女）	德润鑫丰（北京）劳务派遣有限公司职员
董玮琨	北京通州京环环境服务有限公司副班长
王建明	北京顺鑫农业股份有限公司鹏程食品分公司生产主任
崔维国	北京鑫城缘果品专业合作社负责人
吴　彪	北京天恒建设集团有限公司安全员
邵文静	北京乳旺食品有限公司设备维修员
李　然	北京福斯汽车电线有限公司发货员
张士亮（满族）	北京密水农家农产品产销合作社监事长
张　宁	北京家景家园绿地养护有限公司消防员
天津市	
李龙腾	天津乾晟源餐饮管理有限公司厨师
高会来	那美钢（天津）汽配有限公司技术部

课长

王　锋　中国建筑第八工程局有限公司华北公司机电工

石永苓（女、满族）　天津市春蕊蔬菜专业合作社负责人

薄春霞（女）　天津市多兴庄园农业科技开发有限公司多兴庄园负责人

岳山刚　建科机械（天津）股份有限公司技术/质检部负责人

马同飞　中交一航局第二工程有限公司钢筋班组工长

宋海涛　中国建筑第二工程局有限公司渤海分公司机电经理

吴建伟　天津宏港物流技术服务有限公司现场巡视队队长

张庆山　天津科林车业有限公司焊工

河北省

韩金宝　河北易水石砚台有限公司工艺美术师

马长翟（女）　石家庄市新华区卫生队清扫工

马长卫　天俱时工程科技集团有限公司仪表调试负责人

杨丽娜（女）　无极县新视野眼镜店验光师

卢　芹（女）　河北阎潇家政服务有限公司家政服务员

靳永法　河北诚信集团有限公司车间主任

贾志华　河北林博农业科技有限公司技术总监

周　弘（女）　承德县旭日职业培训学校校长

王玉学　承德避暑山庄企业集团股份有限公司车间主任

刘百丽（女、蒙古族）　承德康达物业服务有限公司环卫工

胡　磊　河北不荒田园生态农业开发有限公司合

伙人

刘富琴（女）	汉庭酒店蔚县店厨师
王建刚	张家口安旺建筑安装工程有限公司项目负责人
李东明	张家口崇礼区为民职业服务有限公司经理
李　伟（女）	秦皇岛市山海关区忠伟蔬菜专业合作社理事长
瞿国红（女、满族）	秦皇岛市海港区金管家高级家政职业培训学校校长
张　军	秦皇岛正朴农业开发有限公司农技师
苏永秀	中国二十二冶集团有限公司测量负责人
陈井营（女）	唐山富联服饰有限公司设计师
艾晨光	河北建支铸造集团有限公司车间主任
李志勇	唐山圣大农业科技有限公司生产经理
苑英芳（女）	乐亭县英芳商贸有限公司手工艺师
蒋风山	蒙牛乳业（滦南）有限责任公司辅机操作工
陈爱双	金隅冀东水泥（唐山）有限责任公司唐山分公司水泥工序长
范广义	香河县环境卫生管理局环卫工
缴艳霞（女）	大城县九间房聚葫轩葫芦工艺加工厂工艺美术师
穆祥勇（回族）	大厂回族自治县呈祥金漆镶嵌有限公司产品设计制作师
宋军贤	大厂首钢机电有限公司数控车工
张新齐	河北京车轨道交通车辆装备有限公司机修钳工
刘　博	保定市博雅金属制品制造有限公司安装

工程师

崔艳霞（女）	保定市莲池区康寿元老年公寓养老护理员
李红旗	保定市定兴县固城镇毛衣加工点负责人
梁　凯	国电联合动力技术（保定）有限公司调试电工
方士英（女）	吴桥县方士英石影雕艺术有限责任公司技艺传承人
邱景霞（女）	鸿鑫英手工坊手工艺师
胡　兵	泊头市园农种植专业合作社理事长
刘振礼	大元建业集团股份有限公司钢筋工
张志旺	衡水市冀州区士心培训学校培训讲师
仉振春	河北华强科技开发有限公司业务经理
李建梅（女）	河北盛吉顺食用菌种植合作社理事长
郝海成	河北尚粮农业科技有限公司经理
白茹云（女）	邢台市南和区郝桥镇侯西村灵活就业人员
陈世君（女）	宁晋县源远种植专业合作社理事长
殷玲玲（女）	磁县艺林文化传播有限公司剪纸技艺传承人
贾杜鹏	邯郸市村村帮电子商务有限公司电子商务师
张振华	邯郸市邯三建筑工程有限公司抹灰工
李运强	保定长安客车制造有限公司钳焊工
孙　瑞（女）	容城县仁创人力资源服务有限公司就业创业导师
管双兰（女）	安新县芙瑞家政服务有限公司家政培训讲师

山西省

李　佳	山西安泰和建筑劳务有限公司劳务队长
杨　霖	太原市第一建筑工程集团有限公司劳务队长
韩晓冬	大同泰瑞集团建设有限公司钢筋工
史秀军	阳泉启辰创客科技有限公司负责人
陈　瑞	长治市华森职业培训学校挖掘机教练员
张海元	山西鑫霏农业开发有限公司负责人
刘建斌	山西天宝集团有限公司电力车间主任
强奶莲（女）	吕梁贝亲好家政服务有限公司负责人
郭俊雍	古建工匠（灵活就业）
李毓丰	山西毓雁红建筑工程有限责任公司负责人
申青林	临汾市鑫锐机械设备有限公司负责人
焦武斌	山西天茂房地产开发有限公司杂工班组长
袁　娟（女）	太原市贝亲好家政服务有限公司培训老师
周婕（女）	红马甲集团股份有限公司副董事长
席树茂	山西二建集团有限公司电工
张　洪	山西四建集团有限公司钢筋班组长
杜仕美	山西六建集团有限公司木工班组长

内蒙古自治区

吕国强	内蒙古阜丰生物科技有限公司电工班长
石卫东	包头市卫东南瓜农民合作社理事长
玉　宏（女、蒙古族）	狼图腾民族文化工作室民族手工艺人
赵玉凤（女、蒙古族）	通辽市天娇家政服务有限责任公司家政服务员
任　宇（蒙古族）	内蒙古赤峰市林西县双赢合作社负责人

刘海山　　内蒙古长明机械股份有限公司组装工
李胜利　　乌兰察布市外出务工人员服务中心党支部书记
赵海霞（女）　　阿勒腾席热镇新北社区手缝工工作室手缝工
郭　智　　蒙牛乳业（磴口巴彦高勒）有限责任公司设备维护工
李　伟（蒙古族）　　乌海市包钢万腾钢铁有限责任公司天车工

辽宁省

李　岩　　法库县东润泽玉米种植家庭农场副场长
金巨鹏（满族）　　沈阳市大东区新金鑫达汽车配件商店店长
李　明　　大连万方化工有限公司电气运行班长
刘洪亮　　大连锦源石油化工有限公司设备员
魏克强　　辽宁衡业集团有限公司车间主任
刘玉波　　抚顺市德恒矿山机械有限公司负责人
武建波　　辽宁雅河建筑安装有限公司队长
贾政文　　东港市洁诚卫生环境工程有限公司掏粪工
陈宝林（满族）　　辽宁三盟建筑安装有限公司抹灰工
初洪宇　　盖州市九仓建筑工程有限公司班长
王立楠　　阜新昌达建筑工程队队长
刘　娜（女、满族）　　辽阳市辽阳县谢家农场负责人
杨富安　　铁岭县深山里榛子专业合作社负责人
姜宏军　　朝阳县大嘎图土地股份专业合作社负责人
丁秀霞（女）　　盘锦好姐妹家政服务有限公司催乳师
齐　华　　葫芦岛市兴岛蔬菜加工有限公司法定代

表人

吉林省

杨子亮　　抚松县浦春河村福苑生态家庭农场负责人

李林森　　舒兰市三稻粱农作物种植专业合作社创建人

邓芳园　　和龙双昊高新技术有限公司工艺员

周艳文（女）　　榆树市巾帼草编专业合作社创建人

徐广伟　　长岭县永久镇红圣大鹅养殖农民专业合作社创建人

张红霞（女）　　吉林省源田居土特产有限公司负责人

贾俊刚　　吉林金芝楼生物科技有限公司负责人

黑龙江省

何志海　　黑龙江省建工集团有限责任公司电工

李宏艳（女）　　七台河市宏伟家政服务有限责任公司驻市人民医院患者服务中心主任

王保胜　　宝清县海之坊农产品有限责任公司负责人

沈宗凯　　牡丹江桦林佳通轮胎有限公司操作工

徐洪刚　　大庆建筑安装集团有限公司班组长

许凤坤（女）　　大庆百湖家庭服务有限公司月嫂

许开强　　龙建路桥股份有限公司工长

杨晓梅（女）　　鹤岗市龙妹齐家家政服务有限公司月嫂

上海市

王开学（布依族）　　中国人民解放军四八〇五工厂上海船厂铣床工

曹　超　　上海华虹宏力半导体制造有限公司光刻班组长

谢梅枝（女）　　上海建工集团股份有限公司钢筋工现场

指导员
马　天　上海浩丰果蔬专业合作社理事长
郝英雷　上海机械施工集团第二工程公司项目施工主管
韩　凯　上海国际机场股份有限公司安检护卫保障部飞机监护科班组长
白　浩　上海倍护婴童用品有限公司项目组组长
单青艳（女）　安靠封装测试（上海）有限公司测试技术员
宗青春　上海浦东新区公路建设发展有限公司项目经理
许晓华　上海清美绿色食品（集团）有限公司技术工程师
刘鹏鹏　沪东中华造船（集团）有限公司船舶电焊工
杨　海　上海星成餐饮有限公司厨师
曼菊侠（女）　上海新镇江酒家经营总公司点心部主管
程流风　上海徐房房屋维急修中心水电维修队长
赵　威　上海万宏印刷有限公司副总经理
刘少帅　上海消防技术工程有限公司技术员
陈　琳　上海悦华物业管理有限公司水电修理工
杨永前　上海南迅电梯有限公司电梯维修保养员
周安叶　中冶宝钢技术服务有限公司项目部业务主管
段建灵　上海电气上重碾磨特装设备有限公司装配工
刘伟才　上海亿力电器有限公司技术经理
杨　梅（女）　上海丹森科技有限公司售后服务经理
邹丰恒　龙工（上海）机械制造有限公司调度

室主任

程晓华（女）　　飞雕电器集团有限公司财务主管

康　宁　　上海形状记忆合金材料有限公司生产部输送组组长

韩小弟　　安亭镇社区工作者事务所新闻采编社工

张友军　　上海庆良电子有限公司生产组长

李治刚　　上海连成（集团）有限公司储运部经理

郑小江　　上海克比模塑科技有限公司运营总监

余志华　　上海英煌管业科技有限公司负责人

郑　平　　上海起帆电缆股份有限公司机修工

钟敬升（畲族）　　上海龙乡度假村股份有限公司负责人

张跃芝　　上海海砌建材有限公司负责人

江苏省

张兴泰　　南京大地建设集团有限责任公司安全员

李　锋　　南京苏陕企业管理咨询服务有限公司运营经理

张立柱　　南京市公安局浦口分局勤务辅警

张思洋　　南京市浦口区尹广红家庭农场合伙人

陈　玲（女）　　江苏省好苏嫂家庭服务有限责任公司家政服务员

滕宏美（女）　　南京快易洁家政服务有限公司保洁员

丁　冉　　南京苏程人力资源服务有限公司负责人

邓法年　　南京钢铁股份有限公司第二炼钢厂维修工

袁　振　　江阴市长达钢铁有限公司电气班长

孙耀生　　江苏国信协联能源有限公司检修工

杜荣明　　无锡华洋滚动轴承有限公司车间主任

汤俊飞（女）　　红豆集团江苏红豆实业股份有限公司生

产线班长

曹小娟（女）　　江苏苏嘉集团有限公司办公室主任

赵成旺　　无锡恒业电热电器有限公司技术总监

陈爱兵　　无锡锡洲电磁线有限公司研发工程师

李　响　　徐州市环境卫生管理处雁群生活垃圾填埋场机械操作员

张丽颖（女）　　徐州黎明食品有限公司车间主任

宋文蛟　　徐州汉唐公益发展中心创始人

郑尚坤　　徐州市顺丰速运有限公司收派员

闫秋菊（女）　　徐州宝宝粮仓生物科技有限公司创建人

陆振阔　　邳州市问玉—海龙玉雕工作室玉雕技师

吴计果　　江苏集慧建设集团有限公司砌砖抹灰班组长

史欣兵　　江苏恒立液压科技有限公司精密零部件事业部技工

李　波　　江苏上上电缆集团有限公司电缆护套模头工

蔡下忠　　常州华利达服装集团有限公司制版师

陈德虎　　江苏龙城洪力液压设备有限公司装配车间系统班班长

马金丽（女）　　江苏皓月涂料有限公司调色组工段长

蒋彩琴（女）　　中天钢铁集团有限公司内训师

曹　斌　　江苏城东建设工程有限公司测量放线工

肖　军　　中交天和机械设备制造有限公司机械设计员

舒新生　　金德精密配件（苏州）有限公司电工

姜　新　　苏州市姑苏区城市清洁服务公司环卫工

程元富　　苏州中恒通路桥股份有限公司装载机操工

王　进	三一重机有限公司小挖组装组组长
高军会	江苏皇冠新材料科技有限公司工会主席
孙勤良	通鼎互联信息股份有限公司设备部总工程师
干旻旭	康力电梯股份有限公司电梯维保班组长
肖庆敏（女）	高岭电子（苏州）有限公司制造部系长
程书荣（女）	苏州金管家家政服务有限公司家政员
周毅海	江苏永钢集团有限公司主轧钢工
梅建华	中亿丰建设集团股份有限公司工人
喻　勇	通州建总集团有限公司技能实训指导员
戴祝泉	龙信建设集团有限公司技术员
朱海伟	亚振家居股份有限公司包饰工
张　博	启东中远海运海洋工程有限公司工程车辆操作员
白世文	江苏铭利达科技有限公司操作员
王聪明	科德宝宝翎衬布（南通）有限公司冷作工
袁立雨	连云港三新供电服务有限公司运维工
王其芳	连云港富安紫菜机械有限公司机械操作工
刘敏捷	灌云民发甘薯专业合作社负责人
霍正广	东海县第三建筑安装工程有限公司项目经理
倪苗苗（女）	淮安源通制帽有限公司样品部 VDS 厂职员
鞠业磊	江苏省八杯水电器有限公司售后服务员
蒋正兰（女）	江苏悦丰晶瓷科技有限公司车间主任
陈勇进	江苏特尔新材料科技有限公司总经理

张月坤	江苏利文机械有限公司装配部一班班长
王小超	江苏金科森电子科技有限公司高级经理
董开成	江苏董大水生蔬菜科技有限公司负责人
陈祖兵	江苏祖泰建筑劳务有限公司技术员
薛　永	盐城市崇达石化机械有限公司智能加工班组长
李增明	盐城经济技术开发区平民家庭农场负责人
颜展红	江都农村商业银行维修工
杨　斌	扬州市扬子钣金制造有限公司车队负责人
孔维祥	江苏翠京元有机农业有限公司负责人
陈安俊	扬州曙光电缆股份有限公司辐照中心主任
刘增康	扬州经济技术开发区乐客生活超市店长
郑德明	镇江市润州区环境卫生管理所清洁二队队长
管庆华	江苏润祥建设集团有限公司瓦工班长
张奎峰	江苏省句容市白兔镇致富果业专业合作社社长
陈培培	江苏东方瑞吉能源装备有限公司铆工班长
王玉宝	江苏万新光学有限公司分离班长
蒋志刚	江苏新扬子造船有限公司电焊工
徐　磊	江苏兴达钢帘线股份有限公司生产中心物流储运部长
丁国荣	泰州飞彩园艺科技有限公司负责人
朱爱红（女）	泰州市禾雅生态农业开发有限公司负责人

陈业全	中国邮政集团有限公司宿迁市分公司洋河支局投递员
高井义	江苏京宿环境服务有限公司作业与安全部部长
钱广建	宿迁市华益混凝土有限公司泵工
张新利	江苏秀强玻璃工艺股份有限公司研发员

浙江省

王光丽（女）	杭州知味观总店味舫副经理
王素梅（女）	杭州市上城区湖滨市容环境卫生管理所道路清扫工
叶小挺	浙江万马股份有限公司维修电工
许建茹（女）	杭州九仙生物科技有限公司负责人
沈　国	浙江中南建设集团钢结构有限公司设备修理工
李振涛	浙江新盛建设集团有限公司钢筋工班组长
邹新华	杭州市建工集团有限责任公司防水工
林　忠	杭州市幗西丽市政园林建设集团有限公司技术员
王胜祥	浙江省淳安县博爱制冷元件有限公司技术员
俞群华（女）	杭州市江干区三义美发设计室发型师
徐长明	杭州东华链条集团有限公司装配机操作工
潘正义（侗族）	爱克斯精密钢球（杭州）有限公司工程带班员
方伟华	浙江恒威集团生产副总经理
刘　良	赛克思液压科技股份有限公司数控班组长

王有江　宁波市镇海区招宝山街道涨鑑碶社区外来人员专管员
朱贤长　宁波继峰汽车零部件股份有限公司流水线线长
史柳军　宁波马骑顿智慧信息科技有限公司制板师
蒋立忠　宁波永灵航空科技有限公司技术员
宋小赞（女）　宁波市奉化区乐源果蔬专业合作社创办人
罗高昇　宁波长振铜业有限公司技术员
朱国兴　宁波喜尔美厨房用品有限公司技术研发员
徐旭辉　宁波大云建设有限公司砌筑班班长
吴喜海　宁波骏嘉重型机械制造有限公司电焊工
陈刚满　宁海县海山丰水产专业合作社负责人
邵则长　温州邵则涨无障碍工程有限公司负责人
郑祥武　黄鱼岛海洋渔业集团有限公司合伙人
薛孝西　浙江华峰氨纶股份有限公司设备维护员
刘　波　温州市爱好笔业有限公司班组长
陈岩业　温州随和酒业有限公司负责人
董文学　温州益坤电气股份有限公司金工车间主任
林友青　文成县阳光假日大酒店有限公司餐饮总监
张　强　天正集团有限公司护卫队队员
唐荣华　合兴集团有限公司副总经理、工会副主席
毛瑞走　温州交通技术学校教师
肖云飞　诚德科技股份有限公司生产质量管理员

王　林	华祥（中国）高纤有限公司卷绕组长
谢莹荣	湖州南浔世荣湖羊养殖家庭农场创办人
金建良	湖州新兴汽车部件有限公司办公室文员
郑书剑	浙江中德自控科技股份有限公司金工车间主任
沈蒋荣	德清莫干山莫芃度假酒店有限公司创办人
赵瑞祥	安吉县中源家居股份有限公司质检员
周明良	中法控股集团有限公司工会主席
车建国（土家族）	嘉兴市秀洲区洪合镇横泾桥社区党总支委员
赵孔进（瑶族）	嘉善赵氏服装辅料有限公司法定代表人
叶树林	嘉兴邦芒人才市场服务有限公司平湖分公司司机
谭国平	嘉兴晟田工艺品有限公司人事专员
于广雷	海宁正泰新能源科技有限公司安全管理员
梁松华	桐乡市新凤鸣集团股份有限公司技术研发员
汪德荣	浙江宝厦建设有限公司吊装工技术骨干
程　彬	浙江梅轮电梯股份有限公司维修保养工
宣董娥（女）	绍兴市中心医院（保洁公司）配送组长
陈添鑫	绍兴市上虞区锦绣金禾果蔬专业合作社销售经理
赵维岳	浙江吉峰农业科技服务有限公司农机维修工
陈德园	嵊州市城乡公共交通有限公司城乡公交驾驶员

章卓林	浙江医药股份有限公司新昌制药厂电工车间副主任
汤协祯	金华市公交集团有限公司公交车驾驶员
钱玉军	金华市玉军花木盆景专业合作社负责人
盛庆萍（女）	金华市亚虎工具有限公司财务总监
何惠娟（女）	浙江祥嘉纺织公司穿经工
高志发	浙江四达工具有限公司技术研发员
吴飞虹（女）	浦江凯瑞生物科技股份有限公司质量管理员
高文兴	浙江省兴森科技有限公司负责人
施彩凤（女）	磐安县乌石村施彩凤小吃店店长
钱克俭	新世纪建设集团有限公司项目经理
黄雪梅（女）	浙江德辉食品有限公司技术员
江理勇	仙鹤股份有限公司项目经理
王俊勇	衢州元立金属制品有限公司普车车工
郑红军	浙江开山能源装备公司电焊工
王笔仙（女）	浙江金鹰股份有限公司织布操作工
刘文富	舟山中远海运重工有限公司班组长
林　波（女）	岱山县凌波干水产品经营部创办人
刘运红（女）	舟山市新城运宏包子店创办人
徐　江	浙江海正药业股份有限公司车间生产管理员
尹学长	浙江华海药业股份有限公司分厂副厂长
费少标	浙江豪情汽车制造有限公司维修工
徐南亮	浙江双环传动机械股份有限公司分公司品质管理员
贾德存	杰克缝纫机股份有限公司装配工
叶　军	浙江三维橡胶制品股份有限公司生产经理

卢　彪	浙江绿意物业管理服务有限公司工会主席
金林凤（女）	丽水市巧手家庭服务有限公司负责人
柏友周	浙江晨龙锯床股份有限公司数控机床操作工
周春芳	遂昌县亲农谷休闲旅游有限公司负责人
季加贵	浙江三箭工贸有限公司负责人
熊金喜	浙江省建工集团有限责任公司木工技术管理组长
周国锋	浙江交工路桥建设有限公司技术组长
付世淋	浙江省一建建设集团有限公司砌筑工
艾尼瓦尔江·肉孜（维吾尔族）	杭州日月电器股份有限公司装配工

安徽省

朱升五	合肥建工集团有限公司木工班班长
麻宗明	安徽青松食品有限公司班长
韩圣红	肥东博宏照明电器有限公司（扶贫车间）负责人
张利利（女）	淮北市惠平家政保洁服务中心家政服务员
孙传连	涡阳县石弓镇孙传连果树种植专业合作社负责人
刘　锋	利辛荣溢鞋业有限公司（扶贫车间）负责人
邵　芳（女）	蒙城县征途职业培训学校育婴师
康　峰	宿州市小康工业丝瓜发展有限公司法定代表人
王开玉	宿州市技师学院外聘老师
吴崇友	中铁二十四局安徽工程有限公司钢筋工

黄　河	宿州三杰电梯销售服务有限公司电梯维保组长
黄　卫	五河县欢乐生态种养殖合作社负责人
卢　辉	阜阳创溢鞋业有限公司车间主任
毕　杭	阜阳颍东区杭伟种植专业合作社负责人
王明侠（女）	颍上县杰阳服饰有限公司（就业扶贫车间）车间主任
齐　斌	中建七局界首市东旭路安置区项目电工
刘　玲（女）	临泉县康悦电子科技有限公司车间主任
赵　峰	安徽永生堂药业有限责任公司班组长
王　成	阜南县义昌隆工艺品有限公司负责人
崔正金	安徽富泰发饰文化股份有限公司车间主任
孙多梅（女）	凤台县咏梅农牧有限公司法定代表人
成学武	安徽天康（集团）股份有限公司电缆工
王　忠	滁州市南谯区大柳镇良农金梨专业合作社负责人
王明明	六安江淮永达机械制造有限公司数控车工
杨庆兵	六安凯迪斯顿婚纱礼服有限公司负责人
熊守龙	安徽迎驾集团彩印分公司技术员
田老大	安徽长江钢铁股份有限公司车间技术主管
彭家媛（女）	万良物业三山比华利项目家政服务部家政服务员
高志华	安徽省小小科技股份有限公司工程师
江书成	博瑞特热能设备股份有限公司焊工
阮海兵	铜陵市旋力特殊钢有限公司工人

周龙贵　安徽九工电子设备有限公司铸造高级工、数控车床高级工

苏树苗　安庆汇通汽车部件股份有限公司车间主任

陈　良　安徽盈创石化维修安装有限责任公司钳工

汪莉萍（女）　安徽岳西皖嫂职业培训学校母婴护理员

吴冬青（女）　申洲针织（安徽）有限公司车间副主任

吴先干　安徽亿达建设工程有限公司工人

汪杏梅（女）　怀宁县鑫悦服装厂工人

汪笃义　黄山明明德集团有限公司磨工技师

福建省

禄　刚　福建盛辉物流集团有限公司仓储部装车组搬运工

罗秋平　福建省福州市鼓楼区五凤街道龙泉社区垃圾分类卫生工

汪小毛（女）　福建经纬集团有限公司一纺车间细纱教练

陈满库　飞毛腿（福建）电子有限公司第五事业部 NB 管理中心 NB 制造部 240 车间组长

班华彬　捷星显示科技（福建）有限公司仓储部基座组叉车教练

谢用福　福建省永泰县石竹兔业农民专业合作社负责人

陈友辉　福建永荣锦江股份有限公司锦纺丝二部组件班长

陈　瑞（女）　福建飞毛腿动力科技有限公司制造中心

	制造部车间管理课管理组培训专员
蔡月英（女）	福建省厦门市海沧市政建设管理中心嵩屿管理站环卫组长
张志峰	福建省厦门蒙发利电子有限公司总装一厂二课侧板包装线领班
戴海琴（女）	安费诺电子装配（厦门）公司质检部C栋质检组长
陈银镇	福建省厦门市唐铭农业科技有限公司负责人
王艺民	福建省厦门市建安集团有限公司项目经理助理
朱根才	福建省厦门市孔雀河保洁服务有限公司综合部维修工
杨美福	福建元吉体育用品有限公司生产部课长
周建喜	福建漳州天骏茗风生态农业发展有限公司负责人
曾淑英（女）	福建省同舟建设有限公司工程部资料员
刘福聚	福建漳州中集集装箱有限公司生产部完工总管
阙孝财	福建三宝钢铁有限公司烧结车间工段长
苏福生	福建省泉州市新福汽车服务有限公司喷漆技师
温文溪	福建省泉州市安溪县中顿茶叶专业合作社负责人
庄森彬	福建群峰机械有限公司电液室主任
何　龙	福建省泉州市大自然商务酒店技术部保健按摩师
岩　龙（佤族）	福建省泉州市乔丹体育股份有限公司生产三厂二车间成型组长

廖伟清	福建省莆田市凤翔市政工程有限公司清扫保洁项目经理
刘永峰	福建佳通轮胎有限公司半钢制造部高级经理
倪庆芳	福建泰盛实业有限公司擦手纸机台机长
刘玉镇	新万鑫（福建）精密薄板有限公司硅钢厂连轧车间轧钢乙班班长
谢　君	福建省三明市将乐县宝台山中蜂养殖农民专业合作社负责人
黄庆师	福建一建集团有限公司三明生态新康养城建设项目架子班长
赖张龙	福建省三明市清龙生态兰花有限公司负责人
毛昌丰	福建省顺昌县升升木业有限公司成品车间主任兼研发部项目组组长
胡顺有	福建杜氏木业有限公司技术部部长
朱正辉	福建省南平市跃农绿色蔬菜基地有限公司负责人
刘春生	福建省龙岩市长汀县南站幸福小区扶贫车间管理人员
赖先标	福建省龙岩市永定区祥亿电子有限公司负责人
张　良（苗族）	协为（漳平）工艺有限公司车间修补组组长
张军辉	福建省宁德新能源科技有限公司保安队主管
余海燕（女）	福建省宁德市古田县鹤塘明艳茶叶专业合作社执行监事
王菊弟	福建省宁德市寿宁县滴水缘农业专业合

作社负责人

江西省

舒龙岗	江西省腾越生态科技有限公司负责人
李小乐	江西省南昌市新建区兴乐种植专业合作社合伙人
罗　伟	中航物业管理有限公司南昌分公司澄碧湖大厦项目物业工程部工程主管
邓新建	南昌海螺水泥有限责任公司南昌海螺保全副工段长
王泉梅（女）	江西倍邦家庭服务有限公司副总兼校长
肖文斌	德安县磨溪乡快递代理点快递员
蔡灿平	瑞昌市盈瑞箱包有限公司厂长
赵小梅（女）	巨石集团九江钙业有限公司技术员
徐　治	江西牧森自动化设备有限公司技术负责人
刘骁亮	莲花县东篱清泉有机农业专业合作社特聘农技员
李建华	分宜县鸿启实业有限公司创业人员
吴朝辉	鹰潭博昊箱包有限公司车间主任
温小珍（女）	江西金力永磁科技股份有限公司成型操作员
熊益飞	江西虔东稀土集团股份有限公司安全管理员
杨勇生	宁都县安福乡高岭油茶合作社负责人
李祥平	江西青峰药业有限公司设备维保工
黄振华	靖安县七彩桃源农业专业合作社理事长
曾建华	江西金虎保险设备集团有限公司冲压班班长
吴文清	中国邮政集团有限公司江西省宜丰县分

	公司双峰邮政所邮递员
张燕红（女）	江西省上饶市玉山县三清故事农业科技有限公司销售负责人
欧建平	江西省上饶市铅山县葛仙山镇巨龙双畈葡萄种植专业合作社负责人
柯诗标	江西省上饶市广信区耀英实业有限公司技术负责人
邱旭东	峡江县金坪绿丰果业专业合作社技术工程师
彭学诠	遂川县雩田镇上新手提袋加工厂厂长
杨钢柱	木林森（江西）电子有限公司技术员
陈忠清	江西家尚嘉商超供应链信息管理公司创业人员
邱婷婷（女）	江西掌护医疗科技有限公司品质主管
熊小荣	江西省金邦智能科技有限公司技术负责人

山东省

张海燕（女）	济南超意兴餐饮有限公司仓储管理员
贾宝坤	济南铭威生物科技有限公司法定代表人
林剑峰	济南市城建集团有限公司建筑工人
张召厚	山东得象电器科技有限公司车间工人
胡正亮	山东智邦文物保护科技有限公司法定代表人
莫瑞亮	山东淏瑞幕墙装饰工程有限公司技术员
怀善春	山东莱钢永锋钢铁有限公司炼钢厂生产技术科长
刘伟明	山东莱钢泰东公司生产线工人
卜　雷	广西安泰特保保安服务有限公司济南分公司保安班长

贾正中	中青建安建设集团有限公司砌筑工队长
李启士	中车青岛四方机车车辆股份有限公司企业加工中心操作工
左付尧	青岛荣泰玻璃制品有限公司企业原熔部部长
王阳阳	青岛海尔（胶州）空调器有限公司质量技术员
张文凤（女）	青岛文凤家政有限公司法定代表人
张治友	青岛威奥轨道股份有限公司焊接工
杜　勇	山东港口青岛港青岛前湾西港联合码头有限责任公司港口装卸机械司机
赵理超	青岛啤酒股份有限公司青岛啤酒厂生产线主机机台长
刘广齐	海信（山东）冰箱有限公司维修班长
刘立杰	青岛双星轮胎工业有限公司车间主任
毕于民	山东鲁王建工有限责任公司木工班班组长
于昌江	桓台县泓基农业专业合作社理事长
杜锋宇	山东威达重工股份有限公司数控车床班班长
刘新民	滕州建工建设集团有限公司钢筋作业班组长
孙　瑜（女）	枣庄德信人力资源服务有限公司负责人
成美玉（女）	东营市嘉洲现代农业开发有限公司负责人
李　利	山东泰立化工设备有限公司电焊工
许木顺	山东海科化工有限公司检修工
滕传军	上汽通用东岳汽车有限公司生产班组长
张兵建	烟台交运集团有限责任公司大客车驾

驶员

潘书建	莱州市暄展电子商务有限公司法定代表人
张新春	烟台爱丽思中宠食品有限公司车间工人
丛修忠	山东德信建设集团股份有限公司项目负责人
吕　成	烟台胜地汽车零部件制造有限公司精工二部经理
王淑苹（女）	潍坊万泰福通土产杂品有限公司销售员
张宗信	潍坊市寒亭区青泉果蔬种植专业合作社技术员
王翠芬（女）	高密市华翠庄园农机专业合作社负责人
苏小梅（女）	昌邑市广源蔬菜种植专业合作社负责人
高成德	昌乐县卧虎庄园生态农业专业合作社技术指导员
田爱霞（女）	昌乐乐都瓜菜专业合作社技术指导员
孙庆义	山东良友工贸集团股份有限公司法定代表人
李敬海	梁山中集东岳车辆有限公司骨架线工段长
胡令贻	山东华准机械有限公司技术主管
王长寿	山东奔腾漆业股份有限公司班组长
王长信	泰安市金麦香面粉制品厂法定代表人
韩树刚	威海怡和专用车有限公司焊工班班长
于海游	文登奥文电机有限公司电工班班长
李纪明	山东港湾建设集团有限公司砌筑工人
刘春杰	日照市园林环卫集团有限公司环境卫生发展分公司秦楼项目部城市道路护栏清洗车驾驶员

刘建国	沂水大众劳务有限公司焊接工
贺可云（女）	沂南县博云家庭农场法定代表人
柏建喜	天元建设集团有限公司瓦工班长
陆金山	临沂市光明电力服务有限责任公司农电工
徐芝法	山东临工工程机械有限公司班组长
王九力	临沂市政集团有限公司铺装工
李金芳（女、回族）	临沂市香满城清真食品有限公司法定代表人
吕庆英（女）	临沂市鲁蒙食品有限公司车间主任
李兆军	山东临沂银凤陶瓷集团有限公司技术员
张大方	泰森日盛集团有限公司半成品外检主管
刘汉汪	山东鑫海科技股份有限公司电工
杨清春	临沂清春蔬菜农民专业合作社创建人、技术指导员
孙春芝	山东双一科技股份有限公司设备维修工
宋　静（女）	山东朝阳轴承有限公司质检员
姜秀智（女）	德州经济技术开发区恩慈职业培训学校校长、培训讲师
李瑞瑞（女）	德州恒丰纺织有限公司细纱车间值车工
王龙龙	山东格瑞德集团有限公司电焊工
张书海	山东冠县美安复合材料有限公司法定代表人
王红祥	西王集团有限公司特钢生产指挥中心调度长
杲福清	山东惠民华红家具有限公司生产车间主任
孟小华	滨州市春华建材有限公司检修班长
李海霞（女）	郓城百利安制衣有限公司扶贫车间主任

刘卫孟	菏泽高峰电机有限公司法定代表人
刘现综	山东百帝气动科技股份有限公司法定代表人
郭龙涛（回族）	曹县润聚服饰有限公司经理
马国兴	东明县益康源食品有限公司农艺师
王金宪	山东兴业炉料有限公司班组长
李骥鸿	山东旺天下农业旅游发展有限公司农技员
关书刚	山东归仁新型材料科技有限公司技术员
郭瑞霞（女）	鄄城县鑫冠帽业有限公司扶贫车间主任
丁占全	山东菏建建筑集团有限公司班组长
孙道峰	菏泽公共交通集团有限公司驾驶员
河南省	
杨小兵	河南月子语母婴护理有限公司厨师长
郑现生	郑州交通运输集团有限责任公司客车司机
何适君	河南回家吃饭餐饮管理有限公司法定代表人
弋昊峰	登封市嵩山文化产品行业协会宣传员
徐孝东	奇瑞汽车河南有限公司汽车维修工
曹志娟（女）	杞县天一物业管理服务有限公司物业管理员
郭亚修	洛阳平乐牡丹书画院画师
黄京玉（女）	洛阳富祥服饰箱包有限公司负责人
王聚才	开封市远元足疗店足部保健师
李小闯	叶县玉林门厂技术顾问
杨明军	河南天成鸽业有限公司厂长
贾晓利（女）	鲁山县雅韵纺织有限公司工人
杨佰信	河南高晋重工有限公司技术顾问

王新红	汤阴县硕果园种植专业合作社技术指导师
陈彬世	安阳县瑞林花木种植专业合作社法定代表人
康献志	安阳市开天调味品有限公司技术指导师
杨鹏超	中建四局第六建设有限公司技术员
高玉然	河南省鹤壁市淇县北阳镇北阳村自谋职业农民工
袁宾凯	辉县市苏村多彩鲜切菊种植专业合作社工程师
赵俊海	原阳县原生种植农民专业合作社技术员
何小彩（女）	武陟县普惠蔬菜种植专业合作社技术员
赵保菊（女）	博爱县天赐蔬菜种植专业合作社主管
赵战权	南乐县联富果蔬种植专业合作社技术员
刘晓辉（女）	台前县胜辉玩具有限公司技术员
张振利	河南大张过滤设备有限公司工程师
李　亚	河南叁点壹肆检测技术有限公司工程师
宋青顺	河南华宝农业开发有限公司技术员
黄青华	漯河市郾城区龙城镇农贸市场个体工商户
苏松林	三门峡二仙坡绿色果业有限公司销售员
宋环环（女）	卢氏安方汽车装备有限公司电商部员工
向福星	社旗金构农牧股份有限公司操作维修员
刘小宁	河南佳一日用制品股份有限公司创建人
宋万铁	河南省社旗县桥头镇王蛮村宋庄建筑工
李国礼	河南双飞农业科技发展有限公司主管
陈俊阁（女）	河南嘉鸿鞋业有限公司刷胶工
杨新文	虞城县城郊乡郭土楼村设计指导师
袁明明	商丘金振源电子科技有限公司招募专员

陈世法　　　　　　光山县绿源油茶专业合作社负责人
吴　营　　　　　　河南营辉纺织有限公司技术员
张纯东　　　　　　河南省泓旭生态农业科技开发有限公司技术研发部主管
张晓升　　　　　　河南羚锐制药股份有限公司涂胶工
朱路路（女）　　　河南瑞能服帽有限公司车缝工
史志春　　　　　　河南省天骄乐器股份有限公司木工段段长
张金波　　　　　　河南润世界新型涂料科技有限公司法定代表人
麻　威　　　　　　项城市黑之源种植专业合作社销售员
麻　更　　　　　　河南麻不漏防水集团有限公司法定代表人
李　玲（女）　　　驻马店市天中生态农业科技有限公司法定代表人
牛　超　　　　　　正阳县犇腾农业科技有限公司打药队队长
贺　佳（女）　　　驻马店市锦程人力资源有限公司业务员
李娜娜（女）　　　济源市下冶艾艾草制品有限公司艾草加工销售
王肖闯　　　　　　永发（河南）模塑科技发展有限公司技术员
崔文波　　　　　　新乡市华西卫材有限公司技术员
刘怀有　　　　　　固始县通利市政工程有限公司技术员
李国锋　　　　　　河南明泰铝业股份有限公司技术研发中心主任
徐顺海　　　　　　兰考县华韵乐器有限公司负责人
滕佳佳（女）　　　河南巨龙生物工程股份有限公司技术员
石华周　　　　　　新蔡县麦芽香农业生态发展有限公司负

责人
陈　志　　永城市三根珍蕊种植专业合作社负责人
黄明帅　　鹿邑县迪雅思化妆用具有限公司生产小组组长
哈哈尔·阿布都热依木（维吾尔族）
　　镇平县石佛寺镇天下玉源玉石市场个体工商户

湖北省

张新河　　武船重工股份有限公司焊接工
吴恒清　　武汉东鑫酒店管理有限公司厨师
熊诗高　　武汉市硚口区宝丰街环卫所环卫工
胡全波　　武汉大雾山茶业有限公司技师
汪连先　　武汉德顺达土石方工程有限公司员工
余　强　　武汉顺丰速递有限公司黄石分公司快递员
王海艳（女）　　际华三五四二纺织有限公司纺织工
吕孝军　　荆州市江汉建机机械有限公司铆工
郑祥发　　湖北湘荆建设集团有限公司水电施工队队长
彭小华（女）　　湖北三宁化工股份有限公司化学检验工
赵宗仁（土家族）　　湖北楚河旅业投资有限公司厨师长
郭益根　　湖北广盛建设集团有限公司班长
刘　飞　　十堰市泰祥实业股份有限公司操作工
屈远梅（女）　　十堰明佳家政服务有限公司家政员
严成少　　安陆市严成少家庭农场负责人
张金炎　　新洋丰农业科技股份有限公司电工班长
柴少娟（女）　　湖北鄂电德力电气有限公司电焊工
陈一为　　华烁科技股份有限公司葛店分公司工段长

孔凡柳（女）	稳健医疗（黄冈）有限公司员工
朱　淼	湖北平安电工股份有限公司电工
秦　京	随州大海菌业有限公司农业技师
龚　涛	恩施锦鑫建筑安装工程有限公司员工
向成桂（女、土家族）	恩施市汇力帮帮家政有限公司家政员
祁　凯	湖北新鑫无纺布有限公司员工
朱　斌	金澳科技（湖北）化工有限公司车间主任
杨文强	天门知青农场有限公司负责人
李琴丽（女）	湖北人福成田药业有限公司车间灌装工
卢　琪	劲牌神农架酒业有限公司部门负责人
葛　祥	武汉市汉阳市政建设集团有限公司施工员
张兴伟	中国葛洲坝集团股份公司乌东德水电站施工局工作队队长
钟欣欣	中建三局第一建设工程有限责任公司安装公司水电班组长
陈绪梅（女）	湖北木兰花家政服务股份有限公司物业管理员
秦世江	东风汽车集团股份有限公司乘用车公司班组长
张　雄	武汉友缘家政服务有限公司高空清洗工
邢汉东	武穴市梅川镇农村电子商务服务站负责人

湖南省

常应祥	长沙金龙铸造实业有限公司党支部书记兼技术负责人
肖　定（女）	长沙市望城区广源种植专业合作社发起创建人兼生产技术员

张临英（女）	湖南省荷香醉人农业开发有限公司技术培训讲师
谭星峰	中联重科股份有限公司焊工
王光球	中国水电八局印尼雅万高铁项目部桩基施工员
王军仔	攸县田星米业有限责任公司粮食加工技术员
刘炎召（女）	株洲思旭农业综合开发有限公司负责人兼养殖技术员
付锡文	湖南华银酒店管理有限公司创建人
郭大新	韶山新天置业发展有限公司总工程师
彭流生	衡南县云丰米业有限责任公司质检员
欧阳成科	衡阳县真工夫装饰有限公司装饰施工员
李忠明	祁东县江南华兴种植专业合作社创建人兼销售员
周作枚（女、瑶族）	武冈市民富中药材专业合作社扶贫车间负责人
杨小树（苗族）	城步苗族自治县蒋坊延季蔬菜种植专业合作社扶贫车间负责人
范时军	湖南军杰食品科技有限公司创建人兼技术总监
周　龙	岳阳市春雷学校培训讲师
胡　边	岳阳市洞庭湖边食品有限公司扶贫车间负责人
张海霞（女）	常德市金磁电器有限公司扶贫车间负责人
龚振兴（土家族）	湖南湘佳牧业股份有限公司饲料生产技术员
孔德全	中联重科建筑起重机械有限责任公司

焊工

王林元　慈利县富民水果专业合作社扶贫车间负责人

黄庆明　南县助农稻虾种养专业合作社创建人兼电商负责人

刘建国　益阳市新傲水稻种植专业合作社创建人

梁立民　安化县乌云界藏香猪原生态养殖专业合作社负责人兼种养技术员

邝宁勇　郴州市红德机电铸造有限公司技术部部长

徐小明（瑶族）　汝城县明兴源种养殖农民专业合作社辣椒加工技术员

李洪梅（女、瑶族）　江华瑶族自治县明意湖智能科技有限公司外贸销售员

周长友　永州市中塑包装科技有限公司车间主任

黄建龙　湘江源皮革皮具产业园有限公司合伙人兼销售员

舒兴华（土家族）　芷江县兴梦冰糖橙农民专业合作社电商销售员

谭　霞（女、苗族）　麻阳霞飞农业开发有限公司技术管理员

杨博钧（侗族）　通道锶鑫电子有限公司车间技术主管

罗新亮　湖南紫金茶叶科技发展有限公司法人代表兼茶叶加工员

李贤辉　湖南世标健康科技有限公司扶贫车间负责人

贺　莉（女）　湖南天宏材料科技有限公司行政后勤人员

周祖辉（苗族）　湖南省周生堂生物科技有限公司创建人兼产品研发员

张兴乐（土家族）	酒鬼酒股份有限公司品尝员

广东省

王　超	广州红谷尚品集团开发部箱包设计和制作员
方国红	广州南洋电缆集团有限公司安全生产管理员
邓兴斌（瑶族）	广州顺丰速运有限公司桥中营业点快递员
刘志杰	广州市中船黄埔文冲船舶有限公司总装部机装作业区机管班班长
江　其	广州市公安局海珠区分局赤岗派出所视频监看员
李岳龙	广州市荔湾区南源街来穗人员和出租屋服务管理中心出租屋管理员
李家彬	广州市越秀区环卫清洁作业中心环卫清洁机械部环卫清洁工
肖家强	广州和信实业有限责任公司人力资源主管
陈芳东	广州市泰亦信电子科技有限公司创建人
陈燕文	广州市殡葬服务中心公墓管理部坟场工
罗忠意	广州市雄星塑料制品有限公司生产部产品质检员
周创伟	广州鹏广信息科技有限公司创建人
周贵迎	广州公交集团第二公共汽车有限公司维修事业部车间主任助理
赵克勤	广东川奥高新科技有限公司负责人
钟伟涛	广州市道路养护中心北城养护所石马专业养护队队长
姚　倩（女）	广州快速交通建设有限公司机场高速三元

里收费站督导员

卿　龙　　广州市番禺永华家具有限公司雕花课长

曹剑萍　　广州市增城区融媒体中心媒体从业者

李国印　　广州市天河区天河南街市容环境卫生管理站环卫管理员

卢德恩（布依族）　　广州市白云区云城街城市管理和社区服务中心环卫清洁工

胡慧俐　　华高王氏科技（深圳）有限公司人力资源管理员

李永峰　　华生电机（广东）有限公司线长

王俊峰（女）　　大族激光智能装备集团有限公司业务配件销售员

杨仕丽（女）　　欣旺达电子股份有限公司拉长

罗小翠（女）　　斯比泰智能科技（深圳）有限公司体系工程师

郑海周　　深圳市大鹏新区消防救援大队消防队员

李　枫　　恒瑞侨香物业发展（深圳）有限公司维修班班长

孟　超　　昱科环球存储科技（深圳）有限公司维修组长

庞文虎　　深圳市福田区保安服务有限公司保安中队长

胡安刚　　深圳市喜德盛自行车有限公司生产车间员工

黄许生　　深圳市飞荣达科技股份有限公司印刷员

夏　臣　　深圳市华星光电半导体显示技术有限公司保安队长

涂开明　　红门智能科技股份有限公司生产车间员工

何俊刚	深圳市春晖文化艺术有限公司培训老师
胡冠军	深圳市艺美联家私实业有限公司木雕设计制作员
殷招招	深圳裕展精密科技有限公司数控铣工
靳　进	华润万家有限公司面包部销售员
冯祖宁	海能达通信股份有限公司保洁工
江伟炎	深圳迈瑞电子股份有限公司生产车间员工
聂学华	深圳市大疆百旺科技有限公司定损工
杨安荣（侗族）	海能达通信股份有限公司服务器装配员
黄成将（壮族）	深圳市金百泰珠宝实业有限公司首饰制作员
赖秋容（女）	深圳市粤豪珠宝有限公司设计员
单　星	深圳市福田区万厦社区公共服务中心（侨香社区）社区专职工作者
康修峰	深圳市合正物业服务有限公司香蜜苑物业服务中心负责人
曹晓燕（女）	比亚迪股份有限公司生产车间员工
蒋巧菠（女）	深圳市爱立康医疗股份有限公司董事长助理
黄启存	珠海格力电器股份有限公司 IE 专员
陈志星	纳思达股份有限公司招聘主管
刘景峰	东电化电子元器件（珠海保税区）有限公司生产车间员工
朱化学	中海福陆重工有限公司电焊操作工
张斗和	汕头东风印刷股份有限公司工艺技术印制员
黄松青	汕头华兴冶金设备股份有限公司设备生产员

梁泽江	佛山市东成立亿纺织有限公司高品质产品生产技术领班
张　涛	中海物业管理有限公司分公司物业管理员
朱丽平	佛山市南海必得福无纺布有限公司设备部班长
瞿孝武	广东新宝电器股份有限公司产品工程师
刘宜松	广东瑞德智能科技股份有限公司安全管理员
庄幸福	佛山市高明基业冷轧钢板有限公司人力资源管理员
吴成平	广东星星制冷设备有限公司工会主席
钟义强	广东省乳源瑶族自治县东阳光化成箔厂操作工
兰贵成（瑶族）	河源市东源华溢陶瓷有限公司车间设备维护员
余成晖	广东科伦药业有限公司 EHS 部长
白新涛	中建钢构广东有限公司焊培中心负责人
郭帝富	广东省惠州市利元亨智能装备股份有限公司机械调试工程师
刘成斗	中海油惠州石化有限公司电气内操 A
谢石威	陆河县河口镇新华新意源种养专业合作社负责人
谢娇明（女）	东莞联志五金制品有限公司工会负责人
余道江	东莞立德电子有限公司管理课课长
韩晓群（女）	东莞市清溪医院护士长
黎淦松	东莞市人民医院司机
何秀平（女）	东莞市石碣镇居家养老服务中心护理员
袁巧凤（女）	东莞市茶山镇茶山村委会办事员

陈钻佳（女）	东莞市谢岗环山石峡龙眼专业合作社负责人
黄爱鄂	新兴单车维修店负责人兼维修工
张东波	东莞市盛源石油化工有限公司值班长
莫幼坤（女）	东莞市横沥镇社区卫生服务中心护理组长
陈会芳	广东以诺通讯有限公司行政主管
刘海洋	东莞新技电子有限公司电子产品组装工
任　敏	东莞市衡正光学科技有限公司光学透镜设计员
章胜发	东莞胜创汽车服务有限公司法定代表人
罗贵年	熵基科技股份有限公司棱镜生产员工
刘志庆	中山市大象东方蜡像艺术有限公司雕塑制作工
彭同山	中山联合光电科技股份有限公司后勤服务管理员
肖　华	广东长虹电子有限公司生产车间员工
李　炜	广东领先展示股份有限公司丝网印制工
李帅磊	广东海信电子有限公司设备工程师
张旭升	新会中集集装箱有限公司生产班长
王包见	广东广青金属科技有限公司生产车间员工
林家善	中冶集团中冶宝钢湛江钢铁技术服务有限公司电工
雷卡林	信宜市盈富生态旅游有限公司主厨
马建业	广宁县惠爱生猪专业合作社负责人
梁碧华（女）	德庆县双华食品厂负责人
李之阳（壮族）	连山壮族瑶族自治县众创农贸发展有限公司负责人

黄启成　　英德卓佳玩具有限公司负责人

陈若钦　　潮州三环（集团）股份有限公司叠层班班长

黄永定　　普宁市永定职业培训学校负责人

林秀娥（女）　　揭阳市铭欣家政有限公司家政服务人员

黎绍希　　罗定市船步镇晨希水稻种植家庭农场负责人

梁月华　　温氏食品集团股份有限公司勒竹分公司养殖技术管理员

广西壮族自治区

谢评周　　广西汽车集团有限公司装备制造工段长

潘利建　　南宁市江南区市政环卫工作站环卫司机

黎凤珍（女、瑶族）　　南丹县凤珍蓝靛染布坊负责人

莫丽珍（女、壮族）　　田阳区快乐种植家庭农场负责人

陈炳辉　　钦州市利成世工艺创意工作室工艺师

冯升晖　　北流市西山果蔬种植专业合作社创办人

蒋钟书　　中国石油天然气第六建设有限公司焊工

秦娇妹（女、壮族）　　贵港市覃塘区三里镇君富养猪场管理员

蓝振发（壮族）　　柳州市五科机械制造有限公司工模班班长

庞书翠（女）　　北海诚德金属压延有限公司行车班长

吴绍林（苗族）　　广西融水县灵睿生态农业有限公司创办人

谢　珺　　广西昭平县润土农业科技有限公司创办人

李春燕（女）　　广西广投干制农业科技有限公司创办人

刘存权　　广西新电力投资集团上思供电公司变电工区主任

陈　琪（女）　　桂林市荔浦市银子岩旅游景区有限公司

餐厅服务员
秦　青　　桂林市金大职业培训学校花艺教师
曾　强　　广西旭林建筑工程有限公司路基、桥涵施工员
胡秀英（女）　　南宁市南方家政家庭服务有限公司家政服务员
杨燕珊（女）　　广西壮家女家庭服务有限公司育婴培训师
陈荣香（女）　　合浦县环境卫生管理站环卫工人
李　俊　　广西顺丰速运有限公司运作司机
许泽星　　中国邮政集团有限公司百色市分公司城区寄递事业部揽投员
杨明富（壮族）　　广西京东信成供应链科技有限公司快递员
王世刚　　中建五局土木工程有限公司广西分公司挖掘机操作员
黄忠金（壮族）　　崇左市聚福园粤菜农家乐出品总监
马振鹏　　平南县荣泰工艺厂技术员
张　源（女）　　桂林市城区公路中心养护站养护道班班长

海南省

吴淑政　　海口冯惠政种养专业合作社创办人
杨全文　　海南派成铝业科技有限公司万宁分公司车间主任
王儒标　　海口港恒安装卸有限公司正面吊司机
冯时娟（女）　　琼海玉禾田环境服务有限公司环卫工
郑明妮（女）　　海南春光食品有限公司办公室文员
吴春兰（女）　　海口市京兰城市环境服务有限公司环卫工

刘二青（黎族）　海南省东方市大田镇老马村打零工

重庆市

向定春　国药控股重庆国万医药有限公司送货员

李元刚（土家族）　重庆渝之众人力资源服务有限责任公司负责人

卢跃富（土家族）　重庆海尔洗衣机有限公司喷粉工

张宗远　重庆隆鑫压铸有限公司打磨工人

梁小波　重庆美的制冷设备有限公司运营管理员

辜中均　重庆三圣实业股份有限公司减水剂分厂维修技工

王书平　重庆界石仪表有限公司焊工

庞钧云　重庆市合川区金星玻璃制品有限公司挡机工

文洪明　重庆市第一社会福利院介护护理员

苏中明　重庆市大足区金福石刻艺术馆雕刻工

王兴强　重庆科力线缆股份有限公司设备操作工

龚一权　重庆星星套装门（集团）有限责任公司车间主任

刘洪琼（女）　重庆聚恩实业有限公司忠县博爱佳园老年公寓养老护理员

熊孟琼（女）　重庆陈大毛面业发展有限公司质量检验员

董泽河（土家族）　酉阳县酉州实业集团钢筋工

马丹强　彭水县百业兴森林食品开发有限公司负责人

杨正文　重庆市吉髯中草药种植股份合作社负责人

陈年琼（女）　重庆市科讯职业培训学校家政服务员

吴成卫　格力电器（重庆）有限公司维修技工

孙茂林　　重庆新犇牛物业管理有限公司客服
张高成　　重庆渝江压铸有限公司压铸工

四川省

孟文宗　　四川新雅轩食品有限公司技术员
宋建明　　四川堰香阁林盘餐饮管理有限公司园林设计员
何　建　　四川荃银种业有限公司农技员
徐　刚　　简阳市呈祥瑞泰农业科技有限公司技术员
杨先东　　成都市双流区胜利牧山香梨种植专业合作社负责人
胡云川　　富顺县西苑街海尔星级服务中心家电安装维修工
曹　翁　　四川省宏图远翔建设工程有限公司钢结构安装工
刘正付　　四川安宁铁钛股份有限公司三车间主任
胡绍兵　　泸州沱江液压件有限公司焊工
曾维富　　泸州骏辰汽车销售有限公司汽修工
李雪峰　　泸州市胜科模具制造有限公司钳工
陈力菊（女、羌族）　　平武县龙洲珍禽王旅游服务有限责任公司总经理
徐丽萍（女）　　际华三五三六实业有限公司二车间缝纫工
陈润生　　四川谛维铼电子有限公司质量监管员
宋明明　　特变电工（德阳）电缆股份有限公司技术总监
林中桥　　四川碧泰建筑工程有限公司焊工
罗顺友　　四川龙蟒磷化工有限公司车间主任
刘文勇　　中纺粮油（广元）有限公司车间班长

杨　飞	青川县同富牧业专业合作社技术员
蒋　波	广元市前瞻服饰有限公司负责人
蒲世强	四川射洪佳兴旺食品有限公司质量技术检测员
孔　颖	四川博正达机械密封件科技有限公司技术员
高少峰	四川联恺照明有限公司安装工
张兴勇	四川东亚建筑有限公司钢筋工
邱　添	四川东博轨道科技有限公司技术总监
陈祥华	四川省川南大草原旅游开发有限公司园艺工
徐建强	四川省米兰诺陶瓷有限公司电工
吴　丹（女）	井研县千佛镇就业扶贫车间负责人
余　雯（女）	峨眉山金威利运动用品有限公司生产二线成七线职工
曾灿光	南充三环电子有限公司机械技术管理员
马　君（女）	四川省南充市高坪区斑竹竹艺有限责任公司竹编师
何小君（女）	营山县恒川健宏中药材种植专业合作社技术员
石成均	宜宾五粮液股份有限公司 513 车间酿酒组组长
李玉兰（女）	兴文县苗家惠嫂贸易有限公司月嫂
方智勇	邻水县盛世种植专业合作社负责人
李　娟（女）	华蓥市金瑞电子商务有限公司负责人
郑　春	四川科伦药业股份有限公司广安分公司 EHS 部长
李丙见	四川省大竹县清河镇快活福达养殖农民专业合作社技术员

张小渠（女）	四川省淇韵电子科技有限公司技术员
王米友	万源市梦源巴山实业有限公司负责人
罗　君	平昌县君绿康农业开发有限公司技术员
何正平	巴中市恩阳区领雁养殖专业合作社企管部主管
张元超	芦山县好农夫家庭农场负责人
徐登亚	四川航空工业川西机器有限责任公司车工
张贵华	四川裸伊谷生态旅游开发有限公司创办人
甘俊林	中车眉山车辆有限公司货一车间技师
刘红英（女）	资阳市雁江区老龙潭饭庄会计
李云勇	安岳县四季红家庭农场技术员
格西王姆（女、藏族）	马尔康市敬老院护理员
曲　登（藏族）	道孚县康巴渠德农牧实业发展合作社负责人
何　爽（女）	会理创鲜农业开发有限公司负责人

贵州省

舒　红	贵州省贵阳市贵州中康农业科技有限公司监事
刘　赐	贵州省贵阳市中国五矿二十三冶建设集团有限公司电工
周德容（女）	贵州省贵阳市贵州黔灵女家政服务有限公司家政服务员
黄和平	贵州省遵义市赤水市七彩生态旅游发展有限公司销售员
毛洪毅	贵州省遵义市凤冈县苏贵茶业旅游发展有限公司评茶员
张顺勇（彝族）	贵州省六盘水市贵州张氏兴农业综合开

发有限责任公司负责人

赵　燕（女、彝族）	贵州省六盘水市盘县坪地乌蒙翠芽旺业种植有限责任公司就业扶贫车间负责人
谢顺超	贵州省安顺市紫云县绿园绿色蔬菜有限公司合伙人
韦国岚（女、布依族）	贵州省安顺市贵州布依阿媚民族服饰有限公司就业扶贫车间负责人
周礼贵	贵州省毕节市贵州新农汇生态农业发展有限公司就业扶贫企业负责人
王万军	贵州省毕节市大方县丽军林下种植中药材专业合作社就业扶贫企业负责人
罗　靖	贵州省毕节市威宁县“三白工程”蔬菜产业基地合作社销售员
刘玉贤（穿青人）	贵州省毕节市纳雍县玉龙坝镇种植农业专业合作社销售人员
温金水	贵州省铜仁市中国水电九局铜仁恒大湖郡三标段项目部砌体施工组长
田　彪（土家族）	贵州省铜仁市沿河县后坪盛丰茶叶专业合作社销售员
韦金水（苗族）	贵州省黔东南州从江县污弄工程建设专业合作社劳务队长
杨　美（女、苗族）	贵州省黔东南州凯里市上马石安置小区就业扶贫车间（凯里市兴美宏杨制衣厂）负责人
李功杰（侗族）	贵州省黔东南州三穗县武笔街道彩虹社区易地扶贫搬迁安置小区久杰物业公司保安队长
曾翠婷（女）	贵州省黔东南州天柱县联山街道职业农民劳务队队长

罗圣云（布依族）	贵州省黔南州罗甸县玉湖劳务有限公司联络员
张树堂	贵州省黔南州平塘人力资源有限公司联络员
莫玉韩（布依族）	贵州省黔南州荔波韩诚劳务派遣公司负责人
孔　才	贵州省黔西南州普安县才华实业有限公司法人代表
李　利（女、布依族）	贵州省黔西南州晴隆县阿妹戚托小镇布依垚工作室创办人
陆昌斌（布依族）	贵州黔西南州贞丰县人力资源市场业务员

云南省

王志刚	云南长旗物流有限公司负责人
王琼梅（女）	昆明市中医医院麻醉科（合同）护士
普卫清	云南固明混凝土有限公司负责人
付学云	昆明众瑞劳务派遣有限公司负责人
杨中术	水富市两碗镇新滩村李子种植专业合作社种植、管理员
彭兴均	云南恒荣电力有限公司建筑电力工人
侯佑林（女）	富源县佑林工艺品有限责任公司负责人
袁海波	云南源拓企业管理有限公司负责人
王从国	云南蓝洁服务公司负责人
段华仙（女）	玉溪市瑞珀花卉贸易有限公司负责人
李志娟（女）	昌宁县鸿坤生猪养殖场负责人
陈志军	云南锦润数控机械制造有限责任公司铸造生产部职工
郭上期（哈尼族）	云南省西双版纳州勐腊县务工服务站员工

李积秀（女）	云南省红河州建水县南庄镇大寨村委会邹伍村葡萄蔬果工
吴天用	文山天用食品有限公司负责人
黄华文（壮族）	云南富宁湘桂公司压榨车间主任助理
周亚玲（女、傣族）	景谷康鸿西番莲种植专业合作社负责人
何永能（哈尼族）	景洪市勐龙勐宋农产品种植专业合作社合伙人
李九云（白族）	剑川象图志磊农产品种植有限公司销售带头人
熊光新	赛可赛思（上海）大理分公司管理员
曹树元（阿昌族）	梁河树元商店（个体）淘宝店主管
杜丽红（女）	云南众合物业服务有限公司丽江项目处保洁员
胡秀花（女、傈僳族）	福贡峰福建筑工程有限公司负责人
归秋区批（藏族）	香格里拉市东旺绝曲种养殖农民专业合作社负责人
张世军（彝族）	滇中饮水工程项目部班长

西藏自治区

薛海江	中铁建工集团有限公司西藏自治区医院项目 EPC 总承包工程项目经理部建筑安全员
占堆次仁（藏族）	山南市隆子县宗那建筑有限公司项目管理人员
达　柏（女、藏族）	打零工（装载机操作员）
江永仁青（藏族）	青稞村农牧民施工队负责人
次旦多杰（藏族）	嘉黎县心愿劳务派遣有限公司负责人
才旺桑珠（藏族）	阿里地区札达县香孜乡香孜村其里普组农牧民养殖场合作社创建人

陕西省

高晓强	西安市鄠邑区山鹰职业技能培训学校培训师
凌国强	西安银桥乳业（集团）有限公司设备主管
张炜峰	西安市临潼区万邦农业专业合作社负责人
王　力	西安丹若尔石榴酒业有限责任公司技术员
欧明贵	陕西建工集团股份有限公司钢筋工长
宁蒋娟（女）	西安市长安区瓜大姐家庭农场负责人
苟子虎	宝鸡市凤县中盛商贸有限公司负责人
赵胜利	宝鸡胜利现代农业开发有限公司农技员
刘秀云（女）	千阳县好育佳家政服务有限公司派单员
高增刚	陕西欣农兴农业开发有限公司农技员
杨明学	旬邑县圆通速递公司快递员
张巧言（女）	陕西乾州启城城市服务有限公司环卫工人
张秋利（女）	陕西省铜川市新区保洁绿化公司环卫工人
张金豹	渭南市宏立技能培训学校培训师
王新军	渭南潼关县金桥牧业有限公司技术员
张维斌	延安惠民农业科技发展有限公司负责人
赵洋洋	永兴梅花鹿特色养殖专业合作社负责人
王玉生	榆阳区鱼河峁镇黄崖窑村股份经济合作社负责人
薛　成	定边县众源天然气有限责任公司管道维修工
陈良顺	汉中南郑区良顺藤编发展有限公司藤

	编工
王小琴（女）	宁强县羌州绣娘文化有限公司绣花工
党信朋	安康欧利科电子科技有限公司技术员
周世红（女）	安康市宁陕县梨子园养蜂专业合作社负责人
蔡坤龙	陕西省丹凤县龙绘雨丹工贸有限公司负责人
祝龙玉	陕西省镇安县丰元公司负责人

甘肃省

王振乾	兰州心连心家政服务有限公司负责人
党永珍	甘肃天水圣慈药业有限公司大阳分公司负责人
杜茂天	瓜州漠风洮砚厂艺术指导
张　瑜（女）	张掖金满园农业科技有限责任公司负责人
李光建	民勤县第三建筑安装工程有限责任公司施工队长
辛　亮	甘肃鑫亮食用菌开发有限公司负责人
贾少斌	庄浪县博海人力资源有限公司负责人
杨　丛	甘肃利择建筑安装工程有限公司绿化员
高长虹	货车司机（打零工）
路玉龙	庆阳得圆农产品种植农民专业种植合作社创办人

青海省

赵文科	大通屯田种植专业合作社法定代表人
韩光远（回族）	青海青化实业有限公司法定代表人
邓全福（土家族）	格尔木邓氏宏图劳务服务有限公司法定代表人
杨吉加（藏族）	铁路维修工（灵活就业）

群　增（藏族）　海西州诺木洪枸杞基地技术员

宁夏回族自治区

赵世举　宁夏兴耘田现代农业开发有限公司蔬菜基地管理员

冯进杰（回族）　中国邮政集团有限公司宁夏回族自治区海原县分公司快递员

韩　娜（女）　宁夏恒达纺织科技有限公司挡车工

黄学锋　青铜峡市学锋林果专业合作社负责人

牛树静（女）　中卫市沙坡头区“童家园子民俗庄园”合伙人

李卫斌　中国邮政集团有限公司宁夏回族自治区固原市分公司快递员

新疆维吾尔自治区

吉恩斯巴依·西勒德巴依（哈萨克族）

新疆伊犁州奎屯市天虹纺织有限公司挡车工

文　丽（女）　新疆昌吉州呼图壁县五工台镇信佳劳务合作社理事长

石勇智　新疆绿苑兴旺养殖合作社理事长

欧东格尔力（女、蒙古族）

新疆和静县乃门莫敦镇电子商务中心经理

阿依木萨·吐尔荪（女、维吾尔族）

新疆阿克苏依翎针织有限公司车间检验员

努尔艾力·乌吉艾力（柯尔克孜族）

福建和诚鞋业有限公司车间管理员

阿迪力·赛麦提（维吾尔族）

新疆红头建筑公司会计

阿卜杜拉·阿卜力克木（维吾尔族）
湖北骏力体育用品有限公司厨师长

麦提图尔荪·艾萨（维吾尔族）
新疆乌鲁木齐市公交集团有限公司车队驾驶员

阿米娜·吐送（女、维吾尔族）
湖南省长沙市蓝思科技股份有限公司技术员

新疆生产建设兵团

麦提喀斯木·麦提库尔班（维吾尔族）
新疆生产建设兵团第十四师225团巴格托格拉克村零工

梁成林　图木舒克市前海棉纺织有限责任公司项目负责人

余忠建　新疆博乐赛里木建筑安装工程有限责任公司宏强分公司施工队队长

鲜爱平　新疆北方建设集团有限公司建筑工人

胡　涛　新疆新城建设（集团）有限公司安装工人

鲜　斌　新疆生产建设兵团建工一建集团劳务队长

附件 2

全国农民工工作先进集体名单

北京市东城区职业能力建设指导中心
北京三快在线科技有限公司
天津市西青区司法局
天津市武清区人力资源和社会保障局
河北省就业服务中心
凯悦汽车大部件制造（张家口）有限公司
河北省石家庄市鹿泉区法律援助中心
河北省唐山市人力资源和社会保障局
山西省劳动人事争议仲裁院
山西省运城市人力资源和社会保障局
内蒙古自治区法律援助中心
内蒙古自治区乌兰察布市劳动和社会保障监察支队
辽宁省委省政府信访局群众来访接待处
辽宁省丹东市人力资源和社会保障局
吉林省四平市就业服务局
吉林省吉林市法律援助中心
黑龙江省黑河市劳动保障监察支队
黑龙江省八达路桥建设有限公司
上海市职工保障互助中心
上海市宝山区就业促进中心
江苏省南京市劳动就业服务管理中心
江苏省苏州市人力资源和社会保障局

江苏省常熟市公安局
江苏省扬州市公路建设处
江苏省宿迁市人力资源和社会保障局
浙江省杭州市江干区人力资源和社会保障局
浙江省宁波市北仑区流动人口管理服务中心
浙江省嘉兴市桐乡经济开发区（高桥街道）人力资源和社会保障管理所
诸暨市长运集团有限公司
浙江省金华市人力资源和社会保障局
安徽省人力资源和社会保障厅农民工工作处
安徽省扶贫办产业指导处
安徽省阜阳市人力资源和社会保障局
安徽省宣城市皖嫂家政服务中心
福建省劳动就业服务局
福建省福州市人力资源和社会保障局
厦门科司特电子工业有限公司
福建省泉州市教育局
江西省宁都县人力资源和社会保障局
江西省丰城市人力资源和社会保障局劳动监察局
江西省婺源县太白镇人民政府
山东省人力资源和社会保障厅劳动监察处
山东省财政厅社会保障处
山东省住房和城乡建设厅建筑市场监管处
山东省菏泽市返乡创业服务中心
山东九州通医药有限公司
河南省叶县人力资源和社会保障局
河南利欣制药股份有限公司
河南省新密市财政局
河南省信阳市平桥区农民工就业创业服务中心

湖北省恩施土家族苗族自治州劳动保障监察局
湖北省工业建筑集团有限公司
中国一冶集团有限公司钢结构分公司
中交第二航务工程局有限公司
湖南省住房和城乡建设厅建筑管理处
湖南省湘潭市人力资源和社会保障局
湖南省宁远县人力资源和社会保障局
湖南佳惠百货有限责任公司
广东省就业服务管理局
广东省公安厅治安管理局户政处流动人口科
广州王老吉大健康产业有限公司
深圳市欣旺达电子股份有限公司
广东省东莞市社会保险基金管理中心
潮州市三环（集团）股份有限公司
广西壮族自治区人力资源和社会保障厅农民工工作处
广西壮族自治区横县人民法院
广西壮族自治区贵港市人力资源和社会保障局
海南省三亚市人力资源和社会保障局
海南槟榔谷黎苗文化旅游发展有限公司
重庆市铜梁区人力资源和社会保障局
重庆市万州区人力资源和社会保障局
四川省剑阁县人力资源和社会保障局
四川省南充市嘉陵区农民工服务中心
四川省泸县法律援助中心
四川省人力资源和社会保障厅农民工工作处
贵州省毕节市人力资源和社会保障局
贵州省司法厅公共法律服务管理处
贵州省贵阳市人力资源和社会保障局
云南省曲靖市人力资源和社会保障局

云南省司法厅公共法律服务管理处
云南省昭通市人力资源和社会保障局
西藏自治区日喀则市人力资源和社会保障局
隆基绿能科技股份有限公司
陕西省洛南县人力资源和社会保障局
陕西省渭南市劳动就业服务中心
甘肃省临夏回族自治州和政县人力资源和社会保障局
甘肃省定西市渭源县劳务服务中心
青海省海西州格尔木市人力资源和社会保障局
青海民泽龙羊峡生态水殖有限公司
宁夏天下金盾保安服务有限公司
宁夏回族自治区吴忠市同心县人力资源和社会保障局
新疆维吾尔自治区和田地区人力资源和社会保障局
新疆维吾尔自治区喀什地区麦盖提县人力资源和社会保障局
新疆生产建设兵团第十师北屯市劳动保障监察支队
司法部公共法律服务管理局法律援助工作处
住房城乡建设部人事司人才工作处
交通运输部运输服务司道路客运管理处
国家卫生健康委人口家庭司监测评估处
国家统计局住户调查办公室专项调查处
国务院扶贫办开发指导司人力资源处

国务院农民工工作领导小组办公室关于进一步做好春节后农民工返城服务保障工作的通知

国农工办发〔2020〕1号

各省、自治区、直辖市及新疆生产建设兵团农民工工作领导小组：

春节过后农民工返城高峰将至，当前正处在新型冠状病毒感染肺炎疫情防控关键阶段，做好农民工返城服务保障工作十分紧迫。为贯彻落实中央应对新型冠状病毒感染肺炎疫情工作领导小组关于做好春节后错峰返程加强疫情防控工作的有关要求，切实做好疫情防控期间农民工服务保障工作，引导农民工安全有序返城，现就有关事项通知如下：

一、高度重视农民工返城服务保障工作。做好农民工安全有序返城工作，事关农民工身体健康和生命安全，事关疫情防控和经济社会稳定发展，农民工返城返岗高峰期与疫情防控关键期叠加，工作任务艰巨。各地要高度重视，切实把思想和行动统一到党中央、国务院的部署要求上来，强化风险意识，落实属地责任，扎实做好农民工群体返城各项服务保障工作。

二、积极开展农民工防疫宣传和疫情防控。各级农民工工作领导小组办公室要配合有关成员单位积极开展疫情防护知识宣传和防控工作。要充分发挥基层就业和社会保障服务平台、农民工综合服务中心等作用，广泛开展应对疫情政策措施宣传讲解，引导农民工科学防控，降低感染和传播风险。以倡议书、公开信等方式，引导农民工合理安排返城返岗时间，避免春节后盲目外出。

三、实施农民工分类指导。各地要加强返乡农民工摸排和分类指导，对于春节后继续外出务工的，做好健康出行和疫情信息提醒；对于不外出的，引导参加线上学习培训，推荐就地就近就业岗位；要采取措施，避免已感染或尚在观察期的农民工外出。要对招用农民工较多的用人单位开展疫情监测，做好防护工作。

四、加强输出地与输入地有效对接。农民工输出地要结合本地实际，及时跟踪主要输入地疫情变化，预判农民工返城高峰时间和规模，做好主要输入地企业用工、复工、交通、疫情等信息的集中发布。农民工输入地要加强对招用农民工较多的企业用工情况监测，动态掌握用工需求，及时发布岗位信息，加强与农民工主要输出地的有组织对接服务。鼓励用工集中地区和集中企业通过组织专车等方式为农民工返城复工提供点对点的出行服务。

五、加强农民工返城服务保障部门协同。要切实发挥各级农民工工作领导小组办公室的统筹协调作用，推动各成员单位落实责任，加强联防联控，形成工作合力。各地人力资源社会保障部门与卫生健康、交通运输等部门要加强沟通协作，建立信息共享、情况通报机制，及时掌握疫情动态及农民工流动情况，切实做好就业服务、行前健康检查、交通安全等工作。

六、切实维护农民工劳动权益。各地要加强对受疫情影响企业的劳动用工指导和服务，促进企业保持正常生产经营秩序，依法依规处理农民工因疫情导致不能提供正常劳动的情况下劳动关系问题。对于因隔离、留观、治疗或政府采取紧急措施导致农民工暂不能提供正常劳动的，企业不得解除劳动合同或退回劳务派遣工。要进一步加强法律和政策宣传解读，畅通司法、仲裁、监察、信访维权渠道，切实维护农民工合法权益。

七、积极做好服务保障工作。要做好农民工春节后出行服务，简化农民工返城证照办理，推行“不见面”网上服务。要在车站、码头等农民工集中地开展全天候服务，及时帮助农民工解决各类实际问题。要采取多种形式，做好农民工的慰问关爱工作。

2020年2月6日

交通运输部 公安部 国家卫生健康委 人力资源社会保障部关于切实做好离鄂离汉通道管控措施解除后交通运输保障等工作的通知

公传发〔2020〕97号

各省、自治区、直辖市人民政府：

3月24日，党中央批准湖北省发布了解除离鄂通道管控措施的通告。各地区、各有关部门迅速贯彻落实，做好进出湖北车辆人员安全有序流动工作，取得了积极成效。但少数地区仍采取一些过度管控防控措施，不认可湖北健康码，对离鄂车辆人员特别是湖北籍车辆人员额外增设出具各类证明等要求。4月8日零时起，武汉市将解除离汉通道管控措施。为深入贯彻落实党中央部署要求，保障车辆人员安全有序流动，经国务院应对新型冠状病毒感染肺炎疫情联防联控机制同意，现就离鄂离汉通道管控措施解除后做好交通运输保障等工作通知如下：

一、严格落实党中央、国务院部署要求

（一）全面清理车辆人员管控措施。各地各有关部门要增强“四个意识”，坚定“四个自信”，做到“两个维护”，认真贯彻落实党中央、国务院部署要求，坚持全国“一盘棋”，不折不扣执行离鄂离汉人员凭湖北健康码“绿码”安全有序流动的规定，全面排查本地的车辆人员管控措施，坚决清理和纠正对离鄂离汉车辆人员特别是湖北籍车辆人员的额外限制。

（二）切实加强跨地区沟通协作配合。各地特别是环鄂6省市以及毗邻的市县要与湖北省相应地区加强沟通协调，及时通报情况信息，研究制定有关预案，完善管理服务措施，整决避免离鄂离汉通道管控措施解除后发生限制车辆人员安全有序流动的各类问题。

二、科学规范开展检疫检查

（三）科学设置公路检疫站点。除环京地区进京通道、边境地区出入境通道、湖北武汉进出通道（4月8日零时起解除管控）外，其他低风险地区建立健全常态化防控机制。疫情形势发生变化的地区确需在公路上设置检疫站点的，要按程序报经省级人民政府批准。

（四）严格落实健康码互认。湖北省要严格落实健康码审核发放工作。各地要全面落实健康码互通互认，对持湖北健康码“绿码”人员安全有序流动不得设定任何限制（4月8日零时前，武汉市采取“点对点”方式集中精准输送外出务工人员按湖北省通告执行）。

（五）规范车辆人员检查行为。各地按规定开展必要的车辆人员检查时，要充分考虑离鄂离汉人员的出行需求，加强政策宣传解读，取得理解和支持。要讲究方式方法，不得随意拦截、劝返离鄂离汉车辆人员特别是湖北籍车辆人员，坚决杜绝过度检查、粗暴检查，及时化解、妥善处置矛盾纠纷。要优化工作流程，提高工作效率，有效缓解排队拥堵，保障车辆人员流动顺畅，及时解决群众出行遇到的实际困难。

三、精心组织离鄂离汉交通运输

（六）逐步恢复离鄂离汉交通运输。各地各有关部门要按照党中央确定的时间节点，有序恢复进出湖北省、武汉市的铁路、公路、水运、民航旅客运输，逐步放开自驾离鄂离汉，最大限度满足务工人员返程和城乡居民出行需求。北京在鄂人员返京严格按照首都严格进京管理联防联控协调机制部署执行。进出京省际道路客运恢复时间由首都严格进京管理联防联控协调机制确定。

（七）做好“点对点”运输保障。湖北及相关省份要密切协作联动，充分依托人力资源社会保障部门精准摸排务工人员返岗需求和输出地输入地有效衔接、卫生健康部门指导做好防疫健康教育和体温检测、交通运输部门组织运力保障、公安机关加强交通秩序管理的“四位一体”工作统筹协调机制，全力做好“点对点”集中精准输送务工人员的服务保障工作，坚决杜绝对包车设限或者劝返行为。

（八）加大公路疏堵保畅力度。湖北省公安机关要加强对高速公路出入口、服务区等易拥路路段的指挥疏导，交通运输部门要指导高速公路经营管理单位做好服务保障，确保道路通行顺畅。其他省份特别是环鄂6省市公安机关、交通运输部门要充分利用广播电视、双微平台等各类媒体以及地图导航、电子显示屏等多种渠道，及时发布路况信息，引导驾驶人提前规划好出行时间和路线，最大限度避免车流集中造成交通拥堵。

（九）强化客运车辆安全管理。各地交通运输部门要督促客运企业切实履行安全主体责任，强化客运驾驶人警示教育，严格车辆安全技术状况检查，严格落实动态监控要求，及时消除安全隐患。各地公安机关要加强路面执法检查，及时查纠超速、疲劳驾驶等严重违法行为，全力确保交通安全。

四、切实加强交通运输防疫管理

（十）严格落实道路水路客运疫情防控要求。各地交通运输部门要督促指导相关客运经营者全面做好道路、水路客运场站设施和交通运输工具的消毒、通风、运输组织、人员防护、分区分级控制客座率、发热乘客移交等工作，严格落实驾乘人员体温测量、全程佩戴口罩等措施，坚决遏制疫情通过客运场站和交通运输工具传播扩散。

（十一）扎实做好航空运输疫情防控工作。民航局要督促指导各航空公司、机场落实好消毒、通风以及乘客体温检测、分散乘坐、发热乘客移交等有效措施，增加对航空器客舱、驾驶舱深度清洁和消毒频次，特别要做好航空器空调系统的清洁，加强机组人员出勤前的健康检查和安全防护，坚决控制疫情通过航空运输渠道传播扩散。

（十二）切实强化铁路运输疫情防控措施。中国国家铁路集团有限公司要及时分析离鄂离汉客流变化和乘车需求，加强售票管理，实行分散售票策略，适当控制旅客列车客座率，对车站候车、购票和退票的旅客采取分散措施，严格落实消毒、通风、卫生保洁和乘客体温检测、发热乘客移交等防疫措施。

各地区、各有关部门要高度重视做好解除离鄂离汉通道管控措施后交通运输保障等工作，加强组织领导，落实主体责任，细化措施预案，密切沟通协调，强化督导检查，对离鄂离汉人员安全有序流动中可能出现的苗头性、倾向性问题，要及早发现、及时化解，确保社会大局和谐稳定。对执行党中央要求不力造成不良后果的，要依法依规严肃追责。各省（自治区、直辖市）人民政府要于4月12日前将贯彻落实本通知有关情况报交通运输部、公安部、国家卫生健康委、人力资源社会保障部。

2020年4月3日

人力资源社会保障部关于宣传人社扶贫助力全面建成小康社会优秀成果的通知

人社部函〔2020〕101号

各省、自治区、直辖市及新疆生产建设兵团人力资源社会保障厅(局):

为深入贯彻落实习近平总书记关于“脱贫攻坚既要做得好，也要讲得好”重要讲话精神，经部领导审定，今年5月下旬部办公厅印发了《关于开展人社扶贫助力全面建成小康社会优秀成果宣介活动的通知》。活动启动以来，各级人社部门认真组织、积极推荐，共向部活动工作小组推荐218个优秀成果备选对象。9月，人社部微信公众号展示了174个初选结果。这些备选对象汇聚了众多触动人心、实效突出的人社扶贫经验做法，展现了奋战在一线、勇于担当、迎难而上的人社扶贫干部风采，挖掘了一批帮扶与自强相结合的就业脱贫贫困劳动力的感人脱贫故事，获点赞总数达1624万个。经认真评审，最终选出100个优秀成果，其中人社扶贫工作优秀案例40个、人社扶贫优秀干部40名、帮扶与自强相结合的就业脱贫贫困劳动力典型20名（见附件)。这些优秀成果涉及人社扶贫各领域，是人社扶贫工作的先进代表，创造了生动鲜活的扶贫实践，凝结着广大人社干部的智慧、心血和汗水，是人社扶贫成果的集中体现。

各级人力资源社会保障部门要按照中央决策部署，切实发挥职能作用，学习优秀成果的经验做法，扎实开展工作，让人社扶贫惠民政策更好助力贫困群众脱贫，高质量完成人社扶贫目标任务。要采取多种方式加强人社扶贫优秀成果宣传，进一步扩大人社扶贫工作社会影响力和感染力，树立人社部门心系人民、服务民生的良好形象，营造全面建成小康社会良好氛围。

附件：人社扶贫助力全面建成小康社会优秀成果名单

2020 年 9 月 28 日

附件

人社扶贫助力全面建成小康社会优秀成果名单

1. 北京市朝阳区以“劳务协作帮扶工作站”推进劳务协作对口帮扶

2. 天津市河东区在对口帮扶地大力开展养殖业技能培训

3. 河北省定州市人社局打出就业扶贫组合拳

4. 山西省大同市云州区全民技能提升工程助力脱贫攻坚

5. 内蒙古自治区通辽市扎鲁特旗建立扶贫车间促脱贫

6. 辽宁省“产业+就业”模式助力阜新市阜新县拉各拉村顺利脱贫

7. 吉林省工业技师学院的“技能扶贫”之路

8. 黑龙江省佳木斯市桦南县大力推进“989”转移就业脱贫工程

9. 上海市人社部门积极推进家政扶贫项目

10. 江苏省宿迁市高质量打造“333”电商就业扶贫宿迁模式

11. 浙江省舟山市创新打造“东西部劳务协作 2+1 扶贫机制”

12. 安徽省安庆市潜山市全力推动家政扶贫

13. 福建省宁德市基层人社服务平台助力扶贫攻坚

14. 江西省赣州市宁都县发挥创业担保贷款作用助力脱贫攻坚

15. 山东省菏泽市牡丹区全力确保社保扶贫政策落地生效

16. 河南省驻马店市遂平县“五抓五促”助贫困劳动力转移

就业

17. 湖北省随州市探索插花贫困地区“创业+产业+就业”精准扶贫模式

18. 湖南省岳阳市平江县积极做好就业扶贫工

19. 广东省佛山市劳务协作就业服务扶贫平台助力脱贫攻坚

20. 广西壮族自治区玉林市兴业县拓宽贫困劳动力就业渠道

21. 海南省儋州市“儋州月嫂”劳务品牌巩固脱贫成果

22. 重庆市贫困劳动力就业实现“应出尽出”

23. 四川省凉山州全力推进劳务输出工作

24. 四川省甘孜州大力推进就业扶贫

25. 贵州省黔西南州开展“就业扶贫全覆盖攻坚行动”

26. 云南省怒江州转移就业助力群众增收脱贫

27. 云南省昭通市镇雄县全力以赴做好劳务输出

28. 西藏自治区日喀则市人社局不断推动就业扶贫工作向纵深推进

29. 西藏自治区林芝市巴宜区全力做好搬迁群众就业工作

30. 陕西省宝鸡市做实做好社保扶贫工作

31. 甘肃省临夏州多措并举抓就业扶贫

32. 甘肃省定西市安定区全面推进农村劳动力培训

33. 青海省海东市循化县“拉面经济”带动群众脱贫致富

34. 青海省黄南州全力做好就业扶贫工作

35. 宁夏回族自治区人社厅全力做好定点帮扶工作

36. 新疆维吾尔自治区和田地区墨玉县大力推进就业扶贫工作

37. 新疆维吾尔自治区阿克苏地区柯坪县坚定不移推进人社扶贫工作

38. 新疆生产建设兵团第五师双河市社保扶贫工作成效显著

39. 人社部支持山西省大同市天镇县打造“天镇保姆”品牌脱贫致富

40. 人社部助推安徽金寨技师学院全面发展

41. 北京市昌平区人社干部孙建和

42. 天津市河北区人社干部崔婧

43. 河北省邯郸市人社局驻村第一书记姚永亮

44. 山西省大同市人社局驻村第一书记杨河芬

45. 内蒙古自治区锡林郭勒盟人社局驻村干部照日格其

46. 辽宁省人社厅驻村第一书记钱炘

47. 吉林省人社厅驻村第一书记刘志峰

48. 黑龙江省人社厅驻村第一书记柳力新

49. 上海市人社局援滇干部倪俊

50. 江苏省盐城市滨海县劳动就业管理处党总支副书记张道庄

51. 浙江省湖州市南浔区就业管理服务中心主任张国群

52. 安徽省安庆市望江县长岭镇人社干部金火桃

53. 福建省人社厅驻村第一书记方敏

54. 江西省赣州市上犹县就业扶贫办公室主任何善鸣

55. 山东省临沂市蒙阴县人社干部王吉康

56. 河南省漯河市人社局驻村第一书记黄晓刚

57. 湖北省宜昌市人社局驻村干部马骞

58. 湖南省娄底市涟源市人社局副局长周兴华

59. 广东省人社厅驻村干部殷秀才

60. 广西壮族自治区玉林市博白县人社局局长李异金

61. 海南省人社厅驻村干部王爱国

62. 重庆市忠县就业和人才中心副局长吴德斌

63. 四川省凉山州布拖县人社局挂职干部刘国平

64. 四川省阿坝州人社局驻村第一书记谢茹君

65. 贵州省毕节市赫章县人社局驻村第一书记李绍山（已故）

66. 云南省迪庆州人社局驻村干部松晓虎

67. 云南省曲靖市会泽县人社局农村劳动力转移就业管理服务中心主任刘志凡

68. 西藏自治区昌都市察雅县人社扶贫干部刘维

69. 西藏自治区日喀则市人社局扶贫干部索朗群培

70. 陕西省安康市平利县创业就业服务中心主任唐益平

71. 甘肃省人社厅挂职干部王刚

72. 甘肃省庆阳市正宁县社保局干部张永妮

73. 青海省人社厅驻村第一书记吴贵毓

74. 青海省果洛州人社局驻村第一书记严顺治

75. 宁夏回族自治区人社厅干部马继凯

76. 新疆维吾尔自治区喀什地区人社局驻村干部胡彦杰

77. 新疆维吾尔自治区克州阿克陶县人社局党组书记朱玲

78. 新疆生产建设兵团第十四师昆玉市人社干部阿依谢姆·麦麦提敏

79. 新疆生产建设兵团社保局驻村干部周飞翔

80. 人社部驻村第一书记王永生

81. 河北省承德市丰宁县樱桃沟村养羊户郑永杰

82. 山西省大同市家政服务品牌带头人李爱红

83. 内蒙古自治区赤峰市喀喇沁旗阳坡村创业者于素霞

84. 辽宁省阜新市阜蒙县最美绣娘宁桂梅

85. 吉林省梅河口市双兴镇双兴村木耳种植户贾洪军

86. 黑龙江省七台河市勃利县吉兴乡团山村养猪户康庆华

87. 福建省龙岩市长汀县身残志坚脱贫户刘春生

88. 江西省吉安市遂川县茅坪村创业者柳小梅

89. 河南省南阳市邓州市陶营镇卢岗村“虾王”卢胜旺

90. 湖南省益阳市资阳区绿蔬源蔬菜种植合作社创始人龚仁辉

91. 广西壮族自治区崇左市大新县桃城镇“粤菜师傅”卢金花

92. 重庆市彭水县走马乡金银村“大学生扶贫人”赵昌芳

93. 四川省阿坝州汶川县耿达镇龙潭村自强不息脱贫人郑伟

94. 贵州省毕节市织金县搬迁户陈正明

95. 云南省保山市施甸县何元乡大寨门村走出的世界技能大赛冠军蒋应成

96. 西藏自治区那曲市申扎县买巴乡扎琼三村“户长”欧珠

97. 陕西省汉中市宁强县巴山镇石坝子村养蜂户王永定

98. 甘肃省张掖市民乐县顺化镇曹营村脱贫致富带头人祁建溪

99. 青海省玉树州称多县拉布乡拉司通村自主创业人扎西江才

100. 新疆维吾尔自治区阿图什市阿扎克乡、新疆脱贫攻坚奋进奖获得者阿扎克乡吐热汗·吾不力

人力资源社会保障部　公安部
交通运输部　国家卫生健康委
国家铁路集团关于做好农民工返岗复工
“点对点”服务保障工作的通知

人社部明电〔2020〕4号

各省、自治区、直辖市及新疆生产建设兵团人力资源社会保障厅（局）、公安厅（局）、交通运输厅（局、委）、卫生健康委，各铁路局集团公司：

为坚决贯彻落实习近平总书记关于做好新冠肺炎疫情防控工作的重要指示精神，认真落实国务院联防联控机制关于切实加强疫情科学防控、有序做好企业复工复产工作的决策部署，对于已有工作岗位和新确定工作岗位拟进城务工的农民工，组织开展对用工集中地区和集中企业“点对点”的农民工专车（专列）运输服务，保障成规模、成批次外出的农民工安全有序返岗复工，现就有关事项通知如下：

一、摸清出行需求。人力资源社会保障、交通运输部门通过电视广播、官方网站、微信、就业信息平台、交通运输出行平台等渠道，广泛宣传农民工返岗复工“点对点”服务保障的信息，开通线上线下报名渠道。县级人力资源社会保障部门要全面摸排有意愿外出农民工的信息，鼓励已确定工作岗位的农民工积极报名，汇集农民工出行人数、时间、地点、用人单位等信息，动员时间段相近、务工目的地相近的农民工集中时间出行，就省内就业、跨省出行、集中地区、集中企业等进行分类，并逐级上报至省级人力资源社会保障部门，形成外出农民工基础数据备核。

二、开展行前服务。县级人力资源社会保障部门将有出行需求的农民工人员名单、集中返岗出行时间、地点等相关信息提供给交通运输部门和卫生健康部门。交通运输部门根据农民工集中返岗需求，制定专门包车运输方案，为目的地集中、具有一定规模的农民工提供“点对点”直达服务。对省际客运需求及时报省级交通运输部门统筹做好省际协调和沟通。卫生健康部门要指导做好农民工的防疫健康教育和行前体温检测工作，发现异常情况及时报告处置。充分利用国家政务服务平台同行密接自查服务、中国政府网新冠肺炎患者同乘接触者查询系统，加强排查识别，阻断风险人员外出。对于跨省外出农民工，省级人力资源社会保障部门要指导输出地县级人力资源社会保障部门在行前主动与输入地人力资源社会保障部门对接出行人数、到达时间和地点、用人单位等信息，输入地人力资源社会保障部门要与用人单位确认相关信息，对接当地有关部门，做好人员接收准备。

三、组织返岗运输。各地交通运输部门制定运输方案时要优先保障成规模、成批次、目的地集中的农民工出行，提前集中登记信息，按照“一车一方案”的原则，开展“点对点”直达运输。督促指导农民工返岗包车运营单位按照《交通运输部关于全力做好农民工返岗运输服务保障工作的通知》（交运明电〔2020〕56号）要求，全面做好运输组织、落实各项疫情防控措施和乘客信息登记、转交工作，确保运输过程安全、顺畅、有序。积极争取农民工输入、输出地方政府加大农民工返岗包车的支持，通过政府购买服务或者补贴部分包车费用的形式，降低农民工出行成本。鼓励出台相关优惠政策，引导有条件的用工企业主动承担农民工返岗包车费用。各地人力资源社会保障部门与铁路运输部门根据农民工返岗需求，开行火车专列或安排外出农民工包车厢运输，交通运输部门组织做好道路客运班线和城市公交等与铁路班次运力的衔接，打通农民工返岗“最先和最后一公里”。各地公安部门要加大在火车站、汽车站等重点部位的巡逻防控，做好“点对点”包车的道路通行保障和交通安全管理，对突发事件及时进行处置。

四、做好抵达地交接。接收地各相关部门要在当地人民政府的统一领导下，做好专车抵达后的交接工作。人力资源社会保障部门要及时对接有关企业组织接收农民工入厂。企业要为返岗复工农民工建立个人健康档案，随访健康状况，做到全覆盖，确保达到防疫要求、体温测量正常后方可上岗。对于行前 14 天内和在途没有相关症状的，要尽快复工。对于出现发热、乏力、咳嗽等不适症状的，应立即进行隔离观察，及时送诊排查。

五、加强上岗防护保障。在地方人民政府及疫情防控领导小组领导下，各有关部门要指导督促企业严格落实疫情防控主体责任，完善相应设施设备，提供卫生和隔离观察场所，开展环境卫生整治和重点场所消毒，开展员工健康状况监测，为职工配发口罩等防护用品，确保疫情防控措施落实落地，坚决防止因复工造成聚集感染。

六、加强组织领导。各地各有关部门要认真落实党中央、国务院的决策部署，把引导农民工安全有序返岗作为做好复工复产的重点工作任务，实现防疫防控与稳定农民工就业两不误。各地要在疫情防控领导小组领导下，建立人力资源社会保障部门牵头，公安、交通运输、卫生健康等部门和铁路集团公司参加的农民工返岗复工“点对点”服务协作机制，明确工作责任，加强沟通衔接，加大信息共享力度，形成工作合力，确保输出有组织、健康有检测、承运有防护、到达有交接、全程可追溯。要加大对农民工返岗复工有序出行专项行动典型经验和做法的宣传推广力度，广泛动员和鼓励社会力量为农民工返岗复工做好疫情防控提供帮助，营造良好的社会氛围。

2020 年 2 月 19 日

交通运输部　公安部　人力资源社会保障部　国家卫生健康委关于做好有关人员进出湖北省交通运输保障工作的通知

交运明电〔2020〕102号

各省、自治区、直辖市、新疆生产建设兵团交通运输厅（局、委）、公安厅（局）、人力资源社会保障厅（局）、卫生健康委：

为深入贯彻习近平总书记关于做好“点对点、一站式”输送返岗、外地滞留在鄂人员返乡等工作的重要指示精神，认真落实中央应对新冠肺炎疫情工作领导小组关于进一步做好疫情防控和后续相关工作推进全面复工复产的决策部署，根据中央批准解除离鄂离汉通道管控的部署安排，现就做好有关人员进出湖北省交通运输保障工作有关事项通知如下：

一、精心组织“点对点”返岗返乡包车

（一）摸清返岗、返乡需求底数。湖北省人力资源社会保障部门要会同有关部门，通过线上线下多种渠道，利用好农民工返岗复工“点对点”线上服务系统和用工对接平台，组织市县摸排湖北省复工复产企业用工人员返岗和本地务工人员外出返岗需求，汇集返岗人员姓名、联系方式、返岗时间、来源地、用工企业及联系人等信息。湖北省以外各地人力资源社会保障部门要组织摸排入鄂返岗务工人员出行需求信息。输出地与输入地人力资源社会保障部门要加强对接，及时将有关信息与交通运输、卫生健康等部门共享。各地交通运输部门要及时获取外地滞留在汉在鄂人员、湖北籍在外滞留人员返乡需求信息。

（二）开展行前服务。输出地、输入地交通运输部门要根据人力资源社会保障部门提供的返岗需求信息、当地疫情联防联控机制提供的滞留人员返乡需求信息，按照“一车一方案”的原则，提前制定包车运输组织方案，为目的地集中人员提供“点对点”直达运输服务。输出地卫生健康部门要在当地人民政府的统一领导下，指导做好相关人员的防疫健康教育和体温检测工作。输出地、输入地交通运输部门要在行前主动对接包车相关信息，输入地各有关部门要在当地人民政府统一领导下，提前做好人员接收准备。

（三）有序组织包车运输。输出地或输入地交通运输部门要做好进出湖北省除武汉市外其他地区的省际“点对点”包车运输组织。3 月 25 日零时起，可组织开行进出武汉市的省际“点对点”包车。在做好健康管理、落实防控措施的前提下，对持有湖北健康码“绿码”的武汉外出务工人员，经核酸检测合格后，采取“点对点、一站式”的方式集中精准输送，确保安全有序返岗。如湖北省运力不足，对开省份和周边省份交通运输部门要积极予以支持。包车承运单位可按照《交通运输部关于疫情防控期间免收农民工返岗包车公路通行费的通知》（交公路明电〔2020〕52 号）要求格式自制车辆通行证，随车携带，享受“不停车、不检查、不收费、优先便捷通行”政策。沿线高速公路经营管理单位要做好相关服务保障工作。各地公安机关要组织做好“点对点”包车的交通安全管理工作。输入地各有关部门要在当地人民政府统一领导下，做好包车抵达后的人员交接工作。

二、有序恢复进出湖北道路客运服务

（四）分步实施省际道路客运恢复工作。3 月 25 日零时起，可恢复运行进出湖北省除武汉市外其他地区的省际道路客运；4月8日零时起，可恢复运行进出武汉市的省际道路客运。

（五）提供安全便捷的运输服务。各地交通运输部门要督促指导道路客运经营者，抓紧开展客车技术状况全面检查，及时开展维修维护保养，确保车辆技术状况良好。要加强对相关从业人员的教育培训，提升安全、防疫、应急处置能力。要及时向社会公告恢复客运服务情况，并通过联网售票、电子客票、联程运输等方式，服务乘客便捷出行。

三、强化公路通行保障

（六）分步开展有关人员自驾离鄂离汉。3月25日零时起，湖北省除武汉市以外其他地区、持有湖北健康码“绿码”的人员可通过自驾离鄂；4月8日零时起，持有湖北健康码“绿码”的人员可通过自驾离汉。湖北及周边省份公安机关要会同交通运输部门严格按照时间节点要求，有序解除离鄂离汉通道管控。

（七）切实做好公路疏堵保畅。各省级交通运输部门特别是湖北省及周边省份交通运输部门要加强公路网运行监测，科学研判流量变化情况，利用公路沿线情报板、电视、广播、微信、微博、导航软件等多种方式，及时发布公路路况和交通管制等信息，引导公众合理选择行驶路线或错峰出行。及时增加高速公路收费站工作人员，积极配合公安机关做好现场交通疏导及远端分流等工作。

四、全面加强防疫和安全管理

（八）落实分区分级防控要求。各地交通运输部门要指导道路客运经营者、客运站做好乘客行前体温检测，坚决防止有发热等症状人员带病出行，要组织乘客和司乘人员全程佩戴口罩。要督促指导道路客运经营者提前制定应急运输预案，严格落实《交通运输部关于分区分级科学做好客运场站和交通运输工具新冠肺炎疫情防控工作的通知》（交运明电〔2020〕84号）等要求，做好客车消毒通风、卫生清洁、人员防护、车内留观区设置、乘客途中测温、发热乘客移交等防疫工作。出入中、高风险区的省际、市际客运班车和包车要严格将客座率控制在50%以内。

（九）强化道路客运安全管理。各地交通运输部门要加强信息共享和源头监管，督促道路客运企业落实安全主体责任，选用合格车辆、合格驾驶人进行运输，加强道路客运车辆动态监管，严格执行长途客运车辆凌晨2时至5时停车休息或者接驳运输规定，切实消除安全隐患。公安机关要依法从严查处超速、疲劳驾驶等严重违法行为，维护交通安全。

五、严格落实进京管理要求

（十）严格按部署组织进京运输。北京滞留在鄂人员返京和务工人员进京“点对点”包车运输，按照首都严格进京管理联防联控协调机制部署执行。进出北京的省际道路客运暂不恢复运营，恢复时间由首都严格进京管理联防联控协调机制确定。

（十一）依法从严打击进京非法营运。京津冀地区交通运输部门要会同公安机关加强信息共享和执法联动，加大非法营运车辆查处力度，坚决防止疫情通过非法营运车辆输入北京。

（十二）服务北京滞留在鄂人员安全有序自驾返京。北京市、湖北省交通运输部门要积极对接相关部门，及时获取经批准可自驾返京人员及车辆信息，并告知河北、河南省交通运输部门；通过“京心相助”小程序，定点推送相关信息，引导自驾回京人员尽量选择指定通道返回，中途需停车休息的，进入指定服务区停车休息（详见附件）。河北、河南省交通运输部门要及时将获取的自驾离鄂返京人员及车辆信息通知沿途指定服务区，并指导服务区经营管理单位切实做好车辆停放、体温检测、服务保障等相关工作；要会同卫生健康、公安等部门，加强服务区防疫力量部署，强化服务区安全管控，共同做好疫情防控和服务保障工作。

进出湖北省的铁路、民航运输保障工作要求，由国家铁路局、中国民用航空局负责部署。

附件：北京滞留在鄂人员自驾返京公路通道及服务区

2020年3月24日

附件

北京滞留在鄂人员自驾返京公路通道及服务区

一、G45 大广高速返京通道。自湖北省出发，途经大广高速河南段、大广高速河北段至北京市。沿途河南省内可进入槐店服务区、息县服务区、周口东服务区、封丘服务区、濮阳服务区，河北省内可进入威县南服务区、深州服务区、西演服务区停车和休息。

二、G4 京港澳高速返京通道。自湖北省出发，途经京港澳高速河南段、京港澳高速河北段至北京市。沿途河南省内可进入灵山服务区、驻马店服务区、许昌服务区、原阳服务区、安阳服务区，河北省内可进入沙河服务区、石家庄东服务区、望都服务区停车和休息。

三、G0421 许广高速—G4 京港澳高速返京通道。自湖北省出发，途经许广高速河南鄂豫界至许昌段、京港澳高速许昌至安阳段、京港澳高速河北段至北京市。沿途河南省内可进入桐柏服务区、叶县服务区、许昌服务区、原阳服务区、安阳服务区，河北省内可进入沙河服务区、石家庄东服务区、望都服务区停车和休息。

四、G55 二广高速—S83 兰南高速—G4 京港澳高速返京通道。自湖北省出发，途经二广高速河南鄂豫界至南阳段、兰南高速南阳至许昌段、京港澳高速许昌至安阳段、京港澳高速河北段至北京市。沿途河南省内可进入新野服务区、平顶山服务区、许昌服务区、原阳服务区、安阳服务区，河北省内可进入沙河服务区、石家庄东服务区、望都服务区停车和休息。

人力资源社会保障部办公厅关于做好农民工返岗复工“点对点”出行线上服务工作的通知

人社厅明电〔2020〕14号

各省、自治区、直辖市及新疆生产建设兵团人力资源社会保障厅(局)：

为坚决贯彻党中央、国务院关于做好疫情防控和复产复工决策部署，落实《人力资源社会保障部　公安部　交通运输部　国家卫生健康委　国家铁路集团关于做好农民工返岗复工“点对点”服务保障工作的通知》（人社部明电〔2020〕4号）要求，提高农民工返岗复工“点对点”服务保障工作效率，保障成规模、成批次外出的农民工安全有序返岗复工，现就有关事项通知如下：

一、启用农民工返岗复工“点对点”服务系统。我部于2020年3月5日开通全国统一的农民工返岗复工“点对点”服务系统。该系统支持农民工通过电子社保卡、小程序等方式，在线填报出行需求信息；支持农民工出行健康信息核验；支持各级人力资源社会保障部门分类提取农民工出行需求信息。各地在开展农民工返岗复工“点对点”服务保障工作时，要积极通过该系统采集农民工返岗复工出行需求信息，开展各项服务。对于已经开通线上信息采集系统的地区，已有信息采集指标或调整后信息采集指标能够满足部农民工返岗复工“点对点”服务系统采集需求的，可继续使用原本地系统。对于未开通线上信息采集系统的，原则上要求使用全国统一的农民工返岗复工“点对点”服务系统。

二、加强出行需求信息运用。各级人力资源社会保障部门要指定专人负责，通过我部网址（http：//wgfw. mohrss. gov. cn），查询下载农民工填报的出行需求信息。各级人力资源社会保障部门接收下载的人员信息已经系统比对全国新冠肺炎疫情防控风险数据，其中健康状况均为“未见异常”。各地要按照出行时间相近、务工目的地相近、是否已有工作岗位等条件做好数据分类应用，及时联系农民工本人和企业，做好组织出行。对于系统中的建档立卡贫困人口，在农民工返岗复工“点对点”服务保障工作中要重点帮扶。对于有意愿外出务工但无工作岗位的农民工要加大就业服务力度。

三、做好出行服务衔接。各级农民工返岗复工“点对点”服务协作机制联络员，负责每日汇总本地农民工“点对点”出行信息。输出地和输入地的人力资源社会保障部门要加强工作对接，及时共享农民工返岗复工“点对点”出行需求信息，并做好与交通运输、卫生健康、铁路集团公司等部门和单位的信息交换与衔接。省级农民工返岗复工“点对点”服务协作机制要加强调度和指导。

四、加大宣传推广力度。各级人力资源社会保障部门要运用官方网站、官方公众号、就业信息平台等渠道，通过制发、张贴小程序二维码等方式，广泛宣传农民工返岗复工“点对点”服务系统，动员广大农民工通过该系统填报出行需求信息，提高“点对点”工作服务效率。各级农民工返岗复工“点对点”服务协作机制要充分发挥统筹协调作用，推动有关成员单位加大对农民工返岗复工“点对点”服务系统的宣传力度。

2020 年 3 月 6 日

人力资源社会保障部办公厅
国家卫生健康委办公厅关于做好
农民工返岗复工“点对点”
出行健康服务工作的通知

人社厅明电〔2020〕15号

各省、自治区、直辖市及新疆生产建设兵团人力资源社会保障厅（局）、卫生健康委：

为贯彻落实统筹推进新冠肺炎疫情防控和经济社会发展工作部署会议精神，按照国务院有关工作部署和《人力资源社会保障部　公安部　交通运输部　国家卫生健康委　国家铁路集团关于做好农民工返岗复工“点对点”服务保障工作的通知》（人社部明电〔2020〕4号）要求，进一步做好农民工返岗复工“点对点”出行健康服务工作，现就有关事项通知如下：

一、认真开展农民工出行健康核验。各地要按照分区分级差异化防控要求，开展农民工“点对点”出行健康服务检查，通过国家全民健康信息平台和全国一体化政务服务平台，调用全国疫情防控风险数据服务接口，查询新冠肺炎确诊病例和疑似病例、同乘同户同住密切接触者、过去14天到访地区风险等级等信息。各级人力资源社会保障部门要积极通过农民工返岗复工“点对点”服务系统、电子社保卡等渠道，引导农民工开展健康信息核验。卫生健康部门要指导做好农民工的防疫健康教育和行前体温检测工作，加大对地方健康码工作的指导，不断优化完善各项管理服务措施。

二、扎实推进农民工健康信息互认。已经使用本地健康码或健康证明的地区，要主动对接国家全民健康信息平台和全国一体化政务服务平台，积极推进省内、省际互认。已经签订省际健康互认合作备忘录的地区要加快推进落实，并逐步扩大互认范围，为人员跨省有序流动提供便利条件。除疫情防控重点地区、高风险地区外，各地在组织农民工返岗复工“点对点”出行时，要减少设置其他条件。

三、加强农民工个人信息保护。各级人力资源社会保障部门、卫生健康部门要按照中央网络安全和信息化委员会办公室关于做好个人信息保护利用大数据支撑联防联控工作通知要求，采取科学有效的技术防护措施，加强农民工返岗复工“点对点”出行服务中信息填报、查询、核验等环节的管理，确保农民工个人信息安全。

四、压紧压实农民工出行健康服务工作责任。做好农民工出行健康服务工作，是加强农民工返岗复工“点对点”服务保障、统筹推进新冠肺炎疫情防控和经济社会发展的重要环节。各级人力资源社会保障、卫生健康部门要提高政治站位，认真履职尽责，加强沟通衔接，密切配合协作，切实把农民工返岗复工“点对点”出行健康服务工作抓实抓细抓到位。

2020 年 3 月 7 日

人力资源社会保障部办公厅 国务院扶贫办综合司关于进一步做好贫困劳动力返岗复工“点对点”服务的通知

人社厅明电〔2020〕17号

各省、自治区、直辖市及新疆生产建设兵团人力资源社会保障厅(局)、扶贫办(局):

为深入贯彻落实习近平总书记在统筹推进新冠肺炎疫情防控和经济社会发展工作部署会议和决战决胜脱贫攻坚座谈会上的重要讲话精神，有针对性地做好贫困劳动力返岗复工“点对点”服务，确保贫困劳动力优先返岗复工，稳定贫困家庭收入，促进脱贫攻坚战决战决胜，现将有关事项通知如下：

一、实施有序返岗。人社部门要认真履行返岗复工“点对点”服务保障职能，输出地扶贫部门要向人社部门提供贫困劳动力信息摸查成果，实现信息共享；输入地人社部门要详细了解企业复产复工的用工需求，提供岗位；输出地、输入地要做好劳务对接工作。采取多种途径推广使用农民工返岗复工点对点出行服务小程序和农民工返岗复工点对点用工对接服务平台（http://wgfw.mohrss.gov.cn)，支持企业和农民工自行填报需求，有针对性地开展劳务输出。

二、打通“最先一公里”。要想方设法解决贫困劳动力“出村难”问题，统一安排，组织专门交通工具，从各村镇等劳动力分散的居住点接送外出务工人员到县城或火车站、机场集中，实现从家门到贫困劳动力返岗复工“点对点”专车、专列、包机和工厂大门的无缝衔接，确保安全运送。

三、互认健康信息。要积极配合卫生健康部门做好贫困劳动力的健康检查和新冠肺炎防疫宣传，推广使用全国一体化政务服务平台防疫健康信息码，加强输出地与输入地健康信息的互认，简化健康证明材料，做到既应隔尽隔、平安返岗，又不重复隔离、增加企业和个人负担，尽可能缩短返岗复工时间。

四、保障防护物品。积极帮助复产复工企业制定和完善贫困劳动力上岗防护措施，对企业购置防护物品确有困难的，要主动协调做好口罩、消毒液等防疫物资的保障工作，严格做好员工吃、住、行和车间管理等环节防疫工作，增强企业防护保障能力，确保员工安全健康的生产生活环境。

五、突出工作重点。各地要将“三区三州”等深度贫困地区、易地扶贫搬迁安置点以及挂牌督战的52个贫困县作为重点，优先为贫困劳动力提供“点对点”返岗复工服务。对贫困劳动力通过有组织输出到户籍所在县以外就业的，给予一次性求职创业补贴，可从就业补助资金中列支。适当安排财政扶贫专项资金用于组织稳定贫困人口就业岗位。对无法外出的贫困劳动力，通过鼓励扶贫车间等带贫主体吸纳等渠道促进其就地就近就业增收。充分发挥贫困村创业致富带头人的作用，加大培训力度，提高吸纳贫困劳动力就业能力。

六、推进部门联动。各地要清醒认识当前疫情防控和经济社会发展形势的复杂性，统筹做好疫情防控和贫困劳动力返岗复工“点对点”服务保障，积极会同公安、交通运输、卫生健康等部门，密切协同配合，形成工作合力，努力减轻疫情对贫困劳动力就业增收的影响，为实现决战脱贫攻坚目标任务奠定基础。

2020年3月12日

人力资源社会保障部办公厅
交通运输部办公厅　民航局综合司
关于做好重点企业农民工返岗复工
“点对点”航空运输服务保障工作的通知

人社厅明电〔2020〕18号

各省、自治区、直辖市及新疆生产建设兵团人力资源社会保障厅（局）、交通运输厅（局、委），民航各地区管理局：

为贯彻落实党中央、国务院关于统筹推进疫情防控和经济社会发展工作的决策部署，精准稳妥推进与防疫物资和生活物资保障工作密切相关、急需复工复产企业（以下简称重点企业）的农民工尽快返岗复工，现就做好重点企业农民工返岗复工“点对点”航空运输服务保障工作有关事项通知如下：

一、了解重点企业农民工返岗乘机需求。各级人力资源社会保障部门要加强与重点企业的联系，通过线上线下多种渠道，摸清用工及员工返岗需求等情况。要指导企业主动加强与员工对接，形成拟通过包机（包座）形式返岗农民工人员名单，确定返岗人员姓名、联系方式、来源地、返岗时间、用工企业及联系人等信息。

二、建立需求对接机制。充分发挥农民工返岗复工“点对点”服务协作机制的统筹协调作用，建立输入地、输出地以及有关部门之间的对接机制和信息共享机制。输入地人力资源社会保障部门负责汇总本地重点企业拟返岗农民工人员信息，形成拟通过民航运输的返岗农民工人员清单，及时反馈输入输出地民航管理、交通运输及输出地人力资源社会保障等部门，共同制定返岗复工运输方案，优先保障来源地相近、出行时间段相近的农民工返岗复工。

三、组织返岗运输。积极引导农民工通过农民工返岗复工“点对点”出行服务系统、电子社保卡、国家政务服务平台等渠道核验个人健康状况。输出地人力资源社会保障部门要加强与交通运输、民航管理等部门的对接，做好人员出行组织安排。民航管理部门要加大运力保障和服务，指导航空公司落实机上防疫工作要求，增加复工出行热点航线航次，开辟农民工返岗复工包机航班绿色审批通道和机场快速通道，确保包机航班能够随时申请、及时获批起飞。交通运输部门要根据运输需求和运输起讫地等信息，加强与民航部门和用工企业的衔接，制定农民工包机或航班的集疏运工作方案，按照“一车一策”加强道路客运运力和民航班次的衔接，积极开展从输出地至机场、机场至用工单位的“点对点”直达运输服务。各地要通过引导和协商，建立政府、用工企业、农民工等相关主体共同参与费用分担的机制，航空公司承担社会责任，尽量降低农民工出行成本。要主动争取地方政府资金和政策支持，引导有条件的用工企业承担农民工返岗包机（包座）和集疏运费用。

四、保障及时到岗复工。各地要落实分区分级精准防控的要求，原则上不得限制非疫情重点地区的农民工返岗复工。输入地人资源社会保障部门要及时对接有关企业做好人员接收准备。对于重点企业农民工通过“点对点”方式返岗复工的，各地要减少设置其他条件。对于确需开具健康证明或申领地方健康码的，相关地区要大力推进健康证明和地方健康码的互认。通过点对点包机（包座）形式返岗的农民工，行前 14 天内和在途没有相关症状的，要尽快复工，输入地可不再实施隔离观察。农民工返岗

复工后，企业要继续做好疫情防控和安全稳定生产

五、加强组织领导。各地要进一步提高政治站位，深刻认识做好重点企业复工复产工作的重要性和紧迫性，按照特事特办、急事急办原则，精心安排部署，强化工作措施。各地人力资源社会保障部门要依托农民工返岗复工“点对点”服务协作机制，加强与交通运输、民航管理等部门的对接，细化工作流程，做好农民工返岗复工的全链条防控工作，确保工作不留死角。

联系方式（略)。

2020 年 3 月 13 日

人力资源社会保障部办公厅关于印发《52个未摘帽贫困县劳动力外出务工“点对点”服务保障工作方案》的通知

人社厅明电〔2020〕19号

各有关省、自治区、直辖市人力资源社会保障厅（局）：

为深入贯彻落实习近平总书记在统筹推进新冠肺炎疫情防控和经济社会发展工作部署会议、决战决胜脱贫攻坚座谈会上的重要讲话精神，确保未摘帽贫困县贫困劳动力能就业、稳增收、早脱贫，我们研究制定了《52个未摘帽贫困县劳动力外出务工“点对点”服务保障工作方案》，现印发你们，请结合本地实际，认真抓好贯彻落实。

2020年3月16日

52个未摘帽贫困县劳动力外出务工“点对点”服务保障工作方案

为深入贯彻落实习近平总书记在统筹推进新冠肺炎疫情防控和经济社会发展工作部署会议、决战决胜脱贫攻坚座谈会上的重要讲话精神，切实做好新冠肺炎疫情防控期间52个未摘帽贫县人社扶贫工作，保障贫困劳动力安全有序外出务工，现制定如下工作方案。

一、目标任务

根据人力资源社会保障部办公厅、国务院扶贫办综合司关于进一步做好贫困劳动力返岗复工“点对点”服务的有关要求，组织开展52个未摘帽贫困县劳动力外出务工“点对点”服务，实现贫困劳动力能就业、稳增收、早脱贫，为如期高质量打赢脱贫攻坚战做出积极贡献。

二、实施对象

52个未摘帽贫困县贫困劳动力。

三、工作措施

（一）提供岗位信息。充分发挥东西部劳务协作、对口支援、省际省内劳务协作机制作用，协调东部省份、省内发达地区提供有针对性的岗位信息。组织开展“百日千万”网络招聘活动，开设就业扶贫专区。定期汇总企业用工需求，及时推送给未摘帽贫困县。

（二）鼓励优先招用。鼓励防疫物资、生产生活必需品生产以及上下游配套产业等重点企业，优先招用符合条件的贫困劳动力，给予一次性吸纳就业补贴，有条件地区可适当提高补贴标准。

（三）做好出行摸底。推广农民工返岗复工点对点出行服务小程序，了解汇总未摘帽贫困县劳动力出行需求等情况，形成外出务工出行清单。组织有意愿外出、时间段相近、务工目的地相近的贫困劳动力集中时间有序出行。

（四）安全组织运送。会同交通运输、卫生健康部门根据贫困劳动力需求，制定专门包车运输方案。组织专门交通工具，从贫困劳动力居住点接送外出务工人员到县城或集中点集中，统一安排专车、专列、包机等，将贫困劳动力点对点输送到输入地。

做好抵达交接工作，打通贫困劳动力出行“最先一公里”和“最后一公里”

（五）加强健康防疫。做好贫困劳动力防疫健康教育、行前体温检测等工作，推广使用全国一体化政务服务平台防疫健康信息码，做好健康信息核验，发现异常情况及时报告处置。指导企业为贫困劳动力建立个人健康档案，随访健康状况，做到全覆盖，确保达到防疫要求、体温测量正常后方可上岗。

（六）加大资金支持。积极争取地方政府加大对贫困县的资金支持力度。对贫困劳动力通过有组织输出到户籍所在县以外就业的，给予一次性求职创业补贴，可从就业补助资金中列支。适当安排财政扶贫专项资金用于组织稳定贫困人口就业岗位。

四、组织领导

（一）提高政治站位，强化思想认识。各地要把未摘帽贫困县贫困劳动力就业帮扶作为当前人社部门的重要政治任务，认真落实党中央、国务院的决策部署，想方设法克服疫情对贫困劳动力就业的影响，全力以赴帮扶贫困劳动力实现就业增收。

（二）细化分解任务，压紧压实责任。各地要认真落实贫困劳动力就业帮扶的相关政策措施，制定具体实施方案，做到任务、责任、时限、要求“四个明确”。未摘帽贫困县所在省市人社部门要强化主体责任，主动与帮扶省市加强对接，各帮扶地区要全力支持对口帮扶贫困县做好贫困劳动力就业工作。

（三）健全工作机制，督促落地落实。未摘帽贫困县所在省要成立挂牌督战机构，建立工作台账，实地督导贫困县劳动力就业帮扶工作，推动各项帮扶任务落到实处。我部将加强工作调度，建立专项督导制度，适时通报相关情况。

请未摘帽贫困县所在省份人力资源社会保障厅填报《52 个未摘帽贫困县劳动力外出务工情况统计表》（见附件 1），东西劳务协作东部省份人力资源社会保障厅（局）填报《东部省份东西劳务协作情况统计表》（见附件2），每周一前将相关统计表报送至部扶贫办。

附件：1. 52个未摘帽贫困县劳动力外出务工情况统计表（略）

2. 东部省份东西劳务协作情况统计表（略）

劳动关系

人力资源社会保障部　全国总工会 中国企业联合会/中国企业家协会 全国工商联关于做好新型冠状病毒感染肺炎疫情防控期间稳定劳动关系支持企业复工复产的意见

人社部发〔2020〕8号

各省、自治区、直辖市及新疆生产建设兵团人力资源社会保障厅(局)、总工会、企业联合会/企业家协会、工商联：

为贯彻落实党中央关于新型冠状病毒感染肺炎疫情防控工作的决策部署，积极发挥广大企业和职工在疫情防控中的重要作用，全力支持企业复工复产稳定劳动关系，动员广大职工凝心聚力共克时艰，现就做好疫情防控期间稳定劳动关系支持企业复工复产提出以下意见。

一、高度重视疫情对劳动关系领域带来的新挑战

近期，受新型冠状病毒感染肺炎疫情影响，劳动关系领域面临新情况新问题。部分行业企业面临较大的生产经营压力，劳动者面临待岗、失业、收入减少等风险，劳动关系不稳定性增加，劳动关系矛盾逐步凸显。当前，新型冠状病毒感染肺炎疫情防控正处于关键阶段，各级协调劳动关系三方要认真学习贯彻习近平总书记关于疫情防控工作的一系列重要指示精神，坚决贯彻落实党中央决策部署，高度重视当前特殊时期劳动关系运行中出现的突出问题，加强劳动关系风险监测和研判，引导企业与职工共担责任共渡难关。要充分发挥三方机制在保企业、保就业、保稳定中的独特作用，深入分析当前劳动关系形势，结合实际帮助企业制定复工复产的措施，联合各方力量共同行动，加大对特殊时期企业劳动关系处理的指导服务，确保劳动关系总体和谐稳定。

二、灵活处理疫情防控期间的劳动用工问题

（一）鼓励协商解决复工前的用工问题。对因受疫情影响职工不能按期到岗或企业不能开工生产的，要指导企业主动与职工沟通，有条件的企业可安排职工通过电话、网络等灵活的工作方式在家上班完成工作任务；对不具备远程办公条件的企业，与职工协商优先使用带薪年休假、企业自设福利假等各类假。要指导企业工会积极动员职工与企业同舟共济，在兼顾企业和劳动者双方合法权益的基础上，帮助企业尽可能减少受疫情影响带来的损失。

（二）鼓励灵活安排工作时间。在疫情防控期间，为减少人员聚集，要鼓励符合规定的复工企业实施灵活用工措施，与职工协商采取错时上下班、弹性上下班等方式灵活安排工作时间。对承担政府疫情防控保障任务需要紧急加班的企业，在保障劳动者身体健康和劳动安全的前提下，指导企业与工会和职工协商，可适当延长工作时间应对紧急生产任务，依法不受延长工作时间的限制。

（三）指导规范用工管理。在疫情防控期间，要指导企业全面了解职工被实施隔离措施或政府采取的紧急措施情况，要求企业不得在此期间解除受相关措施影响不能提供正常劳动职工的劳动合同或退回被派遣劳动者。对符合规定的复工企业，要指导企业提供必要的防疫保护和劳动保护措施，积极动员职工返岗。对不愿复工的职工，要指导企业工会及时宣讲疫情防控政策要求和企业复工的重要性，主动劝导职工及时返岗。对经劝导无效或以其他非正当理由拒绝返岗的，指导企业依法予以处理。鼓励企业积极探索稳定劳动关系的途径和方法，对采取相应措施后仍需要裁员的企业，要指导企业制定裁员方案，依法履行相关程序，妥善处理劳动关系，维护企业正常生产经营秩序。

三、协商处理疫情防控期间的工资待遇问题

（四）支持协商未返岗期间的工资待遇。在受疫情影响的延迟复工或未返岗期间，对用完各类休假仍不能提供正常劳动或其他不能提供正常劳动的职工，指导企业参照国家关于停工、停产期间工资支付相关规定与职工协商，在一个工资支付周期内的按照劳动合同规定的标准支付工资；超过一个工资支付周期的按有关规定发放生活费。

（五）支持困难企业协商工资待遇。对受疫情影响导致企业生产经营困难的，鼓励企业通过协商民主程序与职工协商采取调整薪酬、轮岗轮休、缩短工时等方式稳定工作岗位；对暂无工资支付能力的，要引导企业与工会或职工代表协商延期支付，帮助企业减轻资金周转压力。

（六）保障职工工资待遇权益。对因依法被隔离导致不能提供正常劳动的职工，要指导企业按正常劳动支付其工资；隔离期结束后，对仍需停止工作进行治疗的职工，按医疗期有关规定支付工资。对在春节假期延长假期间因疫情防控不能休假的职工，指导企业应先安排补休，对不能安排补休的，依法支付加班工资。

四、采取多种措施减轻企业负担

（七）帮助企业减少招聘成本。要加大线上招聘服务工作力度，打造线上春风行动，大力推广远程面试，提高招聘企业与劳动者“点对点”直接对接率。规范人力资源服务收费，坚决打击恶意哄抬劳动力价格行为。对受疫情影响缺工较大的企业或者承担政府保障任务企业，鼓励人力资源服务机构减免费用提供招聘服务。

（八）合理分担企业稳岗成本。用好失业保险稳岗返还政策，对受疫情影响不裁员或少裁员的中小微企业，可放宽裁员率标准，让更多企业受益。用好培训费补贴政策，对受疫情影响的企业，在确保防疫安全情况下，在停工期、恢复期组织职工参加各类线上或线下职业培训的，可按规定纳入补贴类培训范围。用好小微企业工会经费支持政策，对受疫情影响符合条件的小微企业工会经费全额返还。用好企业组织会费，对受疫情影响符合条件的困难企业实行一定比例的企业会费返还。用好工会防疫专项资金，加大对防疫一线职工的慰问，充分调动职工参与防控疫情的积极性。

（九）提供在线免费培训。指导企业积极组织开展职工在线免费培训，支持帮助受疫情影响企业特别是中小微企业开展职工技能培训和困难企业职工转岗培训，开放“中国职业培训在线”平台全部功能，免费提供培训教学资源。

五、统筹各方力量加大指导服务力度

（十）加强劳动用工指导服务。各级人力资源社会保障部门要及时研究和解决疫情防控期间劳动关系领域中的重大问题，主动回应社会关切，制定有针对性政策，准确解读政策，帮助企业解决发展中的困难。要做好协调劳动关系三方牵头工作，加强政策宣传和组织协调，发挥各方优势，形成工作合力。各级工会要做好团结、动员广大职工工作，积极发挥企业工会作用，为困难职工提供必要的帮扶救助和心理危机干预疏导。要引导职工关心企业的生存与发展，依法理性表达诉求。动员职工大力发扬劳动精神、劳模精神、工匠精神，为企业长远发展献计献策、贡献力量。各级企联和工商联组织要梳理评估企业的实际困难并积极向有关部门提出针对性帮扶支持政策建议和指导服务，要鼓励企业承担社会责任，通过技术创新等提高竞争力。要引导受疫情影响导致生产经营困难的企业，完善企业内部协商民主机制，畅通与职工对话渠道，通过多种方式稳定劳动关系和工作岗位。要引导企业关心关爱职工健康，帮助解决职工实际困难，切实保障职工权益。要充分发挥行业协会积极作用，通过减免租金等形式减轻企业经营负担，引导同行业或上下游企业互帮互助，抱团取暖。

（十一）主动化解劳动关系矛盾。要力争把风险隐患化解在萌芽状态，着力提升基层预防化解劳动争议能力，推动企业建立健全内部劳动争议协商解决机制。大力加强专业性劳动争议调解工作，创新仲裁办案方式，加强争议处理指导监督，发挥多元机制合力，大力推广“互联网+调解仲裁”，切实提高争议处理效能。进一步畅通举报投诉渠道，加大劳动保障监察执法力度，依法查处违法行为。

（十二）做好表彰先进典型工作。各级协调劳动关系三方要深入开展和谐劳动关系创建活动，主动宣传在防控疫情中真正实现有事好商量、遇事多商量、有难题共同解决的企业，要在和谐劳动关系创建活动评比、劳动模范评选、五一劳动奖章、奖状等荣誉授予中优先考虑疫情防控期间对稳定劳动关系做出突出贡献的企业和个人，激励引导广大企业家和职工在疫情防控工作中主动履职，担当作为。

各级协调劳动关系三方要切实增强“四个意识”，坚定“四个自信”，做到“两个维护”，深入贯彻落实党中央应对新型冠状病毒感染肺炎疫情工作的决策部署，把稳定劳动关系支持企业与职工共渡难关作为当前重要工作来抓，统筹处理好促进企业发展和维护职工权益的关系，充分发挥中国特色和谐劳动关系的制度优势，坚定信心、积极作为，为打赢疫情防控阻击战做出积极贡献。

2020 年 2 月 7 日

人力资源社会保障部　财政部
关于新型冠状病毒肺炎疫情防控期间
事业单位人员有关工资待遇问题的通知

人社部发〔2020〕9号

各省、自治区、直辖市及新疆生产建设兵团人力资源社会保障厅(局)、财政厅（局），中央和国家机关各部委、各直属机构人事、财务部门：

为贯彻落实习近平总书记关于新型冠状病毒肺炎疫情防控工作的重要指示精神，保障打赢疫情防控阻击战，现就疫情防控期间事业单位人员有关工资待遇问题通知如下：

一、在疫情防控期间，各级人力资源社会保障、财政部门要在当地党委、政府领导下，根据承担新型冠状病毒肺炎疫情防治工作任务情况，因地制宜向承担防控任务重、风险程度高的医疗卫生机构核增一次性绩效工资总量，不作为绩效工资总量基数，所需经费通过现行渠道安排，疫情结束后不再执行。要及时指导有关单位在内部分配时，向敢于担当、勇挑重担、加班加点参加疫情防控的一线工作人员特别是做出突出成绩的人员倾斜。

二、为促进有效实施隔离和医学观察等预防控制措施，根据《中华人民共和国传染病防治法》有关规定，对新型冠状病毒肺炎患者、疑似病人、密切接触者在其隔离治疗期间或医学观察期间以及因政府实施隔离措施或采取其他紧急措施导致不能提供正常劳动的事业单位工作人员，在此期间的工资、福利待遇由其所属单位按出勤对待。

三、各级人力资源社会保障、财政部门要高度重视疫情防控期间事业单位工作人员尤其是医疗卫生工作人员的工资待遇问题，加大对有关地区、部门和单位的指导督促力度，并及时做好政策解释。相关单位要认真执行政策，确保落实到位，强化政策效果，全力支持疫情防控，促进打赢这场疫情防控阻击战。

2020年2月11日

全国总工会　人力资源社会保障部 中国企业联合会/中国企业家协会 全国工商联关于应对疫情影响 进一步做好集体协商工作的通知

总工发〔2020〕3号

各省、自治区、直辖市总工会、人力资源社会保障厅（局）、企业联合会/企业家协会、工商业联合会，新疆生产建设兵团人力资源社会保障局、企业联合会/企业家协会、工商业联合会：

为深入贯彻习近平总书记关于统筹推进新冠肺炎疫情防控和经济社会发展系列重要指示精神，落实党中央、国务院有关决策部署，全面实施集体协商“稳就业促发展构和谐”行动计划，充分发挥集体协商制度在协调劳动关系中的重要作用，积极应对疫情影响，稳定劳动关系，保障职工权益，助力企业发展，现就进一步做好当前集体协商工作通知如下。

一、引导确立“同舟共济、共克时艰”的协商目标

集体协商工作对于助力企业复工复产、稳定职工就业岗位、维护劳动关系稳定具有重要作用，各地要深入推进集体协商“稳就业促发展构和谐”行动计划，引导企业和职工确立“同舟共济、共克时艰”的协商目标，营造“有事多商量，遇事多商量，做事多商量，商量得越多越深入越好”的协商氛围，坚持合法合理、利益兼顾、因企制宜、稳定有序的协商原则，鼓励劳动关系双方依据企业实际情况，就双方共同关心、直接涉及职工切身利益的事项及时开展协商，寻求双方利益平衡点，妥善解决受疫情影响劳动关系的突出问题，维护劳动关系和谐稳定。

二、着力围绕稳定劳动关系重点方面开展协商

集体协商要针对企业经营发展现状和职工的现实诉求，重点围绕企业用工的难点和职工关切的热点开展协商。

（一）突出协商稳岗位保企业。对复工复产难度大、订单大幅减少、生产经营较困难的企业，要以稳就业、保企业为主要目标，鼓励双方通过集体协商采取调整薪酬、灵活安排工作时间、轮岗轮休、组织培训等方式稳定工作岗位，尽量不裁员或少裁员。对受疫情影响不得不裁员的企业，指导企业在裁员方案制定和实施中充分听取职工意见，就经济补偿等与职工利益密切相关的问题，依法充分协商方能实施。

（二）着重协商工资待遇问题。对受疫情影响企业延迟复工、职工待岗、工作时间调整等期间的工资待遇，引导双方依法依规协商确定。对受疫情影响的企业，引导企业和职工相互理解，根据企业经济效益情况协商，依法适度调整职工工资水平。对暂无工资支付能力的企业，通过协商约定依规合理延期支付职工工资。对效益较好生产经营正常的企业，可协商合理确定职工工资增长幅度。

（三）支持协商其他涉及职工切身利益事项。鼓励企业和职工将复工后的工作方式、时间安排、带薪休假使用、劳动保护措施、女职工特殊权益保护等涉及职工切身利益问题作为协商内容。指导承担疫情防控保障任务的企业与职工就延长工作时间和休息时间安排等依法开展协商。

（四）侧重重点行业和特殊群体权益。要把受疫情影响较大的交通运输、旅游、餐饮住宿、娱乐文化、商贸会展等行业和订单严重减少的外向型企业作为推进协商的重点领域，全面摸排掌握其生产经营情况，对生产经营较为困难、用工规模较大、劳动关系矛盾较多的企业应视情况派出联合工作组，为双方开展集体协商提供具有针对性的指导服务。开展集体协商中要重点关注劳务派遣工、农民工、试用期职工以及湖北地区职工等重点群体的权益维护。推动平台企业与平台就业劳动者就劳动报酬、工作时间、劳动保护等开展协商，切实维护好平台就业劳动者基本权益。

三、鼓励创新完善协商方式

疫情防控期间要采取适当方式，在确保程序规范的前提下因地制宜开展集体协商。要指导企业和职工充分借助现代信息通信技术，通过线上线下相结合的方式进行要约、应约、沟通和协商。协商一致的意见可形成会议纪要或文件，通过电子邮件、内部 OA、微信群组等形式，发送给职工群众听取意见建议，履行民主程序后向全体职工公示。

四、积极做好落实工作

（一）广泛宣传引导。各级协调劳动关系三方成员要充分发挥各自职能，利用多种平台和渠道，准确解读、宣传国家和地方在疫情防控和复工复产中出台的相关政策，引导企业（行业）结合当前形势和自身实际开展集体协商。

（二）加强指导服务。各级人力资源社会保障部门要加强组织协调，及时研究解决涉疫情劳动关系重点问题，及时发布企业人工成本、薪酬调查、工资指导线、最低工资标准等信息，并尽可能为企业集体合同报送提供便利。各级地方工会要加强对企业工会代表职工与企业开展集体协商工作的指导服务。各级工会要团结动员广大职工与企业共渡难关，引导职工依法理性表达诉求，推进工会组织向新兴领域新兴群体延伸。各级企联和工商联组织要引导企业和企业家积极承担社会责任，主动要约，畅通职工反映诉求渠道，关心关爱职工，着力保障困难职工的基本生活。

（三）强化形势分析。各级协调劳动三方要加强信息沟通和共享，定期开展会商研判，深入分析劳动关系形势，共同研究解决劳动关系领域存在的突出矛盾和问题，坚决防范出现区域性、系统性劳动关系风险。

（四）注重示范引领。各级协调劳动关系三方要认真培育、宣传推广企业通过集体协商与职工共渡难关的典型事例和先进经验，引导企业和职工正确看待当前遇到的困难和问题，增强发展信心。

（五）夯实工作基础。各级协调劳动关系三方要立足当前、着眼长远，将做好疫情期间集体协商工作作为落实“稳就业促发展构和谐”行动计划的重要内容，强化制度机制建设，加强工作指导，研究解决推进集体协商工作中遇到的各种问题，着力推进专职集体协商指导员等人才队伍建设，创新工作方式方法，努力发挥集体协商协调劳动关系的重要作用。各地要联合开展调研指导，掌握相关情况，及时上报落实“稳就业促发展构和谐”行动计划工作进展情况、经验和问题。

2020 年 5 月 19 日

国家煤矿安全监察局
人力资源社会保障部
国家能源局　全国总工会
关于进一步规范煤矿劳动用工
促进煤矿安全生产的指导意见

煤安监行管〔2020〕38号

各产煤省、自治区、直辖市及新疆生产建设兵团煤矿安全监管部门、煤炭行业管理部门、人力资源社会保障厅（局）、总工会，各省级煤矿安全监察局，有关中央企业：

煤矿劳动用工事关安全生产，事关煤矿从业人员合法权益。党的十八大以来，通过各方面共同努力，规范煤矿劳动用工管理、保护煤矿从业人员权益和提高煤矿从业人员素质等工作取得了显著成效，但违规采用劳务派遣用工、被派遣劳动者缺乏必要的安全教育培训、井下作业人员单班工作时间过长等问题仍较为突出，与新时代煤矿职工对美好生活的向往仍有较大差距。为进一步规范煤矿劳动用工，提高煤矿从业人员素质，提升煤矿安全保障能力，促进煤矿安全生产，提出如下意见：

一、规范劳务派遣用工

（一）逐步取消井下劳务派遣用工。煤矿井下工作岗位是煤矿企业主营业务岗位，不得采取劳务派遣用工。各地区要摸清本辖区煤矿企业劳务派遣用工情况底数，制订详细计划，按照保安全、稳就业相关要求，在不影响煤矿安全生产和社会稳定的前提下，采取以转为劳动合同制用工为主的方式，有序将劳务派遣用工转为直接用工或实施转岗，推动煤矿企业在2021年底前逐步取消井下劳务派遣用工。

(二）严格控制非主营业务岗位劳务派遣用工。煤矿企业要按照《劳动合同法》中劳务派遣只能在临时性、辅助性或者替代性的工作岗位上实施的规定，严格控制非主营业务岗位劳务派遣用工数量和用工比例，到2021年底前，将比例控制在从业人员总数10%以内，并且要将被派遣劳动者纳入统一管理和培训。

二、规范从业人员工作时间

(三）规范井下作业人员工作时间。煤矿井下作业人员工作时间过长，得不到合理休息，是事故发生的重要原因之一。各地区要推动煤矿企业通过提高矿井机械化、自动化、信息化和智能化水平，大力研发应用煤矿机器人，推行“一优三减”，鼓励有条件的煤矿积极推行“四六”工作制等缩短单班井下作业时间，降低劳动强度、强化劳动保护、改善作业环境。煤矿企业应依法制定从业人员工作时间管理制度，严格遵守国家关于劳动者工作时间、延长工作时间的相关规定，其中，井下作业人员每日工作时间（包含从井口到作业地点往返时间等）不超过8小时，每周工作时间不超过40小时。确因生产经营需要，经与工会和从业人员协商后可以延长工作时间，一般每日不得超过1小时；因特殊原因需要延长工作时间的，在保障从业人员身体健康的条件下延长工作时间每日不得超过3小时，但是每月不得超过36小时。煤矿企业安排井下作业人员延长工作时间的，应依法安排补休或支付加班工资。

(四）鼓励逐步取消夜班作业。各地区应鼓励有条件的煤矿企业通过优化采掘设计、改进劳动组织、升级装备技术等措施，减少夜班作业，逐步实现取消非智能化采掘工作面的夜班作业。对于夜班取消采煤、掘进作业的煤矿，按有关规定优先给予职业培训和技能鉴定补贴支持。

三、提高从业人员工资待遇

（五）引导逐步提高工资水平。各地区应积极引导煤矿企业逐步提高从业人员工资水平，实现工资待遇与劳动强度、岗位贡献相匹配，促进工资水平与劳动力市场基本适应，与地区经济发展、企业经济效益和劳动生产率相协调。加大工资收入向技能型人才、井下一线和艰苦岗位人群倾斜力度，以较为优厚的工资待遇吸引青年到井下一线工作。依法依规保障停工停产、脱产培训等期间从业人员相关待遇。

四、提升从业人员素质

（六）强化人员岗位匹配。各地区应做到煤矿从业人员素质与工作岗位要求相匹配，推动煤矿企业把好人员准入关，矿长、副矿长、总工程师、副总工程师等安全管理人员、专业技术人员和井下作业人员、群众安全监督人员等应具备相应的学历要求、专业素质和工作能力，具备岗位所需的基本技能。要加强岗前和在岗安全培训、技能培训等。

（七）逐步实现“入企即入校”。各地区要结合高危行业领域安全技能提升行动计划实施，推动煤矿企业加强校企联合，大力推进订单培养、委托培养、联合办学、定向专业培养等，对招用的煤矿从业人员开展培训，到2021年底前基本实现“入企即入校”，变招工为招生。

各省级煤矿安全监管部门要依据本指导意见，会同省级煤炭行业管理部门、人力资源社会保障厅（局）、总工会和煤矿安全监察机构等部门研究制定本地区规范煤矿劳动用工的具体实施方案，指导督促辖区煤矿企业结合实际，制订规范劳动用工的计划和措施。同时加强组织领导，强化宣传教育，严格监督检查和联合执法，鼓励和引导职工监督和社会监督，在妥善安置从业人员和维护队伍稳定的前提下，确保规范煤矿劳动用工各项要求落到实处。

2020年9月3日

人力资源社会保障部办公厅
关于做好共享用工指导和服务的通知

人社厅发〔2020〕98号

各省、自治区、直辖市及新疆生产建设兵团人力资源社会保障厅（局）：

企业之间开展共享用工，进行用工余缺调剂合作，对解决用工余缺矛盾、提升人力资源配置效率和稳就业发挥了积极作用。为加强对共享用工的指导和服务，促进共享用工有序开展，进一步发挥共享用工对稳就业的作用，现就有关事项通知如下：

一、支持企业间开展共享用工

各级人力资源社会保障部门要支持企业间开展共享用工，解决稳岗压力大、生产经营用工波动大的问题。重点关注生产经营暂时困难、稳岗意愿强的企业，以及因结构调整、转型升级长期停工停产企业，引导其与符合产业发展方向、短期内用人需求量大的企业开展共享用工。对通过共享用工稳定职工队伍的企业，阶段性减免社保费、稳岗返还等政策可按规定继续实施。

二、加强对共享用工的就业服务

各级人力资源社会保障部门要把企业间共享用工岗位供求信息纳入公共就业服务范围，及时了解企业缺工和劳动者富余信息，免费为有用工余缺的企业发布供求信息，按需组织专场对接活动。鼓励人力资源服务机构搭建共享用工信息对接平台，帮助有需求的企业精准、高效匹配人力资源。加强职业培训服务，对开展共享用工的劳动者需进行岗前培训、转岗培训的，可按规定纳入技能提升培训范围。对开展共享用工的企业和劳动者，免费提供劳动用工法律政策咨询服务，有效防范用工风险。

三、指导开展共享用工的企业及时签订合作协议

各级人力资源社会保障部门要指导开展共享用工的企业签订合作协议，明确双方的权利义务关系，防范开展共享用工中的矛盾风险。合作协议中可约定调剂劳动者的数量、时间、工作地点、工作内容、休息、劳动保护条件、劳动报酬标准和支付时间与方式、食宿安排、可以退回劳动者的情形、劳动者发生工伤后的责任划分和补偿办法以及交通等费用结算等。

四、指导企业充分尊重劳动者的意愿和知情权

各级人力资源社会保障部门要指导员工富余企业（原企业）在将劳动者安排到缺工企业工作前征求劳动者意见，与劳动者协商一致。共享用工期限不应超过劳动者与原企业订立的劳动合同剩余期限。要指导缺工企业如实告知劳动者工作内容、工作条件、工作地点、职业危害、安全生产状况、劳动报酬、企业规章制度以及劳动者需要了解的其他情况。企业不得将在本单位工作的被派遣劳动者以共享用工名义安排到其他单位工作。

五、指导企业依法变更劳动合同

原企业与劳动者协商一致，将劳动者安排到缺工企业工作，不改变原企业与劳动者之间的劳动关系。劳动者非由其用人单位安排而自行到其他单位工作的，不属于本通知所指共享用工情形。各级人力资源社会保障部门要指导原企业与劳动者协商变更劳动合同，明确劳动者新的工作地点、工作岗位、工作时间、休息休假、劳动报酬、劳动条件以及劳动者在缺工企业工作期间应遵守缺工企业依法制定的规章制度等。

六、维护好劳动者在共享用工期间的合法权益

各级人力资源社会保障部门要指导和督促缺工企业合理安排劳动者工作时间和工作任务，保障劳动者休息休假权利，提供符合国家规定的劳动安全卫生条件和必要的劳动防护用品，及时将劳动者的劳动报酬结算给原企业。要指导和督促原企业按时足额支付劳动者劳动报酬和为劳动者缴纳社会保险费，并不得克扣劳动者的劳动报酬和以任何名目从中收取费用。要指导和督促原企业跟踪了解劳动者在缺工企业的工作情况和有关诉求，及时帮助劳动者解决工作中的困难和问题。劳动者在缺工企业工作期间发生工伤事故的，按照《工伤保险条例》第四十三条第三款规定，由原企业承担工伤保险责任，补偿办法可与缺工企业约定。

七、保障企业用工和劳动者工作的自主权

劳动者在缺工企业工作期间，缺工企业未按照约定履行保护劳动者权益的义务的，劳动者可以回原企业，原企业不得拒绝。劳动者不适应缺工企业工作的，可以与原企业、缺工企业协商回原企业。劳动者严重违反缺工企业规章制度、不能胜任工作以及符合合作协议中约定的可以退回劳动者情形的，缺工企业可以将劳动者退回原企业。共享用工合作期满，劳动者应回原企业，原企业应及时予以接收安排。缺工企业需要、劳动者愿意继续在缺工企业工作且经原企业同意的，应当与原企业依法变更劳动合同，原企业与缺工企业续订合作协议。原企业不同意的，劳动者应回原企业或者依法与原企业解除劳动合同。劳动者不回原企业或者违法解除劳动合同给原企业造成损失的，应当依法承担赔偿责任。缺工企业招用尚未与原企业解除、终止劳动合同的劳动者，给原企业造成损失的，应当承担连带赔偿责任。

八、妥善处理劳动争议和查处违法行为

各级人力资源社会保障部门要指导开展共享用工的企业建立健全内部劳动纠纷协商解决机制，与劳动者依法自主协商化解劳动纠纷。加强对涉共享用工劳动争议的处理，加大调解力度，创新仲裁办案方式，做好调裁审衔接，及时处理因共享用工引发的劳动争议案件。要进一步畅通举报投诉渠道，加大劳动保障监察执法力度，及时查处共享用工中侵害劳动者合法权益的行为。对以共享用工名义违法开展劳务派遣和规避劳务派遣有关规定的，依法追究相应法律责任。

各级人力资源社会保障部门要按照本通知要求，结合当地实际，采取有效措施加强对企业开展共享用工的指导和服务，引导共享用工健康发展。

2020 年 9 月 30 日

人力资源社会保障部办公厅关于订立电子劳动合同有关问题的函

人社厅函〔2020〕33号

北京市人力资源和社会保障局：

你局《关于在疫情防控期间开展劳动合同管理电子化工作的请示》收悉。经研究，现答复如下：

用人单位与劳动者协商一致，可以采用电子形式订立书面劳动合同。采用电子形式订立劳动合同，应当使用符合电子签名法等法律法规规定的可视为书面形式的数据电文和可靠的电子签名。用人单位应保证电子劳动合同的生成、传递、储存等满足电子签名法等法律法规规定的要求，确保其完整、准确、不被篡改。符合劳动合同法规定和上述要求的电子劳动合同一经订立即具有法律效力，用人单位与劳动者应当按照电子劳动合同的约定，全面履行各自的义务。

2020年3月4日

人力资源社会保障部办公厅关于2020年国庆节、中秋节假期加班工资计算问题的复函

人社厅函〔2020〕135号

上海市人力资源和社会保障局：

你局《关于提请明确2020年国庆节、中秋节假期加班工资计算问题的函》（沪人社福〔2020〕1号）收悉。经研究，现函复如下：

《国务院办公厅关于2020年部分节假日安排的通知》（国办发明电〔2019〕16号）明确，2020年国庆节、中秋节10月1日至8日放假调休。其中，10月1日国庆节与中秋节重叠。

关于2020年10月1日至8日期间加班工资支付问题，10月1日至4日，用人单位安排劳动者加班的，应按不低于工资的300%支付加班工资报酬。10月5日至8日，用人单位安排劳动者加班的，应先安排补休；不能安排补休的，应按不低于工资的200%支付加班工资报酬。在10月1日至8日期间，用人单位未安排劳动者工作的，按原有工资计发方式处理。

2020年9月18日

人力资源社会保障部办公厅关于妥善处理新型冠状病毒感染的肺炎疫情防控期间劳动关系问题的通知

人社厅明电〔2020〕5号

各省、自治区、直辖市及新疆生产建设兵团人力资源社会保障厅(局)：

为做好新型冠状病毒感染的肺炎疫情防控工作，妥善处理好疫情防控期间劳动关系问题，维护职工合法权益，保障企业正常生产经营秩序，促进劳动关系和谐稳定，现就有关问题通知如下：

一、对新型冠状病毒感染的肺炎患者、疑似病人、密切接触者在其隔离治疗期间或医学观察期间以及因政府实施隔离措施或采取其他紧急措施导致不能提供正常劳动的企业职工，企业应当支付职工在此期间的工作报酬，并不得依据《劳动合同法》第四十条、四十一条与职工解除劳动合同。在此期间，劳动合同到期的，分别顺延至职工医疗期期满、医学观察期期满、隔离期期满或者政府采取的紧急措施结束。

二、企业因受疫情影响导致生产经营困难的，可以通过与职工协商一致采取调整薪酬、轮岗轮休、缩短工时等方式稳定工作岗位，尽量不裁员或者少裁员。符合条件的企业，可按规定享受稳岗补贴。企业停工停产在一个工资支付周期内的，企业应按劳动合同规定的标准支付职工工资。超过一个工资支付周期的，若职工提供了正常劳动，企业支付给职工的工资不得低于当地最低工资标准。职工没有提供正常劳动的，企业应当发放生活费，生活费标准按各省、自治区、直辖市规定的办法执行。

三、因受疫情影响造成当事人不能在法定仲裁时效期间申请劳动人事争议仲裁的，仲裁时效中止。从中止时效的原因消除之日起，仲裁时效期间继续计算。因受疫情影响导致劳动人事争议仲裁机构难以按法定时限审理案件的，可相应顺延审理期限。

四、各地人力资源社会保障部门要加强对受疫情影响企业的劳动用工指导和服务，加大劳动保障监察执法力度，切实保障职工合法权益。

2020 年 1 月 24 日

关于妥善做好新冠肺炎疫情期间中国籍国际航行船舶在船船员换班安排的公告

（交通运输部　人力资源和社会保障部公告第16号）

为支持新冠肺炎疫情防控期间航运公司正常运营，妥善解决中国籍国际航行船舶的在船船员换班困难问题，保护船员劳动权益，依据我国法律法规相关规定，现就新冠肺炎疫情期间中国籍国际航行船舶在船船员换班安排有关事宜公告如下：

一、航运公司应及时掌握新冠肺炎疫情期间船舶到达港口的疫情防控措施，制订船员换班和船舶航行计划，及时安排船员劳动合同或上船协议到期的在船船员换班。

二、对于船员劳动合同或上船协议到期且船舶到达港口因疫情禁止船员换班的，航运公司可采取以下措施：

（一）在经船员书面同意后，可延续船员劳动合同或上船协议的期限，签订补充合同或协议，船员在船前后连续服务期限不超过12个月；

（二）合同或协议延期后一个月内，航运公司应当向船籍港海事管理机构报备。

三、对于在船连续服务达到12个月的船员，航运公司应当立即安排船员换班，确因相关港口疫情防控措施不能安排船员换班的，应当立即安排船员在船休息，若涉及船舶配员减员的应符合《船舶最低安全配员证书》的要求，符合相关规定的，航运公司可向海事管理机构申请配员减员或特免证明。

特此公告。

2020 年 3 月 12 日

劳动人事争议调解仲裁

人力资源社会保障部　司法部　财政部关于进一步加强劳动人事争议调解仲裁法律援助工作的意见

人社部发〔2020〕52号

各省、自治区、直辖市及新疆生产建设兵团人力资源社会保障厅（局）、司法厅（局）、财政厅（局）：

加强劳动人事争议调解仲裁法律援助工作（以下简称调解仲裁法律援助工作），保障符合条件的劳动者特别是贫困农民工及时获得法律援助服务，对于维护劳动者合法权益、确保法律正确实施、促进社会公平正义具有重要意义。近年来，一些地方主动采取措施加强调解仲裁法律援助工作，取得了良好效果。但与人民群众日益增长的法律援助需求相比，调解仲裁法律援助工作还存在协作机制有待健全、保障机制不够完善等问题。为认真落实中央关于全面推进依法治国的重大战略部署，统筹推进疫情防控与经济社会发展，加快处理各类涉疫情劳动人事争议，进一步满足人民群众特别是贫困劳动者对调解仲裁法律援助工作的需要，根据中央关于完善法律援助制度的有关精神和《法律援助条例》相关规定，现就进一步加强调解仲裁法律援助工作提出如下意见。

一、建立健全调解仲裁法律援助协作机制。人力资源社会保障行政部门、劳动人事争议仲裁院（以下简称仲裁院）和司法行政机关、法律援助机构要建立完善调解仲裁法律援助协作工作机制，切实加强调解仲裁法律援助工作。人力资源社会保障行政部门和仲裁院要充分发挥处理劳动人事争议的专业优势，司法行政机关和法律援助机构要加强法律援助业务指导，提升规范化服务水平。仲裁院可以引导当事人通过拨打“12348”公共法律服务热线或登录法律服务网等方式进行法律咨询，帮助符合法律援助条件的农民工和困难职工申请法律援助；法律援助机构要在仲裁院公示法律援助机构办公地址、法律援助申请材料和工作流程等信息。有条件的地方，司法行政机关可以根据工作需要在当地仲裁院设立法律援助工作站，或在当地公共法律服务中心设立调解仲裁法律援助窗口。人力资源社会保障部门要为设立在当地仲裁院的法律援助工作站提供工作场所，配备办公设备、服务设施等。财政部门要完善调解仲裁法律援助经费保障机制，省级财政要提供经费支持，市、县级财政要将法律援助经费纳入同级财政预算，根据地方财力和办案量合理安排经费，适当提高法律援助补贴标准并及时支付。

二、扩大调解仲裁法律援助范围。在法律援助对象上，司法行政机关要综合考虑当地法律援助资源供给状况、困难群众法律援助需求等因素，推动法律援助逐步覆盖低收入劳动者，重点做好农民工、工伤职工和孕期、产期、哺乳期（以下简称“三期”）女职工的调解仲裁法律援助工作。在法律援助事项上，司法行政机关要在《法律援助条例》规定的请求支付劳动报酬、给予社会保险待遇等事项基础上，推动有条件的地方将经济补偿、赔偿金等涉及劳动保障事项纳入法律援助补充事项范围。在仲裁院设立法律援助工作站的，工作站可以配合仲裁院开展法律知识宣讲、以案释法等活动，引导劳动者依法维权。

三、规范调解仲裁法律援助程序。加强调解仲裁法律援助工作标准化规范化建设，建立健全调解仲裁法律援助工作机制。在仲裁院设立法律援助工作站的，对来访咨询，工作站接待人员应当登记受援人基本信息和联系方式，全面了解案件事实和受援人法律诉求，对咨询事项符合法律援助条件的，应当告知其申请法律援助的条件和程序，指导其申请法律援助；对咨询事项不属于法律援助的，应当为受援人提出法律建议；对咨询事项不属于法律问题或者与法律援助无关的，告知受援人应咨询的部门或渠道。

四、健全便民服务机制。简化审查程序，对建档立卡贫困劳动者和申请支付劳动报酬、工伤赔偿的农民工，免予经济困难审查。开辟法律援助“绿色通道”，对农民工、工伤职工、“三期”女职工等重点服务对象申请法律援助的，加快办理进度，有条件的当日受理、当日转交。对情况紧急的集体劳动争议案件，可以先行提供法律援助，事后补交申请材料、补办相关手续。

五、加强组织领导。各地要将开展调解仲裁法律援助工作作为完善劳动人事争议多元处理机制的重要工作来抓，将其纳入当地为民办实事清单。人力资源社会保障部门与司法行政部门要加强沟通协调和工作对接，形成工作合力。要建立健全联席会议、工作信息通报机制，定期交流工作情况，总结推广经验做法，共同研究解决工作中遇到的问题。要加强监督管理，对调解仲裁法律援助工作站履行职责、服务质量、工作绩效、规范化建设等加强指导监管。鼓励和支持社会力量通过多种方式依法有序参与调解仲裁法律援助工作。

2020 年 6 月 22 日

劳动保障监察

中国银保监会　人力资源社会保障部关于人力资源社会保障行政部门查询相关单位银行账户有关问题的通知

银保监发〔2020〕23号

各银保监局，各省、自治区、直辖市及新疆生产建设兵团人力资源社会保障厅（局），各政策性银行、大型银行、股份制银行，外资银行：

为依法查处拖欠农民工工资违法行为，切实维护农民工工资报酬权益，根据《保障农民工工资支付条例》（国务院令第724号）相关规定，人力资源社会保障行政部门在查处拖欠农民工工资案件时，有权依法向有关银行业金融机构查询相关单位银行账户，现就有关事项通知如下：

一、人力资源社会保障行政部门依法查询相关单位银行账户，并取得证明材料，有关银行业金融机构应当予以协助。

被查询的银行账户包括相关单位在商业银行、政策性银行、农村信用合作社、农村合作银行等银行业金融机构开立的各类账户。查询内容包括相关单位开户销户信息、账户余额、资金往来及日期、委托银行发放工资明细等。

二、人力资源社会保障行政部门开展查询工作，应当严格履行审批程序，经设区的市级以上人力资源社会保障行政部门负责人批准，依法开展查询工作。

三、人力资源社会保障行政部门需要查询异地相关单位银行账户时，可赴异地依法直接查询，也可委托相关地人力资源社会保障行政部门查询。受委托的人力资源社会保障行政部门执行查询任务时，应向有关银行业金融机构出具委托函。

四、人力资源社会保障行政部门依法执行查询任务时，可向各银行业金融机构的分行、支行、营业部等提出查询要求，开展查询工作不得少于两名劳动保障监察员，并应当出示劳动保障监察证件和《查询单位银行账户通知书》（见附件1），银行业金融机构应当积极配合。

五、银行业金融机构应当协助人力资源社会保障行政部门做好查询工作。可及时反馈的，应于收到《查询单位银行账户通知书》当日完成查询并反馈；需要进一步查阅相关档案资料的，原则上应于五个工作日内完成查询并反馈。对于因技术条件、不可抗力等客观原因，银行业金融机构无法在规定时限内反馈的，应当向人力资源社会保障行政部门说明原因，并采取措施尽快完成查询反馈。银行业金融机构应填写《查询单位银行账户回执》（见附件2），如实提供查询结果和相关资料并加盖印章，不得拖延、推诿或者隐匿。

六、人力资源社会保障行政部门不能提供被查询单位准确账户名称或账号的，银行业金融机构应当根据人力资源社会保障行政部门提供的信息协助查询，确实无法查询到单位银行账户信息的，应及时回复并说明情况。

七、银行业金融机构及其有关工作人员对人力资源社会保障行政部门查询内容和相关情况应当保密，不得告知被查询单位。人力资源社会保障行政部门及其执行查询任务人员对银行业金融机构提供的信息资料负有保密义务。

八、人力资源社会保障行政部门或相关工作人员违反本通知相关规定进行查询的，由相关部门依法追究有关人员责任。银行业金融机构未依法协助开展查询的，由人力资源社会保障行政部门将有关情况移送银行业监督管理机构。银行业监督管理机构按照《保障农民工工资支付条例》第五十八条规定依法处理，并将处理情况反馈人力资源社会保障行政部门。

九、各银保监局、各地人力资源社会保障行政部门要认真执行本通知有关规定，加强沟通配合，结合本地实际进一步完善查询工作机制，确保查询工作依法顺利开展。对查询工作中遇到的问题，请及时向银保监会法规部、人力资源社会保障部劳动保障监察局报告。

附件：1. 查询单位银行账户通知书

2. 查询单位银行账户回执

2020 年 5 月 27 日

附件 1

查询单位银行账户通知书

____人社监查〔　〕　号

________________________________：

根据《保障农民工工资支付条例》（国务院令第 724 号）第四十条规定，我单位在查处________________________________拖欠农民工工资案件中，经批准，需向你行查询下列单位银行账户信息，请予协助，并及时反馈查询结果。

被查询单位信息：

1. 单位名称：________________________________

2. 银行账号：________________________________

3. 统一社会信用代码：________________________

4. 查询内容：________________________________

劳动保障监察员：1. ______________ 2. ______________

联系方式：______________

（人力资源社会保障行政部门盖章）

年　月　日

第一联由劳动保障监察机构留存

查询单位银行账户通知书

____人社监查〔 〕号

________________：

根据《保障农民工工资支付条例》（国务院令第724号）第四十条规定，我单位在查处________________拖欠农民工工资案件中，经批准，需向你行查询下列单位银行账户信息，请予协助，并及时反馈查询结果。

被查询单位信息：

1. 单位名称：________________
2. 银行账号：________________
3. 统一社会信用代码：________________
4. 查询内容：________________

劳动保障监察员：1. ________ 2. ________

联系方式：________

（人力资源社会保障行政部门盖章）

年 月 日

第二联由银行业金融机构留存

附件 2

查询单位银行账户回执

____________________人力资源社会保障厅（局）：

你单位发来的《查询单位银行账户通知书》（____人社监查〔 〕 号）收悉。按照要求，我单位依法查询______________账户情况，现将查询结果提供如下：

____

____

____

____

____

____

相关资料（共____份____页）附后。上述信息以及相关资料真实、合法、有效。

银行业金融机构联系人：　　　　　　联系方式：

（银行业金融机构盖章）

年　月　日

人力资源社会保障部　公安部 关于查询拖欠农民工工资案件 相关当事人车辆登记情况的通知

人社部发〔2020〕44号

各省、自治区、直辖市及新疆生产建设兵团人力资源社会保障厅（局）、公安厅（局）：

《保障农民工工资支付条例》（以下简称《条例》）第40条规定："人力资源社会保障行政部门在查处拖欠农民工工资案件时，需要依法查询相关单位金融账户和相关当事人拥有房产、车辆等情况的，应当经设区的市级以上地方人民政府人力资源社会保障行政部门负责人批准，有关金融机构和登记部门应当予以配合。"为贯彻落实《条例》规定，及时查处拖欠农民工工资案件，维护农民工工资报酬权益，现就有关事项通知如下：

一、人力资源社会保障行政部门劳动保障监察机构在查处拖欠农民工工资案件时，有权依法向公安机关交通管理部门查询相关当事人车辆登记情况并取得证明资料，公安机关交通管理部门应当予以配合。

查询相关当事人车辆登记情况内容指当事人在公安机关交通管理部门办理的机动车相关登记情况。

二、人力资源社会保障行政部门劳动保障监察机构开展查询工作时，应严格履行审批程序，由设区的市级以上人力资源社会保障行政部门负责人批准。

三、人力资源社会保障行政部门劳动保障监察机构可向公安机关交通管理部门查询相关当事人在本地登记的机动车信息。需要查询相关当事人异地车辆登记情况的，可以直接向车辆登记地公安机关交通管理部门查询，也可以委托异地人力资源社会保障行政部门劳动保障监察机构开展相关查询工作。

四、人力资源社会保障行政部门劳动保障监察员开展相关查询工作，不得少于2人，并应向公安机关交通管理部门出示劳动保障监察证件，出具《查询车辆登记情况通知书》。

到直辖市公安机关交通管理部门查询的，《查询车辆登记情况通知书》由省级人力资源社会保障行政部门盖章；到设区的市或者相当于同级的公安机关交通管理部门查询的，《查询车辆登记情况通知书》由地市级人力资源社会保障行政部门盖章。

五、公安机关交通管理部门在配合查询工作中，应如实提供相关信息，填写《查询车辆登记情况回函》，并在回函相应位置加盖单位公章；无法当天或现场查询完毕的，应当于收到《查询车辆登记情况通知书》之日起3个工作日内，反馈《查询车辆登记情况回函》。无被查询当事人车辆信息的，公安机关交通管理部门应当在《查询车辆登记情况回函》中注明并反馈。

六、人力资源社会保障行政部门劳动保障监察机构及其工作人员对公安机关交通管理部门提供的信息负有保密义务。公安机关交通管理部门及其工作人员不得将查询工作情况和查询内容等告知被查询当事人或者第三方。

七、人力资源社会保障行政部门劳动保障监察机构、公安机关交通管理部门的工作人员未按《条例》和本通知规定开展查询或配合查询工作的，按相关规定追究有关人员责任。

各地人力资源社会保障行政部门劳动保障监察机构、公安机关交通管理部门要认真执行通知要求，加强沟通配合，结合实际进一步完善查询工作流程和机制，确保查询工作依法顺利开展。有条件的地区要积极通过信息化手段按照有关规定建立部门间查询共享机制。对查询工作中遇到的问题，请及时报告人力资源社会保障部劳动保障监察局、公安部交通管理局。

附件：1. 查询车辆登记情况通知书

2. 查询车辆登记情况回函

2020 年 6 月 5 日

附件 1

查询车辆登记情况通知书

____人社监查〔　〕　号

____________________：

根据《保障农民工工资支付条例》第 40 条规定，在查处__________________拖欠农民工工资案件过程中，需向你单位查询下列当事人车辆登记情况。请予配合，并提供有关资料。

1. 被查询当事人名称/姓名：____

2. 统一社会信用代码/身份证件号码：____

3. 配合查询当事人未报废注销车辆信息内容（打“√”项）：

号牌号码□　号牌种类□　车辆品牌□　车辆类型□

监察员：1. ________ 2. ________联系方式：________

（人力资源社会保障行政部门盖章）

年　月　日

附件 2

查询车辆登记情况回函

函〔 〕 号

____________________：

你单位发来《查询车辆登记情况通知书》（____人社监查〔 〕 号）收悉。按照要求，我单位依法查询____________车辆登记情况。现将查询结果提供你单位（附后）。

（公安机关交通管理部门查询单位盖章）

年 月 日

市场监管总局等 16 部门关于印发《市场监管领域部门联合抽查事项清单（第一版）》的通知

国市监信〔2020〕111 号

各省、自治区、直辖市及新疆生产建设兵团市场监管局（厅、委）、发展改革委、教育厅（局、委）、公安厅（局）、人力资源社会保障厅（局）、生态环境厅（局）、住房城乡建设厅（委）、交通运输厅（局、委）、农业农村厅（局、委）、商务厅（局、委）、文化和旅游厅（局）、卫生健康委、应急管理厅（局）、税务局、统计局，海关总署广东分署、各直属海关：

在市场监管领域全面推行部门联合“双随机、一公开”监管，是党中央、国务院作出的重大决策部署，是“放管服”改革的重要组成部分。为进一步转变监管理念、创新监管方式，加强事中事后监管，切实减轻企业负担、助力复工复产、优化营商环境，按照《国务院关于在市场监管领域全面推行部门联合“双随机、一公开”监管的意见》（国发〔2019〕5 号）（以下简称《意见》）要求，市场监管总局等 16 部门研究制定了《市场监管领域部门联合抽查事项清单（第一版）》（以下简称《清单》），现印发给你们，请结合实际做好相关工作。

一、《清单》主要内容

《清单》在汇总市场监管领域 16 个主要部门抽查事项清单的基础上，立足将“双随机、一公开”监管作为市场监管基本手段的定位，按照检查领域、检查对象一致的原则，充分考虑部门联合抽查实施中的具体情况，选取对企业检查频次高、干扰大且适合合并检查的事项，经各相关部门共同研究确定。《清单》共有35个抽查领域、74个抽查事项，每个抽查事项均明确了检查对象、发起部门和配合部门，便于联合检查的实施。其中，配合部门为“市场监管领域相关部门”的抽查事项，可以结合本地实际确定配合部门。

《清单》将根据法律法规修订和各地区、各部门实施情况适时调整。

二、联合抽查的实施方式

（一）制定本地区联合抽查事项清单。

各部门要按照《意见》要求，参考《清单》内容，结合本地区机构设置、职能分工、突出风险等情况，共同研究制定符合本地区实际的部门联合抽查事项清单。市场监管部门要发挥牵头作用，加强统筹协调。鼓励将更多部门纳入联合抽查范围，并适当调整抽查事项及发起部门、配合部门。要结合实际确定参与部门范围，切忌贪大求全。

（二）科学制订部门联合抽查年度工作计划。

县级以上人民政府各相关部门要积极参与部门联合“双随机、一公开”监管。各抽查事项的发起部门要按照省级联合抽查事项清单，主动协调配合部门，共同确定抽查工作安排，并报当地人民政府汇总统筹后，制订本地区部门联合抽查年度工作计划。联合抽查年度工作计划应符合本地监管实际，通过联合抽查提高监管效率，不要盲目追求参与部门多、事项“全覆盖”，不搞“应景式”监管。

（三）统筹组织临时联合抽查。

对于本地区重点领域突发风险和情况，上级部门交办的工作，未列入联合抽查年度工作计划的，可以由发起部门组织临时性联合抽查。需要开展的专项整治，涉及本地区部门联合抽查事项清单的，原则上要通过部门联合抽查的形式进行，切实减少涉企检查数量。

（四）做好联合抽查实施工作。

发起部门要会同配合部门制定检查方案，明确检查内容、检查时间、检查方式等。检查工作应当符合各部门行政执法程序规定。需要企业提供的证照、财务资料等，要一次告知检查对象，提前准备。

发起部门根据实际情况设定抽取比例，通过双随机抽查工作平台抽取检查对象，并与配合部门分别抽取各自的执法检查人员。要结合实际、因地制宜匹配各部门执法检查人员，分配检查任务，提高检查效率。各部门要提前做好数据共享、资料互通工作，确保抽查检查顺利进行。

（五）实现抽查检查结果统一公示。

联合抽查结束后，发起部门和参与部门要按照“谁检查、谁录入、谁公开”的原则，分别将所查事项的抽查检查结果通过国家企业信用信息公示系统和全国信用信息共享平台、“信用中国”网站等进行公示。其中，涉企信息统一归集至国家企业信用信息公示系统并记于企业名下。

三、有关要求

（一）推动部门联合抽查常态化。

县级以上人民政府各相关部门要切实按照《意见》要求，在市场监管领域全面推行部门联合“双随机、一公开”监管，减少对企业多头多层重复检查，减轻企业负担。2020年年底前，要逐步实现部门联合“双随机、一公开”监管常态化，使部门联合抽查成为各地区部门间协同监管的主要方式。

（二）强化工作保障。

县级以上人民政府各相关部门要在地方党委、政府统一领导下，统筹配置、合理使用执法资源，保障部门联合“双随机、一公开”监管经费，提高装备水平，确保有效监管。要利用多种方式，加大部门联合抽查的宣传力度，提升企业知晓度，扩大“双随机、一公开”监管的社会影响力。

附件：市场监管领域部门联合抽查事项清单（第一版）

2020年6月29日

附件

市场监管领域部门联合抽查事项清单（第一版）

序号	抽查领域	抽查事项	检查对象	发起部门	配合部门
1	工程咨询单位抽查	工程咨询单位备案信息一致性及其他情况抽查	工程咨询单位	发展改革部门	市场监管领域相关部门
		工程造价咨询企业抽查		住房城乡建设主管部门	
2	学校办学情况抽查	中小学教育装备产品（含文体教育用品、教学仪器、校服等）检查	各类学校	教育部门	市场监管领域相关部门
		学校招生、办学情况的检查		教育部门	
		学校食堂食品安全情况的检查		市场监管部门	

续表

序号	抽查领域	抽查事项	检查对象	发起部门	配合部门
3	影剧院、录像厅（室）、游艺厅（室）、舞厅、音乐厅经营卫生情况抽查	影剧院、录像厅（室）、游艺厅（室）、舞厅、音乐厅取得、公示相关许可证及其他情况的检查	各类影剧院、录像厅（室）、游艺厅（室）、舞厅、音乐厅	文化和旅游、卫生健康部门	市场监管领域相关部门
		影剧院、录像厅（室）、游艺厅（室）、舞厅、音乐厅卫生状况及卫生制度的检查		卫生健康部门	
4	宾馆、旅店监督抽查	宾馆、旅店取得许可证情况的检查	各类宾馆、旅店	公安、卫生健康部门	市场监管领域相关部门
		宾馆、旅店卫生情况的检查		卫生健康部门	
		宾馆、旅店消防情况的检查		消防救援机构	
		宾馆、旅店治安安全情况的检查		公安部门	
5	企业年度报告抽查	年度报告公示信息的检查	各类企业年报信息	市场监管、人力资源社会保障、商务部门	

续表

序号	抽查领域	抽查事项	检查对象	发起部门	配合部门
6	涉消耗臭氧层物质（ODS）的生产、使用、销售、维修、回收、销毁及原料用途等企业和单位的监管	消耗臭氧层物质含氢氯氟烃（HCFCs）年度生产配额、使用配额（100吨及以上）和使用备案（100吨以下）情况的检查	HCFCs的生产企业和使用企业	生态环境部门	市场监管领域相关部门
		对销售ODS企业和单位备案情况的检查	销售ODS企业和单位		
		对含ODS的制冷设备、制冷系统或者灭火系统的维修、报废处理，ODS回收、再生利用或者销毁等经营活动的单位备案情况的检查	含ODS的制冷设备、制冷系统或者灭火系统的维修、报废处理，ODS回收、再生利用或者销毁等经营活动的单位		
		副产四氯化碳（CTC）的甲烷氯化物企业合法销售和处置CTC情况的检查	副产四氯化碳（CTC）的甲烷氯化物企业		
		使用ODS作为化工原料用途的企业的ODS采购和使用情况的检查	使用ODS作为化工原料用途的企业		

续表

序号	抽查领域	抽查事项	检查对象	发起部门	配合部门
7	生态环境监测机构监督检查	生态环境监测机构开展监测情况的检查	生态环境监测机构	生态环境、市场监管部门	
8	车用油品质量监管	重点区域（包括京津冀“2+26”城市及秦皇岛、张家口、承德共31个城市）车用油品质量抽查监测	车用油品生产、销售、运输、储存企业		商务、交通运输、公安部门
9	机动车销售企业监管	机动车环保信息公开检查	机动车销售企业	生态环境部门	商务部门
		机动车获得强制性产品认证情况检查		市场监管部门	
10	机动车排放检验机构检测情况抽查	机动车排放检验情况和设备使用情况检查	机动车排放检验单位	市场监管部门	生态环境部门
11	民用枪支经营使用单位抽查	民用枪支制造企业经营情况的检查	民用枪支经营使用单位	公安部门	市场监管领域相关部门
		民用枪支配售企业经营情况的检查			
		民用枪支配置使用单位使用枪支情况的检查			

续表

序号	抽查领域	抽查事项	检查对象	发起部门	配合部门
12	保安行业相关单位抽查	保安从业单位及其保安服务活动情况的检查	保安行业相关单位	公安部门	市场监管领域相关部门
		保安培训单位及其培训活动情况的检查			
13	爆破作业单位抽查	民用爆破物仓储情况的检查	爆破作业单位	公安部门	市场监管领域相关部门
		爆破作业单位有关制度情况的检查			
		爆破作业单位作业情况的检查			
14	交通运输行业监管	道路危险货物运输企业检查	道路危险货物运输企业	交通运输部门	应急管理、市场监管、税务部门
		道路运输新业态企业检查	道路运输新业态经营企业		
		道路运输车辆达标管理情况检查	道路运输车辆达标管理相关机构		市场监管领域相关部门
		交通运输产品质量监督检查	交通运输产品生产企业、经销企业和工程建设单位		

续表

序号	抽查领域	抽查事项	检查对象	发起部门	配合部门
15	农业生产资料监管	农药监督检查	农药生产者、经营者，农药登记试验单位	农业农村部门	市场监管部门
		肥料监督检查	肥料生产经营者		
		通过农业机械推广鉴定的产品及证书监督检查	农业机械生产经营企业		
		种子监督检查	种子生产经营者		
		兽药监督检查	饲料和饲料添加剂生产企业和经营企业		
		饲料、饲料添加剂监督抽查	兽药生产经营企业，兽药使用单位		
16	农业转基因生物安全检查	农业转基因生物安全监督检查	在我国境内从事农业转基因生物研究、试验、生产、加工、经营和进口、出口活动的单位和个人	农业农村部门	市场监管部门

续表

序号	抽查领域	抽查事项	检查对象	发起部门	配合部门
17	牲畜、水生野生动物养殖加工情况的检查	种畜禽质量监督检查	从事种畜禽生产经营的单位	农业农村部门	市场监管部门
		水生野生动物及其制品利用活动的监督检查	利用水生野生动物及其制品的事业单位、企业、社会组织		
18	消防安全检查	使用领域消防产品质量监督检查	使用领域消防产品	消防救援机构	市场监管部门
19	工业企业安全生产情况的检查	工业企业取得安全生产许可证情况的检查	各类工业企业	应急管理部门	市场监管领域相关部门
		工业企业安全生产有关制度设置、落实等情况的检查			
20	经营性互联网文化单位的检查	经营性互联网文化单位经营情况的检查	经营性互联网文化单位	文化和旅游部门	公安部门、税务部门
21	营业性演出经营活动从业单位的检查	营业性演出经营活动从业单位取得许可证情况的检查	营业性演出从业单位	文化和旅游部门	市场监管领域相关部门
		营业性演出经营活动从业单位经营情况的检查			

续表

序号	抽查领域	抽查事项	检查对象	发起部门	配合部门
22	艺术品经营单位的检查	艺术品经营单位从事艺术品经营活动的检查	艺术品经营单位	文化和旅游部门	市场监管领域相关部门
		艺术品经营单位备案情况的检查			
23	旅行社行业监管	旅行社取得许可证情况的检查	旅行社	文化和旅游部门	市场监管领域相关部门
		旅行社经营情况的检查			
24	通过网络经营旅行社业务抽查	通过网络经营旅行社业务抽查	通过网络经营旅行社业务的企业及平台	文化和旅游部门	市场监管部门
		发布旅游经营信息网站抽查	发布旅游经营信息的网站		
25	汽车市场监管	新车销售市场监管	新车销售市场经营主体	商务、市场监管部门	发展改革、税务部门
		二手车市场监管	二手车交易市场和二手车经营主体	商务部门	市场监管、公安、税务部门
		报废机动车回收拆解活动监管	报废机动车回收拆解企业	商务、市场监管部门	发展改革、公安、生态环境、交通运输部门

续表

序号	抽查领域	抽查事项	检查对象	发起部门	配合部门
26	单用途商业预付卡监督检查	单用途商业预付卡业务检查	单用途商业预付卡发卡企业	市场监管、商务部门	市场监管领域相关部门
27	房地产市场监督执法检查	房地产市场监督执法检查	房地产从业单位	住房城乡建设主管部门	市场监管领域相关部门
		房地产行业定价情况的检查		市场监管、住房城乡建设主管部门	
28	建筑市场监督执法检查	建筑市场监督执法检查	建筑市场从业单位	住房城乡建设主管部门	市场监管领域相关部门
		建筑市场消防情况的检查		住房城乡建设主管部门	
29	燃气经营监督执法检查	燃气经营许可证取得情况的检查	燃气经营企业	燃气管理部门	市场监管领域相关部门
		燃气经营监督执法检查		燃气管理部门	
30	市政工程监督检查	园林绿化工程建设市场监管	园林绿化行业相关企业和从业人员	住房城乡建设主管部门	市场监管领域相关部门
		城镇污水处理设施污染防治情况的检查	城镇污水处理厂	生态环境部门	住房城乡建设主管部门

续表

序号	抽查领域	抽查事项	检查对象	发起部门	配合部门
31	涉嫌税收违法当事人的抽查	涉嫌税收违法的纳税人、扣缴义务人和其他涉税当事人的检查	涉嫌税收违法当事人	税务部门	市场监管、公安部门
32	常压液体危险货物从业单位监督检查	常压液体危险货物罐车生产企业检查	常压液体危险货物罐车生产企业	市场监管部门	交通运输部门
		常压液体危险货物罐体检验机构检查	常压液体危险货物罐体检验机构		
33	出口商品生产企业的检查	对出口商品生产企业的检查	出口商品生产企业	海关、市场监管部门	税务部门
34	劳动用工监管	各类用人单位（与劳动者建立劳动关系）工资支付情况检查	各类用人单位（与劳动者建立劳动关系）	人力资源社会保障部门	市场监管、税务、住房城乡建设、交通运输部门
		劳务派遣用工检查	劳务派遣相关单位		
35	国家常规统计调查、部门统计调查、地方统计调查	调查对象依法设置原始记录、统计台账情况检查	统计调查对象	统计部门	市场监管领域相关部门

最高人民法院　人力资源社会保障部中国银保监会关于做好防止农民工工资专用账户资金和工资保证金被查封、冻结或者划拨有关工作的通知

人社部发〔2020〕93号

各省、自治区、直辖市高级人民法院、人力资源社会保障厅（局），新疆维吾尔自治区高级人民法院生产建设兵团分院，新疆生产建设兵团人力资源社会保障局，各银保监局，各政策性银行、大型银行、股份制银行、外资银行：

《保障农民工工资支付条例》（以下简称《条例》）第三十三条规定："除法律另有规定外，农民工工资专用账户资金和工资保证金不得因支付为本项目提供劳动的农民工工资之外的原因被查封、冻结或者划拨"。为进一步贯彻落实《条例》要求，维护好农民工工资报酬权益，确保农民工工资专用账户资金和工资保证金专项用于为该工程项目提供劳动的农民工工资支付，现就有关工作通知如下：

一、本通知所称农民工工资专用账户资金和工资保证金，是指有关单位在银行业金融机构开设的农民工工资专用账户和工资保证金账户（以下简称两类账户）中存储的专项用于支付为本项目提供劳动的农民工工资的资金。

二、人民法院在查封、冻结或者划拨相关单位银行账户资金

时，应当严格审查账户类型，除法律另有专门规定外，不得因支付为本项目提供劳动的农民工工资之外的原因查封、冻结或者划拨两类账户资金。

三、对农民工工资专用账户中明显超出工程施工合同约定并且明显超出足额支付该项目农民工工资所需全部人工费的资金，对工资保证金账户中超出工资保证金主管部门公布的资金存储规定部分的资金，人民法院经认定可依法采取冻结或者划拨措施。当事人及有关单位、个人利用两类账户规避、逃避执行的，应当依法承担责任。

四、人民法院可以依法对两类账户采取预冻结措施，在工程完工且未拖欠农民工工资，监管部门按规定解除对两类账户监管后，预冻结措施自动转为冻结措施，并可依法划拨剩余资金。

五、当事人、利害关系人（包含两类账户监管部门）认为人民法院查封、冻结或者划拨行为违法的，银行业金融机构认为人民法院要求其协助执行行为违法的，均可依法向人民法院提出异议，人民法院应当依法处理。两类账户监管部门提出异议的，异议审查期间不得查封、冻结或者划拨两类账户资金。

六、银行业金融机构应当规范两类账户开设工作，与开户单位认真核实账户性质，在业务系统中对两类账户进行特殊标识，并在相关网络查控平台、电子化专线信息传输系统等作出整体限制查封、冻结或者划拨设置，妥善处理查封、冻结或者划拨等事项，保障两类账户资金安全。

七、银行业金融机构接到人民法院等有权机关对两类账户资金查封、冻结或者划拨指令时，应当通过人工或系统等方式，向人民法院等有权机关提示该账户性质和《条例》第三十三条规定，并同时将相关情况告知两类账户监管部门，两类账户监管部门有权提出异议。

八、银行业金融机构遇到两类账户资金因不当操作被有权机关查封、冻结或者划拨等重大异常情况时，应当及时向当地两类账户监管部门报告。

九、各地有关部门应完善工作机制，加强沟通协调，防止两类账户资金被违法查封、冻结或者划拨。

十、有关部门相关人员在两类账户资金查封、冻结或者划拨过程中滥用职权、玩忽职守、徇私舞弊的，依法依规给予处分。

十一、本通知自 2020 年 12 月 25 日起施行。银行业金融机构应当自施行之日起 2 个月内完成上述事项调整。

2020 年 12 月 25 日

人力资源社会保障部办公厅
住房和城乡建设部办公厅关于落实
新冠肺炎疫情防控期间暂缓缴存农民工
工资保证金政策等有关事项的通知

人社厅发〔2020〕40号

各省、自治区人力资源社会保障厅、住房和城乡建设厅，直辖市人力资源社会保障局、住房和城乡建设（管）委，新疆生产建设兵团人力资源社会保障局、住房和城乡建设局：

为深入贯彻习近平总书记关于统筹推进新冠肺炎疫情防控和经济社会发展工作的重要指示精神，更好实施就业优先政策，加快落实阶段性、有针对性的减负措施，推动建筑企业复产复工，现就房屋和市政基础设施工程建设项目暂缓缴存农民工工资保证金等有关事项通知如下：

一、按照《国务院办公厅关于应对新冠肺炎疫情影响强化稳就业举措的实施意见》（国办发〔2020〕6号）要求，尽快制定本地区具体落实办法，确保自实施意见发布之日起至2020年6月底前，暂缓缴存农民工工资保证金政策不折不扣落实落地，政策实施期内新缴存的农民工工资保证金要尽快返还。

二、严格落实农民工工资保证金差异化存储办法，对一定时期内未发生拖欠工资的施工企业，依法依规实行减免措施，切实减轻工资支付记录良好企业的资金压力。

三、加快推行金融机构保函，鼓励使用银行类金融机构出具的银行保函替代现金农民工工资保证金，有条件的地区可以积极引入工程担保公司保函或工程保证保险。

四、加快推行建筑工人实名制管理制度，确保开复工的房屋建筑和市政基础设施工程项目建筑工人实名制管理全覆盖。对严格落实建筑工人实名制管理制度、规范管理农民工工资专户的建筑企业可按本地区规定享受农民工工资保证金差异化缴存政策。

各地区人力资源社会保障部门、住房和城乡建设主管部门要加强政策落实情况的督促检查，强化部门协调配合，按照职责分工共同做好现阶段暂缓缴存农民工工资保证金等相关工作。

请于 2020 年 7 月 31 日前，将本地区暂缓缴存农民工工资保证金政策落实情况及缓缴金额报人力资源社会保障部劳动监察局、住房和城乡建设部建筑市场监管司。

2020 年 4 月 9 日

其　　他

中共中央　国务院关于深化医疗保障制度改革的意见

（2020年2月25日）

医疗保障是减轻群众就医负担、增进民生福祉、维护社会和谐稳定的重大制度安排。党中央、国务院高度重视人民健康，建立了覆盖全民的基本医疗保障制度。党的十八大以来，全民医疗保障制度改革持续推进，在破解看病难、看病贵问题上取得了突破性进展。为深入贯彻党的十九大关于全面建立中国特色医疗保障制度的决策部署，着力解决医疗保障发展不平衡不充分的问题，现就深化医疗保障制度改革提出如下意见。

一、总体要求

（一）指导思想。以习近平新时代中国特色社会主义思想为指导，全面贯彻党的十九大和十九届二中、三中、四中全会精神，坚持以人民健康为中心，加快建成覆盖全民、城乡统筹、权责清晰、保障适度、可持续的多层次医疗保障体系，通过统一制度、完善政策、健全机制、提升服务，增强医疗保障的公平性、协调性，发挥医保基金战略性购买作用，推进医疗保障和医药服务高质量协同发展，促进健康中国战略实施，使人民群众有更多获得感、幸福感、安全感。

（二）基本原则。坚持应保尽保、保障基本，基本医疗保障依法覆盖全民，尽力而为、量力而行，实事求是确定保障范围和标准。坚持稳健持续、防范风险，科学确定筹资水平，均衡各方缴费责任，加强统筹共济，确保基金可持续。坚持促进公平、筑牢底线，强化制度公平，逐步缩小待遇差距，增强对贫困群众基础性、兜底性保障。坚持治理创新、提质增效，发挥市场决定性作用，更好发挥政府作用，提高医保治理社会化、法治化、标准化、智能化水平。坚持系统集成、协同高效，增强医保、医疗、医药联动改革的整体性、系统性、协同性，保障群众获得高质量、有效率、能负担的医药服务。

（三）改革发展目标。到 2025 年，医疗保障制度更加成熟定型，基本完成待遇保障、筹资运行、医保支付、基金监管等重要机制和医药服务供给、医保管理服务等关键领域的改革任务。到 2030 年，全面建成以基本医疗保险为主体，医疗救助为托底，补充医疗保险、商业健康保险、慈善捐赠、医疗互助共同发展的医疗保障制度体系，待遇保障公平适度，基金运行稳健持续，管理服务优化便捷，医保治理现代化水平显著提升，实现更好保障病有所医的目标。

二、完善公平适度的待遇保障机制

公平适度的待遇保障是增进人民健康福祉的内在要求。要推进法定医疗保障制度更加成熟定型，健全重特大疾病医疗保险和救助制度，统筹规划各类医疗保障高质量发展，根据经济发展水平和基金承受能力稳步提高医疗保障水平。

（四）完善基本医疗保险制度。坚持和完善覆盖全民、依法参加的基本医疗保险制度和政策体系，职工和城乡居民分类保障，待遇与缴费挂钩，基金分别建账、分账核算。统一基本医疗保险统筹层次、医保目录，规范医保支付政策确定办法。逐步将门诊医疗费用纳入基本医疗保险统筹基金支付范围，改革职工基本医疗保险个人账户，建立健全门诊共济保障机制。

（五）实行医疗保障待遇清单制度。建立健全医疗保障待遇清单制度，规范政府决策权限，科学界定基本制度、基本政策、基金支付项目和标准，促进医疗保障制度法定化、决策科学化、管理规范化。各地区要确保政令畅通，未经批准不得出台超出清单授权范围的政策。严格执行基本支付范围和标准，实施公平适度保障，纠正过度保障和保障不足问题。

（六）健全统一规范的医疗救助制度。建立救助对象及时精准识别机制，科学确定救助范围。全面落实资助重点救助对象参保缴费政策，健全重点救助对象医疗费用救助机制。建立防范和化解因病致贫返贫长效机制。增强医疗救助托底保障功能，通过明确诊疗方案、规范转诊等措施降低医疗成本，提高年度医疗救助限额，合理控制贫困群众政策范围内自付费用比例。

（七）完善重大疫情医疗救治费用保障机制。在突发疫情等紧急情况时，确保医疗机构先救治、后收费。健全重大疫情医疗救治医保支付政策，完善异地就医直接结算制度，确保患者不因费用问题影响就医。探索建立特殊群体、特定疾病医药费豁免制度，有针对性免除医保目录、支付限额、用药量等限制性条款，减轻困难群众就医就诊后顾之忧。统筹医疗保障基金和公共卫生服务资金使用，提高对基层医疗机构的支付比例，实现公共卫生服务和医疗服务有效衔接。

（八）促进多层次医疗保障体系发展。强化基本医疗保险、大病保险与医疗救助三重保障功能，促进各类医疗保障互补衔接，提高重特大疾病和多元医疗需求保障水平。完善和规范居民大病保险、职工大额医疗费用补助、公务员医疗补助及企业补充医疗保险。加快发展商业健康保险，丰富健康保险产品供给，用足用好商业健康保险个人所得税政策，研究扩大保险产品范围。加强市场行为监管，突出健康保险产品设计、销售、赔付等关键环节监管，提高健康保障服务能力。鼓励社会慈善捐赠，统筹调动慈善医疗救助力量，支持医疗互助有序发展。探索罕见病用药保障机制。

三、健全稳健可持续的筹资运行机制

合理筹资、稳健运行是医疗保障制度可持续的基本保证。要建立与社会主义初级阶段基本国情相适应、与各方承受能力相匹配、与基本健康需求相协调的筹资机制，切实加强基金运行管理，加强风险预警，坚决守住不发生系统性风险底线。

（九）完善筹资分担和调整机制。就业人员参加基本医疗保险由用人单位和个人共同缴费。非就业人员参加基本医疗保险由个人缴费，政府按规定给予补助，缴费与经济社会发展水平和居民人均可支配收入挂钩。适应新业态发展，完善灵活就业人员参保缴费方式。建立基本医疗保险基准费率制度，规范缴费基数政策，合理确定费率，实行动态调整。均衡个人、用人单位、政府三方筹资缴费责任，优化个人缴费和政府补助结构，研究应对老龄化医疗负担的多渠道筹资政策。加强财政对医疗救助投入，拓宽医疗救助筹资渠道。

（十）巩固提高统筹层次。按照制度政策统一、基金统收统支、管理服务一体的标准，全面做实基本医疗保险市地级统筹。探索推进市地级以下医疗保障部门垂直管理。鼓励有条件的省（自治区、直辖市）按照分级管理、责任共担、统筹调剂、预算考核的思路，推进省级统筹。加强医疗救助基金管理，促进医疗救助统筹层次与基本医疗保险统筹层次相协调，提高救助资金使用效率，最大限度惠及贫困群众。

（十一）加强基金预算管理和风险预警。科学编制医疗保障基金收支预算，加强预算执行监督，全面实施预算绩效管理。适应异地就医直接结算、“互联网+医疗”和医疗机构服务模式发展需要，探索开展跨区域基金预算试点。加强基金中长期精算，构建收支平衡机制，健全基金运行风险评估、预警机制。

四、建立管用高效的医保支付机制

医保支付是保障群众获得优质医药服务、提高基金使用效率的关键机制。要聚焦临床需要、合理诊治、适宜技术，完善医保目录、协议、结算管理，实施更有效率的医保支付，更好保障参保人员权益，增强医保对医药服务领域的激励约束作用。

（十二）完善医保目录动态调整机制。立足基金承受能力，适应群众基本医疗需求、临床技术进步，调整优化医保目录，将临床价值高、经济性评价优良的药品、诊疗项目、医用耗材纳入医保支付范围，规范医疗服务设施支付范围。健全医保目录动态调整机制，完善医保准入谈判制度。合理划分中央与地方目录调整职责和权限，各地区不得自行制定目录或调整医保用药限定支付范围，逐步实现全国医保用药范围基本统一。建立医保药品、诊疗项目、医用耗材评价规则和指标体系，健全退出机制。

（十三）创新医保协议管理。完善基本医疗保险协议管理，简化优化医药机构定点申请、专业评估、协商谈判程序。将符合条件的医药机构纳入医保协议管理范围，支持“互联网+医疗”等新服务模式发展。建立健全跨区域就医协议管理机制。制定定点医药机构履行协议考核办法，突出行为规范、服务质量和费用控制考核评价，完善定点医药机构退出机制。

（十四）持续推进医保支付方式改革。完善医保基金总额预算办法，健全医疗保障经办机构与医疗机构之间协商谈判机制，促进医疗机构集体协商，科学制定总额预算，与医疗质量、协议履行绩效考核结果相挂钩。大力推进大数据应用，推行以按病种付费为主的多元复合式医保支付方式，推广按疾病诊断相关分组付费，医疗康复、慢性精神疾病等长期住院按床日付费，门诊特殊慢性病按人头付费。探索医疗服务与药品分开支付。适应医疗服务模式发展创新，完善医保基金支付方式和结算管理机制。探索对紧密型医疗联合体实行总额付费，加强监督考核，结余留用、合理超支分担，有条件的地区可按协议约定向医疗机构预付部分医保资金，缓解其资金运行压力。

五、健全严密有力的基金监管机制

医疗保障基金是人民群众的“保命钱”，必须始终把维护基金安全作为首要任务。要织密扎牢医保基金监管的制度笼子，着力推进监管体制改革，建立健全医疗保障信用管理体系，以零容忍的态度严厉打击欺诈骗保行为，确保基金安全高效、合理使用。

（十五）改革完善医保基金监管体制。加强医保基金监管能力建设，进一步健全基金监管体制机制，切实维护基金安全、提高基金使用效率。加强医疗保障公共服务机构内控机构建设，落实协议管理、费用监控、稽查审核责任。实施跨部门协同监管，积极引入第三方监管力量，强化社会监督。

（十六）完善创新基金监管方式。建立监督检查常态机制，实施大数据实时动态智能监控。完善对医疗服务的监控机制，建立信息强制披露制度，依法依规向社会公开医药费用、费用结构等信息。实施基金运行全过程绩效管理，建立医保基金绩效评价体系。健全医疗保障社会监督激励机制，完善欺诈骗保举报奖励制度。

（十七）依法追究欺诈骗保行为责任。制定完善医保基金监管相关法律法规，规范监管权限、程序、处罚标准等，推进有法可依、依法行政。建立医疗保障信用体系，推行守信联合激励和失信联合惩戒。加强部门联合执法，综合运用协议、行政、司法等手段，严肃追究欺诈骗保单位和个人责任，对涉嫌犯罪的依法追究刑事责任，坚决打击欺诈骗保、危害参保群众权益的行为。

六、协同推进医药服务供给侧改革

医药服务供给关系人民健康和医疗保障功能的实现。要充分发挥药品、医用耗材集中带量采购在深化医药服务供给侧改革中的引领作用，推进医保、医疗、医药联动改革系统集成，加强政策和管理协同，保障群众获得优质实惠的医药服务。

（十八）深化药品、医用耗材集中带量采购制度改革。坚持招采合一、量价挂钩，全面实行药品、医用耗材集中带量采购。以医保支付为基础，建立招标、采购、交易、结算、监督一体化的省级招标采购平台，推进构建区域性、全国性联盟采购机制，形成竞争充分、价格合理、规范有序的供应保障体系。推进医保基金与医药企业直接结算，完善医保支付标准与集中采购价格协同机制。

（十九）完善医药服务价格形成机制。建立以市场为主导的药品、医用耗材价格形成机制，建立全国交易价格信息共享机制。治理药品、高值医用耗材价格虚高。完善医疗服务项目准入制度，加快审核新增医疗服务价格项目，建立价格科学确定、动态调整机制，持续优化医疗服务价格结构。建立医药价格信息、产业发展指数监测与披露机制，建立药品价格和招采信用评价制度，完善价格函询、约谈制度。

（二十）增强医药服务可及性。健全全科和专科医疗服务合作分工的现代医疗服务体系，强化基层全科医疗服务。加强区域医疗服务能力评估，合理规划各类医疗资源布局，促进资源共享利用，加快发展社会办医，规范“互联网+医疗”等新服务模式发展。完善区域公立医院医疗设备配置管理，引导合理配置，严控超常超量配备。补齐护理、儿科、老年科、精神科等紧缺医疗服务短板。做好仿制药质量和疗效一致性评价受理与审评，通过完善医保支付标准和药品招标采购机制，支持优质仿制药研发和使用，促进仿制药替代。健全短缺药品监测预警和分级应对体系。

（二十一）促进医疗服务能力提升。规范医疗机构和医务人员诊疗行为，推行处方点评制度，促进合理用药。加强医疗机构内部专业化、精细化管理，分类完善科学合理的考核评价体系，将考核结果与医保基金支付挂钩。改革现行科室和个人核算方式，完善激励相容、灵活高效、符合医疗行业特点的人事薪酬制度，健全绩效考核分配制度。

七、优化医疗保障公共管理服务

医疗保障公共管理服务关系亿万群众切身利益。要完善经办管理和公共服务体系，更好提供精准化、精细化服务，提高信息化服务水平，推进医保治理创新，为人民群众提供便捷高效的医疗保障服务。

（二十二）优化医疗保障公共服务。推进医疗保障公共服务标准化规范化，实现医疗保障一站式服务、一窗口办理、一单制结算。适应人口流动需要，做好各类人群参保和医保关系跨地区转移接续，加快完善异地就医直接结算服务。深化医疗保障系统作风建设，建立统一的医疗保障服务热线，加快推进服务事项网上办理，提高运行效率和服务质量。

（二十三）高起点推进标准化和信息化建设。统一医疗保障业务标准和技术标准，建立全国统一、高效、兼容、便捷、安全的医疗保障信息系统，实现全国医疗保障信息互联互通，加强数据有序共享。规范数据管理和应用权限，依法保护参保人员基本信息和数据安全。加强大数据开发，突出应用导向，强化服务支撑功能，推进医疗保障公共服务均等可及。

（二十四）加强经办能力建设。构建全国统一的医疗保障经办管理体系，大力推进服务下沉，实现省、市、县、乡镇（街道）、村（社区）全覆盖。加强经办服务队伍建设，打造与新时代医疗保障公共服务要求相适应的专业队伍。加强医疗保障公共管理服务能力配置，建立与管理服务绩效挂钩的激励约束机制。政府合理安排预算，保证医疗保障公共服务机构正常运行。

（二十五）持续推进医保治理创新。推进医疗保障经办机构法人治理，积极引入社会力量参与经办服务，探索建立共建共治共享的医保治理格局。规范和加强与商业保险机构、社会组织的合作，完善激励约束机制。探索建立跨区域医保管理协作机制，实现全流程、无缝隙公共服务和基金监管。更好发挥高端智库和专业机构的决策支持和技术支撑作用。

八、组织保障

（二十六）加强党的领导。各级党委和政府要把医疗保障制度改革作为重要工作任务，把党的领导贯彻到医疗保障改革发展全过程。严格按照统一部署，健全工作机制，结合实际制定切实可行的政策措施。将落实医疗保障制度改革纳入保障和改善民生的重点任务，确保改革目标如期实现。

（二十七）强化协同配合。加强医疗保障领域立法工作，加快形成与医疗保障改革相衔接、有利于制度定型完善的法律法规体系。建立部门协同机制，加强医保、医疗、医药制度政策之间的统筹协调和综合配套。国务院医疗保障主管部门负责统筹推进医疗保障制度改革，会同有关部门研究解决改革中跨部门、跨区域、跨行业的重大问题，指导各地区政策衔接规范、保障水平适宜适度。

（二十八）营造良好氛围。各地区各部门要主动做好医疗保障政策解读和服务宣传，及时回应社会关切，合理引导预期。充分调动各方支持配合改革的积极性和主动性，凝聚社会共识。重要改革事项要广泛听取意见，提前做好风险评估。遇到重大情况，及时向党中央、国务院请示报告。

中央应对新型冠状病毒感染肺炎疫情工作领导小组关于全面落实进一步保护关心爱护医务人员若干措施的通知

国发明电〔2020〕5号

各省、自治区、直辖市人民政府，国务院各部委、各直属机构：

新冠肺炎疫情发生以来，全国广大医务人员义无反顾冲上疫情防控第一线，同时间赛跑，与病魔较量，顽强拼搏、日夜奋战，以对党和人民高度负责的精神，为保护人民生命健康做出重大贡献。医务人员是战胜疫情的中坚力量，当前全国疫情防控进入关键时期，医务人员工作任务重、感染风险高、工作压力大，各地各有关部门务必高度重视对他们的保护、关心、爱护，加强各方面支持保障，解除他们的后顾之忧，使他们始终保持强大战斗力、昂扬斗志、旺盛精力，持续健康、心无旁骛投入战胜疫情斗争。现提出以下措施：

一、提高疫情防治人员薪酬待遇。各地要按规定向参与疫情防治的医务人员发放临时性工作补助、核增一次性绩效工资总量、对卫生防疫人员落实卫生防疫津贴政策。在此基础上，疫情防控期间，将湖北省（含援鄂医疗队，下同）一线医务人员临时性工作补助相应标准提高1倍，并确保发放到位，中央财政对湖北省全额补助；及时核增医疗卫生机构一次性绩效工资总量，将湖北省一线医务人员薪酬水平提高2倍；扩大卫生防疫津贴发放范围，确保覆盖全体一线医务人员，所需经费按现行渠道解决。

二、做好工伤认定和待遇保障。各地要做好因履行工作职责感染新冠肺炎医务人员的工伤认定，开辟绿色通道、简化理赔程序，保障医务人员及时享受工伤保险待遇。

三、实施职称评聘倾斜措施。参加疫情防治的一线医务人员在职称评聘中优先申报、优先参评、优先聘任。医务人员参加疫情防治经历可视同为一年基层工作经历。参加疫情防治的一线医务人员晋升职称、晋升岗位等级不受本单位岗位结构比例限制。

四、落实一线医务人员生活保障。加强生活服务和后勤保障，为一线医务人员提供基础性疾病药物、卫生用品以及干净、营养、便捷的就餐服务。征用医院周边有条件的宾馆、招待所等固定场所，为一线医务人员提供舒适的生活休息环境和与家人隔离的必要条件。采取专车接送解决定点医院一线医务人员通勤问题。

五、加强医务人员个人防护。全力救治受感染的医务人员。加强对疫情防护物资的统筹调配，医用防护用品要重点向疫情防控一线投放使用，特别是要全力保障定点救治医院和发热门诊、集中隔离观察点等一线医务人员防护物资需求，最大限度减少院内感染。

六、确保轮换休整到位。合理安排一线医务人员轮休，做好轮休医务人员隔离保障，对长时间高负荷工作人员安排强制休息。提前做好一线医务人员后备力量储备，及时排查轮换因身体、心理等原因不适合继续在一线的医务人员。疫情结束后，及时组织一次免费健康体检和疗养休养，并适当增加休息和带薪休假时间。

七、及时做好心理调适疏导。加强对一线医务人员的心理干预和疏导，开展心理健康评估，强化心理援助措施，减轻医务人员心理压力。一线医务人员所在单位党组织要通过谈心谈话、关怀问候等方式，密切关注医务人员思想动态、情绪变化，做到心理问题早发现、早干预、早疏导。

八、切实落实有困难家庭的照顾帮扶。深入了解一线医务人员特别是援鄂医疗队队员家庭实际困难，建立台账，分类施策，切实解决一线医务人员后顾之忧。开通一线医务人员家属就医绿色通道，建立社区干部联系帮扶一线医务人员家庭制度，帮助解决老幼照护等实际困难。对于一线医务人员子女教育给予更多帮助关爱。

九、创造更加安全的执业环境。严格落实各项安全防范措施，加大力量投入，完善问责机制，维护医疗秩序，保障医务人员合法权益。对于伤害医务人员的，坚决依法严肃查处。

十、开展烈士褒扬和先进表彰。依法做好因疫情防控牺牲殉职人员的烈士评定和褒扬工作，全面做好抚恤优待。利用多种形式、渠道加大对医务人员职业精神的宣传力度。根据国家有关规定，开展医务人员及时奖励，对涌现出的先进典型进行及时表彰。对于获得表彰以及被认定为烈士的医务人员的子女，在入学升学方面按规定享受相关待遇。

地方各级党委和政府要按照党中央、国务院决策部署，坚决落实好以上政策措施，以高度负责的态度、务实到位的举措，切实保护关心爱护医务人员，为坚决打赢疫情防控阻击战提供有力保障。各级疫情防控工作领导小组要加强调度和督查，确保各项关心关爱政策落实到位。各级卫生健康部门要牵头逐一落实一线医务人员关心关爱政策措施，协调落实医务人员有关政策措施的资金保障，统筹用好党费、专项资金等各种渠道。各级人力资源社会保障部门要牵头进行政策统筹，分类研究提出具体建议，就相关政策形成具体化、易操作、可落地的措施和方案。各级财政部门要做好资金保障。各地医疗卫生机构要强化主体责任，结合实际做好相关保障工作，准确提供一线医务人员信息，确保精准、无遗漏。

2020 年 2 月 22 日

中央应对新型冠状病毒感染肺炎疫情工作领导小组关于全面落实疫情防控一线城乡社区工作者关心关爱措施的通知

国发明电〔2020〕8号

各省、自治区、直辖市党委和人民政府，新疆生产建设兵团，中央和国家机关有关部门：

新冠肺炎疫情发生以来，广大城乡社区工作者贯彻落实党中央、国务院决策部署，坚守岗位、日夜值守，英勇奋战在疫情防控一线，为遏制疫情扩散蔓延做出了重要贡献。习近平总书记多次作出重要指示，强调要关心关爱城乡社区工作者。李克强总理作出批示，要求对社区工作者防控工作给予保障。为激励广大城乡社区工作者不畏艰险、勇往直前，坚决打赢疫情防控人民战争、总体战、阻击战，现提出以下措施：

一、对城乡社区工作者适当发放工作补助。各地要采取措施，关心关爱参加疫情防控的社区（村）“两委”成员、社区（村）专职工作人员等一线城乡社区工作者。在落实好城乡社区工作者现有报酬保障政策基础上，在疫情防控期间地方可对一线城乡社区工作者给予适当工作补助，补助标准由省级人民政府根据疫情防控任务指导市县制定，所需资金由地方财政承担。

二、切实做好城乡社区工作者职业伤害保障。城乡社区工作者在疫情防控期间发生事故伤害或患病，符合《工伤保险条例》认定情形的，应依法认定为工伤，已经参加工伤保险的，发生的相关费用按照《工伤保险条例》相关规定支付；未参加工伤保险的，由用人单位按照法定标准支付，财政补助单位因此发生的费用，由同级财政予以补助。对于因履行职责感染新冠肺炎或病亡的城乡社区工作者，符合《人力资源社会保障部　财政部　国家卫生健康委关于因履行工作职责感染新型冠状病毒肺炎的医护及相关工作人员有关保障问题的通知》（人社部函〔2020〕11号）规定的，可按规定享受相关待遇。

三、改善城乡社区工作者防护条件。各地要按规定落实社区防控工作经费，改善一线城乡社区工作者防护条件，落实属地原则强化社区防控工作物资保障，根据当地疫情防控需要，合理配发口罩、防护服、消毒水、非接触式体温计等卫生防护器材和防控器具。组织开展面向城乡社区工作者的医疗卫生知识、疫情防控知识培训，提高其做好社区防控工作的能力。

四、切实为城乡社区工作者减负减压。严肃查处疫情防控中的形式主义、官僚主义问题，坚决制止多头重复向基层派任务、要表格，除党中央、国务院已有明确要求的外，原则上不得向社区摊派工作任务，确因疫情防控工作特殊需要的，须经省级人民政府批准。除因社区疫情防控需要出具的居住证明和居家医学观察期满证明外，不得以疫情防控为由要求城乡社区组织出具其他证明。进一步充实城乡社区疫情防控力量，抽调机关和企事业单位党员干部下沉支援社区疫情防控一线，组织和发挥好社区服务机构、志愿者作用。加快构建社区防控工作信息化支撑体系，运用现代信息技术提高社区防控工作效能，减轻城乡社区工作者工作压力。

五、保障城乡社区工作者身心健康。各地要协调安排好疫情防控期间一线城乡社区工作者就餐、休息场所等生活保障。在保证社区防控人员力量的前提下，合理调度疫情防控一线城乡社区工作者，采取轮休、补休等方式，保证城乡社区工作者及时得到必要休整。对长时间高负荷工作人员安排强制休息，防止带病上岗。疫情结束后，要及时安排健康体检和心理减压；有条件的地方，可安排休假疗养。

六、加强城乡社区工作者关爱慰问。做好疫情防控一线城乡社区工作者特别是感染新冠肺炎、因公受伤、突发疾病城乡社区工作者和因公死亡城乡社区工作者的家属的走访慰问工作，最大限度帮助其解决实际困难。对奋战一线、无法照顾家庭的城乡社区工作者，要组织社区服务机构和志愿者对其家属给予更多帮助关爱。

七、开展城乡社区工作者表彰褒扬。注重在疫情防控一线考察识别城乡社区工作者，对表现突出的要大力褒奖、大胆使用，在招录（聘）公务员或事业单位工作人员、选拔街道（乡镇）干部时在同等条件下优先考虑。根据国家有关规定，对涌现出的先进典型进行表彰。对疫情防控期间因公殉职的城乡社区工作者追授“全国优秀城乡社区工作者”。依照有关法规做好因疫情防控牺牲殉职城乡社区工作者的烈士评定和褒扬工作，全面做好抚恤优待。获得表彰以及被认定为烈士的城乡社区工作者的子女，在入学升学方面按规定享受相关待遇。

八、加大城乡社区工作者先进典型宣传力度。充分发挥报刊、广播、电视等新闻媒体和网络新媒体作用，大力宣传报道在社区防控工作中表现突出的城乡社区工作者的感人事迹，营造全社会关心、支持、参与城乡社区疫情防控的正确舆论导向和良好社会氛围。疫情结束后，依托“最美城乡社区工作者”宣传推选活动，发现、选树和宣传一批城乡社区工作者先进典型。

各地、各部门要按照党中央、国务院决策部署，坚决落实好上述政策措施，以高度负责的态度、务实有效的举措，切实关心关爱城乡社区工作者，为守严守牢疫情联防联控、群防群控的社区防线提供有力保障。地方各级疫情防控工作领导小组要加强调度和督查，确保各项关心关爱政策措施落实到位；民政部门要牵头协调落实好关心关爱一线城乡社区工作者的政策措施，组织、宣传、发展改革、工业和信息化、财政、人力资源社会保障、卫生健康、退役军人等部门要按照职责做好相关政策措施和资金保障落实工作。

2020 年 3 月 3 日

国务院应对新型冠状病毒感染肺炎疫情联防联控机制关于聚焦一线贯彻落实保护关心爱护医务人员措施的通知

国发明电〔2020〕10号

各省、自治区、直辖市人民政府，国务院各部委、各直属机构：

近日，中央应对新型冠状病毒感染肺炎疫情工作领导小组印发《关于全面落实进一步保护关心爱护医务人员若干措施的通知》（国发明电〔2020〕5号），国务院办公厅转发卫生健康委、人力资源社会保障部、财政部《关于改善一线医务人员工作条件切实关心医务人员身心健康的若干措施》（国办发〔2020〕4号），国务院应对新型冠状病毒感染肺炎疫情联防联控机制多次研究部署，就疫情防控期间强化一线医务人员保护关心爱护措施提出明确要求，为广大一线医务人员全身心投入疫情防控工作提供了坚强保障、注入了强大动力、给予了关怀激励。但一些地方在执行和落实中，存在对象不精准、执行不严格、工作不规范、落实不到位等问题。为确保党中央、国务院保护关心爱护一线医务人员政策措施落到实处，现就有关事项通知如下：

一、关于保护关心爱护措施向一线医务人员倾斜。一线医务人员是指疫情防控期间按照政府统一部署、卫生健康部门调派或医疗卫生机构要求，直接参与新冠肺炎防疫和救治一线工作，且与确诊或疑似病例直接接触的接诊、筛查、检查、检测、转运、治疗、护理、流行病学调查、医学观察，以及直接进行病例标本采集、病原检测、病理检查、病理解剖的医疗卫生专业技术人员。一线医务人员以实际参加现场调查处置、患者救治等工作情况为准，不受编制、身份等限制。临时性工作补助、一次性慰问补助、卫生防疫津贴等要及时发放，要向一线医务人员特别是救治重症患者的医务人员倾斜，不得按行政级别确定发放标准。

二、关于临时性工作补助的计算和发放。按照人力资源社会保障部、财政部《关于建立传染病疫情防治人员临时性工作补助的通知》（人社部规〔2016〕4号）规定，一线医务人员领取临时性工作补助的天数，按其直接接触确诊或疑似病例、标本（含尸体解剖）的天数计算。对在重症危重症患者病区工作的一线医务人员，按实际工作天数的1.5倍计算应发工作天数。对在集中隔离观察点工作的一线医务人员，按发现确诊病例的当日计算工作天数。执行一档标准的一线医务人员，包括在卫生健康部门确定的定点医院、方舱医院的隔离区或其他收治确诊病例的医疗卫生机构的隔离区直接参与患者救治的医务人员，直接进行病例标本采集、病原检测和病理检查的医疗卫生专业技术人员，以及在湖北省内发热门诊工作的一线医务人员。其他一线医务人员执行二档标准。

三、关于及时发放卫生防疫津贴。卫生防疫津贴执行标准和发放办法，按照人力资源社会保障部、财政部《关于调整卫生防疫津贴标准的通知》（人社部发〔2020〕13号）规定执行。卫生防疫津贴执行范围，在疫情防控期间扩大到全体一线医务人员，在疫情结束后恢复至文件规定范围。

四、关于轮休、隔离不影响正常工资福利待遇。严格落实人力资源社会保障部、财政部《关于新型冠状病毒肺炎疫情防控期间事业单位人员有关工资待遇问题的通知》（人社部发〔2020〕9号）规定，一线医务人员在轮休、隔离期间，工资福利待遇按出勤对待，原正常发放的基本工资、岗位津贴（含卫生防疫津贴）、绩效工资继续执行。不得将一线医务人员轮休、隔离天数计入本人带薪年休假假期，不得向轮休的一线医务人员安排工作任务。

五、关于做好饮食营养等保障。对轮休、隔离的一线医务人员，各地卫生健康部门要牵头做好生活保障，为其配送必要的饮食、营养品和生活必需品。对过于劳累导致患病的一线医务人员，要开通就医绿色通道，保证其及时就医。加强对一线医务人员的人文关怀，尽量不安排双职工的医务人员同时到一线工作。做好援鄂医疗队及其他一线医务人员家属关心慰问工作，及时帮助解决生活、就医、照料等方面实际困难，切实解决他们的后顾之忧。

六、关于压实贯彻落实责任和强化监督检查。各地医疗卫生机构是贯彻落实保护关心爱护一线医务人员措施的责任主体，主要负责人是抓好落实的第一责任人，要健全规章制度，认真建立工作台账，据实按日记录、按月汇总上报应当领取临时性工作补助人员的名单、档次和天数，同时要纠正不必要的填表报数，减轻一线医务人员负担。各地卫生健康、人力资源社会保障、财政部门要按照职责分工，加强协同配合和工作指导，强化资金监管和督促落实。各地要坚持问题导向和结果导向，及时回应群众关切，协调解决政策措施贯彻落实中的苗头性、倾向性问题，坚决杜绝形式主义、官僚主义；发放临时性工作补助、卫生防疫津贴要严格进行登记、审核、报批，及时公示公开，主动接受监督，确保发放工作公平公正有序开展；要加大监督检查力度，不得扩大泛化一线医务人员范围，对有章不循、巧立名目、截留侵占、虚报冒领、违规发放、挤占挪用的，依纪依法严肃追究相关人员责任。

2020 年 3 月 11 日

国务院办公厅转发国家卫生健康委、人力资源社会保障部、财政部关于改善一线医务人员工作条件切实关心医务人员身心健康若干措施的通知

国办发〔2020〕4号

各省、自治区、直辖市人民政府，国务院各部委、各直属机构：

国家卫生健康委、人力资源社会保障部、财政部《关于改善一线医务人员工作条件切实关心医务人员身心健康的若干措施》已经国务院同意，现转发给你们，请认真贯彻执行。

2020年2月10日

关于改善一线医务人员工作条件切实关心医务人员身心健康的若干措施

国家卫生健康委　人力资源社会保障部　财政部

新冠肺炎疫情发生以来，广大医务人员积极响应党中央号召，不顾个人安危，迎难而上，英勇奋战在抗击疫情的最前线，为保护人民生命健康做出了重大贡献，用实际行动践行了“敬

佑生命、救死扶伤、甘于奉献、大爱无疆”的崇高精神。当前，全国疫情防控进入关键时期，医务人员面临着工作任务重、感染风险高、工作和休息条件有限、心理压力大等困难。保护关爱医务人员是打赢疫情防控阻击战的重要保障，为改善一线医务人员工作条件，切实关心医务人员身心健康，使他们更好地投入疫情防控工作，现提出以下工作措施：

一、改善医务人员工作和休息条件

加强医疗卫生机构硬件设施改造，加强医务人员职业暴露的防护设施建设和设备配置，使收治病人的医疗卫生机构满足传染病诊疗和防控要求。要重点改造医生办公室、值班室和休息室，营造有利于医务人员工作的良好环境。要为医务人员提供良好后勤服务，保障医务人员充足的睡眠和饮食。县级以上地方人民政府可依法征用医院周边酒店作为医务人员休息场所，以满足一线医务人员单人单间休息条件，并对基本生活用品保证供应。

二、维护医务人员身心健康

（一）要合理安排医务人员作息时间。根据疫情防控实际，科学测算医务人员工作负荷，合理配置医务人员，既满足医疗服务需求，又保障医务人员休息时间。对于因执行疫情防控不能休假的医务人员，在防控任务结束后，由所在医疗卫生机构优先安排补休。允许需要紧急补充医护人员等疫情防控工作人员的相关医疗卫生机构简化招聘程序。

（二）加强医务人员个人防护，最大限度减少院内感染。要尽一切可能配齐防护物资和防护设备，防护用品调配要向临床一线倾斜。

（三）组织做好一线医务人员健康体检，发现医务人员感染及时隔离，尽最大可能减少医务人员之间、医务人员与病人之间交叉感染。

（四）加强医务人员心理危机干预和心理疏导。开展医务人员心理健康评估，强化心理援助措施，有针对性地开展干预和心理疏导，减轻医务人员心理压力。

三、落实医务人员待遇

（一）各地要按照《人力资源社会保障部　财政部关于建立传染病疫情防治人员临时性工作补助的通知》（人社部规〔2016〕4号）和《财政部　国家卫生健康委关于新型冠状病毒感染肺炎疫情防控有关经费保障政策的通知》（财社〔2020〕2号）有关要求，统计疫情防控一线医务人员和防疫工作者工作情况，由同级卫生健康部门会同人力资源社会保障、财政部门按月审核，报经国家卫生健康委审核并报人力资源社会保障部、财政部审定后，由同级财政部门在次月垫付临时性工作补助经费，中央财政据实结算。

（二）各级人力资源社会保障、财政部门要会同卫生健康部门，在同级政府领导下，根据实际情况，因地制宜及时向防控任务重、风险程度高的医疗卫生机构核增不纳入基数的一次性绩效工资总量，并指导有关单位搞好内部分配，向加班加点特别是做出突出贡献的一线人员倾斜。

（三）各地要落实好《人力资源社会保障部　财政部　国家卫生健康委关于因履行工作职责感染新型冠状病毒肺炎的医护及相关工作人员有关保障问题的通知》（人社部函〔2020〕11号），开通工伤认定绿色通道，切实保障好医务人员合法权益。

四、提高卫生防疫津贴标准

为进一步保障新冠肺炎疫情防疫人员权益，根据《国务院办公厅关于加强传染病防治人员安全防护的意见》（国办发〔2015〕1号），出台提高卫生防疫津贴标准的政策。各地要按照政策规定及时抓好落实，特别是对参与新冠肺炎疫情防疫人员，要及时足额发放到位。

五、加强对医务人员的人文关怀

各地要动员组织社会力量，发动志愿者或专门人员，对一线医务人员展开慰问，定期了解他们的需求和困难，建立台账，积极协调解决。加大对参与疫情防控工作医务人员的关怀力度，为一线医务人员和家属建立沟通联络渠道，尽量不安排双职工的医务人员同时到一线工作，对家有老人和孩子需要照顾的医务人员要尽可能创造条件使其兼顾家庭。要安排志愿者或专门人员对有家庭困难的一线医务人员家属进行对口帮扶。

六、创造更加安全的执业环境

严格落实国家卫生健康委、最高人民法院、最高人民检察院、公安部《关于做好新型冠状病毒肺炎疫情防控期间保障医务人员安全维护良好医疗秩序的通知》（国卫医函〔2020〕43号）的各项安全防范措施，加大警力投入，完善问责机制，对发现有歧视孤立一线医务人员及其家属行为的，要及时进行批评教育，情节严重的依法予以处理。对在疫情防控工作中伤害医务人员的，要坚决依法严肃查处，维护正常医疗卫生秩序。

七、弘扬职业精神做好先进表彰工作

利用多种形式加大对医务人员职业精神的宣传力度，深入挖掘宣传在抗击疫情工作中做出突出贡献的医务团队和个人，共同营造尊医重卫的良好氛围。将医务人员在重大自然灾害或突发公共卫生事件中的表现作为职称评审中医德医风考核的重要内容。可根据《事业单位工作人员奖励规定》开展及时奖励，并结合疫情防控工作进展，做好对做出突出贡献的医务团队和个人的及时性表彰工作，为做好疫情防控工作增强信心、凝聚力量。

各地卫生健康、人力资源社会保障和财政等相关部门要按照党中央、国务院决策部署，密切配合，全力做好各项工作，以高度负责的态度、务实到位的举措，切实改善一线医务人员工作条件，关心医务人员身心健康，保障医务人员权益，为坚决打赢疫情防控阻击战提供有力保障。